Phil Mason

Die Reise des Herzens

Phil Mason

Die Reise des Herzens

Das Handbuch zur Herzensrevolution

Band 3 der Reihe „Übernatürliche Transformation"

GloryWorld-Medien

2. Auflage 2023

Bibelzitate sind, falls nicht anders gekennzeichnet, für das Neue Testament der Neuen Genfer Übersetzung, 2009, entnommen, für das Alte Testament der Elberfelder Bibel, Revidierte Fassung von 1985 (REÜ). Weitere Bibelübersetzungen:

GNB: Gute Nachricht Bibel, 2002
HFA: Hoffnung für alle, Basel und Gießen, 1983
LUT: Lutherbibel, Revidierte Fassung von 1984
NeÜ: Neue evangelistische Übersetzung © 2013 Karl-Heinz Vanheiden
NLB: „Neues Leben. Die Bibelübersetzung", Holzgerlingen, 2002
REÜ: Einheitsübersetzung in neuer Rechtschreibung, 2004
SLT: Schlachter 2000

Außerdem wurden verschiedene englische Bibelübersetzungen direkt ins Deutsche übersetzt:

AMP: Amplified® Bible, Copyright © 1954, 1958, 1962, 1964, 1965, 1987 by The Lockman Foundation.
MSG Peterson, Eugene H., The Message: The Bible in Contemporary Language. NavPress 2002
NLT: Holy Bible, New Living Translation, copyright © 1996, 2004, 2015 by Tyndale House Foundation
WUE: Kenneth S. Wuest, The New Testament: An Expanded Translation. Eerdmans, 1961.
TPT: Song of Songs and Letters from Heaven: The Passion Translation Copyright © 2013.
JBP: The New Testament in Modern English, translated by J. B. Phillips. © J. B. Phillips, 1958, 1960, 1972. Used by permission of Macmillan Publishing Co., Inc.
HCSB: Holman Christian Standard Bible®, copyright © 1999, 2000, 2002, 2003, 2009 by Holman Bible Publishers..

Das Buch folgt den Regeln der Deutschen Rechtschreibreform. Die Bibelzitate wurden diesen Rechtschreibregeln angepasst.

Übersetzung: Marleen Degen
Satz: Manfred Mayer
Umschlaggestaltung: Jens Neuhaus, www.7dinge.de
Umschlagmotiv: Froyle Neideck, „Deep Waters"; froyleart.com

Printed in the EU

ISBN: 978-3-95578-342-6
Bestellnummer: 356342

Erhältlich beim Verlag:

GloryWorld-Medien
Beit-Sahour-Str. 4
D-46509 Xanten
Tel.: 02801-9854003
Fax: 02801-9854004
info@gloryworld.de
www.gloryworld.de

oder in jeder Buchhandlung

Stimmen zum Buch

Die Reise des Herzens, der dritte Band in der Reihe der übernatürlichen Transformation, ist ein Geschenk für alle geistlich Hungrigen, die glauben, dass der Schlüssel zur Fruchtbarkeit im Ackerboden des Herzens liegt. Nachdem ich bereits Millionen von Menschen in 78 Nationen eine Herzensbotschaft verkündet habe, besitze ich nun endlich eine Anleitung, mit der sich eine Armee von Liebhabern multiplizieren und trainieren lässt, die aus dem Herzen heraus leiten. Lesen Sie sie und lassen Sie sich selbst von ihr lesen. Sie wird Sie zu einem Liebesstil beflügeln, der Ihre Welt verwandeln wird. Sie ist das Geschenk, auf das Sie gewartet haben. Nehmen Sie es an!

Leif Hetland
Präsident von *Global Mission Awareness*
www.globalmissionawareness.com

Was für eine Reise es doch ist, bis wir in Jesus Christus unser Ein und Alles finden. Die Herzensreise führt Ihnen die Realität des Heilers, des Hoffnungsgebers und des fröhlichen Gottes, der uns völlig ganz und heil macht, vor Augen. Phil Mason hat uns eine Schatzkiste der Erkenntnis und Offenbarung geöffnet. Ich bin dankbar, sein Freund zu sein und zu wissen, dass sein Herz ganz und gar Gott gehört. Sie werden nicht enttäuscht sein, wenn Sie diese Lektionen des Lebens lesen, die aus einem Herzen voller Leidenschaft kommen. Lesen Sie es, glauben Sie es und geben Sie es weiter!

Brian Simmons
The Passion Translation Project

Inhalt

Vorwort von Randy Clark

Phil Masons neue vierbändige Reihe *Übernatürliche Transformation* hat sich auf die Fahne geschrieben, das Werk der Erweckung und Erneuerung in der Kirche zu vertiefen. Diese Reihe führt uns zu dem grundlegenden Thema des übernatürlichen Wunders der Wiedergeburt zurück und lässt uns die Erfahrung der Rechtfertigung und Heiligung bezogen auf dieses Wunder der Erneuerung tiefer verstehen. Gott hat uns ein brandneues Herz gegeben; in einem übernatürlichen Akt, in dem der Himmel auf die Erde kommt!

Band 1: ***Die Erkenntnis des Herzens*** ist eine solide biblische Untersuchung der Bedeutung, die die Bibel dem Herzen beimisst. Phil liefert uns eine umfassende Deutung dessen, was die Bibel mit „Herz“ meint, und er ruft die Kinder Gottes auf, die Herzensreise anzutreten, auf der Jesus jeden seiner Nachfolger sehen möchte. Jesus lebt innerhalb dessen, was Phil mit „Intimitäts-Paradigma“ bezeichnet. Wir sind aufgefordert, uns von Herzen auf dieses Paradigma einzulassen und ihm zu erlauben, unser Leben von innen heraus zu revolutionieren und zu transformieren. Intimität ist eine Herzensreise.

Band 2: ***Das Wunder der Neuen Schöpfung*** konzentriert sich auf das Thema der Bekehrung und auf die Realität, dass Gott das Wunder vollbracht hat, uns ein brandneues Herz zu geben. Phil stellt fest: „Die Neue Schöpfung ist der Eckstein und das Fundament von Paulus’ gesamter Theologie. Hätte Paulus den Gläubigen nur eine Sache mitgeben können, wäre es die Offenbarung der Neuschöpfung gewesen.“ Phil betont, dass dieses Ereignis der Neuen Schöpfung eine tatsächliche, neue „Schöpfung“ Gottes darstellt; es handelt sich nicht einfach nur um eine theologische Tatsache, sondern auch um eine erfahrbare Realität. Es ist eine übernatürliche Realität, nicht nur eine abstrakte theologische Realität. Eigentlich stellt das Wunder der Neuen Schöpfung den Kern dessen dar, dass der Himmel sich auf der Erde ausbreitet.

Phil setzt sich in diesem Buch ausführlich mit dem Thema des vollendeten Werkes Christi auseinander. Er macht geltend, dass die Unterscheidung zwischen dem vollendeten Werk in unserem Geist und dem unvollendeten Werk in unserer Seele Teil des Subtextes des Neuen Testaments ist. Phil richtet sein Augenmerk darauf, wie diese Offenbarung das Paradoxon erklärt, dass wir zwar geheiligt genannt werden, aber dennoch nach Heiligung streben müssen; dass wir gereinigt sind, und uns trotzdem nach Reinigung ausstrecken müssen. Phils Einblick in den Zusammenhang von Rechtfertigung und Heiligung sind wichtig dafür, eine klare biblische Balance zu wahren. Der Autor legt außerdem eine starke Betonung darauf, dass wir lernen müssen, entsprechend der Tatsache unseres Mitgekreuzigtseins mit Christus zu leben. Phil stellt heraus, dass Gott dies nicht für uns tun kann; wir müssen die Kunst erlernen, mithilfe der Waffe unseres Willens mit dem vollendeten Werk der Erneuerung in Einklang zu kommen.

Band 3: ***Die Herzensreise*** beschäftigt sich mit dem neutestamentlichen Gedanken der „Verstrickung". Phil identifiziert im Neuen Testament sieben hauptsächliche Kampfplätze der Verstrickung: die Verstrickung der Lügen Satans, die Verstrickung der Sünde und Selbstsucht, die Verstrickung des Baumes der Erkenntnis des Guten und Bösen (d.h. Verstrickung im Gesetz – die Gesinnung äußerlicher Regeln und Vorschriften), die Verstrickung weltlicher Versuchung, die Verstrickung verletzter und zerbrochener Emotionen, die Verstrickung dämonischer Infiltration und die Verstrickung physischer Biochemie. Dieser letzte Bereich der Verstrickung beleuchtet die Auswirkungen, die es hat, dass wir in einem physischen Körper leben, der durch den Sündenfall zutiefst verdorben ist.

Band 4: ***Die Herrlichkeit Gottes und übernatürliche Transformation*** behandelt die tiefgehende Umgestaltung des Herzens aus der Perspektive des fortwährenden übernatürlichen Reich-Gottes-Dienstes Jesu, was die Herzen seiner Kinder angeht. Dieses Buch legt besonderes Gewicht auf Jesu Heilungsdienst an denen, die ein zerbrochenes Herz haben; ein Thema, das die Kirche bisher stark vernachlässigt hat. Damit wir eine tiefere Einsicht in diesen Dienst erlangen, gibt uns Phil fünf Schlüssel zur Heilung derer, die ein zerbrochenes Herz haben, an die Hand: Biblische Offenbarung, der Aufruf zu Vergebung und Umkehr, das Erleben der Herrlichkeit der Liebe des Vaters und Jüngerschaft. Diese Betonung auf die Heilung derer, die ein zerbrochenes Herz haben, ergänzt er mit einem ähnlichen Schwerpunkt auf der Frage, ob ein Christ dämonisiert sein kann, sowie dem biblischen Dienst der Zerstörung dämonischer Bollwerke. Phil untersucht den biblischen Zusammenhang zwischen Gebrochenheit des Herzens, dämonischer Belastung und der Neuen Schöpfung.

Phil schließt das letzte Buch in seiner Reihe ab, indem er eine kühne Vision der übernatürlichen Freiheit zeichnet, die Jesus in die Herzen seiner Kinder bringen will. Er erforscht Gottes Absicht, viele Söhne und Töchter zur Herrlichkeit zu führen und unser Herz mit der Herrlichkeit des Herrn zu füllen. Diese Verwandlung von Herrlichkeit zu Herrlichkeit kann ein Christ nur erfahren, wenn er das ganze Spektrum des Reich-Gottes-Dienstes Jesu empfängt. Phil betont, dass diese tiefe Ebene der Herzenstransformation vollkommen übernatürlich ist und davon abhängt, dass die Gemeinde in die Fülle des charismatischen Paradigmas eintaucht, damit wir alles empfangen können, was Gott über seine Gemeinde ausgießen möchte. Die Herrlichkeit des Herrn kann die Erde nur füllen, wenn Christen vollständig für den übernatürlichen Dienst Jesu erweckt werden und in die Fülle des Wunders der Neuen Schöpfung eintauchen.

Phil hat den Wunsch, dass diese Buchreihe eine solide theologische Grundlage dafür legt, Gottes Kinder im Wesen des neutestamentlichen Dienstes am Herzen zu unterweisen – eines übernatürlichen Dienstes, der die Gemeinde dazu aufruft, sich auf eine tiefgreifende Verwandlung der Herzen der Kinder Gottes zu konzentrieren. Diese geschieht nicht allein durch eine Gerechtigkeit, welche nur abstrakt auf unserer Stellung in Christus beruht, sondern durch das erfahrbare Geschenk der Gerechtigkeit. Nicht allein durch die Erfahrung der Rechtfertigung, sondern durch das anhaltende Erleben der Freude und Freiheit der Heiligung. Phil nimmt auch die Betonung der frühen Kirche wieder auf, die hervorhob, dass der Dienst des Geistes – mit dem Heiligen Geist erfüllt zu werden – Teil der Wiedergeburt sein sollte.

Ich glaube, dass Phil Masons neue vierbändige Reihe *Übernatürliche Transformation*, ein wichtiger Beitrag zu der gegenwärtigen theologischen Diskussion ist, die den Fokus unserer Theologie wieder auf die Bibel richten will. Diese Reihe lässt die Bibel für sich selbst sprechen und lässt nicht zu, dass sie durch historisch-theologische Paradigmen ausgelegt wird, seien es protestantische, römisch-katholische, orthodoxe oder selbst pfingstlerische Traditionen. Es ist eine Lektüre, die uns alle erleuchten wird. Aber mehr als das werden Sie herausgefordert, sich selbst auf die Herzensreise zu begeben und das Leben zu suchen, welches aus dem Herzen kommt, indem Sie den Weg der tieferen Intimität in Ihrer Beziehung mit Gott und anderen Menschen verfolgen. Es ist Zeit für eine weitverbreitete Herzensrevolution in der Gemeinde!

Randy Clark
Global Awakening, Mechanicsburg, Pennsylvania
www.globalawakening.com

Einleitung

Willkommen zu ***Die Reise des Herzens,*** dem dritten Band in der Reihe *Übernatürliche Transformation.* Was, mögen Sie sich fragen, qualifiziert jemanden dafür, ein Buch über die Herzensreise des Christen zu schreiben? Die Antwort lautet schlicht und einfach: *Versagen*! Thomas Edison, der berühmte Erfinder der Glühbirne, verfehlte sein Ziel so oft, dass er schon gar nicht mehr mitzählen konnte. Sein Kommentar dazu: „Ich habe nicht versagt. Ich habe lediglich 10.000 Wege gefunden, die nicht funktionieren. Unsere größte Schwäche liegt darin, dass wir aufgeben. Der sicherste Weg zum Erfolg besteht darin, es nur noch ein einziges Mal zu versuchen." Im Nachhinein sagte Edison über seine misslungenen Versuche: „Sie sind mir genauso wertvoll wie positive Ergebnisse. Ich werde nie herausfinden, was am besten funktioniert, wenn ich nicht herausfinde, was nicht funktioniert."

Genauso verhält es sich auch mit der Reise des Herzens. Wir alle treten sie als Versager an, aber unter den 10.000 Wegen, die nicht weiterführen, stolpern wir auf den einen Weg, der doch weitergeht, und tun einen Schritt vorwärts, hinein in neue Gefilde der Freiheit. Edison stellte fest: „Es gibt immer einen besseren Weg!" Paulus sah es genauso und verwies auf die Liebe als den „besseren Weg". Der Weg der Liebe ist der Weg des Herzens. Man muss Thomas Edisons Optimismus bewundern. Er sagte: „Ich bin nicht entmutigt, denn jeder verworfene falsche Versuch ist ein weiterer Schritt nach vorn. Viele der Menschen, die im Leben versagt haben, waren sich nicht bewusst, wie nahe sie dem Erfolg waren, als sie aufgaben." Und so ist es auch mit der Herzensreise. Paulus sagte immer wieder: „Wir lassen uns nicht entmutigen!" Edison legte die gleiche Beharrlichkeit an den Tag wie Paulus, der unermüdlich das Ziel verfolgte, aus dem Herzen heraus ein Leben der Liebe zu führen.

Ein Buch wie das hier vorliegende kann natürlich nur aus persönlicher Erfahrung heraus entstehen. Ich habe viel zu oft versagt, um noch zählen zu können, aber in meiner Leidenschaft, Jesus immer weiter zu folgen, sehe ich mich selbst immer wieder aufstehen und zur sanften Stimme Jesu zurückkehren. Jeden Tag stehe ich vor der Entscheidung, diese Stimme der Liebe zu hören und entweder mein Herz zu verhärten oder ihr von Herzen zu gehorchen. In vielerlei Hinsicht ist dieses Buch das Produkt meines persönlichen Umgangs mit der Stimme Jesu. Wir alle müssen herausfinden, was Jesus in dieser Stunde zu seiner Gemeinde sagt. Was sagt der Vater zu seinen Söhnen und Töchtern? Wir sind jeden Tag aufs Neue eingeladen, uns um seine sanfte Stimme der Liebe zu versammeln und von ganzem Herzen auf sie einzugehen.

Dieses dritte Buch der Reihe schließt direkt an das zweite Buch *Das Wunder der Neuen Schöpfung* an. Es baut auf der Grundlage auf, die ich in diesem Buch gelegt habe; insofern empfehle ich zuerst das zweite Buch zu lesen.

Ich bin davon überzeugt, dass Gott seine Gemeinde in ein völlig neues Herzensparadigma führen möchte, welches nicht nur dem Wunder der Neuen Schöpfung, sondern auch dem Prozess des Gläubigen gerecht wird, durch den er sich in die schiere Radikalität hineinfindet, mit der Gott uns einlädt, aus dem Herzen heraus unsere Beziehung mit ihm zu leben. Als Pastor, der täglich mit anderen Gläubigen zu tun hat, bin ich zu dem Schluss gekommen, dass keiner von uns die Herzensreise wirklich brillant gemeistert hat! Diese Herzensreise hin zu einer immer innigeren Beziehung zu Gott verkörpert zusammen mit der durch Gnade bewirkten übernatürlichen Transformation des Herzens in vielerlei Hinsicht das letzte noch unerforschte Gebiet des Menschen.

Gnade bedeutet, dass der Himmel in unseren Herzen auf die Erde kommt. Religion dagegen ist der Versuch der Erde, sich den Segen des Himmels zu verdienen. Paulus schrieb:

> *Denn [in Christus] ist Gottes Gnade sichtbar geworden – die Gnade, die allen Menschen Rettung bringt* (Tit 2,11).

Die Ausgießung neutestamentlicher Gnade ist etwas, das dem menschlichen Herzen und der Lebensweise, gemäß der wir als Menschen allesamt unser Leben in Unabhängigkeit von Gott geführt haben, absolut fremd ist. Zahlreiche erschwerende Faktoren sind im Herzen eines jeden Jesusnachfolgers am Werk, die uns maßgeblich daran hindern, uns auf das Gnadenparadigma und die Fülle unserer Identität als Neue Schöpfung einzulassen. Zum Teil liegt die Herausforderung darin, dass wir überhaupt erst begreifen, was uns geschenkt worden ist: Gottes *„Volk geht zugrunde aus Mangel an [Offenbarungs-]Erkenntnis"* (Hos 4,6 SLT). Zum anderen besteht das Problem im aktiven Widerstand des Bösen, der die Gläubigen hinsichtlich der Realität dessen, wer sie in Christus sind und wer Christus in ihnen ist, immer wieder mit Blindheit schlägt. Ein weiterer hinderlicher Faktor ist die äußerste Beliebtheit, derer sich der Narzissmus, selbst innerhalb der Gemeinde, erfreut.

Das Gnadenparadigma bietet bewusst Raum, damit die gewaltigen Sinnesänderungen – als die Bausteine, auf denen wir unser neues Leben in Christus aufbauen –, systematisch im Herzen platziert werden können. Unser neues Leben gründet sich ausschließlich auf das Fundament der Offenbarung und des Glaubens. Selbst nachdem Christen sich auf dieses radikale Umdenken hinsichtlich der Neuen Schöpfung eingelassen haben, wartet immer noch ein tiefgründiger Prozess auf sie, sich diese himmlischen Prinzipien anzueignen, sie anzuwenden und sie somit zu einer Erfahrung ihres Herzens zu machen. Darum geht es bei der Herzensreise. Gott ist so unglaublich gnädig mit uns, während wir uns unserer himmlischen Berufung bewusst werden und in unsere neue Identität und unser neues Leben in Christus hineinfinden. Wie Jesus sagte: *„Der Geist ist willig, aber das Fleisch ist schwach"* (Mt 26,41 SLT).

Es tobt ein erbitterter Kampf um Christen, die sich auf die Radikalität des Gnadenparadigmas einlassen, während sich innerhalb der Kirche bzw. Gemeinde noch immer heillose Verwirrung breitmacht. Paulus sagte: *„Wenn [vor einer Schlacht] die Trompete nicht ein klares Signal gibt, wer wird sich dann zum Kampf bereitmachen?"* (1 Kor 14,8). Der prophetische Aufruf, die Herzensreise anzutreten, muss absolut deutlich werden, damit wir ganz genau wissen, welche Reaktion sich Gott auf sein Reden zu unserem Herzen von uns wünscht. Einerseits bezeugt der Heilige Geist unserem wiedergeborenen menschlichen Geist unermüdlich in prophetischer Weise, dass wir Söhne Gottes sind. Jesus ruft immerzu den Schatz der Neuen Schöpfung in uns hervor. Auf der anderen Seite spricht Gott uns aber auch auf die Probleme in unserem Herzen an, die uns in unserem alten Leben gefangen halten. Jeden Sohn, den er aufnimmt, erzieht der Vater, damit wir in die Fülle des Lebens und der Heiligkeit eintreten, die unserem erneuerten Geist schon zustehen.

Wir müssen unbedingt verstehen, dass sowohl Jesus als auch der Vater zwei nebeneinander existierende Realitäten im Herzen des neutestamentlichen Gläubigen ansprechen. Wenn wir uns das Neue Testament anschauen, ist offensichtlich, dass der Geist des Vaters zu unserer neuen Identität der Sohnschaft spricht; gleichzeitig spricht er aber auch die Probleme menschlicher Gebrochenheit, Herzenshärte, Eigensinnigkeit, Sünde und Falschheit in der Seele des Gläubigen an. All die Rügen, Ermahnungen und Warnungen, die wir in den Büchern des Neuen Testaments finden, richten sich ausdrücklich an wiedergeborene Christen, die das Wunder der Neugeburt erlebt haben. Allein die Tatsache, dass der Geist Gottes Festungen noch vorhandener Selbstsucht direkt anspricht, zeigt, dass diese immer noch mächtige Realitäten sind und die Macht haben, Gläubige im Fleisch und manchmal sogar unter dämonischem Einfluss gefangen zu halten.

Wenn wir uns die Schriften des Apostels Paulus vornehmen, sehen wir, dass auch er zwei zusammenhängende Realitäten ansprach: die Herrlichkeit der Neuen Schöpfung, die sich im menschlichen Geist offenbart, und die Gebrochenheit der menschlichen Existenz, die sich im Seelenleben des Gläubigen offenbart. Paulus schrak nie davor zurück, das hohe Ideal unserer himmlischen Berufung in Gott als eine erreichbare Realität hochzuhalten, aber er war pragmatisch genug, dass er seine meiste Zeit der tatsächlichen Herzensverfassung der Gläubigen widmete, die in ihrer Selbstsucht beharrlich blieben. Nehmen Sie als Beispiel die folgenden beiden Abschnitte aus den paulinischen Schriften. Zunächst aus dem Kolosserbrief:

> *Denn ihr seid gestorben, als Christus starb, und euer wahres Leben ist mit Christus in Gott verborgen* (Kol 3,3 NLB).

Das ist eine wahrheitsgemäße Aussage über den Zustand unseres erneuerten Geistes, denn Paulus erkannte, dass unser Geist unserer noch nicht erneuerten Seele buchstäblich um Lichtjahre voraus ist. Aber hier liegt das Mysterium: Gleich im nächsten Atemzug konnte Paulus die Selbstlosigkeit und Heiligkeit seines geistlichen Lieblingssohnes Timotheus, der das Evangelium des Paulus radikal angenommen hatte, der unverschämten Selbstzentriertheit gegenüberstellen, die so viele Christen in den von Paulus selbst ins Leben gerufenen Gemeinden an den Tag legten:

Übrigens hoffe ich im Vertrauen auf den Herrn Jesus, Timotheus schon bald zu euch schicken zu können. [...] Ich habe nämlich keinen, der in allem so mit mir übereinstimmt und der sich, [wenn er zu euch kommt,] so aufrichtig um eure Belange kümmern wird wie er. Den anderen geht es allen nur um sich selbst und nicht um die Sache Jesu Christi (Phil 2,19-21).

Das wahrscheinlich Alarmierendste daran ist, dass Paulus hier von Leitern der Gemeinde sprach, denn er verglich Timotheus mit anderen Mitarbeitern am Evangelium wie z. B. Demas, dessen Herz dem tobenden Kampf um seine himmlische Berufung nicht gewachsen war. An die Kolosser schrieb Paulus noch: *„Auch Lukas, der geliebte Arzt, lässt euch grüßen, ebenso Demas"* (Kol 4,14), später aber musste er Timotheus mit Bedauern mitteilen:

Denn Demas hat mich verlassen, weil er diese Welt [wieder] lieb gewonnen hat, und ist nach Thessalonich abgereist (2 Tim 4,10).

Doch es kam noch schlimmer. In den folgenden Versen schreibt er: *„Lukas ist der Einzige, der noch bei mir ist ..."* und: *„... als ich das erste Mal [vor Gericht stand und] mich verteidigen musste, trat niemand für mich ein; alle ließen mich im Stich. Möge es ihnen nicht angerechnet werden!"* (2 Tim 4,11.16).

Halten Sie sich vor Augen, dass es sich hier um Menschen aus Paulus' eigenen Gemeinden handelte, denen er die herrliche Offenbarung vom Wunder der Neuen Schöpfung verkündet hatte! Ein gutes Zeugnis sieht anders aus! Und doch handelte es sich hier um eine sachliche Beschreibung der eher gewöhnlichen Lebensweise vieler Christen des ersten Jahrhunderts, die es versäumt hatten, sich auf die Herrlichkeit der paulinischen Offenbarung über die Neue Schöpfung einzulassen. Die *Amplified Bible* identifiziert diesen Widerstand als einen anhaltenden Götzendienst der Selbstvergöttlichung:

Also tötet, zerstört, beraubt seiner Macht das böse Verlangen, dass in euren Gliedern lauert: sexuelles Laster, Unreinheit, sinnliche Gelüste, unheiliges Begehren und alle Gier und Habsucht, denn diese ist Götzendienst; die Vergöttlichung des Selbst an Gottes Stelle (Kol 3,5 AMP).

In Paulus' eigenen Gemeinden existierte und florierte ein hartnäckig beständiger Narzissmus, der Paulus' Offenbarung von der Herrlichkeit der Neuen Schöpfung zu einem tragisch vernachlässigten Paradigma machte – zu seiner Zeit offensichtlich schon genauso sehr wie in unseren Tagen. Paulus forderte seine Gemeinden auf, ihr Kreuz auf sich zu nehmen und aller Gottlosigkeit abzusagen, aber es scheint, als seien die meisten Christen in den paulinischen Gemeinden der Einladung zu einem gekreuzigten Leben nicht gefolgt. Er verwies auf Jesus als unser Vorbild:

> *Und er ist deshalb für alle gestorben, damit die, die leben, nicht länger für sich selbst leben, sondern für den, der für sie gestorben und zu neuem Leben erweckt worden ist* (2 Kor 5,15).

Paulus nannte dies *„das Ärgernis* [oder „scandalon"] des *Kreuzes"* (Gal 5,11 SLT). Das Kreuz ist das Tor zur Herrlichkeit der Neuen Schöpfung, aber wir müssen es bewusst ergreifen, wenn wir die Fülle des Lebens erleben wollen, die Jesus uns durch sein Kommen ermöglicht hat.

Die Gabe geistlicher Gesundheit

Wenn wir lernen, unser Leben auf der radikalen Grundlage der Neuen Schöpfung zu führen, kommen wir nicht umhin, uns auf die unglaubliche Offenbarung einzulassen, dass wir im Kern unseres Seins nun geistlich gesunde Menschen sind! Durch das Wunder der Neugeburt hat Gott in unserem innersten Geist, der tief in den Heiligen Geist hineingetaucht worden ist, ein unerschütterliches Bollwerk geistlicher Gesundheit errichtet. Ohne diese Offenbarung würden wir niemals erkennen, dass wir nun gesunde Menschen sind, die sich gegen das Übel der Sünde und die emotionale Gebrochenheit in unserer Seele wehren, und nicht kranke Menschen, die geistlich gesund werden wollen. Im Alten Testament prophezeite Jeremia:

> *Trügerisch ist das Herz, mehr als alles, und unheilbar ist es. Wer kennt sich mit ihm aus?* (Jer 17,9 ELB).

Dies war ein prophetisches Wort an das alttestamentliche Volk Gottes, welches das Ausmaß menschlicher Gebrochenheit enthüllte. Ihre uneinsichtigen menschlichen Herzen waren in der Tat durch und durch unheilbar krank. Ihr menschlicher Geist war noch immer tot in Übertretungen und Sünden, und geistliche Verdorbenheit hatte sie fest im Griff.

In krassem Gegensatz dazu ist das Herz des neutestamentlichen Gläubigen vollständig „neu" und ein noch größtenteils unerforschtes und unentdecktes Gebiet. Gott hat in unserem Geist den Brückenkopf der Neugeburt errichtet und sich im Innersten unseres Seins auf übernatürliche Weise ein Heiligtum geschaffen. Mitten in unserem Herzen hat er ein Bollwerk geistlicher Gesundheit, Vitalität und geistlichen Wohlbefindens errichtet, weil wir in Christus sind. Die Herausforderung für uns besteht darin, dies von ganzem Herzen zu glauben und zu lernen, unser Leben auf die Grundlage dieser herrlichen Realität zu stellen, dass wir Teilhaber an der göttlichen Natur Christi sind. Die Gesundheit unseres Geistes ist die Folge des Wunders der Neuen Schöpfung.

Gott hat eine übernatürliche Heilung des menschlichen Geistes erwirkt. Unser Geist ist bereits vollkommen und umfassend geheilt worden. Wir können nun emphatisch und wahrheitsgemäß sagen, dass **wir geheilt sind**, und zwar im Sinne einer gegenwärtigen Realität. Petrus ging explizit auf die Krankheit der Sünde ein, als er sagte:

> *Er hat unsere Sünden selbst an seinem Leib getragen auf dem Holz, damit wir, den Sünden gestorben, der Gerechtigkeit leben mögen; durch seine Wunden seid ihr heil geworden* (1 Petr 2,24 SLT).

Eine andere Übersetzung lautet: *„Ja, durch seine Wunden **seid** ihr **geheilt**"* (NGÜ). Für wiedergeborene Christen ist die Neugeburt ein in der Vergangenheit liegendes Ereignis, das in unserem Inneren eine neue, gegenwärtige Realität überreichlicher geistlicher Gesundheit und Vitalität hervorgebracht hat.

Petrus sprach hier das Problem der Sünde an. Viele Leute zitieren diesen Vers im Zusammenhang mit physischer Krankheit, aber sorgfältige Bibelausleger verstehen, dass es in diesem Zusammenhang streng genommen um die Heilung des sündigen Zustands im Kern unseres Seins geht. Petrus bekräftigte Paulus' Offenbarung, dass unser Geist aufgrund des Geschenks der Gerechtigkeit nun herrlich lebendig ist (Röm 8,10).

Denn genauso, wie die Sünde geherrscht und [den Menschen] den Tod gebracht hat, soll die Gnade herrschen, indem sie Zugang zu Gottes Gerechtigkeit verschafft und zum ewigen Leben führt durch Jesus Christus, unseren Herrn (Röm 5,21).

Gott hat unseren Geist auf übernatürliche Weise gerecht gemacht, und dieses Geschenk hat im Innersten unseres Seins explosionsartig neues Leben freigesetzt. In diesem Bereich mitten in Ihrem Herzen sind Sie zu 100 % tot für die Sünde und zu 100 % lebendig für die Gerechtigkeit. Ihr Geist ist nicht mehr von Sünde befallen!

Wenn unser Geist geheilt worden ist und wir nun eine Festung des übernatürlichen Lebens Gottes in unserem menschlichen Geist haben, treten wir das Werk Gottes durch das Kreuz und die Neugeburt mit Füßen, wenn wir uns selbst noch als geistlich tot und im Kern unheilbar krank betrachten. Gott möchte uns dahin bringen, dass wir in einem Zustand ständiger Begeisterung über das Wunder der Neuen Schöpfung leben. Er hat uns in der Tat ein neues Herz, ein neues Wesen und ein komplett neues Selbst bzw. eine vollständig neue Identität gegeben, aus der heraus wir leben können. Wir können nun wahrheitsgemäß verkünden, dass wir gesunde Menschen sind, die der Sünde und Gebrochenheit in unserem Leben Widerstand leisten. Das ist es, was es bedeutet, von der Neuen Schöpfung her zu leben. Aus dieser neuen Identität heraus zu leben, ist der erste große Schritt auf der Reise der übernatürlichen Verwandlung. Es handelt sich dabei um die Offenbarung, die vielen Christen zum Durchbruch verhilft, weil sie ihnen als Starthilfe und Antrieb für ihre übernatürliche Herzensreise dient.

Das ist die Perspektive, aus der Paulus kämpfte. Durch Christus war er bereits zu mehr als einem Überwinder geworden.

Aber in diesem allen sind wir mehr als Überwinder durch den, der uns geliebt hat (Röm 8,37 ELB).

Gott aber sei Dank! Durch Jesus Christus, unseren Herrn, schenkt er uns den Sieg! (1 Kor 15,57).

Paulus war davon überzeugt, dass ihn nun nichts von der Liebe Gottes in Christus würde scheiden können. Er bemühte sich darum, ein vollkommen neues Bild vom Herzen des Gläubigen zu vermitteln.
Paulus arbeitete mit dem Heiligen Geist zusammen und versuchte unermüdlich, das Wunder der Neugeburt zu enthüllen, damit die Christen

lernen konnten, aus einer Position der Stärke und Gesundheit heraus zu kämpfen und eine übernatürliche Verwandlung von innen heraus zu erleben.

Das Herz des wiedergeborenen Christen ist nun eine seltsame Mischung aus Altem und Neuem. Kein einziger Christ würde leugnen, dass in seinem Herzen erfahrungsgemäß noch einige entscheidende Kämpfe ausgetragen werden. Tatsächlich tritt die Neugeburt einen neuen inneren Kampf los, in dem zwei sich diametral entgegengesetzte Realitäten um die Vorherrschaft kämpfen. Die grundlegende Veränderung, welche die Offenbarung der Neugeburt mit sich bringt, ist, dass wir den Kampf gegen Sünde, Täuschung und emotionale Gebrochenheit nun aus einer komplett anderen Perspektive her bestreiten. Jetzt können wir uns jedem Feind der Neuen Schöpfung von einem Standpunkt der Gesundheit und des Sieges her entgegenstellen, anstatt von einem Standpunkt der Niederlage und Krankheit. Das ist der maßgebliche Paradigmenwechsel, den das Wunder der Neuen Schöpfung bewirkt!

Paulus verstand, dass es für das christliche Leben keine andere Grundlage gibt. Ohne diese Offenbarung wären wir für den Rest unseres Lebens dazu verdammt, im Kreis zu laufen. Jeder, der wiedergeboren ist, kann nun siegessicher bekennen, dass er in Christus eine neue Kreatur ist. Gott hat uns im Innersten unseres Seins gesund gemacht und wir versuchen nun, unseren neugeborenen Geist zu aktivieren und aus ihm heraus zu leben, und lassen diese herrliche geistliche Gesundheit jeden Bereich unserer Seele durchdringen. Das ist das Wesentliche der Herzensreise hin zum Ebenbild Christi und das neue Herzensparadigma, das Gott in der Gemeinde zu legen versucht. Gott führt viele Söhne zur Herrlichkeit und wir alle sind eingeladen, uns auf die herrliche Herzensreise der übernatürlichen Verwandlung zu machen.

Die Gemeinde braucht ein klares Trompetensignal, um uns in die Schlacht zu führen. Wir können diesen Kampf nur mit einer klaren prophetischen Vision führen. Wenn wir über das Wesen der inneren Reise verwirrt sind, werden wir nicht die nötige Zugkraft haben, um in den Prozess der Verwandlung in das Bild des Sohnes einzutreten, den Gott mit uns vorhat.

> *Wenn [vor einer Schlacht] die Trompete nicht ein klares Signal gibt, wer wird sich dann zum Kampf bereitmachen?* (1 Kor 14,8).

Mein Gebet ist, dass dieses Buch zu solch einem klaren Trompetensignal wird, das die ganze Verwirrung durchdringt und Sie in mächtiger Weise freisetzt, sich mit aller Kraft und von ganzem Herzen auf Ihre Reise in die Fülle der Herrlichkeit Christi einzulassen, damit ihr Leben die Herrlichkeit des Herrn in eine verlorene und gefallene Welt hineinstrahlt.

Phil Mason

Kapitel 1

Das Gleichnis vom menschlichen Herzen

In Matthäus 13 erzählt Jesus einer großen Menschenmenge, die sich am Ufer drängte, um ihm zuzuhören, ein großartiges Gleichnis von einem Bauern, der auf einem Feld Samen aussäte. Diese vielen Menschen konnten damals nicht ahnen, dass im Lauf der Zeit einige Milliarden Menschen dieses berühmteste aller Gleichnisse Jesu hören würden. Das Gleichnis ist simpel, aber grundlegend. Es erzählt die Geschichte vierer unterschiedlicher Herzen und beschreibt in groben Zügen die verschiedenen Reaktionen des menschlichen Herzens auf die Botschaft des Reiches Gottes. Das Gleichnis ist allgemein bekannt als das „Gleichnis vom Sämann", aber eigentlich ist es das „Gleichnis vom menschlichen Herzen", da der Schwerpunkt nicht auf dem Sämann selbst liegt, sondern auf dem Herzen, das dieser himmlischen Stimme begegnet. Jesus sagte:

> *Ein Bauer ging aufs Feld, um zu säen. Als er die Saat über das Feld ausstreute, fielen einige Körner auf einen Weg, und die Vögel kamen und pickten sie auf. Andere Körner fielen auf eine dünne Erdschicht mit felsigem Untergrund. Die Saat ging schnell auf, aber schon bald vertrockneten die Pflänzchen unter der heißen Sonne, weil die Wurzeln in der dünnen Erdschicht keine Nahrung fanden. Andere Samenkörner fielen in die Dornen, die schnell wuchsen und die zarten Pflänzchen erstickten. Einige Samen aber fielen auf fruchtbaren Boden, und der Bauer erntete dreißig, sechzig, ja hundert Mal so viel, wie er gesät hatte. Wer hören will, der soll zuhören und begreifen!* (Mt 13,3-9 NLB).

Dies ist eines von nur zwei Gleichnissen, die Jesus für seine Jünger auch auslegte, um sicherzustellen, dass sie seine volle Bedeutung verstanden. Direkt nach dieser Predigt am Seeufer kamen die Jünger zu Jesus und fragten ihn: „Warum erzählst du immer Geschichten, wenn du mit den Leuten redest?“ Jesus erklärte, warum er in Gleichnissen sprach, und fuhr dann fort, eben dieses Gleichnis von den vier Herzen zu verwenden, um die tiefen geistlichen Wahrheiten zu erklären, die diese Geschichte bereithält. Seine detaillierte Erklärung diente den Jüngern als Interpretationsvorlage, um seine sämtlichen Gleichnisse zu ergründen und die in diesen einfachen Geschichten verborgenen tiefgründigen Wahrheiten zu Tage zu fördern. Jesus sagte:

> *Doch ich will euch das Gleichnis vom Bauern, der seine Saat ausstreute, erklären: Die Saat, die auf den harten Weg fiel, steht für die Menschen, die die Botschaft vom Reich Gottes hören, sie aber nicht verstehen. Dann kommt der Teufel und reißt ihnen die Saat aus dem* ***Herzen****. Der felsige Boden steht für jene, die die Botschaft hören und sie freudig annehmen. Aber wie bei jungen Pflänzchen in einem solchen Boden reichen ihre Wurzeln nicht sehr tief. Zuerst kommen sie gut zurecht, doch sobald sie Schwierigkeiten haben oder wegen ihres Glaubens verfolgt werden, verdorren sie. Die Dornen stehen für jene, die das Wort Gottes hören und es annehmen. Doch viel zu schnell wird es erstickt durch die alltäglichen Sorgen und Verlockungen des Reichtums, und die Ernte bleibt aus. Der gute Boden steht für die* ***Herzen*** *derer, die die Botschaft Gottes annehmen und eine große Ernte einfahren – dreißig, sechzig, ja hundert Mal so viel, wie gesät wurde* (Mt 13,18-23 NLB).

Die Botschaft vom Reich Gottes ist das Evangelium von Christus, das jedem, der es hört und glaubt, das Geschenk der Errettung anbietet. Petrus verglich die Evangeliumsbotschaft mit einem Samen, der in das Herz gesät wird.

> *Ihr seid ja von Neuem geboren, und dieses neue Leben hat seinen Ursprung nicht in einem vergänglichen Samen, sondern in einem unvergänglichen, in dem lebendigen Wort Gottes, das für immer Bestand hat* (1 Petr 1,23).

Auch Johannes verwendete den Vergleich des Wortes Gottes mit einem Samen, der ins Herz gesät wird:

Jeder, der von Gott stammt, tut keine Sünde, weil Gottes Same in ihm bleibt. Er kann nicht sündigen, weil er von Gott stammt (1 Joh 3,9 REÜ).

Der Himmel kommt in Form eines unscheinbaren kleinen Samens auf die Erde, der in ein glaubendes und empfängliches Herz gesät wird. Genauso wie der Himmel unauffällig in dem Schrei eines winzigen Babys in einem Stall in Bethlehem auf die Erde kam, kommt der Himmel in dem Schrei eines neugeborenen geistlichen Babys auf die Erde, das die herrliche Himmelsbotschaft annimmt.

Genauso, wie ein neugeborenes Kind [auf Muttermilch begierig ist], sollt ihr auf Gottes Wort begierig sein, auf diese unverfälschte Milch, durch die ihr heranwachst, bis das Ziel, eure [endgültige] Rettung, erreicht ist. Ihr habt von dieser Milch ja schon getrunken und habt erlebt, wie gütig der Herr ist (1 Petr 2,2-3).

In einem anderen Gleichnis in Matthäus 13 sprach Jesus von dem Potential eines winzigen Samens, aufzukeimen und zu einem großen Baum zu werden, der einer Vielzahl von Vögeln einen sicheren Nistplatz bietet.

Mit dem Himmelreich ist es wie mit einem Senfkorn, das ein Mann auf sein Feld sät. Es ist zwar das kleinste aller Samenkörner. Aber was daraus wächst, ist größer als alle anderen Gartenpflanzen. Ein Baum wird daraus, auf dem die Vögel sich niederlassen und in dessen Zweigen sie nisten (Mt 13,31-32).

Im selben Tenor fuhr Jesus sofort fort, die geheime himmlische Invasion mit einem kleinen Stück Sauerteig zu vergleichen, der in eine große Teigmenge geknetet wird.

Mit dem Himmelreich ist es wie mit dem Sauerteig. Eine Frau nimmt [eine Hand voll] davon, mengt ihn unter einen halben Sack Mehl, und am Ende ist die ganze Masse durchsäuert (Mt 13,33).

Seine Zuhörer verstanden, dass schon eine kleine Menge Sauerteig das Potential hatte, sich zu vermehren und einen Teigklumpen vollständig zu durchdringen, um ihn zum Gehen zu bringen.

Worum es in all diesen Reich-Gottes-Gleichnissen geht, ist, dass etwas so Kleines und Unscheinbares wie ein klitzekleiner Same oder eine winzige Menge Sauerteig unter den richtigen Bedingungen das Potential hat, massive Auswirkungen auf die Person zu haben, die die Botschaft des Reiches Gottes annimmt. Aus Kleinem erwächst Großes! Vor allem das Gleichnis von dem Samen und den viererlei Herzen lenkt unsere Aufmerksamkeit speziell auf den Zustand des Herzens. Der hauptsächliche Sinn dieses Gleichnisses war, dass der Same, wann immer er genährt und adäquat gepflegt wird, von einer 30fachen Ernte bis zu einer 100fachen Ernte alles hervorbringen kann.

Der Same, der in das menschliche Herz gesät wird, ist die Botschaft des Evangeliums. Im Herzen derer, die diese Botschaft mit Glauben vermengen, bewirkt sie das Wunder der Neugeburt. Der Same der Neugeburt wird in den Ackerboden des menschlichen Herzens gesät. Tief im Inneren unseres Herzens werden wir so zu einer vollständig Neuen Schöpfung. Dieses Wunder kann sich mit großer Fanfare ereignen oder im Verborgenen geschehen, sogar soweit, dass manch einer nicht in der Lage ist, den genauen Zeitpunkt festzumachen, an dem das Wunder geschah. Im Himmel wird das Geschenk der Errettung immer groß gefeiert. Jesus sagte: *„Genauso freuen sich die Engel Gottes über einen einzigen Sünder, der umkehrt"* (Lk 15,10). Aber hier auf der Erde kann das Wunder sich ereignen, ohne dass eine einzige Seele mitbekommt, was in der geistlichen Welt gerade geschehen ist. Wann immer ein Mensch gerettet wird, hallt es für die Engel wie Blitz und Donner wider, weil der Himmel in einem weiteren offenen Herzen in die Erde eindringt.

Die Qualität dieses winzigen Samens, der in das menschliche Herz gesät wird, übersteigt die menschliche Vorstellungskraft. Der erneuerte menschliche Geist ist auf übernatürliche Weise in den Heiligen Geist hineingetauft und mit ihm vereinigt worden. Christus wohnt nun in jedem wiedergeborenen Gläubigen und sein göttliches Wesen ist auf wundersame Weise in Samenform auf unseren menschlichen Geist übertragen worden. Genau wie bei einem natürlichen Samen sind all die Eigenschaften und charakterlichen Merkmale der reifen Pflanze in der DNA eines winzigen Samens verpackt. Es ist dasselbe, wie wenn sich die Eizelle einer Frau mit dem Spermium eines Mannes vereinigt; ist die Eizelle einmal befruchtet, bringt das neue Leben, das aus der Verschmelzung der männlichen und weiblichen Gene hervorgeht, ein vollständig neues biologisches Wesen hervor, in dem all die Eigenschaften dieses neuen Lebens im Moment der Empfängnis bereits vorherbestimmt sind. Und genauso ist es für diejenigen, die von oben geboren werden: die Fülle der Natur Christi wird mit unserem Geist vereint, sodass wir im Augenblick der Neugeburt zu Teilhabern an der göttlichen Natur werden (2 Petr 1,4). Es braucht einige besondere Fertigkeiten, um zu lernen, den explosiven Inhalt des Samens der göttlichen Natur zu aktivieren und freizusetzten. Wenn Gläubige lernen, ihren erneuerten Geist zu aktivieren und aus ihm heraus zu leben, haben sie durch den Glauben unbegrenzte Möglichkeiten, die Fülle der Auferstehungskraft und Natur Jesu aus ihrem Innersten heraus freizusetzen!

Der Same des Wunders der Neuen Schöpfung wird in das Herz gesät. Der Zustand jedes einzelnen Herzens ist ebenso vielfältig wie die Zahl der Menschen, die das Wunder erlebt haben. Jeder hat seine eigene Geschichte zu erzählen; seine eigene Reise der Gebrochenheit und des Elends, das den Fall der Menschheit in die Tiefen der Sünde und Verderbtheit begleitet hat. Bei manchen bestehen Festungen religiöser Irreführung, bei manchen Festungen des Unglaubens und bei manchen Festungen unvorstellbarer sexueller Gebrochenheit, während andere Mauern des Stolzes in sich tragen, die so gewaltig sind wie die Chinesische Mauer. Die Kombinationen und Erscheinungsformen von emotionaler Gebrochenheit und von Festungen der Sünde sind endlos. Das Herz des durchschnittlichen Sünders, der in das Reich Gottes kommt, ist zum Zeitpunkt seiner Bekehrung noch ein regelrechtes Katastrophengebiet, das in einem lebenslangen Prozess wiederhergestellt werden muss. Um auf eine derbe paulinische Metapher zurückzugreifen: Die Perle der Errettung wird in einen Garten voller Exkremente gelegt (Phil 3,8).

Viererlei Herzen

Jesus lehrte, dass der Same des Himmels in einem Herzen, das in tiefen Schwierigkeiten steckt, in die Erde eindringt. Das Herz ist der Ackerboden und hat als solcher zwangsläufig seine eigenen spezifischen Probleme. Im ersten Fall *„kommt der Teufel und reißt ihnen die Saat aus dem Herzen"*. Sie hören die Botschaft über die himmlische Herrlichkeit, aber ihre Herzen sind so hart, dass sie einem steinigen Pfad gleichen, der über zwanzig Jahre hinweg von einer Dampfwalze festgewalzt worden ist. Der wunderbare Himmelssame kann in ein steinernes Herz einfach nicht eindringen. Mit Leichtigkeit können die Vögel der Lüfte diese Botschaft wegschnappen, sodass sie nichts weiter bleibt als eine Stimme auf einem überfüllten und lauten Marktplatz.

Im zweiten Fall hört die Person die Botschaft und nimmt die Gute Nachricht voller Freude auf; sie wird von Neuem geboren.

Der felsige Boden steht für jene, die die Botschaft hören und sie freudig annehmen. Aber wie bei jungen Pflänzchen in einem solchen Boden reichen ihre Wurzeln nicht sehr tief. Zuerst kommen sie gut zurecht, doch sobald sie Schwierigkeiten haben oder wegen ihres Glaubens verfolgt werden, verdorren sie.

Diese zweite herkömmliche Herzensverfassung, die Jesus beschreibt, war eine Mischung aus urbarem Boden und felsigem Untergrund. Der Same kann zwar aufkeimen und Wurzeln schlagen, aber der steinige Boden verhindert jegliches Fruchtbringen. Dennoch erwähnte Jesus, dass diese Person, die die Botschaft hörte, sie mit Freude aufnahm. Das Hereinbrechen des Reiches Gottes bringt immer Freude mit sich!

Es ist ja nicht so, dass diese Person dem Evangelium nicht geglaubt hätte. Jesus macht nämlich deutlich, dass diese Person dem Wort tatsächlich Glauben geschenkt hatte. Es war also ein gewisses Maß an Glauben vorhanden. Wie viele Menschen haben das Evangelium gehört, haben sich von den Emotionen der Menge mitreißen lassen und anfänglich im Glauben darauf reagiert – doch wo stehen sie sechs Monate später? Findet man sie mit erhobenen Händen im Gottesdienst, wo sie Gott preisen und anbeten? Oder erzählen sie an ihrem Arbeitsplatz ihren Kollegen von dem Tag, an dem sie mit in den Gottesdienst gingen, sich aber nicht in eine so fremde Kultur hineinfinden konnten? Sobald ihre Freunde hörten, sie seien religiös geworden, begannen sie, sie damit aufzuziehen, und ehe sie sich versahen, hatten sie ihrem neuentdeckten Glauben den Rücken zugekehrt, weil sie die Ablehnung seitens ihres weltlichen Freundeskreises nicht ertragen konnten. Wie viele Male hat sich diese Tragödie auf dem Planten Erde wohl ereignet?

Wann immer eine Person nicht im Glauben bleibt, wird der gute Same, der in ihr Herz gesät wurde, so vernachlässigt, dass kein Platz mehr für ihn bleibt. Die Person ist vom Glauben abgefallen. Jesus macht in diesem Gleichnis nicht das Fass der heiklen theologischen

Frage auf, ob die Person damit das Geschenk des Heils verwirkt hat, aber er beschreibt ein Szenario, das sich unter denen, die das Evangelium zunächst mit großer Freude annehmen, nur allzu häufig abspielt. Jedoch es ist unerlässlich, im Glauben voranzugehen. Nach ihrer ersten Missionsreise befanden Paulus und Barnabas es für notwendig, auf ihrem Nachhauseweg die Herzen der durch sie zum Glauben Gekommenen zu ermutigen, *„am Glauben festzuhalten, und erklärten ihnen noch einmal, dass wir alle durch viele Bedrängnisse in das Reich Gottes kommen müssen"* (Apg 14,22 NLB). Der Druck und die Widrigkeiten der Verfolgung, des Verstoßenwerdens von der Familie und des unverhohlenen Spotts sind so schwerwiegend, dass die Versuchung, den Glauben aufzugeben, manchmal einfach zu groß wird. Paulus ermahnt die jungen Gläubigen:

> *Ihr müsst allerdings an dieser Wahrheit festhalten und euren Glauben bewahren. Weicht nicht von der Hoffnung ab, die euch geschenkt wurde, als ihr die Botschaft von Jesus Christus gehört habt* (Kol 1,23 NLB).

In dem Gleichnis von den vier Herzen beschreibt Jesus einen Zustand des menschlichen Herzens, der für einen sich vertiefenden und beständigen Glauben letztlich nicht förderlich ist. *„Die Saat ging schnell auf, aber schon bald vertrockneten die Pflänzchen unter der heißen Sonne, weil die Wurzeln in der dünnen Erdschicht keine Nahrung fanden."* Den Calvinisten werden die theologischen Konsequenzen dieses Gleichnisses nicht gefallen, weil sie an dem Grundsatz von „einmal gerettet, immer gerettet" festhalten. Aber es gibt im Neuen Testament überzeugende Indizien dafür, dass der Vertrag eine Ausstiegsklausel enthält. Die Zurückweisung des Glaubens (die dazu führt, dass sich die Person wieder der Welt zukehrt) bedeutet einfach, dass die Neugeburt nicht anhält. Paulus deutete in seiner Abhandlung von den in den Ölbaum eingepfropften Heiden und den aus dem Ölbaum herausgebrochenen Juden an, dass es darum geht, in einem Zustand des Glaubens weiterzugehen.

> *Aber dass sie ausgebrochen wurden, lag an ihrem Unglauben, und dass du da stehst, wo du stehst, liegt an deinem Glauben. Darum sei nicht überheblich, sondern sei dir bewusst, in welcher Gefahr du dich befindest. Denn wenn Gott die natürlichen Zweige nicht*

> *verschont hat, warum sollte er dann dich verschonen? Du hast hier also beides vor Augen, Gottes Güte und Gottes Strenge: seine Strenge denen gegenüber, die sich von ihm abgewendet haben, und seine Güte dir gegenüber – vorausgesetzt, du hörst nicht auf, dich auf seine Güte zu verlassen; sonst wirst auch du abgehauen werden. Die ausgebrochenen Zweige dagegen werden wieder eingepfropft werden, sofern sie nicht an ihrem Unglauben festhalten. Denn es steht sehr wohl in Gottes Macht, sie wieder einzupfropfen* (Röm 11,20-23).

In dem Gleichnis, das wir uns vorgenommen haben, beschreibt Jesus einen dritten Herzenszustand. *„Andere Samenkörner fielen in die Dornen, die schnell wuchsen und die zarten Pflänzchen erstickten."* Seine Erklärung dieser Herzensverfassung offenbart, dass die Verführung der Welt neue und unreife Gläubige zurück in einen Lebensstil lockt, der ohne Frucht bleibt.

> *Die Dornen stehen für jene, die das Wort Gottes hören und es annehmen. Doch viel zu schnell wird es erstickt durch die alltäglichen Sorgen und Verlockungen des Reichtums, und die Ernte bleibt aus.*

Nirgendwo in dieser Beschreibung einer Person mit einem solchen Herzen finden wir einen Hinweis darauf, dass diese Person sich vom Glauben abkehrt. Das Hauptaugenmerk liegt auf dem Mangel an Fruchtbarkeit. Es gibt keine Ernte, weil diese Person es versäumt, den Samen so zu nähren, dass er eine Ernte hervorbringen könnte.

Diese neue Pflanze beginnt zu gedeihen, wird aber schließlich von anderem Unkraut, das neben dem zarten Pflänzchen der Neuen Schöpfung im Herzen wächst, verdrängt. Der Gärtner hat es vernachlässigt, das Unkraut herauszureißen (die Dornen und Disteln, die im Herzen wachsen), das drohte, die neue Pflanze zu ersticken. Obwohl das Leben dieser jungen Pflanzen nicht vollkommen zerstört wurde, sodass sie verwelkte und starb (wie die Person, die Jesus in dem Beispiel davor beschrieben hatte), wurde diese Pflanze aufgrund von Vernachlässigung doch wesentlich in ihrem Wachstum gehemmt und ausgedorrt. Jesus identifizierte zwei Arten von gewaltigem Unkraut, die diese neue Pflanze erstickten: die „alltäglichen Sorgen" und die „Verlockungen des Reichtums". Sie sind Bereiche weltlicher Versuchung, vor denen Jesusnachfolger auch an anderen Stellen im

Neuen Testament gewarnt werden. Diese Gefahren und Tücken im Leben des Christen können jegliche Frucht des Reiches Gottes in unserem Herzen ersticken. Wie viele wiedergeborene Christen fallen in diese Kategorie? Bedauerlicherweise ist es eher die Ausnahme als die Regel, dass ein Christ auch ein Leben außerordentlicher Fruchtbarkeit für das Reich Gottes führt.

Die letzte Herzensverfassung, die Jesus in diesem Gleichnis beschreibt, ist ein Herz, welches das Wunder der Neuen Schöpfung bewusst nährt und kultiviert.

Einige Samen aber fielen auf fruchtbaren Boden, und der Bauer erntete dreißig, sechzig, ja hundert Mal so viel, wie er gesät hatte.

Offensichtlich bestand der Sinn des Vergleichs dieser letzten Herzensverfassung mit den drei vorigen unfruchtbaren Herzen darin, herauszustellen, wie absolut notwendig es ist, reichhaltige und fruchtbare Bedingungen zu schaffen, die zu außerordentlicher Fruchtbarkeit für das Reich Gottes führen. Wann immer der Same des Reiches Gottes in eine Bodenkultur gesät wird, die bewusst gepflegt und kultiviert wird, um einen größtmöglichen Ertrag zu sichern, können sie sicher sein, dass der Same der Neuen Schöpfung zur vollen Reife heranwachsen kann.

Fruchtbarkeit im Reich Gottes gleicht dem himmlischen Sauerteig, der den gesamten Teigklumpen durchsäuert, sodass kein Teil des Teigs von diesen gewaltigen Realitäten der Neuen Schöpfung unberührt bleibt. Fruchtbarkeit im Reich Gottes ist wie der kleinste Same, der zu einem großen Baum heranwächst und einer Vielzahl von Vögeln Sicherheit und Unterschlupf bietet. Fruchtbarkeit im Reich Gottes ist wie ein Garten mit dem besten Boden des Landes, der das Potential hat, hundertfachen Ertrag zu bringen. Ein guter Same kann sich gut über hundert Mal vermehren, um eine Ernte von Gläubigen hervorzubringen, die dann in ähnlicher Weise Frucht für das Reich Gottes bringen. Das ist die Kraft und die Herrlichkeit des Samens der Neuen Schöpfung, der in ein Herz gesät wird, das den Samen wertschätzt und sein Leben lang mit Gott zusammenarbeitet, um eine Rekordernte hervorzubringen.

Der Schwerpunkt des Gleichnisses von den vier Herzen liegt auf der Tatsache, dass der herrliche Same in eine Herzenskultur gesät wird, die ihr eigenes internes Ökosystem hat. Jeder einzelne Same wird in einen einzigartigen persönlichen Kontext hineingesät, und der Zustand der

Herzen ist so vielfältig wie es Menschen auf der Erde gibt. Die Herzensreise des wiedergeborenen Christen ist hier absolut entscheidend. Das Wunder der Neuen Schöpfung ist eine explosive Realität, aber in einem Herzen, das sein Wohlbefinden nicht zur Priorität macht, wird es nicht detonieren. In den Sprüchen werden wir aufgefordert:

> *Mehr als alles andere behüte dein Herz; denn von ihm geht das Leben aus* (Spr 4,23 SLT).

Wie viele Millionen Herzen haben diesen kostbaren Samen erhalten, aber der Empfänger des Geschenks hat sein Herz nicht behütet, indem er Verantwortung für die Reise übernommen hat.

> *Noch ein wenig schlafen, noch ein wenig schlummern, noch ein wenig die Arme verschränken, um auszuruhen. Da kommt schon die Armut wie ein Strolch über dich, die Not wie ein zudringlicher Bettler* (Spr 6,10-11 REÜ).

Die Herzensreise ist ein tägliches Unterwegssein mit Jesus, wobei wir jeden Tag aufs Neue unser Herz instand halten und kalibrieren, um immer weiter den Herrn zu suchen und auf Jesus zu schauen. Wenn wir uns auf diese Reise machen, werden wir den Garten unseres Herzens pflegen, in dem wir jeden Tag das Unkraut herausreißen, das den guten Samen ersticken könnte. Wir werden den Garten wässern mit der Gegenwart der Herrlichkeit Jesu, in die wir durch einen Lebensstil der Anbetung und des Gebets eintreten, und wir werden den Erdboden anreichern mit einer täglichen Dosis des Wortes Gottes. Wir sind für den Erhalt des Gartens unseres Herzens selbst verantwortlich. Gott kann das nicht für Sie tun! Niemand außer Ihnen kann das tun. Die Neue Schöpfung kann nur fruchtbar sein, wenn wir Verantwortung für eine tiefgehende Herzensreise mit Gott übernehmen.

Das Geheimnis geistlichen Wachstums

Jeden Tag erzieht und unterweist uns der Vater darin, in immer innigerer Intimität mit ihm unterwegs zu sein. Er stutzt die Zweige, die unsere Fruchtbarkeit behindern, indem er die Problemfelder in unserem Herzen anspricht, die den guten Samen des Wunders der Neuen Schöpfung ersticken könnten. Geistliches Wachstum ereignet sich spontan, solange wir dem Ruf zur Herzensreise folgen. Jesus brachte ein weiteres Gleichnis über geistliches Wachstum. Der Zweck dieses Gleichnisses war, die Tatsache hervorzuheben, dass wir in unserem Leben Wachstum sehen werden, vorausgesetzt, wir erfüllen die richtigen Bedingungen.

> *Er sagte: Mit dem Reich Gottes ist es so, wie wenn ein Mann Samen auf seinen Acker sät; dann schläft er und steht wieder auf, es wird Nacht und wird Tag, der Samen keimt und wächst und der Mann weiß nicht, wie. Die Erde bringt von selbst ihre Frucht, zuerst den Halm, dann die Ähre, dann das volle Korn in der Ähre. Sobald aber die Frucht reif ist, legt er die Sichel an; denn die Zeit der Ernte ist da* (Mk 4,26-29 REÜ).

Dieses Gleichnis offenbart das Geheimnis geistlichen Wachstums. Der Bauer geht nachts zu Bett, nachdem er den Samen gesät hat. Am Morgen steht er auf und sieht kein Anzeichen für Wachstum. Eine Woche später gibt es noch immer kein Zeichen von Wachstum. Zehn Tage später sieht er endlich, dass der Same zu keimen beginnt und aus dem Boden hervorkommt. Weitere Wochen verstreichen und die junge Pflanze beginnt aufzublühen. Würde er die Pflanze täglich untersuchen, würde er vielleicht kein wesentliches Wachstum erkennen. Ginge er aber für einen Monat auf Reisen, würde er auf seinen Hof zurückkehren und beträchtliches Wachstum feststellen. Dasselbe gilt für unser persönliches Leben. Wenn wir unser Herz nach innen schauend beobachten, werden wir nicht jeden Tag ein Wachstum erkennen.

Aber wenn wir von ganzem Herzen unsere Verantwortung akzeptieren, die Herzensreise als eine tägliche Neuausrichtung der Seele in Angriff zu nehmen, sodass wir täglich alles tun, was der Herr von uns verlangt, werden wir Wachstum feststellen können; nicht unbedingt in Form eines tagtäglichen Phänomens, aber definitiv über gewisse Zeiten hinweg. Jeden Tag befinden wir uns in einem geistlichen Training, sind im geistlichen Fitnessstudio aktiv, lassen uns vom Vater lieben und unser Herz heilen, hören ihm zu, wie er mit uns über ein Leben in der Liebe spricht, jäten das Unkraut der Bitterkeit und des Richtens über andere, sobald es hervorkommt, räumen mit gottlosen Einstellungen und Motivationen in den versteckten Winkeln des Herzens auf und reinigen uns von der restlichen Bosheit, die noch aus unserem alten Leben übriggeblieben ist.

Wenn wir unser Herz mit aller Sorgfalt bewahren, schauen wir auf den Vormonat zurück und erkennen, dass unser geistliches Wachstum nun messbar ist, weil wir die harte Arbeit der täglichen Justierung des Herzens auf uns genommen haben. Dieses Gleichnis, von dem nur das Markusevangelium berichtet, soll unser Herz durch die Tatsache ermutigen, dass Wachstum zwar nie tageweise gemessen werden kann, definitiv aber phasenweise messbar wird. Im Lebenszyklus einer Maispflanze folgt auf die Zeit des Heranwachsens die Zeit der Fruchtblüte. *„Zuerst den Halm, dann die Ähre, dann das volle Korn in der Ähre."* Am Ende der Reifezeit kommt die Zeit der Ernte. Das landwirtschaftliche Leben folgt einem jahreszeitlichen Rhythmus, der die Phasen unseres persönlichen geistlichen Lebens und Vorankommens widerspiegelt.

Unsere Verantwortung liegt, wie gesagt, darin, uns täglich auf diese Herzensreise einzulassen und auf eine Weise mit dem Herrn unterwegs zu sein, die garantiert, dass wir uns auf einem Weg der Heilung befinden und uns immer weiter in Richtung Gesundheit und Ganzheit – niemals aber rückwärts – bewegen; dass wir der Liebe, Kraft und Herrlichkeit des Herrn begegnen, indem wir ihn anbeten, und eine authentische innige Beziehung zu ihm pflegen, indem wir religiöse Heuchelei bewusst von unserem Herzen fernhalten. So können wir den brachliegenden Boden unseres Herzens aufbrechen und ihn beackern und den Garten des Herzens in einer Weise pflegen, die übernatürliche Verwandlung garantiert. Wir schaffen das wachstumsfördernde Ökosystem und Gott stellt sicher, dass das Wachstum messbar wird.

Wie Jesus es in dem Gleichnis von den vier Herzen deutlich gemacht hat, beginnt die Reise mit dem Wunder der Neuen Schöpfung, das in Samenform in unser Herz gelegt wird. Sobald wir feststellen, dass Gott uns ein vollständig neues Herz gegeben hat, machen wir uns daran, diesen wunderbaren Samen zu hegen, indem wir bewusst ein Ökosystem in unserem Herzen anlegen, das dem Samen der Neuen Schöpfung jede Gelegenheit für maximales Wachstum bietet. Wenn wir uns auf die Herzensreise machen, lernen wir, mit dem Heiligen Geist zusammenzuarbeiten, um diesen Samen zu einer gesunden und voll entwickelten Pflanze heranwachsen zu lassen, sodass für jeden, der uns begegnet, offensichtlich wird, dass die Herrlichkeit des Herrn in unserem Herzen aufzugehen beginnt.

Dieses einzigartige aber außerordentlich wichtige Gleichnis Jesu führt uns ein Bild vor Augen, das zwei unterschiedliche Dimensionen geistlichen Wachstums offenbart. Man könnte hier von Mikro-Herzmanagement und Makro-Herzverwandlung sprechen. Mikromanagement bezieht sich auf die tägliche Aufgabe, das verborgene Leben der Seele zu justieren, was dann wiederum eine Veränderung auf der makroskopischen Ebene nach sich zieht. Die Erkenntnis, dass geistliches Wachstum über bestimmte Phasen und größere Zeiträume hinweg auf einer Makroskala gemessen wird, beseitigt das Angstgefühl, das so viele Christen empfinden, wenn von übernatürlicher Verwandlung die Rede ist. Unsere Hauptverantwortung vor Gott besteht im Mikromanagement des täglichen „Seelengärtnerns". Und Gottes Verantwortung ist es, die übernatürliche Verwandlung herbeizuführen, die im Laufe der Lebensphasen der Seele geschieht. Darin liegt die Herrlichkeit des Gleichnisses Jesu über geistliches Wachstum.

Die Sprache des Neuen Testaments proklamiert die übernatürliche Ausgestaltung Christi in uns. Paulus schreibt:

> *Meine Kinder, um die ich noch einmal Geburtswehen leide, bis Christus in euch Gestalt gewinnt* (Gal 4,19 SLT).

Es ist interessant, dass Paulus die Metapher des „Geburtswehen-Leidens" anbringt, weil das griechische Wort für „Same" *sperma* ist. So, wie Maria den Samen des Messias in ihrem Leib trug, tragen wir aufgrund der Neuen Schöpfung den Samen Christi in unserem Herzen. Jakobus nannte diesen Samen das „eingepflanzte" Wort.

> *Darum legt ab allen Schmutz und allen Rest von Bosheit und nehmt mit Sanftmut das [euch] eingepflanzte Wort auf, das die Kraft hat, eure Seelen zu erretten!* (Jak 1,21 ELB).

Das griechische Wort für „eingepflanzt" ist *emphutos* und beschreibt eigentlich etwas, das in uns „aufkeimt oder aufsprießt", weil das Wort in unser Herz eingepflanzt worden ist.

Genauso wie dieser eingepflanzte Same in Marias Leib heranreifte und die Person Jesu hervorbrachte, ist es Gottes Absicht, dass auch der durch die Neugeburt in unser Herz gepflanzte Same Christi das Maß der vollen Reife Christi in unserem Leben hervorbringt. Wenn wir auf der Herzensreise der übernatürlichen Verwandlung unterwegs sind, werden wir nach und nach in das Bild Christi verwandelt und, um es mit Petrus' Worten zu sagen, Christus geht buchstäblich in unserem Herzen auf.

> *Wir haben die Stimme selbst vom Himmel herab gehört, als wir mit ihm auf dem heiligen Berg waren. Aus diesem Grund setzen wir noch größeres Vertrauen in die Botschaft der Propheten. Achtet auf das, was sie geschrieben haben, denn ihre Worte sind wie ein Licht, das an einem dunklen Ort leuchtet –* ***bis zu dem Tag, an dem Christus erscheint und sein helles Licht in unseren Herzen aufgeht*** (2 Petr 1,18-19 NLB).

Jeder von uns, der in seinem Inneren in das Ebenbild Christi verwandelt werden möchte, täte gut daran, zu lernen, was Jesus in diesem Gleichnis über geistliches Wachstum lehrt. Aus der Nähe betrachtet, gäbe es Tag für Tag reichlich Anlass dazu, sich über den Zustand unseres Herzens Sorgen zu machen. Wir sind mit so vielen Faktoren konfrontiert, die auf unser Seelenwohl einwirken. Da ist zum Beispiel ein ständiger Strom weltlicher Versuchungen, der an unserem inneren Menschen zerrt. Und da sind knorrige Herzenshaltungen und Reaktionen, die in unseren Beziehungen und den täglichen Herausforderungen des Lebens in uns aufsteigen.

Als Pastor einer wachsenden Gemeinde habe ich täglich mit Menschen zu tun, die sich manchmal enorme Sorgen über ihr persönliches geistliches Wachstum machen. Dabei wachsen viele dieser Leute auf der geistlichen Makroskala, weil sie in ihrer täglichen Disziplin des Kreuz-auf-sich-Nehmens und des zum-Tode-Verurteilens von allem, was sich in ihrem Herzen regt und nicht nach Jesus aussieht, die nötige Sorgfalt walten lassen. Es gibt keine Abkürzungen zum geistlichen Wachstum. Wir alle müssen in unserem Leben durch die „harte Schule" der Jüngerschaft gehen. Die Herzensreise dreht sich ganz darum, ein Jünger Jesu zu werden, damit wir unserem Meister gleich werden.

In seiner *Expanded Translation of the New Testament* liefert Kenneth Wuest eine faszinierende Auslegung der Aufforderung Jesu, unser Kreuz auf uns zu nehmen. Er schreibt:

> *Denn jeder, der sein eigenes Seelenleben zu retten wünscht, soll es zerstören. Aber jeder, der bereit ist, um meinetwillen ein Todesurteil über sein Seelenleben zu sprechen, wird es retten* (Lk 9,24 WUE).

Paulus wies uns an, alles in unserem Herzen „zu töten", das nicht nach Jesus aussieht. Das bedeutet es, täglich unser Kreuz auf uns zu nehmen, wie Jesus es geboten hat.

> *Wenn jemand mein Jünger sein will, muss er sich selbst verleugnen, sein Kreuz* ***täglich*** *auf sich nehmen und mir nachfolgen* (Lk 9,23).

Es ist die tägliche Disziplin, dass wir uns selbst verleugnen und an unserem alten Leben das Todesurteil vollstrecken. Wenn wir uns in dieser täglichen Disziplin üben, unser Herz mit aller Sorgfalt zu bewahren, schaffen wir in unserem Herzen ein Umfeld für übernatürliche Verwandlung über die längeren Entwicklungsphasen der Seele hinweg. Wenn wir dann auf unser Leben zurückschauen, sehen wir, dass wir tatsächlich wachsen und sich das Bild Christi in unserem Herzen herausbildet. Wir fangen tatsächlich an, Jesus ähnlicher zu werden in seinem Leben authentischer Liebe.

Für diese Verwandlung ist das Kreuz zentral und wir kommen nicht umhin, es genauso mitten in unserem Herzen aufzurichten, wie es für immer im Herzen Jesu eingepflanzt ist. In das Bild Jesu verwandelt zu werden, bedeutet, seinem Tod gleich zu werden. Jesus hat das Kreuz schon immer in seinem Herzen gehabt, denn für Gott lebendig zu sein, setzt voraus, dass wir für die Sünde vollkommen tot sind. Jesus ist schon von Ewigkeit her für die Sünde tot und für Gott lebendig. Und nun lädt er uns ein, genauso zu sein wie er.

Das Leben der Jüngerschaft besteht darin, dass wir bewusst täglich unser Kreuz auf uns nehmen und gezielt das Todesurteil über unser altes Leben sprechen. Wenn wir dies tun, übernimmt die Herrlichkeit des Samens der Neuen Schöpfung die volle Herrschaft über unser Herz und durchdringt unser ganzes Sein. Leben geht aus dem Tod hervor. Jesus hat es so treffend formuliert, als er sagte: *„Ich sage euch: Wenn das Weizenkorn nicht in die Erde fällt und stirbt, bleibt es ein einzelnes Korn. Wenn es aber stirbt, bringt es viel Frucht“* (Joh 12,24). Im Zentrum der Herzensreise steht das Kreuz, wobei es in der Schrift durchgehend als der Weg zur Fülle des Lebens dargestellt wird. Wir müssen sterben, um wirklich zu leben!

KAPITEL 2

Aus dem Herzen heraus leben

Gott ruft jeden Menschen auf der ganzen Welt dazu auf, aus dem Herzen heraus zu leben und sich auf eine tiefe Herzensreise zu begeben. Wir alle stehen in der Gefahr, kopfgesteuert zu leben, anstatt aus unserem Herzen heraus. Wir neigen viel zu sehr dazu, der „Paralyse der Analyse“ zu verfallen: jede Situation intellektuell zu analysieren, anstatt aus dem Herzen heraus zu reagieren. Aus dem Herzen heraus zu leben, verlangt von uns, unsere wahren Gefühle wahrzunehmen, wenn wir mit neuen Lebenssituationen konfrontiert werden. Es bedeutet, dass wir uns selbst die relevanten Fragen stellen, die uns herausfinden lassen, was sich in unserem Inneren auf der Herzensebene wirklich abspielt. Aus dem Herzen heraus zu leben, ist der seltener gewählte Weg, weil in jedem von uns ein gewisser Grundschmerz steckt, der uns manchmal Angst macht und von dem wir nicht wissen, wohin damit. Werden wir mit unserem Grundschmerz konfrontiert, tendieren wir normalerweise dazu, ihn zu vergraben und uns von ihm zu distanzieren, weil er uns ein Gefühl der Ohnmacht vermittelt. Um aber so zu leben, wie Jesus es uns vorgelebt hat, müssen wir mit dem, was wirklich in uns vorgeht, in Berührung kommen und lernen, wie wir mit unserem tiefsten Schmerz umgehen können, um wirklich geheilt und verwandelt zu werden.

Wenn wir lernen wollen, wie wir in der Liebe leben können, ist es unerlässlich, dass wir lernen, aus dem Herzen heraus zu leben. Die hohe Berufung zu einem Leben der Liebe ist in Wirklichkeit eine Berufung zu einem Leben aus dem Herzen heraus. Paulus sagte:

So folgt nun Gottes Beispiel als die geliebten Kinder und lebt in der Liebe, wie auch Christus uns geliebt hat und hat sich selbst für uns gegeben als Gabe und Opfer, Gott zu einem lieblichen Geruch (Eph 5,1-2).

Dem Bild Christi ähnlich zu sein, ist unmöglich, wenn wir nicht in leidenschaftliche „Liebhaber“ verwandelt werden. Wir können nur dann wie Christus in der Liebe leben, wenn unser Herz tiefe Heilung erfahren hat und ganz gemacht worden ist. Die Freiheit, mit der Christus uns freigemacht hat, ist eine umfassende und bleibende Freiheit von der Herrschaft der alten, selbstsüchtigen, sündigen Natur, damit die Liebe Gottes kraftvoll aus unserem erneuerten Geist herausfließen kann. Sind wir in unserem Herzen noch immer durch alte Verwundungen, Bitterkeit, Richten über andere oder Angst gebunden, können wir in der Liebe nicht vollkommen werden. Das sind Dinge, die tief in unserem Herzen sitzen und von denen wir frei werden müssen, um so aufopfernd und großzügig lieben zu können, wie Christus es getan hat.

Sehr viele Menschen kommen irgendwo nicht weiter; sie vergraben den Schmerz und tun ihr Bestes, um einfach nur durchs Leben zu kommen. Aber Schmerz hat die Angewohnheit, in den ungünstigsten Momenten zu Tage zu treten, meist im Kontext unserer wichtigen Beziehungen. Verwundete und zerbrochene Menschen können oft nicht vermeiden, dass der Schmerz sich zeigt, mit der Folge, dass sie ihre wichtigsten Beziehungen kompliziert machen und ihnen schaden. Manchmal sabotieren sie sogar ihre Beziehungen, um sich einen sicheren Rückzugsort zu schaffen, an dem sie sich nicht länger bedroht oder ausgeliefert fühlen. Wenn wir in unseren Problemen steckenbleiben, ist das ein Symptom dafür, dass wir keinen Zugang mehr zu unserem eigenen Herzen finden. Wenn wir feststecken, scheinen wir überhaupt nicht mehr in der Lage zu sein, ungesunde Lebensmuster zu durchbrechen.

David beklagte sich bei Gott über den Herzenszustand der Hochmütigen und Gottlosen. Er sagte: *„Abgestumpft und satt ist ihr Herz“* (Ps 119,70 REÜ). Ein abgestumpftes Herz ist eine gefährliche Sache. Wenn jemand so abstumpft, dass er keinen Zugang mehr zu seinem eigenen Herzen hat, wird er zu einer tickenden Zeitbombe! Seine Beziehungen warten regelrecht darauf zu explodieren! Ein schutzloses Herz, in dem alle möglichen Probleme eitern können, steuert immer auf eine Katastrophe zu. Diese verborgenen Bollwerke des Herzens vergiften unsere Beziehungen und bereiten den Boden für Selbstsabotage. Auch

Paulus sprach von denen, deren Herzen „abgestumpft“ waren (Eph 4,19). In anderen Übersetzungen lesen wir, dass sie „alles Empfinden verloren“ hatten (SLT) oder „gleichgültig“ geworden waren (NLB). Mit anderen Worten haben sie überhaupt keine Ahnung mehr, was es bedeutet, den tatsächlichen Zustand ihres eigenen Herzens zu fühlen.

Wann immer Menschen nicht mehr aus dem Herzen heraus leben, fehlt es ihren Worten und Taten an Aufrichtigkeit. Was aus ihrem Mund kommt, ist nicht mehr echt oder von Herzen, und in diesem zerbrochenen Zustand ist es viel wahrscheinlicher, dass sie andere verletzen und Anstoß erregen. Ein verwahrlostes Herz ist eine Waffe in der Hand des Feindes! Deshalb rät uns der Herr, unser Herz mit aller Sorgfalt zu behüten (Spr 4,23). Der Teufel liebt es, auf dem Rücken verwundeter Christen zu reiten, die sich auf der Herzensreise verirrt haben! Noch viel glücklicher ist er über die, die sich nie auf die Reise gemacht haben und ganz und gar in ihren Köpfen feststecken. Das ist es, was Paulus meinte, als er von Leuten sprach, die „alles Empfinden verloren haben“.

Das Heilmittel gegen ein verwahrlostes Herz besteht darin, Gottes Volk wieder zu einem Leben aus dem Herzen zurückzurufen. Ein solches Leben ist eine Art der Kunst, die uns Sorgfalt und Übung abverlangt. Es ist eine verloren gegangene Kompetenz, die jeder echte Jesusnachfolger unbedingt wiederentdecken muss. Wir müssen absichtlich so leben, dass uns selbst immer bewusst bleibt, wie wir auf die Herausforderungen des Lebens reagieren und wie es um unsere Beziehungen steht. Jede Lebenssituation löst Gefühle aus und wir müssen Zugang zu unseren wahren Gefühlen haben, wenn wir aus dem Herzen heraus leben wollen, wie Jesus und die Apostel es angeordnet haben.

Wir müssen uns bewusst mit Fragen der persönlichen Integrität, Ehrlichkeit und Aufrichtigkeit auseinandersetzen, wenn wir aus unserem Herzen heraus leben wollen. Gott ruft uns immer zum Herzen zurück. Es ist wichtig, im Wort Gottes verwurzelt zu bleiben, andernfalls neigen wir dazu, den Draht zu unserem eigenen Herzen zu verlieren. Die Propheten haben das Volk Gottes immer wieder aufgerufen, aus dem Herzen zu leben. Das ist die Grundlage des wahren prophetischen Dienstes.

- *So wird auch mein Vater im Himmel jeden von euch behandeln, der seinem Bruder nicht* ***von Herzen*** *vergibt* (Mt 18,35).

- *Dir gefällt* ***ein Herz****, das wahrhaftig ist; und im Verborgenen lehrst du mich deine Weisheit* (Ps 51,8 NLB).
- *Ihr habt euer Innerstes gereinigt, indem ihr euch der Wahrheit im Gehorsam unterstellt habt, sodass ihr euch jetzt als Geschwister eine Liebe entgegenbringen könnt, die frei ist von jeder Heuchelei. Darum hört nicht auf, einander aufrichtig und* ***von Herzen*** *zu lieben!* (1 Petr 1,22).
- *Gott sei Dank! Denn früher wart ihr Sklaven der Sünde, doch nun habt ihr euch* ***von ganzem Herzen*** *der neuen Lehre unterstellt, die Gott euch gegeben hat* (Röm 6,17 NLB).
- *Arbeitet hart, aber nicht nur, um euren Herren zu gefallen, wenn sie euch dabei sehen. Versteht euch vielmehr als Sklaven, die Christus gehören und die* ***von Herzen*** *den Willen Gottes erfüllen* (Eph 6,6 NLB).
- *Und sie haben* ***in ihrem Herzen*** *nicht gedacht: Wir wollen doch den Herrn, unseren Gott, fürchten, der den Regen gibt, Früh- und Spätregen zu seiner Zeit, der die bestimmten Wochen der Ernte für uns einhält!* (Jer 5,24 SLT).
- *Und sie rufen nicht* ***von Herzen*** *zu mir, sondern jammern auf ihren Lagern. Wegen Korn und Most laufen sie zusammen; von mir aber weichen sie ab* (Hos 7,4 SLT).

Eines der charakteristischen Merkmale der gefallenen menschlichen Natur ist, dass wir nicht dazu neigen, aus dem Herzen heraus zu leben. Das soll nicht heißen, dass die Durchschnittsperson nicht von Zeit zu Zeit mit den der gesamten Menschheit gemeinsamen Tatsachen des Schmerzes und der Gebrochenheit in Berührung kommt. Hätten wir überhaupt keinen Zugang mehr zu unseren wahren Gefühlen, wären wir keine Menschen mehr. Tatsächlich ist es doch so, dass wir, wann immer wir Menschen begegnen, die emotional komplett dichtgemacht haben, den starken Eindruck haben, dass sie das wahre Wesen ihres Menschseins verleugnen. Aber im Allgemeinen finden es die meisten Leute unglaublich unbequem, die nicht zu bewältigende Wirklichkeit unserer persönlichen Gebrochenheit ins Visier zu nehmen. Diese Dinge liegen oft außerhalb unserer Macht und wir fühlen uns hilflos, wann immer wir gezwungen sind, uns mit diesen unter der Oberfläche verborgen Schwierigkeiten auseinanderzusetzen.

Es gibt nichts Schmerzhafteres, als dass uns jemand mit der Realität dessen konfrontiert, was wirklich in uns steckt, besonders wenn wir dafür zurechtgewiesen werden, dass wir uns falsch verhalten oder etwas Unangebrachtes gesagt haben. Wir entwickeln unzählige Strategien, um uns herauszuwinden und diesen Dingen aus dem Weg zu gehen, weil wir es nicht mögen, wenn Licht in die verfinsterten Räume unserer Seele fällt. Das ist der Hauptgrund, warum wir nicht aus dem Herzen heraus leben. Verlorene Seelen sind von Natur aus nachtaktive Kreaturen der Finsternis. Es ist eine bittere Pille, die ein Neubekehrter schlucken muss, wenn er erkennt, dass er sein ganzes Leben damit verbracht hat, die Finsternis zu lieben anstelle des Lichts. Die Bekehrung zu Christus erfordert eine neue Lebensweise, und der Kern dieses neuen Lebensstils besteht darin, das Licht lieben zu lernen und aus dem Herzen heraus zu leben. Gott ruft uns unermüdlich zu unserem Herzen zurück. Er weiß, dass eine Katastrophe ins Haus steht, wenn wir den Zugang zu unserem Herzen verlieren. All die großen Sünden, in die Christen sich verstricken, spiegeln immer einen Kontaktverlust zu den Dingen des Herzens wider.

Wenn wir dem Ruf, aus dem Herzen heraus zu leben, Folge leisten, fordert Gott uns auf, der Neuen Schöpfung entsprechend zu leben. Das Herz eines jeden Gläubigen beherbergt zwei gewaltige Realitäten. Die erste ist die Realität der Neuen Schöpfung und des innewohnenden Christus. Die zweite dagegen ist die Realität der noch nicht erneuerten Bereiche unserer Seele (unseres Denkens, Wollens und Fühlens), die sich noch „im Bau" befinden. Um aus dem Herzen heraus leben zu können, müssen wir wissen, wer wir in Christus sind, aber auch die Elemente des alten Lebens erkennen, die in unserem Herzen noch aktiv sind. Jeder Gläubige ist eine Neue Schöpfung und dennoch warnt Gott uns davor, unser Herz zu verhärten. *„Heute, wenn ihr seine Stimme hört, verhärtet euer Herz nicht wie beim Aufruhr"* (Heb 3,15 NLB). Das ist ein Wort an neutestamentliche Gläubige! Wir mögen in Christus eine Neue Schöpfung sein, sind aber trotzdem immer noch genauso anfällig dafür, unser Herz zu verhärten, wie jeder andere auf diesem Planeten auch!

Gottes prophetischer Aufruf, aus dem Herzen heraus zu leben, ist einer der Schlüssel zu einem Leben in der Kraft der Neuen Schöpfung. Ein Christ, der von Grund auf dazu entschlossen ist, aus dem Herzen heraus zu leben, wird dem Geist immerzu erlauben, die verborgensten

Winkel seiner Seele zu durchforsten, um die Dinge ans Licht zu bringen, die sich immer noch zerstörend auf sein persönliches Leben und seine Beziehungen auswirken. Nur die Person, die wirklich aus dem Herzen heraus leben will, wird rufen:

> *Erforsche mich, Gott, und erkenne, was in meinem Herzen vor sich geht; prüfe mich und erkenne meine Gedanken! Sieh, ob ich einen Weg eingeschlagen habe, der mich von dir wegführen würde, und leite mich auf dem Weg, der ewig Bestand hat!* (Ps 139,23-24 NGÜ).

David betete ein gefährliches Gebet! Jesus sagte:

> *Und alle Gemeinden werden erkennen, dass ich es bin, der Herz und Nieren prüft* (Offb 2,23 REÜ).

Wenn wir beten „Erforsche mich, Gott", machen wir uns lediglich eins mit Gott, der bereits unser Herz erforscht. Gott schaut immer auf das Herz, und eines der Merkmale einer wahren Bekehrung ist, dass auch wir uns entscheiden, auf unser Herz zu schauen.

Es gibt eine Reihe großer satanischer Lügen, die Christen davon abhalten, aus dem Herzen heraus zu leben. Die wohl größte Lüge ist, dass die negativen Dinge, die uns in der Vergangenheit geprägt haben, eigentlich nicht wichtig sind. Wir machen uns oft selbst vor, dass bestimmte Dinge keine Rolle spielen, wenn sie es in Wahrheit sehr wohl tun! Probleme in der Herkunftsfamilie, Traumata aus der Vergangenheit, Missbrauch, Ablehnung; all diese Dinge prägen unser Herz und beeinflussen, wie wir mit anderen, mit Gott und mit uns selbst umgehen. Uns selbst weiszumachen, diese Dinge hätten keinerlei Bedeutung, ist eine bequeme Strategie, um den Grundschmerz herunterzuspielen. Das Problem dabei ist, dass, wenn sich diese Lüge tief in unser Herz einprägt, es zu Verdrängung und Dissoziation[1] führt. Ist jemand von seinen wahren Gefühlen dissoziiert, kann es den Anschein haben, dass diese Person auf einer Teflon-Beschichtung durchs Leben gleitet. Sie vermittelt einem den Eindruck,

---

[1] Abspaltung von Teilen der Persönlichkeit. Der Begriff Dissoziation bezeichnet das (teilweise bis vollständige) Auseinanderfallen von psychischen Funktionen, die normalerweise zusammenhängen. Betroffen von dissoziativer Abspaltung sind meist die Bereiche Wahrnehmung, Bewusstsein, Gedächtnis, Identität und Motorik, aber manchmal auch Körperempfindungen (etwa Schmerz und Hunger) … (Wikipedia, Zugriff 11.6.2019).

die Vergangenheit spiele ebenso wenig eine Rolle wie die Schwierigkeiten und Herausforderungen der Gegenwart! Das trifft den Kern dessen, was Paulus mit „abgestumpft“ meinte!

Emotional dissoziierte Menschen können so über die Wunden und Schmerzen ihrer Vergangenheit sprechen, als redeten sie objektiv über jemand anderen. Es ist fast so, als befänden sie sich außerhalb ihrer selbst und berichteten über den Schmerz einer anderen Person. Stark dissoziierte Menschen können Wunden und Traumata aus ihrer Vergangenheit sogar mit lachender Stimme beschreiben. Ich erinnere mich an eine Begegnung mit einem stark dissoziierten christlichen Mann, der gerade eine schmerzhafte und unschöne Scheidung hinter sich hatte. Ich lief ihm in einem Shoppingcenter über den Weg und fragte, wie es ihm gehe, wobei ich mein Bestes gab, um ihm Empathie und Verständnis entgegenzubringen. Aber zu meinem Erstaunen lächelte er und sagte, ihm gehe es gut und er fühle sich nun, da er geschieden war, tatsächlich besser. Er war sich seines eigenen Grundschmerzes überhaupt nicht bewusst, und allem Anschein nach gab es in seinem Leben überhaupt gar keinen Schmerz! Dabei wissen wir alle, dass eine Scheidung eine sehr tiefe Wunde hinterlässt, weil sie fast immer mit Bitterkeit, Verwundungen, Vorwürfen, Versagen und einem starken Verlustgefühl einhergeht. Salomo sagte: *„Auch hinter einem Lachen kann sich ein trauriges Herz verbergen, und das Lachen vergeht und der Kummer bleibt“* (Spr 14,13 NLB).

Ich persönlich hatte ziemlich mit emotionaler Dissoziation zu kämpfen. Ich machte mir jahrelang vor, bestimmte Dinge aus meiner Vergangenheit spielten keine Rolle. Aber Gott ließ mich nicht davonkommen und konfrontierte mich damit, dass ich eine Lüge in meinem Herzen herumtrug. Erst nachdem ich der Lüge abgeschworen hatte, begann Gott einen umfangreicheren Heilungsprozess in meinem Herzen. Wie die meisten Kinder, hatte ich Verwundungen durch meine Eltern davongetragen, aber in meinem Fall waren Unterlassungssünden die Ursache der meisten Wunden, nicht Tatsünden. Aufgrund ihrer eigenen sowie der familiären Gebrochenheit, die sie selbst schon mit auf den Weg bekommen haben, versäumen es viele, viele Eltern, ihre Kinder adäquat zu lieben und zu bestätigen. Als Pastor und Seelsorger höre ich regelmäßig Menschen zu, die ihre Lebensgeschichte vor mir ausbreiten. Manche dieser Geschichten sind grauenvoll! Viele Menschen haben schlimmen Missbrauch und schwere Traumata erlitten. Ich habe unvorstellbare Geschichten über sexuellen und physischen Missbrauch gehört, im Vergleich zu denen meine persönlichen Probleme als völlig belanglos erscheinen. Aber Unterlassungssünden können ebenso verletzend sein wie Tatsünden. Tatsünden sind einfach offensichtlicher!

Zu einem beliebigen Zeitpunkt auf unserem persönlichen Weg greift Gott tief in unser Herz hinein, damit wir diesen Grundschmerz in uns spüren. Aus irgendeinem Grund ist es zutiefst bedeutsam, dass wir Verantwortung für unsere Probleme übernehmen. Solange wir in der Lüge leben, die Dinge, die uns in der Vergangenheit widerfahren sind, hätten keine Bedeutung, stehen wir nicht dazu und bringen uns somit selbst um die Heilung, die Gott uns zukommen lassen möchte. Für Sünde gilt dasselbe Prinzip wie für emotionale Gebrochenheit. Wir müssen uns ein bestimmtes Bollwerk der Sünde eingestehen, um den Weg in die Freiheit zu finden. Der Heilige Geist überführt uns der Sünde in unserem Leben, damit wir sie im Licht des Wortes Gottes beurteilen. Wenn wir in Bezug auf eine bestimmte Sünde mit Gott in Übereinstimmung kommen, ist das eine gute Voraussetzung, um umzukehren, sie vor Gott zu bekennen und ihr zu entsagen. Doch solange wir nicht die volle Verantwortung für unsere Entscheidungen zur Sünde übernehmen, werden wir auf dem Weg in die Freiheit nicht vorankommen.

Dasselbe Prinzip müssen wir auf emotionale Gebrochenheit und Problematiken vergangener Verletzungen anwenden. Wir müssen an den Punkt gelangen, an dem wir uns vollständig und ehrlich eingestehen, dass diese Dinge auch in der Gegenwart noch einen gewissen Einfluss auf uns ausüben. Wenn wir all unsere Energie für den Versuch aufwenden, uns selbst davon zu überzeugen, dass diese Probleme aus der Vergangenheit unwichtig sind, werden wir nie vollkommen frei werden. Wir müssen uns das Problem eingestehen, bevor ein Heilungsprozess einsetzen kann. Paulus spricht davon, *„jeden Gedanken gefangen[zu]nehmen"* (2 Kor 10,5 SLT). Wir müssen jedes Denkschema gefangen nehmen und Christus unterordnen. Wenn wir für „jeden Gedanken" Verantwortung übernehmen und ihn gefangen nehmen müssen, wie können wir dann auf die Idee kommen, wir könnten es unterlassen, auch jedes Gefühl und jede Entscheidung gefangen zu nehmen und der Herrschaft Christi unterzuordnen? Menschen, die in der „Glückseligkeit" der Verdrängung leben, können sich verstandesmäßig einreden, sie seien frei, aber was spielt sich in ihrem Herzen wirklich ab? Dieses Verhalten, dass wir uns vormachen, alles sei OK, ist der Kern religiöser

Scheinheiligkeit. Uns vor unserem eigenen Grundschmerz zu verstecken, wird niemals zu Heilung führen!

Viele Christen wenden eine Menge Energie dafür auf, sich selbst davon zu überzeugen, dass sie nicht zerbrochen sein können, einfach, weil sie neue Schöpfungen in Christus sind. Die Wahrheit ist jedoch, dass wir vom Geist her neue Schöpfungen sind, die sich aber immer noch mit emotionaler Gebrochenheit auseinandersetzen müssen. Durch das Wunder der Neuschöpfung ist unser Geist vollkommen wiederhergestellt und neu gemacht worden, unsere Seele dagegen hat Erneuerung noch immer dringend nötig. Wenn das Wunder der Neuen Schöpfung doch alles erledigt hat, warum erforscht Gott dann noch immer unser Herz und warnt uns vor der Gefahr, unser Herz zu verhärten? Warum ist Gott immer noch gründlich am Werk in uns, wenn das Werk schon vollbracht ist? Sämtliche Briefe des Paulus waren an wiedergeborene Christen gerichtet, deren Geist durch das Wunder der Neuschöpfung verherrlicht worden war, aber Paulus verbrachte weitaus mehr Zeit damit, Bollwerke im Leben der Gläubigen anzusprechen, als damit, die Herrlichkeit der Neuen Schöpfung darzulegen.

> *Gott selbst ist ja in euch am Werk und macht euch nicht nur bereit, sondern auch fähig, das zu tun, was ihm gefällt* (Phil 2,13).

Paulus lehrte, dass unser innerer Mensch von Tag zu Tag erneuert wird (2 Kor 4,15) und dass wir *„ihm immer ähnlicher werden und immer stärker seine Herrlichkeit widerspiegeln"* (2 Kor 3,18 NLB). Es gibt noch immer viel zu tun! Gott hat noch eine ganze Menge unerledigtes Geschäft vor sich, bis unser Leben in das Bild Christi verwandelt worden ist. Paulus sagte:

> *Er selbst aber, der Gott des Friedens, heilige euch durch und durch. Treu ist er, der euch beruft; er wird es auch tun* (1 Thess 5,23-24).

Paulus war absolut *„überzeugt, dass der, der etwas so Gutes in eurem Leben angefangen hat, dieses Werk auch weiterführen und bis zu jenem großen Tag zum Abschluss bringen wird, an dem Jesus* Christus wiederkommt" (Phil 1,6). Ein großer Teil des fortdauernden Werkes des Heiligen Geistes in unserem Leben besteht darin, dass er uns von Gewohnheiten der Verdrängung und emotionalen Dissoziation befreit, um eine tiefere Heilung voranzubringen! Die Heilung der verwundeten Stellen in unserem Herzen ist eine notwendige

Voraussetzung dafür, dass wir ein Leben der Liebe führen, da ungeheilte Christen nicht lieben können; sie haben noch immer Angst vor weiteren Verletzungen und stellen fest, dass sie in einem Modus des Selbstschutzes leben: dem genauen Gegenteil von Liebe.

Sich dem Heiligen Geist zu widersetzen ist nicht nur etwas, das die Verfolger von Stephanus sich geleistet haben (vgl. Apg 7,51). Allzu viele Kinder Gottes widerstehen dem Werk des Heiligen Geistes. Paulus schrieb:

> *Und betrübt nicht den Heiligen Geist Gottes, mit dem ihr versiegelt worden seid für den Tag der Erlösung!* (Eph 4,30 SLT).
>
> *Legt dem Wirken des Heiligen Geistes nichts in den Weg!* (1 Thess 5,19).

Es ist wichtig, dass wir prophetisch verstehen, was der Geist in unserem Leben tun will, damit wir Entscheidungen treffen können, die uns auf eine Linie mit den Absichten Gottes für unser Leben bringen. Jakobus unterweist uns:

> *Nehmt die Botschaft Gottes, die er euch gegeben hat, demütig an, denn sie hat die Kraft, eure Seelen zu* ***retten*** (Jak 1,21 NLB).

Das griechische Wort für „retten" ist *sozo* und hat eine viel umfangreichere Bedeutung als einfach „Errettung" der Seele. *Sozo* bedeutet „heilen oder ganz machen". Gott möchte in unserer Seele – in unserem Denken, Wollen und Fühlen – eine tiefgreifende Veränderung herbeiführen. Er versetzt uns aus einem Zustand der Gebrochenheit in einen Zustand herrlicher Ganzheit, damit wir in diesem Leben immer mehr wie Jesus werden.

Es ist für die Herzensreise unabdingbar, dass wir das Wort und die prophetische Stimme Gottes in einer demütigen Haltung in unser Herz aufnehmen. Wenn wir uns diesen Vers in Jakobus 1,21 etwas genauer anschauen, erkennen wir, dass die Wahrheit des Wortes Gottes eine unverzichtbare Rolle dabei spielt, uns von unserem Selbstbetrug zu befreien.

> *Deshalb legt alles ab, was euch beschmutzt, alles Böse, was noch bei euch vorhanden ist, und geht bereitwillig auf die Botschaft ein, die euch ins Herz gepflanzt wurde und die die Kraft hat, eure Seelen zu retten [heilen]* (NGÜ).

Ich paraphrasiere diesen Vers folgendermaßen:

> *Jeder von euch ist verpflichtet, jegliche moralische Verdorbenheit und das sonstige Böse, das eure Seelen beschmutzt und verdirbt, abzulegen und weiterhin in Gehorsam und demütiger Haltung Gottes Wort in sein Herzen aufzunehmen und es so in sich aufkeimen und aufwachsen zu lassen, dass es* ***eure Seelen*** *(euer Denken, Wollen und Fühlen)* ***heilt*** *und euch innerlich in einen Zustand echter Ganzheit und Gesundheit führt.*

Die Heilung der Seele ist in den Schriften von Petrus und Jakobus ein wichtiges Thema. Petrus schrieb: *„Ihr habt eure Seelen gereinigt, indem ihr euch der Wahrheit im Gehorsam unterstellt habt, sodass ihr euch jetzt als Geschwister eine Liebe entgegenbringen könnt, die frei ist von jeder Heuchelei. Darum hört nicht auf, einander aufrichtig und von Herzen zu lieben!"* (1 Petr 1,22). Ich würde diesen Abschnitt wie folgt wiedergeben:

> *Weil ihr eure Seelen (euer Denken, Wollen und Fühlen) durch euren stetig wachsenden Gehorsam gegenüber der Wahrheit (des Wortes Gottes) und die Befähigung durch den Heiligen Geist gereinigt habt, ist daraus eine aufrichtige Liebe für eure Brüder und Schwestern entstanden, die nicht auf religiöser Heuchelei basiert. Im Licht dieser herrlichen Verwandlung ermahne ich euch, noch einen Schritt weiterzugehen und euch nach einer brennenden, übernatürlichen Liebe für jeden Einzelnen in eurem Umfeld auszustrecken, die durch ein Herz und eine Seele fließt, die umfassend von Gott geläutert und gereinigt worden sind.*

Die Heilung und Verwandlung der Seele des Gläubigen war Petrus ein dringendes Anliegen.

> *Bisher habt ihr Jesus nicht mit eigenen Augen gesehen, und trotzdem liebt ihr ihn; ihr vertraut ihm, auch wenn ihr ihn vorläufig noch nicht sehen könnt. Daher erfüllt euch [schon jetzt] eine überwältigende, jubelnde Freude, eine Freude, die die künftige Herrlichkeit widerspiegelt; denn [ihr wisst, dass] ihr das Ziel eures Glaubens erreichen werdet –* ***die Rettung [sozo] der Seelen*** (1 Petr 1,8-9).

Petrus legt nahe, dass wahres Vertrauen auf Gott zur Heilung und Wiederherstellung der Seele führt. Ich habe mir auch hier die Freiheit genommen, den Text folgendermaßen wiederzugeben:

> *Obwohl ihr Jesus mit euren natürlichen Augen nicht sehen könnt, habt ihr euren Glauben und euer Vertrauen vollständig in ihn gesetzt, und infolgedessen sind eure Seelen von einer Freude erfüllt, die so groß und so himmlisch ist, dass ihr sie mit Worten einfach nicht beschreiben könnt. Eure Seele fließt nun förmlich von der Fülle göttlicher Herrlichkeit über, weil ihr ganz konkret das Ziel eures Glaubens in Jesus erlebt:* ***die tiefgehende Heilung und Verwandlung eurer Seelen!***

Paulus schrieb:

> *Da wir also durch [Gottes] Geist ein [neues] Leben haben, wollen wir uns jetzt auch auf Schritt und Tritt von diesem Geist bestimmen lassen* (Gal 5,25).

Genauso wie Gott die Israeliten von Ägypten aus auf eine Reise ins Verheißene Land geführt hat, führt er jeden Einzelnen von uns auf eine Herzensreise zur Fülle der Freiheit. Zu einem gewissen Zeitpunkt in unserem Leben, nimmt Gott sich ein bestimmtes Bollwerk vor, um es einzureißen und uns der befreiten Version unserer selbst einen weiteren Schritt näher zu bringen. Der Vater erzieht seine Söhne und Töchter, indem er die Dinge in unserem Leben anspricht, die uns davon abhalten, seinem Sohn immer ähnlicher zu werden. Er liebt uns genauso wie wir sind, aber er liebt uns zu sehr, um uns in unserem jetzigen Zustand zu lassen!

Wann immer Gott in unserem Leben Probleme anspricht, tut er das mit einem Aufruf zu tieferer Umkehr und größerem Gehorsam, um mit ihm zusammen unser altes Leben einzureißen. Wie wir gerade gesehen haben, warnte der Verfasser des Hebräerbriefes seine Leser davor, ihre Herzen zu verhärten, wenn Gott mit ihnen über den tatsächlichen Zustand ihres Herzens sprechen will.

> *Heute, wenn ihr seine Stimme hört, verhärtet euer Herz nicht!* (Heb 4,7 REÜ).

Wann immer Gott zu uns spricht, haben wir die Wahl, uns darauf einzulassen und ihm zu gehorchen oder unser Herz zu verhärten und ungehorsam zu sein. Viel zu viele Christen verfangen sich in chronischem Ungehorsam und lassen sich auf die Lüge des Bösen ein, dass ein gewisses Maß an Ungehorsam vertretbar sei.

Gott ruft immer den Schatz der neuen Natur in uns hervor. Aber er spricht zu uns auch über die Bereiche in unserem Herzen, die verwandelt werden müssen, um uns noch mehr in der neuen Natur zu festigen. Jesus war nicht zimperlich, wenn es darum ging, die Gemeinde auf Bollwerke der Sünde und Verblendung anzusprechen, aber er versicherte seinen Nachfolgern, dass es sich bei seiner Erziehung und Korrektur immer um den höchsten Ausdruck seiner Liebe handelte.

> *Wen ich liebe, den weise ich zurecht und nehme ihn in Zucht. Mach also Ernst und kehre um!* (Offb 3,19).

In den sieben Briefen an die sieben Gemeinden sagt Jesus acht Mal „tut Buße“ bzw. „kehrt um“. Wir können uns vorstellen, dass es in diesen sieben Gemeinden einige Mitglieder gegeben hat, die das Wort des Herrn hörten und sich doch weigerten umzukehren. Wir können uns auch vorstellen, dass Jesus zu einigen dieser Leute gesagt hat: *„Habt ihr noch euer verhärtetes Herz?“* (Mk 8,17 SLT).

In jeder neuen Entwicklungsphase des Herzens zielt Gott auf ein bestimmtes Problem in uns ab. Es mag Stolz sein, Unglaube, Sorge, Ablehnung, Angst, Scham, Begierde, Passivität oder Gier; die Liste ist beinahe endlos. Gott ist gnädig und nimmt nicht so viele Dinge auf einmal in Angriff, dass wir uns durch das Ausmaß unserer Gebrochenheit überwältigt und entmutigt fühlen. Üblicherweise deckt der Geist ein bestimmtes Hauptproblem auf, zu dem eine Reihe geringerer Probleme gehören, die irgendwie mit einer Hauptursache in Verbindung stehen. Es ist wichtig, dass wir lernen, die unterschiedlichen Phasen zu benennen, die wir im Geist durchlaufen. Wenn wir mit dem Werk des Geistes in Einklang sein wollen, gehört dazu auch, dass wir in Worte fassen können, was der Vater in unserem Herzen tut.

Die Zeiten und Phasen unseres persönlichen Lebens zu erkennen, ist eine der besten Gelegenheiten, um unsere prophetische Gabe zu schärfen. Unsere Fähigkeit, genau zu erkennen, was Gott gerade tut, erhöht das Maß unserer Kooperation mit dem Geist. Das ist es, was gemeint ist, wenn wir davon reden, dass wir „mit dem Geist Schritt halten“. Der Geist folgt einem Rhythmus, mit dem Gott unser Leben synchronisieren möchte. Um von Herrlichkeit zu Herrlichkeit verwandelt zu werden, müssen wir mit der Führung und dem Werk des Geistes in unserem Herzen mitgehen. Der Prozess ist wichtig! Wenn der Geist eine Heilungsphase einläutet und wir die notwendige Klarheit haben, um diese Phase zu erkennen und zu benennen, kann Gott einen viel tiefer gehenden Verwandlungsprozess in Gang setzen, weil unser Herz daran beteiligt ist. Je aktiver wir an dem Prozess beteiligt sind, desto schnellere und tiefere Heilung werden wir erfahren!

Eine Sprache für die Reise

Wir brauchen eine Sprache für die Herzensreise. Es ist unerlässlich, dass wir verstehen, wie Gott bei den Veränderungsprozessen vorgeht. Noch wichtiger ist es, dass wir in der Lage sind, die Reise in Worte zu fassen, weil die Veränderungen, die Gott in unserem Leben bewirkt, einen Weg hinterlassen, auf dem andere folgen können. Gott prescht niemals voran, um ohne unsere volle Kooperation tiefgreifende Veränderungen in unserem Herzen vorzunehmen. Er ist der Meister der Herzchirurgie und benötigt in den Veränderungsprozessen unsere volle Beteiligung. Würde Gott in seiner Souveränität handeln und unserem Herzen ohne unser Wissen oder Verstehen ein neues Maß an Freiheit schenken, wären wir zwar gesegnet, hätten aber keine Gelegenheit, die Wege Gottes besser zu verstehen. Darüber hinaus könnten auch andere, mit denen wir auf dem Weg sind, nicht davon profitieren, dass wir an unserer Reise der Verwandlung mit Gott zusammenarbeiten.

Wir wissen, dass wir uns verändern, wenn der Geist uns in die Lage versetzt, das Wesen der Veränderung zu beschreiben und die Schlüsselfaktoren zu benennen, die notwendig waren, um die Veränderung herbeizuführen. Denken Sie an das Prinzip, das der Meister uns mit auf den Weg gab: *„Was ihr umsonst bekommen habt, das gebt umsonst weiter!“* (Mt 10,8). Wir können nicht weitergeben, was wir nicht empfangen haben; insofern ist unsere Einsicht in das Wesen der Veränderung und unsere Fähigkeit, es in Worte zu fassen einer der Schlüssel, der die Heiligen für den Dienst zurüstet. Was auch immer wir von Gott empfangen, versetzt uns in die Lage, es weiterzugeben. Tiefgreifende Herzensverwandlung spielt sich schrittweise ab und hinterlässt einen Pfad der Weisheit und der Einsicht, während wir in unserer prophetischen Erkenntnis des Herzens wachsen. Diese innere Erneuerung in Worte zu fassen, ist unverzichtbar, um den Leib Christi im weiteren Sinne zu bereichern. Leiter, die nicht aus dem Herzen heraus unterwegs sind, sind nicht in der Lage, die Kinder Gottes in irgendeine Art persönliche Verwandlung zu führen, die von Bedeutung ist. Darum hat der Teufel es auch darauf abgesehen, die Hirten zu schlagen: um die Schafe zu zerstreuen (vgl. Sach 13,7b).

Gott braucht Pioniere des Herzens, die sich unerschrocken in Gebiete voranwagen, die noch niemand erforscht hat. Wir dürfen nicht vergessen, dass die Herzensreise selten in Angriff genommen wird! Gott will Herzenserforscher auf den Plan rufen, die als Vorreiter Neuland entdecken, um im Leben der gesamten Gemeinde einen Durchbruch zu erzielen. Je mehr Sie sich auf diese Reise einlassen und je weiter Gott Sie über die Grenzen Ihrer Landkarte hinausführt, desto mehr kann der Leib Christi als Ganzes von Ihrer persönlichen geistlichen Odyssee profitieren. Gott möchte uns tief in sein Herz mit hineinnehmen, und durch diese Reise in die Intimität werden wir sowohl für unsere Brüder und Schwestern als auch für die nächste Generation Wegmarkierungen hinterlassen. Wir markieren diese geistlichen Meilensteine auf der Reise mit Worten, die uns der Heilige Geist gelehrt hat, damit wir die Wegbeschreibung in die Freiheit prophetisch ausformulieren können.

Wann immer wir das Gefühl haben, festzustecken und ein bestimmtes Bollwerk nicht durchbrechen zu können, können wir Weisheit für die Reise erhalten. Es ist ja nicht so, als sei Gott aufgrund unserer persönlichen Riesen verwirrt oder perplex. Er weiß immer, wie es weitergeht, und ist stets mit dabei, um uns den Weg zu weisen. Die Gabe des „Wortes der Weisheit" ist Teil unserer Kampfausrüstung. Gott hat Freude daran, ein „Wort zur rechten Zeit" in unser Herz fallen zu lassen, das eine Tür in eine neue Dimension der Freiheit eröffnet. Er sagt:

> *Siehe, ich habe vor dir eine geöffnete Tür gegeben, und niemand kann sie schließen* (Offb 3,8 SLT).

Jesus beschreibt sich selbst als denjenigen, *„der öffnet, sodass niemand mehr schließen kann, der schließt, sodass niemand mehr öffnen kann"* (Offb 3,7 REÜ). Für jede Unmöglichkeit, der sich ein Mensch gegenübersieht, gibt es im Himmel eine offene Tür, und Jesus sehnt sich danach, uns durch diese Tür hindurch in die Freiheit zu führen. Paulus schrieb:

> *Wir aber haben diesen Geist erhalten – den Geist, der von Gott kommt, nicht den Geist der Welt. Darum können wir auch erkennen, was Gott uns in seiner Gnade alles geschenkt hat. Und wenn wir davon reden, tun wir es mit Worten, die nicht menschliche Klugheit, sondern der Geist Gottes uns lehrt; wir erklären das, was Gott uns durch seinen Geist offenbart hat, mit Worten, die Gottes Geist uns eingibt* (1 Kor 2,12-13).

Diese vom Geist eingegebenen Worte sind die Sprache des Herzens, die tiefere Einblicke in die Wege Gottes hin zur persönlichen Verwandlung geben. Gott hat versprochen, er werde *„die Lippen der Völker verwandeln in reine Lippen, damit alle den Namen des Herrn anrufen und ihm einmütig dienen"* (Zef 3,9 REÜ). Auf ihrer weiteren Reise durch dieses Buch wird Ihnen eine deutliche Sprache für die Reise an die Hand gegeben. Das ist der eigentliche Sinn dieses Buches. Es soll eine Wegschreibung für die Reise des Herzens sein!

Eines der wichtigsten Dinge, die wir unterwegs mit dem Geist auf unserer Reise übernatürlicher Verwandlung beachten müssen, ist, uns ständig die Vision von der „befreiten Version unserer selbst" vor Augen zu halten. Der Geist offenbart uns immer, wer wir in Christus sind und zu wem wir werden. Wann immer Gott auf unserer Reise in eine innigere Beziehung mit ihm ein Bollwerk oder eine Blockade zutage fördert, müssen wir uns daran erinnern, dass es sich dabei lediglich um ein Überbleibsel aus dem alten Leben handelt; eine Schwelle, die es zu überwinden gilt, damit wir in der Kraft der Neuen Schöpfung weitergehen können. Wir müssen in unserem Gedankenleben deutlich zwischen dem Alten und dem Neuen unterscheiden können. Unsere neue Identität in Christus ist unauflöslich daran gebunden, wer wir als eine Neue Schöpfung und als ein geliebter Sohn oder eine geliebte Tochter sind. Unsere Identität darf sich an nichts festmachen, was in irgendeiner Weise unser altes Leben ausgemacht hat. Wir mögen Probleme haben und Bollwerke mit uns herumschleppen, aber sie machen nicht mehr unsere Kernidentität aus. Auf übernatürliche Weise errichtet Gott unsere neue Identität mitten in den Trümmern unseres alten Lebens in all seiner Kompliziertheit und führt uns systematisch in die Freiheit unserer neuen Identität, die wir in der Neugeburt in Jesus empfangen haben. Gott offenbart uns fortwährend die „befreite Version von uns“ und möchte unsere Identität an dem festmachen, wer wir als Neue Schöpfung sind.

Die Herzensreise muss immer auf das neue Herz ausgerichtet sein, das Gott in uns hineingelegt hat, andernfalls werden wir uns verirren und am Ende Lügen über unsere wahre Identität glauben. Es gibt so viele Probleme mit der Kernidentität, die von unserem alten Leben herrühren, dass wir ständig in der Gefahr stehen, uns einem verzerrten Selbstbild hinzugeben, während der Heilige Geist die Bollwerke des alten Lebens aufdecken und entlarven will. Darüber hinaus sind wir für die Anschuldigungen des Bösen empfänglich, der unsere Kernidentität weiterhin an unser altes Leben knüpfen will. Jesus sprach in seinen Briefen an die sieben Gemeinden andauernd Bollwerke des alten Lebens an, aber er sprach immer in einer Weise, welche die Wahrheit vermittelte, dass die schlechten Wege des alten Lebens weit unter der Würde dessen liegen, wer wir nun in Christus sind.

Wann immer Gottes Kinder sich in ihrem alten Leben verheddern, ruft er es ihnen in Erinnerung. Dank der Neugeburt sitzen wir zusammen mit Jesus an himmlischen Orten, und deshalb sagte Jesus auch:

> *Erinnerst du dich nicht, wie es damals war? Wie weit hast du dich davon entfernt! Kehr um und handle wieder so wie am Anfang! Wenn du nicht umkehrst, werde ich mich gegen dich wenden und deinen Leuchter von seinem Platz stoßen* (Offb 2,5).
>
> *Erinnerst du dich nicht, wie bereitwillig du das Evangelium aufnahmst und auf seine Botschaft hörtest? Richte dich wieder nach [meinem Wort] und kehre um!* (Offb 3,3).

In Jesu Briefen an die Gemeinden geht es ganz um einen Ruf zur Wiederherstellung.

> *Wach auf und stärke, was noch am Leben ist, damit es nicht auch stirbt. Denn ich musste feststellen, dass das, was du tust, nicht vor meinem Gott bestehen kann* (Offb 3,2).
>
> *Ja, du hast Ausdauer bewiesen und hast um meines Namens willen viel ausgehalten, ohne dich entmutigen zu lassen. Doch einen Vorwurf muss ich dir machen: Du liebst mich nicht mehr so wie am Anfang* (Offb 2,3-4).

Wann immer wir als Volk Gottes etwas verlieren, vernachlässigen oder verwirken, das eigentlich unser Geburtsrecht als Söhne und Töchter ist, ruft Gott uns dahin zurück, wohin er uns versetzt hat, als er uns erlöst und zu seinem Sohn gesetzt hat. Egal wie weit wir uns von der Realität dessen, wer wir in Christus sind, wegbewegen – der Vater ist treu darin, uns zu erziehen und dazu aufzufordern, wieder in die Realität der Neuen Schöpfung einzutreten. Ohne das feste Fundament einer Offenbarung über das vollendete Werk Christi und das vollendete Werk der Neugeburt in unserem menschlichen Geist können wir uns nicht auf diese Herzensreise machen. Paulus war begeistert von dieser Realität, die er folgendermaßen beschreibt:

> *Wenn aber nun Christus in euch ist, dann habt ihr aufgrund der Gerechtigkeit, die Gott euch geschenkt hat, den Geist empfangen und mit ihm das Leben* (Röm 8,10a).

Ohne diese Grundlage fallen wir zwangsläufig in ein Veränderungsmodell des Alten Bundes zurück, d. h. wir versuchen ständig, durch unsere guten Werke mit Gott ins Reine zu kommen.

Gott ruft seine Söhne und Töchter des Neuen Bundes immer wieder dahin zurück, wer sie in Christus wirklich sind. Er offenbart uns prophetisch aufs Neue die befreite Version dessen, wer wir in Christus sind. All seine Korrekturen und Ermahnungen sind in einen Erlösungskontext hineingesprochen, der den Schatz der Neuen Schöpfung in uns hervorruft, während er gleichzeitig auf Bereiche hinweist, in denen wir unter dem Einfluss des alten Lebens stehen.

> *Diesen Schatz tragen wir in zerbrechlichen Gefäßen; so wird deutlich, dass das Übermaß der Kraft von Gott und nicht von uns kommt* (2 Kor 4,7 REÜ).

Auch während er die Dinge aufdeckt, die uns um den Genuss dieses Schatzes bringen, ruft Gott immer den Schatz hervor! Nach dem neutestamentlichen Modell geschieht Verwandlung von innen nach außen, während sie im alttestamentlichen Modell von außen nach innen stattfindet. Unter dem Alten Bund riefen die Menschen den Herrn an, der im Himmel und außerhalb von ihnen war, er möge herabkommen und sie retten. Die Bewegungsrichtung war von der Erde aus himmelwärts. Unter dem Neuen Bund dagegen gilt das Prinzip „vom Himmel auf die Erde“ und insofern ruft Gott uns zu dem zurück, was er durch das Wunder der Neuschöpfung bereits in uns getan hat. Dieses in der Vergangenheit liegende Wunder stellt die Grundlage für unsere Verwandlung dar.

Den Prozess feiern

Viele Christen suchen nach der magischen Pille, die sie in die Fülle ihres neuen Lebens in Christus hineinkatapultiert, und akzeptieren den in der Bibel erkennbaren Prozess der Veränderung nicht. Sich auf die Herzensreise einzulassen, bedeutet, dass wir den Prozess der Veränderung feiern und nicht versuchen, die Wege Gottes zur übernatürlichen Verwandlung des Herzens zu umgehen. Es wird immer Lehrer geben, die versuchen, den Prozess zu negieren, indem sie die „magische" Pille versprechen, und es wird immer Menschen geben, die sich mit Lehrern umgeben, die die magische Pille anbieten. Bedauerlicherweise gibt es einen großen Markt für magische christliche Pillen, die sofortige Verwandlung ohne den nötigen Prozess verheißen.

Ich glaube aber, dass wir dazu berufen sind, den Prozess der Verwandlung zu feiern. Gott lehrt uns seine Wege allein durch diesen Prozess. Wenn wir den Prozess ablehnen, lehnen wir gleichzeitig das Training ab, das sich nur aus diesem Prozess heraus ergibt. Es gibt Menschen, die den Prozess feiern, und Menschen, die den Prozess hassen und alles ihnen Mögliche tun, um den Prozess zu überspringen, indem sie die magische Pille schlucken. Ich habe sehr viel von Graham Cooke gelernt, der mir ein lieber Freund und ein wunderbarer Mentor ist. Eines der Dinge, die ich an Grahams Dienst liebe, ist sein überschwängliches Feiern des Prozesses an sich. Er ist einer der besten Lehrer zum Thema des eigentlichen Prozesses der übernatürlichen Verwandlung. Weil er sich auf den Prozess eingelassen hat, ist er zu einer Autorität in Bezug auf die Wege Gottes bei der persönlichen Transformation geworden. Er schreibt:

> Zu jeder Veränderung gehört, dass wir eine Sache loslassen, um uns nach dem ausstrecken zu können, was als Nächstes kommt. Es ist ein Tod auf Raten – der langsame Tod unserer Denkmuster, unserer Einstellungen, Wahrnehmungen und Paradigmen. Jedes Mal, wenn wir uns auf einen Prozess einlassen, wächst unsere Wertschätzung

> für die Reise und mehrt sich unser Glaube. Verwandlung ist ein Prozess; sie ist eine Reihe von Schritten und Stufen, die uns von einer Dimension in die nächste befördern. Verwandlung geht mit Krisen einher. Krisen führen uns in einen Prozess, durch den wir zu einem neuen Ort der Verheißung geführt werden, wenn wir diese Wegstrecke treu bis zum Ende gehen.[2]

Nur wenn wir den Prozess der Herzensreise von ganzem Herzen bejahen, lernen wir, alles wertzuschätzen, was Gott durch die Reise in uns hineinlegt. Gott hat mich gelehrt, die Reise zu lieben, obwohl sie voller schmerzhafter Lektionen ist. Wir werden nur dann Weisheit erwerben, wenn wir Gottes Weg zur Veränderung einschlagen. Magische-Pillen-Theologie ist sehr reizvoll, aber hätte ich die Wahl zwischen einer magischen Pille und dem göttlichen Prozess der Herzensverwandlung, würde ich nun bereitwillig den Prozess wählen, weil das der Weg ist, auf dem Gott Weisheit und Erkenntnis des Herzens schenkt. Während unsere Reise dem langsamen und mühsamen Prozess der Veränderung von innen nach außen folgt, wachsen wir in unserer Fähigkeit, den Menschen in unserer Umgebung in sinnvoller Weise zu dienen.

Vertreter der magischen Pille können Sie auf dieser Herzensreise nicht leiten, weil sie sich weigern, die Reise zu feiern. Sie sind immer auf der Suche nach der Theologie der schnellen Lösung, die den systematischen Prozess tiefgreifender Herzensveränderung nichtig macht. Mein Gebet ist, dass dieses Buch Sie aufrütteln wird, sich mit allem, was in Ihnen steckt, auf die Herzensreise einzulassen und sich selbst herauszufordern, auf dem Weg zu bleiben! Nehmen Sie sich doch vor, während Sie dieses Buch lesen, sich mit Gott eins zu machen und die Reise genauso zu feiern wie Gott selbst sie feiert. Dann werden Sie sich nicht selbst darum bringen, die prophetische Erkenntnis des Herzens in ihrer ganzen Fülle zu empfangen.

---

[2] Übersetzt aus: G. Cooke: *A Divine Confrontation*, S. 214-218.

Kapitel 3

Ein apostolisches Paradigma des Herzens

Um das Wesen der Herzensreise angemessen definieren zu können, müssen wir nach einem allumfassenden Paradigma[1] suchen, das all die einzigartigen Dimensionen der Reise übernatürlicher Verwandlung, zu der wir eingeladen sind, in sich vereint. Wenn wir dieses biblische Paradigma finden, versetzt uns das in die Lage, die Hauptindikatoren zu finden, mit denen wir feststellen können, ob wir auf unserer persönlichen Herzensreise mit Gott wirklich vorankommen oder nur auf der Stelle treten oder, schlimmer noch, eher an Boden verlieren. Auf jeder Reise braucht man einen Kompass, um zu wissen, wo die Reise hingehen soll.

Wenn wir untersuchen, um was es im Neuen Testament grundsätzlich geht, gibt es ein konzeptionelles Paradigma, das unter allen anderen deutlich hervorsticht. Es ist das Paradigma der geistlichen Reise von einem Waisenkind zur Sohnschaft. Jesus richtete den Kompass für die Reise aus, als er sagte:

> *Ich werde euch nicht als hilflose Waisen zurücklassen; ich komme zu euch* (Joh 14,18).

---

[1] Ein Paradigma … ist eine grundsätzliche Denkweise. Das Wort entstammt dem griechischen παράδειγμα parádeigma … Übersetzt bedeutet es „Beispiel", „Vorbild", „Muster" oder „Abgrenzung", „Erklärungsmodell", „Vorurteil"; auch „Weltsicht" oder „Weltanschauung" (Wikipedia, 3.6.2019).

Jesus kommt zu uns als der Geliebte Sohn, um uns in eine lebendige Beziehung mit seinem Vater hineinzuadoptieren, damit auch wir zu geliebten Söhnen werden.

Ein Waisenkind kennt kein Zugehörigkeitsgefühl und weiß nicht, dass es geliebt ist, während ein Sohn sich der Liebe seines Vaters aus der Erfahrung heraus sicher ist und sich „Zuhause" fühlt. Bevor wir errettet wurden, waren wir ungeliebte Waisenkinder, die sich irgendwo zugehörig fühlen wollten und an allen möglichen falschen Stellen nach Liebe gesucht haben. Aber sobald wir übernatürlich in die Familie Gottes hineingeboren worden waren, galt uns die Einladung zu einem „Leben als Geliebter"[2], wie Henry Nouwen es nennt. Das ist die Herrlichkeit unserer Errettung: Wir können nun dieselbe Liebe unseres Vaters erleben, die Jesus schon seit ewigen Zeiten genießt.

Das Waisenkind/Sohnschafts-Paradigma veranlasst uns mehr als alles andere dazu, eine Reihe von Hauptindikatoren auszuarbeiten, mit denen sich persönliches geistliches Wachstum und Heilung in unserem Herzen messen lässt. Dieses Paradigma trägt der Tatsache Rechnung, dass das Wunder der Neuen Schöpfung uns mitten in die ewige Beziehung zwischen Vater und Sohn versetzt hat. Das prophetische Offenbarwerden unserer Sohnschaft durch den Geist lockt ununterbrochen unsere neue Identität hervor, die uns unser himmlischer Vater auf übernatürliche Weise verliehen hat. Paulus lehrte:

> *Denn ihr habt nicht einen Geist der Knechtschaft empfangen, dass ihr euch wiederum fürchten müsstet, sondern ihr habt den Geist der Sohnschaft empfangen, in dem wir rufen: Abba, Vater! Der Geist selbst gibt Zeugnis zusammen mit unserem Geist, dass wir Gottes Kinder sind* (Röm 8,15-16 SLT).

Weil wir das, was Paulus den „Geist der Sohnschaft" nennt, empfangen haben, ist unser Geist auf herrliche Weise in die Familie des Vaters aufgenommen worden und der Heilige Geist bezeugt zusammen mit unserem frisch adoptieren Geist fortwährend, dass wir dem Vater gehören und nun geliebte Söhne sind.

---

[2] Siehe *Du bist der geliebte Mensch: Religiös leben in einer säkularen Welt*, Herder, 2006.

> *Als aber die Zeit erfüllt war, sandte Gott seinen Sohn... damit er die, welche unter dem Gesetz waren, loskaufte, damit wir die Sohnschaft empfingen* (Gal 4,4-5 SLT).

Wir sind keine Waisen mehr! Wir haben nicht mehr den Geist eines Waisenkindes, sondern einen herrlich adoptierten Geist. Unser zunehmendes Hineinwachsen in das Bild des „Sohnes" gründet auf dem festen Fundament dessen, was Gott in dem erneuerten menschlichen Geist bereits getan hat. Wenn wir gerade erst wiedergeboren worden sind, haben wir einen frisch adoptieren Geist, aber unsere Seele ist noch nicht in das Bild des Sohnes verwandelt worden. Unser neuer Geist ist unserer noch nicht erneuerten Seele Lichtjahre voraus. Deshalb fällt es uns so schwer, mit unserer neuen, übernatürlichen Identität in Christus innerlich mitzukommen.

Paulus lehrte, dass Gott den Geist seiner adoptieren Söhne und Töchter bereits verherrlicht hat. Er verkündete: *„Die er aber gerechtfertigt hat, die hat er auch verherrlicht"* (Röm 8,30 SLT). Rechtfertigung ist der Akt, durch den wir gerecht gemacht werden. Gerechtigkeit ist der Zustand, Rechtfertigung dagegen bezeichnet den Vorgang. Durch das Geschenk der Gerechtigkeit werden wir in unserem Geist zur Gerechtigkeit Gottes, sodass wir nun ebenso gerecht sind, wie Jesus es in den Augen des Vaters ist. Vor unserem himmlischen Vater stehen wir nun als absolut gerecht da. Durch den Akt der Rechtfertigung stattet Gott unseren erneuerten menschlichen Geist mit seiner Herrlichkeit aus.

> *Er hat sie gerecht gesprochen und hat ihnen Anteil an seiner Herrlichkeit gegeben* (Röm 8,30 NLB).

Jesus sagte zum Vater:

> *Die Herrlichkeit, die du mir gegeben hast, habe ich nun auch ihnen gegeben* (Joh 17,22).

In der *Amplified Bible* heißt es:

> *Die er berufen hat, die hat er auch gerechtfertigt (gerecht gemacht, mit sich selbst ins Reine gebracht). Und die er gerechtfertigt hat, die hat er auch verherrlicht [in eine himmlische Würde und Stellung bzw. in einen himmlischen Existenzzustand erhoben]* (Röm 8,30 AMP).

Die adoptierten Söhne und Töchter können nun das große Privileg genießen, aus einem bereits verherrlichten Geist heraus zu leben. Ein Drittel unseres Seins ist bereits vollkommen und verherrlicht! Jesus machte deutlich, dass der Sohn in der Herrlichkeit des Vaters kommt.

> *Er hat von Gott, dem Vater, Ehre und Herrlichkeit empfangen; denn er hörte die Stimme der erhabenen Herrlichkeit, die zu ihm sprach: Das ist mein geliebter Sohn, an dem ich Gefallen gefunden habe* (2 Petr 1,17 REÜ).

Genauso kommen wir als adoptierte Söhne nun ***in der Herrlichkeit des Vaters***, weil der Vater dasselbe Wort „geliebt" voller Stolz über uns ausspricht. Paulus schrieb:

> *Dazu hat er euch durch unser Evangelium berufen; ihr sollt nämlich die Herrlichkeit Jesu Christi, unseres Herrn, erlangen* (2 Thess 2,14 REÜ).

Es liegt so viel Herrlichkeit auf der Botschaft der Sohnschaft und der Thematik unserer Adoption!

Paulus lehrte, dass jeder, der an Christus glaubt, nun auf herrliche Weise vom Vater adoptiert worden ist. Gott der Vater hat schon im Voraus erkannt, wer glauben würde; dementsprechend gilt:

> *Denn in Christus hat er uns schon vor der Erschaffung der Welt erwählt mit dem Ziel, dass wir ein geheiligtes und untadeliges Leben führen, ein Leben in seiner Gegenwart und erfüllt von seiner Liebe. Von allem Anfang hat er uns dazu bestimmt, durch Jesus Christus seine Söhne und Töchter zu werden. Das war sein Plan; so hatte er es beschlossen. Und das alles soll zum Ruhm seiner wunderbaren Gnade beitragen, die er uns durch seinen geliebten [Sohn] erwiesen hat* (Eph 1,4-6).

Wir sind zu Adoptivsöhnen vorherbestimmt worden! Aber das ist erst der erste Schritt auf der wunderbaren Reise.

> *Wen Gott nämlich auserwählt hat, der ist nach seinem Willen auch dazu bestimmt, seinem Sohn ähnlich zu werden, damit dieser der Erste ist unter vielen Brüdern und Schwestern* (Röm 8,29 HFA).

Wir sind zur Adoption vorherbestimmt, aber darüber hinaus sind wir dazu vorherbestimmt, vollkommen in das Bild des geliebten Sohnes verwandelt zu werden. Es geht hier um eine ganz konkret erfahrbare Reise der herrlichen, übernatürlichen Verwandlung.

Es ist Gott ein großes Herzensanliegen, uns in diesem Leben auf übernatürliche Weise in das Bild seines Sohnes zu verwandeln. Das ist die Herzensreise von einem Leben als Waisenkind zu einem Leben in der herrlichen Freiheit der Söhne und Töchter Gottes. Paulus fasste diese durchschlagende Offenbarung ganz bewusst in epische Worte, da sie die Herrlichkeit des höchsten Vorsatzes von Gott dem Vater enthüllt.

> *Ja, die gesamte Schöpfung wartet sehnsüchtig darauf, dass die Kinder Gottes in ihrer ganzen Herrlichkeit sichtbar werden* (Röm 8,19).

Der ganze Kosmos steht in Erwartung des Sichtbarwerdens herrlicher Söhne und Töchter.

> *Wir wissen allerdings, dass die gesamte Schöpfung jetzt noch unter ihrem Zustand seufzt, als würde sie in Geburtswehen liegen* (Röm 8,22).

Das Erscheinen eines neuen Himmels und einer neuen Erde, wenn Christus wiederkommt, wird die letzte Vollendung der Neuen Schöpfung darstellen, die am Kreuz begann als Jesus ausrief: *„Es ist vollbracht!"* In jenem Moment wird auch die Schöpfung *„von der Last der Vergänglichkeit befreit werden und an der herrlichen Freiheit der Kinder Gottes teilhaben"* (Röm 8,21). Das Wunder, das in unserem Herzen stattgefunden hat, macht uns zu Botschaftern einer vollkommen Neuen Schöpfung, sodass unsere gegenwärtige Reise in die herrliche Freiheit gleichzeitig auch die Befreiung dieser Schöpfung von der Tyrannei der Sünde und des Todes hinausposaunt.

Was für ein monumentaler Gedanke! Paulus verwendete bewusst eine Sprache, die unserem Herzen einen Eindruck von der ungeheuren Fülle dessen gibt, in was wir durch unsere Bekehrung zu Christus „hochbefördert" wurden. Von himmlischer Perspektive aus gesehen seufzt die Schöpfung in sehnsüchtiger Erwartung, dass die Freiheit der Sohnschaft im Leben der adoptierten Söhne und Töchter sichtbar zum Ausdruck kommt. Gott führt viele Söhne und Töchter zur Herrlichkeit und die gesamte Schöpfung reckt in sehnsüchtiger Erwartung schon den Hals. Als ein wahrer geistlicher Vater wurde Paulus selbst von diesen übernatürlichen Wehen ergriffen:

> *Meine Kinder, es ist, als müsste ich euch ein zweites Mal zur Welt bringen. Ich erleide noch einmal Geburtswehen, bis Christus in eurem Leben Gestalt annimmt* (Gal 4,19).

Paulus schrieb: *„Sogar wir seufzen innerlich noch"* (Röm 8,23).

> *Ebenso kommt aber auch der Geist unseren Schwachheiten zu Hilfe. Denn wir wissen nicht, was wir beten sollen, wie sich's gebührt; aber der Geist selbst tritt für uns ein mit unaussprechlichen Seufzern* (Röm 8,26).

Eine gebärende Frau schreit vor Schmerzen, wenn das Baby mit dem Kopf durchbricht. Paulus bedient sich dieses eindrücklichen Bildes, um die Qual des Geistes und seine eigene persönliche Qual zu beschreiben, bis die Söhne Gottes auf der Erde als ein prophetisches Zeichen für den Anbruch der Neuen Schöpfung sichtbar werden. Hier geschieht das Wichtigste für die, die in Jesus sind. Wir sind bereits adoptiert worden, doch nun werden wir in die verwandelt, die wir unserem adoptieren Geist nach bereits geworden sind. Wenn wir als Gläubige weiterhin wie Waisenkinder leben, widerspricht das kolossal der Identität, die wir in unserem Geist schon angenommen haben; es ist also unerlässlich, dass wir zu leben beginnen, wie es der befreiten Version unserer selbst gebührt. Unserer Herzensreise ist in den Augen des Himmels enorm wichtig!

Was der Vater sich vorgenommen hat, ist unendlich größer als wir es je fassen könnten. Wie tragisch ist es aus himmlischer Sicht, dass es so viele Gläubige gibt, die zwar auf wunderbare Weise errettet werden, dann aber nie weitere Schritte tun, um ganz zu verstehen, worum es dem Vater wirklich geht! Jesus ist der „Erstgeborene unter vielen Brüdern". Der Vater hat eine neue Familie zur Welt gebracht, die eine vollkommen Neue Schöpfung darstellt. Er hat unseren menschlichen Geist mit seiner eigenen Herrlichkeit versehen, aber es ist unglaublich tragisch, dass so wenige Gläubige die Reise fortsetzen, um wie Sterne im All zu leuchten. Ein Sohn lernt, was es bedeutet, aus einem verherrlichten Geist heraus zu leben und sein Licht leuchten zu lassen, damit er zu einem wandelnden Himmelsbotschafter wird, der die Herrlichkeit himmlischer Sohnschaft ausstrahlt.

Damit die eigentliche Herzensreise beginnen kann, müssen wir uns damit auseinandersetzen, was es bedeutet, dass wir in unserem Herzen und in der Beziehung zu unserem Vater sowie zu unseren Brüdern und Schwestern in Christus immer noch wie Waisenkinder leben, denken und uns verhalten. Der Vater erzieht seine Söhne und Töchter, weil er sie liebt. Er erzieht, indem er uns aufzeigt, wie sehr wir immer noch wie Waisenkinder leben und denken, obwohl wir nun im Palast des Königs leben. Das Offenbarwerden des Waisenherzens mit den entsprechenden Denkmustern und Verhaltensweisen stellt den ersten Schritt auf dem Weg zur Erkenntnis unserer tiefen Gebrochenheit dar. Weil wir von jeher wie Waisen gelebt haben, sind wir tief verletzt und beeinträchtigt. Jeder einzelne Mensch hat eine Waisenwunde in seinem Herzen, die der Vater unbedingt heilen möchte.

Doch obwohl der Vater aufdeckt, wie tiefgehend die Waisenwunde in unserer Seele ist, offenbart er gleichzeitig, was es heißt ein Sohn zu sein, indem er prophetisch zu unserem adoptierten Geist spricht. Wir sind im Kreuzfeuer zwischen Himmel und Erde gefangen! Die Offenbarung über das alte Waisenherz definiert im Kern das Wesen unseres gefallenen Zustands. In gleicher Weise definiert das Herz der Sohnschaft das Wesen menschlicher Ganzheit. Wenn wir lernen, innerhalb des Paradigmas „aus Waisen werden Söhne" zu leben, stellen wir sicher, dass wir mit dem Heiligen Geist mitgehen, während er uns das Herz des Vaters offenbart. Es sorgt außerdem dafür, dass wir den Heilungsprozess all der kaputten Bereiche in unserem Herzen im Blick behalten, während die Liebe des Vaters uns verändert. Jesus kam, „um die gebrochenen Herzen zu heilen". Damit wird auf andere Weise die Heilung des alten Waisenherzens beschrieben, wenn er uns in die volle Herrlichkeit und Freiheit unserer Sohnschaft führt.

Jesus demonstrierte das Herz der Sohnschaft in ganzer Fülle und er lebte als ein Sohn, der die Herrlichkeit seines Vaters ausstrahlte. Auf unserer geistlichen Reise befinden wir uns immer irgendwo zwischen den beiden Extremen, entweder das Herz eines Waisenkindes oder das Herz eines Sohnes an den Tag zu legen. Das alte Waisenherz kommt in der Feuerprobe unserer irdischen Beziehungen ans Licht, was immer einen extrem schmerzhaften Prozess darstellt. Jesus selbst ist der Kompass für die Herzensreise. Wir richten unsere Augen stets auf ihn und behalten so die Charakteristiken und Merkmale der Sohnschaft im Blick, damit der Vater alles „wegmeißeln" kann, was nicht nach Jesus aussieht.

Weil Jesus der „Mustersohn“ ist, müssen wir beständig die Herrlichkeit seiner Sohnschaft vor Augen haben. Sämtliche Hauptmerkmale geistlichen Heilseins werden in der Person des Sohnes offenbar. Paulus lehrte, dass wir durch das Betrachten der Herrlichkeit des Sohnes in dasselbe Bild verwandelt werden.

> *Ja, wir alle sehen mit unverhülltem Gesicht die Herrlichkeit des Herrn. Wir sehen sie wie in einem Spiegel, und indem wir das Ebenbild des Herrn anschauen, wird unser ganzes Wesen so umgestaltet, dass wir ihm immer ähnlicher werden und immer mehr Anteil an seiner Herrlichkeit bekommen. Diese Umgestaltung ist das Werk des Herrn; sie ist das Werk seines Geistes* (2 Kor 3,18).

Weil Jesus selbst das Modell für die vollendete Sohnschaft ist, können wir davon die folgenden Hauptmerkmale für unsere eigene Ähnlichkeit mit dem Bild wahrer Sohnschaft ableiten:

1. Jesus maß der Herzensreise mit seinem Vater und seinen Brüdern und Schwestern auf der Erde immer einen großen Wert zu.

Auch ihm galt der Auftrag: *„Mehr als alles andere behüte dein Herz.“* Auch er musste den Garten seines Herzens sorgsam pflegen, damit das Unkraut der Versuchung keine Wurzeln schlagen konnte. Er kämpfte den guten Kampf des Glaubens perfekt, weil er sein Herz bewahrte und die Herzensreise immer in Ehren hielt. Das ist eine der ersten Tugenden eines Sohnes. Eine Waise kümmert sich nicht um den Zustand ihres Herzens und legt herzlich wenig Wert auf den Auftrag, ihr Herz zu behüten. Wir kommen auf der Herzensreise jedoch nicht voran, wenn wir keinen Wert darauf legen, zu einer Person zu werden, die aus dem Herzen heraus lebt.

2. Jesus pflegte ein Leben der innigen ersten Liebe zu seinem Vater im Himmel.

Er lebte in ständiger Gemeinschaft mit dem Vater. Intimität war ein für ihn nicht verhandelbarer Grundwert; sein Leben war von tiefer Intimität gekennzeichnet und alles, was er sagte und tat, lud andere um ihn herum ein, diesen Grundwert ebenfalls für sich zu übernehmen. Für einen wahren Sohn ist die Vertrautheit mit dem Vater und seinen Glaubensgeschwistern sehr wertvoll. Ein Waisenkind dagegen kennt keine Intimität; es ist mehr vertraut mit Isolation und dem abgeschotteten Leben in Trennung und Dunkelheit. Johannes schrieb:

> *Und warum verkünden wir euch das, was wir gesehen und gehört haben? Wir möchten, dass ihr mit uns verbunden seid – mehr noch: dass ihr zusammen mit uns erlebt, was es heißt, mit dem Vater und mit seinem Sohn, Jesus Christus, verbunden zu sein* (1 Joh 1,3).
>
> *Wenn wir behaupten, mit Gott verbunden zu sein, in Wirklichkeit aber in der Finsternis leben, lügen wir, und unser Verhalten steht im Widerspruch zur Wahrheit. Wenn wir jedoch im Licht leben, so wie Gott im Licht ist, sind wir miteinander verbunden, und das Blut Jesu, seines Sohnes, reinigt uns von aller Sünde* (1 Joh 1,6-7).

3. Jesus brachte Menschen Wertschätzung entgegen und lebte ständig in der Liebe, wobei er für andere lebte, um sie zu ihrer Bestimmung, die sie im Vater haben, zu befähigen.

„Wie er die Seinen geliebt hatte, die in der Welt waren, so liebte er sie bis ans Ende" (Joh 13,1). Jesus lebte uns Menschen ein Leben tiefer, aufopfernder Liebe vor. Er investierte sich voll und ganz in Menschen, da sie sein größter Schatz waren. Er verkaufte alles, was er hatte, um seinen größten Schatz zu kaufen. Ein Waisenkind ertrinkt in einem Meer von Selbstzentriertheit und sieht andere Menschen nicht so, wie der Vater sie sieht. Wer wie ein Waisenkind lebt, empfindet andere Menschen als ein Ärgernis. Beziehungen werden zu etwas Entbehrlichem. Das Letzte, was einem Waisenkind in den Sinn kommt, ist, andere zu stärken; es befindet sich in einem reinen Überlebensmodus, in dem nur die Stärksten überleben und die, die sich am besten anpassen. Ein Waisenkind betrachtet andere Menschen als Konkurrenz und steht in der Gefahr, in seinem Überlebenskampf in Wettbewerbs- und Konkurrenzdenken zu verfallen. Es fällt einem Waisenkind nicht schwer, auf anderen herumzutrampeln, um sein eigenes Überleben zu sichern.

4. Jesus ging emotional auf jeden ein, mit dem er in Berührung kam.

Weil sein Herz so von vollkommener Liebe überfloss, konnte er eine enge Beziehung zu Menschen aufbauen, ihre Herzen berühren und ihnen Vertrautheit vermitteln. In Jesu Herz pulsierte die Liebe des Vaters, und das ließ ihn tief mit Menschen in Kontakt kommen. Er lebte in tiefer Verbundenheit mit Menschen und schätzte Gemeinschaft weitaus mehr als Einsamkeit. Ein Waisenkind ist emotional nicht anderen Menschen verbunden. Es kennt keine Bindungen, weil Waisenkinder, wie der Begriff schon sagt, nie erlebt haben, dass man ihnen gegenüber Verbundenheit und emotionale Anteilnahme zum Ausdruck gebracht hat. Waisenkinder sind emotional abgekoppelt und leiden unter Bindungsstörungen, wobei sie oft nicht in der Lage sind, überhaupt zu irgendjemandem eine enge Beziehung aufzubauen, da ja emotionale Bindung nie Teil ihrer persönlichen Erfahrung war. Infolgedessen erscheint ein Waisenkind oft losgelöst, unverbindlich und distanziert, sodass es schwierig ist, wirkliche eine Beziehung zu ihm aufzubauen. Das führt dazu, dass einer Person mit einem Waisenherzen wirkliche Intimität fremd ist und sie oft eine Spur zerbrochener Beziehungen und verwundeter Herzen hinterlässt.

5. Jesus konnte das Herz des Vaters und die Herzen der Menschen um sich herum spüren.

Er war nicht nur der höchste Prophet, sondern hatte auch die höchste Sensibilität. Jesus konnte die Atmosphäre, die von anderen ausging, präzise wahrnehmen. Was in unserem Herzen vor sich geht, erzeugt eine gewisse Atmosphäre, die prophetische „Spürer" schnell wahrnehmen. Ist jemand emotional anwesend, kann ein „Spürer" die Beteiligung seines bzw. ihres Herzens spüren. Ist jemand emotional unbeteiligt, kann dies ein Spürer ebenso wahrnehmen. Johannes berichtet:

> *Aber Jesus blieb ihnen gegenüber zurückhaltend, denn er kannte sie alle.* ***Er wusste genau, wie es im Innersten des Menschen aussieht****; niemand brauchte ihm darüber etwas zu sagen* (Joh 2,24-25).

„Er kannte sie in und auswendig: Er brauchte keine Hilfe dabei, sie direkt zu durchschauen" (MSG). Ein Waisenkind ist unfähig, das Herz des Vaters und das Herz anderer wahrzunehmen. Es stiehlt sich durchs Leben und hofft, dass andere seine mangelnde Beteiligung und Gegenwärtigkeit nicht bemerken.

Das herausragende Thema der Sohnschaft

Gott ist den Waisen ein Vater. Er gibt den Einsamen immer ein Zuhause. Er wird uns nie als Waisen zurücklassen, sondern kommt zu uns und lädt uns ein in die uns heil machende Liebe. Die Herzensreise ist eine Reise zur Heilung, die uns aus unserer Isolation holt und uns einlädt, die Liebe zu Gott und den Menschen zum höchsten Grundwert unserer Existenz zu machen. Gott der Vater sandte seinen Sohn, damit wir zu Söhnen gemacht werden und ganz praktisch in das Leben des Geliebten eintauchen könnten. All dies ist in der Offenbarung des Neuen Bundes enthalten und kommt darin zum Ausdruck Und dieses herausragende Thema wird zu dem Paradigma, das die Herrlichkeit der Herzensreise am besten widerspiegelt, weil es die höchsten Tugenden umfasst, die Gott in unser Herz einpflanzen möchte. Wenn wir diese Reise in Angriff nehmen, werden wir die Herrlichkeit der Sohnschaft widerspiegeln und in eine Welt hinein ausstrahlen, die aus himmlischer Sicht ein einziges riesiges Waisenhaus voller verlorener Söhne und Töchter ist, die nach einem Zuhause suchen.

Wenn wir unser Leben zusammen mit dem Herrn beginnen, sind wir uns zunächst gar nicht bewusst, wie sehr wir ein Waisenherz manifestieren. Aber diese Reise kann maßgeblich beschleunigt werden, indem wir die Gläubigen mit dieser Art Sprache vertraut machen. Wenn es nicht die Sprache der christlichen Gemeinschaften ist, zu denen wir bisher gehört haben, haben wir diese Themen in unserem Herzen nicht verstanden. Wann immer das „Vom-Waisenkind-zum-Sohn-Paradigma" nicht Teil unserer Sprache ist, erschaffen wir unwillkürlich eine Umgebung, in der Gläubige unter Umständen viele Jahre lang leben können, ohne sich jemals mit der Realität des alten Waisenherzens auseinanderzusetzen. Das ist immer äußerst tragisch, weil es die Söhne und Töchter Gottes um ihr wahres Erbe bringt.

In den dreißig Jahren meines Christseins war ich Teil vieler Gemeinden, in denen die Offenbarung darüber, was es bedeutet, als Waise zu leben und sich entsprechend zu verhalten, unter vielen Christen überhaupt nicht vorhanden war. Wenn uns die Zusammenhänge nicht bewusst sind, können wir uns Jesus als den geliebten Sohn anschauen, ohne die nötigen Schlüsse für unser eigenes Herz zu ziehen, auch wenn der Heilige Geist ununterbrochen versucht, uns das Herz des Sohnes in dessen Beziehung zum Vater zu enthüllen.

Die weitaus effektivste Methode, um das alte Waisenherz mit seinen dazugehörigen Verhaltensweisen und Denkstrukturen aufzudecken, ist es, das wahre Herz der Sohnschaft zu offenbaren und darüber zu lehren. Das führt uns das gewaltige Thema „Waisenkinder, die zu Söhnen werden", vor Augen, damit es der Art Verwandlung Vorschub leisten kann, die unser himmlischer Vater sich wünscht.

Das Herz eines Sohnes zu entwickeln ist die wichtigste Aufgabe in der persönlichen geistlichen Entwicklung jedes einzelnen Christen. Wenn dieser enorm wichtigen Thematik im Leben und der Sprache der Gemeinde nicht der ihr gebührende Platz eingeräumt wird, werden Christen um die Gelegenheit gebracht, sich auf ihre persönliche Verwandlung in das Bild des Sohnes wirklich einzulassen. Dem Bild des Sohnes ähnlich zu werden, ist die Quintessenz unserer Reise zu übernatürlicher Transformation. Die Geschichte des Christentums zeugt von dem Hang der Gläubigen, sich auf Abwege bringen zu lassen, die unsere Aufmerksamkeit auf alles andere als das letztendliche Ziel unserer Existenz lenken. Johannes 17 hilft uns besonders dabei, uns auf das zu konzentrieren, was das Herz Jesu und das Herz des Vaters wirklich motiviert. Wir alle würden gut daran tun, es zum Leitfaden für unser persönliches Gebetsleben zu machen.

Ich möchte die These aufstellen, dass die Offenbarung des Waisenherzens und die Offenbarung des Herzens wahrer Sohnschaft einen unverzichtbaren Rahmen für die Herzensreise des Gläubigen bildet. Alles, was Jesus tat, um das Herz seines Vaters im Himmel zu offenbaren und um sein eigenes Herz der Sohnschaft im Kontext des liebenden Herzens seines Vaters darzulegen, führt unweigerlich dazu, dass das Waisenherz der Menschheit offenbar wird. Aber Jesus hat versprochen, dass er uns nicht als Waisen zurücklassen wird. Er hat versprochen, dass er kommen wird, um in uns zu leben und in uns das wahre Herz der Sohnschaft zu offenbaren, damit wir unser altes Waisenherz hinter uns lassen könnten. Das ist damit gemeint, in das Bild des Sohnes verwandelt zu werden, und das ist der brennende Wunsch im Herzen des Vaters. Darum ist der Heilige Geist aktiv am Werk, um im Herzen jedes einzelnen Gläubigen die Herrlichkeit der Sohnschaft zu enthüllen. Er bezeugt uns dies ununterbrochen, zusammen mit unserem erneuerten Geist, und ruft den Schatz in uns hervor.

Wir müssen jedoch Vorsicht walten lassen, weil es absolut möglich ist, uns rein theoretisch mit diesen Begriffen zu beschäftigen, ohne auf unserer eigentlichen Herzensreise hinein in die Liebe tatsächlich an Boden zu gewinnen. Die Gedanken dahinter sind extrem stark. Sie sind sogar so gewaltig, dass wir in der Gefahr stehen, so sehr von der Theorie allein begeistert zu sein, dass sie zum Ersatz für die echte, praktisch erlebte Reise unserer Herzensverwandlung durch die Liebe des Vaters werden kann. Das ist die Gefahr, wenn man sich mit den erhabensten Gedanken des Universums beschäftigt. Diese Themen haben so tiefe und umfassende Auswirkungen, dass wir ihre Offenbarung fälschlicherweise mit dem eigentlichen Erlebnis verwechseln können, das uns zum Geliebten werden lässt. Wenn wir die Intimität zwischen Vater und Sohn intensiv betrachten, kann uns das intellektuell so stark anregen, dass wir uns am Ende mit weniger zufrieden geben als mit der tatsächlichen Erfahrung, in derselben Weise geliebt zu werden, wie der Sohn von Ewigkeit her vom Vater geliebt worden ist. Jesus sagte zu seinem Vater:

> *Ich habe ihnen deinen Namen offenbart und werde es auch weiterhin tun, damit die Liebe, mit der du mich geliebt hast, auch in ihnen ist, ja damit ich selbst in ihnen bin* (Joh 17,26).

Der Auftrag Jesu ist erst erfüllt, wenn er das alte Waisenherz aus uns herausgeliebt hat.

Die Herzensreise von einem echten geistlichen Waisenkind zu einem ganz und gar geliebten Sohn ist die größte Reise der gesamten menschlichen Existenz. Sie ist das herausragende Thema, das über allen anderen Themen steht. Der Vater führt viele Söhne zur Herrlichkeit! Er nimmt ein kaputtes Leben, das von den Denkstrukturen eines Waisenkindes geprägt ist (die wiederum in Verhaltensweisen eines Waisenkindes resultieren) und verwandelt sie in wahre Söhne und Töchter, welche die Herrlichkeit der Sohnschaft in eine Welt hinausstrahlen können, die von Milliarden von nach ihrem Vater schreienden Waisenkindern bevölkert ist!

Tragischerweise glich die Kirche im Laufe der Geschichte meistens eher einem Waisenhaus als einer Familie von tief erfüllten Söhnen und Töchtern, die sich der Liebe ihres himmlischen Vaters vollkommen sicher sind. Religion hat die Söhne und Töchter in eine fehlgeleite Form des christlichen Glaubens entführt, die das Wesentliche unserer wahren inneren Identität verleugnen. Die Herzensrevolution, die Jesus vor 2000 Jahren angestoßen hat, will noch immer Waisenkinder zu Söhnen machen und Söhne zu Erben. Das ist ein mutiger Weg, einer der selten beschritten wird. Wir leben in einer Zeit, in der Millionen von erlösten Söhnen und Töchtern nach einer authentischen Spiritualität schreien und von einer leblosen Ersatzreligion frustriert sind.

Das Vom-Waisenkind-zum-Sohn-Paradigma ist das bestimmende apostolische Herzensparadigma. Es ist das Paradigma, das Jesus als den geliebten Sohn vom Himmel auf die Erde brachte: *„Gott hat die Welt so sehr geliebt, dass* ***er*** *seinen Sohn* ***sandte****!“* Der Vater sandte seinen Sohn, weil nur ein Sohn den Vater offenbaren kann. Jeder Aspekt der Sohnschaft verkündet prophetisch die Realität der Vaterschaft und alles an der Vaterschaft verkündet prophetisch die Realität der Sohnschaft. Jesus sagte zum Waisenhaus der Menschheit: *„Ich werde zu euch kommen.“* Sein Auftrag bestand darin, zu den Waisen zu gehen, um sie durch das Wunder der Neugeburt in dieselbe Dimension göttlicher Vereinigung mit dem Vater zu bringen, die er seit ewigen Zeiten genießt.

Die apostolische Mission Jesu ist erst erfüllt, wenn die Liebe, mit der der Vater den Sohn geliebt hat, in den Herzen der Adoptivsöhne und -töchter als erfahrene Realität fest verankert ist. Errettung ist nicht das Ziel, sondern eröffnet lediglich den Zugang zur Liebe des Vaters. Sobald diese Liebe im menschlichen Herzen ganz praktisch wiederhergestellt ist, kann er zu uns sagen:

> *Wie der Vater mich gesandt hat, so sende ich jetzt euch* (Joh 20,21).

Das apostolische Paradigma dreht sich ganz um das „Senden“. Ein Apostel ist ein „Gesandter“. Jesus erzählte ein Gleichnis von den korrupten Weingärtnern, die den Weinberg, eine Metapher für die Nation Israels, beschlagnahmt hatten:

> *Ein Mann legte einen Weinberg an; er verpachtete ihn und verreiste dann für längere Zeit. Zur gegebenen Zeit schickte er einen Diener zu den Pächtern, um sich von ihnen seinen Anteil am Ertrag des Weinbergs geben zu lassen. Doch die Pächter verprügelten den Diener und jagten ihn mit leeren Händen davon. Da schickte der Mann einen anderen Diener, aber dem ging es nicht besser: Sie verprügelten ihn, trieben ihren Spott mit ihm und jagten auch ihn mit leeren Händen fort. Er schickte noch einen dritten. Auch den wiesen sie ab;*

> *sie schlugen ihn blutig und warfen ihn zum Weinberg hinaus. „Was soll ich tun?", fragte sich der Besitzer des Weinbergs. „**Ich werde meinen Sohn schicken, ihn, den ich so sehr liebe.** Vor ihm werden sie Achtung haben." Als die Pächter den Sohn kommen sahen, überlegten sie, was sie tun sollten. „Das ist der Erbe", sagten sie zueinander. „Wir bringen ihn um, dann gehört das Erbe uns!" Und sie stießen ihn zum Weinberg hinaus und brachten ihn um. Was wird nun der Besitzer des Weinbergs mit diesen Pächtern machen? Er wird kommen und sie umbringen, und den Weinberg wird er anderen anvertrauen* (Lk 20,9-16).

Der Vater spricht über die Menschheit in ihrem verlorenen und zerbrochenen Zustand und sagt: *„Ich werde meinen Sohn schicken, ihn, den ich so sehr liebe!"* Jetzt hat Gott durch seinen Sohn gesprochen.

> *Vor langer Zeit hat Gott oft und auf verschiedene Weise durch die Propheten zu unseren Vorfahren gesprochen, **doch in diesen letzten Tagen sprach er durch seinen Sohn zu uns**. Durch ihn hat er das ganze Universum und alles, was darin ist, geschaffen, und er hat ihn zum Erben über alles eingesetzt. Der Sohn spiegelt die Herrlichkeit Gottes wider, und alles an ihm ist ein Ausdruck des Wesens Gottes. Er erhält das Universum durch die Macht seines Wortes* (Heb 1,1-3 NLB).

Der Apostel Johannes sagte:

> *All denen jedoch, die ihn aufnahmen und an seinen Namen glaubten, gab er das Recht, Gottes Kinder zu werden. Sie wurden es weder aufgrund ihrer Abstammung noch durch menschliches Wollen noch durch den Entschluss eines Mannes; sie sind aus Gott geboren worden* (Joh 1,12-13).

Sowohl Paulus als auch Johannes wurden vom Vater ausgesandt. Sie wurden zu apostolischen Vätern, weil sie sich voll und ganz auf das apostolische Paradigma des Herzens eingelassen hatten. Jeder dieser beiden von Herrlichkeit erfüllten Söhne machte dieses Paradigma zur Grundlage seines Lehrdienstes, um eine Generation von geliebten Söhnen und Töchtern heranzuziehen, die die Freude eines Lebens als Geliebte in ihrer Fülle erleben würden. Sie verstanden, dass es die Herrlichkeit des Vaters war, eine Truppe geliebter Söhne und Töchter in die Welt zu senden, deren Sohnschaft genauso prophetisch von der Liebe des Vaters künden würde, wie Jesu Sohnschaft die Herrlichkeit seines Vaters offenbarte.

> *Wir sahen seine Herrlichkeit, eine Herrlichkeit voller Gnade und Wahrheit, wie nur er als der einzige Sohn sie besitzt, er, der vom Vater kommt* (Joh 1,14).

Paulus stellte die Herrlichkeit unserer Adoption in den Mittelpunkt und Johannes konzentrierte sich auf das Leben in der Liebe des Vaters.

> *Seht, wie groß die Liebe ist, die der Vater uns geschenkt hat: Wir heißen Kinder Gottes* (1 Joh 3,1 REÜ).

Es gibt auf der ganzen Erde nichts Prophetischeres als Waisenkinder, die zu geliebten Söhnen und Töchtern werden. Das ist der Herzschlag des apostolisch-prophetischen Dienstes. Jesus, der größte Prophet, verkündigte prophetisch die Herrlichkeit und Liebe des Vaters. Das Wesentlichste an seinem prophetischen Dienst war, die Liebe seines Vaters zu offenbaren und Adoptivsöhne und -töchter in die wunderbare Erfahrung der Liebe des Vaters zu führen. Wann immer „prophetischer Dienst“ unabhängig von der Offenbarung der Sohnschaft stattfindet, wird die Botschaft *verfälscht*. Der Verfasser des Hebräerbriefes beschrieb Christen, welche die liebevolle Erziehung des Vaters zurückweisen als *„unecht und keine Söhne!“* (Heb 12,8 SLT).

Gott möchte die Fülle des prophetischen und apostolischen Dienstes wiederherstellen, durch den er mittels seiner geliebten Söhne und Töchter zu dieser Waisengeneration spricht. Gott spricht auf gewaltige Art und Weise durch seine wahren Söhne. Das Wort „Waise“ bringt das Wesen menschlicher Gebrochenheit zum Ausdruck, während „Sohn“ das Wesen menschlicher Ganzheit darlegt.

KAPITEL 4

Der Kontext der Herzensreise

Ein gutes Wort zur rechten Zeit ist so lieblich wie goldene Äpfel in einem silbernen Korb.

(Spr 25,11 NLB)

Gold und Silber tauchen in der Bibel immer gemeinsam als die beiden wertvollsten Metalle auf, insgesamt sogar 168 Mal.[1] Aus Sicht des Herrn ist Gold dazu gemacht, von Silber umgeben zu sein. Gold glänzt am meisten, wenn es in Silber eingefasst ist. Diese beiden wertvollen Metalle sind füreinander gemacht. Der außerordentliche Wert dieser Metalle ist ein Bild für die Reichtümer, die wir in Gott selbst haben. *„So wird der Allmächtige dein Gold und dein erlesenes Silber sein!"* (Hiob 22,25 SLT). Der Vater und der Sohn sind unser kostbares Gold und Silber.

Das Gold steht sinnbildlich für das Herz Christi und das Silber für das Herz des Vaters. Das Herz Christi, des Sohnes, ist seit ewigen Zeiten in das Herz seines Vaters ***eingefasst***. Jesus sagte:

Glaubt es mir, dass ich ***im*** *Vater bin* (Joh 14,11).

Christus ist der goldene Apfel in der Silberschale (vgl. Spr. 25,11). Er ist der Augapfel seines Vaters. *„Bewahre mich wie deinen Augapfel, birg mich im Schatten deiner Flügel"* (Ps 17,8 NGÜ). Jesus ist der „geliebte" Sohn des Vaters, sein Augapfel. Als das inkarnierte Wort ist Christus der goldene, in Silber eingefasst Apfel. Auch im Hohelied

---

[1] 168 = 24 x 7 Schlachter.

entdecken wir, dass die Braut ihren Bräutigam mit einem Apfelbaum vergleicht, der süße Früchte trägt.

> *Wie ein Apfelbaum unter den Bäumen des Waldes, so ist mein Geliebter unter den Söhnen! In seinem Schatten saß ich so gern, und seine Frucht war meinem Gaumen süß* (Hld 2,3 SLT).

Aber das Leben Christi wurde noch weiter geschmückt, und zwar mit den Edelsteinen der Beziehungen, die er auf der Erde aufbaute. Das sind die „Freunde des Bräutigams" (Mt 9,15). Das Leben Jesu auf Erden war also auch in den Kontext der Söhne und Töchter eingefasst, die er zur Herrlichkeit führte. Er war der Erstgeborene unter vielen Brüdern. Die Erlösung der Menschheit ist eine Familiengeschichte: Gott setzt die Einsamen in eine Familie hinein. Er ist ein beziehungsorientierter Gott und das Geschenk der Erlösung dreht sich ganz um die Wiederherstellung von Beziehungen.

Jesus schämt sich nicht, uns Brüder zu nennen, weil wir zusammen mit ihm vor dem Vater nun denselben Stand haben. Wir sind seine Juwelen.

> *Und sie werden von mir, spricht der Herr der Heerscharen, als mein auserwähltes Eigentum behandelt werden an dem Tag, den ich bereite* (Mal 3,17 SLT).
>
> *Denn Edelsteine am Diadem sind sie, funkelnd über seinem Land* (Sach 9,16 SLT).
>
> *Dann sah ich eine leuchtend weiße Wolke, auf der jemand saß, der wie der Menschensohn aussah. Er trug eine goldene Krone auf dem Kopf und hielt eine scharfe Sichel in der Hand* (Offb 14,14).

Ich glaube, dass wir die Edelsteine in der goldenen Krone Christi sind. Jesu Leben ist geschmückt mit den vielen Söhnen und Töchtern, die er durch sein erlösendes Werk zum Vater bringt.

Als Folge der Sühne lebt Christus nun in den Herzen seiner Brüder. Der Geist der Sohnschaft ist in unser Herz ausgegossen worden, und wir sind nun in Christus, so wie er in uns ist. Weil Christus im Vater ist, spielt sich unser Leben nun auch im Kontext des Vaters ab. Unser von Christus bewohntes Herz wird nun zu diesem goldenen Apfel in der Silberschale; wir sind im Sohn und wir sind gleichzeitig auch im Vater. Paulus sprach von Gold, Silber und Edelsteinen als das einzig tragfähige Baumaterial für das Leben der Heiligen. Er stellte das Gold, das Silber und die Edelsteine den vergänglichen Materialien Holz, Heu und Stroh gegenüber, die dem Feuer Gottes nicht standhalten können.

Wer nun auf dieses Fundament aufbaut, kann dazu Gold, Silber, Edelsteine, Holz, Heu oder Stroh verwenden. Am Tag des Gerichts wird sich die Arbeit jedes Einzelnen im Feuer bewähren müssen. Das Feuer wird zeigen, von welcher Qualität das Bauwerk ist (1 Kor 3,12-13 NLB).

Die Liebesbeziehungen, die wir zum Vater und zu seinen geliebten Söhnen und Töchtern pflegen, sind das einzige Baumaterial, das für immer Bestand hat. Alles, was nicht auf dem Fundament inniger Beziehungen gebaut ist, wird verbrennen. Wir stehen in der Versuchung, als Ersatz für die Liebe Wissen als Baumaterial für das Reich Gottes einzusetzen. Aber Paulus machte den Korinthern deutlich: *„Bloßes Wissen macht überheblich. Was uns wirklich voranbringt, ist die Liebe"* (1 Kor 8,1). Die Beziehungen, die wir auf dem Fundament der übernatürlichen Liebe Gottes aufgebaut haben, sind das Einzige, was wir in die Ewigkeit mitnehmen werden.

Die Liebe vergeht niemals. Prophetische Eingebungen werden aufhören; das Reden in Sprachen, [die von Gott eingegeben sind,] wird verstummen; die [Gabe der] Erkenntnis wird es einmal nicht mehr geben. [...] Was für immer bleibt, sind Glaube, Hoffnung und Liebe, diese drei. Aber am größten von ihnen ist die Liebe (1 Kor 8.13).

Für Paulus war bloßes Wissen nichts als Holz, Heu und Stroh, wogegen die Liebe Gold, Silber und Edelsteinen entsprach.

In derselben Weise wie die Krone Christi nun mit den Juwelen der Gemeinschaft vieler Brüder geschmückt ist, ist auch unser Leben mit den Edelsteinen der Beziehungen in der Gemeinschaft verziert. Wir sind die lebendigen Steine, die den Tempel bilden. Die Apostel waren die zwölf Grundsteine des Neuen Jerusalems und jeder der Apostel wurde als ein Edelstein dargestellt (Offb 21,14-21). Auch jeder von uns, der in Christus ist, ist genauso Gottes Edelstein, wenngleich den Aposteln aufgrund ihres großen Verdienstes, die Gemeinde gegründet zu haben, eine doppelte Ehre gebührt. Mit Gold, Silber und Edelsteinen zu bauen bedeutet, mit liebevollen Beziehungen zu bauen, die für immer Bestand haben.

Mit Liebe bauen

Es gibt zwei Arten und Weisen, wie Christen sich daranmachen können, ihr persönliches Leben zu gestalten. Wie wir bereits gesehen haben, stellt Paulus den Tempelbau mithilfe von Gold, Silber und Edelsteinen denen gegenüber, die mit Holz, Heu und Stroh bauen, also mit all den Materialen, die am Ende vom Feuer verzehrt werden. Paulus leistete sich mit den in der Gemeinde von Korinth aufstrebenden Gnostikern einen Disput, weil diese dem Irrtum verfallen waren, Liebe durch Erkenntnis ersetzen zu können. Das war in der griechischen Kultur, die Weisheit und Erkenntnis über Liebe und Beziehungen in Gemeinschaft stellte, ein landläufiges Problem. Die Folge war, dass die, die Erkenntnis über alles andere stellten, begannen, sich über ihre Brüder zu erheben und sich stolz von ihnen abzukapseln.

Liebe bringt unser Herz immer dazu, unsere Beziehungen zueinander zu vertiefen, aber ein Erkenntnisvorsprung birgt die Versuchung, dass wir uns über jeden erheben, der nicht denselben Erkenntnis- und Weisheitsstand hat, wie wir ihn genießen. Paul reagierte auf diese gefährliche Entwicklung, indem er dem Wissen die Liebe entgegenstellte, und es ist schwer, nicht davon auszugehen, dass er die Überbewertung der Erkenntnis mit dem Holz, Heu und Stroh assoziierte, das eines Tages in Rauch aufgehen würde. *„Erkenntnis wird ein Ende nehmen“* (1 Kor 13,8 GNB).

Einige der griechischen Gläubigen in der Gemeinde von Korinth strebten nach Erkenntnis um der Erkenntnis willen. Sie gaben damit an, Erkenntnis zu haben, und bildeten sich etwas auf ihre größere philosophische Weisheit und Erkenntnis ein; genug, um ihren Brüdern und Schwestern in Christus gegenüber überheblich zu werden! Paulus zögerte nicht, die Leute zu konfrontieren, die versuchten, anstelle von Liebe Erkenntnis zum Fundament des Reiches Gottes zu machen. Er stellte den Einfluss eines einzigen liebenden Vaters der Erkenntnis Tausender auf Erkenntnis bauender Lehrer gegenüber.

> *Denn selbst wenn ihr Tausende von Erziehern hättet, die euch in eurem Christsein voranbringen, hättet ihr deswegen noch lange nicht tausend Väter. Dadurch, dass ich euch das Evangelium verkündet und euch zum Glauben an Jesus Christus geführt habe, bin ich euer Vater geworden* (1 Kor 4,15).

Liebe ist das einzige Baumaterial, mit dem wir den heiligen Tempel bauen können. Nach Paulus bewerkstelligt der Leib Christi, der mystische Tempel „... *das Wachstum des Leibes* ***zur Auferbauung seiner selbst in Liebe***" (Eph 4,16b SLT). Paulus beschrieb die Gemeinde als einen Tempel, der von Gott zu einem herrlichen Wohnsitz des Heiligen Geistes erbaut wurde.

> *Ihr seid jetzt also nicht länger Fremde ohne Bürgerrecht, sondern seid – zusammen mit allen anderen, die zu seinem heiligen Volk gehören – Bürger des Himmels; ihr gehört zu Gottes Haus, zu Gottes Familie. Das Fundament des Hauses, in das ihr eingefügt seid, sind die Apostel und Propheten, und der Eckstein dieses Gebäudes ist Jesus Christus selbst. Er hält den ganzen Bau zusammen; durch ihn wächst er und wird ein heiliger, dem Herrn geweihter Tempel. Durch Christus seid auch ihr in dieses Bauwerk eingefügt, in dem Gott durch seinen Geist wohnt* (Eph 2,19-22).

Liebe ist das einzige Baumaterial für die Ewigkeit. Alles andere vergeht. Paulus warnte insbesondere davor, den Tempel auf ein fehlerhaftes Fundament zu bauen.

> *Weil Gott mich in seiner Gnade dazu befähigt hat, habe ich als ein kluger und umsichtiger Bauleiter das Fundament gelegt; andere bauen jetzt darauf weiter. Aber jeder soll sich sorgfältig überlegen, wie er die Arbeit fortführt. Das Fundament ist bereits gelegt, und niemand kann je ein anderes legen. Dieses Fundament ist Jesus Christus* (1 Kor 3,10-11).

Jesus ist das Fundament, und das Fundament ist eine Person. Gott ist Liebe! Beim Bau dieses Tempels geht es Gott allein um Menschen. Sofort nachdem Paulus diese Warnung formuliert hatte, stellte er im nächsten Vers das Baumaterial von Gold, Silber und Edelsteinen dem Baumaterial von Holz, Heu und Stroh gegenüber.

Wenn dies die einzigen haltbaren Baumaterialien sind, mit denen wir bauen können, müssen wir verstehen, dass wir den heiligen Tempel bauen, indem wir eine innige Liebesbeziehung zu Gott und zu unseren Brüdern und Schwestern in Christus aufbauen. Jesus sagte, das größte Gebot bestehe darin, den Herrn von ganzem Herzen und unseren Nächsten wie uns selbst zu lieben. Dieses Liebesgebot ist aus dem Alten Testament in das Neue Testament übernommen worden. Ohne

Liebe sind wir nichts (vgl. 1 Kor 13,1-3)! Wenn das Baumaterial Liebe ist, müssen wir es Jesus gleichtun und in immer tiefere Liebesbeziehungen investieren.

Auf diese Weise baute Paulus den Tempel. Er investierte in andere Menschen und legte ein festes Fundament für geistliches Wachstum.

> *Und das ist meine Bitte an Gott: dass er eure Liebe, verbunden mit der rechten Erkenntnis und dem nötigen Einfühlungsvermögen, immer größer werden lässt* (Phil 1,9).

> *Und für euch erbitten wir vom Herrn eine immer größere Liebe zueinander und zu allen Menschen – eine Liebe, die so überströmend ist wie unsere Liebe zu euch* (1 Thess 3,12).

Es ist selbstredend, dass das Fundament der Liebe die Tatsache offenbart, dass es sich hier um eine Herzensreise handelt. Wir sollen den Herrn von ganzem Herzen lieben. Paulus sagte:

> *Gerade das muss doch das Ziel aller Verkündigung sein – Liebe aus einem reinen Herzen* (1 Tim 1,5).

Petrus wies uns an, *„einander aufrichtig und von Herzen zu lieben!"* (1 Petr 1,22). Kein Ruf wird unser Herz jemals so prüfen und herausfordern wie der Ruf in ein Leben der Liebe, das der Liebe Jesu zu uns entspricht. Dieses neue Gebot, zu lieben, fordert die stärksten Herzen heraus.

Der Kontext der Herzensreise ist Beziehung und Gemeinschaft. Wir sind in die innige Gemeinschaft des Vaters, des Sohnes und des Heiligen Geistes hinein eingeladen und wir sind zur Gemeinschaft mit den Heiligen eingeladen, sprich dazu, eine Gemeinschaft zu bilden, die hier auf der Erde die Atmosphäre des Himmels widerspiegelt. Wenn wir keine Herzensbeziehungen anstreben, arbeiten wir am Wesentlichen vorbei! Als Paulus uns aufforderte, den Tempel mit Gold, Silber und Edelsteinen zu bauen, meinte er damit, dass wir Liebesbeziehungen aufbauen. Der Vater und der Sohn sind das Gold und das Silber und unsere Brüder und Schwestern in Christus sind die Edelsteine bzw. Juwelen.

Wir können nicht in Liebe wachsen, wenn wir nicht in der richtigen Beziehung zu Gott und zum Leib Christi stehen. Jesus baute zu seinen Jüngern Beziehungen auf, die fest vom Vater eingefasst waren. Weil wir „in Christus" sind, werden auch wir zu seinem „Augapfel".

Auch wir werden zu diesen goldenen Äpfeln in einer Silberschale. Wir sind für immer in das kostbare Silber des Vaterherzens Gottes „eingefasst" worden und unser Leben ist mit den Edelsteinen der Heiligen geschmückt. Das bedeutet, dass der zweifache Kontext der Herzensreise des Wachsens in der Liebe zum einen der Verborgene Ort (Schutz) des Höchsten (vgl. Ps 91,1) und zum anderen der mystische Leib Christi bzw. die „Gemeinschaft" ist.

Wir können die Herzensreise nicht erfolgreich meistern, wenn wir nicht Beziehungspflege betreiben: im „Verborgenen" mit Gott und ebenso in der Gemeinschaft mit unseren Brüdern und Schwestern. Wenn der Teufel es schafft, einen Gläubigen aus der im Verborgenen gepflegten innigen Beziehung zum Vater und aus der engen geistlichen Gemeinschaft mit seinen Geschwistern herauszureißen, hat er damit dessen geistliches Leben sabotiert und ihn dazu verdammt, im Vorhof theologischer Erkenntnis zu leben. Wir können diese Herzensreise nur bewältigen, wenn wir uns ins Verborgene aufmachen, wo Gott unser Herz und unsere Gedanken prüft. Ebenso können wir diese Herzensreise nur im Kontext verbindlicher Beziehungen zu Brüdern und Schwestern in Angriff nehmen, welche in Liebe die Wahrheit in unser Herz sprechen dürfen. Wir dürfen zu unseren Glaubensgeschwistern genauso wenig sagen: *„Ich brauche dich nicht!"* (1 Kor 12,21 SLT), wie wir zu Gott sagen können: „Ich brauche dich nicht."

Die Verfasser des Neuen Testaments haben absichtlich keinen Raum dafür gelassen, dass wir uns aus einer immer tieferen Gemeinschaft mit den Heiligen herauswinden können. Genau wie Paulus brachte auch Johannes eine Krise in der Gemeinde zur Sprache, in der griechisch geprägte Gläubige ihren Geschwistern den Rücken zukehrten. Ebenso wie in Korinth erhoben diese Christen sich über ihre Brüder und Schwestern, weil sie meinten, sie hätten ihnen in Sachen geistlicher Erkenntnis etwas voraus. Es bestand kein grundsätzlicher Unterschied zwischen dieser Krise und der, die Paulus sich in Korinth vorknöpfte. Johannes befasste sich mit den Nachwirkungen einer heftigen Auseinandersetzung in der Gemeinde, wobei eine Gruppe von gnostisch geprägten Gläubigen *„unsere Gemeinde verlassen"* hatten. „Unsere Gemeinde" bezieht sich in diesem Fall auf die apostolische Glaubensgemeinschaft.

> *Diese Leute haben unsere Gemeinden verlassen, weil sie nie wirklich zu uns gehörten; sonst wären sie bei uns geblieben. Als sie uns verließen, wurde deutlich, dass sie nicht zu uns gehören* (1 Joh 2,19 NLB).

Johannes musste klare Linien ziehen, da diese gnostisch angehauchten Gläubigen das apostolische Fundament der Liebe, Sohnschaft und Bruderschaft für das griechische Fundament der Erkenntnis eintauschten. Johannes ging sogar so weit, zu sagen, dass jeder *„der seinen Bruder und seine Schwester nicht liebt"*, kein Kind Gottes ist (1 Joh 3,10)!

> *Wenn jemand behauptet: „Ich liebe Gott!", aber seinen Bruder oder seine Schwester hasst, ist er ein Lügner. Denn wenn jemand die nicht liebt, die er sieht – seine Geschwister –, wie kann er da Gott lieben, den er nicht sieht?* (1 Joh 4,20).

Johannes betonte in seinem ersten Brief immer wieder die Notwendigkeit, Jesu Gebot, einander zu lieben, Folge zu leisten. Er stellte absichtlich einen Zusammenhang zwischen der Liebe zu Gott und der Liebe zu den Brüdern und Schwestern her und behauptete, jeder Anspruch Gott zu lieben, der nicht fest in der Liebe zur Gemeinschaft der Heiligen verankert sei, sei ein Schwindel.

> *Wir aber haben den Schritt vom Tod ins Leben getan; wir wissen es, weil wir unsere Geschwister lieben. Wer nicht liebt, bleibt in der Gewalt des Todes. Jeder, der seinen Bruder oder seine Schwester hasst, ist ein Mörder, und ihr wisst, dass kein Mörder ewiges Leben hat; das Leben, das Gott uns schenkt, ist nicht in ihm. Was Liebe ist, haben wir an dem erkannt, [was Jesus getan hat]: Er hat sein Leben für uns hergegeben. Daher müssen auch wir [bereit sein], unser Leben für unsere Geschwister herzugeben* (1 Joh 3,14-16).

Johannes ließ hier keinen Spielraum, der uns erlauben würde, uns aus dem Gemeinschaftsbau herauszuwinden.

Auch Salomo erkannte, dass Familie eine notwendige Konsequenz des Glaubens an Gott ist: *„Wer sich absondert, geht nur seinen eigenen Wünschen nach; er verweigert alles, was heilsam ist"* (Spr 18,1 NLB). Es gibt nur einen Rahmen für Wachstum in der Liebe, und dieser Rahmen ist Gemeinschaft. Uns emotional oder geographisch von unseren Geschwistern zurückzuziehen, kommt einer Auflehnung gegen jegliche solide biblische Weisheit gleich. Ohne eine wirklich authentische christliche Gemeinschaft kann sich niemand zur Herzensreise der Liebe aufmachen.

Ebenso wenig können wir die Herzensreise der Liebe in Angriff nehmen, ohne dass wir Gott im Verborgenen suchen und von Herz zu Herz eine Beziehung zu ihm aufbauen. Es ist im Verborgenen des innigen Gebetes, der Anbetung und Gemeinschaft mit Gott, dass er uns sein Herz offenbart und uns der tiefsten Beweggründe und Herzenshaltungen überführt, die sich korrodierend auf wahres geistliches Wachstum in Liebe auswirken. Das mag sehr konfrontativ klingen, aber es ist nun einmal die Wahrheit, die uns freisetzt. Der Teufel macht Überstunden, um Christen aus ihrer innigen und täglichen Beziehungspflege zu Gott herauszureißen, in der der Herr die Herzen und Gedanken prüft. Genauso macht er Überstunden, um unsere wichtigsten Beziehungen zu zerstören und uns in die Isolation fernab der Herzen unserer Brüder und Schwestern zu locken.

Die Mächte der Finsternis wissen nur allzu genau, dass die Herzensreise nur im Kontext der Vertrautheit mit Gott und geistlicher Gemeinschaft gelingen kann. Das sind die beiden Bereiche in unserem Leben, die unablässig Angriffen ausgesetzt sind, weil der Böse weiß, dass er, wenn er es schafft, uns aus diesen beiden einzigartigen geistlichen Umgebungen herauszureißen, die Herzensreise sabotieren wird, nämlich indem er uns „aus unserem Herzen holt“ und „zurück in den Kopf verfrachtet“, wo wir nichts haben als theologisches Wissen anstatt inniger Herzensbeziehungen.

Wir müssen uns gegen diese Angriffe wehren, indem wir zum einen unser Herz mit einer leidenschaftlichen Entschlossenheit dem Vater zuwenden und Zeit in seiner Gegenwart verbringen, und zum andern unsere Herzen in inniger Gemeinschaft unseren Geschwistern zuwenden, mit denen wir uns darüber austauschen, was in unseren Herzen gerade vorgeht. In dieser Gemeinschaft öffnen wir unser Leben, um durch unsere Geschwister, die uns Gottes Liebe weitergeben, einen tiefen Dienst am Herzen zu empfangen.

Wir müssen uns gegen diese Angriffe wehren, und dadurch, dass wir mit einer leidenschaftlichen Entschlossenheit unser Herz dem Vater zuwenden, indem wir Zeit in seiner Gegenwart verbringen und unser Herz unseren Geschwistern in inniger Gemeinschaft zuwenden, innerhalb derer wir uns darüber austauschen, was in unseren Herzen gerade vor sich geht, und wo wir unser Leben öffnen, um einen tiefen Dienst am Herzen zu empfangen, indem wir durch unsere Geschwister Gottes Liebe empfangen.

Geistliche Gemeinschaft sollte der sicherste Ort auf Erden sein. Es ist ein wunderbares Geschenk vom Vater, dass er uns mit einem Umfeld verbindlicher und liebevoller Fürsorge für unser persönliches geistliches Wohl versorgt. Allerdings genießen bedauerlicherweise nur wenige Christen den Segen wahrer geistlicher Gemeinschaft.

> *Deshalb ist es wichtig, dass wir unseren Zusammenkünften nicht fernbleiben, wie einige sich das angewöhnt haben, sondern dass wir einander ermutigen* (Heb 10,25).

Hierbei geht es nicht nur darum, sonntags zum Gottesdienst zu gehen, sondern darum, im Licht zu leben und intensive Gemeinschaft miteinander zu pflegen.

Wann immer sich ein Jesusnachfolger von liebevollen, verbindlichen Beziehungen innerhalb einer Gemeinschaft abkapselt, bricht er im Endeffekt die Herzensreise des Wachsens in der Liebe ab. Ohne sich vertiefende Herzensbeziehungen mit Glaubensgeschwistern, die Zugang zu unserem Herzen haben, gibt es keine Herzensreise. Und es gibt keine Herzensreise, ohne dass wir uns aktiv darum bemühen, in Gebet und Anbetung im Verborgenen die Beziehung zu Gott zu pflegen. So grundlegend diese beiden Aspekte für das christliche Leben sind, so verwunderlich ist es, dass so viele Christen diese beiden Hauptsachen vernachlässigen, die Jesus festgelegt hat, damit die Herzensreise in unserem Leben wirkungsvoll stattfinden kann. Jesus kam, um eine Herzensrevolution in Gang zu bringen. Er möchte durch seinen Aufruf, aus dem Herzen heraus zu leben, jeden Menschen auf seine Wellenlänge bringen. Wir sind aufgefordert, Gott und unsere Brüder und Schwestern von ganzem Herzen zu lieben. Die Herzensreise ist der göttliche Ruf, zu lieben und geliebt zu werden. Jesus sagte, das sei das charakteristische Merkmal all seiner Jünger.

> *An eurer Liebe zueinander werden alle erkennen, dass ihr meine Jünger seid* (Joh 13,35).

Kapitel 5

Das verheißene Land des Herzens

Glücklich zu nennen ist, wer seine Stärke in dir gefunden hat, alle die, deren Herz erfüllt ist von dem Wunsch, zu deinem Heiligtum zu pilgern.

Psalm 84,6

„Bist du auf deiner Herzensreise?" Das ist die Sprache, die ich unter der neuen Generation von Gläubigen immer häufiger höre. Sie fragen sich, ob wir wirklich *von Herzen* mit unserem himmlischen Vater und unseren Brüdern und Schwestern unterwegs sind, oder ob wir in einem verkopften Christentum feststecken, das uns von der harten Arbeit tiefgreifender Herzensverwandlung entschuldigt. Es gibt eine Herzensreise, zu der alle neutestamentlichen Gläubigen aufgerufen sind. Gott ruft uns heraus aus der Welt, um uns in die Fülle unseres Erbes zu führen. Errettet zu werden ist kein Selbstzweck, sondern ein Mittel zu einem viel größeren Zweck, nämlich der Verwandlung unseres Herzens, damit die Herrlichkeit des Herrn durch die Gemeinde sichtbar werden kann.

Das war der Plan für die Kinder Israels, als Gott sie mit der erklärten Absicht aus Ägypten führte, sie in das Land zu bringen, das er ihrem Vorvater Abraham versprochen hatte.

Wir waren Sklaven des Pharaos in Ägypten, doch der Herr hat uns mit großer Macht aus Ägypten geführt. [...] Er ***führte uns aus***

> *Ägypten,* ***um uns in*** *das Land zu bringen, das er unseren Vorfahren mit einem Eid versprochen hatte* (5 Mose 6,21.23 NLB).

Israels Pilgerreise führte aus Ägypten heraus, durch die Wüste hindurch und schließlich in das Verheißene Land. „Auch habe ich meinen Bund mit ihnen aufgerichtet, dass ich ihnen das Land Kanaan geben will, **das Land ihrer [Pilgerschaft]**[1], in dem sie Fremdlinge gewesen sind“ (Ex 6,4 SLT). Dies war die große Pilgerreise des Volkes Gottes hinaus aus Ägypten, dem Haus der Sklaverei, und hinein in das Land Kanaan, das Haus herrlicher Freiheit und göttlichen Erbes.

Der Verfasser des Hebräerbriefes berichtet uns, dass, so wie dem alttestamentlichen Volk Gottes Verheißungen gegeben waren, auch auf den Christen Verheißungen warten. Wir haben einen besseren Bund, der sich auf bessere Verheißungen gründet (Heb 8,6). Wir haben die Verheißung auf einen *„besseren Ort, eine Heimat im Himmel“* (Heb 11,16 NLB) und dieser Vers zeigt ganz deutlich, dass es sich bei dem neuen „Verheißenen Land“ des Gläubigen nicht um ein Stückchen irdische Geographie handelt, sondern um ein himmlisches Land mit einer himmlischen Stadt. Unsere Pilgerreise ist eine Pilgerreise des Herzens, auf der wir die Herausforderung der Herzensreise annehmen, alles in Besitz zu nehmen, was Gott seinen Söhnen und Töchtern im Neuen Bund versprochen hat. Unser Herz sollte auf Pilgerreise sein, wenn wir alles ergreifen wollen, was Gott für uns bereithält. Wir können es uns nicht leisten, in der Wüste stehen zu bleiben.

Die Eroberung des Verheißenen Landes im Alten Testament ist ein gewaltiges prophetisches Vorbild für die persönliche Eroberung unseres eigenen Herzens. Sobald wir neu geboren sind, wartet ein riesiges unsichtbares Territorium darauf, von uns erobert und unter die Herrschaft des Reiches Gottes gebracht zu werden. Im ersten Korintherbrief stellte Paulus fest, dass der alttestamentliche Bericht über Israels Eroberung von Kanaan in mächtiger Weise zu uns neutestamentlichen Gläubigen spricht, die dazu bestimmt sind, Überwinder zu sein.

> *All diese Ereignisse, die ihnen widerfuhren, dienen uns als Beispiel. Sie wurden für uns, die wir am Ende der Zeiten leben, als Warnung aufgeschrieben* (1 Kor 10,11 NLB).

---

[1] Anm. d. Übers.: Im Deutschen eigentlich „Fremdlingschaft“.

Paulus lehrte explizit, dass alles, was Israel auf seiner kollektiven Herzensreise von Ägypten zum Verheißenen Land passierte, eine prophetische Anleitung für Christen ist, was ihre eigene Herzensreise in Bezug auf die Teilhabe an der Gerechtigkeit und Herrlichkeit Christi angeht.

Gott hatte eine klare prophetische Bestimmung für sein Volk. Das Endziel seiner Berufung für Israel, das Verheißene Land einzunehmen, lag darin, in diesem Land die Herrlichkeit des Herrn zu offenbaren. Als Israel sich gegen den Herrn auflehnte und sich weigerte, das Verheißene Land zu betreten, sagte der Herr: *„Aber – so wahr ich lebe und die ganze Erde mit der Herrlichkeit des Herrn erfüllt werden soll ...“* (4 Mose 14,21 SLT). Mit anderen Worten, Gottes Ziel bestand darin, seine Herrlichkeit auf der ganzen Erde sichtbar werden zu lassen, und zwar mithilfe eines treuen Überrests, den er in diesem Land ansiedeln wollte. Diese Verheißung wurde letztendlich von Jesus, dem wahren Samen Abrahams, erfüllt, der mit beiden Beinen fest auf dem Boden des Verheißenen Landes stand, als er Israel und später allen Völkern der Erde die Hoffnung der Herrlichkeit eröffnete. Die Herrlichkeit des Herrn wurde vor den Augen der gesamten Menschheit in Jesus offenbar und strahlte wie ein Leuchtfeuer von Israels Verheißenem Land aus in eine dunkle und gefallene Welt hinaus.

> *Das Volk, das im Dunkel lebt, sieht ein helles Licht; über denen, die im Land der Finsternis wohnen, strahlt ein Licht auf* (Jes 9,1 REÜ).

Sechs prophetische Lektionen für das Herz

In 1. Korinther 10 zieht Paulus aus der Geschichte Israels sechs wertvolle Lehren für neutestamentliche Christen. Er bringt bewusst die Berichte über den Exodus und die Eroberung mit einer Reihe von wichtigen Herzensfragen in Verbindung, mit denen Christen sich aktuell konfrontiert sehen. Dies liefert uns ein Modell, mithilfe dessen wir das gesamte Alte Testament aus der Perspektive der Herzensreise neutestamentlicher Christen heraus auslegen können. Paulus behauptete kühn, die gesamte Geschichte sei ein prophetisches Bild für uns als neutestamentliche Gläubige. Augustinus prägte den berühmten

Ausspruch: „Das Neue Testament ist im Alten verhüllt, das Alte im Neuen enthüllt.“[2]

> *Ihr dürft nämlich nicht vergessen, Geschwister, wie es unseren Vorfahren [zur Zeit des Mose] erging. Über ihnen allen war die Wolkensäule, und alle durchquerten sie das Meer, sodass sie alle gewissermaßen eine Taufe auf Mose erlebten – eine Taufe durch die Wolke und durch das Meer. Sie aßen alle dieselbe Nahrung – das Brot vom Himmel, das Gott ihnen gab –, und tranken alle denselben Trank – einen Trank, den Gott ihnen gab, das Wasser aus dem Felsen (wobei der wahre Fels, der sie begleitete und von dessen Wasser sie tranken, Christus war).*
>
> *Und trotzdem hatte Gott an den meisten von ihnen keine Freude, sodass er sie in der Wüste umkommen ließ. Was damals mit unseren Vorfahren geschah, ist eine Warnung an uns: Unser Verlangen darf nicht auf das Böse gerichtet sein, wie es bei ihnen der Fall war. Werdet keine Götzendiener, wie manche von ihnen es waren. Es heißt ja in der Schrift: „Das Volk feierte ein Fest zu Ehren des goldenen Stieres; man setzte sich nieder, um zu essen und zu trinken, und dann wurde wild und zügellos getanzt.“ Auch auf Hurerei dürfen wir uns nicht einlassen, wie manche von ihnen es taten. [Ihre Unmoral wurde damit bestraft,] dass an einem einzigen Tag dreiundzwanzigtausend von ihnen umkamen.*
>
> *Wir müssen uns davor hüten, Christus herauszufordern, wie manche von ihnen es taten, worauf sie von Schlangen gebissen wurden und starben. Hütet euch auch davor, euch gegen Gott aufzulehnen und ihm Vorwürfe zu machen, denn manche von ihnen wurden deshalb von dem Engel des Gerichts getötet. Aus dem, was mit unseren Vorfahren geschah, sollen wir eine Lehre ziehen. Die Schrift berichtet davon, um uns zu warnen – uns, die wir am Ende der Zeit leben* (1 Kor 10,1-11).

Paulus rief den Christen in Korinth in Erinnerung: *„Und trotzdem hatte Gott an den meisten von ihnen keine Freude“* (1 Kor 10,5). Er stellte einen direkten Vergleich an zwischen Gottes Missfallen über die Untreue seines Volkes im Alten Bund und über das gottlose Treiben und den Unglauben der Christen, die dem Herrn in ähnlicher

---

[2] Lateinisch: „Novum in Vetere latet et in Novo Vetus patet.“

Weise missfielen. Hier besteht ein großes Paradox, denn dank des Wunders der Neugeburt und des Geschenks der Gerechtigkeit hat Gott einerseits an uns als seinen Söhnen und Töchtern genauso Gefallen wie an seinem einzigen, geliebten Sohn. Wenn seine Kinder allerdings rebellisch und ungläubig werden, ruft das andererseits offensichtlich sein Missfallen über unser Verhalten hervor. Wir sind berufen, dem Herrn in allen Dingen und vollkommen zu gefallen. Der Verfasser des Hebräerbriefes schreibt:

> *Ohne Glauben ist es unmöglich, Gott zu gefallen* (Heb 11,6).

Es gefällt unserem Vater nicht, wenn wir weiterhin in Sünde und Unglauben bleiben.

Paulus betete insbesondere:

> *Deshalb hören wir auch seit dem Tag, an dem wir davon erfahren haben, nicht auf, für euch zu beten. Wir bitten Gott, dass er euch durch seinen Geist alle nötige Weisheit und Einsicht schenkt, um seinen Willen in vollem Umfang zu erkennen. Dann könnt ihr ein Leben führen, durch das der Herr geehrt wird und das ihm in jeder Hinsicht gefällt* (Kol 1,9-10).

Die Elberfelder übersetzt: *„Um des Herrn würdig zu wandeln* ***zu allem Wohlgefallen****“.* Das Neue Testament nennt ausdrücklich die Dinge die dem Herrn gefallen oder missfallen.

> *Durch den Glauben hat ein Gerechter Leben. Doch wer sich von mir abwendet, an dem habe ich keine Freude* (Heb 10,38 NLB).

Paulus wollte in 1. Korinther 10 eine deutliche Parallele zwischen dem unmoralischen und götzendienerischen Verhalten der Korinther und der Unmoral und dem Götzendienst der Israeliten während ihrer Wüstenwanderung ziehen.

Paulus schreibt:

> *Was damals mit unseren Vorfahren geschah, ist eine Warnung an uns: Unser Verlangen darf nicht auf das Böse gerichtet sein, wie es bei ihnen der Fall war* (1 Kor 10,6).

Christen können ihr Herz genauso leicht auf Böses richten, wie Israel es tat und damit Gott missfiel. Paulus fährt fort:

> *Werdet keine Götzendiener, wie manche von ihnen es waren* (1 Kor 10,7).

Christen können genauso götzendienerisch sein wie das historische Israel, und solch ein Götzendienst unter neutestamentlichen Gläubigen gefällt dem Herrn ganz und gar nicht. Paulus warnte außerdem: *„Auch auf Hurerei dürfen wir uns nicht einlassen, wie manche von ihnen es taten"* (1 Kor 10,8). Auch Christen können sich sexueller Unmoral hingeben, was dem Herrn ganz besonders missfällt.

Paulus stellte eine weitere Entsprechung zwischen der Rebellion Israels und der Rebellion von Gläubigen des Neuen Bundes heraus. *„Wir müssen uns davor hüten, Christus herauszufordern, wie manche von ihnen es taten, worauf sie von Schlangen gebissen wurden und starben"* (1 Kor 10,9). Er bezieht sich hier auf einen Vorfall in der Geschichte Israels, wo das Volk Gott auf die Probe stellte und es ihm ganz und gar nicht gefiel.

> *Vom Berg Hor aus zogen die Israeliten weiter und schlugen den Weg zum Roten Meer ein, um Edom zu umgehen. Doch unterwegs wurden die Israeliten ungeduldig und klagten Gott und Mose an: „Warum habt ihr uns aus Ägypten geführt? Etwa, damit wir hier in der Wüste sterben? Hier gibt es weder Brot noch Wasser und dieses Manna können wir nicht mehr sehen!" Da schickte der Herr Giftschlangen. Viele der Israeliten wurden gebissen und starben* (4 Mose 21,4-6 NLB).

Wenn wir den Herrn auf die Probe stellen, wecken wir damit seinen Unmut. Jesus sagte zum Teufel:

> *In der Schrift heißt es aber auch: „Du sollst den Herrn, deinen Gott, nicht herausfordern!"* (Mt 4,7; 2 Mose 17,2).

> *Mose nannte den Ort Massa und Meriba, wegen der Vorwürfe der Israeliten. Sie hatten den Herrn herausgefordert, indem sie fragten: „Ist der Herr bei uns oder nicht?"* (2 Mose 17,7 NLB).

Gott auf diese Weise herauszufordern ist ein unverfrorener Ausdruck des Unglaubens und der Rebellion, der die Offenbarung der Macht und Herrlichkeit Gottes verleugnet.

Doch sie sündigten weiter gegen ihn und lehnten sich in der Wüste gegen den Höchsten auf. Absichtlich stellten sie Gott auf die Probe und verlangten Nahrung, auf die sie Lust hatten. Sie lehnten sich gegen Gott auf und sagten: „Kann uns Gott etwa in der Wüste Essen geben? Er kann zwar an einen Felsen schlagen, sodass Wasser herausströmt, aber kann er auch seinem Volk Fleisch und Brot geben?" Als der Herr das hörte, wurde er zornig; wie Feuer entflammte sein Zorn gegen Jakob, seine Wut kam über Israel. Denn sie glaubten Gott nicht und vertrauten nicht darauf, dass er für sie sorgen würde (Ps 78,17-22 NLB).

Die Kinder Israels „stellten Gott auf die Probe", indem sie sich beklagten und beim Herrn beschwerten, wobei sie seine Güte infrage stellten, obwohl er ihnen seine Herrlichkeit so deutlich und auf so viele erkennbare Weisen demonstriert hatte.

Sie haben meine Herrlichkeit und die Wunder, die ich in Ägypten und in der Wüste getan habe, miterlebt und mich trotzdem immer und immer wieder herausgefordert, indem sie meine Anweisungen nicht befolgten. Keiner von denen, die mich verachtet haben, soll das Land sehen (4 Mose 14,22-23 NLB).

Hätten die Kinder Israels keine sichtbaren Beweise seiner Herrlichkeit und Macht erlebt, hätte man ihnen vergeben können, dass sie sich fragten, warum Gott sein Volk aus Ägypten heraus und in eine ungnädige und unfruchtbare Wüste geführt hatte. Aber seine fortwährende Versorgung mit Manna, Feuer bei Nacht und einer Wolke bei Tag entzog den Israeliten jede Grundlage, um den Herrn mit ihrer ständigen Infragestellung seiner Güte auf die Probe zu stellen. Jedes Mal, wenn davon berichtet wird, dass Israel den Herrn auf die Probe stellte, geschah es vor dem Hintergrund, dass Gott ihnen bereits seine große Macht und Herrlichkeit erwiesen hatte.

Wie oft lehnten sie sich in der Wüste gegen ihn auf und betrübten sein Herz in der Wildnis. Immer wieder stellten sie seine Geduld auf die Probe und enttäuschten den heiligen Gott Israels. Sie vergaßen, wie mächtig er war und wie er sie vor ihren Feinden gerettet hatte. Sie vergaßen seine Zeichen, die er in Ägypten getan hatte (Ps 78,40-43 NLB).

> *Doch wie rasch vergaßen sie wieder, was er getan hatte, und warteten nicht auf seinen Rat. In der Wüste entflammten ihre Begierden und sie stellten Gottes Geduld in der Einöde auf die Probe* (Ps 106,13-14).

Die neutestamentliche Parallele lässt sich sofort erkennen. Die Korinther lebten inmitten von Zeichen und Wundern und einer Ausgießung der Herrlichkeit Gottes durch den Dienst des Paulus. Er demonstrierte unter ihnen das *„machtvolle Wirken von Gottes Geist“*. Die Gemeinde in Korinth war sogar auf mächtige Zeichen und Wunder hin gegründet worden. Den Herrn herausfordern oder ihn „auf die Probe stellen“ passiert, wenn wir die Herrlichkeit des Herrn gesehen haben, uns aber so verhalten und so reden, als sei Gott nicht gut oder kümmere sich nicht um uns.

> *Wir müssen uns davor hüten, Christus herauszufordern, wie manche von ihnen es taten, worauf sie von Schlangen gebissen wurden und starben* (1 Kor 10,9).

Natürlich war dieser Vergleich kein Zufall. Würden die Korinther sich weiterhin über Paulus als den Gesalbten des Herrn beschweren und murren, würden sie sich damit buchstäblich gegenüber der dämonischen Welt öffnen und riskieren, ebenfalls von Schlangen (oder Dämonen) zerstört zu werden.

Paulus’ nächster Satz lautete dementsprechend: *„Hütet euch auch davor, euch gegen Gott aufzulehnen und ihm Vorwürfe zu machen, denn manche von ihnen wurden deshalb von dem Verderber getötet* (apollymi)*“* (1 Kor 10,10). Nörgelei und Beschwerden missfallen dem Herrn, weil sie auf Unglauben beruhen und leugnen, dass Gott seine Herrlichkeit seinem Volk gegenüber immer wieder offenbart hatte. Paulus lehrte ausdrücklich, dass Christen vom Bösen zerstört werden können, wenn sie sich bewusst Denk- und Verhaltensmustern endloser Negativität hingeben. Diese Warnung enthält einen expliziten Bezug zum Bösen, was uns auf die Gefahr dämonischer Infiltrierung unserer Seele aufmerksam machen sollte, zu der es kommen kann, wenn Christen in geistlicher Finsternis verkehren. Paulus warnte die Korinther, dass auch sie am Ende Schiffbruch erleiden und vom Verderber zerstört werden könnten. Natürlich war es der Teufel, vor dem er sie warnte. *„Er heißt [„der Verderber“] – auf Hebräisch*

Abaddon und auf Griechisch Apollyon" (Offb 9,11). Paulus sprach den Christen gegenüber eine deutliche prophetische Warnung aus, dass es ihnen genauso ergehen könne, wie es den Kindern Israels ergangen war, sollten auch sie sich den Beschwerden und der Nörgelei gegenüber dem Herrn und seinen gesalbten apostolischen Leitern hingeben.

Erst im vorigen Vers hatte Paulus die Christen vor der Gefahr gewarnt, von „Schlangen getötet zu werden". Zweifelsohne hatte er dabei eine bestimmte Schlange im Sinn. In seinem zweiten Brief warnte er die Korinther vor der Fähigkeit der Schlange, die Gläubigen zu betören und zu täuschen.

> *Ich fürchte jedoch, es könnte euch gehen wie Eva. Eva wurde auf hinterlistige Weise von der Schlange verführt, und genauso könnten auch eure Gedanken unter einen verhängnisvollen Einfluss geraten, sodass die Aufrichtigkeit und Reinheit eurer Beziehung zu Christus verloren gehen. Wenn nämlich jemand kommt und euch einen anderen Jesus verkündet als den, den wir verkündet haben, dann lasst ihr euch das nur allzu gern gefallen. Ihr findet nichts dabei, euch einem anderen Geist zu öffnen als dem, den ihr durch uns bekommen habt, oder ein anderes Evangelium anzunehmen als das, das ihr von uns angenommen habt* (2 Kor 11,3-4).

Einige in der Gemeinde von Korinth hatten sich gegenüber dem Einfluss der Schlange und ihren gerissenen Lügen geöffnet. Sie waren durch ihre letztlich ablehnende Haltung gegenüber dem paulinischen Evangelium der Gnade unter den Einfluss eines „anderen Geistes" (im Gegensatz zum Heiligen Geist) geraten, letztlich also dämonisiert worden. Wir können daran sehen, dass Paulus die Geschichte der Pilgerreise des alttestamentlichen Volkes Gottes verwendet und sie in ein prophetisches Bild für die Herzensreise der Gläubigen umwandelt, die ebenfalls allerlei Prüfungen und Schwierigkeiten bestehen müssen, welche wiederum die Nöte und Prüfungen der Israeliten in der Wüste und im Land Kanaan widerspiegeln.

Aber Paulus verleiht diesen alten Erzählungen nicht nur prophetischen Gehalt. Im Gegenteil; er erklärt, all diese Dinge seien ihnen eigens als Vorbild und Schatten der kommenden Dinge passiert. Gott habe folglich das Exodus-/Eroberungs-Paradigma als ein Beispiel und einzigartiges Lehrstück für die Gemeinde Christi inszeniert und entworfen, um die Herzensreise zu beschreiben, bei der es darum geht, die Fülle der prophetischen Bestimmung und Berufung Gottes für sein neutestamentliches und „am Ende der Zeit" lebendes Volk zu ergreifen. Das ist ein außergewöhnlicher und verblüffender Gedanke, wenn er wirklich wahr ist. Ich glaube, dass es viel zu viele große prophetische „Zufälle" gibt, als dass es sich bei all dem nur um eine Laune der Geschichte handeln könnte.

Der Hebräerbrief und das Modell für die Herzensreise

Wie Paulus bedient sich auch der Verfasser des Hebräerbriefes genau desselben alttestamentlichen Paradigmas des Exodus und der Eroberung und zieht daraus umfassende Lehren für das Herz der neutestamentlichen Gläubigen. Wir sehen dies am deutlichsten in Hebräer 3 und 4:

> *Mose war ein treuer Diener im Haus Gottes, und sein Beispiel bezeugte alles, was später von Gott offenbart werden sollte. Christus dagegen, der Sohn, wurde über das ganze Haus Gottes gesetzt. Gottes Haus sind wir, wenn wir zuversichtlich bleiben und an unserer Hoffnung auf Christus festhalten. Deshalb spricht der Heilige Geist: „Heute sollt ihr auf seine Stimme hören. Verschließt eure Herzen nicht gegen ihn, wie die Israeliten es taten, als sie sich auflehnten am Tag der Versuchung in der Wüste."*
> *Dort haben eure Vorfahren meine Geduld auf die Probe gestellt, obwohl sie vierzig Jahre Zeugen meiner Wunder gewesen waren! Deshalb war ich zornig auf sie und sagte: „Ständig kehren ihre Herzen sich von mir ab. Sie weigern sich zu tun, was ich ihnen sage." Deshalb schwor ich in meinem Zorn: „Niemals werden sie meine Ruhe finden."*
> *Achtet deshalb darauf, liebe Freunde, dass eure Herzen nicht böse und ungläubig sind und ihr euch damit vom lebendigen Gott abwendet. Ermutigt einander jeden Tag, solange es „Heute" heißt, damit keiner von euch von der Sünde überlistet wird und hart wird gegen Gott! Denn wenn wir bis zum Ende treu bleiben und Gott genauso fest vertrauen wie in der ersten Zeit unseres Glaubens, wird Christus uns an allem Anteil geben. Aber vergesst nicht das Wort der Schrift: „Heute sollt ihr auf seine Stimme hören. Verschließt eure Herzen*

nicht gegen ihn, wie die Israeliten es taten, als sie sich auflehnten.“
Wer waren diese Menschen, die sich gegen Gott auflehnten, obwohl sie seine Stimme gehört hatten? Waren es nicht dieselben, die Mose aus Ägypten herausgeführt hatte? Und wer weckte vierzig Jahre lang immer wieder Gottes Zorn? Waren es nicht dieselben, die gesündigt hatten, deren Körper tot in der Wüste lagen? Und zu wem sprach Gott, als er schwor, dass sie seine Ruhe niemals finden sollten? Er sprach zu denen, die ihm ungehorsam gewesen waren.
Wir sehen also, dass sie wegen ihres Unglaubens seine Ruhe nicht finden konnten. Wir sollten vor Furcht zittern bei dem Gedanken, dass einige von euch dieses Ziel nicht erreichen. Achtet darauf, dass dies nicht geschieht, solange die Zusage noch immer gilt, dass wir seine Ruhe finden können. Denn diese gute Botschaft wurde uns genauso verkündet wie ihnen. Aber sie nützte ihnen nichts, weil sie nicht glaubten, was Gott ihnen sagte.
Denn nur wir, die wir zum Glauben gefunden haben, werden zur Ruhe Gottes gelangen. Über diejenigen, die nicht geglaubt haben, sagte Gott: „Deshalb schwor ich in meinem Zorn: ‚Sie sollen meine Ruhe niemals finden‘“, obwohl diese Ruhe bestand, seit er die Welt erschaffen hatte. Das wissen wir, weil die Schrift über den siebten Schöpfungstag sagt: „Am siebten Tag ruhte Gott von seiner Arbeit aus.“ Doch an anderer Stelle spricht Gott: „Sie sollen niemals meine Ruhe finden.“ Es bleibt also dabei, dass es eine Ruhe gibt, welche die Menschen finden können.
Die aber, die früher diese Botschaft hörten, haben sie nicht gefunden, weil sie Gott nicht gehorchten. Deshalb hat Gott einen neuen Zeitpunkt festgelegt, ein neues „Heute“. Davon hat Gott nach so langer Zeit durch David gesprochen; es sind die schon bekannten Worte: „Heute sollt ihr auf seine Stimme hören. Verschließt eure Herzen nicht gegen ihn.“ Mit dieser Ruhe war nicht das Land Kanaan gemeint, in das Josua das Volk Israel geführt hatte, denn sonst hätte Gott später nicht von einem neuen „Heute“ gesprochen.
Es gibt also noch eine besondere Ruhe für das Volk Gottes, die noch in der Zukunft liegt. Wer in Gottes Ruhe hineingekommen ist, wird sich von seiner Arbeit ausruhen, so wie auch Gott nach der Erschaffung der Welt geruht hat. Deshalb wollen wir uns bemühen, in diese Ruhe hineinzukommen, um nicht wie sie durch den gleichen Ungehorsam vom Weg abzukommen (Heb 3,5-4,11 NLB).

Das immer wiederkehrende Motiv dieses ausführlichen Abschnitts liegt in der Mahnung an neutestamentliche Gläubige, nicht demselben Muster der Rebellion und Herzenshärte zu verfallen, wie es die Kinder Israels an den Tag gelegt hatten, als Gott sie in die Ruhe des Verheißenen Landes rief. Es sind die Motive, die Paulus ganz ähnlich in 1. Korinther 10 ausführte, außer, dass er sich ausschließlich auf die Wüstengeschichte bezog.

In Gottes Ruhe eingehen

Dieser Gedanke *„Niemals werden sie meine Ruhe finden"* stammt aus einem Abschnitt in Psalm 95,7-11, wo der Verfasser Revue passieren lässt, wie Israel darin versagt hatte, Gott auf ihrer Herzensreise zu gehorchen und das Verheißene Land in Besitz zu nehmen. Der Verfasser des Hebräerbriefes stellt fest, dass es für neutestamentliche Christen einen Ort der Ruhe gibt, wo sie Ruhe von all ihren Feinden finden. Mose sprach von einer Zeit, wenn sie *„den Jordan überqueren und in dem Land wohnen, das der Herr, euer Gott, euch als Erbteil gibt. Wenn* ***er euch*** *dann* ***Ruhe*** *vor allen euren Feinden* ***ringsum geschenkt hat*** *und ihr in Sicherheit lebt"* (5 Mose 12,10 NLB).

Gott selbst hatte versprochen, dass es eine Zeit geben werde, *„... wenn der Herr, euer Gott, euch in dem Land, das er euch zum Besitz gibt, Ruhe vor euren Feinden ringsum verschafft hat"* (5 Mose 25, 19 NLB). Diese Zeit der Ruhe vor all ihren Feinden stellte sich gegen Ende von Josuas Leben ein.

> *Und der Herr gab ihnen Frieden ringsum, wie er es ihren Vorfahren geschworen hatte. Keiner ihrer Feinde konnte gegen sie bestehen, denn der Herr schenkte ihnen den Sieg über sie* (Jos 21,44 NLB).

Das Volk Israel konnte in diese siegreiche Ruhe im Kampf nur eintreten, wenn sie dem Herrn ganz und gar gehorsam waren und sich weigerten, ihr Herz zu verhärten. Ja, Gott versprach sogar, all ihre Feinde für sie zu bekämpfen, solange sie ihm ganz gehorsam waren.

Genauso wie Paulus zieht der Verfasser des Hebräerbriefes daraus eine Reihe von wichtigen, für das Herz neutestamentlicher Gläubiger relevanter Lehren, wenn sie an diesen Ort gelangen wollten, wo sie durch Glauben und Geduld all die Verheißungen des Neuen Testaments erlangen können.

1. Verhärtet euer Herz nicht.
2. Irrt nicht ab in eurem Herzen.
3. Lasst kein böses Herz des Unglaubens in euch aufkommen.
4. Seid nicht ungehorsam, wenn ihr Gottes Stimme hört.

Wenn wir uns auf dieser Herzensreise einen Weg nach vorn bahnen wollen, um das Verheißene Land des Neuen Bundes einnehmen und im Neuen Jerusalem in der Herrlichkeit Christi leben zu können, müssen wir von unserem Glauben völlig überzeugt sein. Unsere Aufmerksamkeit richtet sich nicht mehr auf einen Streifen Geographie im Nahen Osten. Sie richtet sich auf ein *„besseres, himmlisches“* Erbe, und der Verfasser des Hebräerbriefes verkündet zuversichtlich, dass dieses geistliche Verheißene Land eine mystische Realität ist, die wir durch die Neugeburt betreten.

> *All diese Menschen glaubten bis zu ihrem Tod, ohne erhalten zu haben, was Gott ihnen versprochen hatte. Doch sie sahen das, was ihnen zugesagt war, von weitem und freuten sich darauf, denn sie hatten erkannt und bezeugt,* ***dass sie hier auf der Erde nur Gäste und Fremde waren****. Und sie bekannten damit, dass sie auf der Suche waren nach einem Land, das sie ihre Heimat nennen konnten. Hätten sie das Land gemeint, aus dem sie kamen, dann hätten sie einen Weg gefunden, dorthin zurückzukehren. Aber sie suchten nach einem besseren Ort,* ***einer Heimat im Himmel****. Deshalb schämt Gott sich nicht, ihr Gott genannt zu werden, denn* ***er hat ihnen eine Stadt im Himmel gebaut*** (Heb 11,13-16 NLB).

Der Verfasser des Hebräerbriefes beschreibt im Folgenden das Neue Jerusalem als unser himmlisches Verheißenes Land in einer bewussten Gegenüberstellung zum alten Jerusalem, der geliebten Hauptstadt und dem Kronjuwel des alttestamentlichen Verheißenen Landes.

> ***Ihr hingegen seid*** *zum Berg Zion* ***gekommen****, zur Stadt des lebendigen Gottes, dem Jerusalem, das im Himmel ist. Ihr seid zu der festlichen Versammlung einer unzählbar großen Schar von Engeln gekommen ...* (Heb 12,22).

Unsere geistliche Herzenspilgerreise führt uns zum Leben in der Herrlichkeit des himmlischen Jerusalems. Wir sind nun ausgerichtet auf einen *„viel besseren Bund, der sich auf viel weiter reichende Zusagen stützt"* (Heb 8,6). Auf uns wartet ein besseres, „geistliches" Verheißenes Land. Johannes sah eine Vision vom Neuen Jerusalem, wie es erfüllt war vom Glanz der Herrlichkeit Gottes.

> *Da nahm er mich im Geist auf einen großen, hohen Berg und zeigte mir die heilige Stadt, Jerusalem, die von Gott aus dem Himmel herabkam. Sie war ganz von der Herrlichkeit Gottes erfüllt und funkelte wie ein kostbarer Edelstein, kristallklar wie Jaspis* (Offb 21,10-11 NLB).

Das Verheißene Land als ein Bild für das Herz

Wenn ich diese Offenbarung bei Paulus und im Hebräerbrief lese, scheint es ein neutestamentliches Erfordernis zu geben, dass jeder von uns, der an Christus glaubt, das Paradigma einer radikalen neuen Herzenspilgerreise zum Leben in der Fülle eines neuen Verheißenen Landes mit einer besseren Stadt übernehmen soll. Ausgestattet mit dieser verbesserten prophetischen Perspektive können wir die Geschichte von Israels Weg zur Inbesitznahme des Landes Kanaan nun als eine glorreiche prophetische Vision der neutestamentlichen Herzensreise der Nachfolger Christi sehen. Diese alttestamentlichen Erzählungen triefen regelrecht vor prophetischer Bedeutung für uns. Sie sind voller erstaunlicher Parallelen. Ich glaube, dass wir die beiden Ermahnungen aus 1. Korinther 10 und Hebräer 4 eigentlich zu einer Synthese vereinen könnten.

> All diese Ereignisse, die ihnen widerfuhren, dienen uns als Beispiel. Sie wurden für uns, die wir am Ende der Zeiten leben, als Warnung aufgeschrieben. Deshalb wollen wir uns bemühen, in diese Ruhe hineinzukommen, um nicht wie sie durch den gleichen Ungehorsam vom Weg abzukommen (1 Kor 10,11 und Hebr 4,11 NLB).

Die gesamte Geschichte des Auszugs, der Wüstenwanderung und der Eroberung Kanaans ist ein *Beispiel* und ein *Schatten*. Das griechische Wort, das Paulus für *„als Beispiel"* verwendete, war *typos*, von dessen Wurzel wir das Wort „Typus" ableiten. Es bezeichnet eine

„Ähnlichkeit“ oder eben ein „Vorbild“. Paulus hielt selbst die alttestamentlichen Feste und Sabbate für nichts weiter als prophetische „Schatten“. Das würde bedeuten, dass die gesamte alttestamentliche Erzählung der Pilgerreise Israels auch ein ***„Abbild und ein Schatten** der Dinge, die Gott angekündigt hatte und die in Christus Wirklichkeit geworden sind“* ist (Kol 2,17). Mit dieser prophetischen Interpretation der Reise Israels im Hinterkopf können wir auch die Geschichte von der Eroberung Kanaans sowohl als ein „Vorbild“ als auch eine „Vorschattung“ der Herzensreise des neutestamentlichen Volkes Gottes sehen: Wir bemühen uns eifrig darum, uns in die Ruhe vor all unseren Feinden aufzumachen und unser Erbe der Herrlichkeit Christi zu ergreifen.

Das Alte Testament steckt voller prophetischer Bilder. Keines davon ist zufällig. Gott hat sie als eine tiefere, in sein geschriebenes Wort eingebettete, prophetische Bedeutungsebene entworfen. Jedes prophetische Bild hat einen entsprechenden neutestamentlichen „Antitypus“. Ein Antitypus ist eine Person oder eine Sache, die in einem Typus oder Schatten bewusst repräsentiert oder vorgeschattet wird. Wir stellen fest, dass das griechische Wort *antitupos* verwendet wird, um herauszustellen, dass ein prophetisches Bild im Neuen Testament erfüllt wird.

> *Denn Christus ging in den Himmel selbst, um nun für uns vor Gott einzutreten. Er betrat nicht das irdische Heiligtum, denn dies war nur ein Abbild [antitupos] des wahren Tempels im Himmel* (Heb 9,24 NLB).

Wir sehen also, dass das irdische Allerheilige in Moses’ Stiftshütte ein Bild war und das wahre Allerheilige im Himmel das Gegenbild dazu ist. Dieses einzigartige prophetische Paradigma zieht sich durch die beiden Testamente und veranlasste Augustinus dazu, zu sagen: „Das Neue Testament ist im Alten verhüllt, das Alte im Neuen enthüllt.“

Gott pflanzte seinen Sohn Israel in das Gelobte Land

Gott bezeichnete die ganze Nation Israel als seinen Sohn. *„Israel ist mein erstgeborener Sohn“* (Ex 4,22 SLT). *„Als Israel jung war, liebte ich ihn, und aus Ägypten habe ich meinen Sohn gerufen“* (Hos 11,1 SLT). Gott rief seinen Sohn aus der Sklaverei in die Sohnschaft. Paulus unterstrich die prophetische Bedeutung dieses Motivs, als er sagte:

> *Denn der Geist, den ihr empfangen habt, macht euch nicht zu Sklaven, sodass ihr von neuem in Angst und Furcht leben müsstet; er hat euch zu Söhnen und Töchtern gemacht, und durch ihn rufen wir, [wenn wir beten]: „Abba, Vater!“* (Röm 8,15).

In Bezug auf Israel sagte Paulus:

> *Ihnen hat Gott die Sohneswürde geschenkt. Ihnen hat er sich in seiner Herrlichkeit gezeigt, mit ihnen hat er seine Bündnisse geschlossen, ihnen hat er das Gesetz und die Ordnungen des Gottesdienstes gegeben, ihnen gelten seine Zusagen* (Röm 9,5).

Indem er sie „sein Volk“ nennt, adoptierte Gott Abrahams Nachfahren als seine eigenen. Paulus' Theologie in Bezug auf den „Geist der Sohnschaft“ gründet auf dem prophetischen Vorläufer von Gottes Adoption Israels als seinen Sohn. Der Unterschied zwischen der alttestamentlichen Vorstellung der Adoption und der des Neuen Testaments liegt natürlich darin, dass es sich im Alten Bund um eine „Besuchskultur“ handelte: Gott kam von außen zu seinem erwählten Volk. Im Neuen Bund dagegen sehen wir eine „Wohnkultur“, in der Gott innen wohnt, in den Herzen seines Volkes.

Im Alten Testament finden wir nur wenige Hinweise auf das Vater/Sohn-Paradigma zwischen Jahwe und seinem Volk. Aber gelegentlich erhalten wir Einblicke in die Art von Beziehung zwischen Gott und seinem Volk, die die zukünftige Form des neutestamentlichen Vater/Sohn-Paradigmas vorwegnahm.

> *Ihr wolltet nichts mehr von dem Fels wissen, der euer* ***Vater*** *war, und habt den Gott vergessen, der euch geboren hat. Der Herr sah dies und verwarf voller Zorn seine eigenen* ***Söhne und Töchter*** (5 Mose 32,18-19 NLB).
>
> *So geht ihr mit dem Herrn um, ihr einfältigen und unvernünftigen Menschen? Ist er denn nicht euer* ***Vater****, der euch geschaffen hat? Hat nicht er euch geformt und gemacht?* (5 Mose 32,6 NLB).

Indem er Israel seinen Adoptivsohn nannte, lieferte Gott ein deutliches prophetisches Vorzeichen der Vater/Sohn-Beziehung, die im Neuen Testament offenbart wird. Die meiste Zeit über verhielt sich Gottes kollektiver Sohn aber viel eher wie ein Waisenkind als wie ein Sohn. Die Kinder Israels kamen aus Ägypten, wo sie wie Sklaven und nicht wie Söhne gelebt und gedacht hatten. Die Geschichte von der tiefen Gebrochenheit Israels ist die Geschichte einer kollektiven Gemeinschaft von Waisen, die sich das Paradigma von Gott als einem liebenden Vater nie zu eigen gemacht hat. Sie kamen als Sklaven aus Ägypten und konnten sich als Volk nie von dieser Sklavenmentalität befreien. Sie lebten unter einem Geist der Sklaverei, obwohl Gott sie als ein liebender Vater ansprach.

Gott rief seinen Sohn aus Ägypten heraus und brachte ihn in das Land Kanaan, wo er diese neue Nation schließlich in „Israel" umbenannte. Gott rief seinen Sohn in ein Land, das noch erobert werden musste. Für den Vater war Israel die Hoffnung auf Herrlichkeit, die er als ein Same in das Verheißene Land säte.

> *Ich habe euch meine Gerechtigkeit nahegebracht, sie ist nicht fern. Meine Rettung wird sich nicht verzögern. Ich bringe Jerusalem Rettung und schenke Israel meine Herrlichkeit* (Jes 46,13 NLB).
>
> *Du bist mein Diener, Israel, durch dich will ich mich verherrlichen* (Jes 49,3 NLB).
>
> *Ich will über dich, Marescha, den rechten Erben bringen, und* ***die Herrlichkeit Israels soll kommen*** *bis Adullam* (Mi 1,15 LUT).

Marescha und Adullam waren natürlich kanaanitische Städte im Verheißenen Land.

Israel wurde wie ein Same mitten in eine feindselige Umgebung hineingepflanzt. Das ist fraglos ein prophetisches Vorbild für den Samen der Sohnschaft der Neuen Schöpfung, der als Gottes Hoffnung auf Herrlichkeit mitten in das menschliche Herz gepflanzt wird. Aber da ist noch ein altes Waisenherz, das noch vom Geist der Sohnschaft besiegt und bezwungen werden muss. Gott hat unseren Geist mit einer vollkommen neuen Identität der Sohnschaft ausgestattet. *„Der Geist selbst gibt Zeugnis zusammen mit unserem Geist, dass wir Gottes Kinder sind"* (Röm 8,16 SLT). Das ist der Beginn der Eroberung des neuen Kanaans – des menschlichen Herzens. Diese neue Identität in unserem Geist befindet sich nun im Kriegszustand mit einer alten Identität in unserer Seele. Die Bereiche in unserem Herzen, die noch nicht erneuert worden sind, sind voll von alten Waisenfestungen und Riesen, die uns mit Lügen verhöhnen und verdammen, um uns in unserer alten Waisenidentität gefangen zu halten.

Gott gab seinem Sohn ein Erbe

Gott spricht prophetisch zu Kanaan: *„Ich will über dich, Marescha, den rechten Erben bringen!"* Israel, Gottes Sohn, war zu einem Erben gemacht geworden, weil er zu einem Sohn erklärt worden war. Gleich nachdem Gott uns Söhne nennt, erklärte er uns auch zu Erben. *„Wenn wir aber Kinder sind, sind wir auch Erben – Erben Gottes und Miterben mit Christus"* (Röm 8,17). Im Alten Testament wird das Verheißene Land immer wieder als das *Erbe* des Volkes Gottes beschrieben.

> *Wenn ihr nach Kanaan kommt – das Land, das euch als* ***Erbe*** *zufallen wird –, dann sollen folgende Grenzen gelten ...* (4 Mose 34,2 NLB).
>
> *Denn der Herr, euer Gott, wird euch in dem Land, das er euch als* ***Erbe*** *gibt, reich segnen* (5 Mose 15,4 NLB).
>
> *Und es geschah nach dem Tod Moses, des Knechtes des Herrn, da sprach der Herr zu Josua, dem Sohn Nuns, dem Diener Moses, folgendermaßen: Mein Knecht Mose ist gestorben; so mache dich nun auf, ziehe über den Jordan dort, du und dieses ganze Volk, in das Land, das ich ihnen gebe, den Kindern Israels! Jeden Ort, auf den eure Fußsohlen treten, habe ich euch gegeben, wie ich es Mose verheißen habe. Von der Wüste und dem Libanon dort bis zum großen Strom Euphrat, das ganze Land der Hetiter, und bis zu dem großen Meer, wo die Sonne untergeht, soll euer Gebiet reichen. Niemand soll vor dir bestehen dein Leben lang! Wie ich mit Mose gewesen bin, so will ich auch mit dir sein; ich will dich nicht aufgeben und dich nicht verlassen. Sei stark und mutig! Denn du sollst diesem Volk* ***das Land als Erbe*** *austeilen, von dem ich ihren Vätern geschworen habe, dass ich es ihnen gebe. Sei du nur stark und sehr mutig ...* (Jos 1,1-7 SLT).

Die Kinder Israels trugen diese Vision des Erbes in ihrem Herzen, als sie das Verheißene Land betraten. Mose wurde auf einen Berg geführt, damit er das Verheißene Land von Weitem sehen konnte, obwohl der Herr ihm nicht mehr erlaubte, es zu betreten. Paulus betete unablässig, dass den Heiligen eine Gipfelaussicht auf ihr Erbe eröffnet werden möge.

Seit ich das erste Mal von eurem festen Glauben an Jesus, den Herrn, und von eurer Liebe zu allen Gläubigen hörte, habe ich nicht aufgehört, Gott für euch zu danken. Ich bete ständig für euch und bitte den Gott unseres Herrn Jesus Christus, ***den Vater der Herrlichkeit****, euch den Geist der Weisheit und Einsicht zu schenken, damit eure Erkenntnis von Gott immer größer wird. Ich bete, dass eure Herzen hell erleuchtet werden, damit ihr die wunderbare Zukunft, zu der er euch berufen hat, begreift und erkennt,* ***welch reiches und herrliches Erbe*** *er den Gläubigen geschenkt hat* (Eph 1,15-18 NLB).

Das Erbe der Heiligen ist der Reichtum der Herrlichkeit Gottes, der in der Person Christi offenbart wurde; er wohnt nun in uns allen, die wir zu neuen Kreaturen gemacht worden sind.

Ihnen wollte er zu erkennen geben, welch wunderbaren Reichtum für die nichtjüdischen Völker dieses Geheimnis umschließt. Und wie lautet dieses Geheimnis? „Christus in euch – ***die Hoffnung auf Gottes Herrlichkeit!“*** (Kol 1,27).

Die Herrlichkeit Gottes ist für die Heiligen ein Schatz unbegrenzter Ressourcen.

Und mein Gott wird euch aus ***seinem großen Reichtum****, den wir in Christus Jesus haben, alles geben, was ihr braucht* (Phil 4,19 NLB).

Dieser herrliche Reichtum gibt uns alles, was wir brauchen, um zu leben und Gott zu gefallen.

Ich bete, dass er euch aus seinem großen Reichtum die Kraft gibt, durch seinen Geist innerlich stark zu werden (Eph 3,16 NLB).

Das neue Erbe der Heiligen ist der Reichtum der Herrlichkeit Gottes! Das ist das Manifest des Paulus. Er wandte seine ganze Kraft auf, um eine Generation heranzuziehen, die aufstehen würde, um ihr volles Erbe zu ergreifen und darum zu kämpfen, in einem Land leben zu können, das von der Herrlichkeit der Macht und Liebe Gottes erfüllt ist. Jeder Schritt auf der inneren Reise des Herzens bringt uns nun einem Leben in der Fülle der Herrlichkeit Gottes ein Stückchen näher, indem wir lernen, wie wir alle unsere Feinde überwinden und in unserem persönlichen Leben die Herrlichkeit des Reiches Gottes aufrichten können.

Die Hoffnung auf Herrlichkeit

Sowohl persönlich als auch gemeinschaftlich ist uns eine Hoffnung gegeben worden. Wir hüten uns davor, bis Jesus wiederkommt lediglich auf der Stelle zu treten und uns in unseren Sünden und unserer Gebrochenheit zu suhlen.

> *Das ist für uns, die wir bei ihm Zuflucht gesucht haben, eine große Ermutigung, denn wir wollen ja das vor uns liegende Ziel, die Erfüllung der Hoffnung, erreichen. Diese Zuversicht ist wie ein starker und vertrauenswürdiger Anker für unsere Seele. Sie reicht hinter den Vorhang des Himmels bis in das Innerste des Heiligtums Gottes. Dorthin ist Jesus uns bereits vorausgegangen. Er ist unser ewiger Hoher Priester nach der Ordnung Melchisedeks geworden* (Heb 6,18-20 NLB).

Es ist für uns im Geist ein Ort reserviert, der erfüllt ist von großer Herrlichkeit und von allem geistlichen Segen in der himmlischen Welt in Christus.

> ***Diese [Hoffnung]** halten wir fest als einen sicheren und festen Anker der Seele, der auch hineinreicht ins Innere, hinter den Vorhang, wohin Jesus als Vorläufer für uns eingegangen ist* (Heb 6,19 SLT).

Diese herrliche Hoffnung ist begründet in „Christus in euch – die Hoffnung auf Gottes Herrlichkeit“ (Kol 1,27). Jeder Christ sollte die zuversichtliche Erwartung haben, dass er von Herrlichkeit zu Herrlichkeit verwandelt wird

> *Da wir nun aus Glauben gerechtfertigt sind, so haben wir Frieden mit Gott durch unseren Herrn Jesus Christus, durch den wir im Glauben auch Zugang erlangt haben zu der Gnade, in der wir stehen, und wir rühmen uns der **Hoffnung auf die Herrlichkeit Gottes*** (Röm 5,1-2 SLT).

Gott hat es so bestimmt, dass wir die Hoffnung auf die Herrlichkeit Christi in unserem Herzen als unser geistliches Erbe ergreifen.

> *Deshalb, liebe Freunde, können wir jetzt zuversichtlich in das Allerheiligste des Himmels hineingehen, denn das Blut von Jesus hat uns den Weg geöffnet. Das ist der neue, lebendige Weg durch den Vorhang, den Christus durch seinen Tod für uns eröffnet hat. Da*

wir also einen großen Hohen Priester haben, der über das Volk Gottes eingesetzt ist, wollen wir mit aufrichtigem Herzen in die Gegenwart Gottes treten und ihm ganz und gar vertrauen. Denn unsere Herzen wurden mit dem Blut Christi besprengt, um unser Gewissen von Schuld zu reinigen, und unsere Körper sind mit reinem Wasser gewaschen! Deshalb wollen wir weiter ***an der Hoffnung*** *festhalten, die wir bekennen, denn Gott steht treu zu seinen Zusagen* (Heb 10,19-23 NLB).

Israel hatte eine große Hoffnung, da Gott ihnen ein weites Land als ihr Erbe versprochen hatte. Wir aber haben eine noch bessere Hoffnung, weil uns ein herrlicher Ort im Geist versprochen ist, den wir besetzen und besitzen sollen. Uns ist ein besseres Land vermacht worden, um darin zu leben. Der ganze Hebräerbrief dreht sich darum, dass wir als Gläubige unser neues Erbe antreten, das uns von Gott versprochen worden ist. Der anonyme Verfasser des Hebräerbriefes schreibt an jüdische Gläubige und versucht, ihre Aufmerksamkeit von dem Erbe eines Stückes Land auf ein herrliches himmlisches Erbe zu lenken.

Aus diesem Grund ist er der Vermittler eines neuen Bundes zwischen Gott und den Menschen, damit alle, die dazu berufen sind, ***das ewige Erbe empfangen können, das Gott ihnen versprochen hat*** (Heb 9,15 NLB).

Das Verheißene Land Kanaans war ein zeitlich begrenztes Erbe, bis das wahre, ewige Erbe in Christus kam. Das alte Land Kanaan dient nun allein als ein prophetisches Vorbild und Schatten eines besseren Landes.

Der Verfasser des Hebräerbriefes erzählt uns die Geschichte von Abraham und von der Verheißung Isaaks. Dann sagt er: *„Danach wartete Abraham geduldig und* ***empfing*** *schließlich, was Gott ihm versprochen hatte“* (Heb 6,15 NLB). Die neutestamentliche Parallele dazu ist natürlich, dass wir ein größeres Versprechen erhalten, nämlich *„wozu er euch berufen hat durch unser Evangelium,* ***damit ihr die Herrlichkeit unseres Herrn Jesus Christus erlangt****“* (2 Thess 2,14 NLB).

Werdet also nicht gleichgültig, sondern nehmt euch die zum Vorbild, die unbeirrt und voll Vertrauen auf ***das ihnen zugesagte Erbe*** *warteten und die es daher* ***auch in Empfang nehmen werden*** (Heb 6,12).

> *Gebt diesen Glaubensmut jetzt nicht auf! Er wird einmal reich belohnt werden. Ja, was ihr nötig habt, ist Standhaftigkeit. Denn wenn ihr unbeirrt Gottes Willen tut, werdet ihr einmal* ***erhalten, was er euch zugesagt hat*** (Heb 10,35-36).

Jeder von uns hat eine unendlich größere Hoffnung und ein größeres Erbe als das alttestamentliche Volk Gottes. Paulus lehrte, dass unser Erbe darin besteht, die Herrlichkeit Gottes zu erlangen!

> *Deshalb hören wir auch seit dem Tag, an dem wir davon erfahren haben, nicht auf, für euch zu beten. Wir bitten Gott, dass er euch durch seinen Geist alle nötige Weisheit und Einsicht schenkt, um seinen Willen in vollem Umfang zu erkennen. Dann könnt ihr ein Leben führen, durch das der Herr geehrt wird und das ihm in jeder Hinsicht gefällt. Ihr werdet imstande sein, stets das zu tun, was gut und richtig ist, sodass euer Leben Früchte tragen wird, und eure Gotteserkenntnis wird immer weiter anwachsen. Er, dem alle Macht und Herrlichkeit gehören, wird euch mit der ganzen Kraft ausrüsten, die ihr braucht, um in jeder Situation standhaft und geduldig zu bleiben. Freut euch und dankt ihm, dem Vater, dass er euch das Recht gegeben hat,* ***an dem Erbe teilzuhaben, das er*** *in seinem Licht* ***für sein heiliges Volk bereithält*** (Kol 1,9-12).

Unter der Leitung Yeschuas

Eine weitere interessante Parallele zwischen dem Leben Israels, dem kollektiven Sohn, und dem Leben des neutestamentlichen Volkes Gottes ist Josuas Leitung. Israel kam unter der Führung Josuas bzw. – auf Hebräisch – Yeschuas ins Land. Josua hieß seinem Geburtsnamen nach eigentlich Hoschea, interessanterweise wurde er aber an dem Abend, bevor die zwölf Spione nach Kanaan hineingeschickt wurden, in Yeschua umbenannt: *„Damals gab Mose Hoschea, dem Sohn Nuns, den Namen Josua“* (4 Mose 12,16 NLB). Das geschah, weil Josua offensichtlich ein prophetisches Vorbild für Christus war. Nun führt Jesus uns an in der Eroberung unseres Herzens, das zu seinem Verheißenen Land wird. Der Vater hat dem Sohn eine große Schar an Brüdern und Schwestern verheißen.

Unter der prophetischen Leitung Yeschuas unterzog sich der „Sohn Israel“ als erste prophetische Handlung nach Betreten des Landes einer Taufe und einer Beschneidung des Herzens. Israel durchquerte auf wundersame Weise die Wasser der Taufe. Gott teilte das Wasser des Jordans genauso, wie er auf übernatürliche Weise das Rote Meer geteilt hatte. Im Roten Meer wurden sie alle auf Mose getauft, aber im Jordan wurden sie alle auf Yeschua getauft, als sie in das Verheißene Land hinübergingen. Jesus selbst wurde im Jordan getauft, wo der Vater ihn prophetisch seinen geliebten Sohn nannte. Unser Herz wird in dem Moment durch die Taufe auf Christus beschnitten, in dem der Vater uns als seine Söhne und Töchter adoptiert und uns seine geliebten Kinder nennt. Paulus identifizierte die Taufe auf Christus bewusst mit der „Beschneidung des Herzens“.

> *Verbunden mit ihm, seid ihr auch beschnitten worden. Allerdings handelte es sich dabei nicht um einen äußerlichen Eingriff an eurem Körper, sondern um das Ablegen der von der Sünde beherrschten menschlichen Natur. Das ist die Beschneidung, die unter Christus geschieht. Ihr wurdet zusammen mit ihm begraben, als ihr getauft wurdet, und weil ihr mit ihm verbunden seid, seid ihr dann auch zusammen mit ihm auferweckt worden. Denn ihr habt auf die Macht Gottes vertraut, der Christus von den Toten auferweckt hat. Ja, Gott hat euch zusammen mit Christus lebendig gemacht. Ihr wart nämlich tot – tot aufgrund eurer Verfehlungen und wegen eures unbeschnittenen, sündigen Wesens. Doch Gott hat uns alle unsere Verfehlungen vergeben* (Kol 2,11-13).

Durch die Taufe und geistliche Beschneidung sind wir auf übernatürliche Weise in das Verheißene Land hineinversetzt worden und zwar nach dem Vorbild der Kinder Israels, die das Land betraten, das Gott ihnen als ihr Erbe versprochen hatte. Das sind beeindruckende Parallelen!

Sich in Reich-Gottes-Autorität üben

Gleich nachdem er das Land betreten hatte, wurde der Sohn Israel herausgefordert, Autorität auszuüben und Kanaan zu unterwerfen. Das Land Kanaan wird zu einem herrlichen prophetischen Vorbild für das Herz des Gläubigen. Sobald Gottes kollektiver Sohn innerhalb der Grenzen des Verheißenen Landes eingepflanzt war, war er herausgefordert, die Autorität seiner Sohnschaft geltend zu machen und Herrschaft und Macht auszuüben, indem er sich das Land unterwarf. Mit dem Geschenk der Gerechtigkeit haben wir ein Zepter der Autorität erhalten. *„Das Zepter deines Reiches ist ein Zepter des Rechts"* (Heb 1,8 SLT). Dieses Zepter der Gerechtigkeit überreicht Gott seinen Kindern. Die Autorität des Reiches Gottes wird voll und ganz auf die Söhne und Töchter Gottes übertragen, und diese erhalten die vollkommen neue Kernidentität der Sohnschaft. Doch Israel konnte seine physischen Schlachten nur gewinnen, wenn es die innere Schlacht gewann, in seiner Identität als ein Sohn in Beziehung zum Vater zu stehen. Solange sie unter der Autorität des Vaters lebten, konnten sie als Sohn regieren. Wann immer sie sich gegen ihren himmlischen Vater auflehnten, gewannen ihre Feinde die Oberhand über sie. Und dasselbe gilt auch für uns als Söhne und Töchter unter der liebenden Autorität unseres himmlischen Vaters. Weil wir in dem geliebten Sohn sind, ist uns dieselbe Autorität gegeben, wie Jesus sie vom Vater empfangen hatte.

> *So lautet der Ausspruch des Herrn an meinen Herrn: „Setze dich an meine rechte Seite, bis ich deine Feinde zum Schemel für deine Füße gemacht habe!" Der Herr lässt dich von Zion aus alles in Besitz nehmen, von dort streckt er das Zepter deiner Macht in alle Richtungen aus und sagt dir: „Herrsche mitten unter deinen Feinden!"* (Ps 110,1-2).

Unter Josua war Israel berufen, mutig in den Kampf zu ziehen:

> *Ich sage dir: Sei stark und mutig! Hab keine Angst und verzweifle nicht. Denn ich, der Herr, dein Gott, bin bei dir, wohin du auch gehst* (Jos 1,9 NLB).

Das prophetische Bild Israels, des in ein feindliches Land eingepflanzten Sohnes, ist ein Bild für den durch die Neue Schöpfung in unser Herz gepflanzten Samen der Sohnschaft. Unser neues Herz ist ein Herz der Sohnschaft. Aber erst wenn wir das Geschenk der Gerechtigkeit und der Sohnschaft verinnerlicht haben, können wir über unser eigenes Herz regieren und all unsere inneren Feinde überwinden. Die prophetische Bestimmung des Sohnes Israel lag in der Eroberung;

darin, mitten unter seinen Feinden zu regieren und jeden Feind aus dem Land zu vertreiben. Als er sich mit heftigen Angriffen konfrontiert sah, sagte Jesus zu seinen Jüngern: „*Gewinnt eure Seelen durch euer standhaftes Ausharren!*“ (Lk 21,19 SLT). Unsere Seele mit all ihren noch nicht erneuerten Gebieten und Festungen ist das neue Verheißene Land, das wir in Besitz nehmen sollen. Die Eroberung Kanaans geschah in einem lebenslangen Prozess von Kriegen und Kämpfen, zunächst um zu erobern und später um den gewonnenen Boden zu halten und zu verteidigen.

Gott beauftragte Josua und Kaleb, das Volk zu führen, weil sie einen anderen Geist bewiesen hatten: Sie sahen keine Riesen, sie sahen Heuschrecken. Sie hatten ein Bild von Gott als einem mächtigen Krieger vor Augen, der für Israel kämpfen würde, weil es Gottes Kampf war. Sie hatten ihre inneren Schlachten geschlagen und waren somit qualifiziert, eine Schar von Kriegern in den physischen Kampf zu führen. Weil sie das Herz des Herrn kannten, konnten sie visionär führen und die Kinder Israels immer wieder an die Offenbarung erinnern, dass Jahwe der siegreiche König ist. Erst als das Reich Gottes in ihrem persönlichen Leben aufgerichtet war, waren sie in der Lage, sein Reich auch im Verheißenen Land aufzurichten.

Autorität im Reich Gottes bedeutet vor allem, dass man geistliche Herrschaft und Macht ausübt:

> *Denn dein Reich bleibt ewig und deine Herrschaft besteht von Generation zu Generation* (Ps 145,13 NLB).
>
> *Herrsche inmitten deiner Feinde!* (Ps 110,2 SLT).
>
> *Du wirst über viele Völker herrschen, sie aber werden nicht über dich herrschen* (5 Mose 15,6 SLT).
>
> *Das Volk der Israeliten wird diejenigen gefangen halten, von denen es zuvor gefangen gehalten wurde und es wird über ihre Unterdrücker herrschen* (Jes 14,2 NLB).

Alle Könige Israels wurden danach bewertet, ob sie die Autorität und Herrschaft des Reiches Gottes über die Nation Israel ausübten, indem sie die bisherigen Bewohner des Landes vertrieben und deren Heiligtümer zerstörten.

Gottes Sohn Israel war dazu berufen, über all seine Feinde zu herrschen:

Wenn ihr den Geboten des Herrn, eures Gottes, die ich euch heute gebe, gehorcht und sie genau befolgt, wird der Herr euch zum Kopf und nicht zum Schwanz machen, und es wird mit euch immer weiter aufwärtsgehen und nicht bergab (5 Mose 28,13 NLB).

Wann immer die Israeliten keine geistliche Herrschaft im Land ausübten, herrschten dort die Feinde. Der Bericht über Josua und die Richter beschreibt das Hin und Her der Herrschaft Israels über ihre Feinde. *„Damals herrschten nämlich die Philister über Israel"* (Ri 14,4 REÜ). Später aber, als Israel wieder im Gehorsam gegenüber Jahwe lebte, war es ihnen möglich, ihre Feinde zu bezwingen. *„So wurden die Philister gedemütigt und kamen künftig nicht mehr in das Gebiet Israels"* (1 Sam 7,13 SLT).

Ob man im Land lebte oder nicht, hing immer davon ab, wer gerade an der Macht war. Nehemia kommentierte das Auf und Ab der Autorität Israels mit den folgenden Worten:

Aber sobald sie wieder Ruhe hatten, taten sie erneut, was böse ist in deinen Augen, und wieder hast du sie ihren Feinden überlassen, ***sodass sie von ihnen überwältigt wurden****. Doch immer wieder schrie dein Volk zu dir um Hilfe, und du hast es im Himmel erhört und nach deiner Barmherzigkeit befreit* (Neh 9,28 NLB).

Das wahre goldene Zeitalter der Eroberung Israels begann mit der Herrschaft Salomos, weil sein Vater, König David, den Weg für eine landesweite Machtausübung geebnet hatte.

Salomos ***Herrschaftsbereich*** *erstreckte sich über das ganze Gebiet westlich des Euphrat, von Tifsach bis nach Gaza, und über alle Könige, die dort regierten. Und es herrschte Frieden im ganzen Land* (1 Kön 5,4 NLB).

Die geistliche Bedeutung des wechselhaften Schicksals Israels innerhalb Kanaans für unsere persönliche Herzensreise ist nicht zu übersehen: Es gibt ein starkes Motiv der Kriegführung, das unsere individuelle Herzensreise der Eroberung begleitet. Durch unsere Taufe in Christus und die übernatürliche Beschneidung unseres Herzens hat Gott das übernatürliche Fundament gelegt. Er hat mitten in unserem Herzen eine Festung seiner Herrlichkeit errichtet, aber wir müssen noch um unser Erbe kämpfen, weil unsere Feinde sich gegen uns stellen und uns davon abhalten wollen, unser Erbe einzunehmen. Wir müssen kämpfen, weil der Feind uns diesen Kampf aufzwingt. Hätten wir keinen kriegswütigen Feind, könnten wir gemütlich einmarschieren, um unser volles Erbe in Besitz zu nehmen. Aber wir müssen kämpfen, weil wir einen Feind haben, den Teufel, der nicht will, dass auch nur ein einziger Christ das reiche Erbe der Herrlichkeit Christi in Besitz nimmt. Israels Feinde in Kanaan sind ein prophetisches Bild für die Mächte der Finsternis, die uns aktiv darin widerstehen, dass wir all das besitzen, was der Herr uns als Erben des Reiches Gottes gegeben hat.

Israel, der Sohn, erhielt ein weites Territorium mit riesigen zu erobernden Regionen. Mit der Grenzüberquerung hinein in das Land errichtete Israel innerhalb der Grenzen Kanaans einen Brückenkopf, was die Herzen der Feinde Israels vor Angst erzittern ließ. Die Kinder Israels hatten als Erbe ein weites geographisches Gebiet im Nahen Osten erhalten, um es zu besetzen und in Besitz zu nehmen. Wir sehen also, dass wir uns als Gläubige des Neuen Bundes das weite Gebiet unseres menschlichen Herzens genauso unterwerfen müssen, wie das Verheißene Land unterworfen werden musste.

So eroberte Josua das ganze Gebiet – das Bergland, den Negev, die westlichen Gebirgsausläufer und die östlichen Gebirgshänge. Er erschlug alle Könige in diesem Gebiet und ließ keinen am Leben. Er tötete alle Einwohner des Landes, wie der Herr, der Gott Israels, es befohlen hatte. Josua tötete sie von Kadesch-Barnea bis nach Gaza und von Goschen bis nach Gibeon. In einem einzigen Feldzug besiegte Josua alle diese Könige und eroberte ihre Länder, denn der Herr, der Gott Israels, kämpfte für Israel (Jos 10,40-42 NLB).

Wir wurden geboren, um zu erobern.

Aber in diesem allen sind wir ***mehr als Überwinder*** *durch den, der uns geliebt hat* (Röm 8,37 ELB).

Denn jeder, der aus Gott geboren ist, siegt über die Welt. Diesen Sieg macht uns unser Glaube möglich: Er ist es, der über die Welt triumphiert hat. Wer erringt also den Sieg über die Welt? Nur der, der glaubt, dass Jesus der Sohn Gottes ist (1 Joh 5,4-5).

Gott aber sei Dank! Durch Jesus Christus, unseren Herrn, schenkt er uns den Sieg! (1 Kor 15,57).

Wenn wir das weitläufige Innenleben unseres eigenen Herzens betrachten, sehen wir all die Regionen, die noch erobert werden müssen. Das kann manchmal entmutigend sein, weil die Immensität der Aufgabe unser Herz schnell überfordern kann. Aber Gott hat versprochen, mit seiner übernatürlichen Kraft für uns zu kämpfen. Wann immer wir unserer Aufgabe nachkommen und darauf vertrauen, dass die Gnade Gottes unser Herz stark macht, um jeden einzelnen Feind zu besiegen, schreitet Gott ein und bezwingt unsere sämtlichen inneren Feinde.

Gewaltsame Eroberung

Israel wurde das göttliche Mandat übertragen, das Land zu besetzen und die Bewohner mit Gewalt zu vertreiben. Die Inbesitznahme des Landes brachte viel Krieg mit sich. Wenn wir ehrlich sind, mögen wir zugeben, dass die Gewalt, die die Nation Israel gegen ihre Feinde im Land anwendete, unseren moralischen und ethischen Empfindungen stark entgegensteht. Aber wir müssen das große Ganze sehen. Wie Paulus deutlich machte, waren all die Dinge, die Israel erlebte, eine prophetische Vorschattung, die nun am Ende der Zeiten zu uns spricht. Die gesamte Geschichte der Eroberung Kanaans durch Krieg und Blutvergießen ist ein prophetisches Bild für unseren heftigen Kampf gegen Mächte und Gewalten, die sich aktiv dagegen wehren, dass wir das Erbe der Herrlichkeit ganz in Besitz nehmen. Jesus sagte:

> *Von der Zeit an, als Johannes der Täufer auftrat, bis zum heutigen Tag bricht sich das Himmelreich mit Gewalt Bahn, und Menschen versuchen mit aller Gewalt, es an sich zu reißen* (Mt 11,12).

Gott gebrauchte die Heftigkeit von Israels Kriegen mit den Bewohnern Kanaans, um ihnen beizubringen, wie man Krieg führt.

> *Der Herr ließ bestimmte Völker im Land bleiben, um die Israeliten auf die Probe zu stellen, die noch nicht an den Kriegen gegen Kanaan teilgenommen hatten. Das tat er, um die Generationen von Israeliten, die keine Erfahrung im Kampf hatten, die* ***Kriegskunst zu lehren****. Folgende Völker wurden nicht vertrieben: die Philister, die fünf Herrscher besaßen, alle Kanaaniter, die Sidonier und die Hiwiter, die im Bergland des Libanon vom Berg Baal-Hermon bis*

nach Lebo-Hamat wohnten. Alle diese Völker wurden verschont, um die Israeliten auf die Probe zu stellen. Es sollte deutlich sichtbar werden, ob sie den Geboten, die der Herr ihren Vorfahren durch Mose gegeben hatte, gehorchen würden (Ri 3,1-4 NLB).

Der prophetische Antitypus zu diesem Aufruf zu einem umfassenden Krieg ist die für Jesusnachfolger bestehende Notwendigkeit, ein Verständnis für die Heftigkeit unseres inneren Kampfes zu bekommen. Wir sind beauftragt, Krieger des Herzens zu werden und gegen die Probleme in unserem eigenen Herzen anzugehen – sie würden uns überwältigen, wenn wir uns weigerten, das Schlachtfeld zu betreten und zu kämpfen.

Die gottlosen Nationen, die Israel auf Gottes Befehl hin vertreiben sollten, waren stark dämonisch beeinflusste Kulturen, die dämonischen Wesen und falschen Göttern Blutopfer darbrachten. Das Land war hochgradig verseucht mit Dämonen, Altären, satanistischen Ritualen und Götzenheiligtümern. Diese gottlosen Nationen opferten sogar Kinder. Gott berief Israel als ein Instrument des Gerichts über diese verdorbenen, gottlosen Nationen, die sich Kinderopfern und durch und durch bösen und okkulten Praktiken hingegeben hatten. Es war im Alten Testament nicht ungewöhnlich, dass der Herr eine Nation als Instrument des Gerichts über eine andere, gottlose Nation auf den Plan rief. Selbst Babylon wurde von Gott großgemacht, um Israel zu stürzen, als das Maß dessen Ungerechtigkeit voll war.

Wir haben den Auftrag, all unsere geistlichen Feinde erbarmungslos zu Fall zu bringen. Der Prophet Daniel sah, wie die Mächte der Finsternis *„gegen die Heiligen Krieg führte[n] und sie besiegte[n], bis der, der alt an Tagen war, kam und das Gericht den Heiligen des Höchsten gegeben wurde und die Zeit anbrach, dass die Heiligen das Königreich in Besitz nahmen“* (Dan 7,21-22 NLB). Selbst im Buch der Offenbarung sehen wir, dass dem „Tier“ gestattet wurde, *„mit den Heiligen zu kämpfen und sie zu besiegen“* (Offb 13,7 REÜ).

Wehe denen, die auf der Erde wohnen und auf dem Meer! Denn der Teufel ist zu euch herabgekommen und hat einen großen Zorn, da er weiß, dass er nur wenig Zeit hat (Offb 12,12 SLT).

Da wurde der Drache zornig über die Frau und erklärte ihren übrigen Kindern den Krieg – allen, die Gottes Gebote halten und bekennen, dass sie zu Christus gehören (Offb 12,17 NLB).

Genau wie Israel werden wir von unseren unsichtbaren Feinden besiegt werden, wenn wir nicht als Krieger des Herzens in den Kampf ziehen. Wir müssen überwinden oder wir werden überwunden!

Die Israeliten waren dazu berufen, Reich-Gottes-Autorität auszuüben, indem sie alle Ungerechtigkeit vertrieben und im ganzen Land Recht und Gerechtigkeit aufrichteten.

> *Doch ihr werdet es erleben: Der Herr, euer Gott, wird vor euch herziehen wie ein verzehrendes Feuer und sie vernichten. Er wird sie in eure Hand geben, sodass ihr* ***sie*** *schnell* ***vertreiben*** *und vernichten könnt, wie der Herr es euch versprochen hat* (5 Mose 9,3 NLB).
>
> *Alles Land, auf das ihr euren Fuß setzt, wird euch gehören: Eure Grenzen werden sich von der Wüste bis zum Libanon erstrecken, vom Euphrat bis zum Mittelmeer* (5 Mose 11,24 NLB).

Gott bekräftigte dieses Versprechen Josua gegenüber am Vorabend der Eroberung:

> *Wohin ihr auch geht, werdet ihr Land betreten, das ich euch geschenkt habe* (Jos 1,3 NLB).
>
> *Gesegnet bist du, Israel! Wer ist wie du: ein Volk, das der Herr gerettet hat? Er ist dein Schild, das dich schützt, und dein Schwert, das dir zum Sieg verhilft! Deine Feinde werden dir ihre Ergebenheit heucheln, du aber wirst über sie triumphieren!* (5 Mose 33,29 NLB).

Doch sobald sie ein Stück Land besetzt hatten, wollte es der Feind ihnen wieder streitig machen. Die Feinde Israels machten sich viele Male auf, besiegten die Israeliten und erlangten damit wieder die Herrschaft über weite Landesteile, die vorher besetzt worden waren. Dieses Hin und Her der Herrschaft spiegelt unseren eigenen Kampf mit den Mächten und Gewalten wider. Manchmal behaupten wir uns gegen unseren Feind, aber manchmal – wie in jedem Ringkampf – gelingt es unserem Feind, uns unterzukriegen.

Wann immer wir in unserem Herzen kleine Kompromisse eingehen, kann es sein, dass wir schließlich feststellen, dass der Böse uns mit seinen Strategien überlistet hat. Wir müssen gegenüber all unseren unsichtbaren Feinden eine Nulltoleranzstrategie fahren, sonst wird, was immer wir tolerieren, am Ende uns dominieren. So galt es für das damalige Israel im Land Kanaan und so gilt es für uns im Kampf zwischen dem Reich Gottes und dem Reich der Finsternis.

Gott gebot auch Israel, in Kanaan eine Nulltoleranzstrategie zu fahren und keinerlei Kompromisse einzugehen, andernfalls hätte der Feind eine Grundlage, über sie siegreich zu bleiben.

Wenn der Herr, euer Gott, euch in das Land bringt, das ihr nun erobern werdet, wird er viele Völker vor euch vertreiben: die Hetiter, die Girgaschiter, die Amoriter, die Kanaaniter, die Perisiter, die Hiwiter und die Jebusiter; sieben Völker, die alle größer und mächtiger sind als ihr. Wenn der Herr, euer Gott, sie euch ausliefert und ihr sie besiegt, sollt ihr sie vernichten. Schließt keine Verträge mit ihnen und verschont sie nicht. Heiratet nicht in ihre Familien ein: Verheiratet eure Töchter nicht mit ihren Söhnen oder eure Söhne nicht mit ihren Töchtern. Denn sie würden eure Kinder dazu bringen, sich von ihm abzuwenden und andere Götter zu verehren. Dann aber würde sich der Zorn des Herrn gegen euch richten und euch schnell vernichten. Reißt stattdessen ihre Altäre ein und zertrümmert ihre heiligen Säulen. Schlagt ihre Aschera-Pfähle in Stücke und verbrennt ihre Götzenbilder. Denn ihr seid ein heiliges Volk für den Herrn, euren Gott. Von allen Völkern der Erde gehört ihr als Volk dem Herrn, eurem Gott (5 Mose 7,1-6 NLB).

Stück für Stück

Gott offenbarte, dass es sich um einen systematischen Prozess der Eroberung handeln würde, genau wie auch unsere Herzensreise ein Prozess ist. Wir befinden uns sowohl mit unseren inneren als auch mit unseren äußeren Feinden in einem Abnutzungs- oder Zermürbungskrieg. Der Herr sagte zu Israel: *„Ich werde sie **nach und nach** vertreiben, bis ihr so zahlreich seid, dass ihr das Land in Besitz nehmen könnt“* (2 Mose 23,30 NLB). Wir finden diesen Hinweis noch einmal im 5. Buch Mose am Vorabend der Eroberung. Dieses Prinzip des Zermürbens spricht Bände zu uns über das systematische Überwinden all unserer inneren und äußeren Feinde im Rahmen unserer Herzensreise.

Vielleicht denkt ihr bei euch: „Wie können wir es jemals schaffen, diese Völker, die so viel größer sind als wir, zu vertreiben?“ Habt keine Angst vor ihnen! Denkt daran, was der Herr, euer Gott, mit dem Pharao und allen Ägyptern gemacht hat. Und denkt auch an die Plagen, die ihr doch mit euren eigenen Augen gesehen habt, und an die Zeichen und Wunder, an die große Macht und die gewaltigen Taten, mit denen er euch aus Ägypten führte. Mit derselben Macht wird der Herr, euer Gott, gegen die Völker vorgehen, die euch jetzt Angst einflößen. Und schließlich wird er Angst und Schrecken über sie kommen lassen, durch die auch noch die Überlebenden umkommen, die sich vor euch verstecken! Nein, ihr müsst vor diesen Völkern keine Angst haben, denn der Herr, euer Gott, ist mitten unter euch, und er ist ein großer und Ehrfurcht gebietender Gott. Der Herr, euer Gott, wird diese Völker ***nach und nach*** *vor euch vertreiben. Ihr könnt sie nicht alle auf einmal vernichten, denn sonst würden die wilden Tiere sich zu rasch vermehren und euch schaden. Doch er wird sie in eure Hand geben und sie in große Verwirrung stürzen, bis sie vernichtet sind* (5 Mose 7,17-23 NLB).

Israel bekam die Anordnung, seine Feinde vollkommen zu vernichten und keine Gefangenen zu nehmen! Gott wies die Israeliten an, die Bewohner des Landes zu „vertreiben“ und zu „vernichten“. Das schloss die Männer, die Frauen und die Kinder mit ein.

Doch ihr werdet es erleben: Der Herr, euer Gott, wird vor euch herziehen wie ein verzehrendes Feuer und sie vernichten. Er wird sie in eure Hand geben, sodass ihr ***sie schnell vertreiben*** *und* ***vernichten*** *könnt, wie der Herr es euch versprochen hat* (5 Mose 9,3 NLB).

Der Auftrag war, die Götzenanbeter aus dem Land zu vertreiben und die Verehrung Jahwes im ganzen Land zu etablieren.

Nehmt das Land in Besitz *und lasst euch darin nieder, denn ich habe es euch gegeben, damit ihr es erobert* (4 Mose 33,53 NLB).

Das Maß der Verkommenheit war voll, und Gottes Zeitplan sah nun das Gericht gegen die sieben Nationen Kanaans vor. *„Er vertreibt diese Völker aufgrund ihrer Verkommenheit vor euch“* (5 Mose 9,4 NLB).

Gott gebrauchte Israel als sein Werkzeug zum Gericht über jene Nationen, und er wies Israel an, diese von Dämonen verseuchte und verkommene Kultur vollständig zu vernichten.

Denn alles, was ein Gräuel ist für den Herrn, was er hasst, haben sie für ihre Götter getan; ja, sogar ihre Söhne und ihre Töchter haben sie für ihre Götter im Feuer verbrannt! (5 Mose 12,31 SLT).

Wenn ihr die Völker vertreibt, die dort leben, dann zerstört alle Heiligtümer, an denen sie ihre Götter verehrt haben, bis auf den Grund – auf den hohen Bergen und Hügeln und unter jedem dicht belaubten Baum. Reißt ihre Altäre ein und zertrümmert ihre heiligen Säulen. Verbrennt ihre Aschera-Pfähle und schlagt ihre Götterstatuen in Stücke. Nichts darf mehr an sie erinnern! (5 Mose 12,2-3 NLB).

Gott selbst kämpfte an der Seite Israels, um sie in ihrem eigenen Land anzusiedeln.

Dazu wird der Herr, dein Gott, Hornissen unter sie senden, bis die Übriggebliebenen und diejenigen, die sich vor dir versteckt hielten, umgekommen sind (5 Mose 7,20 SLT).

Alles, was der Herr von Israel verlangte, war ein gehorsames Herz; dann versprach er, für Israel zu kämpfen. Im Buch Josua finden wir ein wunderbares Beispiel dafür, dass der Herr herabkam und gegen ihre Feinde kämpfte.

Da zog Josua mit dem ganzen Heer, mit allen kampferprobten Männern, von Gilgal herauf. Der Herr sagte zu Josua: Fürchte dich nicht vor ihnen; denn ich gebe sie in deine Gewalt. Keiner von ihnen kann dir standhalten. Nachdem Josua die ganze Nacht von Gilgal her auf dem Marsch gewesen war, stieß er plötzlich auf sie. Der Herr versetzte sie beim Anblick der Israeliten in Verwirrung, sodass Josua ihnen bei Gibeon eine schwere Niederlage beibringen konnte. Er verfolgte sie in Richtung auf die Steige von Bet-Horon und schlug sie bis nach Aseka und Makkeda zurück. Als sie auf der Flucht vor Israel an den Abhang von Bet-Horon kamen, warf der Herr große Steine auf sie vom Himmel her, bis nach Aseka hin, sodass viele umkamen. Es kamen mehr durch die Hagelsteine um, als die Israeliten mit dem Schwert töteten (Jos 10,7-11 REÜ).

Nimm keine Gefangenen

Die Vorbedingung für den vollkommenen Sieg über all ihre Feinde war vollkommener Gehorsam. Das war die Lektion, die der Herr Israel immer wieder erteilen wollte, nachdem sie das Verheißene Land betreten hatten. Wenn sie im völligen Gehorsam lebten, kämpfte der Herr für sie. Wann immer sie sich aber auf Kompromisse mit den Bewohnern des Landes einließen, brachten ihnen ihre Feinde herbe Niederlagen ein. Die Aufforderung an sie, allen Anweisungen Gottes vollständigen Gehorsam zu leisten, soll uns auf unserer Herzensreise daran erinnern, dass wir in der Fülle all dessen leben, was Gott uns versprochen hat. Jeder Kompromiss mit dem Feind hätte fatale Folgen.

Es gibt eine Geschichte, die dieses Nulltoleranzprinzip besonders veranschaulicht. Der Herr sagte zu König Saul:

> *So spricht der Herr, der Allmächtige: „Ich habe nicht vergessen, was die Amalekiter Israel angetan haben: Sie haben Israel im Weg gestanden, als es aus Ägypten kam. Geh, besiege und vernichte sie – Männer, Frauen, Kinder, Säuglinge, Rinder, Schafe, Kamele und Esel, verschone nichts" (1 Sam 15,2-3 NLB).*
>
> *Dann schlug Saul die Amalekiter vernichtend von Hawila bis nach Schur, das östlich von Ägypten liegt. Er nahm Agag, den König der Amalekiter, gefangen und tötete alle anderen. Saul und seine Männer verschonten das Leben von Agag und behielten die besten Schafe und Rinder, die fetten Kälber und Lämmer ein – überhaupt alles, was ihnen wertvoll erschien (1 Sam 15,7-9 NLB).*

Saul wurde von Gott mächtig dafür zur Rede gestellt, dass er die Amalekiter nicht vollständig vernichtet hatte, und es war diese Geschichte, die Saul seine Königsherrschaft kostete.

Jesus forderte für unsere Herzensreise eine kompromisslose Rigorosität. Er sagte:

> *Und wenn es deine Hand oder dein Fuß sind, durch die du zu Fall kommst, dann hau sie ab und wirf sie weg! Es ist besser, du gehst verstümmelt oder als Krüppel ins Leben ein, als dass du beide Hände oder beide Füße behältst und ins ewige Feuer geworfen wirst. Und wenn es dein Auge ist, durch das du zu Fall kommst, dann reiß es aus und wirf es weg! Es ist besser, du gehst einäugig ins Leben ein, als dass du beide Augen behältst und ins Feuer der Hölle geworfen wirst* (Mt 18,8-9).

Natürlich ist das Hand-Abschneiden und Auge-Ausreißen hier nur metaphorisch gemeint, aber es ist ein Aufruf zu einer geistlichen Rigorosität, die keine halben Sachen macht.

Gottes absolut kompromisslose Vorgehensweise im Umgang mit den Angehörigen dieser gottlosen Nationen ist ein prophetisches Bild für die Torheit der Christen, die auch nur den kleinsten Kompromiss mit der Finsternis eingehen.

Wenn ihr die Bewohner des Landes jedoch nicht vertreibt, werden diejenigen, die ihr übrig lasst, wie Dornen in euren Augen und Stacheln in eurer Seite sein. Sie werden euch in dem Land, in dem ihr wohnen werdet, drangsalieren (4 Mose 33,55 NLB).

Der Gedanke an eine völlige Vernichtung ist uns äußerst unangenehm. Aber was, wenn es am Ende ein prophetisches Bild für die schonungslose und kompromisslose Haltung ist, die wir in unserem Herzen gegenüber der Sünde einnehmen müssen, wenn wir wirklich frei sein wollen?

Israels scheinbar kleine Kompromisse führten zu seiner Gefangenschaft und Gebundenheit. Wann immer die Israeliten sich auf Kompromisse einließen, öffneten sie damit dem Feind die Türen, sodass er sie überwinden konnte. Wann immer Israel es versäumte, Autorität auszuüben und Gerechtigkeit im Land aufzurichten, schufen sie ein Vakuum, das der Feind füllen konnte. Oft gingen sie sexuelle Kompromisse mit Fruchtbarkeitskulten ein. Manchmal heirateten sie gegen den ausdrücklichen Willen Gottes auch fremde Frauen. Sie schlossen gottlose Abkommen und Verträge mit dem Feind. Sie begingen geistlichen Ehebruch, indem sie andere Götter anbeteten und ihnen dienten. Auch Christen richten in ihrem Herzen häufig Götzen auf und dienen ihnen. Christen sind genauso anfällig für den Götzendienst wie ihre geistlichen Vorfahren.

Aus dem, was mit unseren Vorfahren geschah, sollen wir eine Lehre ziehen. Die Schrift berichtet davon, um uns zu warnen – uns, die wir am Ende der Zeit leben (1 Kor 10,11).

Von Feinden umzingelt

Innerhalb des Verheißenen Landes sah sich Israel mit sieben feindlich gesinnten Nationen, feindlichen Armeen, befestigten Städten, mächtigen Bollwerken, Bergfestungen und Riesen konfrontiert. Im

Verheißenen Land gab es zahlreiche feindliche Festungen, die erobert werden mussten. Dasselbe gilt für unsere Herzensreise.

> *Die Waffen, mit denen wir unseren Kampf führen, sind nicht die Waffen dieser Welt. Es sind Waffen von durchschlagender Kraft, die dazu dienen, im Einsatz für Gott [feindliche] Festungen zu zerstören. Mit diesen Waffen bringen wir [eigenmächtige] Gedankengebäude zum Einsturz* (2 Kor 10,4).

Israel stand sieben Nationen gegenüber, die größer und mächtiger waren als sie. Diese respekteinflößenden Nationen herrschten über unterschiedliche geographische Regionen Kanaans. Es waren riesige Gebiete, deren Eroberung viel Zeit, Weisheit und Mut in Anspruch nehmen würde. Sie standen für sieben legendäre Kampfschauplätze: Wir führen Krieg gegen die Lügen des Teufels, gegen Sünde und Selbstsucht, gegen Religion, gegen die Verführung der Welt, gegen dämonische Einflüsse, gegen unsere eigene emotionale Gebrochenheit und gegen die körperlichen Begierden.

Auf dem Gebiet dieser sieben Nationen befanden sich zahlreiche feindliche Städte und Lager. Sie stehen für wichtige Festungen des Feindes, da es sich um befestigte Städte handelte, die eigens dazu gebaut waren, Angriffe abzuwehren. Um Städte wie Jericho, Ai, Gibeon und Hebron zu erobern, brauchte es göttliche Strategien. Manche dieser Städte waren als Bergfestungen erbaut. Die Jebusiter lebten beispielsweise in einer Stadt, die erst erobert wurde, als König David zu regieren begann. Diese hochgelegenen, befestigten Städte stehen für zentrale Problemfelder in unserem Herzen, die systematisch erobert werden müsse. Sie stehen für Unglauben, Herzenshärte, Angst, Ablehnung, Götzendienst, Rebellion und Zauberei, um nur einige der häufigsten Dinge zu nennen, mit denen Christen sich auf ihrer eigenen Herzensreise konfrontiert sehen.

Jenseits der befestigten Städte befanden sich die Berge Kanaans. Wie die Städte stehen auch die Berge für bedeutende Festungen des menschlichen Herzens, die im Bereich des Geistlichen erobert werden müssen. Jesus sagte:

> *Wenn jemand zu diesem Berg hier sagt: „Heb dich empor und stürz dich ins Meer!" ... wird es eintreffen* (Mk 11,23).

Wir sind dazu berufen, Berge einzunehmen – die Höhen zu erobern und zu erklimmen. Gott will, dass die Berge „eingeebnet" werden:

> *Eine Stimme ruft: „Baut dem Herrn eine Straße durch die Wüste. Ebnet unserem Gott einen Weg durch die Steppe. Jedes Tal soll aufgeschüttet und* ***jeder Berg und Hügel eingeebnet*** *werden. Das Unebene soll gerade und das Hügelige eben werden. Dann wird die Herrlichkeit des Herrn offenbar und alle Menschen werden sie sehen. Dies hat der Herr beschlossen!"* (Jes 40,3-5 NLB).

> *Da sagte er zu mir: So spricht der Herr zu Serubbabel: „Nicht durch Gewalt und Kraft wird es geschehen, sondern durch meinen Geist", spricht der Herr, der Allmächtige. „Wer bist du, großer Berg, vor Serubbabel? Du wirst zur Ebene werden!"* (Sach 4,6-7 NLB).

Die Berge einzunehmen, ist in jedem Kampf strategisch enorm wichtig, weil sie eine weite Sicht über die Region bieten. Sie stehen prophetisch für die Orte, die wir geistlich gesehen für Gott einnehmen sollen, denn er möchte, dass wir in himmlischen Örtern mit Christus leben, wo er uns prophetische Vision gibt. Die Höhen Kanaans waren legendär. Sie wurden immer mit Götzendienst in Verbindung gebracht, mit dem Bau von Altären und Opferstätten falscher Götter. Sie sind offensichtlich ein prophetisches Bild für die Götzen, die wir in unserem eigenen Herzen verehren. Die Israeliten sollten die Höhen des Götzendienstes erobern und niederreißen und statt der Anbetung der kanaanitischen Götter die Anbetung Jahwes einführen. Waren diese Höhen einmal erobert, wurden sie zu den Stätten, an denen die Israeliten Jahwe Opfer darbrachten.

Israel fand sich auch furchteinflößenden Armeen und Garnisonen des Feindes gegenüber, die sich der Eroberung durch Israel aktiv widersetzten. Der Bericht von der Eroberung des Verheißenen Landes ist gespickt mit Geschichten von großen Schlachten, in denen tausende Soldaten auf den Bergen und in den Ebenen Kanaans fielen. Dies wird zu einem gewaltigen Bild für *„die geistigen Mächte der Bosheit in der Himmelswelt"* (Eph 6,12 ELB), wie Paulus sie nannte. Es sind die feindlichen Fußsoldaten; die Horden der Hölle, die gegen die Stadt Gottes aufmarschieren. Paulus' Rat für den Kampf gegen diesen Massenangriff böser Geister ist:

> *Deshalb greift zu allen Waffen, die Gott für euch bereithält! Wenn dann der Tag kommt, an dem die Mächte des Bösen angreifen, [seid ihr gerüstet und] könnt euch ihnen entgegenstellen. Ihr werdet erfolgreich kämpfen und am Ende als Sieger dastehen* (Eph 6,13).

Die Glaubenshelden dienen uns als Inspiration. Der Verfasser des Hebräerbriefes sagte, dass es ihr Glaube an Gott war, durch den sie erfolgreich waren:

> *Sie zwangen Königreiche nieder, sie sorgten für Recht und Gerechtigkeit, sie erlebten die Erfüllung von Zusagen, die Gott ihnen gemacht hatte, sie hielten Löwen das Maul zu, sie blieben mitten im Feuer unberührt von den Flammen, sie entkamen dem tödlichen Schwert, sie wurden, wo es ihnen an Kraft fehlte, von Gott gestärkt, sie erwiesen sich als Helden im Kampf, sie schlugen feindliche Heere in die Flucht* (Heb 11,33-34).

Der Eroberung Kanaans standen außerdem feindliche Festungen entgegen. Diese Festungen befanden sich üblicherweise in unzugänglichen und nur schwer angreifbaren Gebirgsregionen. Auch sie sind ein prophetisches Bild für persönliche Festungen, die jeder Gläubige im Herzen trägt. Paulus übernahm diese Metapher, als er insbesondere davon sprach, *„Gedankengebäude zum Einsturz"* zubringen und *„das ganze [selbstherrliche] Denken [gefangen zu nehmen], damit es Christus gehorsam wird"* (2 Kor 10,4-5). Der Jesusnachfolger muss auf seiner Herzensreise übernatürlicher Verwandlung Festungen der Gedanken, des Willens und der Gefühle bekämpfen. Paulus' Wortwahl bekräftigt zusätzlich die Anschauung, dass wir, selbst nachdem wir neu geboren sind, gewaltigen Festungen in unserem eigenen Herzen gegenüberstehen werden, die systematisch erobert und eingerissen werden müssen.

Von Riesen eingeschüchtert

Es gab auch Riesen in dem Land, das erobert werden sollte. Die Bibel liefert deutliche Belege dafür, dass im Land Kanaan noch einige Riesen lebten. Die zwölf Kundschafter begegneten diesen Riesen, und zehn der Kundschafter, die zurückkehrten, ließen sich von diesen

Bewohnern des Landes massiv einschüchtern. Man nannte sie „Enakiter" (oder „Anakiter"), „Rephaiter", „Samsummiter" oder „Emiter".

> *Die Emiter haben vor Zeiten darin gewohnt; das war ein großes, starkes und hochgewachsenes Volk wie die Enakiter; sie wurden auch zu den Rephaitern gerechnet wie die Enakiter, und die Moabiter nannten sie Emiter* (5 Mose 2,10-11 SLT).

Diese ungewöhnlich hochgewachsenen Völker lebten im Land Ammon, östlich des Jordan:

> *Auch dieses gilt als ein Land der Rephaiter, und es haben auch vor Zeiten Rephaiter darin gewohnt; und die Ammoniter nannten sie Samsummiter. Das war ein großes, starkes und hochgewachsenes Volk wie die Enakiter (5 Mose 2,20-21 SLT).*

Aber in den Bergen Kanaans lebten auch die Anakiter. Ihre Anwesenheit stellte die Israeliten vor eine doppelte Herausforderung: Es waren Riesen und sie lebten in Bergfesten.

> *Zu der Zeit kam Josua und rottete aus die Anakiter von dem Gebirge, von Hebron, von Debir, von Anab und vom ganzen Gebirge Juda und vom ganzen Gebirge Israel, und er vollstreckte an ihnen den Bann mit ihren Städten und ließ keine Anakiter übrig im Lande der Israeliten außer in Gaza, in Gat, in Aschdod; dort blieben einige von ihnen übrig* (Jos 11,21-22 SLT).

Unter Josua waren die Kinder Israels zu einer Armee von Bergeroberern und Riesenbezwingern geworden. Die Riesen wurden besiegt und das einzige Bollwerk, das den Anakitern noch blieb, wurde schließlich von König David eingenommen.

> *Da trat aus den Reihen der Philister ein einzelner Krieger hervor. Es war Goliat, der aus Gat stammte. Er war etwa sechs Ellen und eine Spanne*[3] *groß!* (1 Sam 17,4 NLB).

Die letzten dieser Riesen einschließlich des Bruders Goliaths und seiner vier Söhne wurden erst unter Davids Herrschaft besiegt (2 Sam 21,19-22 und 1 Chr 20,5-8)

---

[3] Entspricht knapp drei Meter.

Diese Riesen hatten Israel eingeschüchtert und verspottet. Sie waren ein prophetisches Bild für mächtige Geister, welche die Kinder Gottes einschüchtern und verspotten. Josua und Kaleb betrachteten sie als Heuschrecken, was sie dafür qualifizierte, die Kinder Israels in das Verheißene Land zu führen, weil sie beachtlichen Feinden furchtlos ins Auge sahen. Ihr Sieg über die Riesen und Davids Sieg über Goliath wurden zum absoluten Urbild geistlicher Unerschrockenheit und Tapferkeit, die davon spricht, scheinbar unüberwindbare Hindernisse zu bezwingen. Ray Hughes sagt: „Es gibt einen Riesen, der zwischen dir und deiner Bestimmung steht!“ Jeder von uns muss sich mit seinen eigenen Riesen auseinandersetzen. Sie sind innere Festungen, die oft durch Angst und Einschüchterung seitens der Mächte der Finsternis verstärkt werden, da sie uns davon überzeugen wollen, dass diese inneren Kämpfe nicht zu gewinnen sind. Aber wir wurden dazu geboren, Riesenbezwingern zu sein. Wir sind dazu bestimmt, Überwinder und mehr als Überwinder zu sein.

Es gab sieben Nationen, die mächtiger und stärker waren als die Israeliten und systematisch besiegt und vertrieben werden mussten. Es gab befestigte Städte, Bergfesten, Höhen mit Kultstätten, feindliche Armeen und Riesen. All diese Feinde stehen für die Herausforderungen, die auf unserer persönlichen Herzensreise vor jedem von uns liegen, wenn wir vorangehen und das Verheißene Land unseres Herzens mit der Herrlichkeit des Herrn füllen wollen. Was Israel unter Josua antrieb, war die Vision, ein Land zu erobern und zu erben, das ihnen bereits vollständig gehörte, weil es schon dem Herrn gehörte. Gott versprach, all ihre Feinde zu vernichten, unter der Voraussetzung, dass sie gehorsam waren und als Akt des gehorsamen Vertrauens in die Verheißungen Gottes in den Kampf zogen. Gott hatte diese ganze Sache veranlasst, um seine Herrlichkeit zu offenbaren.

Israels Versagen

Israels Versagen im Land steht prophetisch für das Versagen unseres eigenen Herzens auf unserer Reise in die Freiheit und Unversehrtheit. Die Erzählung von der Eroberung Kanaans ist eine Mischung aus Versagen und großen Siegen. Manchmal waren die Israeliten siegreich über ihre Feinde, zu anderen Zeiten dagegen siegten die Feinde über sie und Israel wurde massiv unterdrückt. Nach der Eroberung unter der starken Führung Josuas, gerieten die Israeliten im Land ins Trudeln und die Feinde, die nicht aus dem Land vertrieben worden waren, standen auf, um Israel zu unterdrücken. Im folgenden Abschnitt aus dem Richterbuch können wir dieses Hin und Her zwischen Versagen und Erfolg erkennen.

Solange Josua und später die Ältesten, die all die großen Taten gesehen hatten, die der Herr für Israel vollbrachte, lebten, dienten die Israeliten dem Herrn. Josua, der Sohn von Nun, der Diener des Herrn, starb mit 110 Jahren. Er wurde in dem Land begraben, das er als Erbteil erhalten hatte, in Timnat-Serach im Bergland von Ephraim, nördlich vom Berg Gaasch.
Als aus Josuas Generation alle gestorben waren, wuchs eine neue Generation heran, die den Herrn nicht kannte und nichts von den Taten wusste, die er für Israel vollbracht hatte. Da taten die Israeliten Böses in den Augen des Herrn und beteten Baal an. Sie verließen den Herrn, den Gott ihrer Vorfahren, der sie aus Ägypten herausgeführt hatte. Sie liefen anderen Göttern nach und beteten die Götter der Völker an, die um sie her lebten. So weckten sie den Zorn des Herrn. Sie verließen den Herrn, um Baal und Aschtoret zu dienen.
Darum wurde der Herr zornig auf die Israeliten, und er lieferte sie Räubern aus, die ihren Besitz stahlen. Er gab sie ihren Feinden ringsum preis, sodass sie sich nicht mehr gegen sie behaupten konnten. Jedes Mal wenn die Israeliten in die Schlacht zogen, stellte sich der Herr gegen sie und ließ sie den Kampf verlieren, so wie er es ihnen geschworen hatte. Und das Volk war in großer Not.
Da setzte der Herr Richter ein, die die Israeliten vor ihren Feinden retten sollten. Aber die Israeliten hörten nicht auf die Richter, sondern ließen sich mit anderen Göttern ein und warfen sich vor ihnen nieder. So schnell wandten sie sich vom Weg ihrer Vorfahren ab, die sich gehorsam an die Gebote des Herrn gehalten hatten, und folgten ihrem Beispiel nicht.
Immer wenn der Herr einen Richter über Israel einsetzte, war er mit dem Richter und rettete das Volk vor seinen Feinden, solange der Richter lebte. Denn der Herr hatte Mitleid mit seinem Volk, das schwer unter seinen Bedrängern und Unterdrückern stöhnte. Doch sobald der Richter gestorben war, kehrten die Israeliten zu

ihrem alten Lebensstil zurück und verhielten sich schlimmer als ihre Väter. Sie liefen anderen Göttern nach, dienten ihnen und warfen sich vor ihnen nieder. Und sie weigerten sich, ihre schlechte Lebensweise und ihr trotziges Verhalten aufzugeben.
Da wurde der Herr zornig auf Israel. Er sagte: „Weil dieses Volk sich nicht an den Bund gehalten hat, auf den ich seine Vorfahren verpflichtet habe, und weil es nicht auf mich gehört hat, werde ich kein einziges der Völker vertreiben, die bei Josuas Tod noch unbesiegt waren. Damit will ich Israel auf die Probe stellen, damit ich sehe, ob es dem Herrn gehorchen wird wie seine Vorfahren." Deshalb ließ der Herr die Völker im Land bleiben, anstatt sie schnell zu vertreiben, und darum hatte er auch nicht zugelassen, dass Josua alle Völker besiegte.
Der Herr ließ bestimmte Völker im Land bleiben, um die Israeliten auf die Probe zu stellen, die noch nicht an den Kriegen gegen Kanaan teilgenommen hatten. Das tat er, um die Generationen von Israeliten, die keine Erfahrung im Kampf hatten, die Kriegskunst zu lehren. Folgende Völker wurden nicht vertrieben: die Philister, die fünf Herrscher besaßen, alle Kanaaniter, die Sidonier und die Hiwiter, die im Bergland des Libanon vom Berg Baal-Hermon bis nach Lebo-Hamat wohnten.
Alle diese Völker wurden verschont, um die Israeliten auf die Probe zu stellen. Es sollte deutlich sichtbar werden, ob sie den Geboten, die der Herr ihren Vorfahren durch Mose gegeben hatte, gehorchen würden. So kam es, dass Israel mitten unter den Kanaanitern, Hetitern, Amoritern, Perisitern, Hiwitern und Jebusitern lebte.
Und israelitische Söhne heirateten deren Töchter, und israelitische Töchter wurden mit deren Söhnen verheiratet. Und die Israeliten dienten deren Göttern. Die Israeliten taten Böses in den Augen des Herrn. Sie vergaßen den Herrn, ihren Gott, und dienten den Baalen und Ascheren.
Da wurde der Herr zornig auf Israel, und er gab das Volk in die Hände von Kuschan-Rischatajim, dem König von Aram-Naharajim. Acht Jahre lang waren die Israeliten dem Kuschan-Rischatajim unterworfen. Doch als die Israeliten zum Herrn um Hilfe schrien, schickte der Herr ihnen einen Mann, der das Volk retten sollte. Sein Name war Otniël, und er war der Sohn von Kalebs jüngerem Bruder Kenas. Der Geist des Herrn kam über ihn

und er wurde Richter in Israel. Otniël zog in den Kampf und der Herr schenkte ihm den Sieg über Kuschan-Rischatajim, den König von Aram. Danach herrschte 40 Jahre lang Frieden im Land.
Dann starb Otniël, der Sohn von Kenas. Wieder taten die Israeliten Böses in den Augen des Herrn, deshalb gab der Herr Israel in die Gewalt von Eglon, dem König von Moab. Eglon verbündete sich mit den Ammonitern und Amalekitern, zog heran, besiegte Israel und nahm Jericho ein. 18 Jahre lang waren die Israeliten König Eglon von Moab unterworfen.
Doch als die Israeliten zum Herrn um Hilfe schrien, schickte der Herr ihnen einen Mann, der sie retten sollte. Er hieß Ehud und war der Sohn von Gera, aus dem Stamm Benjamin. Ehud war Linkshänder (Ri 2,7-3,15 NLB).

Gott gebraucht das Versagen des Volkes Gottes, um uns Gehorsam zu lehren. Nach Josua wandten die Israeliten ihr Herz vom Herrn ab und dienten anderen Götzen. Deshalb lieferte Gott sie ihren Unterdrückern aus und sie gingen durch Zeiten großer Verluste, schwerer Unterdrückung und Schikanierung. Aufgrund des Ungehorsams Israels, gestattete der Herr ihren Feinden, weiter im Land zu bleiben, um ihre Herzen zu prüfen.

Nein, das Evangelium ist uns von Gott selbst anvertraut, der uns geprüft und für zuverlässig befunden hat, und wir verkünden es in der Verantwortung vor ihm. Es geht uns nicht darum, Menschen zu gefallen, sondern ihm, der unser Innerstes [kennt und] prüft (1 Thess 2,4).

In der Prüfung geht es immer um unseren vollkommenen Gehorsam gegenüber dem Herrn

Es gab nämlich noch einen Grund, warum ich euch geschrieben habe: Ich wollte herausfinden, ob ihr euch bewähren und in allen Belangen gehorsam sein würdet (2 Kor 2,9).

Gott erlaubt diesen ständigen Kampf mit unserem Fleisch, um uns zu lehren, was geistliche Kampfführung ist und was sie mit unseren inneren Kämpfen zu tun hat. Die Mächte der Finsternis nutzen diese noch vorhandenen Festungen des Ungehorsams und der Gebrochenheit in unserem Herzen aus, um uns weiterhin gefangen und gebunden zu halten. Gott ließ einige der Feinde Israels im Land bleiben, *„um die Generationen von Israeliten, die keine Erfahrung im Kampf hatten, die* ***Kriegskunst zu lehren****"* (Ri 3,2 NLB). Die Israeliten lernten Gehorsam durch die Anwesenheit ihrer Unterdrücker. Gott gebrauchte ihre Feinde, um ihre Herzen zu prüfen.

> *Und du sollst an den ganzen Weg gedenken, durch den der Herr, dein Gott, dich geführt hat diese 40 Jahre lang in der Wüste, um dich zu demütigen, um dich zu prüfen,* ***damit offenbar würde, was in deinem Herzen ist****, ob du seine Gebote halten würdest oder nicht* (5 Mose 8,2 SLT).

Solange Israel gehorsam war, waren sie siegreich; sobald sie aber ungehorsam wurden, mussten sie Niederlagen und Unterdrückung einstecken.

Als Israel sich gegen Jahwe auflehnte, machten sie ihn zornig. Immer wieder mussten sie die schwere Lektion lernen, dass ihre Rebellion die Hand des Feindes stärkte. Auch dem Teufel erlaubt Gott zu bleiben, um unser Herz zu prüfen. Wann immer wir im Ungehorsam leben, stärken wir die Hand unseres Feindes in unserem Leben. Der Böse ist sogar die treibende Kraft hinter den Herzen der Ungehorsamen (vgl. Eph 2,2). Das sollte uns wachrütteln, unser Herz dem Herrn in vollem Gehorsam zuzuwenden.

Rebellion und Dämonisierung

Israels Ungehorsam und moralische Fehltritte führten dazu, dass sie sich für Dämonen öffneten. Sich anderen Göttern zuzuwenden, öffnet das Herz des Gläubigen immer für Dämonen.

> *Sie erregten seine Eifersucht mit fremden Göttern; sie weckten seinen Zorn durch abscheuliche Taten. Sie opferten Dämonen, die nicht Gott sind, Göttern, die sie nicht kannten, neuen Göttern, die erst aufgekommen waren, Göttern, die eure Vorfahren niemals angebetet haben. Ihr wolltet nichts mehr von dem Fels wissen, der euer Vater war, und habt den Gott vergessen, der euch geboren hat* (5 Mose 32,16-28 NLB).

Die Geschichte von Israels Kompromissen mit Dämonen spricht prophetisch zu neutestamentlichen Gläubigen:

> *Die Leute erzählen, wie ihr euch von den Götzen abgewandt und dem lebendigen und wahren Gott zugewandt habt, um ihm zu dienen* (1 Thess 1,9).
>
> *Meine lieben Kinder, nehmt euch in Acht vor den falschen Göttern!* (1 Joh 5,21).

Götzen anzubeten und ihnen zu dienen, führt Christen in dämonische Abhängigkeit.

> *Ich sage vielmehr, dass diese Opfer den Dämonen und nicht Gott dargebracht werden. Und ich möchte nicht, dass ihr in irgendeiner Weise Gemeinschaft mit Dämonen habt. Ihr könnt nicht aus dem Kelch des Herrn und zugleich aus dem Kelch der Dämonen trinken. Ihr könnt nicht am Tisch des Herrn und zugleich am Tisch der Dämonen essen* (1 Kor 10,20-21 NLB).

Paulus warnte die Christen ausdrücklich, dass auch sie in Abhängigkeit von Dämonen enden würden, wenn sie dem schlechten Beispiel Israels in ihrer Rebellion und ihrem Ungehorsam folgten. Der Schluss, den Paulus zog, und seine nachdrückliche Warnung an die Christen war:

> *Wenn ihr euch das alles vor Augen haltet, meine lieben Freunde, gibt es nur eins: Lasst euch unter keinen Umständen zum Götzendienst verleiten!* (1 Kor 10,14).

Auch Jesus warnte, dass ungehorsame Christen den Folterknechten übergeben würden (vgl. Mt 18,34). Paulus warnte neutestamentliche Gläubige vor der Gefahr, von dem *„Verderber umgebracht"* (vgl. 1 Kor 10,10) zu werden, sollten sie sich auf die dämonische Welt einlassen. Mose prophezeite, dass eine Zeit kommen werde, in der Israel sich im Land auf Kompromisse einlassen und zerstört werden würde.

> *Der Herr sprach zu Mose: Nach deinem Tod wird dieses Volk sich mit fremden Göttern einlassen, den Göttern des Landes, in das es zieht. Es wird mich verlassen und den Bund brechen, den ich mit ihm geschlossen habe. Dann wird mein Zorn gegen es entbrennen. Ich will es verlassen und ihm nicht länger helfen. Es*

> *wird aufgerieben werden. Großes Unglück und schreckliche Not werden über es kommen, sodass die Menschen sagen werden: „Diese Katastrophen treffen uns, weil Gott nicht mehr bei uns ist!" In dieser Zeit werde ich mich ganz von den Israeliten abwenden, weil sie sich schuldig machten und sich anderen Göttern zuwandten* (5 Mose 31,16-18 NLB).

Petrus hat wohl an diese Stelle gedacht, als er sagte:

> *Seid besonnen und wachsam und jederzeit auf einen Angriff durch den Teufel, euren Feind, gefasst! Wie ein brüllender Löwe streift er umher und sucht nach einem Opfer, das er* ***verschlingen*** *kann* (1 Petr 5,8 NLB).

Der Teufel wird auch der „Fresser" genannt. Der Herr versprach:

> *Euretwegen werde ich den* ***Fresser*** *bedrohen, damit er euch nicht mehr um eure Ernte bringt und damit der Weinstock auf dem Feld wieder Früchte trägt, spricht der allmächtige Herr* (Mal 3,11 NLB).

Sowohl Paulus als auch Petrus warnten uns vor der Gefahr, vom Verderber verschlungen zu werden, wenn wir nicht aus Israels Fehlern lernten.

Die Parallelen zwischen Israel und der neutestamentlichen Gemeinde sind auffallend und etwas bedrohlich. All die Dinge, die Israel erlebte, dienen als bewusste prophetische Beispiele für die Herzensreise des neutestamentlichen Volkes Gottes. Die gesamte Geschichte von Israels Pilgerreise durch die Wüste und das Verheißene Land ist ein prophetisches Lehrstück für unser eigenes Herz. Die Parallelen sind zu bedeutend, als dass man sie ignorieren könnte, und so überrascht es nicht, dass Paulus unter der Anleitung und Eingebung des Heiligen Geistes eine Reihe prophetischer Lehren aus den Erfolgen und Niederlagen Israels zieht. In 1. Korinther 10 gibt er uns ein prophetisches Paradigma, das uns die weiteren Vorbilder und Abbilder, die im Alten Testament versteckt sind, entdecken lässt. Paulus zieht lediglich eine Handvoll Lehren daraus, aber er versetzt uns damit in die Lage, ein weites Land von prophetischer Bedeutung zu entdecken, das für uns auf der Herzensreise heraus aus chronischem Ungehorsam und hinein in ein Leben des Gehorsams relevant ist. Letzteres führt uns in eine unglaubliche Freiheit und Unversehrtheit, wenn wir uns nur die Fülle tiefgreifender geistlicher Lektionen zu Herzen nehmen, die auf geniale Weise in der Geschichte der Wanderung Israels verborgen sind.

Stück für Stück kommen wir auf unserer Herzensreise voran, bis unsere Herzen voll der Herrlichkeit des Herrn sind und jeder Bereich unseres Lebens den Glanz unserer Sohnschaft ausstrahlt. Genau wie bei Jesus ist unser Geist jetzt schon von Herrlichkeit erfüllt, aber anders als bei Jesus muss unsere Seele noch umfassend wiederhergestellt und erneuert werden. Es handelt sich bei unserer Herzensreise um eine tiefgreifende Wiederherstellung unserer Seele. Wir werden voll und ganz von der Verunreinigung durch Sünde, Dämonen und unsere tiefe Gebrochenheit befreit, die unsere Seele verdorben und verwundet hat. Unser Reiseziel ist Herrlichkeit. *„Denn alle haben gesündigt, und in ihrem Leben kommt Gottes Herrlichkeit nicht mehr zum Ausdruck“* (Röm 3,23), aber *„er hat euch dazu berufen durch unsere Botschaft von Jesus, damit ihr die Herrlichkeit von Jesus Christus, unserem Herrn, erlangt“* (2 Thess 2,14).

Unser neues Verheißenes Land ist ein Herz, das so frei und heil ist, dass unsere neue Natur der Sohnschaft voll und ganz zum Ausdruck kommt. Wir müssen lernen, den Ich!-Berg zu erobern. Davids prophetische Beschreibung dieser übernatürlichen Wiederherstellung unserer Seele, spricht immer noch eindrücklich zu uns als Gläubigen des Neuen Bundes:

> *Der Herr ist mein Hirte; mir wird nichts mangeln. Er weidet mich auf grünen Auen und führt mich zu stillen Wassern. Er* ***erquickt meine Seele[4];*** *er führt mich auf rechter Straße um seines Namens willen. Und wenn ich auch wanderte durchs Tal des Todesschattens, so fürchte ich kein Unglück, denn du bist bei mir; dein Stecken und dein Stab, die trösten mich. Du bereitest vor mir einen Tisch angesichts meiner Feinde; du hast mein Haupt mit Öl gesalbt, mein Becher fließt über. Nur Güte und Gnade werden mir folgen mein Leben lang, und ich werde bleiben im Haus des Herrn immerdar* (Ps 23,1-6 SLT).

---

[4] Anm. d. Übers.: Im Englischen: *„Er stellt meine Seele wieder her.“*

KAPITEL 6

Mit dem Vater und dem Sohn verwoben

Die Herzensreise, auf die wir eingeladen sind, ist von Anfang bis Ende eine übernatürliche Reise, die alle natürlichen oder irdischen Veränderungsmöglichkeiten weit übersteigt. Sie gründet sich ganz und gar auf ein „Vom-Himmel-auf-die-Erde"-Paradigma und hat nichts mit den irdischen religiösen Bestrebungen, einen Turm bis in den Himmel zu bauen (vgl. 1 Mose 11,4), zu tun. Religion geht es immer darum, von der Erde aus den Himmel zu erreichen. Die wahre Herzensreise, zu der uns der Vater einlädt, beginnt mit einer übernatürlichen Neugeburt und besteht sowohl in der Enthüllung unserer neuen Identität der Sohnschaft als auch der systematischen, gewaltsamen Bezwingung all dessen in unserem Herzen, was sich dieser neuen Realität widersetzen will.

Meine Jahrzehnte persönlicher Erfahrung als Nachfolger Jesu, Pastor und Seelsorger haben mich gelehrt, dass die meisten Christen gar nicht wirklich auf der Grundlage eines radikalen Neuschöpfungsparadigmas leben. Was von Gott als Startrampe in ein übernatürliches Leben beabsichtigt ist, wurde auf ein Endziel reduziert in der Hoffnung, dass ein Christ, bevor er stirbt, irgendwie auf die Reihe bekommt, wer er in Christus wirklich ist. Unser Leben ist tatsächlich *„mit Christus in Gott verborgen"* (Kol 3,3 NLB). Das griechische Wort, das Paulus für „verborgen" verwendete, ist *kruptos* und steht für etwas Verstecktes oder Verborgenes. Das Wunder der Neugeburt ist unseren fünf irdischen Sinnen tief verborgen und unzugänglich, weil es unsichtbar ist. Versuchen Sie einmal, Ihren „Geist" zu suchen und ihn physisch ausfindig zu machen. Versuchen Sie genauso, den Heiligen Geist ausfindig zu machen. Er ist kein Wesen, das sich an einem bestimmten Ort befindet, sondern er bewegt sich außerhalb der Dimensionen von Raum und Zeit. Paulus lehrte, dass unser menschlicher Geist nun auf herrliche Weise „im Heiligen Geist“ verborgen ist.

Dank der Neugeburt ist uns das Privileg gegeben, durch die Gegenwart des Heiligen Geistes auf mystische Weise an dem Leben des Vaters und des Sohnes Anteil zu haben. Jesus beschrieb sein eigenes Leben als eng verflochten mit dem Leben seines Vaters: *„Glaubt es mir, dass ich im Vater bin und dass der Vater in mir ist“* (Joh 14,11).

> *Glaubt wenigstens an das, was ich getan habe, wenn ihr schon nicht an mich glaubt. Dann werdet ihr begreifen und erkennen, dass der Vater in mir ist und ich im Vater bin* (Joh 10,38 NLB).
>
> *Glaubst du nicht, dass ich im Vater bin und dass der Vater in mir ist? Was ich euch sage, sage ich nicht aus mir selbst heraus. Der Vater, der in mir ist, handelt durch mich; es ist alles sein Werk* (Joh 14,10).

Theologen der frühen Kirche nannten dieses Phänomen ***perichoresis.*** Es setzt sich aus zwei griechischen Worten zusammen: *peri,* was „herum“ bedeutet, und *chorein,* was „enthalten“ bedeutet. Die wörtliche Bedeutung ist also „herum-enthalten“. Theologen beschreiben diesen Existenzzustand als eine „gegenseitige Durchdringung“, wobei jedes Individuum seine oder ihre einzigartige Identität beibehält. Er beschreibt die gegenseitige Durchdringung und Innewohnung des Vaters, des Sohnes und des Heiligen Geistes. Perichorese[1] ist daher eine Eigenschaft der Trinität. Theologen beschreiben Gott als in drei Personen existierend und doch auf mystische Weise einer seiend.

Das alte hebräische „Schema Israel“ verkündete: „Höre, Israel, der Herr unser Gott, der Herr ist **einer**[2]“ (5 Mose 6,4). Das hebräische Wort für „eins“ lautet aber interessanterweise *echad;* es bezeichnet eine Einheit, die aus einer Vielzahl besteht, wie zum Beispiel „eine“ Weintraube. Die drei Personen des dreieinigen Gottes durchdringen einander in herzlicher Gemeinschaft gegenseitiger Liebe und Zuneigung. Der Vater, der Sohn und der Heilige Geist sind zusammen einer!

---

[1] Perichorese (…) ist die vollständige gegenseitige Durchdringung, die zu einer Einheit ohne Verschmelzung führt … (Wikipedia, Zugriff 13.06.2019).

[2] Anm. d. Übers.: Die deutschen Übersetzungen übersetzten hier „einzig“ oder „allein“.

Perichorese findet Ausdruck in inniger Gemeinschaft. Der Vater liebt den Sohn und der Sohn liebt den Vater. Jesus beschrieb Gott als den *„Vater, der in mir ist“* (Joh 14,10).

Das große Mysterium im Herzen unseres Universums ist, dass die Menschheit eingeladen ist, an dieser göttlichen Beziehung teilzuhaben. Wir sind eingeladen, diesen Zustand göttlicher Perichorese zu teilen! Jesus verkündigte:

> *An jenem Tag werdet ihr erkennen, dass ich in meinem Vater bin und ihr in mir und ich in euch* (Joh 14,20 SLT).

Er bedient sich der Sprache, die ursprünglich für die Beschreibung des Wesens dieser einzigartigen Beziehung zum Vater reserviert war, und überträgt sie auf alle, die zur Neuen Schöpfung gehören. Das ist eine atemberaubende Realität; ein Freudenfest für das Herz, das Wissen und Erkenntnis übersteigt. Jesus betete:

> *Heiliger Vater, bewahre sie in deinem Namen, den du mir gegeben hast, damit sie eins sind, so wie wir eins sind* (Joh 17,11 NLB).
>
> *Ich bete nicht nur für diese Jünger, sondern auch für alle, die durch ihr Wort an mich glauben werden. Ich bete für sie alle, dass sie eins sind, so wie du und ich eins sind, Vater – damit sie in uns eins sind, so wie du in mir bist und ich in dir bin und die Welt glaubt, dass du mich gesandt hast* (Joh 17,20-21 NLB).

Perichorese ist die Sprache gegenseitiger Durchdringung, die für die geistliche Segnung all derer sorgt, die auf mystische Weise mit dem Vater und dem Sohn vereint worden sind. *„Dass Christus durch den Glauben immer mehr in euren Herzen **wohnt**“* (Eph 3,17 NLB).

Aus einem verherrlichten Geist heraus leben

Gemäß der Aussage des Neuen Testaments ist Herrlichkeit das Familienmerkmal; sie ist die Eigenschaft, die allen Heiligen, die in Christus in der göttlichen Perichorese leben, gemeinsam ist. Aus Sicht des Himmels ist die Gemeinde in Jesus Christus geistlich in gewissem Sinne schon verherrlicht worden. Aufgrund unserer vollkommenen Rechtfertigung ist unser Geist laut Paulus in mystischer Vereinigung mit dem Geist Christi bereits verherrlicht worden. Paulus schreibt:

„Die er aber gerechtfertigt hat, die hat er auch verherrlicht" (Röm 8,30 STL). Rechtfertigung ist der göttliche Akt, der einen Gläubigen in Gottes Augen vollkommen gerecht macht. Aber Paulus denkt über die Vorstellung einer reinen „Anrechnung" der Gerechtigkeit hinaus, wenn er sagt, dass die, die glauben, regelrecht zur Gerechtigkeit Gottes in Christus *geworden* sind (vgl. 2 Kor 5,21). Gerechtigkeit ist uns nicht nur juristisch *angerechnet* worden, sie ist uns auch ganz konkret *verliehen* worden!

Dieses Geschenk einer nagelneuen und vollkommenen Gerechtigkeit verleiht uns das absolute Recht, vor Gott zu stehen. In der englischen „New Living Translation" heißt es übersetzt: *„Und nachdem er sie in den rechten Stand versetzt hatte, gab er ihnen seine Herrlichkeit."* Die Amplified Bible übersetzt:

> *Die er berufen hat, die hat er auch gerechtfertigt* (d. h. gerecht gemacht, mit sich selbst ins Reine gebracht). *Und die er gerechtfertigt hat, die hat er auch verherrlicht [in eine himmlische Würde und Stellung bzw. in einen himmlischen Existenzzustand erhoben]* (Röm 8,30 AMP).

Sowohl der Akt der Rechtfertigung als auch der Akt der Verherrlichung stehen in der griechischen Zeitform des Aorists[3]. Das bedeutet, dass es sich bei beiden um ein vergangenes und vollendetes Werk in unserem Geist handelt. Unsere Rechtfertigung hat zu unserer geistlichen Verherrlichung geführt, weil Gott die Herrlichkeit seiner Gerechtigkeit in unseren menschlichen Geist gegeben hat.

Paulus sagte: *„Der Geist aber ist Leben um der Gerechtigkeit willen"* (Röm 8,10 SLT). Im Augenblick unserer Neugeburt stattete Gott unseren menschlichen Geist mit seiner Herrlichkeit aus. Jesus sagte:

> *Die Herrlichkeit, die du mir gegeben hast, habe ich nun auch ihnen gegeben, damit sie eins sind, so wie wir eins sind* (Joh 17,22).

Die Verherrlichung unseres Geistes hat bereits stattgefunden! Es ist eine erstaunliche und beinahe unfassbare Realität, dass wir, die wir an

---

[3] Der Aorist … ist in einigen indogermanischen sowie in einigen anderen Sprachen … ein Tempus der Vergangenheit. Im Gegensatz zu anderen Vergangenheitstempora … beschreibt er Vorgänge in der Vergangenheit, die als individuelle, einmalig abgeschlossene Handlungen, also punktuell, betrachtet werden (Wikipedia 05.06.2019).

Christus glauben, nun einen verherrlichten Geist haben! Ein Drittel unseres ganzen Wesens ist bereits vollkommen gemacht! Wir sind nun auf mystische Weise so sehr mit dem Herrn vereinigt, dass Paulus davon spricht, dass wir zu „einem Geist" geworden sind: *„Wer aber dem Herrn gehört, ist ein Geist mit ihm"* (1 Kor 6,17 NLB). Unser Geist ist tief und vollständig in den „Vater der Herrlichkeit", in Christus, den „König der Herrlichkeit", und in den „Geist der Herrlichkeit" hineingetaucht worden.

Eine Reihe paulinischer Verse macht deutlich, dass Gott seine Herrlichkeit bereits in unseren erneuerten Geist hineingegeben hat.

> *Nachdem wir nun aufgrund des Glaubens für gerecht erklärt worden sind, haben wir Frieden mit Gott durch Jesus Christus, unseren Herrn. Durch ihn haben wir freien Zugang zu der Gnade bekommen, die jetzt die Grundlage unseres Lebens ist, und im Glauben nehmen wir das auch in Anspruch. Darüber hinaus haben wir eine Hoffnung, die uns mit Freude und Stolz erfüllt: Wir werden einmal an Gottes Herrlichkeit teilhaben* (Röm 5,1-2).

Die „Amplified Bible" deutet an, dass es sich nicht lediglich um eine zukünftige Hoffnung auf die Teilhabe an Gottes Herrlichkeit handelt, wenn auch unser Körper schließlich verherrlicht wird: *„Wir wollen uns freuen und jubeln in der Hoffnung, die Herrlichkeit Gottes zu erleben und zu genießen"* (Röm 5,2 AMP). Paulus weist auf ein gegenwärtiges Erleben dieser herrlichen Hoffnung hin, wenn er nur 3 Verse später sagt: *„Und in dieser Hoffnung werden wir nicht enttäuscht werden. Denn wir wissen, wie sehr Gott uns liebt, weil er uns den Heiligen Geist geschenkt hat, der unsere Herzen mit seiner Liebe erfüllt"* (Röm 5,5 NLB).

Die derzeitige Ausgießung der herrlichen Liebe des Vaters führt zu einem aktuellen und sofortigen Erleben und Genießen der Herrlichkeit Gottes. Sie ist eine vollkommene und herrliche Liebe, die niemals enttäuscht. Christus in uns, in mystischer Vereinigung mit unserem Geist, wird zu unserer zuversichtlichen Erwartung der Herrlichkeit.

> *Denn Gott wollte ihnen sagen, dass der Reichtum der Herrlichkeit dieses Geheimnisses auch für die anderen Völker bestimmt ist. Und das ist das Geheimnis: Christus lebt in euch! Darin liegt eure Hoffnung: Ihr werdet an seiner Herrlichkeit teilhaben* (Kol 1,27 NLB).

Der Verfasser des Hebräerbriefes besteht darauf, dass wir bereits zu *„den Geistern der vollendeten Gerechten"* (Heb 12,23 SLT) gekommen sind.

Wir sind vollkommen gemacht in Einheit und Herrlichkeit im Vater und im Sohn, und wir sind zuversichtlich, dass seine Herrlichkeit durch das Wunder der Neuen Schöpfung aus unserem Geist heraus offenbart werden wird. Das ist es, was Jesus bereits sah, als er sagte:

> *Die Herrlichkeit, die du mir gegeben hast, habe ich nun auch ihnen gegeben, damit sie eins sind, so wie wir eins sind. Ich in ihnen und du in mir – so sollen sie zur völligen Einheit gelangen, damit die Welt erkennt, dass du mich gesandt hast und dass sie von dir geliebt sind, wie ich von dir geliebt bin* (Joh 17,22-23).

Paulus' Theologie der Neuen Schöpfung sprengt radikal die Grenzen unseres Vorstellungsvermögens. Zweifellos glaubte er, dass all die, die Christus angenommen haben, in ihrem erneuerten Geist unmittelbar ein Erbe der Reichtümer der Herrlichkeit Gottes angetreten haben. Er sagte:

> *Das ist es, wozu er euch durch das Evangelium berufen hat, das wir verkünden; er hat euch dazu berufen, an der Herrlichkeit von Jesus Christus, unserem Herrn, teilzuhaben* (2 Thess 2,14).

Jeder, der dieses herrliche Evangelium angenommen hat, hat bereits ein Erbe erhalten, das unsere kühnsten Träume übersteigt. Eine radikale Theologie der Neuen Schöpfung ist eine Einladung dazu, in eine Dimension herrlicher Versorgung einzutreten, und zwar durch die unendliche Verfügbarkeit von Gottes herrlichem, auf übernatürliche Weise mit unserem Geist verbundenen Geist. Petrus stimmte darin mit Paulus überein:

> *Wenn wir Jesus immer besser kennen lernen, gibt seine göttliche Kraft uns alles, was wir brauchen, um ein Leben zu führen, über das sich Gott freut. Er hat uns durch seine Herrlichkeit und Güte berufen!* (2 Petr 1,3 NLB).

Während unser Geist mit Gott bereits eins und durch ein in der Vergangenheit geschehenes Wunder schon verherrlicht ist, wird unsere Seele aktuell noch immer von Herrlichkeit zu Herrlichkeit verherrlicht, vorausgesetzt, wir entscheiden uns bewusst dazu, uns auf die

Herzensreise der Verwandlung in das Bild des Sohnes einzulassen. Ausgehend von dieser mystischen Perichorese betete Jesus:

> *Ich in ihnen und du in mir – so sollen sie zur völligen Einheit gelangen, damit die Welt erkennt, dass du mich gesandt hast und dass sie von dir geliebt sind, wie ich von dir geliebt bin* (Joh 17,23).

Das ist die Reise der Verherrlichung der Seele, auf der wir in unserem Denken, Wollen und Fühlen in das Bild des verherrlichten Christus verwandelt werden. Jesus kehrt zu einer verherrlichten Gemeinde zurück! Der Vater ließ durch Jesaja prophetisch verkünden:

> *Ich will das Haus meiner Herrlichkeit noch herrlicher machen* (Jes 60,7 SLT).

Perichorese und Quantenverschränkung

Es gibt ein merkwürdiges neues Phänomen, das auf der Quantenebene der Natur entdeckt worden ist. Wissenschaftler haben ein interessantes Phänomen entdeckt, welches sie „Quantenverschränkung" nennen. In meinem Buch *Quantum Glory*[4] setze ich mich viel detaillierter mit diesem Thema auseinander, aber ich möchte Ihnen dieses Naturphänomen aus der Welt der Quanten zumindest vorstellen, weil es prophetisch von unserer göttlichen Perichorese mit dem Vater, dem Sohn und dem Heiligen Geist spricht. Sehr viele Aspekte der Natur spiegeln großartige geistliche Wahrheiten wider. Als mir dieses Prinzip zum ersten Mal klar wurde, versetzte es mich in einen Zustand theologischer und tatsächlicher Ekstase!

Lassen Sie mich dieses Phänomen beschreiben. Zwei Photonen, die einmal ein Photon waren, bleiben, nachdem sie mithilfe eines Strahlteilers getrennt worden sind, auf merkwürdige Art und Weise miteinander „verschränkt", selbst wenn sie sich hypothetisch in entgegengesetzte Himmelsrichtungen bewegen. Wie wissen wir, dass das stimmt? Jedes Photon besitzt eine „Spin" genannte Eigenschaft. Es gibt nur zwei Möglichkeiten für den Spin: rauf oder runter. Irgendwie sind Wissenschaftler in der Lage, ein Photon so „anzustupsen", dass sein

---

[4] Erscheint Ende 2019 unter dem Titel „Quanten-Herrlichkeit" bei GloryWorld-Medien.

Spin sich umkehrt. Man hat dabei Folgendes beobachtet: Macht man das mit einem Photon, das sich bereits in einer „verschränkten" Verbindung zu seinem Zwillingsphoton befindet, hat die Beeinflussung des Spins des ersten Photons sofortige Auswirkungen auf seinen verschränkten Partner, egal wo im Universum sich dieses Partner-Photon gerade befindet! Wird ein Photon angestupst, kehrt dies den Spin seines verschränkten Partners sofort um.

Albert Einstein beschrieb dieses irritierende Phänomen als „spukhafte Fernwirkung". Andere Wissenschaftler nannten es eine unsichtbare „geisterhafte Verschränkung" zwischen Quantenteilchen. Die Entdeckung dieses Phänomens hat die Quantenphysiker in Schock versetzt. Die Regelmäßigkeit dieses Phänomens in Quantenexperimenten weist auf die Existenz einer anderen Realitätsebene hin, die in einer nun allgemein anerkannten zusätzlichen Dimension des Universums existiert. Die herkömmliche Vorstellung des Universums besagt, dass Materie in drei räumlichen Dimensionen existiert. Dank Einsteins Durchbrüchen auf dem Gebiet der Relativität in der ersten Hälfte des zwanzigsten Jahrhunderts, wurde die Zeit als eine vierte Dimension anerkannt, sodass nun allgemeiner Konsens besteht, dass wir in einem vierdimensionalen Raum-Zeit-Kontinuum leben.

Physiker haben einen neuen Begriff geprägt, um die Entdeckung dieser außerdimensionalen Verschränkung von Quantenteilchen zu beschreiben. Wissenschaftler scheinen über etwas gestolpert zu sein, was sie nun als eine neue „nicht-lokale" Dimension in unserem Universum bezeichnen, die sich nicht in Raum oder Zeit verorten lässt. Diese Entdeckung hat das konventionelle Verständnis von Physik auf den Kopf gestellt. In der physischen Welt ist alles verortbar. Wir sind darauf angewiesen, alles an seinem angestammten Platz wiederzufinden: unsere Schlüssel, unser Portemonnaie, unsere Zahnbürste usw. Eine Realitätsebene als grundsätzlich und von Natur aus „nicht-lokal" zu beschreiben, bedeutet, dass sie räumlich gesehen nicht aufzufinden ist. Wissenschaftler pochten einst dogmatisch darauf, dass die einzige und letzte Realität in unserem Universum die physische Realität sei und dass es absolut nichts gebe, was außerhalb des physischen Raumes existiere. Der Schock der Quanten-Nicht-Lokalität hat die Physiker aus diesem konventionellen Verständnis des Universums herausgeworfen. Ein Quantenphysiker namens John Stewart Bell stellte einen mathematischen Beweis auf, der ein für alle Mal und unwiderlegbar bewies, dass wir in einem physischen Universum leben, dass sich fortwährend mit einem nicht-lokalen Universum überschneidet. Diese Entdeckung ist zu einem wichtigen Schlüssel zum Verständnis der gesamten Quantenwelt geworden.

Einigermaßen bemerkenswert an dieser Entdeckung ist, dass Wissenschaftler inzwischen unanfechtbare Beweise für die Existenz von mindestens einer weiteren Dimension gesammelt haben. Ausgehend von der Prämisse der Existenz Gottes und der geistlichen Welt hat die biblische Theologie schon immer postuliert, dass es Dimensionen außerhalb von Raum und Zeit gebe. Die Quantenphysik und insbesondere die Quantenverschränkung haben nun die Existenz zusätzlicher Dimensionen bewiesen, zwischen denen *ohne Verzögerung* eine Kommunikation stattfindet, theoretisch sogar von einem Ende des Universums zum anderen. In der Interaktion zwischen zwei verschränkten Photonen gibt es keinerlei Zeitverzögerung. Wir reden hier nicht von der Übertragung von Informationen mit Lichtgeschwindigkeit. Stattdessen stellt die Quantenverschränkung einen sofortigen, die Lichtgeschwindigkeit übersteigenden Informationsfluss dar, weil die beiden verschränkten Teilchen, in einer anderen nichtlokalen Dimension außerhalb von Raum und Zeit effektiv miteinander verbunden sind.

Miteinander verschränkt

All das hat sowohl wissenschaftlich als auch theologisch tiefgreifende Auswirkungen. Quantenverschränkung ist inzwischen eine anerkannte Eigenschaft unseres Universums, das prophetisch auf eine geistliche Verschränkung hinweist, die jenseits von Raum und Zeit besteht. Oft sprechen natürliche Dinge prophetisch von geistlichen Dingen. Das ist überhaupt die Grundlage all der Gleichnisse und Vorbilder und der Symbolik der Bibel, die meistens aus der Natur stammen. Die neutestamentliche Theologie postuliert eine „geistliche Verschränkung“ zwischen Christus und seiner Braut einerseits und zwischen Brüdern und Schwestern in Christus andererseits. Der auf übernatürliche Weise erneuerte menschliche Geist ist in der Lage, Raum und Zeit zu durchqueren und in der himmlischen Dimension auf mystische Weise mit Gott und miteinander verschränkt zu sein.

Genauso sind wir alle – wie viele [und wie unterschiedlich] wir auch sein mögen – durch unsere Verbindung mit Christus ein Leib (Röm 12,5).

Paulus enthüllt eine durchdringende mystische Vereinigung der Perichorese, wenn er sagt:

Denkt zum Vergleich an den [menschlichen] Körper! Er stellt eine Einheit dar, die aus vielen Teilen besteht; oder andersherum betrachtet: Er setzt sich aus vielen Teilen zusammen, die alle miteinander ein zusammenhängendes Ganzes bilden. Genauso ist es bei Christus (1 Kor 12,12).

Er deutet an, dass Christus nun als ein vielgliedriger Körper offenbart wird! Unser Vater hat die Absicht, *„in Christus alles zu vereinen, alles, was im Himmel und auf Erden ist"* (Eph 1,10 REÜ). Wir, die wir an Jesus glauben, leben durch die Teilhabe an dem Leben im Geist und der göttlichen Natur nun in einer engen mystischen Einheit miteinander. Es geht hier nicht einfach nur darum, dass man dieselbe Gemeinde besucht, sondern es handelt sich um etwas, das unendlich viel tiefer geht. Es ist eine Einheit des Geistes, nicht nur mit Gott, sondern auch miteinander. Das bedeutet, dass unsere Identität als Söhne und Töchter nun unmittelbar mit unserer kollektiven Identität als Braut bzw. Leib Christi zusammenhängt.

Paulus deutete diese einzigartige Eigenschaft des menschlichen Geistes in seinen Briefen mehrmals an, wenn er behauptete, „im Geist" anwesend zu sein, obwohl er körperlich nicht anwesend war. Bei einer Gelegenheit gab er den Leitern in Korinth Anweisungen zur Exkommunikation eines unbußfertigen Bruders, der tief in eine gottlose Beziehung zu seiner Stiefmutter verstrickt war. Er sagte:

*Wenn ihr euch im Namen von Jesus, dem Herrn, versammelt, **so werde ich im Geist anwesend sein**, und die Kraft des Herrn ist mitten unter euch. Dann sollt ihr den Mann aus der Gemeinde ausschließen und dem Satan übergeben, damit seine sündige Natur vernichtet und er selbst gerettet werden kann, wenn der Herr wiederkommt* (1 Kor 5,4 NLB).

Paulus war in einer anderen Stadt, als er diese Anweisungen schrieb, aber er machte deutlich, dass er dank der Neuen Schöpfung auf irgendeine mystische Weise mit seinen Brüdern in Korinth verbunden war. Hätte Paulus so etwas nur einmal gesagt, hätten wir es als etwas merkwürdig Ungewöhnliches oder eine Metapher für Einheit im Geist abgetan, aber er bestätigte seine prophetische Einsicht in eine tiefere Ebene mystischer Verschränkung, als er zu den Heiligen in Kolossä sagte:

> *Denn wenn ich auch leiblich abwesend bin,* ***so bin ich doch im Geist bei euch*** *und sehe mit Freuden eure Ordnung und die Festigkeit eures Glaubens an Christus* (Kol 2,5 SLT).

Das war vermutlich nicht etwas, wozu Paulus als einziger in der Lage war, sondern eher eine Realität, die auf eine enge mystische Vereinigung in der geistlichen Dimension hindeutet, die für uns alle, die wir in Christus sind, gilt. Hatte Paulus seinen Geist so ausgebildet und trainiert, dass er sehen konnte, was an einem anderen Ort vor sich ging? Wir werden es auf dieser Seite des Himmels nie erfahren, aber es ist in jedem Fall ein interessanter Gedanke. Hinweise auf Bilokation lassen sich im Neuen Testament allemal finden.

Verschränkte Lichtteilchen

Jesus selbst liefert uns weitere triftige Hinweise auf eine Art geistliche Verschränkung, die von der Quantenverschränkung als einem natürlichen Phänomen prophetisch angedeutet und veranschaulicht wird. In der Natur sind Photonen die Bestandteile des Lichts. Eigentlich besteht Licht aus diesen mysteriösen Quantenteilchen, die Energie transportieren. Jesus sagte über sich selbst:

> *Ich bin das Licht der Welt!* (Joh 8,12).

Aber auch zu seinen Nachfolgern sagte er:

> *Ihr seid das Licht der Welt* (Mt 5,14).

Es handelt sich dabei nicht einfach nur um eine schöne Metapher, die besagt, dass wir eine sekundäre Lichtquelle in der Welt sind, weil Christus als die primäre geistliche Lichtquelle in uns lebt. Paulus sagte, dass wir dank der Neuen Schöpfung nun Licht geworden sind: *„Denn ihr wart einst Finsternis; jetzt aber* ***seid ihr Licht*** *in dem*

Herrn" (Eph 5,8 SLT). Ihr neuer Geist ist Licht geworden, weil er Licht ist. Johannes sagte: *„Denn wie er, so sind auch wir in dieser Welt"* (1 Joh 4,17 REÜ). Jesus ist der Mann vom Himmel, und so sind auch wir himmlisch geworden.

> *Wie der Irdische beschaffen ist, so sind auch die Irdischen; und wie der Himmlische beschaffen ist, so sind auch* ***die Himmlischen****. Und wie wir das Bild des Irdischen getragen haben, so werden wir auch das Bild des Himmlischen tragen* (1 Kor 15,48-49 SLT).

Christus ist das Licht der Welt, und darum sind auch wir, aufgrund des Wunders der Neuen Schöpfung, zum Licht der Welt geworden. Deshalb sagte Paulus:

> *Ihr sollt leuchten unter ihnen wie die Sterne am nächtlichen Himmel* (Phil 2,15 GNB).

Der Vater wird *„Vater der Lichter"* genannt (Jak 1,17 SLT). Aber stellen Sie sich vor! Wir sind diese Lichter!!! Jesus sagte: *„So soll auch euer Licht vor den Menschen leuchten ..."* (Mt 5,16).

> *Steh auf und leuchte! Denn* ***dein*** *Licht ist gekommen und die Herrlichkeit des Herrn erstrahlt über dir* (Jes 60,1 NLB).

Durch die Gegenwart des Heiligen Geistes sind wir eng mit dem Vater und dem Sohn verschränkt. Wir sind wie verschränkte Partner des Lichts, die durch das Universum hindurch leuchten. Wir leuchten, weil Jesus leuchtet! Quantenverschränkung liefert lediglich einen prophetischen Hinweis auf eine gemeinsame Realität unter denen, die zu Teilhabern an der göttlichen Natur gemacht worden sind. Durch mystische Vereinigung mit Gottes eigenem Geist ist unser Geist mit der Herrlichkeit Gottes ausgestattet worden, weil Herrlichkeit das einzigartige Familienmerkmal all derer ist, die Teil der Neuen Schöpfung geworden sind.

Durch das Wunder der Neuen Schöpfung hat Gott in einer Nanosekunde den menschlichen Geist auf übernatürliche Weise von Sünde und Finsternis getrennt. Er hat die Stricke des Todes durchtrennt, unseren Geist von jeglicher dämonischer Beeinflussung befreit und ihn umfassend gerecht gemacht, und zwar in dem Maße, dass wir selbst in einer Million Jahren vor Gott nicht gerechter sein könnten. Christi eigene Gerechtigkeit ist durch die Neugeburt in unseren Geist gegeben worden. Laut dem Hebräerbrief ist unser Geist in Gottes Augen ganz und gar vollkommen gemacht worden. Jeder, der in Christus ist, ist nun zu *„den Geistern der vollendeten Gerechten"* (Heb 12,23 SLT) gekommen. Dieser Zustand der Vollkommenheit deutet absolute Vollendung an, und zwar in dem Maß, dass er nicht verbessert werden kann. Er hat in unserem Geist alles neu gemacht!

Die Verstrickungen der Seele

Allerdings machen, um das Bild der Quantenverschränkung noch zu erweitern, die Verfasser des Neuen Testaments auch deutlich, dass es in der Seele des Gläubigen immer noch eine anhaltende Verschränkung oder Verstrickung mit der Finsternis gibt, die uns daran hindert, die Erfahrung unserer mystischen Verschränkung mit dem Vater und dem Sohn voll und ganz zu genießen. Der Zustand unserer Seele ist weit entfernt von Vollkommenheit und Vollendung. Wenn wir gerade erst neugeboren sind, ist unsere Seele noch stark beschädigt und tief in Sünde, Finsternis und manchmal sogar dämonische Bindung verstrickt, selbst wenn unser Geist nun verherrlicht und für immer mit dem Vater und dem Sohn vereint ist. Unser Geist befindet sich nun in genau demselben Zustand vollkommener Gerechtigkeit und Reinheit wie der Geist Jesu, als Jesus auf der Erde war. Dennoch ist unsere Seele noch ganz konkret in diese Welt und ihre Finsternis verstrickt.

Erst wenn wir uns bewusst auf die Reise der übernatürlichen Verwandlung machen, beginnen wir, den Verstrickungen in der Welt zu entkommen, sodass wir die herrliche Freiheit erlangen, die den Heiligen als ihr Erbe zusteht. In dem Maße, wie wir ganz praktisch der Verstrickung in alles entkommen, was jetzt noch unser „altes" Leben ausmacht, erleben wir die pure Wonne und den Genuss dessen, was uns als neuen Kreaturen in Christus per Geburtsrecht zusteht. Jedes Mal, wenn Gott die Verknüpfung unterschiedlicher Bereiche unserer Seele mit der geistlichen Finsternis kappt, erleben wir die Freiheit unserer herrlichen Perichorese mit Gott.

Unsere Reise der Verwandlung basiert auf der Herrlichkeit, die unsere Sohnschaft mit sich bringt. Es kann kein anderes Fundament gelegt werden als die Verherrlichung des menschlichen Geistes in Christus. Wir sind nun in dem Geliebten Sohn und der Geliebte Sohn ist in uns. Wir sind nun in dem Vater und der Vater ist in uns. All das, was in Bezug auf seinen Vater für Jesus gilt, wird auf uns als Söhne und Töchter übertragen! Sohnschaft ist das letztendliche, im Herzen des Kosmos angelegte Ziel.

Es gibt in Gott kein höheres Ziel. Deshalb bildet unsere Verwandlung in das Bild des Sohnes das innerste Zentrum der prophetischen Absichten und Ziele Gottes für unser Leben hier auf der Erde. Aber tragischerweise machen sich zahlreiche Christen nie auf die Herzensreise der übernatürlichen Verwandlung und kommen somit nie in den Genuss der Freude und herrlichen Freiheit ihrer Sohnschaft.

> *Schon vor aller Zeit hat Gott die Entscheidung getroffen, dass sie ihm gehören sollen. Darum hat er auch von Anfang an* ***vorgesehen****, dass ihr ganzes Wesen so umgestaltet wird, dass sie seinem Sohn gleich sind. Er ist das Bild, dem sie ähnlich werden sollen, denn er soll der Erstgeborene unter vielen Brüdern sein. Und weil Gott sie für dieses Ziel bestimmt hat, hat er sie auch berufen. Und weil er sie berufen hat, hat er sie auch für gerecht erklärt. Und weil er sie für gerecht erklärt hat, hat er ihnen auch Anteil an seiner Herrlichkeit gegeben* (Röm 8,29-30).

Unsere Bestimmung (bzw. unser vorherbestimmtes Ziel) besteht darin, jeder einzelnen Verstrickung mit der Finsternis voll und ganz zu entkommen, sodass wir in der außerordentlichen Herrlichkeit unserer Sohnschaft leben können. Im neuen Testament werden wir mit zwei unterschiedlichen Dimensionen der Verstrickung konfrontiert. Paulus identifizierte explizit verschiedene Aspekte der noch andauernden Verstrickung des Gläubigen in Sünde und in der geistlichen Finsternis dieser Welt. Aber gleichzeitig verkündete er kühn die mystische Vereinigung und Verstrickung bzw. Verschränkung des Gläubigen mit Christus. An drei Stellen sagte Paulus:

> *Die Gnade unseres Herrn Jesus Christus sei mit eurem Geist, Brüder! Amen* (Gal 6,18 SLT).
>
> *Der Herr Jesus Christus sei mit deinem Geist! Die Gnade sei mit euch! Amen* (2 Tim 4,22 SLT).
>
> *Die Gnade unseres Herrn Jesus Christus sei mit eurem Geist! Amen* (Phil 25).

Das ist unsere Verknüpfung mit dem herrlichen Leben Christi. Jesus sprach von der Vision, dass unser gesamter Körper voller Licht ist, aber traurigerweise bleiben viele Christen ihrer Erfahrung nach in ihrer Seele voller Finsternis, weil sie weiterhin in Sünde verstrickt blieben.

> *Dein Auge ist das Fenster deines Körpers. Ein klares Auge lässt das Licht bis in deine Seele dringen. Ein schlechtes Auge dagegen sperrt das Licht aus und stürzt dich in Dunkelheit. Wenn schon das, was du für Licht hältst, in dir Dunkelheit ist, wie dunkel wird dann erst die Dunkelheit sein!* (Mt 6,22-23 NLB).

Es ist ein großes Rätsel, dass wir, obwohl wir in unserem menschlichen Geist mit Gott vereint sind, in unserer Seele allzu oft noch in Finsternis verstrickt sind. Die Mächte der Finsternis haben offensichtlich an gewissen Stellen rechtmäßigen Zugang zur Seele eines Gläubigen, der er sich für die Finsternis entscheidet, anstatt für das Licht.

Die sieben Verstrickungen des Herzens

Paulus, Petrus und der Verfasser des Hebräerbriefes verwendeten alle explizit die Sprache der ***Verstrickung***, um die anhaltende Gebundenheit eines Gläubigen in Sünde, die Gebrochenheit und Finsternis in den noch nicht erneuerten Bereichen der Seele zu beschreiben. Das Neue Testament lehrt als Prinzip, dass jede Form der „Verstrickung" dazu führt, dass eine Person überwunden wird und in Gefangenschaft und eine Falle gerät. In Bezug auf unsere Verstrickung in Sünde und Weltlichkeit verwendete Petrus eine Formulierung, mit der er Christen beschreibt, die *„wieder* ***darin verstrickt und überwunden*** *werden"* (2 Petr 2,20 SLT). Das Ziel jedes Christen sollte sein, jeder Form der Verstrickung in geistliche Finsternis zu entfliehen und sein Leben von den Schlingen oder Fallen des Teufels zu befreien. Es gibt sieben Hauptschauplätze der Verstrickung für einen Gläubige. Unsere Herzensreise besteht größtenteils darin, dass wir uns aus diesen Verstrickungen der Finsternis befreien, um die Fülle der segensreichen Erfahrung unserer göttlichen Verschränkung mit Christus genießen zu können. In den folgenden sieben Kapiteln werden wir uns jeden dieser sieben Bereiche der Verstrickung anschauen, ebenso wie die Schlüssel, mit denen wir ihnen entkommen können.

KAPITEL 7

In die Lügen Satans verstrickt

Jeder Christ, egal wie reif oder jung er im Herrn ist, ist anfällig für die Verstrickung in dämonische Täuschung. Um dies zu illustrieren, möchte ich dieses Kapitel damit beginnen, dass ich eine wahre Geschichte erzähle, die sich vor einigen Jahrhunderten abgespielt hat. In einem Dorf in den Bergen östlich von Ankara in der Türkei brach eine kleine, dokumentierte Erweckung aus, als ein Erweckungswanderprediger und seine beiden Begleiter durch das Dorf kamen. Höchstwahrscheinlich hatte diese von heidnischer Religion durchdrungene Gegend nie zuvor das wahre Evangelium von der Gnade Gottes gehört. Einige hundert Leute bekehrten sich durch ein souveränes Werk Gottes zum Herrn, was extrem ungewöhnlich war, da das Christentum sich in der heutigen Türkei nie durchgesetzt hatte. Bis heute bezeichnen sich 99% der Bevölkerung dieser Nation als Moslems und weniger als 1% als Christen.

Ein Teil der Bevölkerung dieses Dorfes war in heftigen Okkultismus involviert; eine geheime Gruppe praktizierte eine ungewöhnlich finstere Form von Hexerei, die seit Generationen weitergegeben worden war. Der Anführer dieses Hexenzirkels war ein besonders bösartiger Hexenmeister und es gab Gerüchte, er sei ein Satanist. Er hatte beachtliche magische Kräfte und viele der Dorfbewohner waren von seiner Hexerei so beeindruckt, dass sie anfingen zu glauben, er habe diese Kräfte von Gott bekommen. Viele der Dorfbewohner standen unter seiner hypnotischen Macht. Es war allgemein bekannt, dass er in der Lage war, Leute, die sich ihm widersetzten, mit entsetzlich bösen Flüchen zu belegen. Es kursierten Gerüchte, er habe die Macht, Todesflüche auszusprechen, die über einen sehr kurzen Zeitraum zum Tod führten. Eine Gruppe ergebener Jünger versammelten sich um ihn, um ebenfalls zu lernen, diese bösen Flüche zu verhängen, die zu plötzlicher Krankheit, zu Wahnsinn und sogar zum Tod führten.

Dieser Hexenmeister hatte für die Christen nur tiefe Verachtung übrig, weil allgemein bekannt war, dass sie inbrünstig dafür beteten, dass er und sein Gefolge das Dorf verlassen würden. Er war besonders von der Absicht besessen, die Gemeinde zu zerstören, weil eine Handvoll seiner Gefolgsleute sich zum Christentum bekehrt und begonnen hatten, seine Machenschaften in seinen geheimen okkulten Ritualen aufzudecken. Also schleuste er Informanten in die Gemeinde, die sich als neubekehrt ausgaben, und begann mithilfe dieser heimlichen Strategie, eine Liste sämtlicher Christen mit Namen, Adressen und persönlichen Details über ihr Leben zusammenzustellen. Je wütender er wurde, desto bösartiger wurden seine Flüche gegen sie. Manche der Christen wurden schwerstkrank und einige von ihnen starben sogar. Sie begannen, sich untereinander zu streiten. Viele von ihnen verloren die geistliche Orientierung und begannen, vom Herrn abzufallen. Seine Hexerei war so mächtig, dass die kleine Gemeinde auseinanderzufallen und kleiner zu werden begann. Dann hörte der Mann, der die kleine Erweckung ein paar Jahre zuvor ausgelöst hatte, was sich in dem Dorf abspielte, doch er war so damit beschäftigt, in einer anderen Stadt eine Erweckung zu leiten, dass er ihnen nur einen Brief schreiben und sagen konnte:

> *Ach ihr unverständigen Galater! In wessen Bann seid ihr nur geraten? Jesus Christus, der Gekreuzigte, wurde euch doch mit aller Deutlichkeit vor Augen gestellt!* (Gal 3,1).

Diese Hexenflüche kamen vom Teufel selbst, aber er hatte bei der Ausführung seines unheilvollen Planes tüchtige Unterstützung durch eine Gruppe unaufrichtiger Christen, die heimlich die Gemeinde unterwandert hatten.

> *Allerdings mussten wir uns mit einigen falschen Brüdern auseinandersetzen, mit Eindringlingen, die sich bei uns eingeschlichen hatten und ausspionieren wollten, wie wir mit der Freiheit umgehen, die Jesus Christus uns gebracht hat. Ihr Ziel war, uns wieder zu Sklaven [des Gesetzes] zu machen* (Gal 2,4).

Diese „Botschafter Satans" waren Paulus ein ständiger Dorn im Auge. Überall, wo Paulus hinreiste, gründete er seine neuen Brüder im

Evangelium der Gnade, aber diese Gruppe falscher Apostel, die sich als „Botschafter des Lichts" ausgaben, versuchte ständig, die paulinischen Gemeinden zu unterwandern und die Neubekehrten wieder unter das Gesetz zu bringen (siehe 2 Kor 11,13-15; 12,27). Das Ergebnis dieser schwerwiegenden Hexen-Offensive in der geistlichen Welt war, dass eine Reihe von Christen auf so mächtige Weise irregeführt und verwirrt wurden, dass sie anfingen, von Jesus abzufallen.

> *Ich wundere mich, wie schnell ihr euch von dem abwendet, der euch zum Glauben gerufen hat!* (Gal 1,6).

Der „Hexenmeister" der Galater ist natürlich der Teufel, der es darauf abgesehen hat, Christen mit einer Flut von Irreführungen und groben Verdrehungen zu bestürmen. Während der Teufel mächtiger Hexerei fähig ist, scheint seine Macht sich zu vervielfältigen, wenn Menschen auf der Erde sich dazu entschließen, gemeinsame böse Sache mit ihm zu machen.

Unser Kampf mit dem Verführer

Johannes bezeichnete den Teufel als den Verführer der ganzen Erde.

> *Der große Drache, jene Schlange der Urzeit, die auch Teufel oder Satan genannt wird und die ganze Menschheit verführt* (Offb 12,9).

Seitdem er durch das Werk am Kreuz gedemütigt und „hinausgeworfen" (vgl. Joh 12,31) worden ist, tobt der Teufel vor Wut.

> *Doch wehe dir, Erde, und wehe dir, Meer! Denn der Teufel ist zu euch herabgekommen, rasend vor Wut, weil er weiß, dass er nicht mehr viel Zeit hat* (Offb 12,12).

Diese Wut richtet sich ausschließlich gegen die Gemeinde, die in Offenbarung 12 als die „Frau" bezeichnet wird.

> *Da ließ die Schlange einen mächtigen Wasserstrahl aus ihrem Rachen hervorschießen, der die Frau mit sich fortreißen sollte* (Offb 12,15).

Satan ist der „Vater der Lüge" und sendet eine solch heimtückische Flut sorgfältig ausgetüftelter Verblendung gegen die Gemeinde, dass durch die Geschichte hindurch nur wenige Christen sich jedem Element der Verstrickung in seine mächtigen Flüche entziehen konnten.

Wir müssen uns nur einmal die folgende Frage stellen, um zu erkennen, wie weit verbreitet die Verführung des Bösen ist: Wie würde ein Christ aussehen, der in hundertprozentiger Freiheit von jeglicher satanischen Verblendung lebt? In welch einem Maß an Offenbarung würde solch ein Christ leben, dass man von ihm sagen könnte, dass er von auch nur der kleinsten Spur von Verblendung oder geistlicher Orientierungslosigkeit vollkommen frei ist. Natürlich trifft diese Beschreibung allein auf Jesus zu. Selbst Paulus behauptete trotz seines unübertroffenen Grades an göttlicher Offenbarung immer noch, nur „einen Teil" zu erkennen.

> *Denn was wir erkennen, ist immer nur ein Teil des Ganzen, und die prophetischen Eingebungen, die wir haben, enthüllen ebenfalls nur einen Teil des Ganzen. Eines Tages aber wird das sichtbar werden, was vollkommen ist. Dann wird alles Unvollkommene ein Ende haben. Jetzt sehen wir alles nur wie in einem Spiegel und wie in rätselhaften Bildern; dann aber werden wir [Gott] von Angesicht zu Angesicht sehen. Wenn ich jetzt etwas erkenne, erkenne ich immer nur einen Teil des Ganzen; dann aber werde ich alles so kennen, wie Gott mich jetzt schon kennt* (1 Kor 13,9-10.12).
>
> *Wenn sich jemand etwas auf sein Wissen einbildet, weiß er noch gar nicht, was es bedeutet, echtes Wissen zu haben* (1 Kor 8,2).

Die Wahrheit ist, dass unsere teilweise Erkenntnis und Offenbarung immer noch beträchtlichen Raum für ein gewisses Maß an irdischer Verdrehung und reichlich Raum für Verbesserung lässt, während wir uns aus den Untiefen des fleischlichen Denkens zu den Höhen der Fülle des Sinnes Christi hinaufschwingen.

Um vollkommen frei von jeglicher Täuschung oder Verdrehung zu leben, müsste ein Christ ganz und gar im Sinn Christi unterwegs sein. Er ist die einzige Person, die sich je in vollkommener Freiheit von den Lügen und der Hexerei des Bösen auf Erden bewegt hat. Die Frage ist nicht, ob wir vom Teufel verführt werden oder nicht; sondern wie stark wir verführt werden. Das ärgerliche an Täuschung ist, dass wir nicht bemerken, wie getäuscht wir waren, bis wir endlich den Flüchen des Teufels entkommen sind. Wir alle befinden uns auf dem Weg, der Verführung des Bösen zu entkommen, und wir alle bewegen uns aus einem Zustand vollkommener Blindheit heraus und in die Herrlichkeit des wunderbaren Lichtes Gottes hinein. Jede einzelne Offenbarung bringt uns der vollkommenen Befreiung von Verführung und Verblendung näher. Jesus sagte:

> *Und ihr werdet die Wahrheit erkennen, und die Wahrheit wird euch frei machen* (Joh 8,32).

Der Dienst des Geistes besteht darin, uns die freisetzende Wahrheit Gottes zu offenbaren. Deshalb heißt er auch der „Geist der Wahrheit". Aber dem steht ein anderer „Dienst" entgegen, nämlich ein düsteres und unheilvolles Werk wohlformulierter Lügen und bewusster Täuschung, das konkret auf Christen abzielt. Leider inspiziert der Verführer die Herzen und Gedanken aller Christen, um spezifische und strategisch ausgearbeitete Lügen zu formulieren, die Gläubige in einem Zustand der Täuschung und Verdrehung festhalten. Alle Christen sind diesen bösen Angriffen ausgesetzt, und die Wahrheit ist, dass jeder von uns sich hin und wieder in unterschiedlichen Zuständen leichter Täuschung und Orientierungslosigkeit befindet. Manchmal können diese dämonischen Angriffe plötzlich und heftig auf uns einstürmen. Je mehr Offenbarung ein Christ besitzt und je gehorsamer er danach lebt, desto mehr wird er oder sie natürlich von diesen dämonischen Angriffen frei sein.

Gott gebraucht diese Angriffe auf brillante und kluge Weise, um uns in der Wahrheit zu gründen, wobei das Gegründetsein in der Wahrheit ein Leben radikalen Gehorsams gegenüber Gott voraussetzt, und eben an dieser Stelle stolpern so viele Christen. Wenn der Feind uns in einem Lebensstil chronischen Ungehorsams gefangen halten kann, hat er freien und regelmäßigen Zugang zu unserem Herzen und unserem Denken und kann unser Gedankenleben beeinflussen, indem er es von Lügengeistern unterwandern lässt. Zu allen Zeiten hat es Christen gegeben, die unter unterschiedlichen Graden an Täuschung, Verdrehung und Orientierungslosigkeit gelitten haben, weil der Teufel sie unentwegt mit zielgerichteten Lügen gefüttert hat. Wir leben in einem umfassenden Kriegsgebiet und werden ständig überwacht und ins Visier genommen. Voll und ganz unter die Herrschaft Jesu zu kommen ist die einzige Möglichkeit, um von aller Verführung und Verblendung frei zu sein.

Das Werk des Teufels ist, Christen von einer tiefen Herzensbeziehung zur Wahrheit des Wortes Gottes abzuhalten. Gott möchte das gehorsame Herz in eine tiefgehende Begegnung mit der Wahrheit bringen und seine Söhne und Töchter in einem Zustand gehorsamen Betrachtens der Person Christi halten, der sich selbst als *„**die** Wahrheit“* beschrieb (Joh 14,6). Wahrheit ist in einer Person verkörpert und dementsprechend ist Wahrheit etwas, oder genauer gesagt „jemand“, dem wir in unserem Herzen begegnen. Das griechische Wort für „Wahrheit“ ist *aletheia*. Als Christus sagte, er sei „die Wahrheit“, sagte er im Endeffekt, dass er die Personifizierung der absoluten Realität ist.

Wenn wir ihn anschauen und erfassen können, blicken wir in das Angesicht der ultimativen Realität. Als der Verfasser des Hebräerbriefes uns aufforderte „auf Jesus zu schauen“, lud er uns zu einem Lebensstil anhaltender Begegnung mit der Wahrheit ein. Die Augen und das Gesicht Jesu spiegeln die ultimative Realität wider. Weil der Teufel der „Vater der Lüge“ ist, versucht er Gläubige mit allen Mitteln davon abzuhalten, gehorsam die Herrlichkeit Gottes im Angesicht Jesu zu betrachten. Es ist ihm ziemlich egal, wie viel theologisches Wissen ein Christ hat. Er ist nur dann ernsthaft bedroht, wenn ein Christ sich vornimmt, kontinuierlich in der Wahrheit zu leben, und zwar durch ein Leben gehorsamer Hingabe gegenüber der Person Christi.

In der Wahrheit leben

Der Apostel Johannes sagte:

> *Ich war so glücklich, als ich einigen deiner Kinder begegnete und sah, dass sie in der Wahrheit leben, so wie der Vater es uns geboten hat* (2 Joh 4 NLB).

In der Wahrheit zu leben, bedeutet, dass man diese ultimative Realität von Herzen ergreift – einem Herzen, das Gott und seinem Wort gegenüber gehorsam ist. Es entspricht dem Leben im Licht, dem Leben im Geist, dem Bleiben in Gottes Liebe oder in Gottes Wort. Jesus sagte:

> *Wenn ihr in meinem Wort bleibt, seid ihr wirklich meine Jünger, und ihr werdet die Wahrheit erkennen, und die Wahrheit wird euch frei machen* (Joh 8,31-32).

In der Wahrheit zu leben, ist ein Ausdruck dessen, dass wir die Wahrheit des Wortes Gottes in unser Herz aufgenommen haben und es in ehrfürchtigem Gehorsam und voller Liebe für Gott hochhalten.

Viele Christen verwechseln ihr intellektuelles Wissen bzw. ihre Kenntnis biblischer Wahrheiten mit einem tatsächlichen „Leben in der Wahrheit". Für viele Gläubige ist die Wahrheit eine Erinnerung, vielleicht sogar eine frische Erinnerung an eine kürzlich erkannte biblische Wahrheit, aber kein sich im Herzen abspielendes Erfassen der absoluten Realität, die in der Person Christi offenbart wird, der Personifizierung und Verkörperung der Wahrheit. In der Wahrheit zu leben, bedeutet, dass das Herz mit Gehorsam und Hingabe dabei ist. Gott hält Ausschau nach denen, deren Herz bei seinem Wort erzittert.

> *Dir gefällt **ein Herz**, das wahrhaftig ist; und im Verborgenen lehrst du mich deine Weisheit* (Ps 51,8 NLB).

Hier geht es um viel mehr als um ein intellektuelles Begreifen offenbarter Wahrheiten. Es geht darum, in einer andauernden Begegnung mit der Person Jesu, der Wahrheit selbst, zu leben.

Ein Leben in aufrichtigem Gehorsam gegenüber der Wahrheit hat etwas sehr Kraftvolles an sich. Jesus sagte:

> *Wenn jemand bereit ist, Gottes Willen zu **erfüllen, wird er erkennen**, ob das, was ich lehre, von Gott ist, oder ob ich aus mir selbst heraus rede* (Joh 7,17).

Die einzige Person, die ein lebendiges Verständnis und tiefe Erkenntnis von DER Wahrheit erlangt, ist die, die Gottes Wort hört und ihm auch wirklich gehorsam ist. Paulus sagte: *„Denn mit dem Herzen glaubt man"* (Röm 10,10 SLT). Glaube ist immer eine Sache des Herzens.

> *Auch uns ist sein Angebot verkündet worden, an seiner Ruhe teilzuhaben, genau wie jenen Menschen damals. Ihnen allerdings hat es nichts genützt, diese Botschaft zu hören, weil zum Hören nicht der Glaube hinzukam* (Heb 4,2).

Die Botschaft des Evangeliums hat keinerlei Auswirkungen, wenn sie nicht zum *„Glaubensgehorsam"* führt, wie Paulus ihn nennt (Röm 16,26 SLT). Wenn sie aber von einem gehorsamen Herzen, von einem Täter des Wortes und nicht nur einem reinen Hörer, geschätzt und in großen Ehren gehalten wird, findet der aufrichtig Gläubige zu einer lebendigen Begegnung mit der Wahrheit. Wir müssen die Wahrheit im Herzen erfahren, anstatt sie mit dem Verstand zu betrachten. A.W. Tozer erklärte dies, als er sagte:

> Der Kern meines Glaubens ist, dass ein Unterschied, ein großer Unterschied zwischen Fakten und Wahrheit besteht. Wahrheit in der Schrift ist mehr als Fakten. Fakten können für sich stehen, unpersönlich, kalt und völlig lebensfern sein. Wahrheit dagegen ist warm, lebendig und geistlich. Theologische Fakten können ein Leben lang im Bewusstsein sein, ohne je einen positiven Effekt auf den moralischen Charakter zu haben; Wahrheit dagegen ist kreativ, rettet, verwandelt und verändern stets den, der sie aufnimmt, in einen demütigeren und heiligeren Menschen. […] Theologische Fakten sind wie Elijas Altar auf dem Karmel, bevor das Feuer kam; korrekt, vernünftig dargelegt, aber ganz und gar kalt. Wenn das Herz sich voll und ganz ausliefert, fällt das Feuer herab und wahre Fakten werden umgewandelt in geistliche Wahrheit, die verwandelt, erleuchtet und heiligt. Die Gemeinde bzw. der Einzelne, der in der Bibel unterrichtet ist, ohne im Geist unterrichtet zu sein, hat einfach nicht erkannt, dass Wahrheit tiefer reicht als die theologische Aussage über sie. Wir besitzen nur, was wir erfahren.

Den Teufel stört es nicht großartig, wenn ein Christ lediglich im Wort Gottes herumstöbert, ohne dass er sich einem Leben radikalen Gehorsams gegenüber der Herrschaft Christi hingibt. Aber er zittert, wann immer ein wahrer Jünger sich in seinem Herzen vornimmt, auch tatsächlich ein Leben radikalen Gehorsams gegenüber dem Wort zu führen. Der Teufel hat auf eine perverse Art und Weise große Freude an einem Christen, der das Wort Gottes liest, ohne wirklich die Herzensabsicht zu verfolgen, ihm zu gehorchen oder danach zu leben. Das sichere Ergebnis wird sein, dass diese Person, die Gottes Wort liest, ohne ihm von Herzen zu folgen, am Ende nur noch religiöser, sprich, verblendeter sein wird. Ungehorsame Christen sind leichte Beute für geistliche Verblendung.

Eine der für mich persönlich absolut unvergesslichsten Szenen aus der Filmtrilogie *Der Herr der Ringe* war die, in der Frodo versehentlich in Kankras Versteck stolpert. Kankra, die riesige Spinne (und der wohl größte Albtraum für Leute, die Angst vor Spinnen haben), fängt

Frodo und beginnt ihn, nachdem sie ihm ein scheußliches Gift gespritzt hat, erbarmungslos in ein Netz zu spinnen. Was für ein prophetisches Bild für das Gift der Lügen des Teufels und seine Fähigkeit, ein Netz der Täuschung um die Seele des ungehorsamen Gläubigen zu spinnen. Der Teufel kann unser Herz nur dann mit dem Gift seiner Lügen durchdringen, wenn wir nicht vollkommen in der Wahrheit leben. Wer Ohren hat zu hören, dem deckt der Geist der Wahrheit immerzu jede Lüge des Bösen auf; aber wenn wir aufhören, demütig und lernfähig zu sein, weil wir uns einem Leben im Gehorsam verweigern, machen wir uns selbst allzu leicht angreifbar für die Verstrickungen der Lügen des Teufels.

Die vier Hauptbereiche der Täuschung

Der Teufel füttert uns ununterbrochen mit Lügen in vier spezifischen Dimensionen menschlicher Beziehung. Er belügt uns in Bezug auf den Charakter Gottes, womit er versucht, unsere Vertrauensbeziehung zu Gott zu vergiften; er belügt uns in Bezug auf sich selbst und redet so die Bedeutung seiner subtilen Lügen und Verdrehungen der Wahrheit klein. Drittens belügt er uns in Bezug auf uns selbst und macht uns weis, wir seien nicht, was die Schrift über uns sagt, und viertens belügt er uns in Bezug auf die Menschen, mit denen wir verbunden sind, um uns in Misstrauen und Argwohn von unseren Geschwistern zu isolieren. Der Teufel ist von Natur aus ein Lügner:

> *Wenn er lügt, redet er so, wie es seinem ureigensten Wesen entspricht; denn er ist ein Lügner, ja er ist der Vater der Lüge* (Joh 8,44).

Im Grunde drehen sich all seine Lügen um ***Beziehungen***; sie sind strategisch geplant, um uns von Gott und unseren Geschwistern in Christus zu isolieren und zu distanzieren. Isolation ist niemals eine gute Idee. Es ist ja gerade ein Geist der Verführung, der Menschen in die Isolation treibt. In unserer Isolation von Gott fallen wir der Verführung oder Verblendung nur noch schneller zum Opfer. In unserer Isolation voneinander im Leib Christi sind wir anfällig für die Orientierungslosigkeit, die unsere leichtsinnige Unabhängigkeit mit sich bringt. Ein Narr isoliert sich, ein Weiser dagegen umgibt sich mit Beziehungen, in denen man aufeinander achtgibt.

> *Wer sich absondert, geht nur seinen eigenen Wünschen nach; er verweigert alles, was heilsam ist* (Spr 18,1 NLB).

Aus himmlischer Sicht ist eine solche Isolation und Unabhängigkeit pure Dummheit.

Lügen über Gott

Bei der Täuschung in Bezug auf Gott geht es vor allem um unsere Vorstellung vom Wesen und Charakter Gottes. Der Teufel macht Überstunden, um uns über das wahre Wesen Gottes zu täuschen. Als Beispiel dafür: Die Darstellung Gottes als wütender Zuchtmeister, wie sie in so vielen historischen religiösen Traditionen zu finden ist, wird garantiert dazu führen, dass Menschen sich vor einem so rachsüchtigen und strafenden Gott verstecken wollen. Die Wahrheit ist natürlich, dass Gott der größte Liebhaber unserer Seele ist, der uns eine unendliche und vollkommene Liebe entgegenbringt. Die Bibel ist eine einzige Offenbarung über die Person und das Wirken Gottes. A. W. Tozer schreibt in seinem berühmten Buch *Das Wesen Gottes*:

> Alle Taten Gottes stehen in Übereinstimmung mit seinen Eigenschaften. Keine Eigenschaft widerspricht einer anderen, sondern sie harmonisieren miteinander und gehen in der unendlichen Tiefe der Gottheit ineinander über. Alles, was Gott tut, deckt sich mit dem, was Gott ist. Tun und Sein ist in ihm eins. Die bekannte Vorstellung von einem Gott, der zwischen seiner Gerechtigkeit und seiner Gnade hin und her gerissen ist, entspricht überhaupt nicht den Tatsachen; außerdem würde dies bedeuten, sich einen Gott vorzustellen, der sich seiner selbst nicht sicher, sondern frustriert und gefühlsmäßig unbeständig ist. Das hieße natürlich, dass der, von dem wir in dieser Weise denken, nicht der wahre Gott ist, sondern nur ein schwacher, vollkommen unscharfer geistiger Widerschein des lebendigen Gottes.
>
> Gott kann aufgrund dessen, was er ist, nicht aufhören zu sein, was er ist. Und weil er ist, was er ist, kann er nicht im Widerspruch zu seinem Wesen handeln. […]
>
> Es kann meiner Meinung nach bewiesen werden, dass jede Irrlehre, die der Gemeinde Jesu im Laufe der Jahre zu schaffen gemacht

> hat, entweder durch falsche Gottesvorstellungen oder durch Überbetonung bestimmter Lehren entstanden ist. Eine Eigenschaft so hervorzuheben, dass dadurch eine andere verdunkelt oder gar ausgeschlossen wird, bedeutet, sich in einen betrüblichen theologischen Morast zu versenken. Und trotzdem sind wir immer wieder versucht, genau das zu tun!
> Zum Beispiel lehrt die Bibel, dass Gott Liebe ist. Durch die Art und Weise, wie manche das ausgelegt haben, ist Gottes Gerechtigkeit, die von der Bibel ja auch gelehrt wird, so gut wie geleugnet worden. Andere überspitzen die Lehre von der Güte Gottes so sehr, dass sie in Widerspruch zu seiner Heiligkeit gesetzt wird. Manche bringen es fertig, durch Überbetonung seines Erbarmens seine Wahrheit aufzuheben. Wieder andere verstehen die Souveränität Gottes in einer Weise, die seine Güte und Liebe zerstört oder auf ein Minimum herabsetzt.
> Nur dann stehen wir der Wahrheit korrekt gegenüber, wenn wir all das zu glauben wagen, was Gott über sich selbst ausgesagt hat.[1]

Es ist sehr viel über die Natur, den Charakter und die Eigenschaften Gottes geschrieben worden. Eine bessere Einführung in das Thema des Wesens Gottes in seiner göttlichen Natur als Tozers Buch *Das Wesen Gottes* werden Sie kaum finden. In diesem vorliegenden Band ist kein Raum, um näher auf dieses Thema einzugehen. Es bleibt nur zu sagen, dass jeder, der an Gott glaubt, Zeit dafür aufwenden sollte, das Wesen und den Charakter Gottes in seinem Wort und in Büchern wie *Das Wesen Gottes* zu entdecken; Letzteres hat mich am Anfang meines Weges mit Jesus stark geprägt. Je besser wir Gott kennen, desto unwahrscheinlicher ist es, dass wir dem Angriff des Teufels mit seinen Lügen über das Wesen Gottes zum Opfer fallen.

Wenn wir den Gott der Bibel und Jesus, durch den er sich offenbart hat, wirklich kennen, werden wir in diesem Leben vor wesentlicher Täuschung verschont bleiben. Wir sollten alle in Paulus' Herzensschrei einstimmen: *„Ja, ich möchte Christus durch und durch kennen"* (Phil 3,10). Im Vorwort zum *Wesen Gottes* bemerkt Tozer: „Die niedrige Gottesvorstellung, die heute unter den Christen beinahe überall zu finden ist, ist auch die Grundlage für zahlreiche kleinere

[1] A.W. Tozer, *Das Wesen Gottes*, S. 92-93.

und weit verbreitete Übel."[2] Eine klare Vorstellung von der Natur und dem Charakter Gottes zu haben, ist der Ausgangspunkt für ein gesundes Weltbild, das der absoluten Wahrheit entspricht. Gott zu kennen legt die Grundlage für unser ganzes Leben. Wird diese Grundlage zerstört oder aufs Spiel gesetzt, so löst dies einen Dominoeffekt aus, der uns in jedem Bereich unseres Glaubenslebens immer mehr dem Irrtum und der Verdrehung ausliefert.

Lügen über den Teufel

Der Teufel verlockt jeden Gläubigen zu einem unabhängigen Denken und er muss sich dafür nicht einmal besonders anstrengen. Wird ein unabhängiger Geist nicht bei der Wurzel gepackt und der Macht des Kreuzes untergeordnet, wird die Person wahrscheinlich eher auf ihr eigenes Urteilsvermögen vertrauen als auf die weisen Lehrer und Ratgeber, die Gott uns zur Seite stellt. Jesus sagte:

> *Ich werde euch Propheten und weise Männer und Schriftgelehrte schicken* (Mt 23,34 NLB).

Wir können die Sicherheit einer Vielzahl an Ratgebern suchen, wie König David es getan hat, indem er sich mit Propheten und vertrauenswürdigen Beratern umgab, oder wir können uns unserer eigenen Verständigkeit rühmen und davon ausgehen, dass wir sowieso immer recht haben, und so die weisen Ratgeber abweisen, die Gott uns zur Seite stellt, um uns zu helfen, unsere blinden Flecken zu sehen, und die noch einmal eine andere Dimension der Objektivität in unser Leben bringen.

> *Mancher Weg erscheint dem Menschen richtig, aber zuletzt führt er ihn doch zum Tod* (Spr 14,12 SLT).

Ein Christ, der die Bedeutung geistlicher Kampfführung, mit der alle zu tun haben, die auf übernatürliche Weise in Christus hineingepflanzt worden sind, ständig herunterspielt, macht sich zu einer leichten Beute für umfangreiche Täuschung. Als jemand, der andere anleitet und ausrüstet, lehre ich seit über drei Jahrzehnten über die Realität geistlicher

---

[2] Ebd., S. 7.

Kampfführung. In den frühen 1980er Jahren, einige Monate, nachdem ich mich mit Jesus auf den Weg gemacht hatte, hatte ich das Privileg, von Dean Sherman zu lernen, einem erfahrenen JMEM-Lehrer, der sein Leben der Aufgabe gewidmet hat, junge Christen auf die Realität des Kriegszustandes aufmerksam zu machen, in dem wir uns befinden.

In einem dreitägigen Seminar entfalteten Dean Sherman und Winkie Pratney die geistliche Dynamik, was es kostet, wenn wir in Unabhängigkeit von Christus und unseren Geschwistern im Leib Christi leben. Sie entlarvten die Strategie des Teufels, Gläubige in die Falle der Unabhängigkeit zu locken, in der sie nicht auf weisen Rat hören und sich weigern, sich einem größeren Leib von Gläubigen unterzuordnen, welche sie auf ihrem geistlichen Weg unterstützen können. Sie erklärten den biblischen Zusammenhang zwischen der Wurzel der Unabhängigkeit und geistlicher Täuschung. Ich fühle mich gesegnet, dass ich so früh auf meinem Weg mit Christus eine so starke und offenbarungsreiche Lehre hören durfte. Dieses Seminar brachte mich dazu, mich ernsthaft mit der Dimension des geistlichen Kampfes in meinem eigenen Leben und dem meiner Freunde auseinanderzusetzen, besonders hinsichtlich der Macht des Teufels, Gläubige zu täuschen.

Seit dieser Zeit habe ich unaufhörlich andere Christen gelehrt, die Bedeutung der Realität des geistlichen Kampfes nicht zu unterschätzen. Paulus mahnt die Gläubigen, der Tatsache ins Auge zu sehen, dass wir täglich mit Mächten, Gewalten und Herrschern der Finsternis dieser Welt ringen. Er bat die Christen inständig, sich mit den Wegen und Mitteln des Teufels vertraut zu machen (vgl. 2 Kor 2,11). Petrus glaubte, dass es einen echten Teufel gibt, der wie ein hungrig brüllender Löwe umherstreift und nach Beute sucht, die er verschlingen kann (vgl. 1 Petr 5,8). Ich treffe ständig auf Christen, die einen für meinen Geschmack extrem unterentwickelten Blick bzw. ein mangelndes Verständnis für das wahre Wesen geistlicher Kampfführung haben. Ich habe Missionare und Gemeindegründer getroffen, die versucht haben, an von Dämonen beherrschten Orten einen Dienst für Gott aufzubauen, aber kein ausgeprägtes Verständnis von der Art des Kampfes hatten, auf den sie sich damit einließen. Das war ganz und gar nicht gut.

Wenn wir geistliche Kampfführung unterschätzen und vernachlässigen, lässt sich das auf den Teufel selbst zurückführen, der Christen dazu verleitet, die Vehemenz des Kampfes zu verkennen, und zwar weil man schwierige Gedanken und Diskussionsthemen vermeiden will.

Manche Christen versuchen, diese Dimension unseres Lebens unter dem Vorwand, dem Teufel nicht das Rampenlicht überlassen zu wollen, zu ignorieren. Vielleicht reagieren sie damit auf solche Christen, die ständig nur von Dämonen reden und dem Teufel zu viel Aufmerksamkeit schenken, bis dahin, dass sie eine ungesunde Faszination für die „Tiefen Satans" (Offb 2,24) entwickeln, wie Jesus sie nennt. Wenn wir wissen wollen, wie ein ausgewogener und gesunder Umgang mit diesem Thema aussieht, müssen wir uns anschauen, wie Jesus und Paulus vorgegangen sind, um, wenn es nötig war, die Werke des Bösen zu entlarven, ohne dass sie hinter jedem Busch einen Dämon vermuteten.

Satan versucht immerzu, den Stellenwert geistlicher Kampfführung unter Christen herabzusetzen. Er ist der Architekt hinter einer Kultur innerhalb der Kirche, die es „uncool" oder unangenehm findet, diesen Realitäten Aufmerksamkeit zu widmen. Die Folge dieses ungesunden Trends innerhalb der Kirche ist genau das, was Paulus die Gläubigen zu überwinden drängte: eine weitverbreitete Unkenntnis der Wege und Mittel Satans. Die Wahrheit ist, dass wir als Christen mit einem ausgewachsenen Krieg konfrontiert sind und deshalb umfassend mit all den uns zur Verfügung stehenden Kampfwaffen ausgerüstet sein müssen. Wir müssen im Nahkampf mit dem Teufel sowie den Mächten und Gewalten kämpfen, weil diese bösartigen Geistwesen uns herausfordern. Wir sind gezwungen zu kämpfen, weil wir einen sehr aktiven Gegner haben, der sich wie wild gegen uns stellt, um uns in einem Zustand der Passivität gegenüber der Kriegführung gefangen zu halten und uns über die Art des Kampfes wirksam zu täuschen.

Lügen über uns selbst

Satans Flut von Täuschungsmanövern zielt bewusst und strategisch auf die Selbstwahrnehmung des Gläubigen ab. Seit unserer übernatürlichen Neugeburt haben wir als Teil des Pakets der Neuen Schöpfung eine vollkommen neue Kernidentität der Sohnschaft. Einfach ausgedrückt, kennen sich wiedergeborene Christen erst dann wirklich, wenn sie göttliche Offenbarung über ihre wahre Kernidentität erhalten. Paulus forderte die Korinther heraus, sich aus himmlischer Perspektive zu sehen, weil ihr Verhalten verriet, dass sie in Bezug auf ihre wahre geistliche Identität einer Täuschung aufgesessen waren. Er sagte:

Prüft euch selbst, ob ihr im Glauben seid; stellt euch selbst auf die Probe! ***Oder erkennt ihr euch selbst nicht****, dass Jesus Christus in euch ist? Es sei denn, dass ihr unecht wärt!* (2 Kor 13,5 SLT).

Paulus konfrontierte sie mit der Frage, ob sie sich überhaupt selbst kannten. Sie waren Söhne des Himmels, die sich wie Söhne der Erde benahmen. In demselben Brief schrieb Paulus:

Daher beurteilen wir jetzt niemand mehr nach rein menschlichen Maßstäben (2 Kor 5,16).

Gleich im nächsten Vers sprach er prophetisch von den Korinthern, während er den Schatz ihrer neuen Kernidentität herausrief:

Vielmehr [wissen wir]: Wenn jemand zu Christus gehört, ist er eine neue Schöpfung. Das Alte ist vergangen; etwas ganz Neues hat begonnen (2 Kor 5,17).

Die Wahrheit ist:

Ihr aber seid nicht im Fleisch, sondern im Geist, wenn wirklich Gottes Geist in euch wohnt (Röm 8,9 SLT).

Laut Paulus hat das christliche Leben *„im Geist"* begonnen (Gal 3,3 SLT). Wir sind nun nicht länger vom Fleisch bzw. unserer alten fleischlichen Natur bestimmt. Doch wie viele Christen definieren sich noch immer über ihre alte anstatt über ihre neue Natur?

Eine der Hauptstrategien des Bösen besteht darin, uns für das Wunder der Neuen Schöpfung blind zu machen, sodass wir in einer Selbstwahrnehmung gefangen bleiben, die nicht unserer neuen Kernidentität als Söhne und Töchter eines unendlich liebevollen himmlischen Vaters entspricht.

Der Geist selbst gibt Zeugnis zusammen mit unserem Geist, dass wir Gottes Kinder sind (Röm 8,16 SLT).

Das ist die herrliche Wahrheit darüber, wer wir in Christus sind. Diese neue Identität als geliebte Söhne hat das Potential, für massive übernatürliche Transformation zu sorgen. Es ist keine große Überraschung, dass der Teufel sich dieser speziellen Offenbarungswahrheit mit aller Kraft entgegenstellt, um uns in einem völlig verzerrten Selbstbild gefangen zu halten. Gott hat ein vollkommenes Bild von uns, das er jedem von uns unbedingt zeigen will. Wenn wir den Bösen wirklich überwinden wollen, müssen wir darauf aus sein, eine auf Offenbarung beruhende Selbstwahrnehmung zu kultivieren und uns selbst mit beständig wachsender Klarheit immer mehr aus der vollkommenen himmlischen Perspektive zu sehen. Der Heilige Geist predigt die Neue Schöpfung, bis wir sie von ganzem Herzen glauben.

Keiner von uns hat diese himmlische Selbstwahrnehmung bisher vollkommen gemeistert. Paulus betonte, dass wir alle nur stückweise sehen und dass dieses Teilwissen erst vervollständigt werden wird, wenn am Ende der Zeit der Vollkommene kommt. Bis dahin sind wir alle zu endlosen „Upgrades" eingeladen, indem wir uns dem Wirken des Geistes der Wahrheit aussetzen, der immerzu offenbart, wer wir in Christus wirklich sind. Die Wahrheit über die Neue Schöpfung ist, dass wir zur Gerechtigkeit Gottes in Christus geworden sind und dass unsere alte, sündige Natur „weggeschnitten" worden ist, um uns zu Teilhabern an Christi göttlicher Natur zu machen. Sie ist das Einzige, was uns aus einem Leben unter einer ständigen Flut satanischer Anschuldigung und Verdammnis retten wird.

> *Also gibt es jetzt keine Verdammnis für die, die in Christus Jesus sind* (Röm 8,1 ELB).

Das ist keine relative, sondern eine absolute Aussage – wenn wir uns doch nur mit den Augen des Himmels sehen würden. Weil wir durch seine Gnade umsonst gerechtfertigt wurden, sind wir in Christus vollkommen gerecht gemacht, und alles, was für Christus in seinem Geist galt, als er auf der Erde war, trifft aufgrund unserer herrlichen Erlösung in Christus auch auf unseren Geist zu.

> *Denn wie er, so sind auch wir in dieser Welt* (1 Joh 4,17 REÜ).
>
> *Wer handelt, wie es dem Willen Gottes entspricht, ist gerecht, wie Christus gerecht ist* (1 Joh 3,7 REÜ).

Unsere Rechtfertigung durch den Glauben an sein Blut lässt uns völlig gerecht in Gottes Gegenwart stehen.

> *Wer wird es noch wagen, Anklage gegen die zu erheben, die Gott erwählt hat? Gott selbst erklärt sie ja für gerecht. Ist da noch jemand, der sie verurteilen könnte?* (Röm 8,33-34).

Es besteht absolut kein Grund für Verdammnis oder Anklage gegen die, die mit Gott vollkommen ins Reine gekommen sind. Wie Johannes verkündete, überwinden wir den Ankläger der Brüder durch das Blut des Lammes (vgl. Offb 12,10). In unserem verherrlichten Geist ist uns vollkomme Erlösung widerfahren!

Lügen über andere

Wir alle stehen in der ständigen Versuchung, diesem ununterbrochen aus der Hölle strömenden Geist der Anklage zu verfallen. Christen, die auf die Propaganda der Hölle hereinfallen, ertappen sich unbeabsichtigt immer wieder dabei, dass sie in anderen anstelle des Schatzes der Neuen Schöpfung die alte Natur hervorrufen. Der Anklagedienst Satans ist immer aktiv. Johannes ließ uns wissen, dass Satan die Brüder *„Tag und Nacht"* anklagt (Offb 12,10). Das bedeutet, dass wir nicht nur die Anklagen des Anklägers gegen uns persönlich abwehren müssen, sondern auch seine Anklagen gegen andere, die er uns ins Ohr flüstert. In dem Maße, wie wir in die Falle des Teufels tappen und uns auf dieses Geschäft der Kritik und Anklage einlassen, binden wir unsere Glaubensgeschwister mit unserem Urteilen an ihre alte Identität. Wenn wir das Biest heraufbeschwören, könnte es tatsächlich herauskommen, um uns zu beißen und zu verschlingen!

Wenn wir einmal bedenken, wie viel Lästern, Richten, Kritisieren und Verurteilen sich im Herzen Gläubiger gegenüber ihren Brüdern und Schwestern in Christus abspielt, können wir das Problem ermessen, mit dem die Kirche sich seit über 2000 Jahren herumschlägt. Ist es dann ein Wunder, dass der Leib Christi katastrophal zerstritten ist? Es gibt nur einen Fluchtweg heraus aus diesem anhaltenden satanischen Lügenfeuer: Wir müssen unsere Geschwister mit Jesu Augen sehen. Wir müssen einen höheren Standpunkt einnehmen, von dem aus wir die Herrlichkeit der Neuen Schöpfung im Herzen jedes einzelnen Gläubigen sehen können. Wir müssen mithilfe von Offenbarung verstehen, dass das neue Herz, das Gott unseren Geschwistern gegeben hat, unendlich wertvoll dabei ist, diese Person aus Sicht des Himmels zu definieren. Wir sind dafür verantwortlich, den Schatz der Herrlichkeit der Neuen Schöpfung in ihnen hervorzurufen.

Das ist ein sehr realer Kampf für jeden einzelnen Christen, der auf diesem Planeten unterwegs ist. Jeden Tag sehen wir die Gebrochenheit in den Herzen derer, mit denen wir zu tun haben. Ehemänner sehen die

Gebrochenheit ihrer Frauen, und Ehefrauen sehen die Gebrochenheit ihrer Männer. Väter und Mütter sehen die Gebrochenheit ihrer Kinder und Kinder die Gebrochenheit ihrer Eltern. Je besser wir die Menschen kennen, mit denen wir unterwegs sind, desto mehr sehen wir die beeinträchtigten Bereiche in ihrem Herzen. Gemeindemitglieder beginnen, die Gebrochenheit ihrer Leiter zu sehen, und Leiter sehen die zerbrochenen Bereiche in den Herzen ihrer Gemeinde. Sobald wir das Herz der anderen besser kennenlernen, kommt der Böse mit einer einzigartigen Versuchung daher.

Darauf können wir entweder damit reagieren, dass wir uns im Einklang mit dem neuen Herzen der Liebe und Gnade verhalten, das der Vater uns gegeben hat und das in Wirklichkeit sein durch uns fließendes Herz der Liebe ist, oder wir können uns dem Herzen des Bösen mit seinen Anklagen und seiner Kritiksucht anschließen. Die Art und Weise wie sich diese Szenarien in unserem Leben zu Hause und in der Gemeinde abspielen, ist allzu oft geprägt von unseren gestörten Reaktionen auf die Gebrochenheit anderer Leute. In unserer Unreife und unserer Tendenz dazu, die Schuld auf andere zu schieben und übereinander zu richten, springt der Teufel uns schnell auf den Rücken und sorgt durch den Schmerz, den unsere Gebrochenheit aufkommen lässt, für umfangreiche Verzerrung und verleitet uns dann dazu, auf das Karussell der Kritik und Verurteilung aufzuspringen. Viele Christen sind dann permanent unter dieser Adresse zu finden und schaffen es einfach nicht von diesem Karussell herunter, weil sie der Lüge aufgesessen sind, ihre Anschuldigung sei völlig gerechtfertigt, weil es ja offensichtlich der andere war, der versäumt hat, in der gebotenen Liebe zu agieren.

Wenn wir keine auf Offenbarung beruhende Vision von der Herrlichkeit der Neuen Schöpfung im Herzen jedes einzelnen Gläubigen haben, mit dem wir in Beziehung stehen, sehen wir nur noch deren Versäumnisse und Versagen. Diese niedere Sichtweise besitzt ihre eigene innere Logik und lässt sich damit rechtfertigen, dass das vermeintliche Versagen anderer und ihre persönliche Gebrochenheit oft sehr real sind. Aber wenn unser Blick für die himmlischen Realitäten zunehmend getrübt wird, bis dahin, dass wir die Herrlichkeit des Wunders der Neuen Schöpfung im anderen vollständig aus dem Blick verlieren, leben wir (möglicherweise) so, dass wir andere nach ihrem Fleisch beurteilen und ihre Gebrochenheit hervorrufen anstelle des Schatzes der Neuen Schöpfung.

Ein Ehepaar, das sich in den Abgrund der Kritiksucht begibt und einander ständig runtermacht, leistet ein Teufelswerk. Paulus warnt uns davor, dem Teufel in die Falle zu gehen und seinem Willen hörig zu sein. Wann immer Christen in diesen Abgrund fallen und ihre Geschwister anklagen und verurteilen, besteht der einzige Ausweg darin, dass sie *„zur Besinnung kommen. [Dann können sie sich] aus der Schlinge [befreien], in der sie der Teufel gefangen hält, um ihnen seinen Willen aufzuzwingen"* (2 Tim 2,26). Das Einzige, was sie zur Besinnung bringen kann, ist eine frische Infusion der Herrlichkeit der Neuen Schöpfung, die sie auf einen hohen Berg hebt und das Neue Jerusalem von Neuem sehen lässt, sodass sie erkennen, dass seine Bürger eine vollkommen neue Vereinigung himmlischer Sohne und Töchter sind, die nun an himmlischen Orten sitzen.

Bei all den Schlingen des Teufels und seinen Versuchen, uns mithilfe von sorgfältig konzipierten Lügen und Täuschungen eine Falle zu stellen, ist es die Kraft des Prophetischen, die uns aus den nebligen Tälern heraushebt und unsere Füße auf einen hohen Berg setzt, von wo aus wir unseren Panorama-Blick zurückerlangen. Gott fordert uns immer wieder auf: „Steig herauf" (vgl. Offb 4,1), damit wir das Neue Jerusalem in all seiner Herrlichkeit als eine Braut sehen, die für ihren Ehemann bereit ist. Als erlöste Söhne und Töchter sind wir alle Bürger des Himmels; wir gehören einer vollkommen Neuen Schöpfung und einer neuen Ordnung Mensch an, die Jesus, dem Himmlischen Menschen, nachgestaltet ist. Wie auch immer wir die Geringsten unter ihnen, seine Brüder, behandeln, behandeln wir ihn. Unser Umgang mit unseren Brüdern und Schwestern in Christus wird zu unserem Umgang mit Jesus. Saulus von Tarsus verfolgte die Gemeinde und Jesus tippte ihm fragend auf die Schulter. *„Saul, Saul, warum verfolgst du mich?"* (Apg 9,4).

Dank der mystischen Vereinigung der Neugeburt sind der Vater und seine Kinder nun eins! *„Denn wer euch antastet, der tastet seinen Augapfel an!"* (Sach 2,12 SLT). Paulus lehrte, Christus sei nun ein Leib aus vielen Gliedmaßen.

> *Denkt zum Vergleich an den [menschlichen] Körper! Er stellt eine Einheit dar, die aus vielen Teilen besteht; oder andersherum betrachtet: Er setzt sich aus vielen Teilen zusammen, die alle miteinander ein zusammenhängendes Ganzes bilden. Genauso ist es bei Christus* (1 Kor 12,12).

Die Kirche ist buchstäblich der „Leib Christi“. Das ist keine theologische Metapher. Paulus verriet den Grund dafür, dass einige der Geschwister in Korinth krank und manche gestorben waren:

Denn wer isst und trinkt, ohne sich vor Augen zu halten, dass es bei diesem Mahl um den Leib des Herrn geht, der zieht sich mit seinem Essen und Trinken das Gericht [Gottes] zu. Das ist übrigens auch der Grund, weshalb so viele von euch schwach und krank sind. Manche aus eurer Gemeinde sind sogar gestorben (1 Kor 11,29-30).

Die Kraft der Gemeinschaft

Prophetische Christen, welche die Kraft echter prophetischer Gemeinschaft genießen, sind viel weniger anfällig für die Lügen des Bösen. Das Prophetische führt immer zu einer stärkeren Zunahme des Prophetischen.

In deinem Licht sehen wir das Licht (Ps 36,10 NGÜ).

Denn jedem, der hat, wird gegeben, und er wird im Überfluss haben; wer aber nicht hat, dem wird auch das genommen, was er hat (Mt 25,29).

In einer christlichen Gemeinschaft bauen wir, vorausgesetzt wir sind in rechter Weise durch die Liebe und das Geschenk übernatürlicher Einheit durch den Geist miteinander verbunden, eine Festung zur Verteidigung gegen all die Lügen des Bösen. Gott hat einen Zufluchtsort vor der Flut der Täuschung bereitgestellt. Auf der Insel Patmos sah Johannes eine verblüffende Vision, die offenbarte, dass Gott einen besonderen Ort vorbereitet hatte, wo wir vor den Lügen des Teufels sicher sind.

Als nun der Drache sah, dass er auf die Erde hinuntergeworfen war, machte er sich daran, die Frau zu verfolgen, die jenen männlichen Nachkommen geboren hatte. Aber der Frau wurden Flügel gegeben – die beiden Flügel des großen Adlers –, damit sie an ihren Zufluchtsort in der Wüste fliegen konnte, wo sie vor den Nachstellungen der Schlange sicher war und dreieinhalb Jahre lang mit allem Nötigen versorgt werden würde. Da ließ die Schlange einen mächtigen Wasserstrahl aus ihrem Rachen hervorschießen, der die Frau mit sich fortreißen sollte. Aber die Erde kam der Frau zu

> *Hilfe; sie öffnete sich und schluckte die Wassermassen auf, die aus dem Maul des Drachen schossen* (Offb 12,13-16).

Diese prophetische Vision ist äußerst hilfreich, wenn es darum geht, das große Ganze des geistlichen Kampfes, der um und sogar in uns tobt, zu verstehen. Gott hat einen Zufluchtsort für uns vor all den Lügen des Bösen vorbereitet. Die Salbung des Geistes der Wahrheit wohnt in uns. Johannes sagte: *„Und ihr habt die Salbung von dem Heiligen und wisst alles"* (1 Joh 2,20 NLB). Johannes konnte das nur auf der Grundlage der Wahrheit der Neuen Schöpfung sagen, dass wir nun den „Sinn Christi" haben. Er sagte auch:

> *Ich schreibe euch diese Dinge, um euch vor denen zu warnen, die versuchen, euch irrezuführen. Denkt daran: Der Heilige Geist, mit dem Christus euch gesalbt hat, ist in euch und bleibt in euch. Deshalb seid ihr nicht darauf angewiesen, dass euch jemand belehrt. Nein, der Geist Gottes, mit dem ihr ausgerüstet seid, gibt euch über alles Aufschluss, und was er euch lehrt, ist wahr und keine Lüge. Darum bleibt in Christus, wie Gottes Geist es euch gelehrt hat!* (1 Joh 2,26-27).

Der Heilige Geist der Wahrheit ist in jedem einzelnen Gläubigen. Aber warum ermatten dann so viele Christen unter einer so schweren Decke der Täuschung? Es ist alles eine Frage unseres Herzenszustands. Der sicherste Ort auf Erden vor der Lügenflut Satans und der Verdrehung der Wahrheit findet sich in einer prophetischen Gemeinschaft von radikal gehorsamen Jüngern, die Gott von ganzem Herzen lieben, wo Wahrheit und Liebe zusammen in Ehren gehalten werden und wo Menschen lernen, vor der schieren Herrlichkeit des Wortes Gottes zu erzittern. Um von diesem herrlichen Zufluchtsort Gebrauch machen zu können, müssen wir einige erste Hürden der Isolation und Unabhängigkeit überwinden, aber wenn wir diese anfänglichen Barrieren bezwungen haben und unseren Platz in einer gesunden Gemeinschaftsform unter gottgefälliger Leitung finden können, betreten wir einen sicheren Raum, wo wir wirklich die Wahrheit erkennen können und die Wahrheit uns frei machen kann.

Prophetische Gemeinschaft nährt den Sinn Christi in der sicheren Gemeinschaft einer Vielzahl von Ratgebern. Nur in einer solchen geistlichen Umgebung können wir „den Bösen überwinden" (1 Joh 2,14) und erleben, dass Satan unter den Füßen der Gemeinde zermalmt wird (vgl. Röm 16,20 SLT). Es gibt keine individualistische Lösung zur Überwindung der Lügen des Bösen. Es gibt nur eine kollektive Lösung, denn sobald wir meinen, wir könnten den Teufel in der Isolation voneinander überwinden, sind wir schon hinters Licht geführt. Wenn Sie dies lesen und sich aufrichtig wünschen, jede Spur von Lügen und Täuschung des Teufels hinter sich zu lassen, bitte ich Sie inständig, einzusehen, dass prophetische Gemeinschaft Gottes Mittel gegen die Flut der Täuschung ist, die auf die Gemeinde und die Welt einstürzt. Wir können nicht „in der Wahrheit" leben, wie wir es weiter oben in diesem Kapitel besprochen haben, ohne dass wir uns mit der Familie Gottes auf der Erde umgeben. Dies ist ein unentbehrlicher Teil unseres vollständigen Gehorsams Christus gegenüber.

Gott ist dabei, apostolische „Zufluchtsorte" zu errichten, die das Herz des Vaters widerspiegeln. Unter der Herrlichkeit einer apostolischen, prophetischen Leitung gibt es einen Ort unglaublicher Stärke, wo die Söhne und Töchter in unvorstellbarer Sicherheit und Freiheit gedeihen können. *„Gott gibt dem Einsamen ein Zuhause"* (Ps 68,7 NLB). In der graphischen Horrorszene, in der Frodo vergiftet wird und Kankra ins Netz geht, ist es Samweis Gamdschie, sein liebevoller Gefährte, der den Kampf mit Kankra aufnimmt, sie in die Flucht schlägt und Frodo aus diesem grausigen Angriff rettet.

> *Zwei haben es besser als einer allein [...] Wenn sie hinfallen, kann einer dem anderen aufhelfen. Doch wie schlecht ist der dran, der allein ist und fällt, und keiner ist da, der ihm beim Aufstehen hilft!* (Pred 4,9-10 NLB).

Wenn Sie als Christ isoliert dastehen und nicht Teil einer prophetischen Gemeinschaft sind, bitte ich Sie dringend, Ihre Strategie zu überdenken, mit der Sie überwinden wollen, und sich mit Menschen zu umgeben, die die Wahrheit und einander lieben. Letzteres ist der gottgegebene Weg, um den Verstrickungen eines immer größer werdenden Schwalls von Hexerei und Flüchen zu entkommen, die von dem unsichtbaren Hexenmeister ausgehen, der die Gemeinde verachtet, weil er weiß, dass seine Tage gezählt sind. Wir alle sind persönlich dafür verantwortlich uns durch die Kraft und die Weisheit Christi, der in uns lebt und uns durch seinen Geist stets in alle Wahrheit führt, aus jedem Netz der Täuschung zu befreien.

KAPITEL 8

In Sünde und Selbstsucht verstrickt

Wir sind also von einer großen Schar von Zeugen umgeben, deren Leben uns zeigt, dass es durch den Glauben möglich ist, den uns aufgetragenen Kampf zu bestehen. Deshalb wollen auch wir – wie Läufer bei einem Wettkampf – mit aller Ausdauer dem Ziel entgegenlaufen. Wir wollen alles ablegen, was uns beim Laufen hindert, uns von der Sünde trennen, die uns so leicht gefangen nimmt.

Hebräer 12,1

Die Bibel ist unter anderem ein Leitfaden zum Thema Sünde. Aufgrund des Sündenfalls unserer Urahnen im Garten Eden haben die Verfasser der Schrift, vom Heiligen Geist inspiriert, sowohl im Alten als auch im Neuen Testament eine hohe Priorität darauf gelegt, uns die gefallene Natur des Menschen vor Augen zu führen. Auch Jesus selbst räumte diesem Thema eine hohe Priorität ein. Fügen wir die einzelnen Teilchen an Offenbarung über den gefallenen menschlichen Zustand zusammen, erkennen wir, dass es Gott extrem wichtig ist, die Natur der Sünde sowie menschliche Selbstsucht aufzudecken. Ohne das biblische Exposé über die Sünde in all ihrer Schlechtigkeit würde der Mensch vielleicht annehmen, seine Situation sei nicht allzu bedenklich, besonders wenn er auf sein eigenes Urteilsvermögen angewiesen ist. Gott möchte aber, dass wir die Sünde aus der Sicht des Himmels sehen. Paulus lehrte:

> *Denn alle haben gesündigt, und in ihrem Leben kommt Gottes Herrlichkeit nicht mehr zum Ausdruck* (Röm 3,23).

Dem Abgrund der Sünde wird die Pracht der Herrlichkeit gegenübergestellt, die Adam und Evas ursprünglicher Zustand war.

Wer wäre sich ohne das Wissen um die Sünde bewusst, dass er einen Retter braucht? Und wer würde den Namen des Herrn anrufen, um gerettet zu werden, wenn keinem bewusst wäre, dass wir unbedingt einen Retter brauchen? Die Bibel stellt uns die Realität der Sünde unmissverständlich und in anstößiger Weise vor Augen. Es ist keine leichte Kost, von der absoluten Verdorbenheit unseres sündigen Zustands zu hören – ein höchst unangenehmes Thema. Jegliche falsche Vorstellung, der Mensch sei grundsätzlich gut, wird damit erschüttert. Jeder Mensch neigt von Natur aus dazu, das Ausmaß seiner Erlösungsbedürftigkeit zu leugnen. Um die Enthüllung der sündigen Natur tobt außerdem ein nicht zu unterschätzender Kampf. Ich konnte die Wut und den Zorn des Bösen spüren, als ich dieses Kapitel über das Wesen der Sünde schrieb. Der Teufel zöge es vor, wenn Christen weiterhin bei einem oberflächlichen Sündenverständnis blieben, denn dann würden sie gar nicht erst auf die Idee kommen, Gott recht zu geben, was den Horror des Sündenzustands angeht. Wenn Sie dieses Kapitel lesen, garantiere ich ihnen, dass Sie versucht sein werden, es zu überspringen, aber ich bitte sie dringend, dranzubleiben. Bei der Darlegung der Sünde geht es nicht darum, im Alten Testament hängenzubleiben; sie gehört genauso zur neutestamentlichen wie zur alttestamentlichen Offenbarung. Es gibt Dinge, die Gott uns über die Realität der Sünde erkennen lassen will, und deshalb müssen wir alle viel Geduld aufbringen, wenn der Heilige Geist uns das heimtückische Wesen der Sünde aufzeigt.

Paulus hatte eine tiefe Offenbarung von der Realität menschlicher Sündhaftigkeit. Insbesondere im Römerbrief beschreibt er, wie wir durch das Sühneopfer Christi von der Macht der Sünde frei werden können. Wir alle kommen mit einer sehr begrenzten und oberflächlichen Vorstellung von dem tückischen Wesen der Sünde zu Christus. Wir haben noch kaum verstanden, dass etwas bei uns grundsätzlich schief läuft und dass wir wirklich Hilfe brauchen. Die meisten neuen Gläubigen würden völlig ratlos dastehen, würde man sie nach einer paulinischen Definition des „Fleisches" fragen! Sie haben kein klares oder umfassendes Verständnis von der wahren Natur der Sünde oder der Abgründigkeit unserer Selbstsucht, wenn es darum geht, das Wesen des menschlichen Zustands zu erklären. Erst wenn wir beginnen, die Bibel zu lesen, begeben wir uns auf eine Entdeckungsreise, auf der die Schrift offenbart, wie tief der Mensch wirklich gefallen ist. Ohne Christus lebt jeder Mensch unter der Herrschaft der Sünde, weil jeder ein Nachkomme Adams ist. Paulus verkündete: *„Denn der Lohn, den die Sünde zahlt, ist der Tod"* (Röm 6,23), weshalb *„alle sterben müssen, weil wir von Adam abstammen"* (1 Kor 15,22). Ohne Christus sind wir in unseren Übertretungen und Sünden alle tot.

Ein oberflächliches Verständnis von Sünde und Selbstsucht ist der Hauptgrund dafür, dass Gläubige sich in einem von Ungehorsam und Kompromissen geprägten Leben verfangen. Man muss nicht lange Christ sein, um festzustellen, dass viele Christen ihren Ungehorsam leichtfertig abtun und gelernt haben, den Kompromiss mit der Sünde als Lebensstil zu akzeptieren. Aber wenn wir uns vom Himmel bestimmen lassen, gibt es keine Rechtfertigung dafür, weiterhin in Sünde zu leben. Die Gnade des Evangeliums ist mehr als genug, um Gläubige fähig zu machen, ein Leben radikalen Gehorsams gegenüber Gott zu führen, frei von Kompromissen mit der Welt. Ein Teil der Lösung für diesen beeinträchtigten geistlichen Zustand besteht darin, eine radikale biblische Sicht von der Verdorbenheit der Sünde zu kultivieren. Wahre Umkehr bedeutet, mit Gott vollkommen einer Meinung über die horrende Sündhaftigkeit der Sünde zu sein.

Unser neues Verhältnis zur Sünde

Ein Großteil unserer Herzensreise besteht darin, dass wir uns von der Sünde befreien. Der größte Antrieb, der uns auf einen Pfad in die wahre Freiheit von der Macht der Sünde versetzt, liegt darin, die Kraft des Evangeliums zu verstehen, durch die unser Verhältnis zur Sünde durch das übernatürliche Wirken Gottes grundsätzlich verändert worden ist. Wenn wir uns wirklich von der Schlinge der Sünde befreien wollen, müssen wir erkennen, was Gott durch die Erneuerung unseres Geistes im Innersten unseres Herzens getan hat. Die Neugeburt ist der Beginn der Abrissarbeiten am Sündengebäude im menschlichen Herzen, und zwar dadurch, dass Gott im menschlichen Geist einen himmlischen Brückenkopf errichtet. Die Offenbarung, dass unser Geist für die Sünde schon vollkommen tot und für Gott lebendig ist, ist die himmlische Startrampe in ein Leben der Freiheit von der Macht der Sünde. In dem Maße, wie wir in diesem vollendeten Werk Christi in unserem Geist leben und bleiben, sind wir befähigt, im Allerheiligsten zu leben. Jesus forderte uns auf: *„Bleibt in meiner Liebe!"* (Joh 15,9). Johannes verkündete zuversichtlich:

> *Wer [mit ihm verbunden ist und] in ihm bleibt, sündigt nicht* (1 Joh 3,6).

Unser Ziel ist, ununterbrochen in der Liebe Gottes zu leben und der Verdorbenheit der Sünde zu entkommen.

Doch trotz der Festung der Gerechtigkeit, die in unserem menschlichen Geist errichtet worden ist, muss jeder neugeborene Christ sich mit dem fortdauernden Problem der Sünde im menschlichen Herzen mitsamt all seinen subtilen Verstrickungen auseinandersetzen. So gesehen gleichen Christen in ihrem sündigen Zustand immer noch der gesamten Menschheit.

> *Denn alle Menschen haben gesündigt und das Leben in der Herrlichkeit Gottes verloren* (Röm 3,23 NLB).

Paulus brachte diese Solidarität mit einer sündigen Welt, die Christus abgelehnt und gekreuzigt hatte, zur Sprache. Ironischerweise tat er das als der stärkste Verfechter der Neuen Schöpfung! Spät in seinem Dienst schrieb er den ersten Brief an Timotheus:

> *Was ich sage, ist wahr und glaubwürdig: Christus Jesus kam in die Welt, um Sünder zu retten –* ***und ich bin der Schlimmste von allen****. Aber Gott hatte Erbarmen mit mir, damit Jesus Christus mich als leuchtendes Beispiel für seine unendliche Geduld gebrauchen konnte. So bin ich ein Vorbild für alle, die an ihn glauben und das ewige Leben erhalten werden* (1 Tim 1,15-16 NLB).

Es ist seltsam, Paulus eine solche Sprache verwenden zu hören, um seine Solidarität mit der Gemeinschaft der Sünde zum Ausdruck zu bringen, da Paulus doch der oberste Wächter der Theologie des Neuschöpfungswunders war, durch das Gott uns durch die Neugeburt von der Strafe der Sünde befreit. Es ist ein merkwürdiges Paradox. Es war Paulus, der, inspiriert vom Heiligen Geist, die Vorstellung einführte, dass der Gläubige in Christus für die Sünde tot ist. Römer 6 war Paulus' theologische Erleuchtung: Die kühnste Aussage in der Menschheitsgeschichte über die Herrlichkeit unserer neuen Existenz in

Christus. Obwohl Paulus sich nach wie vor mit der Welt der Sünde identifizieren konnte, etabliert er in dieser ungeheuerlichen prophetischen Erklärung unsere letztliche Verbindung mit Jesus in seinem Tod, den er am Kreuz gegenüber der Sünde gestorben ist, sowie in seiner Auferstehung hinein in ein Leben der herrlichen Lebendigkeit für Gott. Es ist diese Verbindung mit dem Tod und der Auferstehung Christi, die über unsere Verbindung mit einer sündigen Welt triumphiert. Paulus erklärt zuversichtlich: Wenn wir in Christus sind, hat sich unser Verhältnis zur Sünde im Innersten unseres Seins grundsätzlich verändert. Diese prophetische Offenbarung ist das Sprungbrett zu einem Leben des Sieges über die Sünde.

> *Welchen Schluss ziehen wir nun daraus? Sollen wir weiterhin sündigen, damit sich die Gnade in vollem Maß auswirkt? Niemals! Wir sind doch, was die Sünde betrifft, gestorben. Wie können wir da noch länger mit der Sünde leben? Oder wisst ihr nicht, was es heißt, auf Jesus Christus getauft zu sein? Wisst ihr nicht, dass wir alle durch diese Taufe mit einbezogen worden sind in seinen Tod? Durch die Taufe sind wir mit Christus gestorben und sind daher auch mit ihm begraben worden. Weil nun aber Christus durch die unvergleichlich herrliche Macht des Vaters von den Toten auferstanden ist, ist auch unser Leben neu geworden, und das bedeutet: Wir sollen jetzt ein neues Leben führen. Denn wenn sein Tod gewissermaßen unser Tod geworden ist und wir auf diese Weise mit ihm eins geworden sind, dann werden wir auch im Hinblick auf seine Auferstehung mit ihm eins sein. Was wir verstehen müssen, ist dies: Der Mensch, der wir waren, als wir noch ohne Christus lebten, ist mit ihm gekreuzigt worden, damit unser sündiges Wesen unwirksam gemacht wird und wir nicht länger der Sünde dienen. Denn wer gestorben ist, ist vom Herrschaftsanspruch der Sünde befreit. Und da wir mit Christus gestorben sind, vertrauen wir darauf, dass wir auch mit ihm leben werden. Wir wissen ja, dass Christus, nachdem er von den Toten auferstanden ist, nicht mehr sterben wird; der Tod hat keine Macht mehr über ihn. Denn sein Sterben war ein Sterben für die Sünde, [ein Opfer,] das einmal geschehen ist und für immer gilt; sein Leben aber ist ein Leben für Gott. Dasselbe gilt darum auch für euch: Geht von der Tatsache aus, dass ihr für die Sünde tot seid, aber in Jesus Christus für Gott lebt* (Röm 6,1-11).

Im Mittelpunkt dieser übernatürlichen Verwandlung im Herzen steht der menschliche Geist. Paulus verkündete, dass das Herz jedes einzelnen Gläubigen an Christus auf übernatürliche Weise beschnitten worden ist.

> *Verbunden mit ihm, seid ihr auch beschnitten worden. Allerdings handelte es sich dabei nicht um einen äußerlichen Eingriff an eurem Körper, sondern um das Ablegen der von der Sünde beherrschten menschlichen Natur. Das ist die Beschneidung, die unter Christus geschieht. Ihr wurdet zusammen mit ihm begraben, als ihr getauft wurdet, und weil ihr mit ihm verbunden seid, seid ihr dann auch zusammen mit ihm auferweckt worden. Denn ihr habt auf die Macht Gottes vertraut, der Christus von den Toten auferweckt hat. Ja, Gott hat euch zusammen mit Christus lebendig gemacht. Ihr wart nämlich tot – tot aufgrund eurer Verfehlungen und wegen eures unbeschnittenen, sündigen Wesens. Doch Gott hat uns alle unsere Verfehlungen vergeben. Den Schuldschein, der auf unseren Namen ausgestellt war und dessen Inhalt uns anklagte, weil wir die Forderungen des Gesetzes nicht erfüllt hatten, hat er für nicht mehr gültig erklärt. Er hat ihn ans Kreuz genagelt und damit für immer beseitigt* (Kol 2,11-14).

Ihre alte, sündige Natur ist von dem „Skalpell des Chirurgen“ buchstäblich weggeschnitten worden, sodass Ihr Geist umfassend und ein für alle Mal von der Gegenwart der Macht der Sünde befreit und durch die Übertragung von Christi eigener Gerechtigkeit auf Ihren menschlichen Geist herrlich lebendig gemacht worden ist. Dementsprechend ist Ihr Geist nun für die Sünde 100% tot und für Gott 100% lebendig. Ihr Geist ist jetzt genauso gerecht wie Christus selbst, und da Sie mit seiner göttlichen Natur vollkommener Gerechtigkeit und vollkommener Liebe ausgestattet worden sind, stehen Sie im Innersten Ihres Seins nun völlig gerecht vor dem Vater. Ihr menschlicher Geist ist in einen Zustand herrlicher Vollkommenheit in Christus versetzt worden. Gott hat eine unerschütterliche Festung seiner Gerechtigkeit in unserem Geist aufgerichtet und sich dort ein Heiligtum eingerichtet, in dem seine Herrlichkeit wohnen kann. Der erneuerte Geist eines Gläubigen ist zum neuen Allerheiligsten geworden.

Dennoch, obwohl wir in Christus neue Kreaturen sind, offenbart der Geist immer noch Festungen der Sünde in der Seele des Gläubigen.

Wenn Sie darüber noch irgendeinen Zweifel hegen, empfehle ich Ihnen, sich anzuschauen, wie Jesus zu den sieben Gemeinden in Offenbarung 2 und 3 spricht. Das Werk, das Gott in Ihrem Geist getan hat, ist ein vollendetes Werk, während das Werk, das er in Ihrer Seele tut, noch weit von der Vollendung entfernt ist.

> *Ich bin überzeugt, dass der, der etwas so Gutes in eurem Leben angefangen hat, dieses Werk auch weiterführen und bis zu jenem großen Tag zum Abschluss bringen wird, an dem Jesus Christus wiederkommt* (Phil 1,6).

Wenn Gott in unserem Herzen Sünde aufdeckt, ist eine der größten Gefahren für uns als Christusnachfolger, die Tatsache aus den Augen zu verlieren, dass wir in Christus neue Kreaturen sind. Das ist eine Frage der Kernidentität. Aus Sicht des Himmels behandelt uns Gott entsprechend unserer neuen Identität als Söhne und Heilige. Er geht mit uns nicht mehr als Sünder im letztendlichen Sinne um, weil unser Geist für die Sünde vollkommen tot ist. Aber Gott sieht, dass im Herzen des Gläubigen Sünde ist, und ruft uns heraus aus dem Machtbereich der Sünde, damit wir ein siegreiches Leben in Freiheit von den Verstrickungen der Sünde führen.

Wenn wir durch unsere geistliche Taufe auf Christus wirklich für die Sünde vollständig tot sind, warum müssen wir dann überhaupt noch über Sünde nachdenken? Wir könnten zu Recht fragen: Wenn wir in Christus neue Schöpfungen sind und Gott uns in Christus wirklich „für die Sünde tot und für Gott lebendig“ gemacht hat, warum müssen wir dann das Fleisch so genau kennen? Wenn wir uns zu sehr auf das Fleisch konzentrieren, werden wir am Ende doch sicher die Realität der Neuen Schöpfung aus den Augen verlieren? Das sind berechtigte Bedenken und ich will versuchen, eine klare Antwort darauf zu geben. Ich glaube, die Antwort liegt in der grundsätzlichen Trennung von Geist und Seele. Im Augenblick unserer Errettung hat das lebendige und wirksame Wort Gottes die Seele vom Geist getrennt wie das messerscharfe Skalpell eines Chirurgen und so für immer eine Trennlinie zwischen dem vollendeten Werk Gottes in unserem erneuerten Geist und dem noch unvollkommenen Werk Gottes in unserer menschlichen Seele gezogen. Das Allerheiligste unseres Geistes ist nun herrlich und absolut frei von der Gegenwart der Sünde, während unsere Seele immer noch von Sünde verunreinigt sein kann.

Schon ein flüchtiger Blick ins Neue Testament lässt deutlich erkennen, dass selbst diejenigen, die Paulus' herrlichen apostolischen Dienst genossen, sich schwer damit taten, ihre Seele von den Verunreinigungen der Sünde zu befreien.

Wir kommen bestenfalls mit einem sehr rudimentären Bewusstsein für unsere Gebrochenheit zu Christus. Paulus sagte: *„Wir sehen die Dinge nicht deutlich. Wir blinzeln in einem Nebel, spähen durch einen Dunst"* (1 Kor 13,12 MSG). Aber Gott hält es für wichtig, dass jeder von uns versteht, was die Schrift die außerordentliche Sündhaftigkeit der Sünde nennt. Aus Sicht des Wortes Gottes ist Sünde *„grenzenlose Schlechtigkeit"* (Röm 7,13). Das bedeutet nicht, dass die Offenbarung der Schlechtigkeit der Sünde die Realität des Zustands übertrifft. Im Gegenteil, wir begreifen die grenzenlose Schlechtigkeit der Sünde, wenn wir verstehen, wie teuflisch Sünde wirklich ist und was es Gott gekostet hat, uns durch das Sühneopfer Christi zu erlösen, indem wir erkennen, dass sein Blut vergossen wurde, um jeden von uns von der Strafe und der Macht der Sünde zu befreien. Paulus setzte alles daran, den Gläubigen ein korrektes Verständnis des teuflischen Wesens der Sünde zu vermitteln sowie des Ausmaßes der Gebrochenheit und Verderbtheit, das die Sünde in der Menschheit hervorgebracht hat. Das ist im Neuen Testament ein bedeutendes Thema. Paulus ist nie davor zurückgeschreckt, Sünde in der Fülle ihrer absoluten Verdorbenheit zu entlarven.

Jeder Christusgläubige braucht eine Begegnung mit Gott, in der er durch den Geist der Offenbarung erkennt, dass es seine Sünde war, die dazu geführt hat, dass Christus für ihn ganz persönlich am Kreuz gestorben ist. Gott möchte jeden von uns an den Punkt bringen, wo wir erkennen, dass Christus für uns persönlich gestorben ist! Ein Faktor, der zum Wachstum so vieler kompromissbereiter, lauwarmer Gemeinden in der heutigen Welt beigetragen hat, ist eine nur oberflächliche und flüchtige Auffassung von der Schlechtigkeit der Sünde. Ich glaube aber, dass Gott seinem Volk des Neuen Bundes ein umfassend biblisches Verständnis von der grenzenlosen Schlechtigkeit der Sünde geben will. Er möchte, dass wir sie so sehen, wie er sie vom Himmel aus sieht. Das ist ein grundlegender Aspekt, wenn es darum geht, eine durch und durch biblische Weltanschauung zu entwickeln. Es scheint, als müssten wir Sünde in all ihrer Hässlichkeit sehen, um die überragende Herrlichkeit und Heiligkeit Gottes vollständig zu begreifen. Aus diesem Grund stellte Gott bewusst die Sünde der Herrlichkeit Gottes gegenüber. *„Denn alle Menschen haben gesündigt und das Leben in der Herrlichkeit Gottes verloren“* (Röm 3,23 NLB).

Aber die Aussage, dass Gläubige des Neuen Bundes in eine umfassende biblische Offenbarung von Sünde eintauchen müssen, birgt ein Problem. Sünde macht nämlich nicht mehr die wahre innere Identität wiedergeborener Christen aus. Wir werden nicht mehr als Sünder, sondern als Heilige und als Söhne und Töchter Gottes bezeichnet. Dennoch möchte Gott seinen Kindern die sündige Natur offenbaren, damit sie ihren Feind umfassend kennenlernen. Christen haben drei primäre Feinde: die Welt, das Fleisch und den Teufel; und alle drei Feinde stehen Gott mit unerbittlicher Feindseligkeit gegenüber. Wir werden uns mit diesen Feinden bis zu unserem Tod bzw. bis Christus wiederkommt im Kriegszustand befinden. Es ist absolut unerlässlich, dass wir unseren Feind kennen! Gott enthüllt seinen Kindern die grenzenlose Schlechtigkeit der Sünde, damit sie genau wissen, wovon sie durch die Neugeburt befreit worden sind und wovon sie nun durch das reinigende und heiligende Werk des Heiligen Geistes befreit werden. Das ist das Paradox der Heiligung, das ich im sechsten Kapitel des Buches *Das Wunder der Neuen Schöpfung* behandelt habe, also im zweiten Band dieser Reihe der übernatürlichen Transformation. Wenn Sie dieses Buch und insbesondere dieses Kapitel noch nicht gelesen haben, empfehle ich Ihnen sehr, dies zu tun, da es für die Herzensreise jedes Gläubigen in Christus grundlegend ist.

Der innere Konflikt

Als Christen sollten wir gleichzeitig sowohl unserer Identität als neue Kreaturen in Christus als auch die absolute Verdorbenheit unserer alten sündigen Natur immer besser und tiefer verstehen. Je mehr wir in Christus reifen, desto herrlicher erscheint uns das Wunder der Neuen Schöpfung und desto mehr erkennen wir, wie teuflisch und zerstörerisch Sünde und Selbstsucht sind. Es ist bedauerlich, aber wahr, dass jeder Christ weiter mit seiner alten Sündennatur zu kämpfen hat. Versuchung gehört nun einmal zum Leben eines Gläubigen mitten in dieser gegenwärtigen schlechten Welt. Der Verfasser des Hebräerbriefes schrieb:

> *Damals, als Gott euch die Augen für die Wahrheit öffnete, hattet ihr viel zu leiden und schwere Kämpfe zu bestehen. Wisst ihr noch, wie standhaft ihr das alles ertragen habt?* (Heb 10,32).
>
> *Bisher habt ihr in dem Kampf gegen die Sünde, [den wir alle zu führen haben und] in dem auch ihr steht, noch nicht das Leben lassen müssen* (Heb 12,4).
>
> *Wir sind also von einer großen Schar von Zeugen umgeben, deren Leben uns zeigt, dass es durch den Glauben möglich ist, den uns aufgetragenen Kampf zu bestehen. Deshalb wollen auch wir – wie Läufer bei einem Wettkampf – mit aller Ausdauer dem Ziel entgegenlaufen. Wir wollen alles ablegen, was uns beim Laufen hindert, uns von* ***der Sünde*** *trennen,* ***die uns so leicht gefangen nimmt*** (Heb 12,1).

Sämtliche Verfasser des Neuen Testaments bestätigen diesen bleibenden Kampf gegen das heimtückische Wesen der Sünde.

Paulus beschrieb sich selbst als einen „Boxer" (vgl. 1 Kor 9,26) und „Kämpfer" (vgl. 1 Tim 6,12). Im Galaterbrief nimmt er Bezug auf diesen starken inneren Konflikt:

> *Denn die Wünsche des Fleisches stehen dem Heiligen Geist entgegen und die Wünsche des Geistes dem Fleisch (der gottlosen menschlichen Natur); denn diese streiten gegeneinander – stehen in ständigem Widerstand und Konflikt miteinander!* (Gal 5,17 AMP).

Er bekräftigte, dass alle Gläubigen einen ständigen inneren Kampf gegen fleischliche Lust erleben. Sowohl Petrus als auch Jakobus bestätigten diesen inneren Kampf, der an dem Tag begann, als der Heilige Geist in unser Herz kam. Petrus sagte:

> *Deshalb ermahne ich euch, den selbstsüchtigen Wünschen der menschlichen Natur nicht nachzugeben, denn sie führen einen Krieg gegen eure Seele* (1 Petr 2,11).

Eine andere Übersetzung nennt sie die *„fleischlichen Begierden, die gegen die Seele streiten"* (SLT). Jakobus nannte diesen inneren Kriegszustand *„die vielen Begierden, die in euch kämpfen"* (Jak 4,1 NLB).

In diesem Kapitel wollen wir unsere alte sündige Natur detailliert aufdecken, damit wir ausgerüstet sind, um den guten Kampf gegen weltliche und fleischliche Begierden zu kämpfen. Im Sinne unserer neuen Kernidentität in Christus entsprechen wir ihr nicht mehr, und dennoch beeinflusst sie definitiv jeden von uns, weil Gott noch dabei ist, uns effektiv aus unserer Verstrickung in Sünde und Selbstsucht sowie all ihre finsteren Konsequenzen zu befreien. Es ist, als würde Gott jedes seiner Kinder anflehen und sagen: „Kenne deinen Feind!" Der Heilige Geist schult uns als Heilige nun darin, ein Leben der Gerechtigkeit und wahren Heiligkeit zu führen.

Solange wir in diesem sterblichen Körper leben, werden wir für die Sündennatur anfällig sein. Das Wesen des Fleisches ist das alte, selbstzentrierte Ich. Das Fleisch liegt immer nur eine egoistische Entscheidung weit entfernt. Paulus sagte, dass Gläubige nun zwei Möglichkeiten zu leben haben. Bevor wir wiedergeboren wurden, stand uns nur eine Möglichkeit offen, nämlich „im Fleisch" zu leben. Wir lebten unter der Macht der Sünde und hatten noch kein bisschen die Freiheit von der Gewalt der Sünde „geschmeckt". Aber nun ist die Gnade Gottes überfließend über uns ausgegossen worden, sodass wir auf herrliche Weise befähigt sind, „Nein" zur Gottlosigkeit zu sagen. Weil der Geist nun in uns wohnt, haben wir die Möglichkeit, entweder „im Geist" oder „im Fleisch" zu leben. Wir leben im Fleisch, wann immer wir egoistische Entscheidungen treffen, und wir leben im Geist, wann immer wir uns in unserem Herzen der Herrschaft Christi unterordnen und uns dafür entscheiden, Christus zum Mittelpunkt unseres Lebens zu machen und nicht uns selbst. Wir sind nun zu einem Leben radikalen Gehorsams berufen: in der Liebe zu leben, statt in Sünde. Das Leben als Überwinder besteht darin, die Kunst des Wandels im Geist zu erlernen: in Christus zu bleiben, in seinem Wort zu bleiben und in seiner Liebe zu bleiben. All dies sind unterschiedliche Ausdrucksweisen für dieselbe Realität des neuen Lebens mit Christus im Zentrum.

Vor diesem Hintergrund enthüllt Gott die sündige, selbstzentrierte alte Natur, um uns zu zeigen, was wir abtöten sollen. Wir sind in unserem Geist ein für alle Mal für die Sünde gestorben, und diese Realität befähigt uns nun, vom ersten Tag unseres neuen Lebens in Christus an in unser „Innerstes" zu gehen und mit dem heiligen Gott Gemeinschaft zu haben. Wie wir bereits gesehen haben, ist unser Geist ein Heiligtum, das ganz und gar gereinigt und für Gott reserviert ist und Ihr Geist ist vollkommen in Christus und den Heiligen Geist hineingetaucht worden. Dennoch müssen wir ein Leben lang lernen, uns selbst zu verleugnen und im Bereich der Seele (dem Denken, Wollen und Fühlen) die Natur des Fleisches zu töten. Jesus selbst lebte in täglicher Selbstverleugnung. Wenn er von dieser Pflicht nicht ausgenommen war, sind auch wir es nicht! John Wesley stellte Gläubigen die entscheidende Frage: „Wen wirst du verleugnen? Dich selbst oder den Herrn?" In jedem Augenblick unseres Lebens verleugnen wir entweder den einen oder den anderen.

Genau an dieser Stelle treffen wir die biblische Unterscheidung zwischen Seele und Geist, indem wir anerkennen, dass ein Teil von uns ein für alle Mal und endgültig der Sünde gestorben ist, dass es aber einen anderen Teil von uns (unsere Seele) gibt, in dem wir noch immer lernen, wie wir uns selbst verleugnen und die Kraft des Kreuzes auf alle Überreste dessen anwenden, was wir nun als „alt" und vergänglich betrachten. Dies ist ein noch nicht vollendetes Werk in unserem Leben und erfordert unsere volle Kooperation, um alles unter die Macht des Kreuzes Christi zu bringen. Die Frage des Gehorsams gegenüber Gott ist in diesem Prozess zentral. Der Geist ist schon umfassend erneuert worden, die Seele dagegen wird noch erneuert. Die zweite Hälfte von Römer 6 enthüllt die Rolle unserer Gehorsamsentscheidungen, durch welche die Kraft der Neuen Schöpfung aktiviert wird sowie auch ein gerechtes Leben in wahrer Heiligkeit.

> *Lasst nicht die Sünde euer Leben beherrschen; gebt ihrem Drängen nicht nach. Lasst keinen Teil eures Körpers zu einem Werkzeug für das Böse werden, um mit ihm zu sündigen. Stellt euch stattdessen ganz Gott zur Verfügung, denn es ist euch ein neues Leben geschenkt worden. Euer Körper soll ein Werkzeug zur Ehre Gottes sein, so dass ihr tut, was gerecht ist! Die Sünde hat die Macht über euch verloren, denn ihr steht nicht mehr unter dem Gesetz, sondern seid durch Gottes Gnade frei geworden.*
>
> *Bedeutet das, dass wir weiter sündigen dürfen, weil Gottes Gnade uns vom Gesetz befreit hat? Natürlich nicht! Erkennt ihr denn nicht, dass ihr immer der Sklave dessen seid, dem ihr gehorcht? Ihr könnt die Sünde wählen, die in den Tod führt, oder ihr könnt Gott gehorchen und seine Anerkennung bekommen.*
>
> *Gott sei Dank! Denn früher wart ihr Sklaven der Sünde, doch nun* ***habt ihr euch von ganzem Herzen der neuen Lehre unterstellt****, die Gott euch gegeben hat. Jetzt seid ihr frei von der Sünde und*

dient stattdessen der Gerechtigkeit. Ich benutze diesen Vergleich mit den Sklaven, weil er leicht zu verstehen ist. Früher habt ihr als Sklaven der Unreinheit und Gesetzlosigkeit gedient; jetzt sollt ihr euch dafür entscheiden, für die Gerechtigkeit zu leben, damit ihr heilig werdet (Röm 6,12-19 NLB).

Was ist das „Fleisch"?

Wie wir das „Fleisch" definieren, ist entscheidend, wenn wir zu einer biblischen Sicht des inneren Kampfes gelangen wollen, den wir alle ab dem Augenblick erleben, wenn Gott den Brückenkopf seines Geistes in uns errichtet. Vielleicht ist Ihnen aufgefallen, dass die *Amplified Bible* das Fleisch mit der „gottlosen menschlichen Natur" übersetzt hat. *Die Gute Nachricht* übersetzt Paulus' Formulierung „im Fleisch" mit *„unserer selbstsüchtigen Natur folgend"* (Röm 7,5 GNB). Die NGÜ übersetzt es mit *„noch von unserer eigenen Natur bestimmt"*. Die *Amplified Bible* sagt:

> *Handelt und lebt ständig im Heiligen Geist – empfänglich für, beherrscht und geleitet von dem Geist; dann werdet ihr die Begierden und Wünsche des Fleisches – der menschlichen Natur ohne Gott – sicher nicht befriedigen wollen* (Gal 5,16 AMP).

Wir haben hier also drei unterschiedliche Definitionen für das Fleisch: unsere selbstsüchtige Natur, unsere eigene Natur und unsere menschliche Natur ohne Gott.

Kenneth Wuest fügt seiner Beschreibung des Fleisches noch eine weitere Nuance hinzu. Er übersetzt Galater 5,17 so:

> *Die* ***böse Natur*** *hat ständig ein starkes Verlangen, den Geist zu unterdrücken, und der Geist hat ein starkes Verlangen, die böse Natur zu unterdrücken*

Auch *The Message* definiert das Fleisch als eine *„gottlose menschliche Natur"*. Ein weiterer interessanter Ausdruck, den Paulus verwendet, ist unser „alter Mensch". Er schreibt: *„Unser alter Mensch wurde mitgekreuzigt"* (Röm 6,6 REÜ). *The Message* nennt ihn *„unser altes unerneuertes Selbst"*, während die NLB es unser *„früheres Leben"* nennt und die NGÜ *„der Mensch, der wir waren"*. Mein altes Selbst war das alte „Ich“ vor der Neugeburt, als meine alte, böse, sündige menschliche Natur sich, unbeeindruckt von der Gegenwart des Geistes der Heiligkeit, als Mittelpunkt meiner Existenz festgesetzt hatte. Das Fleisch ist also ein sündiger und selbstsüchtiger Existenzzustand, der sich Gott und seiner Gerechtigkeit grundsätzlich widersetzt.

Paulus lehrte ausdrücklich, dass diese „alte, sündige und selbstsüchtige Natur“ im Leben jedes Christusnachfolgers immer noch eine aktuelle Realität ist und dass es in unserer Verantwortung liegt, sie unter die Herrschaft und Gewalt der Macht des Kreuzes zu bringen und zu töten. Paulus wandte sich an wiedergeborene Christen, als er schrieb:

> *Irrt euch nicht: Gott lässt sich nicht spotten! Denn was der Mensch sät, das wird er auch ernten. Denn* ***wer auf sein Fleisch sät****, der wird vom Fleisch Verderben ernten; wer aber auf den Geist sät, der wird vom Geist ewiges Leben ernten* (Gal 6,7-8 SLT).

Paulus erkannte, dass Gläubige, die ihren Weg mit Gott in der Kraft des Heiligen Geistes begonnen hatten, allzu leicht wieder ins Fleisch zurückfallen konnten.

> *Seid ihr so unverständig? Im Geist habt ihr angefangen und wollt es nun im Fleisch vollenden?* (Gal 3,3 SLT).

Die „alte Natur“ des Gläubigen entspricht also der gegenwärtigen Natur des gefallenen Menschen. Sie sind ein und dieselbe. Insofern ist die allgemeine biblische Offenbarung von der sündigen Natur der gefallenen Menschheit ebenso auf dieselbe „alten Natur“ im Gläubigen anwendbar. Der einzige Unterschied besteht darin, dass der Gläubige dank seines neuen Lebens in Christus der alten Natur gestorben ist. Deshalb bezeichnen wir sie nun als „alt“! Die Herausforderung besteht darin, diese Realität auch auszuleben, dass wir tatsächlich für alles tot sind, was die alte Natur ausmacht. Wenn wir die Realität der Neuen Schöpfung ablehnen, fallen wir automatisch in den Modus des alten Selbst mit seinen Leidenschaften und Wünschen zurück.

Paulus sagte:

> *Denn das Gesetz des Geistes des Lebens in Christus Jesus hat mich frei gemacht von dem Gesetz der Sünde und des Todes* (Röm 8,2 SLT).

Watchman Nee, der Autor von *Das normale Christenleben,* verglich das Gesetz des Geistes mit dem Gesetz der Aerodynamik und das Gesetz der Sünde und des Todes mit dem Gesetz der Schwerkraft. So lange das Gesetz der Aerodynamik mit seinem Prinzip von Schub und Auftrieb greift, trotzt es dem Gesetz der Schwerkraft. Aber sobald der Motor ausgeschaltet ist, unterliegt ein 350-Tonnen-Jet sofort wieder dem Gesetz der Schwerkraft. Ein grässlicher Gedanke für alle die unter uns, die regelmäßig fliegen!

Paulus' Ermahnungen, das Alte abzulegen und das Neue anzuziehen, um *„die Taten des Leibes zu töten"* (Röm 8,13 SLT) und *„alles, was an euch noch irdisch ist"* (Kol 3,5 GNB), bekommt für uns eine sehr viel höhere Bedeutung, wenn uns die Natur des Fleisches in all ihrer Verdorbenheit immer mehr bewusst wird und wir lernen, wie wir die Kraft des Kreuzes auf unseren alten Menschen anwenden können. *The Message* übersetzt:

> *Tötet also die üble Begierde, die in euren Gliedern lauert ... die Vergöttlichung des Selbst!* (Kol 3,5 MSG).

Das ist der wichtigste Grund, weshalb Gott immerzu die sündige Natur in unserem Herzen aufdeckt. Er wird nicht **für uns** tun, was er **durch uns** tun will, da unsere Herzen systematisch von Herrlichkeit zu Herrlichkeit verwandelt werden. Das ist ein Weg, den wir nicht umgehen oder vermeiden können. Schritt für Schritt führt er uns durch den Prozess tiefgreifender Herzensverwandlung. Dabei achtet er immer darauf, dass wir in Bezug auf die Heiligung unseres ganzen Herzens uneingeschränkt mitwirken. Wenn uns das bewusst ist, können wir die generelle Offenlegung der sündigen Natur in der gesamten Bibel in dem Wissen betrachten, dass sie allgemein für jedes Lebewesen gilt, einschließlich derer, die neue Kreaturen in Christus sind, weil es eine Offenbarung dessen ist, was wir nun in unserem Herzen als „alt" oder „vergänglich" betrachten. Wir ***müssen*** unseren Feind kennen!

Wenn wir uns mit der biblischen Offenbarung der gefallenen menschlichen Natur beschäftigen, sollten wir nicht vergessen, dass wir hier unser altes Selbst untersuchen. Wir haben eine neue, sündenfreie Natur und sind im Inneren unseres Seins Teilhaber der göttlichen Natur, also geht es hier NICHT darum, wer oder was wir als wiedergeborener Christ sind. Es entspricht nicht mehr unserer Identität.

Aber zum Zweck dieses Kapitels werden wir die Natur des gefallenen Menschen untersuchen, die identisch ist mit dem, was die Bibel als unsere „alte" Natur oder unseren „alten Menschen" identifiziert. Wir müssen die Offenbarung von der Sündennatur als eine Realität erforschen, die „vergangen" ist, andernfalls missachten wir das Wunder der Neuen Schöpfung.

> *Vielmehr [wissen wir]: Wenn jemand zu Christus gehört, ist er eine neue Schöpfung.* ***Das Alte ist vergangen****; etwas ganz Neues hat begonnen* (2 Kor 5,17).

Wenn wir die alte Natur als eine Beschreibung dessen betrachten, „wer wir sind", werden wir am Ende vollkommen verurteilt dastehen. Aber Paulus sagte:

> *Für die, die mit Jesus Christus verbunden sind, gibt es keine Verurteilung mehr* (Röm 8,1).

Der Grund dafür, dass wir nicht länger verurteilt sind, ist, dass wir in Christus neue Kreaturen sind!

Ich kann das nicht genug betonen! Freuen Sie sich, während Sie dieses Kapitel lesen, darüber, dass Jesus Sie in Ihrem Geist bereits von all dem befreit hat. Lesen Sie es durch die Brille des Neuschöpfungswunders und sehen Sie sich selbst, wie Gott Sie nun sieht! Es mag Momente geben, in denen der Heilige Geist Sie überführt und Sie bestimmte alte Charakterzüge wiedererkennen, die ihnen immer noch Probleme bereiten. Aber selbst wenn der Heilige Geist Ihnen Bereiche aus Ihrem alten Leben aufzeigt, die sich in Ihrem Herzen noch immer bemerkbar machen, freuen Sie sich, denn sie gehören nicht mehr zu Ihrer wahren Identität.

Es mag Bereiche geben, in denen Sie noch umkehren müssen. Umkehr und Bekennen (Buße tun) sind ganz offensichtlich auch für wiedergeborene Gläubige unerlässlich. Wenn Gott uns einen Bereich der Verstrickung in Sünde offenbart, tun wir Buße vor Gott, bekennen unsere Sünden und wenden uns von ihnen ab, sodass die Sünde nicht länger über uns herrschen kann.

> *Doch wenn wir unsere Sünden bekennen, erweist Gott sich als treu und gerecht: Er vergibt uns unsere Sünden und reinigt uns von allem Unrecht, [das wir begangen haben]* (1 Joh 1,9).

Das Fleisch enthüllen

Jesus ist das *„Lamm Gottes, das die Sünde der Welt wegnimmt"* (Joh 1,29 NLB). Sein Ziel war, das Ausmaß menschlicher Sündhaftigkeit zu offenbaren, um für volle Umkehr und Reinigung im Tiefsten unseres Herzens zu sorgen. Ohne diese Umkehr gibt es keine Rettung. Jesus ging dabei sogar noch tiefer als das Gesetz. Das Gesetz offenbarte die Gegenwart der Sünde in der Welt, aber Jesus verlagerte die Enthüllung der sündigen Natur auf eine andere Ebene, indem er die Realität der Sünde auf die innere Ebene des Herzens verlegte. Weil die alttestamentliche Offenbarung unvollständig war, konnte sie nicht das gesamte Bild vermitteln. In der Bergpredigt sehen wir ein gutes Beispiel für diese tiefere Enthüllung der Realität der Sünde. Jesus sagte:

> *Ihr wisst, dass es heißt: „Du sollst nicht die Ehe brechen!" Ich aber sage euch: Jeder, der eine Frau mit begehrlichem Blick ansieht, hat damit* ***in seinem Herzen*** *schon Ehebruch mit ihr begangen* (Mt 5,27-28).

Jesus wendete dasselbe Prinzip auf das Verbot des Mordens an.

> *Ihr wisst, dass zu den Vorfahren gesagt worden ist: „Du sollst keinen Mord begehen! Wer einen Mord begeht, soll vor Gericht gestellt werden." Ich aber sage euch: Jeder, der auf seinen Bruder zornig ist, gehört vor Gericht. Wer zu seinem Bruder sagt: „Du Dummkopf", der gehört vor den Hohen Rat. Und wer zu ihm sagt: „Du Idiot", der gehört ins Feuer der Hölle* (Mt 5,21-22).

Jesus sagte im Endeffekt: „Das Gesetz sagt dies, aber ich sage das!" Johannes ging in seinem ersten Brief nach demselben Schema vor. Das Gesetz sagte: *„Du sollst nicht töten"*, aber Johannes sagte:

> *Jeder, der seinen Bruder oder seine Schwester hasst, ist ein Mörder* (1 Joh 3,15).

Dieses Prinzip durchdringt das ganze Neue Testament. Gott erweitert die Definition der Sünde über äußere Taten hinaus um Herzenshaltungen und Motivationen.

Als die alttestamentlichen Propheten die Realität der Sünde anprangerten, ging es Gott um mehr als um eine oberflächliche Reaktion. Es ging ihm nicht nur um das Ablegen bestimmter äußerlicher

Verhaltensweisen. Er wollte einen tiefen inneren Herzenswandel. Die Pharisäer dachten, dass sie Gott damit gefielen, dass sie das Äußere des Bechers reinigten. Sie mordeten nicht und begingen auch keinen Ehebruch. Sie stahlen nicht und praktizierten keinen Götzendienst. Aber war Habgier in ihren Herzen? Hassten sie ihren Nächsten? Hatten sie innerlich mit Begierde, Stolz, Zorn und Selbstsucht zu kämpfen? Jesus deckte diese oberflächliche Auffassung von Sünde auf, als er sagte:

> *Ihr reinigt das Äußere eurer Becher und Schüsseln, ihr Inhalt aber zeugt von eurer Raubgier und Maßlosigkeit. Nach außen hin erweckt ihr bei den Menschen den Anschein, gerecht zu sein, in Wirklichkeit aber seid ihr voller Heuchelei und Gesetzlosigkeit* (Mt 23,25.28).

Diese oberflächliche Auffassung von Sünde ist von vielen in der Kirche übernommen worden, die die Lehre Christi hinsichtlich der absoluten Verdorbenheit der Sündennatur nicht begriffen haben. Larry Crabb beschreibt sie als eine „Eisberg-Sicht von Sünde". Er schreibt:

> Der vielleicht größte Fehler heutiger evangelikaler Gemeinden besteht in einem defizitären und oberflächlichen Sündenverständnis. Viele Pastoren predigen eine „Eisberg-Sicht" von Sünde. Sie sorgen sich nur darum, was oberhalb der Wasserlinie sichtbar ist. Wie ein naiver Kapitän, der sein Schiff um die Spitze des Eisbergs herum manövriert und keine Ahnung hat, dass sich unter der Oberfläche ein zerstörerisches Eisgebirge befindet, geben sich christliche Lehrer und Leiter oft viel zu schnell damit zufrieden, dass ihre Leute sich von sündigem Fehlverhalten abkehren, wie es die jeweilige Kirche gerade definiert. Bei diesem Vorgehen bleibt eine riesige Masse an sündigen Überzeugungen und fehlgeleiteten Motiven unberührt. Das Ergebnis ist äußere Anpassung, die sich als als geistliche Gesundheit maskiert.[1]

Jesus stellte sich dieser falschen Auffassung von Sünde bewusst entgegen, indem er das Augenmerk auf den unsichtbaren Herzenszustand lenkte. Mehr als alle anderen Menschen auf der Erde sollten Christusnachfolger verstehen, dass Sünde nicht einfach nur aus den

---

[1] Übersetzt aus: L. Crabb, *Understanding People,* S. 129.

Dingen besteht, die Menschen äußerlich tun. Genauso wenig handelt es sich bei Umkehr/Buße allein um die äußerliche Reinigung des Bechers. Wie konnte so vielen Christen im Lauf der Geschichte diese Offenbarung entgehen, wo Jesus sie doch so klar beschrieben hat? Wann immer die Kirche in eine populär-religiöse Kultur abrutscht, in der Gerechtigkeit sich nach äußerlicher Anpassung bemisst, sind wir schon zufrieden, wenn unsere Leute sich lediglich von bestimmten äußerlichen Dingen fernhalten, wie von übermäßigem Alkoholkonsum, von Glücksspielen und von Sex vor der Ehe. Das Problem liegt darin, dass wir uns schon damit zufriedengeben, wenn Christen, weil sie keine öffentlich sichtbare Sünde begehen, zumindest nach außen hin als bessere Menschen dastehen als die, die Christus nicht in ihrem Leben haben.

Paulus nannte die Gläubigen „Heilige", doch gleichzeitig bezeichnete er sich selbst als den „schlimmsten Sünder". Er gab an, dass wir in Christus für die Sünde tot sind, aber er räumte auch ein, dass wir in unserem Seelenleben noch immer gegen Sünde und Versuchung zur Sünde kämpfen. Er verkündete eine einzigartige Verbundenheit mit Christus in seinem Tod, was die Sünde angeht, und in seiner Auferstehung, was das neue Leben angeht, aber er verkündete auch eine Art Verbundenheit mit der gesamten Menschheit in ihrer Verstrickung in Sünde. Paulus widmete einen beträchtlichen Teil seiner Zeit dem Anliegen, Christen dabei zu helfen, sich von den Tentakeln dieses üblen Sklaventreibers zu befreien. Ein sehr großer Teil seiner Briefe drehte sich inhaltlich um diesen Prozess, Gläubige aus der Verstrickung in die Macht der Sünde zu befreien.

Wir klopfen uns selbst naiv auf die Schulter bei dem Gedanken, dass wir nicht wie die Heiden sind, die nicht an Gott glauben. Erinnern Sie sich an Jesu berühmte Darstellung der Herzenshaltung des religiösen Mannes?

> *Der Pharisäer stellte sich selbstbewusst hin und betete: „Ich danke dir, Gott, dass ich nicht so bin wie die übrigen Menschen – ich bin kein Räuber, kein Betrüger und kein Ehebrecher, und ich bin auch nicht wie jener Zolleinnehmer dort. Ich faste zwei Tage in der Woche und gebe den Zehnten von allen meinen Einkünften"* (Lk 18,11-12).

In jedem von uns steckt ein kleiner Pharisäer, der stolz auf seine religiösen Errungenschaften blickt und sich über diejenigen erhebt, die nicht an Gott glauben. Nur weil wir Gottes Maßstäben in Sachen Gerechtigkeit und Moral zustimmen, heißt das noch nicht, dass unser Herz mit diesem inneren Maßstab der Gerechtigkeit übereinstimmt. Darin lag der große Irrtum der Pharisäer, die Gottes Wort zwar zustimmten, sich aber nicht auf die tiefgehende Herzensreise machten, um die Innenseite des Bechers zu reinigen.

Wenn wir uns mit den Menschen um uns herum vergleichen, die sich rücksichtslos in alle möglichen Sünden stürzen, könnten wir uns etwas darauf einbilden, dass wir uns nach außen hin so sehr verändert haben. Petrus sagte:

> *Deshalb wundern sich die Leute, dass ihr bei ihrem zügellosen Treiben nicht mehr mitmacht* (1 Petr 4,4).

Wann immer jemand darauf verzichtet, sich zu betrinken, Gott zu lästern, zu fluchen und außerehelichen Geschlechtsverkehr zu haben, wird die Welt hellhörig und nimmt Notiz. Was stimmt mit ihm/ihr nicht und warum ist er/sie bei unserer Party nicht dabei? Äußerliche Abstinenz von sündigen Praktiken ist in jedem Fall eine erhebliche Verbesserung gegenüber unserem früheren Zustand, und die Versuchung ist groß, sich auf einer bestimmten Ebene geistlicher Errungenschaft auszuruhen. Aber mit wem sollen wir uns vergleichen? Wenn wir uns an den Maßstäben unserer Umgebung messen, wird es immer jemanden geben, über den wir uns erheben können. Es wird immer Menschen geben, mit denen wir uns vergleichen können, um uns davon zu überzeugen, dass wir nicht wie andere sind. Paulus sprach dieses Problem des Vergleichens an, das sich bei einigen eingestellt hatte. Er sagte über sie:

> *Diese Leute sind Menschen ohne Verstand, die nur sich selbst als Maßstab kennen und sich nur mit sich selbst vergleichen* (2 Kor 10,12).

Jesus, die personifizierte Gerechtigkeit

Es gibt im ganzen Universum nur eine Person, mit der wir uns vergleichen sollten, und das ist Jesus. Gott selbst nimmt diesen Vergleich vor, um die Gegenwart der Sünde im menschlichen Herzen zu offenbaren. Er sagte:

> *Seid heilig, denn ich bin heilig* (1 Petr 1,16 ELB).
>
> *Ihr nun sollt vollkommen sein, wie euer himmlischer Vater vollkommen ist* (Mt 5,48 ELB).
>
> *Ich habe euch ein Beispiel gegeben, damit auch ihr so handelt, wie ich an euch gehandelt habe* (Joh 13,15).

Wir sind aufgerufen, in die Fußstapfen Christi zu treten und so zu leben, wie er gelebt hat. Wir sind berufen, in das Bild Jesu Christi verwandelt zu werden. Er ist der Maßstab, an dem wir uns messen sollen. Wann immer wir den Maßstab herabsetzen, werden wir stets jemanden finden, mit dem wir unser Maß an Spiritualität vergleichen können; und in unserem eigenen verdrehten Denken werden wir Gründe dafür finden, uns über andere zu erheben. Die Wahrheit ist: *„Alle Menschen haben gesündigt und das Leben in der Herrlichkeit Gottes verloren"* (Röm 3,23 NLB). Die Herrlichkeit Gottes ist in der sündlosen Vollkommenheit des Herzens Jesu offenbart worden; und wenn wir über das nachdenken, was manche als das „unbefleckte Herz" Christi beschrieben haben, und im Vergleich dazu das Ausmaß unserer Selbstsucht betrachten, im Licht der außerordentlichen Liebe des Herzens Jesu, werden wir stark mit unserem Bedürfnis nach einer tiefergehenden Verwandlung konfrontiert.

Mit den Zehn Geboten offenbarte Gott einen ethischen Maßstab für Gerechtigkeit, an dem die grenzenlose Schlechtigkeit der Sünde deutlich wird. Wie Paulus in Römer 7 aufzeigte, war das Gesetz gut.

> *Es bleibt also dabei, dass das Gesetz heilig ist; seine Forderungen sind heilig, gerecht und gut. Aber heißt das dann, dass etwas, was gut ist, für mich zur Ursache des Todes wurde? Niemals! Es ist die Sünde gewesen; sie hat mir den Tod gebracht und hat dazu das Gute benutzt. Damit zeigte sie ihr wahres Gesicht; gerade die Forderungen des Gesetzes mussten dazu dienen, die grenzenlose Schlechtigkeit der Sünde ans Licht zu bringen* (Röm 7,12-13).

Das Gesetz war „gut", aber Christus ist besser! In der Person Christi wurde die Welt Zeuge der persönlichen Inkarnation der Reinheit, Gerechtigkeit und Heiligkeit Gottes. Christus hat der Gerechtigkeit Gottes ein Gesicht gegeben! Es war eine Sache, die Ethik des Gesetzes zu verstehen, aber eine ganz und gar andere, jemandem zu begegnen, der die Gerechtigkeit des Gesetzes verkörperte und sogar übertraf. Jesus sagte:

Denkt nicht, ich sei gekommen, um das Gesetz oder die Propheten außer Kraft zu setzen. Ich bin nicht gekommen, um außer Kraft zu setzen, sondern um zu erfüllen (Mt 5,17).

Das Gesetz brachte den Tod, Christus dagegen ist gekommen, damit wir Leben im Überfluss haben. Der Unterschied zwischen dem Dienst des Alten Bundes und dem des Neuen Bundes ist, dass das Gesetz laut Paulus der „Dienst des Todes" war, während der Dienst Christi der Dienst des Lebens ist.

Denn der Buchstabe tötet, aber der Geist macht lebendig (2 Kor 3,6 SLT).

Der Bund des Gesetzes war mangelhaft, aber an seinem einzigen Sohn hatte Gott „Wohlgefallen".

Schließlich hätte Gott keinen Anlass gehabt, einen zweiten Bund zu schließen, wenn der erste nicht Mängel aufgewiesen hätte. Dass dieser tatsächlich unvollkommen war, macht die Schriftstelle klar, an der berichtet wird, wie Gott sein Volk tadelt: „Der Tag kommt, sagt der Herr, an dem ich mit dem Volk von Israel und mit dem Volk von Juda einen neuen Bund schließen werde" (Heb 8,7-8).

Der Vater hatte großes Gefallen daran, der Welt seinen Sohn zu zeigen, weil sein Sohn die Verkörperung der Reinheit und Gerechtigkeit des Herzens Gottes war. Die Welt hatte es dringend nötig, die Reinheit Gottes mit einem menschlichen Gesicht zu sehen. Wie sah ein reines Herz aus? Sie müssen nur das sündlose Lamm Gottes anschauen, das die Reinheit der göttlichen Natur verkörperte und offenbarte und sein Volk zur Reinheit des Herzens aufrief.

Glücklich zu preisen sind die, die ein reines Herz haben; denn sie werden Gott sehen (Mt 5,8).

Jesus ist Gottes Offenbarung des reinen Herzens, und sowohl durch seine Worte als auch allein durch seine Gegenwart offenbarte er die Unreinheit des menschlichen Herzens. Jesus zögerte nicht, die Verdorbenheit des Herzens hervorzuheben. Die Offenbarung der Unreinheit des menschlichen Herzens war in seiner Lehre und Predigt sogar zentral, wie wir es auch an den obigen Zitaten aus der Bergpredigt sehen konnten. Jesus war die ultimative Offenbarung eines Lebens, das von jeglicher Selbstsucht frei ist. Er war vollkommen selbstlos, da er für die Liebe lebte. Er verkörperte die Liebe Gottes in solch einem Maße, dass man am Lebensstil und am Herzens Jesu erkennen konnte, wie eine selbstlose Person wirklich aussieht. Beim Gesetz ging es um das Einhalten eines rigorosen Kodex äußerlicher Anpassung, während es Jesus um den wahren Zustand des menschlichen Herzens ging.

Sünde zeigt sich in unserer Beziehung zu Gott und zu unserem Nächsten. Das Herz der Sünde ist nur auf den eigenen Willen bedacht und steht dem Willen Gottes grundsätzlich entgegen. Jesus schockiert uns mit der Offenbarung, wie böse wir sein können. Weil er die menschliche Natur ganz genau kannte, konnte er pauschale Aussagen über die negative Ausrichtung des menschlichen Herzens treffen. Jesus konnte mit einer Selbstverständlichkeit sagen:

> *Wenn also ihr,* ***die ihr doch böse seid****, das nötige Verständnis habt, um euren Kindern gute Dinge zu geben, wie viel mehr wird dann euer Vater im Himmel denen Gutes geben, die ihn darum bitten* (Mt 7,11).

Was für ein Affront gegen unsere persönliche Würde! Die Pharisäer gratulierten sich zu ihrer eigenen Gerechtigkeit und Tugendhaftigkeit, aber Jesus fuhr sie an:

> *Ihr Schlangenbrut! Wie solltet ihr auch Gutes reden können, wo ihr doch böse seid? Denn wie der Mensch in seinem Herzen denkt, so redet er* (Mt 12,34).

Jesus offenbarte:

> *Ein böser Mensch spricht böse Worte aus einem bösen Herzen* (Mt 12,35 NLB).

Stellen Sie sich einmal vor, wie sehr das die Pharisäer beleidigt haben muss, die sich selbst davon überzeugt hatten, gerecht zu sein!

Die Gegenwart Jesu allein war genug, um menschliche Verdorbenheit ans Licht zu bringen. Genauso wie sich in seiner Gegenwart Dämonen manifestierten, wurden in seiner Gegenwart auch sündige Menschen offenbart. Jesus gönnte den Menschen als Prophet nie den Luxus, dass die Bosheit ihres Herzens unter Verschluss blieb. Er lockte sie hervor und brachte sie ans Licht. Als das „Licht der Welt“

entlarvte er persönliche Verdorbenheit und brachte ans Licht, was im Verborgenen geschah. Er bewies:

> *Die Menschen liebten die Finsternis mehr als das Licht, weil ihr Tun böse war. Denn jeder, der Schlechtes tut, hasst das Licht; er tritt nicht ans Licht, damit sein Tun nicht aufgedeckt wird* (Joh 3,19-20).

Sie mögen nicht zum Licht gekommen sein, aber das Licht war zu ihnen gekommen und das Licht Christi deckte das Böse auf, das in ihnen steckte. Das Licht hat die Finsternis erhellt und die Welt wird nie mehr dieselbe sein!

Jesus, der *„das wahre Licht ist, das alle Menschen erleuchtet"* (Joh 1,9 NLB), schenkt laut Johannes *„allen Menschen Licht. Das Licht scheint in der Dunkelheit, und die Dunkelheit konnte es nicht auslöschen"* (Joh 1,4-5 NLB). Gekränkt von der Intensität des Lichts versuchte das böse Herz des Menschen verzweifelt, dieses Licht auszulöschen. Seine Feinde dachten, sie hätten es geschafft, bis Christus von den Toten auferstand. Aber das Licht scheint immer weiter und Gott hat für alle Zeiten einen Maßstab der Reinheit etabliert. Die Bürde des sündigen Menschen besteht nun darin, dieses Licht aktiv auszulöschen. Der Mensch entscheidet sich nun an jedem Tag seines Lebens neu, ob er das Licht willkommen heißt oder sich von ihm abwendet und es auszulöschen versucht.

Der sündige Mensch wird ununterbrochen mit der Realität des Lichts konfrontiert. Jedes Mal, wenn er eine Kirche sieht oder eine christliche Botschaft auf einer Werbetafel, lehnt er das Licht ab. Jedes Mal, wenn eine christliche Werbung im Fernsehen erscheint, verwirft er das Licht. Jedes Mal, wenn er das Datum liest oder schreibt, muss er die Tatsache verdrängen, dass die Zeit anhand der Ankunft des Lichts gemessen wird. Jedes Jahr an Weihnachten und Ostern muss er die Tatsache der Geburt und des Todes Christi aus seinen Gedanken verdrängen. Der sündige Mensch wird täglich mit Christus konfrontiert, weil Gott in die Offensive gegangen ist. Er hat der Finsternis den Krieg erklärt, indem er das Licht sandte.

Sünde wird nicht mehr allein am Maßstab des mosaischen Gesetzes gemessen. Sie wird gemessen an unserer Reaktion auf die Realität Christi, des Lichts der Welt. Jesus sagte, es sei die Rolle des Heiligen Geistes, die Welt von der Sünde zu überführen.

Und wenn jener kommt, wird er die Welt überführen von Sünde und von Gerechtigkeit und vom Gericht; ***von Sünde, weil sie nicht an mich glauben*** (Joh 16,8-9 SLT).

In der NLB heißt es: *„Die Sünde der Welt ist, dass sie nicht an mich glaubt."* Das Kommen Christi hat das Wesen der Sünde für immer neu definiert. Jesus fordert uns auf, an das Licht zu glauben.

Solange ihr das Licht habt, glaubt an das Licht, damit ihr Kinder des Lichtes werdet! (Joh 12,36 SLT).

Christus hat die Finsternis und das böse Herz des gefallenen Menschen entlarvt, und die Menschheit muss sich nun zwischen Finsternis und Licht entscheiden. Jesus hat die Wahrheit enttarnt, dass die Menschheit die Finsternis dem Licht vorzog. In ähnlicher Weise zeigte Paulus auf, dass gefallene Menschen sich selbst, das Geld, das Vergnügen lieben – im Grunde alles, außer Gott.

Sei dir jedoch darüber im Klaren, dass die Zeit vor dem Ende eine schlimme Zeit sein wird. Die Menschen werden selbstsüchtig sein, geldgierig, großtuerisch und arrogant. Sie werden ihre Mitmenschen beleidigen, ihren Eltern nicht gehorchen, undankbar sein und weder Ehrfurcht noch Mitgefühl kennen. Sie werden unversöhnlich sein, verleumderisch, unbeherrscht, gewalttätig, voll Hass auf alles Gute und zu jedem Verrat bereit. Sie werden vor nichts zurückschrecken, um ihre Ziele zu erreichen und werden von Hochmut verblendet sein. Ihr ganzes Interesse gilt dem Vergnügen, während Gott ihnen gleichgültig ist (2 Tim 3,1-4).

Das Fleisch hasst Gott

Das gefallene menschliche Herz hegt eine natürliche Abneigung gegen Gerechtigkeit, Heiligkeit und Güte. Es ist nicht so, als würde der gefallene Mensch lediglich Gott von Natur aus nicht mögen oder als zöge er die Finsternis dem Licht vor. Die Sache ist vielmehr, dass sie Gott hassen, das Gute hassen und alles hassen, was mit Gerechtigkeit zu tun hat. Das ist das unverhüllte Fleisch. In Römer 1 katalogisierte Paulus buchstäblich den Zustand des gefallenen Herzens. Im Kern seiner wenig schmeichelhaften Beschreibung bezeichnete er die gefallenen Menschen als solche, die „Gott hassen".

> *Da sie sich weigerten, Gott anzuerkennen, überließ er sie ihren verwerflichen Gedanken, sodass sie tun, was sie nie tun sollten. Ihr Leben ist voller Unrecht, Schlechtigkeit, Habgier, Bosheit, Neid, Mord, Streit, Betrug und Hinterlist. Sie reden hinter dem Rücken über andere und verleumden ihre Mitmenschen;* ***sie hassen Gott*** *und sind unverschämt, stolz und großspurig. Sie sind voller Ideen, wenn es darum geht, Böses zu tun und ihren Eltern sind sie ungehorsam. Sie sind uneinsichtig, halten ihre Versprechen nicht und sind lieblos und unbarmherzig* (Röm 1,28-31 NLB).

In seinem Buch *Dynamics of Spiritual Life* beschreibt Richard Lovelace diese intensive Abneigung des Fleisches gegen Gott.

> Obwohl die meisten Menschen von Zeit zu Zeit den Anschein erwecken, verwirrte Wahrheitssuchende mit einem naiven Respekt gegenüber Gott zu sein … ist die Realität, dass sie – es sei denn sie sind vom Geist geleitet – eine natürliche Abneigung gegenüber dem wahren Gott empfinden, einen unkontrollierbaren Drang verspüren, seine Gesetze zu brechen, und ständig dazu neigen, über ihn zu richten – wenn sie ihn überhaupt beachten. Sie stehen dem in der Bibel offenbarten Gott mit moralischer Feindschaft gegenüber. Da sich seine und ihre Ziele an jeder Ecke kreuzen, hassen sie ihn mehr als alles andere, was sich deutlich an ihrem Umgang mit seinem Sohn erkennen lässt. Sie sind sich dieser Feindseligkeit größtenteils gar nicht bewusst, da ihr Unglaube sie üblicherweise unterdrückt …[2]

Paulus' Beschreibung des menschlichen Zustands in Römer 1 ist für den menschlichen Verstand tief beleidigend; wir tendieren dazu, vor dieser schockierenden Wahrheit zu erschaudern. Die meisten Leute sind so damit beschäftigt, den Anschein von Gerechtigkeit und Tugend aufrechtzuerhalten, dass ihr wahrer Herzenszustand unter vielen Schichten der Verdrängung begraben liegt. Aus Sicht der Bibel ist jeder Anschein, ein guter Mensch zu sein, nichts anderes als religiöse Show. Der Psalmist Asaph schrieb:

---

[2] Übersetzt aus: R. Lovelace: *Dynamics of the Spiritual Life*, S. 86-87.

> *Die den HERRN hassen, würden ihm Ergebung heucheln* (Ps 81,16).

Am Ende seiner nicht gerade schmeichelhaften Beschreibung des sündigen Herzens in 2. Timotheus 3 sagte Paulus über dieselben Menschen, sie hätten *„den äußeren Schein von Gottesfurcht, deren Kraft aber verleugnen sie"* (2 Tim 3,5 SLT). Dieser „Schein" bzw. diese „Form" der Gottesfurcht ist nichts anderes als eine gut einstudierte Aufführung von Schauspielern auf der Bühne des Lebens, die alles daransetzen, etwas darzustellen, was sie nicht sind.

> *Glaube nicht seinen schmeichelnden Worten, denn sein Herz ist voller Bosheit* (Spr 26,25 NLB).

Wir sind umgeben von dem Mythos, dass der Mensch von Grund auf gut ist, aber Jesus sagte klar und deutlich:

> *Niemand ist gut als Gott allein!* (Mt 19,17 SLT).

Diese Offenbarung zieht sich durch die Schrift wie ein nahtloses Gewand. David ging einmal mit der Universalität menschlicher Sünde heftig zu Gericht.

> *Sie richten Unheil an, ihr ganzes Verhalten ist abscheuliches Unrecht. Keiner handelt so, wie es gut wäre. Gott schaut vom Himmel herab auf die Menschen. Er möchte sehen, ob es einen unter ihnen gibt, der verständig ist, einen, der nach Gott fragt. Doch alle sind [vom richtigen Weg] abgewichen, sie sind durch und durch verdorben. Keiner handelt so, wie es gut wäre, nicht ein Einziger* (Ps 53,2-4).

Paulus zitierte diesen Abschnitt in Römer 1. Weil gefallene Menschen dem Bösen zugetan sind, zucken sie nicht einmal mehr zusammen, wenn jemand den Namen Christi lästert, obwohl Blasphemie das Grundübel menschlicher Schlechtigkeit darstellt. Obwohl die meisten Menschen sich nicht für böse halten, würden sie auch nicht behaupten, ihre Herzen seien vollkommen frei von Schlechtigkeit. Gefallene Menschen stehen dem Bösen ambivalent gegenüber: Sie wissen, dass es falsch ist, tolerieren es aber, weil es überall auftritt. John White behandelt diese menschliche Ambivalenz gegenüber dem Bösen in seinem Buch *Changing on The Inside*.

> Das Böse ist Teil der Realität dessen, wer wir sind. Es existiert in uns allen, weil wir – die gesamte Menschheit – uns entschlossen haben, unser Leben auf unsere Weise selbst in die Hand zu nehmen. Wenn wir meinen, wir hätten das Böse unter Kontrolle, haben wir wohl nie ernsthaft versucht, es loszuwerden. Die meisten von uns laufen dem Bösen nicht nach, aber genauso wenig strengen wir uns an, ein vorbildliches Leben zu führen. Wir versuchen uns durchzumogeln – was auch immer die Gesellschaft gerade toleriert und mit was auch immer wir sonst noch davonkommen können. Jeder ernsthafte Vorsatz, ein wirklich gutes Leben zu führen, kann uns in ernsthafte Schwierigkeiten bringen, denn dann werden wir mit der ernüchternden Realität des Bösen in uns konfrontiert. Nicht jeder von uns macht diese Entdeckung, weil wir uns nicht ernsthaft hohe Ziele stecken. Wir finden nie, was ich das *Biest im Keller* nennen würde – ein Biest, das in uns allen lauert, obwohl wir uns selten seiner Existenz bewusst sind. Die meisten von uns stellen sich natürlich nie auf die Seite des Bösen in seinen eklatanteren Formen. Wir sind „nette“ Leute und als solche sind wir für die Ansteckungskraft des Bösen in uns allen blind.[3]

Weil es uns in unserem gefallenen Zustand vollständig an Offenbarung fehlte, konnten wir den Zustand unseres eigenen Herzens nicht sehen, wie Gott ihn sah, und deshalb über die Gegenwart des Bösen hinwegsehen. Gott sieht die Leiche im Keller, während die Menschheit seliger Unwissenheit frönt.

> *Der Herr sah, dass auf der Erde die Schlechtigkeit des Menschen zunahm und dass alles Sinnen und Trachten seines Herzens immer nur böse war* (1 Mose 6,5 REÜ).

Im Großen und Ganzen stören sich die Menschen nicht an der Gegenwart des Bösen, weil sie insgeheim mit dem Bösen im Bund stehen. Der Kern dieser Solidarität ist der universale Entschluss, ein Leben in Unabhängigkeit von Gott zu führen. Aus Gottes Sicht tut jeder *„nur das, was sein böses Herz ihm eingibt, keiner hört auf mich“* (Jer 16,12 NLB). In dem Herzen, das sich weigert, Gott anzuerkennen,

---

[3] Übersetzt aus: J. White, *Changing On The Inside*, S. 58-59.

kann das Böse ungehindert wuchern. Die gesamte Menschheit ist wie König Rehabeam, von dem wir in 2. Chronik lesen.

> *Er tat aber, was böse war; denn er hatte sein Herz nicht darauf gerichtet, den Herrn zu suchen* (2 Chr 12,14 SLT).

Nur wenn wir unser Herz darauf ausrichten, Gott zu folgen und uns von allem Bösen abzuwenden, beginnen wir das Biest zu entdecken, das in unserem Herzen lauert. Das ist es, was Paulus „das Fleisch" nannte, und es ist uns selbst unser schlimmster Feind, weil diese gottlose, böse Natur gegen den Geist ankämpft! Jemand hat einmal gesagt: Wir sind dem Feind begegnet und wir sind es selbst!

Als ein gottesfürchtiger Jude entdeckte Paulus die Leiche im Keller erst, als er sich vornahm, der Gerechtigkeit zu folgen.

> *Ich tue nicht das Gute, das ich tun will, sondern das Böse, das ich nicht tun will. Wenn ich aber das, was ich tue, gar nicht tun will, dann handle nicht mehr ich selbst, sondern die Sünde, die in mir wohnt. Ich stelle also folgende Gesetzmäßigkeit bei mir fest: So sehr ich das Richtige tun will – was bei mir zustande kommt, ist das Böse* (Röm 7,19-21).

Wie wir bereits gesehen haben, ist Sünde mehr als die Dinge, die man nach außen hin tut. Aufgrund des Sündenfalls ist sie Teil unserer Existenz. „Ein Mensch ist nicht ein Sünder, weil er sündigt; er sündigt, weil er ein Sünder ist."[4] Richard Lovelace gibt eine brillante Beschreibung der Natur der Sünde.

> Die Struktur der Sünde in der menschlichen Persönlichkeit ist weitaus komplizierter als die einzelnen Taten und Gedanken bewussten Ungehorsams. Laut ihrer biblischen Definition kann Sünde nicht auf einzelne Vorkommnisse oder Muster von Fehlverhalten reduziert werden; sie kommt eher dem psychologischen Begriff des *Komplexes* näher: einem organischen Netzwerk zwanghafter Einstellungen, Überzeugungen und Verhaltensweisen, die tief in einer Entfremdung von Gott wurzeln. Sünde hatte ihren Ursprung in der Verfinsterung des menschlichen Verstandes und Herzens, als der Mensch sich von der Wahrheit über Gott abkehrte, um eine

[4] Übersetzt aus: J.E. Colwell, „Sin" in *New Dictionary of Theology*, S. 642.

Lüge über ihn und damit ein ganzes Universum an Lügen über seine Schöpfung zu glauben. Sündige Gedanken, Worte und Taten fließen automatisch und zwanghaft aus diesem verfinsterten Herzen wie Wasser aus einer verseuchten Quelle. Das menschliche Herz ist nun ein Reservoir an unbewussten und ungeordneten Motivationen und Reaktionen, von denen unerneuerte Menschen nichts wissen, wenn sie sich selbst überlassen sind, denn *„trügerisch ist das Herz, mehr als alles, und unheilbar ist es. Wer kennt sich mit ihm aus?“* (Jer 17,9 ELB). Der Mechanismus, der dieses unbewusste Reservoir der Finsternis entstehen lässt, wird in Römer 1,18-23 als Verdrängung von traumatischem Material, hauptsächlich der Wahrheit über Gott und unserer eigenen Verfassung, identifiziert.[5]

Ich habe Ihnen bereits gesagt, dass diese Offenbarung der Sünde eine bittere Pille ist. Wenn wir uns anschauen, wie die Bibel menschliche Sündhaftigkeit ans Licht bringt, spüren wir, dass in uns allen etwas zu unserer selbstgerechten Verteidigung aufsteht. Wir wollen diese Beschreibung abtun und argumentieren, dass es nur die schlimmsten Sünder beschreibt, diejenigen, die im Gefängnis landen oder schlimme Verbrechen begehen. Aber es handelt sich hier um die biblische Beschreibung eines Zustands, der das Fleisch genannt wird, und dieses Fleisch steckt in jedem einzelnen Menschen. Es ist ein universaler Zustand und zeichnet sich durch den Hass auf Gott und seine Gerechtigkeit aus. Wir sind aufgefordert, mit Gott übereinzustimmen, die Sünde nicht durch unsere getrübten Augen zu sehen, die sich an die Finsternis und die Kultur der Blasphemie gewöhnt haben, sondern durch die Augen des Herrn, der Sünde aus der Sicht des Himmels betrachtet, die voller Reinheit und Heiligkeit ist. Aus Gottes Sicht ist Sünde grenzenlos schlecht; er liebt Gerechtigkeit und hasst Unrecht. Er teilt uns seine göttliche Sicht über die Sünde mit, damit wir mit ihm übereinstimmen und von unserer Gleichgültigkeit gegenüber der Sünde umkehren.

---

[5] Übersetzt aus: Lovelace, a.a.O., S.88-89.

Das Gelobte Land

Der Hebräerbrief fordert neutestamentliche Gläubige auf, das Verheißene Land einzunehmen. Für uns im Neuen Bund handelt es sich dabei nicht um einen Streifen Geografie im Nahen Osten, sondern um die Fülle des Lebens in Christus. Wir leben im Verheißenen Land, wenn wir in der Kraft der Neuen Schöpfung leben. Erst wenn wir versuchen, die Feinde unserer Seele zu bekämpfen, stehen wir der Leiche im Keller von Angesicht zu Angesicht gegenüber. Wir dachten, wir seien einigermaßen okay, bis wir wirklich einmal den Versuch gemacht haben, das Verheißene Land zu betreten. Plötzlich fanden wir uns von unzähligen Riesen umgeben wieder; von denen jeder versuchte, uns einzuschüchtern, so wie Goliath mit seinem Spott und Hohn die Armee Israels einschüchterte. Wir fühlen uns im Angesicht dieser Riesen wie Heuschrecken und unser Herz ist entmutigt, wenn wir an den bevorstehenden Kampf denken. An diesem Punkt drehen sich viele Christen ängstlich weg und ducken sich ungläubig. Der Verfasser des Hebräerbriefes sagt über die Kinder Israels, sie hätten das Land *„wegen ihres Unglaubens“* nicht betreten (Heb 4,6 SLT). Es braucht echten Mut und Vertrauen auf Gott, um sich den Riesen entgegenzustellen und sie einen nach dem anderen zu überwinden.

Viele Christen haben sich zu Christus bekehrt, sich aber nach einem einzigen Blick auf die Feinde ihrer Seele von Angst und Einschüchterung lähmen lassen. Wenn Gott anfängt, das sündige Herz mit seinen Myriaden von gottlosen Einstellungen, Absichten, Motiven und Wünschen zu enthüllen, werden wir mit unserem eigenen Unglauben konfrontiert. Im Lauf der Kirchengeschichte hat die große Mehrheit der Gläubigen es aufgrund ihres Unglaubens versäumt, das Verheißene Land des selbstlosen Herzens Christi einzunehmen. Sie sind in einem geistlichen Schwebezustand gefangen. Sie wollen nicht in die Welt zurück, weil sie wissen, dass es ein Ort der Finsternis und des Bösen ist, aber genauso wenig haben sie den Mut für den Kampf, der vor ihnen liegt, wenn sie das Land einnehmen wollen. Das ist der geistliche Zustand vieler Christen, und es ist eine himmelschreiende Tragödie, weil sie ihr ganzes christliches Leben lang in Unglauben und Ungehorsam stecken bleiben. Deshalb ist der Hebräerbrief ein so wichtiges Buch im Neuen Testament. Es beschreibt den Ruheort des Christen und fordert uns dann heraus, alles zu geben, um in diese

Dimension herrlicher Freiheit zu gelangen. Glaube ist der Sieg, der die Welt überwindet, und es ist der Glaube, durch den wir unsere Feinde einen nach dem anderen bezwingen.

Die ersten Riesen in unserem Herzen, die Gott sich vorknöpft, sind die Riesen des Unglaubens, der Rebellion und des Ungehorsams, denn ohne dass diese Riesen herausgefordert und erledigt werden, haben wir keine Chance, in das Verheißene Land zu gelangen. Es ist nicht nur so, dass das Volk Gottes manchmal keinen Mumm hat, sich in den Kampf zu stürzen, sondern es ist oft ein Fall von glattem Ungehorsam und von Rebellion gegen die Stimme Gottes. Die Feinde unserer Seele sind auch die Feinde Gottes. Wenn wir dem Bösen in unserer eigenen Seele nicht widerstehen, sind wir auch nicht gewillt, uns den Dingen in unserem Leben entgegenzustellen, die uns der innigen Gemeinschaft mit Gott berauben. Der Hebräerbrief warnt uns davor, ein böses Herz des Unglaubens zu hegen und uns vom lebendigen Gott zu entfernen. Bei unserem Kampf gegen das Böse geht es ums Ganze. Wenn wir nicht gegen das Böse in unserem persönlichen Leben angehen, wird es unser Leben bestimmen und wir werden unser ganzes Leben in Auflehnung gegen Gott verbringen. Was auch immer wir tolerieren, wird uns letztendlich dominieren!

Der Herr fordert uns auf, jedes Bündnis mit den Mächten der Finsternis zu brechen und uns einzig und allein an der Wahrheit seines Wortes auszurichten. Wenn wir dem Bösen in unserem Leben nicht aktiv widerstehen, leben wir in Rebellion gegen Gott und werden nie das Verheißene Land des Lebens in Christus erreichen. Gott fordert das böse Herz des Unglaubens immer wieder heraus, bis wir unsere Knie vor der Herrschaft Christi beugen und umkehren. Gottes Verheißung ist die Freude über ein neues Herz und ein vollkommen neues Leben in seinem Sohn, und wir sollten uns davor hüten, vor dieser Verheißung zurückzuweichen, denn wenn wir vor dem Licht zurückweichen, rennen wir direkt der Finsternis in die Arme.

> *Wie schrecklich wäre es, wenn einer von euch am Ende ebenfalls das Urteil hören müsste, er habe das Ziel nicht erreicht! Wir wollen alles tun, damit das nicht geschieht. Schließlich gilt Gottes Zusage nach wie vor; auch uns ist sein Angebot verkündet worden, an seiner Ruhe teilzuhaben, genau wie jenen Menschen damals.*
>
> *Ihnen allerdings hat es nichts genützt, diese Botschaft zu hören,*

weil zum Hören nicht der Glaube hinzukam. Wir jedoch haben die Botschaft geglaubt und angenommen, und wer das tut, bekommt Anteil an seiner Ruhe – an der Ruhe, auf die Gott sich bezog, als er sagte: „Ich schwor in meinem Zorn: ‚Niemals sollen sie an meiner Ruhe teilhaben!'" Nun gibt es diese Ruhe zwar schon seit der Erschaffung der Welt; denn dort, wo vom siebten Schöpfungstag die Rede ist, lesen wir: „Am siebten Tag, als Gott das ganze Werk der Schöpfung vollendet hatte, ruhte er." Und doch sagt Gott, wie eben zitiert: „Niemals sollen sie an meiner Ruhe teilhaben!"
Die Erfüllung seiner Zusage, Menschen an seiner Ruhe Anteil zu geben, steht also immer noch aus; die, denen er dieses Angebot ursprünglich machte, haben das Ziel nicht erreicht, weil sie ihm nicht gehorchten. Deshalb hat Gott für eine neue Gelegenheit gesorgt; es ist dieses „Heute", von dem er – lange nach jenem Geschehen – durch David an der bereits erwähnten Stelle sagt: „Wenn ihr heute die Stimme Gottes hört, dann verschließt euch seinem Reden nicht!"
Zwar hat Josua die Israeliten in das ihnen zugesagte Land geführt, aber an der eigentlichen Ruhe hatten sie deswegen immer noch nicht teil; sonst hätte Gott nicht zu einem späteren Zeitpunkt noch einmal von einem „Heute" gesprochen. Somit wartet auf Gottes Volk noch eine Zeit vollkommener Ruhe – die [wahre] Sabbatfeier. Denn wer an Gottes Ruhe Anteil bekommt, darf von all seiner Arbeit ausruhen, genauso wie Gott ruhte, als er alles erschaffen hatte.
Setzen wir also alles daran, an dieser Ruhe teilzuhaben, und lassen wir uns den Ungehorsam jener früheren Generation als warnendes Beispiel dienen, damit wir nicht wie sie zu Fall kommen!
Denn eines müssen wir wissen: Gottes Wort ist lebendig und voller Kraft. Das schärfste beidseitig geschliffene Schwert ist nicht so scharf wie dieses Wort, das Seele und Geist und Mark und Bein durchdringt und sich als Richter unserer geheimsten Wünsche und Gedanken erweist. Kein Geschöpf ist vor Gott verborgen; alles liegt offen und ungeschützt vor den Augen dessen da, dem wir Rechenschaft geben müssen (Heb 4,1-13).

Wenn wir nun den Gedankengang des Verfassers dieses wunderbaren Buches aufmerksam verfolgen, werden wir erkennen, wo er uns hinführt. Zunächst macht er deutlich, dass es in der Dimension des Geistes einen Ort gibt, von dem Gott möchte, dass wir ihn erreichen, ebenso wie es im Alten Testament einen geographischen Ort gab: das Verheißene Land. Dieses geistliche Ziel ist nur durch den Glauben zugänglich. Wenn wir noch unter dem Einfluss eines bösen Herzens des Unglaubens stehen, werden wir diesen Ort geistlicher Ruhe niemals betreten. Aber wenn wir im Glauben und Gehorsam auf die Stimme Gottes eingehen, wird er die Macht des Unglaubens und der Herzenshärte zerschmettern und uns an der Hand in das Verheißene Land führen. Anschließend konfrontiert uns der Verfasser des Hebräerbriefes mit der Realität, dass das Wort und die Stimme Gottes die verborgenen Gedanken, Einstellungen, Motive und Absichten des menschlichen Herzens aufdecken und enthüllen. Erkennen Sie den Zusammenhang? Vielleicht ist es hilfreich, den obigen Abschnitt noch einmal zu lesen, um den Gedankengang nachvollziehen zu können.

Wenn wir uns auf diese geistliche Odyssee einlassen, wird Gott treu darin sein, uns die Riesen einen nach dem anderen aufzuzeigen und unserem Herzen beizubringen, den guten Kampf des Glaubens zu kämpfen. Er hat uns den Sieg über jeden einzelnen Feind unserer Seele versprochen und wird erst ruhen, wenn wir sie alle besiegt haben! Mit jedem einzelnen Sieg wird unser Herz dank der Offenbarung der wunderbaren Macht und Liebe Gottes gestärkt. Das Kriegerherz Jesu steht in uns auf und wir bekommen Lust auf den Kampf. Über kurz oder lang sind wir unaufhaltsam. Wir werden gerne jeden einzelnen Riesen herausfordern, denn jedes Mal, wenn wir das tun, erhaschen wir wieder einen Blick auf unseren wunderbaren Kriegerkönig. Eine Glaubensebene ist das Sprungbrett zur nächsten Glaubensebene. Wir gehen „aus Glauben zum Glauben" (Röm 1,17 SLT). Wir sind aufgefordert, uns den Riesen entgegenzustellen und sie zu besiegen; wir sollen zu Riesentötern werden! *„Durch Glauben fielen die Mauern von Jericho, nachdem sie sieben Tage umzogen worden waren"* (Heb 11,30 SLT). Durch Glauben konnte David Goliath mit nur ein paar glatten Steinen die Stirn bieten.

David war einer der mächtigsten Krieger des Alten Testaments, doch sein eigener Sohn Salomo stellte fest:

> *Es ist besser, geduldig zu sein als mächtig; es ist besser, Selbstbeherrschung zu besitzen, als eine Stadt zu erobern* (Spr 16,32 NLB).

Die Krieger Israels haben wohl die Riesen in Kanaan besiegt, aber sie haben vielleicht niemals die Riesen in ihrem eigenen Herzen überwunden. Davids mächtige Krieger waren zweifelsohne inspiriert von dessen Tapferkeit als Kriegerkönig, aber selbst David schaffte es nicht, seine eigene Begierde zu beherrschen. Die Riesen unserer Seele zu bezwingen, verlangt Mut. Die reifen Überlegungen des Psalmisten geben einen Einblick in das Leben des geistlichen Kriegers.

> *Herr, du hast mich erforscht und kennst mich [ganz genau]. Wenn ich mich setze oder aufstehe – du weißt es; meine Absichten erkennst du schon im Voraus. Ob ich gehe oder liege, du siehst es, mit all meinen Wegen bist du vertraut. Ja, noch ehe mir ein Wort über die Lippen kommt, weißt du es schon genau, Herr. Von allen Seiten umschließt du mich und legst auf mich deine Hand. Ein unfassbares Wunder ist diese Erkenntnis für mich; zu hoch, als dass ich es je begreifen könnte. Wohin könnte ich schon gehen, um deinem Geist zu entkommen, wohin fliehen, um deinem Blick zu entgehen? Wenn ich zum Himmel emporstiege – so wärst du dort! Und würde ich im Totenreich mein Lager aufschlagen – dort wärst du auch! Hätte ich Flügel und könnte mich wie die Morgenröte niederlassen am äußersten Ende des Meeres, so würde auch dort deine Hand mich leiten, ja, deine rechte Hand würde mich halten! Und spräche ich: „Nur noch Finsternis soll mich umgeben, und der helle Tag um mich her soll sich verwandeln in tiefste Nacht!“, dann wäre selbst die Finsternis nicht finster für dich, und die Nacht würde leuchten wie der Tag. Ja – für dich wäre tiefste Dunkelheit so hell wie das Licht! […] Erforsche mich, Gott, und erkenne, was in meinem Herzen vor sich geht; prüfe mich und erkenne meine Gedanken! Sieh, ob ich einen Weg eingeschlagen habe, der mich von dir wegführen würde, und leite mich auf dem Weg, der ewig Bestand hat!* (Ps 139,1-6.11-12.23-24).

Echte Umkehr

Dieses Gebet Davids erforderte ungeheuren Mut, aber David hatte sich ein Herz für den Kampf gefasst. Er war von seiner eigenen Begierde überwältigt worden und in die Finsternis zurückgefallen, aber er stand wieder auf und nahm erneut den Kampf auf. Es gibt kein mutigeres Gebet, als dass wir Gott darum bitten, unser Herz zu prüfen, denn wenn wir dieses Gebet beten, können wir sicher sein, dass Gott einen Prozess innerer Verwandlung anstoßen wird, der uns in eine enorme Freiheit führt, auch wenn der Prozess selbst sehr unbequem und demütigend sein mag. Umkehr ist eine gute Medizin für die Seele und je umfassender unsere Umkehr, desto größer das Maß an Verwandlung, das wir erleben. Oberflächliche Umkehr führt zu oberflächlicher Veränderung. Null Umkehr führt zu null Veränderung.

Gott möchte die Sündennatur bei der Wurzel packen, denn jeder sündige Gedanke, jedes Wort und jede Tat hat tiefe Wurzeln, die vom Geist Gottes entfernt werden müssen. Jesus sagte:

> *Jede Pflanze, die nicht mein Vater im Himmel gepflanzt hat, wird ausgerissen werden* (Mt 15,13).

Gott fordert uns auf, nicht nur das Offensichtliche der Sünde zu sehen, sondern zu erkennen, dass sich darunter tiefe Wurzeln befinden, die uns fest in sündigen Lebensmustern gefangen halten. Diese Wurzeln müssen aufgedeckt und behandelt werden, wenn wir eine tiefgehende übernatürliche Verwandlung erleben wollen.

Sich diese Dinge einzugestehen sowie eine wahre Herzensumkehr sind Voraussetzungen dafür, dass Gott sein reinigendes Wort spricht. Wenn wir uns unsere Sünden eingestehen und sie bekennen, wird er uns von aller Ungerechtigkeit reinigen. Dann wird er über uns prophezeien und sagen:

> *Ihr seid schon rein; ihr seid es aufgrund des Wortes, das ich euch verkündet habe* (Joh 15,3).

Der Aussätzige musste sich eingestehen, dass er aussätzig war, bevor er um Heilung bitten konnte.

> *Einmal kam ein Aussätziger zu Jesus, warf sich vor ihm auf die Knie und flehte ihn an: „Wenn du willst, kannst du mich rein machen!" Von tiefem Mitleid ergriffen, streckte Jesus die Hand aus und berührte ihn. „Ich will es", sagte er, „sei rein!" Im selben Augenblick verschwand der Aussatz, und der Mann war geheilt* (Mk 1,40-42).

Jesus sehnt sich danach, seine Gemeinde *„durch das Wasserbad im Wort"* (Eph 5,26 SLT) zu reinigen, aber er wartet darauf, dass wir ins Licht kommen, damit unsere Taten aufgedeckt werden. Umkehr ist das Herzstück geistlicher Verwandlung, wie Larry Crabb feststellt:

> Jedes „persönliche Problem“ (jedes Lebensproblem, das sich nicht direkt auf irgendeine organische Fehlfunktion zurückführen lässt) geht letztendlich auf eine gestörte Beziehung zu Gott zurück und darauf, dass wir anderen Dingen eine höhere Priorität geben, als Gott zu kennen. Wenn das wahr ist, sollte Seelsorge so aufgestellt sein, dass sie die gestörte Beziehung zu Gott wiederherstellt, indem sie die Art von Umkehr fördert, die zu einer tiefen Freude an Gott führt und zu einer ehrlichen Hingabe im Dienst für ihn. Die meisten Seelsorgetheorien versuchen jedoch, Veränderung herbeizuführen, ohne sich je mit Fragen der Umkehr und des Gehorsams auseinanderzusetzen. Und die wenigen Theorien, die diese Dinge ansprechen, reduzieren Umkehr auf eine einfache Entscheidung, sein Verhalten an biblischen Maßstäben zu orientieren. Eine tiefe Umkehr, die auf die subtilen, perversen Loyalitäten eines trügerischen Herzens eingeht, ist selten Teil gängiger Seelsorgeansätze.[6]

Tiefgreifende Herzensumkehr war das Kernstück des Wirkens Christi. Das erste Wort, das im Markusevangelium von den Lippen Christi kommt, ist die Aufforderung: „Kehrt um!“ (Mk 1,15). Jesus hatte keine Zeit für halbherzige Buße. Er bestand auf einer Umkehr, die das Innerste unseres Seins betrifft. Ein oberflächliches Sündenverständnis führt zu oberflächlicher Umkehr und damit zu einer, die weit hinter wahrer biblischer Umkehr zurückbleibt. Jesus hatte es auf die tiefen Wurzeln abgesehen: Aufbegehren gegen Gott, Hass gegen das Licht, geistlicher Stolz, Götzendienst, Begierde, Habgier, Zorn, Richten, Unversöhnlichkeit und Narzissmus. Prophetischer Dienst ist seinem Wesen nach enorm konfrontativ. Er konfrontiert den Menschen so tiefgreifend wie möglich und stellt seine gesamte Lebensausrichtung in Frage. Umkehr ist eine durch und durch radikale Angelegenheit, die tiefgreifender Veränderung die Tür öffnet. Sie ist das Eingeständnis, dass es ohne Gott kein wahres Leben gibt und dass unsere trotzige Unabhängigkeitserklärung lediglich zum Tod geführt hat.

> *Mancher Weg erscheint dem Menschen richtig, aber zuletzt führt er ihn doch zum Tod* (Spr 14,12 SLT).

[6] Übersetzt aus: L. Crabb, a.a.O., S.123.

Im gefallenen Herzen des Menschen lauert eine Vielzahl finsterer und sündiger Motivationen und Einstellungen. Das sind die Faktoren, die unser äußeres Verhalten bestimmen und lenken. Gott möchte diese Prozesse tief im Inneren unseres Seins aktiv ansprechen und unterbrechen. In unserem gefallenen Zustand ist unser Herz buchstäblich voll von unserer *„vielfachen Schuld"* (Jer 30,14 REÜ). Bevor Gott in das Leben eines Menschen tritt, ist dessen Herz eine regelrechte Quelle gottloser Haltungen und Motivationen, die Gott und seinen Wegen diametral entgegenstehen. Das Herz ist ein tiefes Reservoir böser Absichten und Wünsche, die Gott grundsätzlich ablehnen. Wenn Gott beginnt, das Herz des Menschen zu enthüllen, sind wir buchstäblich erstaunt von der Höhe, Weite und Tiefe der Verdorbenheit des menschlichen Herzens. Je näher wir Gott kommen, desto mehr müssen wir der Leiche in unserem Keller ins Angesicht schauen. Als David an Offenbarung zunahm, staunte er buchstäblich über das enorme Ausmaß menschlicher Verdorbenheit und das, was er als die *„Menge ihrer Vergehen"* (Ps 5,11 ELB) beschrieb. Es ist nicht so, dass die Leute lediglich ein paar „persönliche Probleme" haben. Durch die Linse göttlicher Offenbarung betrachtet, ist das Herz des Sünders von Grund auf verdorben. Für David war die fortschreitende Enthüllung seines eigenen Herzens ebenso schockierend. Auf seinem bisherigen Weg mit dem Herrn mag er sich des ein oder anderen Anfalls von Sorge bewusst gewesen sein, aber je mehr sein Herz offenbar wurde, desto mehr entdeckte er, was er als die *„vielen Sorgen in meinem Herzen"* (Ps 94,19 SLT) beschrieb.

Trauer über den Zustand sowohl unseres eigenen Herzens als auch der Herzen anderer ist ein Indikator für den Grad unserer Offenbarung und Umkehr. Salomo hatte unglaublich tiefen Einblick in den wahren Zustand des menschlichen Herzens. Sein Fazit war:

> *Das Herz der Weisen ist im Haus der Trauer; aber das Herz der Narren im Haus der Lustigkeit* (Pred 7,4 SLT).

Je mehr Salomo das Herz verstehen lernte, desto größer wurde sein Kummer.

> *Denn wo viel Weisheit ist, da ist auch viel Enttäuschung, und wer sein Wissen mehrt, der mehrt seinen Schmerz* (Pred 1,18 SLT).

Keiner will in ständigem Schmerz leben, abgesehen von Propheten, die willig sind, den Schmerz des Vaterherzens über seine verlorenen Söhne und Töchter zu empfinden. Jesus sagte:

> *Glücklich zu preisen sind die, die trauern; denn sie werden getröstet werden* (Mt 5,4).

Der Herr sagte zu Hesekiel:

> *Geh mitten durch die Stadt, mitten durch Jerusalem und mache ein Zeichen auf die Stirn der Leute, die seufzen und jammern über all die Gräuel, die in ihrer Mitte verübt werden!* (Hes 9,4 SLT).

Der Gerechte Mann Lot hob sich von anderen ab, weil er *„unter dem ausschweifenden Leben jener gewissenlosen Leute litt"* (2 Petr 2,7). Als Jesaja eine prophetische Offenbarung der Heiligkeit Gottes durchlebte, sagte er:

> *Weh mir, ich bin verloren. Denn ich bin ein Mann mit unreinen Lippen und lebe mitten in einem Volk mit unreinen Lippen und meine Augen haben den König, den Herrn der Heere, gesehen* (Jes 6,5 REÜ).

Gottes Wahrnehmung unseres menschlichen Herzens ist so grundlegend anders als unsere eigene. Wir sind oft so damit beschäftigt, uns selbst zu entschuldigen und die Schuld auf andere zu schieben, dass wir nicht in der Lage sind, die Dinge so zu sehen, wie Gott sie sieht. Aber das Wesen göttlicher Offenbarung liegt ja gerade darin, die Dinge so sehen zu können, wie Gott sie sieht. Watchman Nee hat gesagt: „Wenn Gott uns die Augen öffnet, damit wir die Gesinnung unseres Herzens und unsere innersten Gedanken im gleichen Maß erkennen, wie er sie kennt – das ist Offenbarung. So, wie wir vor ihm nackt und aufgedeckt sind, sehen auch wir uns, wenn uns Offenbarung zuteilwird. Sehen, wie der Herr sieht, das ist Offenbarung!"[7] Es gibt nur zwei Arten von Menschen: die, die sehen können, und die, die nicht sehen können. Paulus hatte ein hohes Maß an geistlicher Offenbarung empfangen und wusste: Wenn andere nicht sehen konnten, was er sah, würde Gott es ihnen zeigen müssen.

---

[7] Watchman Nee, *Zur Nachfolge befreit*, S. 67.

> *Ich hoffe, ihr, die ihr glaubt, stimmt darin mit mir überein. Wenn ihr in irgendeinem Punkt anderer Meinung seid, so glaube ich, dass Gott euch Klarheit schenken wird* (Phil 3,15 NLB).

Jesus konnte in das menschliche Herz hineinsehen und er hatte keine Illusionen darüber, wie ernst dessen Zustand war. Er sagte.

> *Der böse [Mensch] bringt aus dem bösen das Böse hervor; denn aus der Fülle des Herzens redet sein Mund* (Lk 6,45 ELB).

Die meisten Menschen sind normalerweise bereit zuzugeben, dass sie ein paar „Problemchen" in ihrem Leben haben, die ab und zu außer Kontrolle geraten. Jesus dagegen betrachtete das gefallene Herz als eine Quelle der Unreinheit und Ungerechtigkeit. Das griechische Wort für „Fülle" (wie in „Fülle des Herzens") ist *perisseuma* und bedeutet laut Colin Brown „die übliche Zahl oder Größe übertreffend; außerordentlich, üppig, überreichlich, überfließend"[8]. Die *Strong's Concordance* beschreibt es als „Überschuss oder Überfülle".

Das ist nicht sehr schmeichelhaft, wenn wir alles daransetzen, das Ausmaß unseres persönlichen Sündenproblems kleinzureden. Der Okkultist würde sagen, dass er in die Hexenkunst oder Zauberei nur mal „reinschnuppert", aber Gott beschreibt es als *„die Menge deiner Zaubereien"* und *„die gewaltige Fülle deiner Bannsprüche"* (Jes 47,9 ELB). Paulus sprach von denen, die *„unablässig das Maß ihrer Sünden vollmachen"* (1 Thess 2,16 REÜ). Menschen spielen die Ernsthaftigkeit ihrer Situation ständig herunter. Wann immer wir uns auf die Sünde einlassen, zieht sie ein und reißt das Ruder an sich. *„Deshalb legt ab alle Unsauberkeit und das **Übermaß** der Schlechtigkeit"*, schrieb Jakobus (Jak 1,21 ELB). Er verwendete dasselbe Wort *perisseuma* für das „Übermaß" der Schlechtigkeit. Christen sind aufgefordert, all das abzutöten und nicht einmal einer Spur des Sauerteigs der Bosheit zu erlauben, in ihrem Herzen zu bleiben.

---

[8] Übersetzt aus: „Perisseuo" in Colin Brown: New International Dictionary of New Testament Theology.

Sünde und Selbstsucht

Wenn die göttliche Beurteilung des menschlichen Herzens stimmt, dann haben selbst „nette" Menschen ein Herz, das buchstäblich gärt vor gottlosen, sündigen Einstellungen, Absichten und Motivationen. Unsere Fähigkeit, uns selbst Freiheit von all diesen Einflüssen vorzugaukeln, ist an sich schon Teil dieses ganzen Apparates der Ungerechtigkeit, der unser Herz bestimmt. Gott kommt es auf die Einstellungen, Ziele, Absichten und Motivationen des Herzens an, weil sie die entscheidenden Faktoren sind, die unsere Gedanken, Worte und Taten bestimmen. Wenn wir mit dem Sinn Christi in Einklang kommen wollen, müssen wir anfangen, uns mit diesen tieferliegenden Problemen auseinanderzusetzen, und Gott erlauben, sie aufzudecken, um tiefe Umkehr zu bewirken. Wenn wir an Umkehr denken, denken wir automatisch an die offensichtlichen äußerlichen Dinge, die wir nicht tun sollten; so wie Stehlen, Fluchen oder uns Betrinken, aber wir müssen unser Denken erneuern lassen, um zu erkennen, wie das Herz auf subtile Weise seine eigenen selbstsüchtigen Zwecke verfolgt. Mit den Worten von C. S. Lewis in seinem berühmten Gedicht „As the Ruin Falls" (dt. etwa *Wenn die Ruine fällt*):

> Allein mit großen Worten lieb' ich dich,
> Selbstlose Gedanken wussten nie in mir zu kreisen.
> Ich bin ein Söldner und ganz und gar bedacht auf mich,
> Gott, du, all meine Freunde sollen schlicht mir Dienst erweisen.[9]

Die Ruine fällt nur, wenn wir die tiefste Wurzel unseres Fleisches entdecken, und zwar unsere selbstzentrierte, unabhängige Existenz fern von Gott. Jesus lehrte die Notwendigkeit einer radikalen Selbstverleugnung, die unsere tiefe Selbstsucht aufspürt und uns umkehren lässt.

> *Wenn jemand mein Jünger sein will, muss er sich* ***selbst verleugnen****, sein Kreuz täglich auf sich nehmen und mir nachfolgen* (Lk 9,23).

---

[9] Original:*All this is flashy rhetoric about loving You / I've never had a selfless thought since I was born. / I am mercenary and self-seeking through and through, / I want God, you, all friends merely to serve my turn.*

Theologen definierten Sünde zu Recht darüber, dass sie sich in Selbstsucht ausdrückt[10], und deuten damit an, dass die meisten Äußerungen des Eigenlebens im Grunde voller Sünde sind. Aber wir sollten vorsichtig damit sein, Sünde ausschließlich über Selbstsucht zu definieren. Ein Christ kann durchaus in angemessener Weise Selbstinteresse äußern, das nicht an sich sündig ist. Das Gesetz sagte: *„Liebe deine Mitmenschen wie **dich selbst**!"* (Mt 19,19). Das bedeutet, dass es eine angemessene Ausdrucksform von Selbstliebe gibt, ebenso wie es angemessene Formen von Selbstrespekt und persönlicher Würde gibt.

Im Philipperbrief rückt Paulus das Ganze ins rechte Licht:

> *Seid nicht **selbstsüchtig**; strebt nicht danach, einen guten Eindruck auf andere zu machen, sondern seid bescheiden und achtet die anderen höher als euch selbst. Denkt nicht nur an **eure eigenen Angelegenheiten**, sondern interessiert euch auch für die anderen und für das, was sie tun* (Phil 2,3-4 NLB).

Es ist ganz natürlich, dass wir unsere eigenen Interessen verfolgen und nach uns selbst schauen. Jesus will nicht, dass wir uns so sehr verleugnen, dass wir für alle anderen zum Fußabtreter werden. Wir müssen klare Grenzen setzen, um uns davor zu schützen, missbraucht oder ausgenutzt zu werden. Jesus achtete auf sich selbst, indem er sich Zeit nahm, auszuruhen und sich von seinem vollen Zeitplan zu erholen. Paulus sagte:

> *Schließlich hat noch nie jemand seinen eigenen Körper gehasst; vielmehr versorgen wir unseren Körper mit Nahrung und pflegen ihn* (Eph 5,29).

Es gibt ein gesundes Selbstinteresse, aber grundsätzlich definieren wir „Selbstsucht" als das Gegenteil von Liebe.

Als Jesus von Selbstverleugnung sprach, meinte er ganz bestimmt nicht, dass wir uns selbst hassen sollen, sondern lediglich, dass wir uns nicht erheben, selbst dienen oder selbst anbeten oder für besser halten sollen als angebracht (vgl. Röm 12,3). Problematisch sind Selbstzentriertheit und Selbstvergötterung. In unserer narzisstischen Kultur wird man ja geradezu ermutigt, sich selbst anzubeten. Wenn

---

[10] Siehe Wayne Grudems Diskussion über „The Definition of Sin" in Systematic Theology, S. 491.

wir uns von Gott abkehren, führt das dazu, dass wir schließlich anstatt des Schöpfers die Schöpfung anbeten und ihr dienen (vgl. Röm 1,25). Wir sollen keine anderen Götter neben ihm haben, doch es liegt im Wesen der alten Sündennatur, dass wir uns selbst an die Stelle Gottes erheben. Wenn wir uns von dem lebendigen Gott abkehren, werden wir zu unserem eigenen „Gott" und unser Wille zum absoluten Maßstab.

> *Hör dies, du Wollüstige, die sich in Sicherheit wiegt und sich im Stillen denkt: „Ich und sonst niemand! ..."* (Jes 47,8 NLB).

Diese Art narzisstischer Selbstliebe ist der Inbegriff von Sünde. Paulus sagte:

> *Außerdem sollst du wissen, Timotheus, dass in den letzten Tagen der Welt schwere Zeiten kommen werden. Denn die Menschen werden nur* ***sich selbst*** *[...]* ***lieben****. [...] ihr Vergnügen mehr lieben als Gott* (2 Tim 3,1-2.4).

Es gibt zahlreiche geheime Sünden des Innenlebens, die viele auf Äußerlichkeiten fixierte Christen nie bedacht haben. Die Bibel beschreibt die Menschheit unter anderem als

- selbstherrlich (vgl. Titus 1,7 und 2 Petrus 2,10),
- selbstsüchtig (vgl. Röm 2,8),
- selbstzufrieden (vgl. 1 Kor 4,8 HFA),
- selbst-erhöhend (vgl. Mt 23,12),
- selbstklug (vgl. Röm 11,25 SLT),
- selbstgefällig (vgl. Gal 5,26),
- eigenwillig (vgl. Röm 8,7),
- selbst-bestimmt (vgl. Röm 8,8),
- selbstgefällig (vgl. 2 Petr 2,10 ELB),
- eingebildet (vgl. 2 Petr 2,10 NLB),
- eigennützig (vgl. 1 Thess 4,7 GNB),
- selbstsicher (vgl. 1 Kor 10,12 HFA),
- wichtigtuerisch (vgl. 2 Tim 3,1-2 HFA),
- selbstbetrügerisch (vgl. Jak 1,26),
- voll Maßlosigkeit (vgl. Mt 23,25),

- genusssüchtig (vgl. 1 Tim 5,6 SLT) und
- selbstsüchtig ehrgeizig (vgl. Jak 3,14 NLB).

Larry Crabb, der sich auf die Erklärung vieler dieser subtilen Strategien des Herzens spezialisiert hat, hebt ein grundsätzliches Bollwerk des Eigenlebens hervor, das unser Verhalten wesentlich bestimmt. Er erörtert die Tatsache des unvermeidlichen Schmerzes und der Gebrochenheit, die unseren Beziehungen entstammen, und die verdeckten Strategien, mit denen wir diesen Schmerz zu vermeiden suchen.

> Wir sind uns schlichtweg nicht all der Machenschaften unseres trügerischen Herzens bewusst. Und wir wollen auch gar nicht wissen, was wir wirklich glauben und in welche Richtung wir uns tatsächlich bewegen. Wir wollen den Beziehungsschmerz, der uns zu zerstören droht, nicht spüren. Aber wir müssen dem Schmerz und den Strategien, mit denen wir ihm davonlaufen, ins Auge sehen. Schmerz kann uns zum Herrn treiben. Falschen Strategien sollten wir mit Umkehr begegnen. Als Beziehungswesen entwickeln wir Lebensbewältigungsstrategien, die den Schmerz aus dem Bewusstsein fernhalten … Unsere Strategien bestehen letztlich aus zwischenmenschlichen Beziehungsstilen, die uns helfen, unsere Ziele zu erreichen, eine gewisse Distanz zu anderen, die sicherstellt, dass wir vor weiteren Verletzungen verschont bleiben. Mit jeder Methode der Beziehungsführung verfolgen wir im Endeffekt ein Selbstinteresse: Wir sind entschlossen, uns vor weiterem Beziehungsschmerz zu schützen. Dennoch sind sich die meisten von uns dieser Motive des Selbstschutzes hinter unseren Beziehungsstrategien nicht bewusst. Warum? In Sprüche 20,5 heißt es, dass das Vorhaben im Herzen eines Mannes wie tiefes Wasser ist. In flachem Wasser kann man den Grund sehen. In tiefem Wasser nicht! Ein Teil der Selbsttäuschung, die wir betreiben, ist das Verleugnen unserer wahren Motive, bis dahin, dass wir sie schlichtweg nicht sehen. Umkehr verlangt weitaus mehr Einsatz, als dass wir uns dafür entschuldigen, die Beherrschung verloren zu haben, und versprechen, es nie wieder zu tun. Versteckte Sünde muss operativ entfernt werden wie ein Tumor. Beziehungsschmerz muss

aufgedeckt werden, damit wir die Schutzfunktionen falscher Strategien verstehen.[11]

Wenn wir anfangen, uns dieser selbstzentrierten Strategien, Motive und Herzenshaltungen bewusst zu werden, nähern wir uns den Wurzeln der alten Sündennatur und kommen in eine tiefgreifende Herzensverwandlung hinein, da wir von eben den Dingen umkehren, die uns motivieren, das zu tun, was wir tun. Paulus sagte:

> *Ich verstehe selbst nicht, warum ich so handle, wie ich handle. Denn ich tue nicht das, was ich tun will; im Gegenteil, ich tue das, was ich verabscheue* (Röm 7,15).

Wenn Gott sein Licht auf die verborgenen Beweggründe des Herzens fallen lässt, fangen wir an zu verstehen, warum wir so einige verrückte Dinge tun. Jeder Handlung liegt ein Motiv zugrunde, und diese Motive wurzeln tief in sündigen Einstellungen und Reaktionen. Wenn er öffentlich lehrte, sprach Jesus diese tiefverwurzelten sündigen Haltungen systematisch an und ging auf sie ein. Er beantwortete Fragen, die seine Zuhörer nicht einmal stellten, aber seine Lehren waren eine Investition in die Zukunft der Menschen. Auf unserem Weg durchs Leben nimmt der Heilige Geist die Worte Jesu und wendet sie auf die Lebenssituationen an, in denen wir uns gerade befinden. Dann entdecken wir, dass die Lehren Christi auf die Lebensfragen, die uns am meisten auf dem Herzen brennen, absolut anwendbar sind. Ein wunderbares Beispiel dafür ist das Thema des Richtens über andere. Jesus sagte:

> *Hört auf, andere zu verurteilen, dann werdet auch ihr nicht verurteilt. Denn andere werden euch so behandeln, wie ihr sie behandelt. Der Maßstab, nach dem ihr andere beurteilt, wird auch an euch angelegt werden, wenn man euch beurteilt. Warum regst du dich über einen Splitter im Auge deines Nächsten auf, wenn du selbst einen Balken im Auge hast? Mit welchem Recht sagst du: „Mein Freund, komm, ich helfe dir, den Splitter aus deinem Auge zu ziehen", wenn du doch nicht über den Balken in deinem eigenen Auge hinaussehen kannst? Du Heuchler! Zieh erst den Balken aus deinem eigenen Auge; dann siehst du vielleicht genug, um dich mit dem Splitter im Auge deines Freundes zu befassen* (Mt 7,1-5 NLB).

---

[11] Übersetzt aus: L. Crabb, a.a.O., S. 146-148.

Das Problem, über andere zu richten, ist uns so vertraut, dass es wirklich nicht lustig ist! Da sind alle Menschen gleich – überall auf der Welt. Jesus konnte diese Worte ganz selbstverständlich äußern, weil der Hang zum Urteilen eine Haltung ist, die den Kern des menschlichen Zustands ans Licht bringt. Wir wollen Gnade für uns selbst, aber Verurteilung für andere. Genau die Dinge, für die wir andere verurteilen, tun wir selbst (oder wir haben sie zumindest in der Vergangenheit getan oder werden sie möglicherweise in Zukunft tun). Wir sind schwer damit beschäftigt, uns selbst für die Dinge zu rechtfertigen, die wir falsch gemacht haben. Wir alle sind hochqualifizierte „Selbstverteidigungsanwälte“. Wir sind geübt darin, unsere eigenen Taten zu entschuldigen, und wenn wir auf frischer Tat ertappt werden, flehen wir um Gnade und Verstehen. Aber schon mit dem nächsten Atemzug erheben wir Anklage gegen jemand anderen, der uns dasselbe antut. Das ist eine der merkwürdigen universellen Marotten der menschlichen Natur, welche die göttliche Inspiration des Wortes Gottes auf eindrückliche Weise bestätigt. Allein schon auf Grundlage dieser einzigen Tatsache können wir sicher sein, dass die Bibel nicht von Menschen stammt. Wir sind so darauf bedacht, unsere pharisäischen Herzen zu verbergen, dass ein Normalsterblicher niemals die Worte aussprechen würde, die Jesus sagte!

Jesus erzählte die eindrückliche Geschichte von dem Mann, dem eine riesige Schuld erlassen wurde, der sich aber sofort danach umdrehte, um der Person an die Gurgel zu gehen, die ihm einen winzigen Betrag schuldete (vgl. Mt 18,23-35). Die Schrift deckt unablässig die verborgenen Motivationen unseres Herzens auf. Wie können wir weiterhin unbarmherzig sein, wenn Jesus dieses Problem so nachdrücklich angesprochen hat? Wie können wir zulassen, dass Überheblichkeit und unser Urteilen über andere in unserem Herzen gedeihen, wenn sie als böse identifiziert worden sind? Wie können wir mit dem Finger auf andere zeigen, wenn unser Herz ganz genauso aussieht wie das derjenigen, die wir verdammen? Die Pharisäer mussten diese Lektion auf eine höchst demütigende Art und Weise lernen, als sie Jesus die Frau, die beim Ehebruch erwischt worden war, vor die Füße warfen. Jesus sagte:

> *Wer von euch ohne Sünde ist, der soll den ersten Stein auf sie werfen* (Joh 8,7).

Jesus sprach nur einige wenige Worte, die so gesessen haben, dass die Pharisäer einer nach dem anderen ihre Steine fallen ließen und gedemütigt abzogen. Welcher dieser Pharisäer hatte in seinem Herzen nie Ehebruch begangen? Welcher dieser Pharisäer hatte in seinem Herzen nie eine Frau angeschaut und sie begehrt?

Wir bringen nun unser Kapitel über die Verstrickung in Sünde und Selbstsucht zum Abschluss. Denken Sie daran: Wenn Sie wiedergeboren sind, entspricht dies nicht mehr Ihrer Identität oder wahren inneren Natur. Es ist aus ihrem Geist entfernt worden und Sie sind eine herrliche Neuschöpfung. Aber angesichts der Tatsache, dass wir alle „aus demselben Holz geschnitzt" sind, stehen wir dennoch in Verbindung mit der gefallenen Menschheit. Obwohl wir nun Jesusnachfolger sind, beeinflusst die Sünde noch immer unser Herz. Was wir mit der gefallenen Menschheit gemeinsam haben, ist, dass wir noch immer mit einer alten Natur kämpfen, die von derselben Art ist wie deren gegenwärtige gefallene Natur. Doch als neue Schöpfungen müssen wir uns allem entgegenstellen, was diesen „alten Menschen" ausmacht, und lernen, es durch die Kraft des Kreuzes zu besiegen. Alles, was für unser neues Leben im Geist gilt, muss nun auch für die früher finsteren Bereiche der Seele wahr werden, indem wir abtöten, was Gott am Kreuz bereits getötet hat, und in die Fülle des Lebens eintreten, die Gott auf jeden Aspekt unseres Denkens, Wollens und Fühlens ausweiten möchte.

Wir dürfen nie vergessen, dass der alte Mensch bereits mit Christus gekreuzigt worden ist und wir insofern nicht von irgendeinem Prozess der Selbsttötung reden, der auf menschlicher Anstrengung basiert. Die Realität der Sünde in unseren Gliedern abzutöten, ist nichts weiter als die Umsetzung einer Realität, die vor 2000 Jahren stattgefunden hat, als wir mit Christus am Kreuz der Sünde gegenüber starben. Als er starb, starben wir mit ihm. Paulus sagte:

> *Wir sind nämlich überzeugt: Wenn einer für alle gestorben ist, dann sind alle gestorben. Und er ist deshalb für alle gestorben, damit die, die leben, nicht länger für sich selbst leben, sondern für den, der für sie gestorben und zu neuem Leben erweckt worden ist* (2 Kor 5,14-15).

Mit anderen Worten; wir brauchen nicht länger selbstsüchtig zu sein! Wann immer Paulus in dem inneren Konflikt zwischen dem Fleisch und dem Geist stand und spürte, dass der sündige, selbstsüchtige alte Mensch in ihm aufstehen wolle, erklärte er prophetisch:

> *Ich bin mit Christus gekreuzigt. Nicht mehr ich bin es, der lebt, nein, Christus lebt in mir* (Gal 2,19-20).

Er rief sich damit selbst in Erinnerung:

> *Wer zu Jesus Christus gehört, hat seine eigene Natur mit ihren Leidenschaften und Begierden gekreuzigt* (Gal 5,24).

In jedem Augenblick unseres Lebens verwirklichen wir durch den Glauben die Tatsache, dass wir nun in Christus für die Sünde tot und für Gott lebendig sind. Das ist unsere Identität in ihm! Unsere Verstrickungen in Sünde zu überwinden, ist ein wesentlicher Aspekt der Herzensreise, zu der wir aufgerufen sind. Jeder von uns ist aufgefordert, den Kampfplatz zu betreten und jeden Aspekt unseres alten Lebens, der noch immer in unserem sterblichen Körper herrschen will, gewaltsam zu Fall zu bringen. Wir dürfen nie vergessen, dass wir nun radikal aus der Gnade heraus leben und dass die Gnade Gottes uns aktiv lehrt, „Nein" zu aller Gottlosigkeit und weltlichen Begierde zu sagen (Tit 2,12). Jesus sagte: *„Geh und sündige nicht mehr"* (Joh 8,11 NLB). Er fordert uns auf:

> *Ihr aber sollt vollkommen sein, wie euer Vater im Himmel vollkommen ist* (Mt 5,48).

Wir dürfen in unserem Streben nach einem sündlosen Leben nie den Maßstab herabsetzen und müssen uns vor geheimen Abmachungen hüten, Ungehorsam leichtfertig abzutun.

> *Welchen Schluss ziehen wir nun daraus? Sollen wir weiterhin sündigen, damit sich die Gnade in vollem Maß auswirkt? Niemals!* (Röm 6,1-2).

Nur wenn wir mit dieser Einstellung ausgerüstet sind, sind wir in der Lage, die Sünde zu überwinden, die uns so leicht gefangen nimmt.

Kapitel 9

In weltliche Versuchung verstrickt

Diese Leute hatten zwar unseren Herrn und Retter Jesus Christus kennen gelernt und waren dadurch von dem schändlichen Treiben dieser Welt losgekommen. Wenn sie sich nun aber von neuem in jene Dinge verstricken und sich von ihnen gefangen nehmen lassen, steht es am Ende schlimmer um sie als am Anfang.

2. Petrus 2,20

Die Neugeburt hat unsere Beziehung zur Welt komplett verändert. Innerhalb eines Augenblicks sind wir durch das übernatürliche Handeln Gottes in unserem Geist verändert und von dieser gegenwärtigen bösen Welt befreit worden. Jesus sagte: *„Mein Reich ist nicht von dieser Welt"* (Joh 18,36 NLB). All die, die in sein Reich gekommen sind und nun „in Christus" sind, sind aus himmlischer Sicht nicht mehr ***von*** dieser Welt. Wir gehören zum Königreich des Vaters! Auf einmal ist diese Welt nicht mehr unser Zuhause, sondern sie hat genau genommen ihre Feindseligkeit gegen Christus selbst nun auch auf die ausgedehnt, die in Christus sind.

> *Wenn die Welt euch hasst, dann denkt daran, dass sie mich schon vor euch gehasst hat. Sie würde euch lieben, wenn ihr zu ihr gehören würdet, denn die Welt liebt ihresgleichen. Doch ihr gehört nicht zur Welt; ich habe euch aus der Welt heraus erwählt. Das ist der Grund, warum sie euch hasst* (Joh 15,18-19).

Wir gehören als Adoptivsöhne und -töchter nun zum Vater.

Doch obwohl wir nun zu Christus und seinem Reich gehören und nicht mehr von der Welt sind, werden Sie – wenn Sie mir auch nur ein bisschen ähnlich sind – die Welt nun als einen merkwürdigen Ort empfinden, denn als Nachfolger Jesu stellen Sie plötzlich fest, dass die Welt ständig an uns zerrt und uns zurück in unseren weltlichen Lebensstil ruft. Es ist, als wäre „die Welt" eine dynamisch geistliche Kraft, der Schwerkraft vergleichbar, die ständig ihre Wirkung auf uns ausübt. Es gibt einen sehr realen Grund dafür, dass die Welt eine so starke Anziehungskraft auf unsere Seele ausübt, und wir müssen die Wahrheit über das wahre Wesen der Welt erkennen, weil wir, wenn wir die Welt nicht durch Jesu Augen sehen, in der Gefahr stehen, einer falschen Realitätswahrnehmung aufzusitzen, und zwar in Bezug auf die Bedrohung, die die Welt für die, die in Christus sind, tatsächlich darstellt.

Die Welt und der Böse

Jesus bat seinen Vater, er möge seine Jünger vor der Welt schützen:

> *Ich habe ihnen dein Wort weitergegeben, und nun hasst sie die Welt, weil sie nicht zu ihr gehören, so wie auch ich nicht zu ihr gehöre. Ich bitte dich nicht, sie aus der Welt herauszunehmen; aber ich bitte dich, sie vor dem Bösen zu bewahren. Sie gehören nicht zur Welt, so wenig wie ich zur Welt gehöre* (Joh 17,14-16).

Christen sind also nun „in der Welt", aber nicht „von der Welt". Aus neutestamentlicher Sicht steht die gegenwärtige böse Welt voll und ganz unter dem Einfluss des Teufels und der Dämonenwelt. Johannes sagte.

> *Wir wissen, dass wir von Gott stammen, wissen aber auch, dass sich die ganze Welt in der Gewalt des Bösen befindet* (1 Joh 5,19).

Im Johannesevangelium nannte Jesus den Teufel dreimal *„den Fürsten dieser Welt"* (Joh 12,31; 14,30; 16,11 SLT).

Ebenso nannte auch Paulus den Teufel den Fürsten dieser Welt:

> *... die ihr tot wart durch Übertretungen und Sünden, in denen ihr einst gelebt habt nach dem Lauf dieser Welt, gemäß dem Fürsten, der in der Luft herrscht, dem Geist, der jetzt in den Söhnen des Ungehorsams wirkt* (Eph 2,1-2 SLT).

Paulus nannte den Teufel sogar den Gott dieser Welt:

> *Der Satan, der Gott dieser Welt, hat die Gedanken der Ungläubigen so verblendet, dass sie das herrliche Licht der Botschaft nicht wahrnehmen können* (2 Kor 4,4 NLB).

Weil Sünde und Rebellion in der Welt gegenwärtig sind, wird die ganze Welt als dämonische Macht begriffen. Als Paulus von dem ***Geist*** sprach, der nun in den Söhnen des Ungehorsams ***wirkt***, verwendete er das griechische Wort „energeo". Er deutete also an, dass jeder, der im Ungehorsam lebt, ob Christ oder Nichtchrist, sich in einer Dimension bewegt, in der diese dämonische Energie die Fähigkeit hat, Menschen in Bezug auf Sünde und Ungehorsam zu aktivieren. Sünde und Rebellion sind die Werke des Bösen.

Das Neue Testament liefert reichlich Anhaltspunkte dafür, dass die „Welt" als eine Umgebung offenbart wird, die maßgeblich von bösen Geistern gesteuert wird und unter dem direkten Einfluss und der Herrschaft des Teufels und seiner Macht steht. Laut Johannes ist Babylon, das gegenwärtige Weltsystem, *„zu einer Behausung der Dämonen geworden, zum Tummelplatz von bösen Geistern aller Art, zum Nistplatz aller unreinen Vögel und zum Schlupfwinkel für alles unreine und Abscheu erregende Getier"* (Offb 18,2). In Paulus' Sprachgebrauch, gibt es einen bösen „Geist" der die Welt der Sünde und Finsternis steuert.

> *Wir aber haben diesen Geist erhalten – den Geist, der von Gott kommt, nicht* ***den Geist der Welt****. Darum können wir auch erkennen, was Gott uns in seiner Gnade alles geschenkt hat* (1 Kor 2,12).

Johannes sagte etwas ganz Ähnliches, nämlich:

> *Weil der Geist, der in euch lebt, größer ist als* ***der Geist****, der die Welt regiert* (1 Joh 4,4 NLB).

Jesus offenbarte eine zutiefst gegensätzliche Realität zwischen dem Geist der Wahrheit und dem Geist, der diese Welt mit Lügen beherrscht. Er beschrieb den Heiligen Geist als *„den Geist der Wahrheit, den die Welt nicht bekommen kann, weil sie ihn nicht sieht und nicht kennt"* (Joh 14,17). Weil die ganze Welt in der Hand des Teufels ist, besteht zwischen der Welt und den Kindern Gottes nun eine tiefe Feindschaft. Es besteht ebenfalls eine tiefe Feindschaft zwischen den Worten, die wir als diejenigen sagen, die nicht von dieser Welt sind, und den Worten, die von denen ausgesprochen werden, die von dieser Welt sind.

Johannes sagte: *„Die Welt erkennt uns nicht, weil sie ihn nicht erkannt hat"* (1 Joh 3,1 REÜ). Da wir apostolische Botschafter des Himmels sind, konnte Johannes sagen:

> *Wir hingegen stammen von Gott, und wer Gott kennt, hört auf uns, während der, der nicht von Gott stammt, nicht auf uns hört. Daran können wir erkennen, ob wir es mit dem Geist der Wahrheit zu tun haben oder mit dem Geist des Irrtums und der Lüge* (1 Joh 4,6).

Johannes mahnte geistliches Urteilsvermögen an hinsichtlich der Quelle jedes sogenannten prophetischen Ausspruchs.

> *Liebe Freunde, glaubt nicht jedem, der behauptet, seine Botschaft sei ihm von Gottes Geist eingegeben, sondern prüft, ob das, was er sagt, wirklich von Gott kommt. Denn in dieser Welt verbreiten jetzt zahlreiche Lügenpropheten ihre falschen Lehren* (1 Joh 4,1).

Diejenigen die nicht in Übereinstimmung mit den wahren Worten Jesu sprechen, stehen unter dem Einfluss des Bösen.

> *Aus ihm spricht vielmehr der Geist des Antichrists. Ihr habt ja gehört, dass dieser [Lügengeist] in die Welt kommen wird, und inzwischen ist er bereits da* (1 Joh 4,3).

Viele Leute haben Schwierigkeiten damit, dass die Schrift alles so schwarz-weiß formuliert, aber Jesus machte sehr deutlich, dass die geistlichen Realitäten explizit schwarz oder weiß sind. In manchen Angelegenheiten gibt es einfach keine Grauzonen.

Jesus und die Verfasser des Neuen Testaments demaskierten bewusst die dämonischen Machenschaften des Teufels und der Mächte der Finsternis, die in dieser gegenwärtigen Welt am Werk sind. Die Welt wird nie als ein für Gläubige harmloser oder sicherer Ort dargestellt. Sie ist zutiefst feindselig. Jakobus sagte:

> *Ist euch denn nicht bewusst, dass Freundschaft mit der Welt Feindschaft gegenüber Gott bedeutet? Wer also ein Freund der Welt sein will, erweist sich damit als Feind Gottes* (Jak 4,4).

Wann immer Christen die übernatürlichen Realitäten aus den Augen verlieren, die in dieser bösen Welt wirksam sind, riskieren sie, von der Lüge eingelullt zu werden, die Welt sei in Wirklichkeit doch ein relativ sicherer Ort. Wenn ein Christusnachfolger die im Neuen Testament offenbarte theologische Perspektive einbüßt, kann er leicht der Verlockung unterliegen, so sehr der Welt gemäß zu leben, dass er weltlicher Täuschung anheimfällt. Wann immer ein Christ sich wieder von der Welt verführen lässt, lebt er am Ende *„nach den Maßstäben dieser Welt“* (Eph 2,2).

Wir können es uns nicht leisten, die Tatsache aus den Augen zu verlieren, dass wir, weil wir in Christus sind, nicht länger von dieser gegenwärtigen bösen Welt sind. Paulus sagte:

> *Durch ihn ist die Welt für mich gekreuzigt, und durch ihn bin ich für die Welt gekreuzigt* (Gal 6,14).

Weil wir von oben geboren sind, sind wir nun in Christus tatsächlich tot für die Sünde und für die Welt. Wir können es uns nicht leisten, weiter den Wegen der Welt zu folgen.

> *Auch euch hat Gott zusammen mit Christus lebendig gemacht. Ihr wart nämlich tot – tot aufgrund der Verfehlungen und Sünden, die euer früheres Leben bestimmten. Ihr hattet euch nach den Maßstäben dieser Welt gerichtet und wart dem gefolgt, der über die Mächte der unsichtbaren Welt zwischen Himmel und Erde herrscht, jenem Geist, der bis heute in denen am Werk ist, die nicht bereit sind, Gott zu gehorchen* (Eph 2,1-2).

Nun aber müssen Sie, weil Gott ein so großes Wunder in Ihrem auferweckten Geist getan hat, anerkennen, dass Sie *„mit Christus gestorben und die Prinzipien dieser Welt für [Sie] hinfällig geworden sind“* (Kol 2,20).

Wir sind nun ernsthaft dazu verpflichtet, unserer neuen Identität als Söhne und Töchter entsprechend zu leben und uns von der Welt und jedem dämonisch-geistlichen Einfluss zu lösen, der diese Welt durchdringt. Weil wir von unserer Natur her nicht von der Welt sind, müssen wir uns ganz konkret dafür entscheiden, aus der Welt herauszukommen.

> *„Deshalb" – so sagt der Herr – „verlasst jene Leute und trennt euch von ihnen; fasst nichts Unreines an! Dann werde ich euch annehmen und werde euer Vater sein, und ihr werdet meine Söhne und Töchter sein." Das sagt der Herr, der allmächtige [Gott]* (2 Kor 6,17-18).

Ein Engel versetzte Johannes im Geist an einen anderen Ort und enthüllte ihm Babylon als *„zu einer Behausung der Dämonen geworden, zum Tummelplatz von bösen Geistern aller Art, zum Nistplatz aller unreinen Vögel und zum Schlupfwinkel für alles unreine und Abscheu erregende Getier"* (Offb 18,2). Nur zwei Verse weiter hörte Johannes, während er die absolute Verdorbenheit Babylons betrachtete, eine Stimme, die sagte:

> *Mein Volk, geh hinaus aus Babylon! [Verlass die Stadt], damit du nicht in ihre Sünden verstrickt wirst und damit die Plagen, die über sie hereinbrechen, nicht auch dich treffen. Denn ihre Sünden haben sich aufgetürmt bis an den Himmel, und jetzt zieht Gott sie für alles Unrecht, das sie begangen hat, zur Verantwortung* (Offb 18,4-5).

Weil wir, geistlich gesehen, für die Welt tot sind, müssen wir aktiv aus der Welt herauskommen und uns weigern, Unreines zu berühren. Paulus wendete dasselbe Prinzip auf die Welt an wie auf die Sünde. Er lehrte, dass wir, weil wir nun in Christus „für die Sünde tot" sind, aktiv alles „abtöten" müssen, was unser altes, sündiges Leben ausgemacht hat. Ebenso müssen wir, weil wir in Christus „für die Welt" tot sind, aktiv aus der Welt „herauskommen" und uns ganz und gar Gott hingeben. Wir tragen eine Verantwortung dafür, aus der Welt herauszukommen. Wenn wir „Unreines anfassen" werden wir automatisch von den dämonischen Geistern, die in der Welt sind, verunreinigt. Unmittelbar nachdem Paulus davor gewarnt hatte, nichts Unreines anzufassen, sagte er:

> *So groß sind also die Zusagen, die Gott uns gemacht hat, liebe Freunde! Deshalb wollen wir uns von allem fernhalten, was uns in unseren Gedanken und in unserem Tun beschmutzt, und wollen in Ehrfurcht vor Gott ein durch und durch geheiligtes Leben führen* (2 Kor 7,1).

Die Verunreinigung der Welt geschieht durch das Vorhandensein weltlicher Begierden im menschlichen Herzen, die Hand in Hand mit der

Verunreinigung des „Geistes“ arbeiten, sprich, dem unreinen „Geist, der in der Welt ist“. Paulus wollte die Gläubigen in Korinth dafür sensibilisieren, die Anwesenheit dieses dämonischen Geistes wahrzunehmen, wann immer sie die Grenze überschritten und sich aus der Offenbarung und Macht des Heiligen Geistes herausbewegten. Die Korinther pflegten Gesellschaft mit falschen apostolischen Leitern, die ein falsches Evangelium predigten. Diejenigen, die sich diesen falschen Lehrern aussetzten, wurden sofort von einem „anderen Geist“ verunreinigt. Paulus wies sie dafür zurecht, dass sie diesen Müll duldeten.

> *Wenn nämlich jemand kommt und euch einen anderen Jesus verkündet als den, den wir verkündet haben, dann lasst ihr euch das nur allzu gern gefallen. Ihr findet nichts dabei, euch einem anderen Geist zu öffnen als dem, den ihr durch uns bekommen habt, oder ein anderes Evangelium anzunehmen als das, das ihr von uns angenommen habt* (2 Kor 11,4).

Aus Paulus’ Sicht ist alles, was aus der Welt ohne die herrliche Person Jesu Christi kommt, eine widerliche Quelle geistlicher Verunreinigung, von der wir uns durch die Kraft des Heiligen Geistes reinigen müssen.

Die begehrlichen Blicke

> *Liebt nicht die Welt! Hängt euer Herz nicht an das, was zur Welt gehört! Wenn jemand die Welt liebt, hat die Liebe zum Vater keinen Raum in seinem Leben. Denn nichts von dem, was diese Welt kennzeichnet, kommt vom Vater. Ob es die Gier des selbstsüchtigen Menschen ist, seine begehrlichen Blicke oder sein Prahlen mit Macht und Besitz – all das hat seinen Ursprung in dieser Welt. Und die Welt mit ihren Begierden vergeht; doch wer so handelt, wie Gott es will, wird für immer leben* (1 Joh 2,15-17).

Begierde im menschlichen Herzen wird als die Hauptquelle von Korruption und Verunreinigung in der Welt genannt. Petrus sagte, Gott habe uns *„die größten und kostbarsten Zusagen gegeben. Gestützt auf sie, könnt ihr* ***dem Verderben*** *entfliehen,* ***dem diese Welt aufgrund ihrer Begierden ausgeliefert ist****, und könnt Anteil an seiner göttlichen Natur bekommen“* (2 Petr 1,4). Paulus sagte:

> *Wer auf den Boden seiner selbstsüchtigen Natur sät, wird als Frucht seiner Selbstsucht das Verderben ernten* (Gal 6,8).

Der Teufel und seine Kohorten böser Geister treiben diese gegenwärtige böse Welt an, aber diese Dimension des übernatürlichen Bösen kann eine Person nicht verunreinigen, es sei denn, sie richtet ihre Begierde auf die Welt. Jakobus enthüllte, wie dieser Prozess genau vonstattengeht:

> *Wenn jemand in Versuchung gerät, ist es seine eigene Begierde, die ihn reizt und in die Falle lockt. Nachdem die Begierde dann schwanger geworden ist, bringt sie die Sünde zur Welt; die Sünde aber, wenn sie ausgewachsen ist, gebiert den Tod* (Jak 1,14-15).

So sieht der Verlauf aus. Die Welt will uns versuchen, an ihren Sünden teilzuhaben, und wenn sie in unserem Herzen Lust oder unreine Begierden wecken kann und wir uns nach der Welt ausstrecken, werden wir sogleich von der Welt mit all ihren schlechten Einflüssen verführt und verunreinigt.

Paulus verwendete den Begriff „Begierden dieser Welt".

> *Denn [in Christus] ist Gottes Gnade sichtbar geworden – die Gnade, die allen Menschen Rettung bringt. Sie erzieht uns dazu, uns von aller Gottlosigkeit und von den* ***Begierden dieser Welt*** *abzuwenden und, solange wir noch hier auf der Erde sind, verantwortungsbewusst zu handeln, uns nach Gottes Willen zu richten und so zu leben, dass Gott geehrt wird* (Tit 2,11-12).

Der Grund dafür, dass diese Wünsche als „Begierden dieser Welt" identifiziert werden, ist, dass die Welt eine starke verführerische Anziehungskraft auf das menschliche Herz ausübt. Der Teufel legt uns eine Schlinge aus, indem er die Welt als Köder verwendet und sich die Gebrochenheit im menschlichen Herzen zunutze macht, um Menschen dazu zu verführen, den Köder zu schlucken und in seine Falle zu tappen. Es gäbe keine „böse Welt", wenn wir nicht die falschen Entscheidungen träfen, uns aufzumachen und den Versuchungen des Teufels nachzugeben. Das war die Ursünde im Garten Eden. Wenn wir uns die Geschichte vom Sündenfall anschauen, sollten wir beachten, dass die Augen eine wesentliche Rolle dabei spielten, Adam und Eva ins Verderben zu stürzen.

> *Aber die Schlange war listiger als alle Tiere des Feldes, die Gott der Herr gemacht hatte; und sie sprach zu der Frau: Sollte Gott wirklich gesagt haben, dass ihr von keinem Baum im Garten essen dürft? Da sprach die Frau zur Schlange: Von der Frucht der Bäume im Garten dürfen wir essen; aber von der Frucht des Baumes, der in der Mitte des Gartens ist, hat Gott gesagt: Esst nicht davon und rührt sie auch nicht an, damit ihr nicht sterbt! Da sprach die Schlange zu der Frau: Keineswegs werdet ihr sterben! Sondern Gott weiß: An dem Tag, da ihr davon esst, werden euch* ***die Augen*** *geöffnet, und ihr werdet sein wie Gott und werdet erkennen, was gut und böse ist! Und die Frau* ***sah****, dass von dem Baum gut zu essen wäre, und dass er* ***eine Lust für die Augen*** *und ein begehrenswerter Baum wäre, weil er weise macht; und sie nahm von seiner Frucht und aß, und sie gab davon auch ihrem Mann, der bei ihr war, und er aß. Da wurden ihnen beiden* ***die Augen*** *geöffnet, und sie erkannten, dass sie nackt waren* (1 Mose 3,1-7 SLT).

Die Welt der Sünde gründet auf dem Fundament menschlicher Sinnlichkeit. Deshalb sprach Johannes von dem „begehrlichen Blick". Der ganze Mechanismus menschlicher Verführung zur Sünde hängt an sinnlichen Reizen, die uns dazu verleiten, das zu genießen, was Gott verboten hat. Das war die Ursünde im Garten und ist das Prinzip, das die Schlange seitdem angewendet hat. Wir „sehen" etwas, das unseren Sinnen gefällt, und wir strecken uns leichtsinnig danach aus, es zu genießen. Wenn ein Christ den Versuchungen und der verführerischen Kraft der Welt nicht aktiv widersteht, wird er immer wieder darauf reinfallen, einfach aufgrund der Tatsache, dass sie eine Lust für die Augen ist. Die Porno-Industrie boomt dank dieses einen Prinzips. Sie macht sich bewusst die Anfälligkeit menschlicher Sexualität zunutze, sofortige Befriedigung in Anspruch zu nehmen. Wenn die Welt diesen Schwachpunkt in uns findet, wo wir unser Verlangen törichterweise auf die Lust der Augen lenken, fallen wir sofort der Verführungskunst des Teufels zum Opfer.

Das Wort „Hure", das in Bezug auf Babylon [die Hure Babylon] verwendet wird, ist das griechische Wort *porne*. Aus himmlischer Sicht umfasst die Porno-Industrie weit mehr als einfach nur Pornographie. Alles, was der Teufel uns vor die Augen setzt und verführerische Kraft auf uns ausübt, wird Teil der globalen Porno-Industrie der Schlange. Selbst Jesus war jeder Form der Verführung ausgesetzt.

> *Schließlich ging der Teufel mit ihm auf einen sehr hohen Berg, zeigte ihm alle Reiche der Welt mit ihrer Herrlichkeit und sagte: „Das alles will ich dir geben, wenn du dich vor mir niederwirfst und mich anbetest“* (Mt 4,8-9).

Der Teufel spielt immer mit latenten Begierden, um Menschen zu versuchen und zu verführen, sich der Sünde hinzugeben.

> *Jeder, der eine Frau mit begehrlichem Blick* ***ansieht****, hat damit in seinem Herzen schon Ehebruch mit ihr begangen* (Mt 5,28).

Die Propheten bedienten sich traditionellerweise der Symbolik des Ehebruchs, um die Dynamik von Sünde und Versuchung in den Herzen von Gottes Volk aufzudecken.

> *Ihr Ehebrecher! Ist euch denn nicht bewusst, dass die Freundschaft mit dieser Welt euch zu Feinden Gottes macht?* (Jak 4,4 NLB).

Wir müssen verstehen, dass das gesamte System dieser Welt ein einziges gigantisches Striptease darstellt, das uns dazu verleiten soll, unser Herz anstatt an Christus an die Dinge dieser Welt zu hängen.

Begierde und Verlangen

Der Aspekt menschlicher Begierde ist in der Schrift ein extrem wichtiges Thema. Eines der Hauptcharakteristika, die uns als Menschen ausmachen, ist ein starker Hunger und Durst, der scheinbar nie zu stillen ist. Denken Sie an den berühmten Song der Rollings Stones: „I can't get no satisfaction …“ (dt. etwa „Ich kann nicht genug kriegen“). Die Worte dieses Liedes stehen für den Schrei des menschlichen Herzens nach tiefer innerlicher Erfüllung. Der Mensch ist getrieben von dem Versuch, die Sehnsüchte seiner Seele auf alle möglichen Arten und Weisen zu stillen. Die Liste der Möglichkeiten ist endlos, doch gibt es eine Reihe typischer Dinge, mit denen Menschen versuchen, die Leere ihrer Seele zu füllen: Drogen, Alkohol, Partys, Sex, Essen, Unterhaltung, Reichtum, Macht, Ruhm, etc. Welcher Sache auch immer man sich hingibt, Tatsache ist, dass die tiefe Unzufriedenheit am nächsten Tag zurückkehrt und wieder an der Seele nagt. Das vorrübergehende „Hoch“ lässt uns am Morgen danach nur noch unzufriedener zurück. Wenn das eine Ding uns keine Befriedigung verschafft, versuchen wir es einfach mit dem nächsten und dem nächsten, in der Hoffnung, dass wir endlich etwas finden, das die Leere füllen kann. Jede Form von Suchtverhalten hat seine Ursache in dem unnachgiebigen Trieb, die Leere zu füllen, die uns im Innersten unseres Seins auffrisst.

Die Bibel beschreibt diese getriebene Suche der Seele nach Befriedigung mit „Lust, Begierde oder starkem Verlangen“. *Epithumia* ist das griechische Wort, das meistens hinter diesen deutschen Begriffen steckt. Interessanterweise wird *epithumia* im Neuen Testament sowohl im positiven als auch im neutralen und negativen Sinne verwendet. Paulus verwendete *epithumia* beispielsweise, um seinem „großen Verlangen“ Ausdruck zu verleihen, seine Geschwister in Thessaloniki zu sehen (vgl. 1 Thess 2,17 SLT). Er verwendete das Wort auch, um seinen Wunsch, aufzubrechen und bei Christus zu sein, zu beschreiben (vgl. Phil 1,23 SLT). Auf der anderen Seite verwendete er *epithumia* häufig, um die *„Leidenschaften und Begierden unserer alten Natur“* (Eph 2,3 NLB) zu beschreiben. Die Tatsache, dass dieser griechische Begriff abwechselnd sowohl in einem positiven als auch in einem negativen Sinn verwendet wird, deutet darauf hin, dass „Begierde“ oder „starkes Verlangen“ Teil unserer Identität als Ebenbilder ist. Wenn wir im Fleisch leben, wird dieses Verlangen auf die Sünde gerichtet; daher auch der Ausdruck „die Begierden des Fleisches“. Im Gegensatz dazu verwies Paulus allerdings auf die „Wünsche“ des Geistes:

> *Deshalb: Lebt so, wie es eurem neuen Leben im Heiligen Geist entspricht. Dann werdet ihr auch nicht tun, wozu eure sündigen Neigungen euch drängen. Die alte sündige Natur liebt es, Böses zu tun – genau das Gegenteil von dem, was der Heilige Geist will. Der Geist weckt in uns Wünsche, die den Neigungen unserer sündigen Natur widersprechen. Diese beiden Kräfte liegen in ständigem Streit miteinander* (Gal 5,16-17).

Die Wünsche des Geistes richten sich auf göttliche Dinge, nicht auf weltliche Dinge.

Jesus verwendete den Begriff *epithumia*, um seine „starke Sehnucht“ danach zu beschreiben, das letzte Abendmahl mit seinen Jüngern zu feiern:

> *Wie **sehr** habe ich mich **danach gesehnt**, dieses Passamahl mit euch zu feiern, bevor ich leiden muss* (Lk 22,15).

Die Tatsache, dass auch Jesus dieses intensive Verlangen verspürte, deutet darauf hin, dass *epithumia* ein Wesenszug des Ebenbildes Gottes ist. Larry Crabb argumentiert, dass dieses tiefe Verlangen in der menschlichen Persönlichkeit, das Bild Gottes in uns widerspiegelt. „Irgendetwas im Menschen ist zu einer Sehnsucht nach Erfüllung im Innersten seines Personseins fähig. Sowohl Gott als auch Mensch haben die Fähigkeit, tiefes Verlangen zu verspüren“[1]. Crabb verweist auf die tiefe Sehnsucht Gottes nach seinem Volk, die er in Hosea zum Ausdruck bringt:

> *O, wie könnte ich dich aufgeben, Ephraim? Wie könnte ich dich, Israel, im Stich lassen? [...] Schon bei dem Gedanken daran bricht mir das Herz, und ich empfinde tiefstes Mitleid für dich.* (Hos 11,8 NLB).

Laut Crabb, „deutet die gehaltvolle, leidenschaftliche Sprache [Hoseas] auf das Vorhandensein einer subjektiven Realität, die sich nicht einfach als Gefühl beschreiben lässt. Sie geht tiefer als das. Mit allem, was er ist, sehnt sich Gott nach der Wiederherstellung der Beziehung zu seinen Kindern.“[2] Auch wir empfinden dieses tiefe Verlangen. Die Frage ist nur: Was ist das Objekt unserer Zuneigungen und Sehnsüchte? Wir können sie auf himmlische oder auf irdische Dinge richten (Kol 3,2).

Das Problem liegt in der Tatsache begründet, dass das Verlangen des Menschen nach seiner Abkehr von Gott auf Sünde und weltliche Vergnügungen ausgerichtet wurde anstatt auf Gott. Von Sünde verunreinigt, wurde alles Verlangen des Menschen korrumpiert. Paulus sagte:

> *Doch die Sünde [...] weckte in mir viele **schlechte** Leidenschaften!* (Röm 7,8 NLB).
>
> *Dann wurdet ihr aber auch gelehrt, nicht mehr so weiterzuleben, wie ihr bis dahingelebt habt, sondern den alten Menschen abzu-*

---

[1] Übersetzt aus: Ebd., S. 94.

[2] Übersetzt aus: Ebd.

> *legen, der seinen trügerischen Begierden nachgibt und sich damit selbst ins Verderben stürzt* (Eph 4,22).

Weil wir alle sexuelle Wesen sind und der Sexualtrieb ein grundlegendes Charakteristikum des Menschseins ist, wird sexuelle Begierde zu einer der dominierendsten Ausdrucksformen für das tiefe Verlangen in uns. Pervertiertes sexuelles Verlangen wird üblicherweise als Begierde beschrieben. Paulus sagte:

> *Gott möchte, dass ihr heilig seid; deshalb sollt ihr nicht unzüchtig leben. Dann wird jeder von euch so leben, dass er Gott Ehre macht – nicht in* ***zügelloser Begierde*** *wie jene Menschen, die Gott nicht kennen* (1 Thess 4,3-5 NLB).

Wenn wir die Natur des gefallenen Menschen verstehen wollen, müssen wir uns mit dem Aspekt der Begierde auseinandersetzen. Salomo sagte: „*Begehre nicht in deinem Herzen ...*" (Spr 6,25 SLT). Jesus warnte Männer, dass sie im Herzen Ehebruch begehen, wenn sie eine Frau ansehen und begehren.

> *Denn nichts von dem, was diese Welt kennzeichnet, kommt vom Vater. Ob es die* ***Gier*** *des selbstsüchtigen Menschen ist, seine* ***begehrlichen Blicke*** *oder sein Prahlen mit Macht und Besitz – all das hat seinen Ursprung in dieser Welt* (1 Joh 2,16).

Petrus sprach davon „*dem Verderben zu entfliehen, dem diese Welt aufgrund ihrer Begierden ausgeliefert ist*" (2 Petr 1,4). Er identifizierte die Begierde als den Urgrund gesellschaftlicher und persönlicher Verdorbenheit. Begierde ist ein tiefes und unersättliches Verlangen, das außer durch Gott nicht gestillt werden kann. Paulus sagte:

> *Tötet daher, was in den verschiedenen Bereichen eures Lebens noch zu dieser Welt gehört: sexuelle Unmoral, Schamlosigkeit, ungezügelte Leidenschaft, böses Verlangen* (Kol 3,5).

Ein weiterer Grundtrieb des Menschen ist das Verlangen nach Nahrung. Wenn dieses natürliche Verlangen durch die Sünde verdorben ist, führt es zu Völlerei und Essstörungen. In Jesaja vergleicht der Herr ein Gericht, das über bestimmte Nationen hereinbrechen sollte, mit dem Gefühl der Leere, das wir alle nur allzu gut kennen:

> *Wie ein Hungriger vom Essen träumt und doch hungrig aufwacht und wie ein Durstiger träumt, zu trinken und schwach vor Durst erwacht ...* (Jes 29,8 NLB).

Salomo war ein Beobachter der menschlichen Natur und als solcher mit diesem unbefriedigten Verlangen der menschlichen Seele eingehend vertraut. Wo er auch hinschaute, sah er Menschen, die keine Erfüllung fanden und vergeblich Befriedigung in den kurzlebigen Dingen dieser gegenwärtigen Welt suchten.

In seinen Sprüchen schrieb Salomo: *„So wie Tod und Zerstörung niemals genug haben, so sind die Augen des Menschen unersättlich“* (Spr 27,20 NLB). Im Prediger, einem Buch, das die Nichtigkeit des menschlichen Versuchs veranschaulicht, seine umherschweifenden Begierden ohne Gott zu stillen, schrieb er:

> *Wer am Geld hängt, wird davon nie genug kriegen, und wer den Wohlstand liebt, wird immer von der Gier nach mehr getrieben werden* (Pred 5,9 NLB).
>
> *Das Auge kann sich niemals satt sehen und das Ohr kann nie genug hören* (Pred 4,8 NLB).
>
> *Der Mensch müht sich mit seiner Arbeit ab, damit er genug zu essen hat. Doch nie wird er richtig satt* (Pred 6,7 NLB).

Diese Begierden des Fleisches sind die Sehnsüchte und Gelüste eines selbstsüchtigen Menschen, der dieses tiefe Verlangen befriedigen will, indem er die Welt und alles, was in ihr ist, liebt. Abhilfe lässt sich nicht in dem Versuch finden, das Verlangen selbst zu töten, sondern in der Erkenntnis, dass das Verlangen sich auf Gott richten muss. Das Verlangen in seiner ursprünglichen Form ist ein wesentlicher Teil der Ebenbildlichkeit Gottes im menschlichen Herzen. Wir werden ebenso wenig in der Lage sein, das Verlangen in unserem Herzen auszulöschen, wie wir in der Lage sind, die Gottesebenbildlichkeit aus unserem Wesen zu entfernen. Viele fromme Buddhisten haben versucht, das Verlangen auszulöschen, aber das ist aus biblischer Sicht schlichtweg nicht möglich.

Paulus lehrte, dass es der Heilige Geist selbst ist, der in unserem Herzen ein tiefes Verlangen und Seufzen nach Gott weckt, und eben auf ihn sollte sich unser tiefstes Verlangen auch richten, wenn wir in diesem Leben wahre Erfüllung finden wollen. Der Buddhismus ist eine nichttheistische Religion und hat keine Vorstellung von einem personellen Gott. Es muss in der Tat ein schwerer Weg sein zu versuchen, die Kerze der Begierde auszupusten, wenn es nicht einmal eine Vorstellung von Gott gibt, auf den man sein Verlangen stattdessen richten kann. Das Neue Testament verweist uns ständig an eine gereinigte Form des Verlangens, das sich auf die Person Christi richtet.

> *Habe deine Lust am HERRN; der wird dir geben, was dein Herz wünscht* (Ps 37,4 LUT).

Wir müssen uns immer wieder fragen: Was bestimmt mein Herz? – Mein selbstsüchtiges Verlangen oder ein reines Verlangen nach Gott? Wann immer wir aus dem Fleisch heraus leben, werden uns die Wünsche bzw. Begierden des Fleisches von Gott abbringen, indem sie unsere Begehrlichkeiten auf die Welt lenken. Wenn wir aber aus dem Geist heraus leben, werden unsere Wünsche in Gott Erfüllung finden und Leben und Frieden hervorbringen. Salomo sagte: *„Ein erfüllter Wunsch aber ist ein Baum des* ***Lebens****"* (Spr 13,12 SLT).

Vom Himmel aus gesehen sind sämtliche Ausdrucksformen der Begierde und Sinnlichkeit die Perversion eines irregeführten Hungers und Verlangens nach Gott. Es war C.S. Lewis, der bekanntlich gesagt hat, dass ein Mann, der ein Bordell besucht, in Wirklichkeit auf der Suche nach Gott ist. Aber die „Begierden" eines selbstsüchtigen Menschen werden ihn unmittelbar in die Arme der dämonischen Welt treiben. Jakobus sprach an, was er „Selbstsucht in eurem Herzen" nannte, und erklärte im nächsten Vers, dass all diese selbstsüchtigen Wünsche *„irdisch, seelisch und dämonisch"* sind (Jak 3,14-15 SLT).

> *Denn Neid und Selbstsucht haben nichts mit der Weisheit von Gott zu tun, sondern sie sind irdisch, gottlos und teuflischen Ursprungs. Denn wo Eifersucht und selbstsüchtiger Ehrgeiz herrschen, führt das in die Zerstörung und bewirkt alle möglichen schlechten Taten* (Jak 3,15-16 NLB).

Wo immer Sie oder ich die Schrift aufschlagen, werden wir auf dieselbe Offenbarung stoßen. Es sind unsere weltlichen Begierden und unser sinnliches Verlangen, welche die Menschen für die dämonischen Einflüsse dieser gegenwärtigen bösen Welt öffnen.

Unser Kampf mit der Weltlichkeit

Paulus legte dar, dass wir alle uns in einem unaufhörlichen Ringkampf mit dieser „finsteren Welt" befinden. Wenn er von dieser gegenwärtigen Welt sprach, brachte er sie immer untrennbar mit dem Teufel und den Mächten der Finsternis in Verbindung.

> *Denn unser Kampf richtet sich nicht gegen [Wesen von] Fleisch und Blut, sondern gegen* **die Mächte und Gewalten der Finsternis, die über die Erde herrschen**, *gegen das Heer der Geister in der unsichtbaren Welt, die hinter allem Bösen stehen* (Eph 6,12).

Solange wir in dieser Welt leben, werden wir uns im Nahkampf mit bösen geistlichen Wesen befinden. Diese finsteren Geister haben die eine große Absicht: Christen, die von der Welt befreit worden sind, zurück unter das Joch dieser Geister zu zerren, die diese Welt beherrschen.

> *So waren auch wir, solange wir unmündig waren, Sklaven der Elementarmächte dieser Welt* (Gal 4,3 REÜ).
>
> *Wie aber könnt ihr jetzt, da ihr Gott erkannt habt, vielmehr von Gott erkannt worden seid, wieder zu den schwachen und armseligen Elementarmächten zurückkehren? Warum wollt ihr von neuem ihre Sklaven werden?* (Gal 4,9 REÜ).

Petrus warnte Christen, die durch die Neugeburt von den Mächten dieser Welt befreit worden waren, vor der eindeutigen und reellen Gefahr, wieder in die Verunreinigungen dieser Welt verstrickt zu werden.

> *Diese Leute hatten zwar unseren Herrn und Retter Jesus Christus kennen gelernt und waren dadurch von dem schändlichen Treiben dieser Welt losgekommen. Wenn sie sich nun aber von neuem in jene Dinge verstricken und sich von ihnen gefangen nehmen lassen, steht es am Ende schlimmer um sie als am Anfang* (2 Petr 2,20).

Paulus beklagte den Verlust eines guten Freundes und Mitarbeiters am Evangelium, welcher der Verführungskunst des Bösen zum Opfer gefallen und wieder in die Welt zurückgezerrt worden war.

Denn Demas hat mich verlassen, weil er diese Welt [wieder] lieb gewonnen hat, und ist nach Thessalonich abgereist. Kreszens ging nach Galatien und Titus nach Dalmatien (2 Tim 4,10).

Demas war ein Mann, der mit Gott lebte und zu einem engen Weggefährten eines großen apostolischen Leiters geworden war. In der guten alten Zeit konnte Paulus den Kolossern noch schreiben: *„Auch Lukas, der geliebte Arzt, lässt euch grüßen, ebenso Demas"* (Kol 4,14). Was ging schief bei Demas? Er gab der weltlichen Begierde nach und fand sich erneut in den Fängen der Welt und ihrer dämonischen und verführerischen Macht wieder.

Wenn wir versuchen, uns auf die Herzensreise ganzer Hingabe an Christus einzulassen, werden wir alle einem unnachgiebigen Druck ausgesetzt sein, vor den Versuchungen dieser Welt zu kapitulieren. Selbst Jesus war, mitten in dieser Welt lebend, genau wie wir sämtlichen Versuchungen ausgesetzt und sündigte doch niemals. Paulus ließ jedem Christen nur zwei Optionen. Er offenbarte das Herzensanliegen des Vaters, uns in das Bild seines Sohnes zu verwandeln (Röm 8,29), und das Herzensanliegen des Bösen, uns der gegenwärtigen bösen Welt gleich zu machen.

Passt euch nicht dieser Welt an, sondern ändert euch, indem ihr euch von Gott völlig neu ausrichten lasst (Röm 12,2 HFA).

J.B. Phillips hat eine wunderbare Übersetzung des Neuen Testaments angefertigt und etwas gesagt, das mir unvergesslich bleibt: *„Lasst euch von der Welt nicht in ihre Form pressen."*[3] Der einzige Weg, um dem Anpassungsdruck an die Welt zu entkommen, ist, die Herzensreise der Verwandlung in das Bild wahrer Sohnschaft anzutreten. Die Welt produziert geistliche Waisenkinder, der Vater dagegen formt in uns das Herz wahrer Sohnschaft.

Erinnern Sie sich an Paulus' mächtige Ermahnung?

„Deshalb" – so sagt der Herr – „verlasst jene Leute und trennt euch von ihnen; fasst nichts Unreines an! Dann werde ich euch annehmen und werde euer Vater sein, und ihr werdet meine Söhne und Töchter sein." Das sagt der Herr, der allmächtige [Gott] (2 Kor 6,17-18).

---

[3] Übersetzt aus: J.B. Phillips, *The New Testament In Modern English*, S. 332.

Wir entkommen der Verdorbenheit der Welt, indem wir unser Verlangen auf unseren Vater im Himmel richten und erkennen, dass wir dank der Neugeburt nicht mehr von der Welt sind, sondern vom Vater. Johannes offenbarte den Weg zu einer tiefen und umfassenden Freiheit von der Welt, als er sagte:

> *Liebt nicht die Welt! Hängt euer Herz nicht an das, was zur Welt gehört! Wenn jemand die Welt liebt, hat die Liebe zum Vater keinen Raum in seinem Leben* (1 Joh 2,15).

Der einzige Grund dafür, dass ein Christ unentwegt dem Reiz all dessen, was die Welt zu bieten hat, verfällt und davon verführt wird, ist sein mangelndes Erleben der Liebe seines himmlischen Vaters. Wenn Ihnen das nächste Mal die Welt oder die Dinge in der Welt unwiderstehlich vorkommen, fragen Sie sich, wie es um Ihren geistlichen Liebestank steht. Laufen Sie schon auf Reserve und brauchen eine neue Begegnung mit dem Vater?

Demas tauschte die Liebe des Vaters gegen die Liebe der Welt ein. Er richtete sein Verlangen anstatt auf himmlische Dinge auf weltliche Dinge und fiel von seinem liebenden Vater ab. Hatte er die verwandelnde Liebe seines Vaters im Innersten seines Seins je wirklich erlebt? Vielleicht hatte er es nie. Es gab eine Phase, in der er ein Herz für Gott hatte und zusammen mit Paulus auf Reisen war und diente, aber weil er sich im Innersten seines Seins immer noch wie ein Waisenkind fühlte, hegte er insgeheim eine Liebe für die Welt. Diese Liebe und dieses Hingezogensein zur Welt brannte weiterhin wie ein Feuer in ihm und so kehrte er, unfähig, sich von den fleischlichen Begierden seines alten Waisenherzens zu befreien, schließlich in die Welt zurück, wie ein Hund zu seinem Erbrochenen zurückkehrt oder ein Schwein zu dem Schlamm, von dem es einst reingewaschen wurde (vgl. 2 Petr 2,22).

Der Götzendienst der Vergnügungen

Bei einem Großteil unserer Liebe für die Welt handelt es sich um unseren Götzendienst am Vergnügen. Seit dem Sündenfall im Garten Eden, als die Menschheit die Beziehung zu Gott abbrach, versucht sie, Gott durch die Vergnügungen dieser gegenwärtigen Welt zu ersetzen. Gott sollte das Objekt unseres stärksten Verlangens und die Quelle unserer größten Freude sein, aber wenn Gott nicht im Zentrum unseres Herzens ist, fallen wir aus der Höhe der Freude an Gott in den Abgrund der Liebe des Vergnügens. David sagte:

> *Dort, wo du bist, gibt es Freude in Fülle; [ungetrübtes] Glück hält deine Hand ewig bereit* (Ps 16,11).

Vor dem Fall lebten Adam und Eva in Gottes Gegenwart und hatten ihre größte Freude an ihrer ungebrochenen Gemeinschaft mit ihm. Gott ließ die Freude seiner Gegenwart direkt in ihr Herz strömen und seine väterliche Liebe brachte ihnen tiefe Erfüllung.

Wenn wir über unsere Verstrickung in die Welt nachdenken, müssen wir erkennen, dass das größte Problem im Götzendienst unseres Herzens liegt. Was geht in unserem Herzen vor sich, wenn wir die Vergnügungen dieser Welt über die Freude an inniger Gemeinschaft mit Gott stellen? Jakobus warf einen eindrücklichen Gedanken auf, als er sagte:

> *Eure eigensüchtigen* ***Wünsche [nach Vergnügen]*** *führen einen regelrechten Krieg [gegen das, was Gott von euch möchte]!* (Jak 4,1).

Wir richten unsere Wünsche automatisch auf das Vergnügen, wann immer wir in unserem Herzen die Verbindung zu Gott verlieren. Menschen schenken *„ihr ganzes Interesse [...] dem Vergnügen, während Gott ihnen gleichgültig ist“* (2 Tim 3,4), wann immer sie sich in ihrem Herzen von Gott abwenden und ihr Verlangen auf die Dinge der Welt anstatt auf himmlische Dinge richten.

Viele der Vergnügungen dieser Welt sind an und für sich nicht falsch. Gott erschuf den Menschen, damit er die Freuden dieser Welt, die er erschaffen hat, genießt. Im 1. Mose wird uns berichtet:

> *Gott, der Herr, brachte den Menschen in den Garten Eden. Er sollte ihn bebauen und bewahren* (1 Mose 2,15 NLB).

Eden ist Hebräisch für „Vergnügen“. Die lateinische Bibelübersetzung der Vulgata übersetzt 1. Mose 2,15 mit „das Paradies des Vergnügens“. In der *Douay Rheims Catholic Bible* von 1610 heißt es: *„Und Gott der Herr nahm den Menschen und setzte ihn in* ***das Paradies des***

***Vergnügens**, um es zu bebauen und zu bewahren.*"[4] Das Wort „Paradies" ist die Transskription des griechischen Begriffes *paradeisos*. Das griechische Wort *paradeisos* leitet sich von dem klassischen persischen Wort *pardes* ab, das „einen königlichen Park, einen Garten oder Vergnügungspark des Königs" bezeichnet. Die moderne Entsprechung dazu wäre ein makelloser botanischer Garten. *Pardes* wurde aus dem Persischen in die hebräische Sprache übernommen und taucht im Alten Testament nur dreimal auf.

König Artaxerxes (manchmal auch Artasasta) beauftragte einen Mann als *„Verwalter der königlichen Wälder* (pardes)*"* (Neh 2,8 NLB). Im antiken Nahen Osten war es unter Königen Brauch, wunderschöne Gärten zu bauen.

> *Ich schuf mir Gärten und Parkanlagen (pardes) und pflanzte darin Fruchtbäume jeder Art. Ich legte mir Wasserteiche an, um daraus den sprossenden Baumwald zu tränken* (Pred 2,5-6 SLT).

Der assyrische König Sanherib baute einen wundervollen Garten in Ninive am Tigris. Auch Nebukadnezar, der König Babylons, baute einen herrlichen Garten für seine Frau: die berühmten „Hängenden Gärten von Babylon", die zu einem der sieben antiken Weltwunder gezählt wurden. Das „Paradies des Vergnügens", von dem wir in 1. Mose 2 lesen, wurde von dem König der Herrlichkeit als ein geeigneter Wohnort für seine Braut angelegt. Gott setzte Adam und Eva als König und Königin ein und gab ihnen Autorität und Herrschaft über den Garten Eden, um ihn zu bebauen, zu bewahren und zu schützen.

Das „Paradies" ist ein Ort unendlichen, herrlichen Vergnügens. Es ist auch eine großartige Metapher für das Himmelreich.

> *Denn er hat uns aus der Macht der Finsternis gerettet und in **das Reich des geliebten Sohnes** versetzt* (Kol 1,13 NLB).

Der Garten Eden war ursprünglich das Reich von Adam, des geliebten Sohnes des Vaters. Die Herrlichkeit des Vaters war auf die Erde herabgekommen und Adam und Eva waren in unfassbare Herrlichkeit gekleidet. Gott gab das Reich Adam und Eva und sie lebten in der Ekstase der Freude des Himmels. Sie waren umgeben von der unendlichen

---

[4] Übersetzt aus dem Englischen. Original: *„And the Lord God took man, and put him into the Paradise of Pleasure, to dress it, and to keep it."*

Liebe und dem Vergnügen ihres himmlischen Vaters. Im Garten Eden bestand eine vollkommene Synergie zwischen Himmel und Erde. Adam und Eva und der Vater waren eins! Diese beiden Dimensionen, die himmlische und die irdische, waren zu einem harmonischen Ausdruck übernatürlicher Einheit und göttlicher Vereinigung verschmolzen.

Es war die Herrlichkeit mystischer Vereinigung zwischen Gott, dem Vater, und Adam und Eva – seinem geliebten Sohn und seiner geliebten Tochter –, die Eden zu einem wahren Paradiesgarten machte. Mit dem Garten ist hier weniger der physische Garten Eden gemeint, sondern ***Adam und Eva*** selbst als innig geliebte Kinder. Sie waren der Garten des Vaters.

> *Denn der Weinberg des HERRN der Heerscharen ist das Haus Israel, und die Männer von Juda sind* ***die Pflanzung seiner Lust*** (Jes 5,7 ELB).

Natürlich ist die Gemeinde nun Gottes herrliches Gartenparadies. Es ist erwähnenswert, dass Salomo diesen Begriff *pardes* auch in Bezug auf seine Braut verwendete:

> *Du hast mein Herz verzaubert, meine Schwester, meine Braut. Du hast mein Herz verzaubert mit einem einzigen Blick deiner Augen, mit dem Geschmeide deiner Halskette. Wie wundervoll ist deine Liebe, meine Schwester, meine Braut! Wie viel süßer ist sie als Wein; und der Duft deiner Salben ist köstlicher als alle Gewürze. Du bist wie* ***ein verschlossener Garten****, meine Schwester, meine Braut, wie eine verschlossene Quelle, ein versiegelter Brunnen. Du bist wie* ***ein reizvoller Garten*** *mit Granatapfelbäumen voller köstlicher Früchte, mit Hennasträuchern und Lavendel, Narde und Safran, Kalmus und Zimt, Myrrhe und Aloe, Weihrauchsträuchern und anderen kostbaren Gewürzen* (Hld 4,9-10.12-14 NLB).

Die Braut antwortet dem Bräutigam:

> *Wach auf, Nordwind! Erhebe dich, Südwind! Durchweht meinen Garten und verströmt den Duft seiner Gewürze. Lasst meinen Geliebten in* ***seinen Garten*** *kommen und seine köstlichen Früchte essen!* (Hld 4,16 NLB).

Der Bräutigam antwortet der Braut:

*Ich komme in **meinen Garten**, meine Schwester, meine Braut. Ich sammle meine Myrrhe und meine Gewürze und esse meinen Honig aus der Wabe. Ich trinke meinen Wein und meine Milch* (Hld 5,1 NLB).

Der Fall des Menschen ließ das Paradies verlorengehen. Als Adam und Eva sündigten, wurden sie sofort aus dem herrlichen Reich des Vaters vertrieben.

Denn alle Menschen haben gesündigt und das Leben in der Herrlichkeit Gottes verloren (Röm 2,23 NLB).

Der „Fall" war eine sofortige Vertreibung aus dem Reich der Herrlichkeit.

Deshalb schickte Gott, der Herr, Adam und seine Frau aus dem Garten Eden fort. Er gab Adam den Auftrag, den Erdboden zu bearbeiten, aus dem er gemacht war. Nachdem er sie aus dem Garten vertrieben hatte, stellte Gott, der Herr, Cherubim auf, die mit einem flammenden, blitzenden Schwert den Weg zum Baum des Lebens bewachen (1 Mose 3,23-24 NLB).

Als eine sofortige Folge des Falls kehrte die übernatürliche Dimension von Gottes Paradies zurück in den Himmel, weil sie auf der Erde keinen Ruheort fand. Die frühen Kirchenväter glaubten und lehrten, dass sich diese übernatürliche „paradiesische" Dimension lediglich von der Erde erhob, aber immer noch als geistliche, himmlische Dimension existiert, die wir das Himmelreich nennen. Dieser Gedanke findet sich auch in drei Versen des Neuen Testaments. Jesus sagte zu dem Verbrecher am Kreuz:

*Ich sage dir: Heute noch wirst du mit mir im **Paradies** sein* (Lk 23,43).

Paulus sagte:

*Aber ich weiß, dass ich **ins Paradies versetzt** wurde und erstaunliche Dinge hörte, die sich nicht in Worte fassen lassen* (2 Kor 12,4 NLB).

Jesus sagte:

> *Wer bereit ist zu hören, der höre auf das, was der Geist den Gemeinden sagt! Wer siegreich ist, dem werde ich in **Gottes Paradies** vom Baum des Lebens zu essen geben* (Offb 2,7 NLB).

Das „Paradies" ist also eine perfekte biblische Metapher für das Himmelreich. Es ist der Garten des unendlichen Vergnügens des Königs.

Das Reich des Himmels zu erleben, bedeutet, die ultimative Dimension göttlichen Vergnügens und göttlicher Freude zu erleben. Paulus sagte, das Reich Gottes sei Gerechtigkeit, Frieden und ***Freude*** im Heiligen Geist. Erinnern Sie sich an die Worte König Davids, die wir zitiert haben:

> *Dort, wo du bist, gibt es **Freude** in Fülle; [ungetrübtes] **Glück** hält deine Hand ewig bereit* (Ps 16,11).

David sagte:

> *Wie kostbar, o Gott, ist deine Gnade! Menschen suchen Zuflucht im Schatten deiner Flügel. Sie dürfen den Reichtum deines Hauses genießen [rawah], und aus einem **Strom der Freude** gibst du ihnen zu trinken. Bei dir ist die Quelle allen Lebens, in deinem Licht sehen wir das Licht. Lass deine Gnade für immer bei denen bleiben, die dich kennen, und deine Treue bei denen, die von Herzen aufrichtig sind* (Ps 36,8-11).

Das hebräische Wort, das hier mit „genießen" übersetzt wird, bedeutet „reichlich trinken, sich satt trinken, trunken werden"! Gott hat dem Ausmaß, zu dem wir uns in den Strömen seiner Freuden und seiner Vergnügungen baden können, keine Grenzen gesetzt. Interessanterweise ist das hebräische Wort für „Freude" in diesem Vers das hebräische Wort „Eden".

Durch Christi Erlösung sind wir wieder in den Garten Eden hineinversetzt worden; in das Königreich bzw. den Garten seines Vergnügens. Für die an Christus Glaubenden ist die unendliche Freude göttlichen Vergnügens wiederhergestellt. John Piper lehrt, dass es einen legitimen christlichen Hedonismus gibt; eine Dimension außerordentlichen Vergnügens, die allein in der Gegenwart des Königs der Herrlichkeit zu finden ist. Vor dem Sündenfall lebten Adam und Eva in dieser Dimension außerordentlicher Freude und Wonne. Die Wiederherstellung dieser göttlichen Ekstase und Wonne ist ein wesentlicher Bestandteil der Wiederherstellung des Paradieses von Eden.

> *Der Herr tröstet Zion und alle seine Trümmerfelder. Er macht sie* ***Eden*** *gleich und verwandelt seine Steppe in den Garten des Herrn. Dort werden* ***Jubel und Freude*** *herrschen. Lobpreis und Gesang erklingen darin* (Jes 51,3 NLB).

In Christus können wir diese Dimension unendlicher Freude wieder kosten, aber die Chemie unseres Hirns ist tragischerweise noch immer darauf ausgelegt, unsere Vergnügungen in der Welt zu suchen. Jede einzelne Botschaft, die die Welt an unser Gehirn sendet, gaukelt uns vor, die größten Freuden seien allein in dieser Welt zu finden. Denken Sie nur an die Sinnlichkeit von Schokoladenwerbung! Die Welt weiß nichts von dem Vergnügen des Vaters und hat deshalb ein falsches Eden fleischlicher, sündiger Vergnügungen geschaffen. Babylon ist der *Lustgarten* der Welt.

> *Alle Völker haben von dem schweren Wein ihrer gierigen sexuellen Unmoral getrunken. Die Könige der Erde haben es mit ihr getrieben, und die Kaufleute der Welt sind durch ihren verschwenderischen Luxus reich geworden* (Offb 18,3 NeÜ).
>
> *... wie sie in* ***Prunk und Luxus*** *schwelgte* (Off 18,7 NeÜ).
>
> *Wenn dann die Mächtigen der Erde, die sich mit ihr eingelassen und das* ***ausschweifende Leben*** *in vollen Zügen genossen haben ...* (Offb 18,9 NeÜ).

Vergnügen – biblisch gesehen

Paulus sagte über die gefallene Menschheit: *„Sie leben nur für ihr Vergnügen und kümmern sich nicht um Gott"* (2 Tim 3,4 NeÜ). Aber offensichtlich ist nicht alles Vergnügen an sich böse! Es gibt gutes Vergnügen und böses Vergnügen. Es gibt sündiges Vergnügen und heiliges Vergnügen. Gott hatte Gott Adam und Eva ja schließlich in ein Gartenparadies voller luxuriöser Vergnügungen gesetzt, die die Sinne kitzelten! Zweifellos möchte Gott, dass wir die immensen Freuden seiner Schöpfung genießen. Paulus sagte:

> *Auch wir waren früher unwissend und ungehorsam. Wir ließen uns in die Irre führen und wurden zu Sklaven vieler Wünsche und [schlechten]* ***Leidenschaften****. Unser Leben war voller Bosheit und Neid* (Tit 3,3 NLB).

Während es mit Sicherheit *schlechte Leidenschaften* gibt, gibt es ebenso viele herrliche Leidenschaften oder Vergnügungen. Denken Sie einmal daran, wie viel Freude die Menschheit an den folgenden Aktivitäten hat:

- Das Vergnügen menschlicher Beziehungen: Freundschaft, Gemeinschaft und sexuelle Intimität innerhalb der Ehe.
- Das Vergnügen an Kreativität: einen Garten pflegen, Technologie entwickeln, in der Erde nach Reichtümern graben – Gold, Silber und Edelsteine.
- Das Vergnügen daran, Objekte von immenser Schönheit zu schaffen und zu bauen: Architektur, Holz- und Metallarbeiten, jede Form von Kunst und Handwerk.
- Das Vergnügen an Nahrungsmitteln im Überfluss: Früchte, Gemüse, Kräuter, Gewürze; das Vergnügen an gutem Essen und Kochkunst.
- Das Vergnügen an Reizüberflutung: Düfte, Geschmäcke, Klänge, Anblicke, die Wärme des Sonnenlichts, die Kühle einer Brise, usw.
- Das Vergnügen gewaltiger ästhetischer Schönheit: die Weite des Sternenhimmels, Wälder, wilde Tiere, Berge, Flüsse und Ströme.
- Das Vergnügen an Klängen der Schöpfung: an Vogelgesang, Wasserfällen, sprudelnden Bächen
- Das Vergnügen, harmonische und wunderschöne Musik zu erzeugen und zu singen.
- Das Vergnügen an Unterhaltung, Comedy und Lachen
- Und am meisten: das Vergnügen an der innigen Beziehung zu Gott.

Intimität (Vertrautheit) mit Gott ist das höchste Vergnügen, welches das Essen vom Baum des Lebens mit sich bringt! Im Garten Eden konnten Adam und Eva frei all die Vergnügungen genießen, die wir gerade aufgezählt haben. Das ist ein wichtiger Aspekt, wenn es darum geht, ein biblisches Verständnis von Vergnügen zu entwickeln. Nicht alle Vergnügungen sind schlecht oder böse.

Gott erachtete Adam und Eva als die Objekte seiner größten Freude und seines höchsten Genusses.

> *Würdig bist du, Herr, unser Gott, Ruhm und Ehre zu empfangen und für deine Macht gepriesen zu werden! Denn du bist der Schöpfer aller Dinge; nach deinem Willen wurde alles ins Dasein gerufen und erschaffen* (Offb 4,11).

Adam und Eva schwelgten deshalb in dem Vergnügen des göttlichen Vergnügens Gottes. Aber Vergnügen wird pervertiert, sobald man Gott aus der Gleichung herausnimmt. Vergnügen wird *sündig*, wenn das Vergnügen zum Götzen gemacht und über Gott gestellt wird. Sündiges Vergnügen ist das Streben nach Vergnügen als einer Quelle des *Trostes,* anstatt nach Gott als unserer Quelle des Trostes oder der Geborgenheit. Vergnügen ist der größte Götze der Welt, weil es als Ersatz dient für die Freude daran, Gott und seine Schöpfung zu lieben.

> *Denn sie vertauschten die Wahrheit, die Gott sie hatte erkennen lassen, mit der Lüge; sie verehrten* ***das Geschaffene*** *und dienten ihm* ***statt dem Schöpfer****, der doch für immer und ewig zu preisen ist* (Röm 1,25).

Götzendienst stellt „Geschaffenes" höher als Gott. Das Vergnügen an geschaffenen Dingen ist ein großer Segen, den Gott uns gibt, aber es ist kein Segen mehr, wenn es Gott ersetzt. Der Herr hat gesagt:

> *Du sollst außer mir keine anderen Götter haben* (2 Mose 20,3 NLB).

Gott ist betrübt über den Götzendienst der Menschheit, *„weil ihr mich vergessen und trügerischen Götzen vertraut habt"* (Jer 13,25 NLB).

> *Ich sehe doch deinen andauernden Ehebruch und höre euer geiles Wiehern! Ja, ich kenne euren widerlichen Götzendienst draußen auf den Feldern und auf den Bergen* (Jer 13,26 NLB).

Sich den Vergnügungen der geschaffenen Dinge hinzugeben, ist götzendienerisch, gesetzlos und missfällt Gott. Betrachten Sie die folgenden sündigen und götzendienerischen Vergnügungen:

- der Götzendienst des Vergnügens an Sexualität als einer Quelle des Trostes
- der Götzendienst des Vergnügens an Essen als einer Quelle des Trostes
- der Götzendienst des Vergnügens an der Natur als einer Quelle des Trostes
- der Götzendienst der Unterhaltung als eine Quelle des Trostes
- der Götzendienst des Vergnügens an Suchtmitteln als einer Quelle des Trostes
- der Götzendienst der Selbstanbetung (Narzissmus)

Die Welt dreht sich ganz und gar um das Streben nach Vergnügungen ohne Gott. Wenn Sie die Welt aus der Sicht des Himmels verstehen wollen: Sie ist ein Vergnügungspark für Narzissten! Gott bezeichnet dies als absolute Torheit.

> *Der Weise ist mit seinen Gedanken und seinem Herzen bei denen, die trauern; ein Dummkopf überlegt nur, wie er es sich gut gehen lassen kann* (Pred 7,4 NLB).

Der Dumme sucht seinen Trost ausschließlich im Vergnügen. Der Weise versteht, dass das Bedauern über unsere zerbrochenen und götzendienerischen Herzen die Tür zu göttlichem Trost ist. Jesus sagte:

> *Glückselig sind die Trauernden, denn sie sollen getröstet werden!* (Mt 5,4 SLT).

Nur diejenigen, die ihren Götzendienst bedauern, werden den Trost des Vaters erfahren. Das „Bedauern“ setzt voraus, dass wir unter der Last des Götzendienstes *zusammenbrechen*. Wir bedauern und trauern, weil wir weltliche Vergnügungen als eine Quelle des Trostes über Gott gestellt haben. Wir haben Gott verlassen und uns wertlosen Götzen zugewandt.

Wahres göttliches Bedauern führt zur Umkehr. Wir sollten über den Götzendienst unseres Herzens betrübt sein. Die Weisen lernen, wie man so trauert, dass man dabei mit dem Gott allen Trostes in Kontakt ist. Wann immer wir unser Bedauern und unseren Schmerz zu Gott bringen, findet eine göttliche Transaktion statt.

Ich will ihre Trauer in Freude verwandeln und will sie trösten. Ihren Kummer will ich wegnehmen und ihnen stattdessen Freude schenken (Jer 31,13 NLB).

Das ist der göttliche Tausch des *„Freudenöls anstelle von Trauerkleidern"* (Jes 61,3 NLB). Man kann in das Haus weltlicher Vergnügungen gehen, um Trost zu finden, oder in das Haus der Trauer, um den einzigen Zugang zum Haus des tiefsten Trostes des Vaters zu finden. Und es gibt ein herrliches Geheimnis: Das Haus des Trostes des Vaters ist der Zugang zum Haus des Weines, der höchsten Freude und des größten Vergnügens der Intimität mit Gott. Der einzige Weg, den Lustgarten Babylons zu umgehen, ist, über unsere Sünde zu trauern und uns auf das tröstende Herz des Vaters einzulassen. Nur dann können wir die guten Vergnügungen dieser Welt genießen, ohne in Götzendienst zu verfallen. Die Herausforderung liegt darin, weltliche Vergnügungen nicht über Gott zu stellen.

Damit das Paradies wieder ins Herz kommt, müssen wir den Weg echter Umkehr und echten Bedauerns einschlagen. Jesus sagte: *„Kehrt um! Denn das Himmelreich ist nahe"* (Mt 3,2). Das könnte man auch so formulieren: „Kehrt um, denn das Reich des himmlischen Paradieses ist nun zum Greifen nah!" Indem das Reich des Himmels in das menschliche Herz herabkommt, werden wir im Geist zurück in das Paradies versetzt. Jesus ruft uns immerzu auf, von unserem Götzendienst am Vergnügen umzukehren, damit wir frei vom Baum des Lebens essen können, der in der Mitte des Paradieses Gottes steht. Der reumütige Verbrecher am Kreuz kam im Heiligen Geist sofort ins Paradies.

Einer der beiden Verbrecher, die [mit ihm] am Kreuz hingen, höhnte: „Du bist doch der Messias, oder nicht? Dann hilf dir selbst, und hilf auch uns!" Aber der andere wies ihn zurecht. „Fürchtest du Gott auch jetzt noch nicht, wo du doch ebenso schlimm bestraft worden bist wie dieser Mann und wie ich?", sagte er zu ihm. „Dabei werden wir zu Recht bestraft; wir bekommen den Lohn für das, was wir getan haben. Er aber hat nichts Unrechtes getan." Dann sagte er: „Jesus, denk an mich, wenn du deine Herrschaft als König antrittst!" Jesus antwortete ihm: „Ich sage dir: ***Heute noch wirst du mit mir im Paradies sein****"* (Lk 23,39-42).

Gott möchte, dass sein Reich auf die Erde kommt, wie es im Himmel ist. Die Herrlichkeit seines Reiches kommt über die Herzen der Menschen. Der Garten Eden wird im Herzen wiederhergestellt.

> *Ich komme* ***in meinen Garten****, meine Schwester, meine Braut. Ich sammle meine Myrrhe und meine Gewürze und esse meinen Honig aus der Wabe. Ich trinke meinen Wein und meine Milch* (Hld 5,1 NLB).

Wenn wir beten, dass Gottes Reich hier auf die Erde kommen möge, wie es im Himmel ist, beten wir, dass die Intimität des **Paradieses des Vergnügens** im menschlichen Herzen wiederhergestellt wird. Nur dann können wir die guten Vergnügungen dieser Welt genießen, ohne in die Finsternis der Götzenanbetung abzurutschen.

Jeder Christ lebt inmitten dieses epischen Kampfes zwischen der Liebe zum weltlichen Vergnügen und der Liebe zum Vater. Das ist auf dieser Erde nun einmal unser Alltag. Jeden Tag müssen wir uns entscheiden, ob wir die Liebe des Vaters empfangen, um die tiefsten Sehnsüchte und Wünsche des menschlichen Herzens zu stillen, oder ob wir uns an die Welt wenden, um es ihr zu überlassen, dieses Verlangen zu stillen. Weltweit gibt es zahllose Millionen von Christen, die tief in weltliche Begierden und Versuchungen verstrickt sind, weil sie nicht gelernt haben, wie sie zum Vater kommen können, um durch die Liebe unseres Papas übernatürlich verwandelt zu werden.

Wie entkommen wir den Verstrickungen der Welt? Wir müssen bewusst aus dieser Welt herauskommen und uns ganz unserem liebenden himmlischen Vater hingeben. Wir müssen unser Herz weit aufmachen, um ganz praktisch die Liebe des Vaters zu empfangen, und dann wird er unsere Liebe für die Welt mit all ihrer Nichtigkeit und ihren leeren Vergnügungen buchstäblich wegnehmen. Jesus möchte, dass wir die verborgene Fülle der Liebe des Vaters entdecken, die mitten in einer Welt voller Versuchungen seine eigene Seele gesättigt hat. Wir müssen von der Welt als Quelle der Freude zum Vater überwechseln.

> *Du zeigst mir den Weg zum Leben. Dort, wo du bist, gibt es Freude in Fülle; [ungetrübtes] Glück hält deine Hand ewig bereit* (Ps 16,11 NGÜ).

Das Vergnügen einer intimen Liebesbeziehung mit dem Vater zu entdecken, ist der einzige Weg in die Fülle des Lebens, die Jesus anbietet, und der einzige Weg, um den Verstrickungen dieser gegenwärtigen bösen Welt zu entkommen.

Kapitel 10

In den Baum der Erkenntnis des Guten und Bösen verstrickt

Zur Freiheit hat Christus uns befreit! Bleibt daher standhaft und lasst euch nicht wieder unter das Joch der Sklaverei zwingen!

Galater 5,1

In diesem Vers im Galaterbrief beschreibt Paulus die sehr reale Gefahr, dass Christen sich wieder in einer Form von toter Religion verstricken, indem sie sich erneut unter das Joch des alttestamentlichen Gesetzes spannen lassen. Hierbei handelt es sich um einen Zustand des Herzens, das an Gesetzlichkeit und das Gesetz gebunden ist. Paulus erkannte die Gefahr für die, die aus dem Judentum zu Christus gekommen waren, in das Gesetz verstrickt zu bleiben, aber er erkannte ebenso, dass auch für diejenigen, die in ein Gnadenparadigma hineingerettet worden waren, eine Gefahr bestand, wieder in eine Verstrickung mit dem Gesetz zu geraten. Das war sein Hauptanliegen in seinem Brief an die Galater.

Ins Gesetz verstrickt zu sein, drückt sich durch eine Geisteshaltung aus, die Gläubige dazu verpflichtet, sich an äußerliche Regeln und Vorschriften zu halten. Das Gesetz dreht sich um ein formales Wissen um Gut und Böse, und wann immer ein Christ nach dem Gesetz lebt, erweckt es den Eindruck eines Strebens danach, Gott durch äußerliche Leistung zu gefallen. Ein Christ ist dann gezwungen, hart daran zu arbeiten, ***Gutes*** zu tun, um die Gegenwart des ***Bösen*** in sich zu überwinden. In diesem Kapitel geht es um das Thema des Baumes der Erkenntnis von Gut und Böse, das sich wie ein roter Faden durch die paulinische Theologie und seine Mission zieht, jeden Gläubigen von diesem Baum zu befreien, damit er ausschließlich vom Baum des Lebens her lebt und dient.

Es kam mir immer etwas merkwürdig vor, wie einige Verfasser des Neue Testaments das Kreuz Christi als einen „Baum" bzw. ein „Holz" beschrieben.[1] Petrus schrieb:

> *Er, der unsere Sünden an seinem eigenen Leib [**den Baum**] hinaufgetragen hat, sodass wir jetzt den Sünden gegenüber gestorben sind und für das leben können, was vor Gott richtig ist. Ja, durch seine Wunden seid ihr geheilt* (1 Petr 2,24).

Auch in der Apostelgeschichte war es Petrus, der sagte:

> *Der Gott unserer Väter hat Jesus vom Tod auferweckt – den Jesus, den ihr umgebracht habt, indem ihr ihn [**an den Baum**] habt schlagen lassen* (Apg 5,30).

Und noch einmal war es Petrus, der sagte:

> *Jesus von Nazaret wurde von Gott mit dem Heiligen Geist gesalbt und mit Kraft erfüllt und zog dann im ganzen Land umher, tat Gutes und heilte alle, die der Teufel in seiner Gewalt hatte; denn Gott war mit ihm. Wir Apostel sind Zeugen von all dem, was er im jüdischen Land und in Jerusalem getan hat. Und dann hat man ihn getötet, indem man ihn [**an den Baum**] hängte* (Apg 10,38-39).

Auch Paulus verwendete diesen Begriff, um das Kreuz zu beschreiben:

> *Obwohl sie nichts an ihm fanden, was den Tod verdient hätte, forderten sie von Pilatus, ihn hinrichten zu lassen. Durch das, was sie taten, ging alles in Erfüllung, was in der Schrift über sein Leiden und Sterben vorausgesagt war. Zuletzt nahmen sie ihn [**vom Baum**] herunter und legten ihn in ein Grab* (Apg 13,28-29).

---

[1] Anm. des Übers.: Einige englische Übersetzungen übersetzen das Griechische „xulon" mit „Baum", während die gängigen deutschen Übersetzungen hier „Holz" übersetzen.

*Christus nun hat uns vom Fluch des Gesetzes losgekauft, indem er an unserer Stelle den Fluch getragen hat. Denn – so sagt die Schrift – „verflucht ist jeder, der [**am Baum**] endet"* (Gal 3,13).

Sowohl Petrus als auch Paulus nannten das Kreuz bewusst „einen Baum". Das Kreuz war ein brutales Todesinstrument! Jesus „erniedrigte sich selbst und war gehorsam bis zum Tod, indem er wie ein Verbrecher am Kreuz starb" (Phil 2,8 NLB). Das Kreuz war ein Baum des Todes, doch durch die Sühne Christi hat Gott ihn auf wundersame Weise in einen Baum des Lebens verwandelt!

*Er, der unsere Sünden an seinem eigenen Leib [den Baum] hinaufgetragen hat, sodass wir jetzt den Sünden gegenüber **gestorben sind** und für das **leben können**, was vor Gott richtig ist. Ja, durch seine Wunden seid ihr geheilt* (1 Petr 2,24).

Dieses Bild des Lebens, das aus dem Tod hervorgeht, zieht sich durch das gesamte Neue Testament. Wenn wir vom Tod Christi am „Baum" sprechen, erinnert uns das bewusst an den Baum der Erkenntnis von Gut und Böse und den Baum des Lebens in den ersten Kapiteln der Bibel. Gott setzte zwei Bäume in den Garten Eden: den Baum des Lebens und den Baum der Erkenntnis von Gut und Böse.

In der Mitte des Gartens wuchsen der Baum des Lebens und der Baum der Erkenntnis von Gut und Böse (1 Mose 2,9 NLB).

Gott warnte Adam und Eva ausdrücklich:

Vom Baum der Erkenntnis von Gut und Böse darfst du nicht essen; denn sobald du davon isst, wirst du sterben (1 Mose 2,17 REÜ).

Die Frucht dieses Baumes war der Tod.

Durch einen einzigen Menschen – [Adam] – hielt die Sünde in der Welt Einzug und durch die Sünde der Tod, und auf diese Weise ist der Tod zu allen Menschen gekommen, denn alle haben gesündigt (Röm 5,12).

Aber der Vater hatte einen genialen Erlösungsplan.

Den, der ohne jede Sünde war, hat Gott für uns zur Sünde gemacht (2 Kor 5,21).

Er [Jesus] sollte ja durch Gottes Gnade für alle den Tod schmecken (Heb 2,9 SLT).

Gott hingegen beweist uns seine Liebe dadurch, dass Christus für uns starb, als wir noch Sünder waren (Röm 5,8).

Jesus nahm die Strafe des Todes für uns auf sich und starb an unserer Stelle, damit wir die Strafe des Todes für unsere Anteilhabe am Baum der Erkenntnis von Gut und Böse nicht tragen müssen. Der Prinz des Lebens erlitt den Tod und verwandelte einen Baum des Todes in einen Baum des Lebens. Deshalb übernahmen sowohl Petrus als auch Paulus die Bildsprache vom Kreuz als einem Baum. An seinem eigenen Leib trug er unsere Sünde an den Baum, damit wir leben können. Wenn wir heute auf das Kreuz zurückblicken, sehen wir kein Instrument des Todes, sondern Gottes Instrument des Lebens in seiner ganzen Fülle. Paulus erwähnte den Baum der Erkenntnis von Gut und Böse oder den Baum des Lebens nie, aber die Theologie dieser zwei Bäume zieht sich überall durch seine Theologie.

Seit dem Sündenfall war der Weg zum Baum des Lebens für die Menschheit versperrt.

Nachdem er sie aus dem Garten vertrieben hatte, stellte Gott, der Herr, Cherubim auf, die mit einem flammenden, blitzenden Schwert den Weg zum Baum des Lebens bewachen (1 Mose 3,24 NLB).

Natürlich ist Jesus der wahre Baum des Lebens. Er ist die einzige Quelle geistlichen Lebens. Er ist das Leben! Deshalb konnte er sagen:

Ich bin der Weg, die Wahrheit und ***das Leben*** (Joh 14,6 NLB).

Der Weg zum Baum des Lebens wurde nach dem Sündenfall absichtlich bewacht, denn nur durch Christi Sühne am Baum konnte wieder ein Weg zum Baum des Lebens eröffnet werden. Dank des Blutes Jesu haben wir nun uneingeschränkten Zugang, um vom Baum des Lebens zu essen. Johannes sagte:

Glücklich, wer seine Kleider wäscht und sie von allem Schmutz reinigt! Er hat ***das Recht****, vom Baum des Lebens zu essen; die Tore der Stadt werden ihm offenstehen* (Offb 22,14).

Jeder mit dem Blut erkaufte Sohn und jede Tochter hat nun das Recht, von diesem Baum zu essen, der mitten im Neuen Jerusalem steht.

Der Engel zeigte mir auch einen Strom, der wie Kristall glänzte; es war der Strom mit dem Wasser des Lebens. Er entspringt bei dem Thron Gottes und des Lammes und fließt die breite Straße entlang, [die mitten durch die Stadt führt]. An beiden Ufern des Stroms wächst der Baum des Lebens. Zwölfmal [im Jahr] trägt er Früchte, sodass er jeden Monat abgeerntet werden kann, und seine Blätter bringen den Völkern Heilung (Offb 22,1-2).

Interessanterweise offenbarte Johannes, dass jeder, der Christus annimmt, zwar das Recht hat, von diesem Baum zu essen, aber nur die Überwinder auch tatsächlich von diesem Baum aßen. Jesus sagte durch Johannes den Offenbarer:

Wer ein Ohr hat, der höre, was der Geist den Gemeinden sagt! Wer überwindet, dem will ich zu essen geben von dem Baum des Lebens, der in der Mitte des Paradieses Gottes ist (Offb 2,7 SLT).

Jeder Christ hat das Recht, von diesem Baum zu essen, aber nur die „Überwinder" werden auch tatsächlich von diesem Baum essen. Das deutet stark darauf hin, dass es Dinge gibt, die wir überwinden müssen, wenn wir wieder ganz in den Genuss des Lebensstromes kommen wollen, der nun aus dem Himmel fließt. Traditionell nimmt man an, dass die Welt, das Fleisch und der Teufel die Feinde der Seele sind. In der Sprache der Bibel sind wir herausgefordert, jeden dieser drei geistlichen Feinde zu überwinden. Jesus sprach davon, die Welt zu überwinden, Johannes davon, den Bösen zu überwinden, und Paulus davon, das Fleisch zu überwinden. Es gibt allerdings noch einen weiteren Feind, den wir überwinden müssen, und das ist die tödliche Schlinge der Religion. Solange ein Christ sich noch um das Gesetz dreht, wird er zurück unter das Joch der Sklaverei gelockt und verstrickt sich ins Gesetz. Nur wenn wir die Welt, das Fleisch, den Teufel und die Gesetzlichkeit überwinden, lernen wir ***ausschließlich*** vom Baum des Lebens zu essen. Es ist eine Sache, offiziell zum Baum des Lebens zugangsberechtigt zu sein, aber es ist eine ganz andere Sache, auch tatsächlich von diesem Baum zu essen. Der Baum des Lebens ist die einzige Quelle, aus der sich die Seele ernähren sollte.

Jesu Lebensquelle war ausschließlich der Vater, und er lehrte uns, wie wir ausschließlich aus ihm leben können. Er sagte:

Meine Nahrung ist, dass ich den Willen dessen tue, der mich gesandt hat (Joh 4,34).

Jesus lehrte seine Jünger, ausschließlich vom Baum des Lebens zu leben und zu essen, indem sie in ihm leben und bleiben. Wann immer ein Gläubiger verführt wird, sich wieder dem Gesetz zu unterwerfen, wird er zum Baum der Erkenntnis des Guten und Bösen zurückgezogen. Damit will ich nicht sagen, dass das mosaische Gesetz der Baum der Erkenntnis von Gut und Böse war. Es bedeutet vielmehr, dass, wann immer ein Christ sich auf das Gesetz als einen äußerlichen Katalog von Regeln und Vorschriften einlässt, er in eine Lebensweise zurückgezerrt wird, die ihn zwingt, hart daran zu arbeiten, so gut zu sein, dass er die Gegenwart des Bösen in seinem Herzen überwindet. Das Gesetz sollte von Anfang an nur ein Schulmeister auf Zeit sein, der Menschen zum Messias führt, damit sie das Geschenk des ewigen Lebens empfangen.

Moses Gesetz und die Erkenntnis von Gut und Böse

Paulus war ernsthaft darum bemüht, Gläubige davon wegzubringen, von dem Baum der Erkenntnis des Bösen zu essen. Er wollte, dass sie lernten, ausschließlich aus dem Geist heraus zu leben, ohne sich weiterhin auf das Gesetz zu beziehen oder sich mit ihm auseinanderzusetzen. Er eröffnet das siebte Kapitel des Römerbriefs, indem er kühn verkündet, dass Christen nun für das Gesetz tot sind. In diesem Kapitel wandte Paulus sich an jene römischen Christen, die aus dem Judentum zu Christus gekommen waren.

***Nun spreche ich ja zu Leuten, die etwas vom Gesetz verstehen**. Dann ist euch doch sicher auch klar, Geschwister, dass das Gesetz für einen Menschen nur so lange Geltung hat, wie er lebt. Eine verheiratete Frau zum Beispiel ist durch das Gesetz an ihren Mann gebunden, solange er lebt. Wenn ihr Mann stirbt, ist die Bestimmung, durch die sie an ihn gebunden war, für sie hinfällig geworden. Folglich wird sie, wenn sie sich zu Lebzeiten ihres Mannes mit einem anderen Mann einlässt, als Ehebrecherin angesehen. Stirbt ihr Mann jedoch, dann ist sie nicht mehr durch das Gesetz gebunden. Es ist ihr freigestellt, einen anderen Mann zu heiraten;*

sie wird deswegen nicht zur Ehebrecherin. Auch bei euch ist es so, Geschwister. Indem Christus für euch starb, wurde an seinem Leib das Urteil vollzogen, das sich aufgrund des Gesetzes gegen euch richtete. ***Damit aber seid ihr dem Gesetz gegenüber tot****, sodass ihr jetzt einem anderen gehören könnt, dem, der von den Toten auferstanden ist. Und das bedeutet: Jetzt kann unser Leben für Gott fruchtbar werden* (Röm 7,1-4).

Das Gesetz verstärkt zwar immer unsere Erkenntnis von Gut und Böse, aber es ermöglicht uns nicht, vom Baum des Lebens zu essen. Indem er Gläubige aus der Tyrannei des mosaischen Gesetzes herausrief, rief Paulus sie dazu auf, ausschließlich das Leben zu empfangen, das aus Christus fließt, ohne irgendeinen Bezug zum Gesetz. Paulus machte sehr deutlich, dass wir nicht mit Christus verheiratet sein und trotzdem noch „unter dem Gesetz" bleiben können.

Wir wissen aber: Was das Gesetz sagt, sagt es denen, die ***unter dem Gesetz*** *leben* (Röm 3,19 REÜ).

Paulus' großer Leitsatz ist

Denn ihr steht nicht unter dem Gesetz, sondern unter der Gnade (Röm 6,14 REÜ).

Der Christ ist nicht mehr mit dem Gesetz verheiratet, sondern mit Christus. Aber in Römer 7 schrieb Paulus insbesondere an die Christen, die sich in Gedanken immer noch mit dem Gesetz auseinandersetzten und somit immer noch am Fuße des Baumes der Erkenntnis von Gut und Böse lebten. Wenn Sie die folgenden Ausschnitte aus Römer 7 lesen, achten Sie besonders darauf, wie Paulus die Worte *gut* und *böse* verwendet. Beachten Sie auch die Tatsache, dass es zum *Tod* führt, wenn man vom falschen Baum lebt, weil wir an dem Tag, an dem wir von diesem tödlichen Baum essen, mit Sicherheit *sterben* werden.

Ich dagegen war am Leben, solange ich das Gesetz nicht kannte. Doch als dann das Gesetz mit seinen Forderungen an mich herantrat, [war es umgekehrt:] Jetzt war es die Sünde, die zum Leben erwachte, ***ich*** *aber* ***starb****. Ich musste feststellen, dass das Gesetz, das dazu bestimmt war, mir das* ***Leben zu bringen****, mir* ***den Tod brachte****. Denn die Sünde ergriff die Gelegenheit, die sich ihr durch das Gesetz bot: Zuerst benutzte sie es, um mich zu betrügen, und* *dann, **um mich zu töten**. Es bleibt also dabei, dass das Gesetz heilig ist; seine Forderungen sind heilig, gerecht und **gut**. Aber heißt das dann, dass etwas, was **gut** ist, für mich zur **Ursache des Todes** wurde? Niemals! Es ist die Sünde gewesen; sie hat mir den **Tod** gebracht und hat dazu **das Gute** benutzt. Damit zeigte sie ihr wahres Gesicht; gerade die Forderungen des Gesetzes mussten dazu dienen, die grenzenlose Schlechtigkeit der Sünde ans Licht zu bringen. Das Gesetz ist durch Gottes Geist gegeben worden, das wissen wir. Ich aber bin meiner eigenen Natur ausgeliefert; ich bin an die Sünde verkauft und ihr unterworfen. Ich verstehe selbst nicht, warum ich so handle, wie ich handle. Denn ich tue nicht das, was ich tun will; im Gegenteil, ich tue das, was ich verabscheue. Wenn ich aber das, was ich tue, gar nicht tun will, dann gebe ich damit dem Gesetz recht und heiße es **gut**. Und das bedeutet: Der, der handelt, bin nicht mehr ich, sondern die Sünde, die in mir wohnt. Ich weiß ja, dass in mir, das heißt in meiner eigenen Natur, nichts **Gutes** wohnt. Obwohl es mir nicht am Wollen fehlt, bringe ich es nicht zustande, das [**Gute**] zu tun. Ich tue nicht das **Gute**, das ich tun will, sondern das **Böse**, das ich nicht tun will. Wenn ich aber das, was ich tue, gar nicht tun will, dann handle nicht mehr ich selbst, sondern die Sünde, die in mir wohnt. Ich stelle also folgende Gesetzmäßigkeit bei mir fest: So sehr ich das [**Gute**] tun will – was bei mir zustande kommt, ist das **Böse*** (Röm 7,9-21).

Jeder Christ, der sich noch unter dem Joch der Knechtschaft befindet, kann diesen inneren Kampf, nämlich den Anforderungen des äußerlichen Gesetzes zu entsprechen, nur allzu gut nachvollziehen. Das Gesetz allerdings, das der Menschheit eine umfassende Erkenntnis des Guten liefert, bringt allein Tod hervor! Paulus lehrte, dass das Gesetz tötet, weil es die innere Krise verschärft, die der Versuch verursacht, äußerlich einem Kodex der Gerechtigkeit zu entsprechen, ohne dass man die Kraft hat, das Böse zu überwinden.

*[Gott] hat uns fähig gemacht, Diener des Neuen Bundes zu sein, nicht des Buchstabens, sondern des Geistes. Denn **der Buchstabe tötet**, der Geist aber macht lebendig (2 Kor 3,6 REÜ).*

Christen essen noch immer vom Baum der Erkenntnis von Gut und Böse, wenn sie versuchen, dem Buchstaben des mosaischen Gesetzes zu entsprechen. Solange sie weiterhin „unter dem Gesetz" leben, schließen sie sich selbst davon aus, vom Baum des Lebens zu essen! Deshalb müssen wir Religion und Gesetzlichkeit in unserem Herzen überwinden, wenn wir wirklich ausschließlich aus dem Geschenk des Lebens in Christus heraus leben wollen.

Das Gesetz bringt Erkenntnis von Gut und Böse, und alles, was das Gesetz zu leisten vermag, ist, dass sich der Kampf zwischen Gut und Böse in unserem Inneren verschärft! Deshalb verglich Paulus das Gesetz mit einem „Schulmeister", der uns zu Christus bringt. Paulus wusste genau, wie es sich anfühlt, unter der Tyrannei des Gesetzes zu leben. Deshalb schrieb er Römer 7, um die Herzen seiner Brüder anzusprechen, die immer noch ständig das Gesetz Moses befolgen wollten. Paulus' selbst eingestandene Versuche (in Römer 7), Gutes und nicht Böses zu tun, stehen für seine eigenen Versuche, sich selbst zu erlösen, indem er Gottes Gesetz befolgte, das er durchaus als „gut" bezeichnete. All jene, die sich noch „unter dem Gesetz" befinden, versuchen letztlich, sehr gut zu sein, um die Gegenwart des Bösen in ihrem Herzen überwinden zu können.

Aber Gott hat uns in Christus einen neuen Weg des Lebens eröffnet, der nichts mit dem Kampf zwischen Gut und Böse zu tun, wie wir ihn in Römer 7 finden. Paulus' Theologie des Lebens im Geist ist der Zugang zum Baum des Lebens. Gleich nachdem Paulus seine beklemmende Darstellung von einem Leben in der Auseinandersetzung mit dem Gesetz in Römer 7 abgeschlossen hat, nimmt er den Leser mit in die Herrlichkeit von Römer 8, wo es ganz um das ***Leben*** geht.

> *Denn das Gesetz des Geistes* ***des Lebens in Christus Jesus*** *hat mich frei gemacht von dem Gesetz der Sünde und des Todes* (Röm 8,2 SLT).
>
> *Was der Geist will, bringt* ***Leben*** *und Frieden, aber was die menschliche Natur will, bringt den Tod* (Röm 8,6).
>
> *Wenn aber nun Christus in euch ist, dann habt ihr aufgrund der Gerechtigkeit, die Gott euch geschenkt hat, den Geist empfangen und mit ihm das* ***Leben*** (Röm 8,10).
>
> *Wenn ihr euer Leben von eurer eigenen Natur bestimmen lasst, müsst ihr sterben. Wenn ihr euch jedoch von Gottes Geist bestimmen lasst und dadurch die alten Verhaltensweisen tötet, werdet ihr* ***leben*** (Röm 8,13).

Paulus lehrte uns, in und durch Christus zu leben, und zwar ohne Bezug auf den alten fleischlichen Kampf zwischen Gut und Böse. Paulus brachte uns nicht bei, „gute“ Menschen zu sein, um damit das Böse aus eigener Kraft zu überwinden. Sobald das Gesetz hineinkommt, befinden wir uns wieder unter dem Baum der Erkenntnis von Gut und Böse. Paulus' Hauptanliegen bestand darin, Gläubige zu lehren, allein vom Baum des Lebens zu essen. Das Geniale an Paulus ist, dass er im Römerbrief all das tat, ohne den Baum der Erkenntnis von Gut und Böse und den Baum des Lebens überhaupt zu erwähnen. Als Jude, der mit der Theologie des Alten Testaments eng vertraut war, kannte er die beiden Bäume aus 1. Mose genau und entwickelte seine Theologie so um diese Offenbarung herum, dass seinen jüdischen Adressaten die Macht seiner Logik nicht entgehen konnte. Die Theologie der zwei Bäume fließt wie ein Strom durch die gesamte paulinische Theologie. Sie ist ein übergeordnetes Thema, mit dem Paulus in ständiger gedanklicher Auseinandersetzung stand. Weitere Hinweise darauf finden sich in seinem Wortwechsel mit den Judaisierern in seinem zweiten Brief an die Korinther.

Leben spendende Gemeinden und Leben spendende Prediger sind solche, die das Geheimnis entdeckt haben, ausschließlich vom Baum des Lebens zu leben. Paulus nannte dies die „schlichte Hingabe an Christus“. Er sagte zu den Gläubigen in Korinth, denen er zum Leben verholfen hatte:

> *Ich werbe so eifersüchtig wie Gott um euch. Denn als unberührte Braut habe ich euch dem einen Bräutigam, Christus, versprochen. Doch ich habe Angst, es könnte euch etwas von eurer reinen und schlichten Hingabe an Christus abbringen, so wie Eva von der Schlange getäuscht wurde* (2 Kor 11,2-3 NLB).

Indem er sie mit einem Mann – Christus – verlobt, gab Paulus ihnen ihre Scheidungsurkunde vom mosaischen Gesetz. Aufgrund ihrer geistlichen Vereinigung mit Christus in der Fülle seines Lebens waren sie nun für das Gesetz vollkommen tot. Aber Paulus greift bewusst auf das Bild der Schlange im Garten Eden zurück, um die Korinther daran zu erinnern, dass sie von einem Leben unter dem Baum der Erkenntnis von Gut und Böse erlöst worden sind.

Paulus offenbart, dass jeder wiedergeborene Gläubige in der Neuheit seines Lebens nun denselben Stand hat wie Adam und Eva im

Garten Eden vor dem Sündenfall. Wir sind wieder zu Jesus zurückgeführt worden, dem Baum des Lebens. Aber Satan, die Schlange, will Christen zurück unter den Baum der Erkenntnis von Gut und Böse ziehen, und er tut das, indem er sie wieder unter das Gesetz lockt. Der Baum des Lebens steht für einen Zustand kindlicher Unschuld vor dem Fall. Paulus sagte:

> *Ich möchte aber, dass ihr weise seid im Hinblick auf das Gute und unverdorben im Hinblick auf das Böse* (Röm 16,19 NGÜ[2]).

Der Baum der Erkenntnis von Gut und Böse ist eigentlich der Baum des Todes. In dem Moment, als Adam und Eva von diesem Baum aßen, starben sie geistlich gesehen!

> *Vom Baum der Erkenntnis von Gut und Böse darfst du nicht essen; denn sobald du davon isst, wirst du sterben* (1 Mose 2,17 REÜ).

Wenn die Schlange Gläubige dazu verleiten kann, sich wieder auf das Gesetz einzulassen, werden sie durch ihre Teilhabe am Baum der Erkenntnis von Gut und Böse sofort in den Bereich des geistlichen Todes zurückgelockt.

Die Versuchung im Garten war, wie Gott zu sein. Die Schlange sagte zu Adam und Eva:

> *Gott weiß, dass eure Augen geöffnet werden, wenn ihr davon esst. Ihr werdet sein wie Gott* (1 Mose 3,5 NLB).

Die Schlange appellierte an das menschliche Verlangen, geistlich und weise zu sein. Wir dürfen nie vergessen, dass der Baum der Erkenntnis von Gut und Böse auch der Baum des „Guten" ist! Sein subtiler Reiz liegt in seinem scheinbar „Guten". Satan will den Gläubigen von Christus (dem Baum des Lebens) weglocken und stattdessen in eine Form der Religion führen, die das uns in Christus zur Verfügung stehende Geschenk des Lebens verleugnet. Das verlockende Angebot ist immer ein *gutes* spirituelles Leben ohne Christus. „Ihr werdet (mehr) wie Gott sein." „Eure Augen werden geöffnet werden!" Die Pharisäer konzentrierten sich darauf, das Leben durch das Gesetz und unter Absehung von Christus zu erlangen. Jesus sagte:

---

[2] Wörtlichere Übersetzung der NGÜ; siehe Anmerkung zu Vers 19.

> *Ihr forscht in der Schrift, weil ihr meint, durch sie das ewige Leben zu finden. Aber gerade die Schrift weist auf mich hin. Und doch wollt ihr nicht zu mir kommen, obwohl ihr bei mir* ***das Leben finden*** *würdet* (Joh 5,39-40).

Es geht um Leben und Tod.

> *[Der] Dieb will rauben, morden und zerstören. Ich aber bin gekommen, um ihnen das Leben in ganzer Fülle zu schenken* (Joh 10,10 NLB).

Der Teufel versteht, dass er, wenn er einen Christen dazu verleiten kann, sich wieder mit dem Gesetz auseinanderzusetzen, ihn zurück unter das Joch der Gefangenschaft bringen kann, die in seiner Seele nur Tod hervorbringt.

> *So brachte mir das Gebot, das mir eigentlich den Weg zum Leben zeigen sollte, stattdessen den Tod* (Röm 7,10 NLB).

Diese Strategie ist ein genialer Streich des Widersachers. Wann immer der Teufel Christen auf subtile Art und Weise unter das „gute" Gesetz zurücklocken kann, trennt er sie ganz konkret davon, das Geschenks des Lebens in Jesus Christus zu genießen. Der Baum des Lebens ist ein Leben der Freude in der bevollmächtigenden Gnade Gottes, mit der wir in der Kraft Christi von oben her bekleidet werden. Das Gnadenparadigma befreit uns auf herrliche Weise vom Gebundensein an das Gesetz.

Der Baum der Erkenntnis von Gut und Böse entspricht dem Tod, weil er den Schwerpunkt darauf legt, dass wir unsere Pflicht und Verpflichtungen Gott gegenüber aus eigener Kraft erfüllen. „Ich muss versuchen, Gott zu dienen; ich muss konsequent Bibel lesen; ich muss regelmäßig in den Gottesdienst gehen; ich muss meinen Zehnten geben; ich muss mehr beten; ich muss ein guter Christ sein!" Viele Christen versuchen immer noch, ihr christliches Leben unter dem Baum der Erkenntnis von Gut und Böse zu leben, indem sie sich jeden Tag mehr anstrengen, „gut" zu sein und Gott zu gefallen. Religion ist der Versuch des Menschen, unabhängig von dem Leben, das Gott uns in Christus anbietet, gut zu sein! Religion folgt immer einem „Von-der-Erde-zum-Himmel"-Paradigma des Menschen, der seinen Turm in den Himmel baut. Gnade dagegen ist ein „Vom-Himmel-auf-die-Erde"-

Paradigma, wonach Gott jeden, der einfach nur sein Vertrauen auf Christus setzt, mit dem Geschenk des ewigen Lebens überschüttet.

Ein wesentlicher Teil unserer Herzensreise besteht darin, zu lernen, in der herrlichen Freiheit authentischer Sohnschaft zu leben. In Christus bietet uns Gott das Geschenk des Lebens in all seiner Fülle, doch die Schlage versucht unablässig, Gläubige wieder unter das Joch der Religion zu spannen. Wenn wir ausschließlich vom Baum des Lebens mitten im Paradies Gottes essen wollen, müssen wir lernen, diesen genialen Schachzug des Bösen zu übertrumpfen, der Millionen von Christen unter den Baum der Erkenntnis des Guten und Bösen zurückgebracht hat. Dazu muss er zum Beispiel nur einen Prediger dazu verleiten, seine Botschaft in einer Weise zu präsentieren, die Christen davon überzeugt, sie seien noch äußerlichen Regeln und Vorschriften verpflichtet, statt dass sie ein wunderbar erneuertes Leben führen. Wenn ein Prediger auf der Kanzel steht und Gläubige wieder auf das Gesetz verweist, hat er sich unbewusst eins gemacht mit den Mächten der Finsternis und die Heiligen mit einem „guten" Gesetz unter ein Joch der Gefangenschaft gespannt, das laut Paulus in der Seele des Gläubigen nur Tod hervorbringt.

Den Schleier der Religion durchdringen

Bevor Jesus sich an die eigentliche Arbeit machen kann, auf übernatürliche Weise das menschliche Herz zu verwandeln, muss er den Schleier der Religion durchdringen, der das Herz jedes Menschen verhüllt. Wir irren uns, wenn wir meinen, nur Anhänger einer bestimmten Religionsform seien „religiös". Religiosität ist eines der charakteristischen Merkmale der Menschheit; auf die eine oder andere Art und Weise sind wir alle religiös, wenn wir Religion als die Verpflichtung des Fleisches gegenüber einem äußerlichen Anschein von Gerechtigkeit definieren. Obwohl Jesus nie das Wort „Religion" verwendete, war er ständig mit diesem Phänomen der Religion konfrontiert, nicht nur in den Pharisäern, sondern auch in seinen eigenen Jüngern.

Von Natur aus versucht der Mensch konsequent, die eigentliche Verfassung seines eigenen Herzens zu beschönigen, indem er einen äußerlichen Eindruck von Gerechtigkeit, Tugend und Spiritualität vermittelt. Die Pharisäer waren eine extreme Karikatur dieses Phänomens, aber in Wahrheit sind wir alle bemüht, jemand oder etwas darzustellen, das wir in Wirklichkeit nicht sind. Wir wollen nicht, dass andere sehen, wie kaputt wir tatsächlich sind, und manchmal wollen auch ***wir selbst*** nicht sehen, wie kaputt wir eigentlich sind! Religion und Leugnung gehen Hand in Hand. Wann immer wir nicht gewillt sind, der Wahrheit über uns selbst ins Auge zu blicken, suchen wir nur allzu gern Zuflucht in der Leugnung. Eine Person, welche die Realität leugnet, muss sich nicht mit ihren persönlichen Problemen auseinandersetzen oder nach einer Lösung suchen. Wenn es kein Problem gibt, muss auch keine Lösung her, und Gott kann niemandem helfen, der meint, kein Problem zu haben.

Eines der zentralen Motive in der Theologie Jesu war seine Unterscheidung zwischen der Offenbarung des wahren Herzenszustands und dem rein äußerlichen Erscheinungsbild. Jesus lehrte, dass eines der charakteristischen Merkmale der Menschheit ist, dass sie dem äußeren Erscheinungsbild großen Wert beimisst. Alles, was der Mensch tut, tut er, um von anderen dabei gesehen zu werden. Die Hauptmotivation im Herzen des religiösen Menschen besteht darin, von anderen als gerecht wahrgenommen zu werden. Keiner will schlecht dastehen! Jesus brachte die Tatsache ans Licht, dass die Pharisäer alles, was sie taten, nur taten, um in den Augen ihrer Kollegen und der Menschen unter ihrer religiösen Fuchtel hoch angesehen zu sein. Die Pharisäer liebten es, an öffentlichen Plätzen zu beten, damit man sie als tiefgeistliche Persönlichkeiten wahrnehmen würde. Das ist der Inbegriff von Religion. Aber sie tritt nicht immer unter dem Deckmantel der Spiritualität auf. Selbst ungeistliche Säkularisten möchten normalerweise attraktiv und ansprechend auf andere wirken. Jesus sprach diesen bizarren Herzenszustand, der verlangt, dass man von anderen gesehen und angenommen wird, direkt an.

> *Wenn du zum Beispiel den Armen etwas gibst, lass es nicht vor dir her mit Posaunen ankündigen, wie es die Heuchler in den Synagogen und auf den Gassen tun, um von den Leuten geehrt zu werden. Ich sage euch: Sie haben ihren Lohn damit schon erhalten. [...] Und wenn ihr betet, macht es nicht wie die Heuchler, die sich zum Gebet gern in die Synagogen und an die Straßenecken stellen, um von den Leuten gesehen zu werden. [...] Wenn ihr fastet, setzt keine Leidensmiene auf wie die Heuchler. Sie vernachlässigen ihr*

> *Aussehen, damit die Leute ihnen ansehen, dass sie fasten* (Mt 6,2.5.16).

Die Pharisäer veranstalteten um all ihre religiösen Aktivitäten einen großen Wirbel, um sich seitens ihrer Kollegen Lob und Anerkennung zu sichern. Sie hatten die Kunst gemeistert, sich vor Menschen als gerecht darzustellen.

> *Und alles, was sie tun, tun sie nur, um die Leute zu beeindrucken: Sie machen ihre Gebetsriemen besonders breit und die Quasten ihrer Gewänder besonders lang. Bei Festessen nehmen sie die Ehrenplätze für sich in Anspruch und in den Synagogen die vordersten Sitze. Sie haben es gern, wenn man sie auf der Straße ehrfurchtsvoll grüßt und wenn die Leute sie mit ›Rabbi‹ anreden* (Mt 23,5-7).

Dieses penible Bedachtsein auf das äußerliche Erscheinungsbild ist der Inbegriff von Religion und hebt hervor, wie ein vom Baum der Erkenntnis des Guten und Bösen gespeistes Leben aussieht. Diese allgegenwärtige Lüge zu durchbrechen und diese innere Motivation, von Menschen gesehen werden zu wollen, zu entlarven, war eines der Ziele, die Jesus in seinem Dienst verfolgte. Würde dieser Beweggrund nicht ans Licht gebracht werden, würden Menschen weiterhin hartnäckigen danach streben, als gerecht zu erscheinen, weil das Streben nach einem guten äußerlichen Erscheinungsbild die Grundlage für ihr Angenommensein und ihren religiösen Stand vor Gott und den Menschen bildet. Es wäre nicht übertrieben zu sagen, dass dieser Gegensatz zwischen dem Paradigma des äußeren Erscheinungsbildes und dem der wahren Herzensverfassung, der Lehre Jesu zugrundeliegt.

Jesus lehrte seine Jünger bewusst, den rein äußerlichen Schein zu durchschauen.

> *Urteilt nicht nach dem äußeren Schein, sondern bemüht euch um ein gerechtes Urteil!* (Joh 7,24).

Ein gerechtes Urteil zu fällen, bestand darin, eine entscheidende Bewertung im Licht des Wortes Gottes vorzunehmen. Ein gutes Beispiel war die Anwesenheit von falschen Propheten. Jesus sagte:

> *Hütet euch vor den falschen Propheten! Sie kommen im Schafskleid zu euch, in Wirklichkeit aber sind sie reißende Wölfe* (Mt 7,15).

Ein falscher Prophet könnte einer der nettesten Menschen sein, die Sie je treffen werden, während er in seinem Herzen vollkommen irregeleitet ist. Und weil solche falschen Propheten irregeleitet sind, werden sie für die Menschheit zu einer geistlichen Bedrohung.

> *Sie führen andere in die Irre und sind selbst irregeführt* (2 Tim 3,13).

Irregeleitete Menschen führen unabsichtlich andere Menschen in die Irre, obwohl sie oft wie unschuldige kleine Lämmer erscheinen.

Als Teil ihrer religiösen Bräuche hatten die Pharisäer sich der rituellen Reinheit verschrieben, aber wie die folgende Episode zeigt, hatten sie die Reinigung des Herzens vernachlässigt:

> *Kaum hatte Jesus aufgehört zu reden, lud ihn ein Pharisäer zum Essen ein. Jesus ging zu ihm ins Haus und nahm am Tisch Platz, ohne zuerst die vorgeschriebene Waschung zu verrichten. Als der Pharisäer das sah, war er entrüstet. Da sagte der Herr zu ihm: So seid ihr Pharisäer! Ihr reinigt das Äußere eurer Becher und Schüsseln, aber euer Inneres ist voll Raubgier und Bosheit. Ihr Toren! Hat der, der das Äußere schuf, nicht auch das Innere geschaffen?* (Lk 11,37-40).

Hier geht es darum, dass die Pharisäer so sehr darauf bedacht waren, den Schein von Heiligkeit und Geistlichkeit zu wahren, dass sie vergessen hatten, dass wahre Geistlichkeit im Herzen beginnt. Jesus musste sie daran erinnern, dass Gott ihnen auch ein Herzen gegeben hatte und dass das eigentliche Problem der Zustand ihrer Herzen war. Die Pharisäer waren um ihre äußerliche Reinheit besorgt, übersahen dabei aber, dass Verunreinigung aus dem Inneren kommt.

> *„Dann habt ihr also auch nichts begriffen?“, erwiderte er. „Versteht ihr denn nicht, dass nichts, was von außen in den Menschen hineingelangt, ihn unrein machen kann? Es gelangt ja nicht in sein Herz, sondern in den Magen und wird dann wieder ausgeschieden.“ Damit erklärte Jesus auch, dass alle Speisen [vor Gott] rein sind. „Was aus dem Menschen herauskommt, das macht ihn unrein“, fuhr er fort. „Denn von innen, aus dem Herzen des Menschen, kommen Gedanken, die böse sind – Unzucht, Diebstahl, Mord, Ehebruch, Habgier, Bosheit, Hinterlist, Zügellosigkeit, Missgunst, Verleumdung, Überheblichkeit und Unvernunft. All dieses*

> *Böse kommt von innen heraus und macht den Menschen [in Gottes Augen] unrein.“* (Mk 7,18-22).

Jesus schien besonders an der Metapher des Bechers Gefallen zu finden, der nach außen hin poliert war und glänzte, dessen Innenseite aber noch dreckverkrustet war. Er verwendete dieselbe Metapher in seinem vernichtenden Angriff auf die Heuchelei der Pharisäer in Matthäus 23:

> *Wehe euch, ihr Schriftgelehrten und Pharisäer, ihr Heuchler! Ihr reinigt das Äußere eurer Becher und Schüsseln, ihr Inhalt aber zeugt von eurer Raubgier und Maßlosigkeit. Du verblendeter Pharisäer! Sorg zuerst dafür, dass der Inhalt des Bechers rein ist, dann wird auch das Äußere rein sein. Wehe euch, ihr Schriftgelehrten und Pharisäer, ihr Heuchler! Ihr seid wie weißgetünchte Gräber: Von außen sehen sie schön aus, innen aber sind sie voll von Totengebeinen und von Unreinheit aller Art. Genauso seid auch ihr: Nach außen hin erweckt ihr bei den Menschen den Anschein, gerecht zu sein, in Wirklichkeit aber seid ihr voller Heuchelei und Gesetzlosigkeit* (Mt 23,25-28).

Jesus warnte seine Jünger mit Nachdruck vor dem Sauerteig der Heuchelei, der sich so schnell ausbreitete und jeden blind machte, der sich nicht eisern davor schützte. Solange Jesus auf der Erde war, setzte er alles daran, dieses tödliche Gift zu enttarnen und Menschen von seinem tückischen Einfluss zu befreien. Nach seiner hitzigen Konfrontation mit den Pharisäern sagte Jesus zu seinen Jüngern:

> *Hütet euch vor dem Sauerteig der Pharisäer – vor der Heuchelei! Nichts, was verborgen ist, bleibt verborgen; alles wird ans Licht kommen. Und nichts, was geheim ist, bleibt geheim; alles wird bekannt gemacht werden* (Lk 12,1-2).

Die *Message* liefert uns eine faszinierende Paraphrasierung dieses Verses:

> *Achtet genau darauf, dass ihr nicht vom Sauerteig der Pharisäer – der Verlogenheit der Pharisäer – verunreinigt werdet. Ihr könnt euer wahres Ich nicht für immer verbergen; über kurz oder lang werdet ihr bloßgestellt werden. Ihr könnt euch nicht ewig hinter einer religiösen Maske verstecken; früher oder später wird die*

> *Maske verrutschen und dann zeigt sich euer wahres Gesicht* (Lk 12,1-2 MSG).

Dieses Innen/Außen-Paradigma zieht sich wie ein roter Faden durch die Theologie des gesamten Neuen Testaments. Auch Paulus scheute keine Mühen, um den Unterschied zwischen dem wahren Herzenszustand und einem rein äußerlichen Erscheinungsbild deutlich zu machen. Er betonte: *„Gott achtet das Ansehen der Person nicht"* (Gal 2,6 SLT). Einmal schrieb er an die Korinther: *„Ihr urteilt nur nach dem Augenschein!"* (2 Kor 10,7 NGÜ[3]). Wie Jesus war auch Paulus darum bemüht, diejenigen zu entlarven, *„die sich mit äußeren Vorzügen rühmen, statt auf innere Werte zu achten"* (2 Kor 5,12). Die gesamte paulinische Theologie der Errettung allein aus Glauben basierte auf diesem Gegensatz zwischen dem Inneren und dem Äußeren. Er sagte:

> *Nicht der ist nämlich ein Jude, der es [nur] nach außen hin ist, und die [wirkliche] Beschneidung ist nicht die, die äußerlich sichtbar am Körper vollzogen wird. Ein [wahrer] Jude ist der, der es im Innersten seines Wesens ist, und die [wahre] Beschneidung ist die, die am Herzen geschieht. Sie kommt nicht durch die äußerliche Befolgung einer Gesetzesvorschrift zustande, sondern ist das Werk des Heiligen Geistes* (Röm 2,28-29).

Paulus wendete sein ganzes Leben dafür auf, gegen eine rein äußerliche Religion ins Feld zu ziehen. Er lehrte, dass das Prinzip des Geschenks der Gerechtigkeit durch den Glauben an Christus die Notwendigkeit ablöste, mithilfe von Gesetzeswerken eine äußerliche Gerechtigkeit herzustellen. Das Geschenk der Gerechtigkeit Christi ließ jegliche Selbstgerechtigkeit wie dreckige Lumpen erscheinen. Selbstgerechtigkeit war ein eitler Versuch, uns vor einem heiligen Gott zu rechtfertigen, obwohl uns Gott das Geschenk der Rechtfertigung aus Glauben doch schon gegeben hatte. Die gesamte paulinische Theologie der Rechtfertigung durch den Glauben an Christus entlarvte die Unsinnigkeit äußerlicher Religion. Die Kritik Jesu an den Pharisäern, als er zu ihnen sagte: *„Vor den Menschen erweckt ihr den Eindruck, ein gottgefälliges Leben zu führen; aber Gott kennt euer Herz"* (Lk 16,15), wurde von Paulus systematisch erweitert und weiterentwickelt.

[3] Siehe Anmerkung zum Vers in der NGÜ.

Schonungslos machte er jeder Möglichkeit der Selbstrechtfertigung den Garaus, indem er jedes äußerliche religiöse Werk der Menschen bloßstellte, mit dem sie sich ein Gefühl der Selbstgerechtigkeit beschaffen wollten.

Paulus hatte es insbesondere auf die Beschneidung abgesehen, weil sie zu einem Symbol äußerlicher jüdischer Gerechtigkeit vor Gott geworden war.

> *Jene Leute, die versuchen, euch zur Beschneidung zu zwingen, tun das, um sich mit Hilfe dieser rein äußerlichen Sache Anerkennung zu verschaffen* (Gal 6,12).

Genau wie Jesus bekämpfte auch Paulus jede Form eines äußerlichen Ritus. Er machte Schluss mit sämtlichen zeremoniellen Regeln und Gesetzen wie: *„Damit darfst du nichts zu tun haben! Davon darfst du nicht essen! Das darfst du nicht einmal berühren!“* (Kol 2,21), und argumentierte, dass unsere Rechtfertigung nicht auf diesen Regeln basiert.

> *Zugegeben, es handelt sich um eine Frömmigkeit, die den Anschein besonderer Weisheit hat: dieser selbstgewählte Gottesdienst, diese Demut, diese Schonungslosigkeit gegenüber dem eigenen Körper! Doch das alles ist ohne jeden Wert und dient nur dazu, das menschliche Geltungsbedürfnis zu befriedigen* (Kol 3,23).

Paulus bestand darauf, dass es nichts gibt, was wir tun könnten, um vor Gott auch nur irgendeine Form von Gerechtigkeit zu erwirken.

> *Niemand soll euch also Vorhaltungen machen wegen dem, was ihr esst oder trinkt oder was ihr an den Festen, am Neumondstag oder am Sabbat tut* (Kol 2,16).

Paulinische Theologie versetzt, wenn sie richtig verstanden wird, jeglicher äußerlichen Religion den Todesstoß. Dasselbe innerlich/äußerlich-Paradigma finden wir auch in den Schriften des Petrus, der äußerliche Schönheit dem inneren Herzenszustand entgegenstellte.

> *Eure Schönheit soll nicht darin bestehen, dass ihr euer Haar aufwändig frisiert, Goldschmuck anlegt und kostspielige Kleider tragt. Das sind alles nur äußere Dinge. Sie soll vielmehr von innen kommen und ein Ausdruck eures Lebens mit Christus sein, das den*

> *Blicken der Menschen verborgen ist. Ein freundliches und ausgeglichenes Wesen ist etwas Unvergängliches und ist die Art von Schmuck, die in Gottes Augen einen unvergleichlichen Wert hat* (1 Petr 3,3-4).

Weil Gott auf das Herz schaut, kümmert er sich nicht um das äußere Erscheinungsbild. Gott legt keinen Wert auf äußerliche religiöse Leistung. Seine Augen sind allein auf die verborgenen Motive und Absichten des Herzens gerichtet, und wenn irgendeines seiner Kinder sich noch um eine Form äußerlicher Religion bemüht, ruft er es zur Umkehr auf: dazu, nicht mehr Äußerlichkeiten nachzurennen, sondern eine Geistlichkeit an den Tag zu legen, die dem Geschenk der Gerechtigkeit entspringt. Dieses Prinzip aufrichtiger Herzenshingabe wird schonungslos auf jeden Bereich des christlichen Lebens angewendet, sogar auf die Sklaven des ersten Jahrhunderts:

> *Ihr Sklaven, gehorcht in allem euren irdischen Herren. Tut es nicht nur, wenn sie euch beobachten – als ginge es darum, Menschen zu gefallen. Gehorcht ihnen vielmehr mit aufrichtigem Herzen und aus Ehrfurcht vor dem Herrn. Worin auch immer eure Arbeit besteht – tut sie mit ganzer Hingabe, denn [letztlich] dient ihr nicht Menschen, sondern dem Herrn. Ihr könnt sicher sein, dass ihr von ihm einen Lohn bekommt – das Erbe, [das er im Himmel für euch bereithält]. Darum dient ihm, Christus, dem Herrn!* (Kol 3,22-24).

Als Christen stehen wir vor der schlichten Wahl zwischen religiöser Äußerlichkeit und wahrer Herzenshingabe an Christus. Wenn wir uns aber weigern, den Herrn den brachliegenden Boden unseres Herzens aufbrechen zu lassen, bleibt uns nur eine bloße Hülle religiöser Aktivitäten und „toter Werke“, um lediglich den Anschein aufrichtiger christlicher Hingabe zu erwecken. Das Wesen der Religion besteht darin, dass wir lernen, in den Augen anderer eine bestimmte Rolle zu spielen. Das Kernstück aller Religion ist der Versuch, die Gerechtigkeit Christi aus der Kraft des Fleisches heraus zu imitieren. Das reine und heilige Leben Christi ist der Maßstab für Tugend und wahre Geistlichkeit und der Standard, den Religion in der Kraft des menschlichen Fleisches zu erreichen versucht. Christen, die keine klare Offenbarung über das Geschenk der Gerechtigkeit empfangen haben, sind äußerst anfällig für die Falle äußerlicher Religion.

Selbst außerhalb von christlichen Kreisen versuchen die meisten Menschen, „gut“ zu sein, weil sie intuitiv verstehen, dass ein Angenommensein auf Leistung basiert. Jeder, der einen Partner sucht, versteht, wie wichtig es ist, sich so gut wie menschlich möglich darzustellen. Dasselbe gilt bei der Suche nach einer guten Arbeitsstelle. Deshalb umfasst der Begriff „Religion“ weitaus mehr als die Parameter derer, die sich an einen bestimmten geistlichen Weg oder ein Glaubensbekenntnis halten. Es ist interessant, dass die allermeisten Menschen fast immer versuchen, gut, gerecht und aufrichtig zu sein. Es ist eine seltene Ausnahme, wenn Menschen Freude daran haben, böse zu sein. Die meisten Menschen verstehen, dass wir, um in einer Gesellschaft zu leben und im Leben erfolgreich zu sein, aufeinander den Eindruck machen müssen, Menschen von gutem moralischem Charakter zu sein.

Dieses Streben nach einem äußerlichen Anschein menschlicher Tugend ist der Wesenskern der Religion, egal ob das in einer säkularen oder geistlichen Form zum Ausdruck kommt. Um Ablehnung, Zurechtweisung und Ausgrenzung zu vermeiden, müssen wir „gut“ sein. Diese Botschaft wird uns von klein auf eingebläut und über unser ganzes Leben hinweg weiter zementiert. Wir werden belohnt, wenn wir gut sind; wenn wir uns dagegen schlecht verhalten, zieht das negative Konsequenzen nach sich. Das Problem ist natürlich, dass wir von Natur aus nicht gut sind. In der Geschichte von der Begegnung des reichen Jünglings mit Jesus, stellte Jesus heraus, dass niemand außer Gott allein „gut“ ist:

> *Ein Mann kam zu Jesus und fragte ihn: „Meister, was muss ich Gutes tun, um das ewige Leben zu bekommen?“ – „Warum fragst du mich nach dem, was gut ist?“, entgegnete Jesus. „Gut ist nur einer ...“* (Mt 19,16-17).

Von der ersten bis zur letzten Seite der Schrift macht Gott deutlich, dass niemand von Natur aus „gut“ ist.

> *Genau wie es in der Schrift heißt: Keiner ist gerecht, auch nicht einer. Keiner ist klug, keiner fragt nach Gott. Alle sind vom richtigen Weg abgewichen, keinen Einzigen kann [Gott] noch gebrauchen. Keiner handelt so, wie es gut wäre, nicht ein Einziger* (Röm 3,10-12).

Jesus machte sich über die menschliche Natur keinerlei Illusionen. Er lehrte, dass die gesamte Menschheit (abgesehen von denen, die erlöst sind) von Natur aus grundsätzlich böse ist. Er sagte es so selbstverständlich, weil es sich hierbei aus der Sicht des Himmels um eine unumstößliche Tatsache handelt.

> *Ihr Schlangenbrut! Wie solltet ihr auch Gutes reden können,* ***wo ihr doch böse seid****? Denn wie der Mensch in seinem Herzen denkt, so redet er* (Mt 12,34).
>
> *Wenn also ihr,* ***die ihr doch böse seid****, das nötige Verständnis habt, um euren Kindern gute Dinge zu geben, wie viel mehr wird dann euer Vater im Himmel denen Gutes geben, die ihn darum bitten* (Mt 7,11).

Aus irdischer Sicht relativieren wir Gut und Böse. Menschen, die Gutes tun, werden generell als gut angesehen, obwohl sie eigentlich immer noch eine böse, selbstsüchtige Natur haben, die mit guten Werken überspielt wird. Es ist nicht so, als könnten gefallene Menschen keine außerordentlich guten Dinge tun, aber diese guten Werke können schlichtweg nichts an ihrer gefallenen menschlichen Natur ändern.

Wenn die nicht erlöste Menschheit in den Augen Gottes von Natur aus *böse* ist, warum scheinen so viele Menschen dann so lieb und nett zu sein? Die Antwort liegt in unserer Fähigkeit, nett rüberzukommen, obwohl wir von Natur aus nicht nett sind. Aber weil so viel auf dem Spiel steht, verbringt der Mensch sein ganzes Leben damit, sich in „Nettigkeit" zu üben. Wir alle wissen, wie wir uns in bestimmten Situationen zu verhalten und zu benehmen haben. Selbst Menschen, die sonst fluchen wie ein Rohrspatz, wissen, in entsprechenden Situationen ihre Zunge zu beherrschen. Menschen können sich in gewisser religiöser Gesellschaft selbst mit ihrer Gotteslästerei zurücknehmen oder sie entschuldigen sich schnell, wenn ihnen in der falschen Gesellschaft aus Versehen eine Lästerei herausrutscht. Über ein bloßes Vermeiden unangemessenen öffentlichen Benehmens hinaus ist die Seele in der Lage, die Früchte des Heiligen Geistes nachzuahmen. Unsere Anstrengungen, gut und nett zu sein, sind im Endeffekt ein Versuch, aus eigener Kraft so gut zu sein wie Jesus.

Wenn wir all unsere Selbstanstrengung aufbringen und gewissenhaft trainieren, können wir so tun, als seien wir liebevoll, friedlich, fröhlich, geduldig, freundlich, barmherzig und gnädig. Wir werden häufig Menschen begegnen, die einen starken Eindruck persönlicher Tugendhaftigkeit erwecken. Wir würden nicht zögern, diese Menschen als grundsätzlich „gut" zu beschreiben. Hingegebene „geistliche" Menschen, seien es Buddhisten, Esoteriker oder was auch immer, werden oft als so liebevoll und gutherzig erscheinen, dass andere Menschen tief beeindruckt sind und sich von ihrer Aura der Spiritualität angezogen fühlen. In ähnlicher Weise lassen wir uns beeindrucken vom Charisma, dem Charme und der persönlichen Anziehungskraft großer säkularer Persönlichkeiten, die uns mit ihrer augenscheinlichen Großherzigkeit blenden. Aber all das ist in den Augen Jesu das Ergebnis reiner Selbstanstrengung. Jesus lehrte, dass auch schlechte Menschen Gutes zu tun und gute Gaben zu geben wissen. Er stellte fest, dass sogar Sünder wissen, wie sie ihren Freunden Liebe und Freundlichkeit entgegenbringen können.

> *Glaubt ihr, ihr hättet dafür Anerkennung verdient, dass ihr die liebt, die euch auch lieben? Das tun sogar die Sünder! Und wenn ihr nur denen Gutes erweist, die euch Gutes tun, was ist daran so anerkennenswert? Selbst Sünder verhalten sich so!* (Lk 6,32-33 NLB).

Selbst wenn ein Mensch tatsächlich in der Lage ist, das Leben seiner Seele so zu kultivieren, dass er einen Eindruck von Tugendhaftigkeit, Charme und Geistlichkeit vermitteln kann, müssen wir uns bewusst sein, dass all das von biblischer Warte aus gesehen eine einzige große Heuchelei ist. Wenn wir uns in der Schrift auskennen, müssen wir wahres geistliches Urteilsvermögen walten lassen und erkennen, dass die Dinge nicht immer so sind, wie sie erscheinen. In einer der messianischen Prophetien im Jesajabuch wurde über Jesus Folgendes vorausgesagt:

> *Sein Urteil wird sich nicht auf Äußerlichkeiten gründen, er wird nicht aufgrund dessen, was er hört, entscheiden* (Jes 11,3 NLB).

Auch wir müssen hinter die Fassaden schauen und im Licht göttlicher Offenbarung leben. Salomo war ein eifriger Beobachter des Menschen und seiner Natur. Was er feststellte war:

> *Glaube nicht seinen schmeichelnden Worten, denn sein Herz ist voller Bosheit* (Spr 26,25 NLB).

Aus Gottes Sicht ist die gesamte Menschheit von tiefer Selbstsucht und moralischer Schlechtigkeit durchdrungen, doch diese Tatsache ist der Menschheit so verhasst, dass sie diesen Gedanken vollkommen ablehnt. Die einzige Alternative dazu, dass wir die Wahrheit über unsere eigenen Herzen akzeptieren, besteht darin, uns in ein Leben der *Schauspielerei* zu stürzen. Vielleicht sind wir schockiert zu hören, dass sich die gesamte Menschheit in ihrem Streben nach einem Anschein von persönlicher Tugendhaftigkeit laut Jesus nur der Schauspielerei bedient. Jesus befand sich auf ständigem Konfrontationskurs mit diesem Theater der Pharisäer, die die Kunst der Heuchelei für sich perfektioniert hatten.

Heuchelei und Scheinheiligkeit

Jesus beschrieb die Pharisäer als „Heuchler". Das griechische Wort *hypocrites* ist ein sehr interessantes und erhellendes Wort, nicht nur in Bezug auf das Leben der Pharisäer, sondern auch in Bezug auf die gefallene menschliche Natur im Allgemeinen. In seiner *Expanded Translation of the New Testament* übersetzt Kenneth Wuest die achtfache Anklage gegenüber den Pharisäern in Matthäus 23 folgendermaßen: *„Wehe euch, ihr Schriftkundigen, Pharisäer, Schauspieler auf der Bühne des Lebens, die die Rollen derer spielen, die ihr nicht seid ..."* *Hypocrites* bezeichnet eigentlich „einen Schauspieler oder einen Charakterdarsteller". Jesus entlarvte die Pharisäer als bloße Schauspieler, die vor den Augen der Öffentlichkeit eine Rolle spielten, die so ganz und gar nicht der wahren Verfassung ihres Herzens entsprach.

Im antiken griechischen Theater trugen die Schauspieler ihrer Rolle entsprechende Masken. Ein Schauspieler hielt sich je nach der Rolle, die er gerade spielte, eine „Fröhlich"-Maske, eine „Wütend"-Maske oder eine „Melancholisch"-Maske vors Gesicht. Jesus betrachtete die Pharisäer als bloße Schauspieler, die eine übergeistliche Rolle spielten, um von Menschen anerkannt und in Ehren gehalten zu werden. Jesus ließ sich nicht davon abhalten, diese religiöse Heuchelei zu demaskieren, denn sie bildete den Hauptverteidigungswall in den Herzen der Pharisäer gegenüber Gott. Den Kern religiöser Heuchelei bildet der Fehlschluss, dass ein Schein menschlicher Tugendhaftigkeit und Gerechtigkeit vor Gott als Gerechtigkeit gälte! Jesus deckte bewusst die Widersprüchlichkeit zwischen den Worten und den Taten derer auf, die sich in religiöse Heuchelei flüchteten.

> *Das Lehramt des Mose haben heute die Schriftgelehrten und die Pharisäer inne. Richtet euch daher nach allem, was sie euch sagen, und befolgt es. Doch richtet euch nicht nach dem, was sie tun; denn sie reden zwar, handeln aber nicht danach. Sie binden schwere Lasten zusammen, die man kaum tragen kann, und laden sie den Menschen auf die Schultern; doch sie selbst denken nicht daran, diese Lasten auch nur anzurühren. Und alles, was sie tun, tun sie nur, um die Leute zu beeindrucken* (Mt 23,2-5).

Die Tragödie spitzt sich zu, wenn wir selbst anfangen, von der Rolle, die wir spielen, absolut überzeugt zu sein. Das Allertragischste war, dass die Pharisäer bereits so tief in dieses Netz der Täuschung verstrickt waren, dass sie selbst angefangen hatten, ihrer Rolle Glauben zu schenken. Sie waren davon sogar mehr überzeugt als alle anderen! Die Pharisäer hatten sich so sehr der Selbsttäuschung hingegeben, dass sie tatsächlich glaubten, sie seien besser als andere Menschen. Jesus entlarvte dieses törichte Herz der Selbstgerechtigkeit, als er sagte:

> *Der Pharisäer stellte sich selbstbewusst hin und betete: „Ich danke dir, Gott, dass ich nicht so bin wie die übrigen Menschen – ich bin kein Räuber, kein Betrüger und kein Ehebrecher, und ich bin auch nicht wie jener Zolleinnehmer dort“* (Lk 18,11).

Menschen, die religiöse Heuchelei betreiben, glauben am Ende tatsächlich die Person zu sein, die sie zu sein vorgeben! Der Pharisäer glaubte nicht nur von Herzen, dass er besser war als andere; er rühmte sich auch noch der Tatsache, dass seine religiösen Werke die seines Nachbarn übertrafen:

> *Ich faste zwei Tage in der Woche und gebe den Zehnten von allen meinen Einkünften* (Lk 18,12).

Wie die besten Hollywood-Schauspieler hatten die Pharisäer ihre Rolle so perfektioniert, dass sie sich diese am Ende selbst abnahmen! Sie hatten sich buchstäblich neu erfunden und ein Selbstbild kreiert, das auf Selbsttäuschung basierte, und damit die schraubstockartige Verleugnung vertieft, die ihre Herzen fest im Griff hielt. Aber es handelt sich hierbei nicht nur um den Herzenszustand der Pharisäer; es ist eine Karikatur des Herzens der gefallenen Menschheit. Jeder Mensch ist in gewisser Weise von diesem Streben nach einem gerechten und guten Ansehen vor Gott und seinen Freunden verdorben.

Die Pharisäer schritten stolz umher und stellten vor den Menschen ihre Geistlichkeit zur Schau, doch Jesus durchschaute ihre alberne Täuschung:

> *Nach außen hin erweckt ihr bei den Menschen den Anschein, gerecht zu sein, in Wirklichkeit aber seid ihr voller Heuchelei und Gesetzlosigkeit* (Mt 23,28).

Die Dinge, die sie taten, und die Worte, die sie redeten, waren lediglich Auswüchse der Falschheit ihres eigenen Herzens. Paulus beschrieb die Gedanken des gefallenen Menschen als *„nichtig"* (Röm 1,21 REÜ). Die Gedanken des Menschen sind eitel, sinnlos und unfähig, irgendeine geistliche Frucht hervorzubringen. Der gefallene Mensch kann im besten Fall *vorgeben,* gerecht zu sein. Wie auch die Pharisäer gibt jeder Mensch vor, etwas zu sein, was er nicht ist. Die Pharisäer stellten lediglich eine überzogene Karikatur der gefallenen menschlichen Natur dar. Kam Jesus vielleicht deshalb zu einem Zeitpunkt innerhalb der menschlichen Geschichte, in der das kultische Gebaren der Pharisäer seinen Zenit erreicht hatte, um den extremsten Auswüchsen menschlicher Religiosität und Vortäuschung die von oben kommende Gerechtigkeit gegenüberzustellen?

Solange Christen diese Bollwerke der Religion in ihrem eigenen Leben nicht angehen, werden sie nie lernen, aus dem Geschenk der Gnade heraus zu leben, das Christus in ihrem Geist bereits etabliert hat. Paulus schrieb an Christen:

> *Täuscht nicht nur vor, andere zu lieben, sondern liebt sie wirklich* (Röm 12,9 NLB).

Paulus musste in den Gemeinden ständig gegen diesen Abwärtstrend der Heuchelei und Scheinheiligkeit angehen; gegen *„die Heuchelei von Lügenrednern, die in ihrem eigenen Gewissen gebrandmarkt sind"* (1 Tim 4,2 SLT). Ebenso warnte auch Petrus die Jünger:

> *Legt alle Bosheit und allen Betrug ab, alle Heuchelei, allen Neid und alle Verleumdung!* (1 Petr 2,1).

Diese tiefsitzende Selbstgerechtigkeit und religiöse Scheinheiligkeit marschiert in der Kirche als wahre Gerechtigkeit auf.

Christen sind für religiöse Heuchelei ebenso anfällig wie die Pharisäer. Ja, Christen gehören zur größten Risikogruppe überhaupt, da die Mächte der Finsternis es geradezu lieben, Christen in der Religion der Selbstanstrengung und Scheinheiligkeit gefangen zu halten. Es ist eine Falle, die der Teufel selbst gestellt hat, und viel zu viele Gläubige sind zu Christus gekommen und gleich in diese Falle getappt. Manche bleiben für den Rest ihres Lebens darin stecken, andere versuchen, sich herauszukämpfen, und manche schaffen es gerade so zu entkommen. Nur wer wirklich überwindet, kommt in den Genuss des himmlischen Privilegs, ausschließlich vom Baum des Lebens zu essen.

Die Pharisäer waren im Vortäuschen wohlversiert. Einmal schickten die Obersten Priester hinterlistig eine Handvoll Männer los, um Jesus zu beschatten, in der Hoffnung, ihn zu erwischen.

> *Da sie jedoch entschlossen waren, Jesus nicht mehr aus den Augen zu lassen, beauftragten sie einige Männer damit, ihn zu beobachten.* ***Diese sollten sich den Anschein geben, als meinten sie es ehrlich****, und sollten ihm eine Äußerung entlocken, die es ermöglichen würde, ihn dem Gouverneur zu übergeben und ihn verurteilen zu lassen* (Lk 20,20).

Diese verlogenen Männer stellten Jesus die heikle Frage: *„Ist es uns erlaubt, dem Kaiser Steuer zu zahlen, oder nicht?"* Lukas berichtet uns gleich: *„Er aber durchschaute ihre Hinterlist"* (Lk 20,22-23). Hinterlistigkeit ist einer der hässlicheren Aspekte der gefallenen menschlichen Natur. Man nennt sie auch „Doppelgesichtigkeit". Der griechische Begriff, den Lukas für Hinterlist verwendet, ist *panourgia* und bedeutet „Raffinesse, Schwindelei oder Gerissenheit". Wenn wir vorgeben, etwas zu sein, was wir nicht sind, bedienen wir uns in Wirklichkeit der Täuschung, um unsere wahren Beweggründe und Absichten zu verbergen.

Gott hasst religiöse Scheinheiligkeit, ob es nun absichtliche religiöse Heuchelei ist oder die Scheinheiligkeit derer, die sich selbst überhaupt nicht als religiös oder geistlich betrachten. Gefallene Männer und Frauen sind von Natur aus allesamt hervorragende Heuchler.

> *Manche, die arm sind, geben vor, reich zu sein; andere, die reich sind, tun so, als seien sie arm* (Spr 13,7 NLB).

Aber zweifelsohne sind die Menschen, die für Scheinheiligkeit am anfälligsten sind, Menschen mit hohem moralischen Anspruch und einem starken Bedürfnis danach, als gute, respektable Bürger oder Kirchgänger angesehen zu werden. Zwanzig Jahrhunderte Kirchengeschichte lassen erkennen, dass es viel, viel einfacher ist, zu reden als auf Worte tatsächlich auch Taten folgen du lassen.

Durch die ganze Schrift hindurch hat Gott immer wieder die Oberflächlichkeit seines Volkes in seinem ständigen Hang zu äußerlicher Religion aufgedeckt. Jesus entlarvte die Heuchelei der Pharisäer, über die er sagte:

> *Sie verschlingen den Besitz der Witwen und sprechen* ***zum Schein*** *lange Gebete* (Lk 20,47).

Innerlich waren ihre Herzen immer noch voller Habgier. Sie zögerten nicht, alte Damen um ihr hart Erspartes zu bringen, wenn sie davon ausgehen konnten, nicht erwischt zu werden. Ungeachtet dessen, rezitierten sie weiterhin ihre eindrücklichen öffentlichen Gebete, um von den Menschen als die geistlichen Riesen ihrer Zeit verehrt zu werden! Jesus bezeichnete dies als pure *Scheinheiligkeit.*

Unter dem Alten Bund verfiel das Volk Gottes immer und immer wieder der religiösen Scheinheiligkeit: *„Juda kehrte zwar zu mir zurück,* ***aber das war nur geheuchelt****"* (Jer 3,10 NLB).

> *Der Herr hat gesagt: „Dieses Volk sucht meine Nähe nur mit dem Mund und ehrt mich nur mit Lippenbekenntnissen. In seinem Herzen aber hält es einen weiten Abstand von mir"* (Jes 29,13 NLB).

Der Himmel ist unvorstellbar betrübt über die Heuchelei religiöser Lippenbekenntnisse. Einmal stellte Gott dieses Phänomen sogar in seinem privaten Gespräch mit dem Propheten Hesekiel heraus, den er ausgesandt hatte, um die Kinder Israels zu ihm zurückzurufen.

> *Menschenkind, dein Volk redet über dich. Die Leute reden über dich an den Mauern und in den Türen ihrer Häuser und sagen zueinander: „Kommt! Wir wollen gehen und hören, was für eine Botschaft der Herr für uns hat!" Dann kommen sie zu dir, wie ein Volk eben zusammenkommt. Sie setzen sich als mein Volk vor dir*

auf den Boden und hören dir zu. Aber sie befolgen deine Worte nicht. Mit dem Mund tun sie dir schön, doch ihr Herz ist nur mit ihrem eigenen Gewinn beschäftigt (Hes 33,30-31 NLB).

Anstatt das Missfallen ihrer Nachbarn auf sich zu ziehen, war es für die Israeliten wesentlich einfacher, ihren Gehorsam gegenüber Gott nur vorzutäuschen. Religiöse Scheinheiligkeit war zu einem nationalen Zeitvertreib erhoben worden, aber das konnte Gott und seine Propheten keinen Moment lang täuschen. Die Wahrheit war, dass die Kinder Israels Gott hassten und seine Gesetze als das Haupthindernis ihrer Freiheit betrachteten. Dieser Abschnitt in Hesekiel ist doch recht aufschlussreich. Aus Gottes Sicht führte sein Volk eine gigantische kollektive Scharade auf. Zwischen ihren Worten und dem äußerlichen religiösen Schein und dem tatsächlichen Zustand ihres Herzens tat sich eine riesige Kluft auf. *„Mit dem Mund tun sie dir schön, doch ihr Herz ist nur mit ihrem eigenen Gewinn beschäftigt."* Sie liebten Gott nicht und sie liebten den Propheten Hesekiel nicht, aber sie vertuschten ihren Hass auf Gott mithilfe von freundlichen und liebevollen Worten.

Wie der Psalmist schrieb: *„Die den HERRN hassen, würden ihm Ergebung heucheln"* (Ps 81,16 ELB). Es ist so leicht, zu sagen, dass wir jemanden lieben oder dass wir Gott lieben, aber Worte sind billig. Es wird so viel über Liebe geredet und das Wort ist ständig in aller Munde, aber in Wahrheit ist aufrichtige Liebe zu Gott und zu unserem Nächsten oft das Letzte, was wir im Herzen haben. Selbst enorm selbstsüchtige Menschen singen Liebeslieder! Deshalb sagte Johannes:

Meine Kinder, unsere Liebe darf sich nicht in Worten und schönen Reden erschöpfen; sie muss sich durch unser Tun als echt und wahr erweisen (1 Joh 3,18).

Wahre Liebe erweist sich an unseren Taten und nicht an unseren Worten. Salomo stellte diesen Wesenszug der gefallenen menschlichen Natur in den Sprüchen heraus:

Silberglasur über Tongeschirr – glatte Lippen und ein böses Herz. Mit seinen Reden verstellt sich der Gehässige, doch in seinem Herzen ist er voll Tücke. Klingt seine Stimme auch freundlich, trau ihm nicht, denn sieben Gräuel sind in seinem Herzen. Hüllt sich sein

> *Hass auch in Heuchelei, seine Schlechtigkeit wird bloßgestellt in der Volksversammlung* (Spr 26,23-26 REÜ).

Die Übersetzung „Neues Leben Bibel" stellt diese religiöse Heuchelei noch besser heraus:

> *Sanfte Worte können ein böses Herz verbergen, so wie eine Silberglasur einen gewöhnlichen Tontopf überzieht. Ein Mensch mit Hass im Herzen kann sich liebenswert geben, aber das täuscht er nur vor. Glaube nicht seinen schmeichelnden Worten, denn sein Herz ist voller Bosheit. Sein Hass mag verborgen sein, doch am Ende wird seine Bosheit für alle sichtbar werden* (Spr 26,23-26).

Worte, Worte, Worte! Die Welt ist voller Worte, besonders voller Worte und Lieder über Liebe. Aber am Ende sind gefallene Männer und Frauen allesamt nur „großartige Heuchler". Sie heucheln einander vor, liebevoll und freundlich zu sein, und sie geben vor, gerecht zu sein, dabei ist all ihre Gerechtigkeit wie schmutzige Lumpen. Wenn wir Sünde in unserem Herzen hegen, können wir nicht in der Liebe leben, weil Sünde das genaue Gegenteil von Liebe ist. Sünde zerstört Liebe. Sünde und Liebe können nicht nebeneinander existieren. Die Schrift macht deutlich, dass Sünde die Übertretung des Gesetzes ist, während Liebe die Erfüllung des Gesetzes ist. Gott möchte unsere Herzen von Sünde befreien, um das Vakuum mit seiner Liebe zu füllen, aber die Liebe Gottes kann nicht in einem Herzen wohnen, das ganz und gar der Sünde und Selbstsucht hingegeben ist. Johannes arbeitete systematisch daran, diese religiöse Geisteshaltung in Gottes neutestamentlichem Volk Stück für Stück abzutragen.

> *Wenn jemand behauptet: „Ich liebe Gott!", aber seinen Bruder oder seine Schwester hasst, ist er ein Lügner. Denn wenn jemand die nicht liebt, die er sieht – seine Geschwister –, wie kann er da Gott lieben, den er nicht sieht?* (1 Joh 4,20).

Wenn die Liebe Gottes nicht wirklich unser Herz erfüllt, bleibt uns nur, Liebe und Freundlichkeit *vorzugaukeln.* Ebenso verhält es sich, wenn die Gerechtigkeit Gottes nicht unser Herz erfüllt; alles, was wir dann tun können, ist, Gerechtigkeit vorzutäuschen und zu hoffen, dass die Menschen unser Spiel nicht durchschauen. Selbstsucht ist im menschlichen Herzen tief verwurzelt, aber Gott liegt alles daran, uns von uns selbst zu befreien, damit wir wahrhaftig in Liebe leben können, genauso wie Christus uns geliebt hat. Die Propheten versuchten unermüdlich, den Schleier der Religion zu durchdringen, um zum wahren Herzenszustand zu gelangen.

> *Angenommen, jemand, der alles besitzt, was er zum Leben braucht, sieht seinen Bruder oder seine Schwester Not leiden. Wenn er sich ihnen nun verschließt und kein Erbarmen mit ihnen hat – wie kann da Gottes Liebe in ihm bleiben?* (1 Joh 3,17).

Unsere größte Angst ist, dass Menschen herausfinden, wie wir wirklich sind, und uns, wenn sie es herausfinden, ablehnen. In unserem gefallenen Zustand, in dem wir von Gottes bedingungsloser Liebe abgeschnitten sind und uns ihrer überhaupt nicht bewusst sind, leben wir in ständiger Angst vor Ablehnung seitens unserer Mitmenschen. Also wagen wir es nicht, anderen unser wahres Gesicht zu zeigen. Wir müssen um jeden Preis den Schein wahren und hoffen, dass niemand jemals die Maske durchschauen wird und dabei entdeckt, dass wir in Wirklichkeit nur Hochstapler sind. Wie viele Herzen sind wohl von dieser tödlichen Angst gepackt, als Schwindler entlarvt zu werden?

Wahrhaftig zu Christus zu kommen bedeutet, dass aller religiöse Schein abgetan wird, damit wir wirklich aus dem Herzen heraus leben. Ich frage mich manchmal, wie es wohl sein muss, Gott im Himmel zu sein und sich all unsere Anbetungslieder anzuhören, wenn die Versammlung die Hälfte der Zeit vielleicht nur mit einem Lippenbekenntnis vor Gott tritt, während ihre Herzen eigentlich weit weg von Gott sind. Wie oft haben Sie in der Gemeinde Jesus ein Liebeslied gesungen und mit einem Mal festgestellt, dass Ihr Herz überhaupt nicht mit Gott in Verbindung steht und sie dem Herrn lediglich ein Lippenbekenntnis erweisen?

Eine Lüge leben

Religiöse Scheinheiligkeit wird in der Schrift als „Lüge" bezeichnet. Wann immer wir versuchen, unsere Selbstsucht mit einer Maske der Geistlichkeit zu vertuschen oder lediglich mit dem Schein moralischer Aufrichtigkeit, leben wir eine Lüge. In der Offenbarung stellte Jesus ***„jeden, der die Lüge liebt und tut"*** auf dieselbe Stufe wie *„die*

Zauberer und die Unzüchtigen und die Mörder und die Götzendiener" (Offb 22,15 SLT). Das ist sicherlich keine nette Truppe, aber sie macht deutlich, was Gott von denen hält, die ein Leben der Täuschung leben. Gott ist ganz und gar kein Freund von Täuschung. Er sagte:

> *In meinem Haus sollen keine Betrüger wohnen und Lügner will ich in meiner Gegenwart nicht dulden* (Ps 101,7 NLB).

Das griechische Wort, das in Offenbarung 22,15 für Lüge verwendet wird, ist *pseudos*. Es beschreibt eine Person, die einen trügerischen Schein wahrt. Es beschreibt jemanden, der nicht wahrhaftig ist, sondern nur als wahrhaftig erscheint. Selbst der Mafiaboss ist zu seinen eigenen Kindern freundlich, wenn er von der Arbeit nach Hause kommt! Jesaja erkannte, dass Lüge und Falschheit zu seiner Zeit zum Charakteristikum des Volkes Gottes geworden waren, und in Solidarität mit Gottes Volk bekannte er vor dem Herrn die Sünde der Lüge.

> *Denn unsere Sünden häufen sich vor dir und unsere Verfehlungen sprechen gegen uns. Unsere Abtrünnigkeit steht uns vor Augen und unsere Sünden sind uns bewusst: Wir haben uns gegen den Herrn gewandt und ihn verleugnet. Wir haben unserem Gott die Nachfolge versagt. Wir reden von Gewalt und Ungehorsam.* ***Wir gehen mit Lügen schwanger und lassen sie aus unseren Herzen hervorbrechen*** (Jes 59,12-13 NLB).

Laut Jeremia reden alle, die sich in die Lüge flüchten, aus der Täuschung ihres eigenen Herzens heraus.

> *Wann wollen doch die Propheten aufhören, die Lüge weissagen und ihres Herzens Trug weissagen* (Jer 23,26 LUT).

Die meisten Menschen ziehen es vor, eine Lüge zu leben, anstatt sich dem Schmerz zu stellen und der Wahrheit ins Auge zu sehen. Es ist eine seltene Ausnahme, einen Menschen zu finden, der Aufrichtigkeit und Integrität lebt. Salomo sagte: *„Die meisten Menschen rühmen ihre eigene Güte"* (Spr 20,6 SLT). Menschen, die als schlecht wahrgenommen werden wollen, gibt es hingegen nicht viele. Paulus sprach von *„denen, die sich mit äußeren Vorzügen rühmen, statt auf innere Werte zu achten"* (2 Kor 5,12). Seien wir doch ehrlich; die Lüge ist ein weitverbreitetes menschliches Phänomen.

Manchmal hatte König David das Gefühl, er versinke in einem Meer der Lüge. Wohin er auch sah, traf er auf falsche Lippen.

> *Mit Absicht verbreiten sie Lügen über mich. Nach außen reden sie freundlich mit mir, doch in ihren Herzen verfluchen sie mich* (Ps 62,5 NLB).
>
> *Jeder belügt jeden. Mit ihren Worten schmeicheln sie, aber im Herzen spielen sie ein falsches Spiel* (Ps 12,3 NGÜ).
>
> *Alles, was du im Sinn hast, ist das Verderben anderer, deine Zunge gleicht einem geschliffenen Schermesser, du Betrüger! Du liebst das Böse und nicht das Gute, die Lüge mehr als das ehrliche und hilfreiche Wort* (Ps 52,4-5 NGÜ).
>
> *Sieh doch: Da brütet jemand Böses aus, er geht schwanger mit Unheil, er gebiert nichts als Lüge* (Ps 7,15 NGÜ).

Vom Himmel aus gesehen versinkt die Menschheit in Lug und Trug.

> *„Lauft durch die Straßen Jerusalems", spricht der Herr. „Schaut auf den Plätzen nach; durchsucht die ganze Stadt! Wenn ihr auch nur einen Menschen findet, der gerecht und ehrlich ist, werde ich Jerusalem von seiner Schuld freisprechen. Aber die Menschen erzählen nichts als Lügen, selbst dann noch, wenn sie bei meinem Namen schwören und sagen: „So wahr der Herr lebt"* (Jer 5,1-2 NLB).

Davids persönliches Streben nach Integrität und Aufrichtigkeit machte ihn zu einem Mann fernab der Masse. Er verstand, dass die meisten Menschen aus der Falschheit ihres Herzens heraus lebten und sich nicht um den wahren Zustand ihres Herzens vor Gott scherten. David dagegen hatte die Herrlichkeit des Herrn erlebt und eine intensive Beziehung zu ihm gepflegt. Er verstand, dass nur im Haus des Herrn würde bleiben können, wer sich von der Finsternis zum Licht und von der Lüge zur Wahrheit kehrt.

> *Wer darf auf den Berg des Herrn steigen? Und wer darf an seiner heiligen Stätte stehen? Wer unschuldige Hände hat und ein reines Herz,* ***wer seine Seele nicht auf Trug richtet*** *und nicht falsch schwört* (Ps 24,3-4 SLT).

Aber selbst David, ein Mann nach dem Herzen Gottes, durchlebte eine sehr finstere Zeit der Lüge, bis der Prophet Nathan in zurück ins Licht rief.

Aus der Lüge herauszukommen, bedeutet, die Festung religiöser Scheinheiligkeit nicht länger zu leugnen und sich einzugestehen, dass die alte Natur dazu neigt, ein Trugbild von Tugendhaftigkeit und Gerechtigkeit zu erschaffen. Die Festung des Leugnens kann nur eingerissen werden, wenn wir uns demütig die Wahrheit über unsere alte Natur eingestehen. Eine Festung ist ein Gedankengebäude, das mit dem Teufel übereinstimmt. Um sich ganz von der Religion zu lösen, müssen Christen jedes Einvernehmen mit dem Bösen brechen und vollständig mit dem Wort Gottes in Übereinstimmung kommen. Erst dann werden wir aufhören, den Lügen zu glauben, die wir unser Leben lang auf uns selbst projiziert haben. Als die menschliche Rasse in Sünde fiel, vertauschte sie *„die Wahrheit Gottes mit der Lüge"* (Röm 1,25 SLT). Die Festung religiösen Scheins hält viele Kinder Gottes in der alten, selbstsüchtigen Natur gefangen, da Scheinheiligkeit ein Werk des Fleisches ist.

Eine der Früchte des Fleisches in Galater 5,20 ist die Eifersucht. Im Englischen verwendet die alte *King James Version* hier den Begriff „emulation", was so viel bedeutet wie jemanden zu imitieren oder zu kopieren, um den Anschein zu erwecken, genau wie jemand anders zu sein. Es bedeutet auch, „danach zu streben, einem anderen zu gleichen". Die *New King James Version* verwendet den englischen Ausdruck für „selbstsüchtigen Ehrgeiz", der auf einen Ehrgeiz hindeutet, der auf Selbstanstrengung basiert. Ehrgeiz hat immer etwas mit Vergleichen zu tun. Das Fleisch vergleicht sich mit anderen, weil es versucht, wie andere zu sein, um Ablehnung zu vermeiden. Wo immer wir die Bibel aufschlagen, begegnet uns die liebende Stimme Gottes, vermittelt durch gesalbte Herzenspropheten, die das Volk Gottes aus dem Versteck der Heuchelei und religiösen Scheinheiligkeit herausrufen in das Licht Christi, der gekommen ist, um das menschliche Herz zu heilen.

Scham und Religion

Dieses Lügengebäude entsteht schon in der Kindheit, nämlich wenn wir anfangen, uns unseres Versagens und des tiefen Gefühls der Unzulänglichkeit bewusst zu werden. Von unseren Eltern, Lehrern und Freunden werden wir ständig an unsere Schwächen erinnert, was in uns das Schamgefühl verstärkt, das wie eine dunkle Wolke über uns schwebt. Scham zwingt uns dazu, uns in eine falsche Realität zurückzuziehen, um die Stimmen der Anklage zum Schweigen zu bringen. In seinem aufschlussreichen Buch *The Secret Life of the Soul* (dt. *Das geheime Leben der Seele*) beschreibt J. Keith Miller, wie dieser Prozess „schleichend voranschreitet infolge verschiedener schmerzvoller Lügenexperimente, innerhalb derer das Kind mit seiner eigenen Seele ringt, aber letzten Endes deren flehentliches Bitten ignoriert und immer wieder Lügen erzählt. Dieses Ringen wird noch verstärkt, wenn das Kind weiß, dass ein Elternteil lügt, und es sich die Unehrlichkeit dieses Elternteils zunutze macht, um seine eigene Falschheit zu rechtfertigen"[4] Falschheit kann eine Festung sein, die von Generation zu Generation weitergegeben wird.

Schon im Garten Eden war es Scham, die Adam und Eva dazu brachte, Feigenblätter zusammenzunähen, um ihre Nacktheit zu verbergen, und auch jetzt ist es ist Scham, die jeden von uns veranlasst, uns unsere modernen Feigenblätter zu erschaffen, damit wir unsere Sünde verbergen können.

> *Wer seine Sünden verheimlicht, dem wird es nicht gut gehen. Aber wenn er sie bekennt und davon lässt, wird er Barmherzigkeit finden* (Spr 28,13 NLB).

Scham bewirkt, dass wir uns verstecken und um jeden Preis das Licht meiden, damit unsere Taten nicht aufgedeckt werden. Jeff Van Vonderen liefert uns eine exzellente Definition für Scham: „Scham ist das schmerzvolle Gefühl, dass es dir als Person an Wert fehlt. Es ist die Überzeugung, dass du fehlerbehaftet, wertlos und nicht liebenswert bist. Es ist nicht so, dass etwas mit deinem Verhalten nicht stimmt,

---

[4] Übersetzt aus: J. K. Miller, *The Secret Life of The Soul*, S. 63.

sondern dass etwas mit ***dir*** als Person nicht stimmt."[5] J. Keith Miller fährt fort, die Entstehung dieses Lügengebäudes zu beschreiben:

> Um die Beschämung durch die anklagenden Stimmen zu vermeiden, die das Kind ständig mit der Botschaft bombardieren, es sei unzulänglich und nicht viel wert, beginnt das Kind, nach einem dauerhafteren Ausweg zu suchen, und unternimmt etwas sehr Merkwürdiges und Geniales: Es fängt an, sich heimlich eine neue Persönlichkeit zusammenzubasteln, eine, die zwar falsch ist, dafür aber adäquater, intelligenter und/oder ehrlicher erscheint als das Kind eigentlich ist. Das Kind legt den Grundstein für eine „konstruierte Persönlichkeit" – größer und gerechter als sein wirkliches Leben, aber eben falsch; von dieser erhofft es sich, dass sie gut genug ist, um die schambringenden Stimmen zum Schweigen zu bringen. Und damit wird die Grundlage für das Leugnen gelegt. Der Zweck dieser konstruierten Persönlichkeit ist zweierlei. Sie soll zunächst die Stimmen der Scham zum Schweigen bringen. Schließlich erscheinen und verhalten wir uns in unserer konstruierten Person intelligenter, cooler, zäher, sexier – was auch immer die schambringenden Stimmen uns abgesprochen haben. Der andere Zweck der konstruierten Persönlichkeit besteht darin, der Welt gegenüber überhöhte, konstruierte Charaktereigenschaften vorzuweisen, um „da draußen" erfolgreich zu sein.[6]

In einer Welt, in der Image alles ist, werden Menschen alles tun, um sich als cool zu erweisen. Gruppenzwang und Angst vor Ablehnung pressen heranwachsende Kinder, die von Kindern zu Jugendlichen und schließlich zu Erwachsenen werden, in eine vorgefertigte Form, die der Mode und Kultur der Massenmedien entspricht. Wie Lemminge tanzen wir zum Rhythmus ein und derselben Trommel und fürchten dabei, dass jegliche Form der Nichtkonformität uns unsere Beliebtheit kosten könnte. Ob es sich um religiöse Regeln und Vorschriften oder um gesellschaftliche Regeln und Normen handelt – wir lernen schnell, dass Falschheit sich auszahlt.

---

[5] Übersetzt aus: J. Van Vonderen, *Families Where Grace Is In Place*, S. 28-29.
[6] J.K. Miller, a.a.O., S. 64, 66-67.

Diese Welt zeichnet sich durch Falschheit und Lüge und dem Streben nach dem ultimativ coolen und sexy äußeren Erscheinungsbild aus. Paulus sagte in Röm 12,2:

> *Richtet euch nicht länger nach [den Maßstäben] dieser Welt* (NGÜ).

J.B. Phillips übersetzt diesen Vers folgendermaßen: *„Lasst die Welt euch nicht in ihre Form pressen."* Wenn wir im Licht leben wollen, müssen wir der Falschheit abschwören.

> *Darum legt alle Falschheit ab und haltet euch an die Wahrheit, wenn ihr miteinander redet* (Eph 4,25).

> *Der Gottesfürchtige hasst die Lüge; der Gottlose aber lügt und betrügt* (Spr 13,5 NLB).

In einem wahrhaft gerechten Leben gibt es keinen Raum für Falschheit oder Lüge. Eine rechtschaffene Person hasst die Lüge, weil sie eine Form der Täuschung ist.

Die Fantasie des Herzens

Wenn wir ehrlich sind, geben wir zu, dass uns die unverblümte Sprache der Bibel schockiert. Gott redet nicht um den heißen Brei herum. Er trifft mitten ins Herz und nennt die Dinge beim Namen! Das ist das Wesen des prophetischen Dienstes! Aus seiner Sicht hat sich die gesamte Menschheit in einem verwobenen Netz aus Falschheit, Selbsttäuschung und Leugnung verheddert. Die Rolle, die wir vor den Menschen spielen wollen, ist nichts anderes als das Produkt der Fantasie eines trügerischen Herzens. Wir tragen unsere alten trügerischen Gewohnheiten in das christliche Leben hinein, während der Geist dabei ist, diese alten Verhaltensweisen aufzudecken und uns von der Macht der Religion zu befreien, die die gesamte Menschheit fest im Griff hat. Gott versucht, alles auseinanderzunehmen und einzureißen, was unser altes selbstsüchtiges Leben ausgemacht hat. Die noch nicht erneuerten Teile unseres Herzens haben sich in eine andere Realität hineingeflüchtet; eine Parallelwelt, erschaffen von unserer eigenen Vorstellungskraft und unserer halsstarrigen Weigerung, die Wahrheit über die Abgrundtiefe unseres gefallenen und zerbrochenen Zustands zu akzeptieren.

Weil gefallene Menschen so besessen davon sind, ihre eigene Tugendhaftigkeit hinauszuposaunen und die Existenz des Bösen in ihrem Herzen zu leugnen, greifen sie nur allzu gern zu dem neuerschaffenen Selbstbild ihrer stolzen Fantasie. So macht es das Fleisch! Die Stärke menschlicher Vorstellungskraft liegt in ihrer Fähigkeit, sich eine Vorstellung von etwas zu machen, das eigentlich nicht real existiert. Das neuentworfene „Selbst" ist nichts weiter als ein Produkt der menschlichen Fantasie! Aber weil der Mensch der Lüge über sich selbst unbedingt Glauben schenken will, ist er schnell dabei, sich von aller Schuld freizusprechen und dabei mit dem Finger auf alle anderen zu zeigen. „Die anderen irren sich, ich nicht!" Diese Denkweise ist so unlogisch, dass es uns die Schamröte ins Gesicht treiben sollte, und doch findet sie sich typischerweise bei fast jedem Menschen auf diesem Planeten!

> *Der Tor hat kein Gefallen an Einsicht, vielmehr daran, sein Herz zur Schau zu stellen* (Spr 18,2 REÜ).

Wenn unser Herz voll Irrsinn ist, können wir uns selbst von allem überzeugen! Deshalb fordert Paulus Gläubige auf, rigoros alle Selbsttäuschung auszumerzen, nämlich indem sie *„alle hohen **Gedankengebäude** niederreißen"* (2 Kor 10,5 REÜ).

Gott warnt uns deutlich davor, denen zu folgen, die nach ihren eigenen Vorstellungen reden. Zur Zeit Jeremias gab es falsche Propheten, die dem Volk Gottes ihre eigenen Ideen prophezeiten.

> *Was sie sagen, ist flüchtig wie der Wind: Sie verkündigen euch Visionen, die sie sich selbst ausgedacht haben. Ich habe ihnen keinen Auftrag gegeben* (Jer 23,16 NLB).
>
> *Sprich zu denen, die sich ihre eigenen Weissagungen ausdenken: „Hört das Wort des Herrn!* (Hes 13,2 NLB).

Aber nicht nur die falschen Propheten hatten die Eigenschaft, ihr Leben nach den Vorstellungen ihres eigenen Herzens zu gestalten. In Jesaja deckt der Herr die trügerische Vorstellungskraft der gesamten Nation Israel auf

Den ganzen Tag habe ich meine Hände ausgestreckt nach einem widerspenstigen Volk, ***das seinen eigenen Gedanken nachgeht*** *auf einem Weg, der nicht gut ist. Es ist ein Volk, das mich beständig ins Angesicht beleidigt, [...] Dabei können sie noch sagen: „Bleibe für dich, rühre mich nicht an; denn ich bin heiliger als du!“* (Jes 65,2-3.5 SLT).

Das Produkt ihrer stolzen Vorstellungskraft war die Illusion, tatsächlich heiliger als andere zu sein. Wir tendieren von Haus aus dazu, uns selbst heilig zu sprechen. Erinnern Sie sich an den Pharisäer, der sich selbst rühmte bei dem Gedanken, nicht wie andere zu sein? In Anbetracht dieser allgemein verbreiteten Neigung, uns selbst zu bauchpinseln, indem wir unseren gefallenen Zustand herunterspielen, schrieb Paulus.

Ich rufe daher aufgrund der Vollmacht, die Gott mir in seiner Gnade gegeben hat, jeden Einzelnen von euch zu nüchterner Selbsteinschätzung auf. Keiner soll mehr von sich halten, als angemessen ist (Röm 12,3).

Das führt uns zur eigentlichen Ursache der eitlen Vorstellungen des Fleisches. Der Mensch stolziert hochmütig umher, als habe er keine Sünde. Der verblendete Zustand der Menschheit wurzelt in Stolz und Arroganz. Der Psalmist sinnierte über den Stand des bösen Menschen und schrieb die folgenden Worte:

Darum tragen sie ihren Stolz zur Schau wie eine Halskette, Gewalt umgibt sie wie ein Gewand. [...], aus ihren Herzen quellen böse Pläne hervor (Ps 73,6-7 NLB).

Die *New American Standard Bible* übersetzt den Vers etwa mit *„die Gedanken ihres Herzens laufen Amok“*. Wenn unser Herz nicht fest in Gottes Wort verankert ist, sind wir, was unseren eigenen Zustand angeht, für eine Menge grotesker Illusionen empfänglich. In Psalm 2 lesen wir: *„Warum toben die Nationen und* ***sinnen*** *Eitles die Völkerschaften?“* (Ps 2,1 ELB).

Wir dürfen nicht vergessen, dass Jesus als ein Prophet kam, um das stolze und widerspenstige Herz des Menschen zu entlarven und ihn zu aufrichtiger Umkehr aufzufordern. Als Maria, die Mutter Jesu, Elisabeth begegnet, kam der Geist der Prophetie auf sie und sie rief:

> *Er vollbringt mit seinem Arm machtvolle Taten: Er* ***zerstreut, die im Herzen voll Hochmut sind****; er stürzt die Mächtigen vom Thron und erhöht die Niedrigen* (Lk 1,51-52 REÜ).

Jesus fordert uns ebenso heraus, wie er die Pharisäer herausgefordert hat, von unserem Thron herunterzukommen und demütig die Wahrheit über die trügerische Natur des gefallenen Menschen zu akzeptieren. Wir müssen sie in all ihrer Hässlichkeit sehen, bevor wir wirklich umkehren und unsere fleischlichen Denk- und Lebensweisen hinter uns lassen.

Aus biblischer Sicht gilt der prahlerische Stolz des Herzens des gefallenen Menschen als die Quelle seiner umfangreichen Selbsttäuschung. Die Selbsteinschätzung des Menschen sieht so aus, dass er sich in seinem eigenen Herzen selbst überzeugt, weise genug zu sein, um jede Herausforderung, die das Leben ihm in den Weg stellen mag, zu meistern. In seinem prahlerischen Hochmut schmeichelt er sich selbst so lange, bis er für den wahren Zustand seines eigenen Herzens blind wird. David schrieb.

> *Die Sünde sitzt tief im Herzen des Gottlosen und flüstert ihm zu, was er tun soll. Sich Gott in Ehrfurcht zu unterstellen, käme ihm nie in den Sinn. Er gefällt sich darin, Schuld auf sich zu laden und andere zu hassen. Über seine Lippen kommt nichts als Lug und Trug; es liegt ihm nichts mehr daran, vernünftig zu handeln und Gutes zu tun* (Ps 36,2-3 NGÜ).

Die NLB übersetzt diesen Vers mit: *„In seiner Blindheit erkennt er nicht, wie schlecht er wirklich ist.“* Dies ist der Schlüsselvers, um die Unfähigkeit des gefallenen Menschen zu verstehen, das Ausmaß seines sündigen Zustands zu ermessen. Selbstgefälligkeit, die Tendenz, höher von uns selbst zu denken, als es uns gebührt, ist die Hauptursache für geistliche Blindheit.

Es ist ein allgemeines Merkmal des gefallenen Menschen, dass er sich selbst erhöht und sich selbst für weise hält; aber die Schrift verkündet von vorne bis hinten, dass der Mensch, der sich selbst in dieser Welt für weise hält, in Gottes Augen ein Tor ist.

> *Siehst du einen Mann, der sich selbst für weise hält, so kannst du für einen Toren mehr Hoffnung haben als für ihn!* (Spr 26,12 SLT).

Paulus erklärte der Gemeinde in Korinth:

> *Denn die Weisheit dieser Welt ist in Gottes Augen Torheit* (1 Kor 3,19 NLB).

Die Weisheit des Menschen ist Torheit, weil sie das Licht der Weisheit Gottes ablehnt. Ohne das Fundament des Wortes Gottes, auf dem wir unser Gedankengebäude aufbauen können, bleibt uns nichts anderes übrig, als in einem Ozean irrationaler Sinnlosigkeit zu treiben. Sofort nachdem Paulus deutlich gemacht hatte, dass die beste menschliche Weisheit aus Gottes Sicht reine Torheit ist, zitierte er Psalm 94:

> *Der Herr kennt die Gedanken der Menschen, er weiß, dass sie nichts wert sind!* (Ps 94,11 NLB).

Weil der gefallene Mensch so hartnäckig unwillig ist, sich mit dem Ausmaß seiner Sündhaftigkeit auseinanderzusetzen, muss er eine andere Erklärung für seine oft bizarren Verhaltensweisen finden. Doch weil er so auf seine Unabhängigkeit und den Mythos der Selbstgenügsamkeit pocht, ist er dazu verdammt, in einem Zustand ständiger Lüge zu leben.

> *Jeder Weg eines Menschen ist recht in seinen Augen, aber der Herr prüft die Herzen* (Spr 21,2 SLT).

Tendieren Menschen nicht allgemein dazu, ihr eigenes Handeln mit einem positiven Touch zu versehen, egal wie falsch sie damit liegen mögen? Wie bösartig unsere Taten auch sein mögen, wir alle sind extrem anfällig dafür, andere und uns selbst überzeugen zu wollen, dass unser Handeln gerechtfertigt war! Stolz ist die Grundursache der Selbsttäuschung und die einzige angemessene Erklärung für die fehlgeleiteten Denkstrukturen des Menschen. David brachte diese Lebenslüge ausdrücklich mit Stolz in Verbindung:

> *Glücklich zu preisen ist, wer sein Vertrauen auf den Herrn setzt und nicht hört auf die Stolzen, die vom richtigen Weg abweichen und nur allzu leicht zum Lügen bereit sind* (Ps 40,5 NGÜ).

So verhält es sich mit der Natur des Fleisches. Wenn wir die Wurzeln religiösen Leistungsdenkens zurückverfolgen, landen wir wieder beim Stolz der alten Natur. Zwar ist dies nicht länger die Kernidentität des neutestamentlichen Volkes Gottes, doch ist es die generelle

Natur des Fleisches, und ein neuer Christ hat absolut kein Bewusstsein für das Ausmaß seiner eigenen Fleischlichkeit. Paulus rechnete mit der Fleischlichkeit neuer Gläubiger, arbeitete aber schwer daran, sie aus den Denkgebäuden der Fleischlichkeit und der Religion herauszuholen, um ihnen zum wahren Leben des Geistes zu verhelfen. Er sagte:

> *Und ich, meine Brüder, konnte nicht zu euch reden als zu geistlichen, sondern als zu fleischlichen [Menschen], als zu Unmündigen in Christus. [...] denn ihr seid noch fleischlich* (1 Kor 3,1.3 SLT).

Paulus verwendete hier den griechischen Ausdruck *sarkikos*, also „fleischlich". Die neuen korinthischen Gläubigen lebten noch immer unter dem Einfluss der alten, fleischlichen Natur, während Paulus daran arbeitete, sie freizusetzen, damit sie Menschen des Geistes würden.

Wenn ein Neubekehrter in das Reich Gottes kommt, ist seine alte Natur noch intakt. In seinem Geist bekommt er eine neue Natur – sein Geist ist nun für Gott lebendig und für die Sünde tot. Aber er ist es so gewohnt, aus der alten, stolzen und selbstsüchtigen Natur heraus zu leben, dass der Feind gleich einen Schwachpunkt im „alten Menschen" findet, um ihn in die tote Religion zu entführen. Die bittere Realität ist, dass viele Gläubige es nicht schaffen, dem zu entkommen! Es gibt leider viele religiöse Gemeinden, die voller wiedergeborener aber extrem religiöser Leute sind, die zum größten Teil noch immer der Macht von Sünde und Selbstgerechtigkeit unterworfen sind.

Religion schafft es irgendwie, Neubekehrte im Fleisch gefangen zu halten, und dem entkommen viele einfach nicht. Wir müssen der Realität ins Auge sehen, dass Christen allgemein dazu tendieren, der Gefahr zum Opfer zu fallen, eine Festung der Religion aufzubauen, die über die Jahre hinweg immer stärker wird, anstatt sich aufzulösen. Der Teufel ist ganz wild darauf, jeden Neubekehrten in ein erfolgreiches Leben der Religion zu entführen, um ihn zu lähmen und davon abzuhalten, aus seinem erneuerten Geist heraus zu leben. Das Endziel des Bösen besteht darin, Christen lahmzulegen, um sie für den Rest ihres Lebens unwirksam dafür zu machen, das Reich Gottes zu bauen.

Aufrichtigkeit des Herzens

Religion, Scheinheiligkeit und Lüge sind allesamt wichtige biblische Themen. Bei Religion geht es nicht nur um den äußeren Anschein, sondern sie ist ein Herzenszustand, der als ein Puffer oder ein Schutzwall gegen die Wahrheit der Schrift fungiert. Tragischerweise steht man, selbst wenn man sich zu Christus bekehrt hat, in der Gefahr, in die Fußstapfen religiöser Heuchler zu treten, wenn man noch nicht die Wahrheit erkannt hat, dass es Christus vor allem um das geht, was sich im Herzen abspielt. Dem Stolzen widersteht Gott, aber dem Demütigen gibt er Gnade. Alles, wonach er Ausschau hält, ist ein demütiges und aufrichtiges Herz, das vor seinem Wort erzittert und dem Schwert des Geistes erlaubt, diesen religiösen Anstrich zu durchbrechen. Im Neuen Testament gibt es ein Wort, welches das genaue Gegenteil von scheinheilig (*hypokritos*) beschreibt. Dieses Wort ist *anypokritos* und wird mit „aufrichtig, echt oder ungeheuchelt" übersetzt. Das Wort bedeutet letztlich „ohne Heuchelei" und wird sowohl im Zusammenhang mit Glauben als auch mit Liebe verwendet. Es ist eine Eigenschaft des Herzens Christi und unserer neuen Natur in Christus und kann zu einer Eigenschaft unseres persönlichen Lebens werden, wenn wir gewillt sind, uns von jeder Form hochmütiger Scheinheiligkeit abzuwenden.

Paulus schrieb: *„Die Liebe soll echt sein, nicht geheuchelt* (anypokritos)*"* (Röm 12,9). Die NeÜ übersetzt mit *„Liebe muss echt sein, ohne Heuchelei!"*, während es in der NLB heißt: *„Täuscht nicht nur vor, andere zu lieben, sondern liebt sie wirklich."* Paulus musste dies schreiben, weil wir im Kern unseres religiösen Fleisches die Neigung haben, unsere Liebe für andere vorzutäuschen. Erinnern Sie sich daran, was der Herr zu Hesekiel sagte:

> *Mit dem Mund tun sie dir schön, doch ihr Herz ist nur mit ihrem eigenen Gewinn beschäftigt* (Hes 33,31 NLB).

Auch Petrus verwendete das Wort *anypokritos* in Bezug auf Liebe:

> *Jetzt könnt ihr einander* ***aufrichtig*** *lieben, denn ihr wurdet von eurer Schuld befreit, als ihr die Wahrheit Gottes angenommen habt. Deshalb sollt ihr euch wirklich von Herzen lieben* (1 Petr 1,22 NLB).

Der Punkt ist, dass wir einander erst aufrichtig lieben können, wenn der Heilige Geist unser Herz von unserem alten religiösen Fleisch gereinigt hat!

Paulus verwendete *anypokritos* im Zusammenhang mit Glauben.

> *Das Ziel meiner Unterweisung ist, dass alle Christen von der Liebe erfüllt sind, die aus einem reinen Herzen kommt,* ***aus*** *einem guten Gewissen und* ***aufrichtigem Glauben****. Einige haben dieses Ziel jedoch völlig verfehlt und vertun ihre Zeit mit leerem Geschwätz* (1 Tim 1,5 NLB).

U.a. die Schlachter-Übersetzung verwendet den Ausdruck „ungeheuchelten Glauben" und impliziert damit, dass der „Glaube" mancher Menschen reiner Schein ist, der aus leerem Geschwätz besteht, anstatt aus einem Herzen, das unbeirrt auf Gott vertraut. Es ist ein Leben, das nur aus Worten besteht, anstatt dass auf Worte Taten folgen. Josua sagte zu den Israeliten:

> *So fürchtet nun den Herrn und dient* ***ihm aufrichtig und in Wahrheit****, und tut die Götter von euch hinweg, denen eure Väter jenseits des Stromes und in Ägypten gedient haben* (Jos 24,14 SLT).

Gott durchschaute die fehlende Aufrichtigkeit in den Herzen seines Volkes, obwohl sein Name ständig über ihre Lippen kam.

> *Und sie rufen nicht von Herzen zu mir, sondern jammern auf ihren Lagern. Wegen Korn und Most laufen sie zusammen; von mir aber weichen sie ab* (Hos 7,14 SLT).

Die Schrift stellt uns vor die Wahl zwischen einem Leben der Scheinheiligkeit und einem Leben der Aufrichtigkeit. Alles, was wir als Christen tun, muss mit einem „aufrichtigen Herzen" geschehen.

> *Ihr Sklaven, gehorcht in allem euren irdischen Herren. Tut es nicht nur, wenn sie euch beobachten – als ginge es darum, Menschen zu gefallen. Gehorcht ihnen vielmehr* ***mit aufrichtigem Herzen*** *und aus Ehrfurcht vor dem Herrn* (Kol 3,22).

> *Da wir also einen großen Hohen Priester haben, der über das Volk Gottes eingesetzt ist, wollen wir* ***mit aufrichtigem Herzen*** *in die Gegenwart Gottes treten und ihm ganz und gar vertrauen. Denn*

unsere Herzen wurden mit dem Blut Christi besprengt, um unser Gewissen von Schuld zu reinigen (Heb 10,21-22 NLB).

Echte Aufrichtigkeit vor Gott schenkt den Meinungen der Menschen und der Wertschätzung ihrerseits keine Beachtung. Johannes sprach von denen, denen es wichtiger war, *„ihr Ansehen bei den Menschen nicht zu verlieren, als bei Gott Anerkennung zu finden"* (Joh 12,43). Ein aufrichtiges Herz will allein Gott gefallen. Paulus sprach von denen, *„die sich mehr um Äußerlichkeiten bemühen als um* ***ein ehrliches Herz*** *vor Gott"* (2 Kor 5,12 NLB). Solange Gläubige auf ihren „spektakulären Dienst" fokussiert sind, geht es ihnen noch um die Meinung der Menschen. Jesus sagte, sie haben ihren Lohn bereits erhalten: das Lob der Menschen!

Wer vor Gott ein aufrichtiges Herz hat, fragt nicht nach seinem Ruf. Ansehen und die Anerkennung menschlicherseits sollte das Letzte sein, worum es uns geht. Paulus lehrte: Jesus *„machte sich selbst zu nichts"* (Phil 2,7 ELB).

Sein Äußeres war weder schön noch majestätisch, er hatte nichts Gewinnendes, das uns gefallen hätte (Jes 53,2 NLB).

Jesus konzentrierte sich so sehr auf das Herz, dass er es nicht nötig hatte, ein geistliches Image zu pflegen. Wenn wir ihm nachfolgen wollen, sollten wir uns nicht darum kümmern, wie wir nach außen hin rüberkommen.

[Eure Schönheit] soll vielmehr von innen kommen und ein Ausdruck eures Lebens mit Christus sein, das den Blicken der Menschen verborgen ist. Ein freundliches und ausgeglichenes Wesen ist etwas Unvergängliches und ist die Art von Schmuck, die in Gottes Augen einen unvergleichlichen Wert hat (1 Petr 3,4).

Jesus war absolut aufrichtig und ohne jede Spur von Heuchelei oder Scheinheiligkeit. Petrus zitiert aus Jesaja 53,9, als er uns berichtet:

Er hat keine Sünde getan, es ist auch kein Betrug in seinem Mund gefunden worden (1 Petr 2,22 SLT).

Das griechische Wort für Betrug war *dolos*, was „einen Köder, eine Schlinge, eine Täuschung oder einen Lockvogel" bezeichnet. *Dolos* beschreibt die Verwendung von Worten, um etwas zu vernebeln und damit zu vertuschen. Petrus wollte damit also sagen, dass Jesus frei von jeglicher List war. Er hatte nichts zu verbergen, weil er keine Sünde hatte. Petrus rät uns, *„allen **Betrug** und Heuchelei"* abzulegen (1 Petr 2,1 SLT). Diese beiden Dinge gehen Hand in Hand, weil die Schauspielerei auf die Verwendung von Attrappen und Tricks angewiesen ist, um die Zuschauer davon zu überzeugen, dass wir wirklich die Person sind, die wir zu sein vorgeben.

Mit seinem Zitat aus Jesaja 53,9 beabsichtigte Petrus, Christus als ein Vorbild hinzustellen *„damit ihr seinen Fußstapfen nachfolgt"* (1 Petr 2,21 SLT). *Dolos* beschreibt eine bestimmte Fertigkeit und Geschicklichkeit darin, Menschen hinters Licht zu führen. Es steht für eine durchtriebene, hinterlistige Verhaltensweise. Von dieser Falschheit frei zu sein, ist kein unerreichbares Ziel. Jesus pries Nathanael mit den Worten: *„Siehe, wahrhaftig ein Israelit, in dem keine Falschheit* (dolos) *ist!"* (Joh 1,47 SLT). Herzensaufrichtigkeit steht einfach für die Abwesenheit von Falschheit, Täuschung und Scheinheiligkeit. Sie ist eine Herzenseigenschaft, die demütig die Wahrheit über uns selbst annimmt und nicht versucht, unsere Gebrochenheit und Sünde zu verbergen.

Paulus ermahnte die Gläubigen, Christus, unser Passalamm, *„mit den ungesäuerten Broten der **Aufrichtigkeit** und Wahrheit"* zu feiern (1 Kor 5,8 REÜ). Wenn wir den Sauerteig des Betrugs und der Heuchelei aufgeben und uns mit einem aufrichtigen Herzen auf die Wahrheit einlassen, wird Gott anfangen, unsere Herzen wirklich zu verwandeln. Paulus schloss seinen Brief an die Epheser mit den folgenden Worten:

> *Die Gnade sei mit allen, die unseren Herrn Jesus Christus in unvergänglicher Treue [/**Aufrichtigkeit**][7] lieben* (Eph 6,24 NeÜ).

Aufrichtigkeit des Herzens ist die Tür zur Ausgießung der Gnade Gottes in unserem Leben.

> *Gott stellt sich den Stolzen entgegen, den Demütigen aber schenkt er Gnade* (Jak 4,6 NLB).

---

[7] Anm. d. Übers.: Der griechische Begriff, der in den meisten deutschen Übersetzungen mit „Unvergänglichkeit" übersetzt wird, kann auch „Aufrichtigkeit" bedeuten.

Im Wort Gottes ist Stolz die Wurzel aller Heuchelei, während Demut die Wurzel der Aufrichtigkeit ist. Es war im Kontext seiner achtfachen Verurteilung der Schriftgelehrten und Pharisäer in Matthäus 23, dass Jesus sagte:

> *Denn wer sich selbst erhöht, wird erniedrigt werden, und wer sich selbst erniedrigt, wird erhöht werden. Wehe euch, ihr Schriftgelehrten und Pharisäer, ihr Heuchler! Ihr verschließt den Menschen das Himmelreich. Selbst geht ihr nicht hinein, und die, die hineingehen wollen, lasst ihr nicht hinein* (Mt 23,12-13).

Es ist allein der Stolz unserer alten Natur und seine Versessenheit auf das äußere Erscheinungsbild, was uns davon abhält, in das wahre Leben im Reich Gottes einzutreten. Die Schrift macht deutlich, dass Gott sich denen aktiv entgegenstellt, die ein stolzes Herz haben. Im Gegensatz dazu, verspricht Gott überall in seinem Wort, die Herzen der Demütigen zu segnen und zu erweitern.

> *Denn der HERR hat Wohlgefallen an seinem Volk. Er schmückt die Demütigen mit Heil!* (Ps 149,4 ELB).

> *Ich will aber den ansehen, der demütig und zerbrochenen Geistes ist und der zittert vor meinem Wort* (Jes 66,2 SLT).

Jesus wird den Demütigen zum Freund, von den Stolzen dagegen hält er Abstand.

> *Der Herr ist groß, und doch sorgt er für die Demütigen, von den Stolzen aber hält er sich fern* (Ps 138,6 NLB).

Wer ein stolzes Herz hat, wird wahre geistliche Intimität mit Christus nie zu schmecken bekommen!

> *Denn so spricht der Hohe und Erhabene, der in der Ewigkeit wohnt, der, dessen Name der Heilige ist: „Ich wohne an der hohen, heiligen Stätte und bei denen, die einen zerschlagenen und gedemütigten Sinn haben, um die Gedemütigten neu zu beleben, und die zerschlagenen Herzen wieder aufleben zu lassen."* (Jes 57,15 NLB).

Jeder Versuch, stolz unsere eigene Gerechtigkeit aufzurichten, bringt uns am Ende unter ein schweres Joch der Gebundenheit. Graham Cooke traf den Nagel auf den Kopf, als er sagte: „Wir alle sind in

Heilung begriffene Pharisäer." Das Streben nach wahrer Demut und Aufrichtigkeit im Herzen ist der einzige Weg, uns aus der Verstrickung der Religion und des Baumes der Erkenntnis von Gut und Böse zu befreien. Das ist eine der größten Festungen, die die Gemeinde im Fleisch gefangen hält. Gott muss den Schleier der Religion durchdringen, um uns in ein Leben der Wahrhaftigkeit und Herzensdemut zu führen. Es ist eine Reise, die jeder Christusgläubige unternehmen muss, wenn er wirklich frei sein will. Die Festung der Religion ist in einigen Christen stärker als in anderen, aber sie ist eine Festung, die im Leben eines jeden echten Nachfolgers Christi eingerissen werden muss, unabhängig vom Grad ihres Einflusses in unserem Leben.

Ich möchte den Inhalt dieses Kapitels jedem Leser anempfehlen und bete, dass er dieses Wort im Herzen bewegt und aktiv den Abriss dieser unheilvollen Festung in Angriff nimmt, die so viele Gläubige von einem wahren Leben radikaler Freiheit und Freude abhalten. Das ist für die Herzensreise, auf die Jesus uns ruft, fundamental.

Waisenkinder leben aus der Religion heraus, Söhne dagegen leben ein Leben der Aufrichtigkeit und Wahrhaftigkeit vor dem Vater. Ich habe eine lange Reise aus der Gefangenschaft der Religion heraus hinter mir, und selbst nach all diesen Jahren spüre ich in mir immer wieder eine Neigung dazu, in Lüge und Scheinheiligkeit zurückzufallen. Das ist ein riesiges Bollwerk für viele Christen, aber Gott ist in der Lage, uns vollkommen freizumachen von der Religion und jedem Versuch des Fleisches, gut zu sein, um das Böse überwinden zu können. Wer die Verstrickung in den Baum der Erkenntnis von Gut und Böse überwindet, wird das hohe Privileg genießen dürfen, sich am Baum des Lebens mitten im Paradies zu ergötzen.

Es gibt Hoffnung für jeden Gläubigen, ganz egal, wie sehr er sich in der Religion verstrickt hat. Gott wird uns den Weg in die Freiheit weisen, wenn wir uns demütigen und die Festung der Religion gnadenlos in Angriff nehmen. Jesus kam, um die Gefangenen freizusetzen und uns von allem zu befreien, was uns von dem Leben abhalten könnte, das er in unseren erneuerten Geist gepflanzt hat. Gott setzt absolut alles daran, unser Leben ungeheuer fruchtbar zu machen, wenn wir lernen, wie wir in seinem vollendeten Werk bleiben können.

Kapitel 11

In emotionale Gebrochenheit verstrickt

Mich umfingen die Fesseln des Todes, mich befielen die Ängste der Unterwelt, mich trafen Bedrängnis und Kummer.

Psalm 116,3 REÜ

Könnte man den ganzen, aus menschlicher Gebrochenheit resultierende Schmerz der gesamten Welt in irgendeiner Weise messen, wären wir wohl allesamt vollkommen baff. Ganze Ozeane von Tränen wurden vergossen wegen des Schmerzes und des Leids von Milliarden, die aufgrund des tiefen Falls der Menschheit in die Sünde schrecklich gelitten haben. Wir leben in einer Welt des Kummers und des tiefen emotionalen Schmerzes und Gott ist Zeuge all dieses Leidens, das die Menschheit als Folge unserer gegenseitig zugefügten Unmenschlichkeit kollektiv durchgemacht hat.

Jahrzehntelang verfolgte der Herr das Leiden Israels unter der brutalen Unterdrückung durch den Pharao:

> *Ich habe das Elend meines Volkes in Ägypten gesehen und ihre laute Klage über ihre Antreiber habe ich gehört. Ich kenne ihr Leid* (2 Mose 3,7 REÜ).

Israel als Ganzes war Gottes Adoptivsohn und Gott sah nicht nur ihr Leid, sondern empfand den Schmerz seines Volkes selbst. Er sagte über sein erwähltes Volk:

Wer euch antastet, der tastet seinen Augapfel an! (Sach 2,12 SLT).

Doch Israel gehört dem Herrn, Jakob ist sein besonderes Eigentum. Er fand sie in einem öden Land, in der weiten, einsamen Wüste. Er umgab sie und wachte über sie, er behütete sie wie seinen Augapfel (5 Mose 32,9-10 NLB).

Genauso wie der Herr die Grausamkeiten der schweren Unterdrückung Israels mit ansah und mit ihnen litt, blickt er auch heute im 21. Jahrhunderts auf eine Welt herab, die von denselben Formen des Leids und der Unterdrückung voll ist.

Er schaut herab aus seinem Heiligtum in der Höhe; ja, der Herr blickt vom Himmel auf die Erde, um das Seufzen der Gefangenen zu hören (Ps 102,20-21 NGÜ).

Keine Träne kullert herab, ohne dass Gott sie sieht und spürt. Unser Vater im Himmel ist tief vertraut mit all unserem Kummer und Leid. Er weint mit den Weinenden. David betete.

Du zählst alle meine Klagen und sammelst alle meine Tränen in einem Gefäß, ja, du hast jede einzelne in deinem Buch festgehalten (Ps 56,9 NLB).

Eines Tages wird Gott schließlich *„alle ihre Tränen abwischen. Es wird keinen Tod mehr geben, kein Leid und* ***keine Schmerzen****, und es werden keine Angstschreie mehr zu hören sein. Denn was früher war, ist vergangen“* (Offb 21,4). Aber bis dahin wird es Schmerz geben, und tatsächlich ist dieser Schmerz einer der wesentlichen Merkmale der Menschheit, die in Sünde gefallen ist und nun die daraus resultierende tiefe emotionale Gebrochenheit erlebt, die das Vorhandensein von Sünde immer begleitet. Der Schrei der Zerbrochenen und Unterdrückten steigt von den vier Enden der Erde zu unserem liebenden Vater hinauf, und er ist voller Mitgefühl für die, die unter der Tyrannei der Sünde leiden.

Genau aus diesem Grund kam Jesus mit einem spezifischen Auftrag vom Vater in die Welt, nämlich zerbrochene Herzen zu heilen. Vom Himmel aus betrachtet, ist der Zustand des gebrochenen Herzens eine Form geistlicher Gefangenschaft, weil er Menschen in ein Gefängnis negativer und zerstörerischer Emotionen sperrt. Dieser geistliche Zustand kann eine große Macht über die Seele ausüben, der viele nicht entkommen oder sich davon befreien können. Unsere fortdauernde Verstrickung in diese negativen und zerstörerischen Emotionen zermürbt unser geistliches Wohlbefinden systematisch und bringt in der Seele eine Ernte geistlichen Todes hervor. Starke Gefühle von hohem emotionalem Schmerz und Leid ziehen Menschen nach unten und halten sie an einem finsteren Ort gefangen, wo sie sich völlig ohnmächtig fühlen.

Jesus kam, um jeden Bereich unseres Seins mit der Fülle seines Lebens auszustatten, besonders unser Gefühlsleben. Aber in dem Maß, wie wir von negativen und zerstörerischen Gefühlen wie Angst, Scham, Ablehnung, Depression und Bitterkeit überwältigt werden, werden wir von den „Fesseln des Todes", wie David sie nannte, festgehalten. Nur die Kraft der heilenden Liebe des Vaters kann uns von der Macht und dem Einfluss all dessen befreien, was uns in unserer Seele in einen Zustand geistlichen Todes sperrt. Zerbrochene Emotionen können niemals Leben spenden.

Tiefe emotionale Not und Herzschmerz waren David nicht fremd. In seinem Gebetstagebuch schrieb er:

> *Ich aber bin vom Leid gebeugt und voller Schmerzen* (Ps 69,30).
>
> *Ich bin erschöpft vom Klagen. Die ganze Nacht tränke ich mein Bett mit Tränen, mein Kissen ist nass vom Weinen* (Ps 6,6 NLB).

Bevor er König wurde, war David unablässig von König Saul verfolgt worden, der ihn unbedingt ermorden wollte. Todesangst ergriff Davids Seele und er war von der Furcht vor dem herannahenden Unglück vollkommen gelähmt. Jeden Morgen, an dem er erwachte, fragte er sich, ob es wohl sein letzter sein würde. In seiner Todesangst sagte er:

> ***Mich umfingen*** *die Fesseln des Todes, mich erschreckten die Fluten des Verderbens* (Ps 18,4 REÜ).

An einer anderen Stelle sagte David:

> ***Mich umfingen*** *die Fesseln des Todes, mich befielen die Ängste der Unterwelt,* ***mich trafen Bedrängnis und Kummer*** (Ps 116,3 REÜ).

Verständlicherweise fand sich David tief in Gefühlen verstrickt, auf die er meinte, keinen Einfluss zu haben. Er erkannte, dass er in Furcht und tiefer Seelenangst gefangen war und dass der Herr seine einzige Hoffnung war. Seine Lösung bestand darin, den Herrn anzurufen:

In meiner tiefen Not rief ich zum Herrn, laut schrie ich um Hilfe zu meinem Gott. [...] Er streckte aus der Höhe seine Hand aus, ergriff mich und zog mich heraus aus den Wasserfluten (Ps 18,7.17 NGÜ).

Wann immer negative Gefühle unsere Seele beherrschen, sind wir in den Stricken des Todes gefangen. Gottes Erlösungsplan sieht vor, dass das Leben Jesu unsere Gefühle durchdringt und bestimmt, aber wenn in unserem Herzen negative und zerstörerische Emotionen regieren, erwächst daraus eine Ernte des Todes. Unsere Verstrickung in emotionaler Gebrochenheit ist genauso sehr eine Verstrickung wie unsere Verstrickung in Sünde, Selbstsucht, Weltlichkeit oder Religion. Wenn emotionaler Schmerz in diesem Leben irgendeinem förderlichen Zweck dient, ist es, uns in die Arme unseres liebenden himmlischen Vaters zu treiben. Paulus führte uns vor Augen, dass es zwei Möglichkeiten gibt, auf diesem Planeten mit Schmerz umzugehen: Entweder verarbeiten wir unseren Schmerz im Rahmen einer innigen Beziehung zu unserem liebenden Vater oder wir versuchen, ihn aus eigener Kraft und unabhängig von Gott zu überwinden.

*Die **gottgewollte Traurigkeit** verursacht nämlich Sinnesänderung zum Heil, die nicht bereut zu werden braucht; die **weltliche Traurigkeit** aber führt zum Tod* (2 Kor 7,10 REÜ).

Paulus identifizierte zwei Arten von Traurigkeit: eine gottgewollte und eine weltliche. Sie stehen für zwei grundlegend unterschiedliche Ansätze im Umgang mit emotionalem Schmerz. Die *Amplified Bible* erklärt regelrecht die Mechanismen von göttlicher und weltlicher Traurigkeit.

*Denn **göttlicher Kummer** und **der Schmerz, den Gott lenken darf,** erzeugt eine Umkehr, die zur Errettung und Befreiung vom Bösen führt und beiträgt, und man bedauert ihn nicht; aber **weltlicher Kummer*** (das hoffnungslose Leid, das für die heidnische Welt charakteristisch ist) *ist tödlich* (vom Tod verursacht und im Tod endend) (2 Kor 7,6-10 AMP).

Weltlicher Kummer lässt uns in Selbstmitleid versinken, was zu einer Verstrickung in die Fesseln des Todes führt. Wenn wir in negative und zerstörerische Gefühle verstrickt sind, liegt darin kein Leben. Aber führen Sie sich diese gewichtige Aussage vor Augen: „Der Schmerz, den

Gott lenken darf!" In welche Richtung wird Gott unseren Schmerz lenken, wenn wir uns ihm mitten in unserem Schmerz unterordnen? Als geliebte Söhne und Töchter sollten wir uns dem Heiligen Geist hingeben und ihm erlauben, uns mit unserem Schmerz zum Vater zu führen. Wenn wir mit unserem Schmerz zum Vater kommen, und ihn gemeinsam mit ihm verarbeiten, üben wir uns in der Kunst, all unsere Sorgen und Lasten auf ihn zu werfen. Widerstehen wir jedoch der Führung des Geistes, laufen wir Gefahr, der Versuchung zu verfallen, unseren inneren Schmerz mithilfe unserer eigenen fehlgeleiteten Weisheit lindern zu wollen. Wer es versäumt, mit seinem Schmerz zum Vater zu gehen, wird immer versuchen, seinen Schmerz zu stillen, indem er Trost in der Welt sucht. Wenn wir uns von den fesselnden Stricken des Todes überwältigt fühlen, sollten wir Davids Vorbild in den Psalmen folgen.

> *In meiner tiefen Not rief ich zum Herrn, laut schrie ich um Hilfe zu meinem Gott* (Ps 18,7).
>
> *Da mein Herz verschmachtet: Führe du mich auf den Felsen, der mir zu hoch ist!* (Ps 61,3 SLT).

Die *Message* ist in ihrer Erklärung dieser beiden grundverschiedenen Ansätze zur Bewältigung der Not tiefen emotionalen Schmerzes sogar noch deutlicher:

> *Lass die Not* ***dich zu Gott führen, nicht dich von ihm wegtreiben****. Das tut die Not, die uns zu Gott treibt: sie führt uns zur Umkehr. Sie bringt uns zurück auf den Weg des Heils.* ***Diese Art von Schmerz bereuen wir niemals****. Wer aber zulässt, dass die Not ihn* ***von Gott wegtreibt,*** *wird voller Reue sein und auf einem Sterbebett des Bedauerns (Selbstmitleids) landen* (2 Kor 7,9-10 MSG).

Gott möchte die Herzen seiner geliebten Söhne und Töchter mit Trost überschütten, wann immer sie Schmerz empfinden.

> *Er selbst aber, unser Herr Jesus Christus, und unser Gott und Vater, der uns geliebt hat und uns einen ewigen* ***Trost*** *und eine gute Hoffnung gegeben hat durch Gnade, er* ***tröste*** *eure Herzen und stärke euch in jedem guten Wort und Werk!* (2 Thess 2,16-17 SLT).

Die Antwort des Vaters auf den Schmerz und das Leid dieser Welt ist sein tiefer Trost. Der Vater, der Sohn und der Heilige Geist haben sich in einer göttlichen Konspiration zusammengetan, um jedes leidende Herz zu trösten. Der Vater sandte Jesus mit dem ausdrücklichen Auftrag in die Welt, alle Trauernden zu trösten.

> *Der Geist Gottes, des Herrn, ruht auf mir; denn der Herr hat mich gesalbt. Er hat mich gesandt, damit ich den Armen eine frohe Botschaft bringe und alle heile, deren Herz zerbrochen ist, damit ich den Gefangenen die Entlassung verkünde und den Gefesselten die Befreiung, damit ich ein Gnadenjahr des Herrn ausrufe, einen Tag der Vergeltung unseres Gottes, damit ich alle Trauernden tröste, die Trauernden Zions erfreue, ihnen Schmuck bringe anstelle von Schmutz, Freudenöl statt Trauergewand, Jubel statt der Verzweiflung. Man wird sie „Die Eichen der Gerechtigkeit" nennen, „Die Pflanzung, durch die der Herr seine Herrlichkeit zeigt"* (Jes 61,1-3 REÜ).

Eine der größten Zeichen für das Kommen des Reiches war das Erscheinen des Messias, der kam, um die Verstoßenen zu lieben und alle ihre Wunden zu heilen.

> *Der Herr baut Jerusalem wieder auf, er sammelt die **Versprengten** Israels. Er heilt die gebrochenen Herzen und verbindet ihre schmerzenden Wunden* (Ps 147,2-3 REÜ).

Die Seligpreisungen sind eine Ankündigung großen Segens für all die, die das Himmelreich annehmen.

> *Glücklich zu preisen sind die, die arm sind vor Gott; denn ihnen gehört das Himmelreich. **Glücklich zu preisen sind die, die trauern; denn sie werden getröstet werden**. Glücklich zu preisen sind die Sanftmütigen; denn sie werden die Erde als Besitz erhalten. Glücklich zu preisen sind die, die nach der Gerechtigkeit hungern und dürsten; denn sie werden satt werden. Glücklich zu preisen sind die Barmherzigen; denn sie werden Erbarmen finden. Glücklich zu preisen sind die, die ein reines Herz haben; denn sie werden Gott sehen* (Mt 5,3-8).

Jesus versprach insbesondere denen, die von tiefem emotionalem Schmerz ergriffen waren, sie würden den Trost des Vaters erleben, wenn sie bereit wären, mit ihrem Schmerz zu ihm zu kommen. Der Vater, der das schwere Leiden der Menschheit ununterbrochen beobachtet, sandte seinen Sohn mit dem Auftrag, jede einzelne Person zu trösten, die unter großem Schmerz und Seelenqualen litt. Wussten Sie, dass einer der göttlichen Titel Jesu der „Tröster" ist? Lukas schrieb:

> *Und siehe, es war ein Mensch namens Simeon in Jerusalem; und dieser Mensch war gerecht und gottesfürchtig und wartete auf den* ***Trost Israels*** (Lk 2,25 SLT).

Das griechische Wort für „Trost" ist paraklesis und ist verwandt mit *parakletos,* dem griechischen Begriff für „Tröster". Das würde erklären, warum der Heilige Geist als ein „anderer" Tröster bezeichnet wird.

> *Und ich will den Vater bitten und er wird euch einen* ***anderen*** *Tröster geben, dass er bei euch sei in Ewigkeit: den Geist der Wahrheit* (Joh 14,16 LUT).

Der Vater gab seinem Sohn einen herrlichen Auftrag: *„Tröste, ja, tröste mein Volk!"* (Jes 40,1). Zehn Verse später lesen wir:

> *Er wird seine Herde weiden wie ein Hirte; die Lämmer wird er in seinen Arm nehmen und im Bausch seines Gewandes tragen* (Jes 40,11 SLT).
>
> *Als er die Scharen von Menschen sah, ergriff ihn tiefes Mitgefühl; denn sie waren erschöpft [****verzweifelt und schwach****] und hilflos [****verstoßen****] wie Schafe, die keinen Hirten haben* (Mt 9,36).

Gottes Liebe zeigt sich wirkungsvoll im Herzen des Guten Hirten, der gesandt wurde, um die verlorenen Schafe des Hauses Israel sanft zu versorgen und zu heilen. Eines der großen Zeichen für das Kommen des Reiches Gottes war, dass Gott Jesus sandte, um alle Trauernden zu trösten. Aber er kann nur die trösten, die sich an ihn wenden, um in all ihrem Schmerz seinen Trost zu empfangen. Nachdem Jesus die Seligpreisungen verkündet hatte, folgten eine Reihe von „Wehe"-Rufen gegen die, die das kommende Reich ablehnen würden.

> *Doch weh euch, die ihr reich seid; denn ihr habt euren* ***Trost*** *(paraklesis) [damit schon] erhalten. Weh euch, die ihr jetzt satt seid; denn ihr werdet hungern. Weh euch, die ihr jetzt lacht; denn ihr werdet* ***trauern*** *und weinen* (Lk 6,24-25).

Diese „Wehe"-Rufe werden den Seligpreisungen gegenübergestellt. Wer das Reich Gottes ablehnt, sucht seinen Trost in der Welt, aber seine Vergötzung des Wohlstands, mit dem er sich vom Leid der Welt abschottet, wird letztlich im Wehklagen enden, weil er sich dem Trost des Vaters verweigert hat.

Der leidende Messias

Eines der größten Geheimnisse der Inkarnation Christi war dessen Bereitschaft, sich in das volle Leid der Menschheit hineinzubegeben. Ganz Mensch zu werden, bedeutete, dass er sich ganz dem Schmerz aussetzte, den die Menschheit als Folge des Sündenfalls zu tragen hat. Der Verfasser des Hebräerbriefes bemerkte Folgendes:

> *Ihnen, seinen Brüdern und Schwestern, musste er in jeder Hinsicht gleich werden. Deshalb kann er jetzt als ein barmherziger und treuer Hohepriester vor Gott für sie eintreten – ein Hohepriester, durch den die Sünden des Volkes gesühnt werden. Und weil er selbst gelitten hat und Versuchungen ausgesetzt war, kann er denen helfen, die ebenfalls Versuchungen ausgesetzt sind* (Heb 2,17-18).

Jesus war der leidende Messias! In der *Message* heißt es, dass Jesus sich in *„jedes Details menschlichen Lebens"* begab; *„Er hat es alles selbst durchgemacht –* ***all den Schmerz,*** *all die Versuchungen!"* (Heb 2,17-18 MSG). Jesaja prophezeite, dass Jesus ein „Mann der Schmerzen" sein würde, der großen emotionalen Schmerz erleiden würde.

> *Er wurde* ***verachtet****, und alle* ***mieden*** *ihn. Er war* ***voller Schmerzen****, mit* ***Leiden*** *vertraut, wie einer, dessen Anblick man nicht mehr erträgt. Er wurde* ***verabscheut****, und auch wir verachteten ihn* (Jes 53,3 NeÜ).

Die *Message* wiederum sagt: *„Er war ein Mann, der litt,* ***der aus erster Hand mit Schmerz vertraut war****. Bei seinem Anblick wandten die Menschen sich ab"* (Jes 53,3 MSG). Der Vater sandte seinen geliebten Sohn in eine Welt voll starker Schmerzen, wohlwissend, dass er starke emotionale Qualen würde durchleiden müssen.

> *Er kam zu seinem Volk, aber sein Volk wollte nichts von ihm wissen* (Joh 1,11).
>
> *Der Stein, den die Bauleute* ***verworfen*** *haben, ist zum Eckstein geworden* (Ps 118,22 NLB).

Jesus war unheimlich verhasst, wurde brutalst verfolgt und schließlich umgebracht. Er war die Zielscheibe zahlreicher Attentatspläne. Während der gesamten Zeit seines Wirkens wurde Jesus tiefer Hass entgegengebracht von Menschen, die unter dämonischem Einfluss standen.

> *Wer mich hasst, hasst auch meinen Vater. Wenn ich nicht Dinge unter ihnen getan hätte, die kein anderer je getan hat, hätten sie keine Schuld. Nun haben sie diese Dinge aber gesehen, und trotzdem hassen sie sowohl mich als auch meinen Vater. Doch es musste so kommen, weil sich erfüllen sollte, was in ihrem Gesetz steht: Sie haben mich ohne Grund gehasst* (Joh 15,23-25).

Als er schließlich in die Hände seiner Feinde geriet, wurde er brutal geschlagen, ausgepeitscht, gegeißelt, bespuckt, sexuell belästigt, verspottet und brutal ermordet, indem man ihn an ein Kreuz nagelte. Wussten sie, dass Jesus sexuellem Missbrauch ausgesetzt war, indem man ihn als ein öffentliches Spektakel nackt ans Kreuz hängte? Wie konnte Jesus während der drei Jahre seines Dienstes so schweres Leid ertragen? Der einzige Grund, warum er weiterhin den Trost seines Vaters spenden konnte, war, dass er selbst im Trost des Vaters lebte. Jesus lebte in inniger Gemeinschaft mit dem Vater in dieser Welt und teilte seinen Schmerz ununterbrochen mit seinem liebenden Vater. Sein Schmerz wurde zum Schmerz seines Vaters, weil sie *„eins"* waren! Der Vater weint mit den Weinenden. Er trauert mit den Trauernden. Der Vater nahm bereitwillig Anteil an dem Schmerz Jesu, und sie beide nehmen bereitwillig Anteil an unserem Schmerz. Jesus ertrug entsetzliche Qualen und Schmerzen, aber er ertrug sie *im Herzen seines* Vaters, der seinem Herzen ununterbrochen tiefen Trost spendete. Jesus war nie von dem Trost des Vaters abgeschnitten, abgesehen von jener letzten Stunde, in der er am Kreuz starb.

> *Und um die neunte Stunde rief Jesus mit lauter Stimme: Eli, Eli, lama sabachthani, das heißt: „Mein Gott, mein Gott, warum hast du mich verlassen?"* (Mt 27,46 SLT).

Bemerkenswerterweise war Jesus selbst mitten in all dem heftigen Schmerz der Verfolgung, welche die drei Jahre seines Wirkens prägte, eine von tiefer Freude erfüllte Person. Lukas berichtet uns, dass Jesus *„von der Freude des Heiligen Geistes erfüllt"* wurde (Lk 10,21 NLB)! Wie kann es sein, dass der Mann der Schmerzen gleichzeitig mitten in diesem Schmerz von Freude erfüllt war? Weil er die tiefste Quelle des Trostes und der Liebe im Universum kannte! Es ist, als hätte er gesagt: „Mein Vater liebt mich, und er ist immer da, um die Trauernden zu trösten. Er gießt über mir das Öl der Freude anstatt der Trauer aus!“ Der Verfasser des Hebräerbriefes sagte über Jesus:

> *Du liebst das Recht; alles Unrecht ist dir verhasst. Deshalb, o Gott, hat dein Gott das Salböl der Freude in solcher Fülle über dich ausgegossen, wie er es bei keinem deiner Freunde getan hat* (Heb 1,9).

Schmerz gehört in dieser Welt zum Leben dazu. Jesus warnte uns:

> *Hier auf der Erde werdet ihr viel Schweres erleben* (Joh 16,33 NLB).

Schweres oder „Bedrängnis“ ist „Leiden, Schmerz, Schwierigkeiten oder Herzeleid“. Weil wir Menschen sind und in einer tief gefallenen Welt leben, werden wir in diesem Leben immer einem gewissen Grad an Schmerz und Herzeleid ausgesetzt sein. Wir erfahren in dieser Welt Schmerz aus einer Unzahl von Quellen. Es ist, als würde ständig Schmerz von der Außenwelt in unser Leben kommen und in unserer Innenwelt aufsteigen. Wir alle erleben zu unterschiedlichen Zeiten:

- den Schmerz zerbrochener oder schwieriger Beziehungen
- den Schmerz von Verletzungen oder Missbrauch
- den Schmerz, der aus tiefen, ungestillten Bedürfnissen erwächst
- den Schmerz von Verfolgung oder Ablehnung
- den Schmerz unserer eigenen sündigen Entscheidungen und persönlichen Gebrochenheit
- den Schmerz der Einsamkeit
- den Schmerz des Verlustes eines geliebten Menschen
- den Schmerz finanzieller Not

In dieser Welt hat Gott uns dazu berufen, an Christi Stelle zu leben: dort, wo sich die Extreme der Liebe des Vaters und der menschlichen Gebrochenheit kreuzen. Das Kreuz ist das ultimative Bild des Schmerzes, den ein Leben im Schnittpunkt von ultimativer Liebe und ultimativer menschlicher Gebrochenheit mit sich bringt! Am Kreuz prallen ultimativer Schmerz und ultimative Liebe aufeinander! Jeder Gläubige, der das Herz des himmlischen Vaters kennengelernt hat, durchlebt eine einzigartige Schmerzerfahrung; er oder sie hat die Intensität der Liebe Gottes in einer Welt voller Einsamkeit, Herzeleid und Schmerz persönlich erlebt. Ein Lied von Bruce Cockburn fängt diese Schmerzerfahrung derer ein, die den Gott aller Hoffnung kennengelernt haben. „Ich habe die Flamme der Hoffnung unter den Hoffnungslosen gesehen; sie brach mir das Herz mehr als alles andere. Sie war der Strohhalm, der mich endgültig aufbrach!“[1] Wie wir gesehen haben, führen Schmerz und Leid, die außerhalb der Liebe des Vaters durchlebt werden, zu immer tieferer Verzweiflung und letztendlich zum geistlichem Tod; Schmerz aber, der mit unserem Vater geteilt wird, bringt geistliches Leben hervor und lässt uns an der übernatürlichen Freude Jesu teilhaben. *„Ich sage euch das, damit meine Freude euch erfüllt und eure Freude vollkommen ist“* (Joh 15,11).

Als treue Jesusnachfolger werden wir in diesem Leben ganz sicher leiden. Jesus sagte:

> *Wenn sie mich verfolgt haben, werden sie auch euch verfolgen* (Joh 15,20).

Petrus sagte:

> *Aber wenn ihr leiden müsst, obwohl ihr Gutes tut, und dann standhaft bleibt – das findet Gottes Anerkennung, denn dazu hat er euch berufen. Auch Christus hat ja für euch gelitten und hat euch damit ein Beispiel hinterlassen. Tretet in seine Fußstapfen und folgt ihm auf dem Weg, den er euch vorangegangen ist* (1 Petr 2,20-21).

Paulus sagte:

> *Er hat euch die Gnade erwiesen, nicht nur an Christus zu glauben, sondern auch für Christus zu leiden. Ja, ihr habt jetzt denselben Kampf zu bestehen wie ich – den Kampf, den ihr miterlebt habt, als ich bei euch war, und in dem ich – wie ihr gehört habt – immer noch stehe* (Phil 1,29-30).

Das griechische Wort, das Paulus hier für „Kampf“ verwendete, war *agon*, woher wir das Wort „Agonie“ haben. Leben wir am Schnittpunkt

---

[1] Übersetzt von: Bruce Cockburn, *Last Night of the World.*
Original: „I've seen the flame of hope among the hopeless; and that was truly the biggest heartbreak of all. That was the straw that broke me open!“

der Intensität göttlicher Liebe und der Intensität irdischen Leidens und Schmerzes, bringt das einen starken inneren Kampf oder ein Seelenleiden mit sich. Jesus sagte:

> *Wenn die Welt euch hasst, dann denkt daran, dass sie mich schon vor euch gehasst hat. Sie würde euch lieben, wenn ihr zu ihr gehören würdet, denn die Welt liebt ihresgleichen. Doch ihr gehört nicht zur Welt; ich habe euch aus der Welt heraus erwählt. Das ist der Grund, warum sie euch hasst* (Joh 15,18-19).

Christen sind aufgerufen, die Extreme menschlicher Gebrochenheit durch das Objektiv der Liebe des Vaters zu betrachten und die Extreme der Liebe des Vaters durch das Objektiv tiefer menschlicher Gebrochenheit. Das Kreuz bringt diese beiden Realitäten zusammen. Wenn wir Jesus am Kreuz sterben sehen, betrachten wir gleichzeitig das größte Übel und die größte Liebe der Geschichte, wie sie in der ultimativen Kollision der Mächte von Himmel und Hölle Ausdruck finden. Wir sind berufen, am Fuße des Kreuzes zu leben, und das wird zwangsweise dazu führen, dass wir in dem ultimativen Schmerz der Extreme von Liebe und Bösem, von Gutem und menschlicher Gebrochenheit und vom Himmel in direkter Kollision mit der Hölle leben. Genau dort lebt Jesus und erfährt weiterhin die Ablehnung einer gottlosen Welt. Und dort sind auch wir berufen zu leben: Am Kreuzungspunkt von Schmerz und Wonne. Aber Gott ruft uns auch dahin, wo wir durch das Tal der Todesschatten wandern, wie Jesus es tat; wo wir Schmerz und Leid erleben, aber nicht von negativen und zerstörerischen Gefühlen überwältigt werden, die uns in den Stricken des Todes enden lassen würden. Jesus litt, aber er wurde niemals von finsteren und zerstörerischen Gefühlen überwältig. Wir können diesen geistlichen Drahtseilakt nur meistern, wenn unsere Herzen ununterbrochen von der spürbaren Liebe des Vaters geheilt werden.

Negative und zerstörerische Gefühle

Gefühle oder Emotionen zu haben, ist ein wesentlicher Teil der Gottesebenbildlichkeit. Gott hat Gefühle und entsprechend haben auch wir Gefühle, aber unsere Gefühle können tiefen Schaden genommen haben, und wenn das der Fall ist, können sie ein ziemlich zerstörerisches

Potential entwickeln. Larry Crabb spricht über konstruktive und destruktive Gefühle.

> Was genau macht Emotionen konstruktiv oder destruktiv? Konstruktiv oder destruktiv in Bezug auf was? Zunächst müssen wir erkennen, dass manche Emotionen dem im Weg zu stehen scheinen, was der Mensch tun sollte – nämlich Gott und andere zu lieben –, und aufgrund dessen als destruktiv bezeichnet werden könnten. Andere Emotionen ermutigen uns dazu, in Liebe auf Gott und andere zuzugehen und sind insofern konstruktiv. Sie helfen uns, so zu funktionieren, wie der Schöpfer es sich gedacht hat. Gefühle, ob angenehm oder unangenehm, sollten geprüft werden, um festzustellen, ob sie konstruktiv oder destruktiv sind. Ob eine Emotion konstruktiv oder destruktiv ist, hängt nicht von dem ab, was uns widerfährt, sondern davon, wie wir innerlich auf das Geschehen reagieren. Ereignisse bestimmen, ob wir angenehme oder unangenehme Emotionen empfinden, aber wir bestimmen, ob unsere Gefühle konstruktiv oder destruktiv sind. Das Vorhandensein destruktiver Emotionen zeigt an, dass wir innerlich ein Problem haben.[2]

Jesus durchlitt großen emotionalen Schmerz, aber er versank nie in negativen oder destruktiven Gefühlen. Weil wir nun einmal in einer gefallenen Welt leben, verstricken wir uns alle unweigerlich in negative und destruktive Gefühle, die das Potential haben, uns zu überwältigen. Jesus dagegen kam als der Einzige, der unsere Herzen wirklich heilen und von der Macht dieser zerstörerischen Gefühle befreien kann. Nur eine persönliche Erfahrung mit der Liebe des Vaters kann unsere Verstrickung in negative und toxische Gefühle endgültig brechen. Am Beginn seines Wirkens kehrte Jesus in seinen Heimatort Nazareth zurück und besuchte die Synagoge am Ort. In seiner ersten öffentlichen Predigt las Jesus die folgenden Worte aus der Jesajarolle:

> *Der Geist des Herrn ist auf mir, weil er mich gesalbt hat, den Armen frohe Botschaft zu verkünden; er hat mich gesandt,* ***zu heilen, die zerbrochenen Herzens sind****, Gefangenen Befreiung zu verkünden und den Blinden, dass sie wieder sehend werden,* ***Zerschlagene***

---

[2] Übersetzt aus: Crabb, a.a.O, S. 176-177.

> *in Freiheit zu setzen, um zu verkündigen das angenehme Jahr des Herrn* (Lk 4,18-19 SLT).

Sofort nachdem Jesus diese Schriftstelle zu Ende gelesen hatte, berichtet uns Lukas:

> *Und aller Augen in der Synagoge waren auf ihn gerichtet. Er aber fing an, ihnen zu sagen: Heute ist diese Schrift erfüllt vor euren Ohren!* (Lk 4,20-21 SLT).

Das war ein entscheidender Moment in der Menschheitsgeschichte, weil Jesus mit dem Vorlesen dieser alten Prophetie verkündete, dass die Zeit ihrer Erfüllung nun endlich da war und dass er derjenige war, der gekommen war, sie zu erfüllen. Mehr als jeder andere Vers in den Evangelien beschreibt dieser Vers das Wesen des Reich-Gottes-Dienstes Jesu. In diesem himmlischen Auftrag für den Reich-Gottes-Dienst, entdecken wir, dass Heilung derer, die ein zerbrochenes Herz haben, genauso Teil dieses Dienstes ist, wie das Evangelium zu predigen und für Kranke zu beten. Ein „zerbrochenes Herz" zu heilen ist eine Form *innerer Heilung* im Gegensatz zur äußeren, physischen Heilung des Körpers. Historisch gesehen hat es einen ungeheuren Mangel an Offenbarung im Hinblick auf diesen außergewöhnlichen Aspekt des Reich-Gottes-Dienstes Jesu gegeben. Bis spät ins zwanzigste Jahrhundert hinein wurde so gut wie nichts über dieses Thema geschrieben, und bis heute haben nur eine Handvoll Autoren überhaupt irgendeine Art von ausführlicher Abhandlung zu diesem Thema verfasst.

Evangelikale bringen dem ganzen Thema der inneren Heilung traditionell großes Misstrauen entgegen. Viele konservative Evangelikale glauben, dass innere Heilung nur eine von einer Vielzahl besorgniserregender Ausdrucksformen der Infiltrierung der Gemeinde durch New Age oder säkulare psychotherapeutische Ideen oder Praktiken ist. In den 1980er-Jahren wurden eine Reihe von weitverbreiteten Büchern geschrieben, die diese Art des Dienstes verurteilten, was die Auffassung, diese Praxis sei unbiblisch und wahrscheinlich sogar gefährlich, nur noch verstärkte. Einer der Hauptgründe dafür, dass so viele Christen das Konzept der inneren Heilung komplett über Bord geworfen haben, ist, dass eine Reihe von Gedanken, die bestimmte New-Age-Praktiken oder säkulare psychotherapeutische Modelle widerspiegeln, sich unter dem Deckmantel der inneren Heilung tatsächlich in die Gemeinde eingeschlichen haben. Infolgedessen wird das gesamte Thema der inneren Heilung von vielen Kreisen abgelehnt oder zumindest mit Misstrauen behandelt. Wenn wir uns aber die Schriftstellen anschauen, die sich mit dieser Thematik befassen, wird offensichtlich, dass die Gemeinde im Großen und Ganzen „das Kind mit dem Bade ausgeschüttet" hat. Die Heilung zerbrochener Herzen ist ein wichtiges theologisches Thema im Spektrum des radikalen Reich-Gottes-Dienstes.

Diese weitverbreitete Ablehnung der Thematik der inneren Heilung ist für die Gemeinde ein großes Desaster, weil der Dienst der Heilung zerbrochener Herzen, wie wir in dem Zitat aus Lukas 4 gesehen haben, einer der zentralen Aspekte des Reich-Gottes-Dienstes ist. Dieser Mangel an geistlicher Offenbarung über das Wesen des Dienstes Christi hat die Kirche nicht nur dieses Dienstes an ihren eigenen Herzen beraubt, sondern sie auch davon abgehalten, mit Jesus zusammenzuarbeiten, um diesen Aspekt seines Wirkens in die ganze Welt zu tragen. Es ist eine tiefgreifende göttliche Offenbarung, die dazu da ist, uns in eine umfassende Erfahrung der heilenden Liebe des Vaters zu führen, damit wir von emotionalen Waisenkindern in rundum zufriedene Söhne und Töchter verwandelt werden.

Die weitverbreitete Unwissenheit der Gemeinde über die Fülle des Dienstes Christi erinnert an die religiösen Männer zur Zeit Jesu, die sich als die Hüter göttlicher Wahrheit sahen.

> *Wehe euch Gesetzeslehrern! Ihr habt den Schlüssel der Erkenntnis weggenommen. Selbst seid ihr nicht eingetreten, und die, die eintreten wollten, habt ihr daran gehindert* (Lk 11,52).

Laut Paulus waren der Nation Israels *„die Worte Gottes anvertraut"* worden (Röm 3,2 NLB), aber sie selbst hatten nicht die Augen, um zu sehen, was Gott ihnen anbot. Satan arbeitet fieberhaft daran, unsere Augen für den Dienst Christi blind zu machen, weil er verhindern will, dass wir die Fülle seines Dienstes in unserem Herzen empfangen. Jesus Christus ist eine Quelle geistlicher Heilung für alle Nationen, und Satan reibt sich schadenfroh die Hände, weil er die Blindheit der Gemeinde gegenüber dieser einen biblischen Offenbarung sieht. Es gibt immer noch so vieles, was wir an dem übernatürlichen Reich-Gottes-Wirken Christi nicht sehen oder verstehen. Jesus sagte:

Sie sehen und sehen doch nicht, sie hören und hören doch nicht und verstehen auch nichts. An ihnen erfüllt sich die Prophezeiung Jesajas: „Hört zu – ihr werdet doch nichts verstehen. Seht hin – ihr werdet doch nichts erkennen. Denn das Herz dieses Volkes ist verstockt, ihre Ohren sind verstopft, und ihre Augen halten sie geschlossen. Sie wollen mit ihren Augen nichts sehen, mit ihren Ohren nichts hören und mit ihrem Herz nichts verstehen und wollen nicht umkehren, sodass ich sie ***heilen*** *könnte."* (Mt 13,13-15).

Aufgrund der tiefen emotionalen Gebrochenheit innerhalb der Gemeinde besteht ein dringender Bedarf, eine rein biblische Theologie der inneren Heilung zu entwickeln, die nicht über die Parameter biblischer Orthodoxie hinausgeht. Wenn wir diesen Dienst im Wort Gottes sehen können, werden wir uns sicher dabei fühlen, die Fülle dieses herrlichen Dienstes Jesu zu empfangen, der unser Herz tief berühren möchte, um all die zerbrochenen Stellen zu heilen. Im Kern dieses übernatürlichen Dienstes Jesu steht der systematische Abriss jeder Festung negativer und destruktiver Gefühle, die sich wie die Fesseln des Todes um unser Herz wickeln. Es ist schlichtweg nicht möglich, wie Jesus durch das Tal der Todesschatten zu gehen, ohne von negativen und zerstörerischen Emotionen überwältigt zu werden, es sei denn, wir empfangen die tröstende Liebe unseres himmlischen Vaters. Nur wenn wir seine heilende Liebe empfangen, können wir zu emotionaler Gesundheit finden, sodass wir wirklich wie Jesus in Liebe leben können. Destruktive Emotionen sind für das Leben der Liebe absolute Todfeinde, weil sie uns in Angst und emotionalen Selbstschutz treiben, die das genaue Gegenteil von Liebe darstellen.

In den letzten drei Jahrzehnten habe ich die paulinische Theologie immer besser verstanden und schätzen gelernt. Dabei stellte ich fest, dass Paulus eine gewaltige Salbung für innere Heilung hatte. Er führte er einen familiären Rahmen ein – der Vater und seine Familie geliebter Söhne und Töchter – und war Pionier eines apostolischen Paradigmas tiefgreifender Herzensverwandlung, indem er uns unsere Reise von Waisenkindern zu wahren Söhnen und Töchtern eines liebenden Vaters offenbarte. Paulus legte einen außerordentlichen Schwerpunkt darauf, dass wir im Rahmen der Gemeinschaft in der Liebe zu Gott und zu unseren Brüdern und Schwestern wachsen. Er hat es uns überlassen, herauszufinden, wie wir diese Reise in der

Beziehung zueinander gestalten, aber seine Lehre enthielt bewusst eine vielfältige Herzenssprache.

Paulus verwendete in seinen Schriften den Begriff „Herz" häufiger als alle vier Evangelien zusammengenommen. Er erwähnte das „Herz" oder „Herzen" ganze 63 (SLT) Mal. Als ein Verfasser der Schrift stand Paulus damit an zweiter Stelle gleich hinter Salomo, der den Begriff „Herz" 121 Mal (SLT) verwendete. Paulus' Wortwahl entspringt häufig Motiven innerer Heilung. Ich war von Paulus' Wortgebrauch so fasziniert, dass ich ihn einmal analysiert habe. Wenn ich ein Wort aufliste, schließe ich auch alle verwandten Wörter mit ein. So verwendete Paulus zum Beispiel das Wort Liebe und mit ihm verwandte Begriffe (geliebt, lieben, etc.) etwa 133 Mal. Er erwähnte Vergebung (13x), Hoffnung (55x), Freude (froh/fröhlich) (58x), Frieden (47x), Sanftmut (10x), Geduld / Ausharren) (17x), Freundlichkeit (6x), Angst/Furcht (25x), Scham/Schande/Schändlichkeit (27x), Eifersucht (7x), Wut (2x), Bitterkeit (3x), Begierde/Lust (21x), Hochmut/Stolz (5x), Trost (25x), Not (7x), Verzweiflung (2x), Schmerz (3x), Trauer (1x) und Betrübnis (20x). All dies sind wichtige Komponenten, wenn wir uns mit der Verwandlung unserer Emotionen auseinandersetzen. Paulus hatte sich Jesu Aufforderung, die zerbrochenen Herzen zu heilen, wirklich zu Herzen genommen!

Beim Schreiben dieses Kapitels habe ich beschlossen, keine Konzepte oder Terminologien säkularer psychotherapeutischer Ansätze emotionaler Heilung zu übernehmen. Als ein „Nicht-Integrationist" ist es mir ein großes Anliegen, die Schrift zu öffnen, um einen soliden theologischen Rahmen zu schaffen, der Menschen in die Sicherheit des Reich-Gottes-Dienstes Jesu einlädt. Konservative Evangelikale mögen von dem Umfang überrascht sein, in dem eine solide biblische Theologie der inneren Heilung ausschließlich von der Schrift her aufgestellt werden kann. Jahrhundertelang hatte die Gemeinde keine deutliche Offenbarung über das Wesen dieses Aspekts des Dienstes Christi, und infolgedessen haben die meisten Christen überhaupt nie versucht, in diesem Bereich zu dienen. Doch wir leben in einer Zeit, in der Gott die Fülle des herrlichen Dienstes Jesu Christi offenbart und viele in der Kirche folglich anfangen, dieselben Werke zu tun, die Jesus selbst getan hat.

Der Dienst Christi in Bezug auf die Heilung zerbrochener Herzen muss als ein Aspekt der Wiederherstellung unserer Seele und der

Gleichgestaltung mit dem Bild Christi verstanden werden. Wiederherstellung bedeutet, dass etwas – durch Reparatur oder Wiederaufbau – in seinen ursprünglichen Zustand versetzt wird. Im Zentrum dieses ganzen Projekts der Wiederherstellung unserer Seele steht der Aspekt des zerbrochenen Zustands des menschlichen Herzens und das Streben nach persönlicher Ganzheit. Die Schrift und sogar die gesamte menschliche Erfahrung zeigen mit schmerzhafter Deutlichkeit, dass das Herz der Menschheit ernsthaft und „unheilbar" zerbrochen ist. Jeremia erinnert uns:

> *Trügerisch ist das Herz, mehr als alles, und* ***unheilbar*** *ist es* (Jer 17,9 ELB).

Jeremiah war der heilenden Liebe Gottes begegnet und sagte:

> *Der Zusammenbruch der Tochter, meines Volkes, hat mich gebrochen, traurig bin ich, Entsetzen hat mich gepackt* (Jer 8,21 REÜ).

Jeremia beklagte, dass selbst die Propheten und Priester nicht im Stande gewesen waren, das Mandat des Vaters zu erfüllen, nämlich die zerbrochenen Herzen des Volkes Gottes zu heilen.

> *Sie behandeln die tödlichen Wunden meines Volkes leichtfertig, als wären sie nur oberflächlich: Sie rufen: „Heil, Heil!", wo doch kein Heil ist* (Jer 6,14 NLB).

Ohne ein drastisches göttliches Eingreifen besteht für uns genauso wenig Hoffnung auf Reinigung und Heilung der Gebrochenheit unseres Herzens, wie der Leopard hoffen kann, etwas an seinen Flecken zu ändern (vgl. Jer 13,23). Doch Jesus kam nicht nur, um uns heilig zu machen, sondern auch um uns *ganz* (heil) zu machen. Paulus schrieb an die Epheser: *„Lange bevor er die Fundamente der Erde legte, hatte er uns im Sinn, hatte er beschlossen, uns zum Fokus seiner Liebe zu machen, uns durch seine Liebe ganz und heilig zu machen"* (Eph 1,4 MSG). Wenn wir Jesus erlauben, in unserem Herzen all das zu tun, was er tun möchte, werden wir Schritt für Schritt einen Prozess durchlaufen, der uns in unseren Emotionen heil macht. Jesus sehnt sich danach, das zerbrochene Herz wiederherzustellen. Er möchte uns von der Macht jedes negativen und destruktiven Gefühls befreien, das unsere Seele zu überwältigen droht.

Das zerbrochene Herz

Wir müssen unbedingt die Sprache der Schrift verstehen, weil sie das Herz des Vaters für uns offenbart. Der Ausdruck „zerbrochenen Herzens“ in Lukas 4,18 leitet sich aus zwei zusammengesetzten griechischen Begriffen ab: *syntribo* und *kardia*. Interessanterweise wird *syntribo* auch in Lukas 9,39 verwendet, um physische „Misshandlung“ zu beschreiben.[3] Insofern kann ein „zerbrochenes“ Herz auch als ein „gequetschtes“ oder „verwundetes“ Herz beschrieben werden. Im Gegensatz zu physischer Verletzung wird *syntribo* in Matthäus 12,20 auch in einem geistlichen Sinn verwendet:

> *Das **geknickte** Rohr wird er (Christus) nicht zerbrechen* (Jes 42,3).

Jesus nimmt sich sanft derer an, die von den schweren Erfahrungen des Lebens verletzt und zerbrochen worden sind. *Syntribo* ist auch der Begriff, den Paulus in Römer 16,20 verwendet, wo er sagt: *„Nur noch kurze Zeit, dann wird der Gott des Friedens den Satan **zerschmettern**“* (NGÜ). In seinem Griechischlexikon lehrt uns Thayer, dass der Begriff „zerbrochenen Herzens“ in Lukas 4,18 bedeutet, „außerordentliches Leid zu erleben und sozusagen zerschmettert zu werden“. Der Begriff beschreibt ein Herz, das von der harten und erdrückenden Behandlung durch andere verwundet, verletzt oder zerbrochen worden ist. David sagte:

> *Ich bin arm und vom Leid gebeugt, und mein Herz ist verwundet* (Ps 109,22 NGÜ).

Jeder, der schon einmal tiefen emotionalen Schmerz durchlitten hat, weiß genau, was es bedeutet, ein gebrochenes Herz zu haben.

Jesu Reich-Gottes-Auftrag in Lukas 4,18-19 ist ein direktes Zitat aus Jesaja 61,1-2, wo Jesaja über das zukünftige Wirken des Messias prophezeite. Jesaja offenbarte auch, dass der Messias sich speziell um die „geknickten [Schilf]rohre“ kümmern werde. Dies sind Menschen, deren Herz durch die Sünden anderer verwundet, erdrückt und zerbrochen worden ist. Die zerbrochenen Herzen zu heilen, ist ein Aspekt des pastoralen Dienstes Jesu, den Petrus den „Hirten,

---

[3] *„Und siehe, ein Geist ergreift ihn, und plötzlich schreit er, und er zerrt ihn hin und her, dass er schäumt, und will kaum von ihm weichen, ohne ihn zu misshandeln“* (Lukas 9,39 SLT).

den Beschützer eurer Seelen“ nennt (1 Petr 2,25 NLB). Der Heilungsdienst an zerbrochenen Herzen in Lukas 4 und Jesaja 61 folgt direkt auf die Rede von dem *„Auftrag, den Armen gute Botschaft zu bringen“*. Das deutet darauf hin, dass die Heilung der zerbrochenen Herzen ein Dienst Christi ist, der für die reserviert ist, die die gute Botschaft angenommen haben. Wenn es um die Priorität geht, ist der Dienst an den zerbrochenen Herzen dem Dienst der Verkündigung des Evangeliums nachgeordnet. Wir können durchaus mit einem gebrochenen Herzen in den Himmel kommen, mit einem unbußfertigen Herzen dagegen können wir nicht in den Himmel kommen. Wenn wir aber einmal gerettet sind, möchte Jesus die zerbrochenen Stellen heilen, um uns emotional ganz heil zu machen.

Jesus heilte nicht nur selbst die zerbrochenen Herzen, sondern wollte auch, dass dieser Dienst von denen weitergeführt wird, die in ihrem eigenen Leben davon profitiert hatten. Es ist ein Grundprinzip des geistlichen Dienstes, dass wir nur weitergeben können, was Gott uns selbst schon gegeben hat.

> *Was ihr umsonst bekommen habt, das gebt umsonst weiter* (Mt 10,8).

Gott wies die geistlichen Hirten im Alten Testament zurecht, weil sie diesen Dienst vernachlässigt hatten. Die Hirten kümmerten sich nicht um die zerbrochenen Herzen, weil sie diesen Dienst selbst nicht empfangen hatten. Sie waren immer noch blind für den eigentlichen Dienst des Herrn.

> *Wehe den Hirten Israels, die sich selbst weiden! Sollen die Hirten nicht die Herde weiden? Das Fette verzehrt ihr, mit der Wolle bekleidet ihr euch, und das Gemästete schlachtet ihr, aber die Herde weidet ihr nicht! Das Schwache stärkt ihr nicht, das Kranke heilt ihr nicht,* ***das Verwundete verbindet ihr nicht****, das Verscheuchte holt ihr nicht zurück, und das Verlorene sucht ihr nicht, sondern mit Gewalt und Härte herrscht ihr über sie!* (Hes 34,2-4 SLT).

In der *Message* heißt es, sie versäumten, die „Verletzten zu verarzten“. Echter pastoraler Dienst liebt und heilt die Leidenden und Verletzten.

> *Die Verletzten und Gelähmten habt ihr nicht verbunden ... aber mit Gewalt und herzensharter Strenge habt ihr über sie geherrscht* (Hes 34,4 AMP).

Die Hirten Israels versäumten nicht nur, die Verwundeten zu heilen, sondern trugen sogar noch weiter zu ihrem Schmerz bei, indem sie sie brutal unterdrückten und missbrauchten. Ich habe Gemeinden gesehen, in denen Pastoren die Schafe durch einen Geist der Kontrolle verwundet haben, anstatt ihre Herzen mit Liebe zu heilen. Das ähnelt dem, was Hesekiel prophezeite, als er die Führer ihrer Versäumnis anklagte, die zerbrochenen Herzen zu heilen.

Das hebräische Wort für „verwundet" in diesem Abschnitt aus Hesekiel ist *schabar*. Es ist dasselbe hebräische Wort, das auch in Jesaja 61,1 verwendet wird, wo wir lesen, dass Jesus kam, um *„die zu heilen, die ein* ***gebrochenes*** *Herz haben"* (NLB). Das hebräische Lexikon definiert *schabar* als ein „zerdrücktes oder zerschmettertes Herz oder Gefühl". Der pastorale Dienst Jesu, des *„großen Hirten seiner Schafe"* (Heb 13,20) erstreckt sich in jeden Bereich menschlicher Not hinein; er kümmert sich liebevoll um körperliche, geistliche, mentale und emotionale Bedürfnisse. Ein besserer Begriff, um diesen Aspekt des Dienstes Jesu zu beschreiben wäre vielleicht „emotionale Heilung" anstatt „innere Heilung". Es handelt sich um eine herrliche Befreiung von jeder emotionalen Festung negativer und destruktiver Gefühle.

Das Alte Testament spricht immer wieder von zerbrochenen oder gebrochenen Herzen. In den Psalmen lesen wir:

> *Der Herr baut Jerusalem wieder auf, er sammelt die Versprengten Israels. Er heilt die* ***gebrochenen Herzen*** *und verbindet ihre schmerzenden* ***Wunden*** (Ps 147,2-3 REÜ).

Das hebräische Wort für *„Wunden"* ist *assebet* und bedeutet „ein Schmerz, eine Wunde oder ein Leid". Ein gebrochenes Herz ist dasselbe wie ein verwundetes Herz. In Sprüche 15,13 wird dieses Wort verwendet, um *„Kummer* (assebet) *des Herzens"* (ELB) zu beschreiben. In Psalm 34,19 lesen wir:

> *Nahe ist der Herr denen, die ein* ***gebrochenes Herz*** *haben* (NGÜ).

Gott ist denen nahe, deren Herz tief verletzt und verwundet worden ist. Er ist voller Barmherzigkeit für das verletzte und notleidende Herz. David sagte: *„Ich aber bin vom Leid gebeugt und voller Schmerzen"* (Ps 69,30 NGÜ). *Assebet* ist also ein Synonym für tiefen emotionalen Schmerz.

Oft sind die Begriffe, die verwendet werden, um den zerbrochenen Zustand des menschlichen Herzens zu beschreiben, dieselben Begriffe, wie sie auch für die Beschreibung physischer Verletzungen verwendet werden. In der Schrift finden wir immer wieder Begriffe wie „Schmerz, verletzt, geknickt, elend, verwundet and niedergeschlagen", um den „zusammengeschlagenen" Zustand unseres Herzens zu beschreiben. Der Gedanke ist, dass, genauso wie unser physischer Körper verletzt und misshandelt werden kann, auch unser Herz Schaden nehmen kann, und zwar durch unsichtbare Verletzungen, die uns Satan zufügt, durch Schicksalsschläge oder durch Menschen, die unter der Macht von Sünde leben. In der Bibel werden diese emotionalen Wunden „Nöte" genannt. Im ersten Buch der Könige, betonte Salomo, wie wichtig es für all jene ist, die auf Gott vertrauen, „die *Not* ihres Herzens" zu erkennen (1 Kön 8,38 REÜ). Die Parallelstelle in 2. Chronik lautet:

> *Wenn im Land Hungersnot herrscht, wenn Pest ausbricht, wenn Getreidebrand, Rost, Heuschrecken und Ungeziefer auftreten, wenn Feinde sie im eigenen Land bedrängen, wenn irgendeine Plage oder Krankheit sie trifft, (so höre du) jedes Gebet und Flehen eines jeden Einzelnen und deines ganzen Volkes Israel* ***; denn sie alle kennen ihre Not und ihr Leid*** *und erheben ihre Hände zu diesem Haus. Höre sie dann im Himmel, dem Ort, wo du wohnst, und verzeih! Vergilt jedem, was sein Tun verdient. Du kennst ja ihre Herzen, denn du allein kennst die Herzen der Menschen* (2 Chr 6,28-30 REÜ).

Gott sieht jede einzelne Verwundung und Not in jedem menschlichen Herzen, weil er direkt in unser Herz hineinsieht. Aber Salomo forderte die Israeliten auf, sich dessen bewusst zu sein, welche Nöte und emotionalen Schmerzen Schicksalsschläge, Unterdrückung und Katastrophen verursachten. Gott möchte niemals, dass wir den Schmerz vergraben. Stattdessen möchte er, dass wir mit dem Schmerz zu ihm kommen und ihn mit ihm teilen. Der Prophet Jesaja beschrieb die geistliche Verfassung der Nation Israels:

> *Ihr bleibt ja doch abtrünnig. Der ganze Kopf ist wund,* ***das ganze Herz ist krank****: Vom Kopf bis zum Fuß kein heiler Fleck, nur Beulen, Striemen und frische Wunden, sie sind nicht ausgedrückt, nicht verbunden, nicht mit Öl gelindert* (Jes 1,5-6 REÜ).

Ein gebrochenes Herz ist also ein Herz, das durch Sünde, Rebellion oder andere äußere Umstände, die das Herz erdrückt haben, krankgemacht worden ist. In Psalm 69,20 beklagte David:

> *Der Hohn hat* ***mir das Herz gebrochen****, ich verzweifle* (NGÜ).

David durchlitt viele Nöte in seinem Leben, aber in diesem Fall erkannte er, dass es die harten Worte waren, die seine Feinde ständig gegen ihn richteten, die sein Herz zerbrochen hatten.

> *Mein Herz ist ausgetrocknet wie versengtes Gras. [...] Den ganzen Tag verhöhnen mich meine Feinde* (Ps 102,5.9 NGÜ).

Die Verfasser des Alten Testaments verstanden, dass grausame Worte dem menschlichen Herzen Wunden zufügen können. In den Sprüchen heißt es:

> *Tod und Leben steht in der Gewalt der Zunge* (Spr 18,21 SLT)
>
> ***Gerüchte*** *sind verführerische Leckerbissen, die sich aber* ***tief ins Herz eingraben*** (Spr 18,18 NLB).
>
> *Eine Lügenzunge hasst die von ihr* ***Zermalmten*** (Spr 26,28 SLT).
>
> *Wer unbedacht schwatzt, der verletzt wie ein durchbohrendes Schwert; die Zunge der Weisen aber ist heilsam* (Spr 12,18 SLT).

Davids Herz war von den vorwurfsvollen Worten seiner Feinde zermalmt und verwundet worden. Die Zunge kann extrem zerstörerisch sein, aber freundliche Worte sind im Gegensatz dazu wie *„Honig, Süßes für die Seele und Heilung für das Gebein“* (Spr 16,24 ELB).

Psychologen betonen, dass Menschen sich, auf Grundlage dessen, was andere über sie sagen, ein Bild von sich machen. Man präsentiert diesen Gedanken als sei er eine Entdeckung des 21. Jahrhunderts. Aber die Sprüche lehrten schon vor 3000 Jahren:

> *Was ein Mann wert ist, sagt sein Ruf* (Spr 27,21 GNB).

Laut der Bibel ist eine der Hauptursachen für ein verwundetes Herz der Schaden, den Menschen einander zufügen durch ihre ständige Bombardierung mit harten und kritischen Worten. Der in unserer Kultur bestehende Mangel an Wertschätzung füreinander bringt eine Ernte tiefgehender emotionaler Gebrochenheit hervor. Ein Kind, dem ständig Vorwürfe gemacht werden und das negativer Kritik ausgesetzt ist, wird zwangsweise mit einem *gebrochenen und verwundeten Herzen* aufwachsen. Bis der Herr sein Herz heilt, wird ein verwundetes Kind mit einer riesigen klaffenden Wunde durchs Leben humpeln, die für das bloße Auge unsichtbar, für unseren Vater, der die Not unseres Herzens versteht und sieht, aber nur allzu gut sichtbar ist.

Anders als Jesus wissen wir einfach nicht, wie wir diese unsichtbaren Wunden behandeln sollen, ohne dass sie durch negative und zerstörerische Emotionen infiziert werden. Jesus hatte bereits einen Vorsatz gefasst, seinen Feinden gleich zu vergeben und sofort den liebenden Trost seines Vaters zu empfangen. Deshalb konnte er der „Mann der Schmerzen" sein, ohne in einem emotionalen Gefängnis finsterer und grüblerischer Gefühle gegenüber seinen Verfolgern zu versinken. Er hatte die Kunst gemeistert, sein Herz ganz und gar von negativen und zerstörerischen Gefühlen der Rache, des Hasses und der Bitterkeit freizuhalten, weil er sein Herz mit aller Sorgfalt behütete. Bemerkenswerterweise hat er diese Linie nie überschritten!

> *Er hat sich nicht gewehrt, wenn er beschimpft wurde. Als er litt, drohte er nicht mit Vergeltung. Er überließ seine Sache Gott, der gerecht richtet* (1 Petr 2,23 NLB).

Die Schrift macht deutlich, dass es in der Macht böser Leute liegt, andere Menschen emotional und psychisch zu zerbrechen. David sagte:

> *Denn der Feind verfolgt meine Seele; er hat mein Leben zu Boden* ***getreten*** *und zwingt mich, im Dunkeln zu sitzen wie die längst Verstorbenen. Und mein Geist ist verzagt in mir, mein Herz ist erstarrt in meinem Innern* (Ps 143,3-4 SLT).

Das hebräische Wort für „getreten" ist *dakka* und bedeutet „zerquetscht oder zu Pulver zermalmt". Die alttestamentlichen Verfasser waren sich der Realität zerbrochener Herzen sehr wohl bewusst und die Sprache des zerbrochenen Herzens zieht sich durch ihre Schriften. David sagte zum Herrn: *„Sieh meinen Schmerz und meinen Kummer. Vergib mir alle meine Sünden!"* (Ps 25,18 NLB).

Wenn sie versuchten, den stechenden Schmerz menschlicher Gebrochenheit zu beschreiben, sprachen die Verfasser des Alten Testaments oft von ihren „Knochen". David sagte:

Es ist [...] nichts Heiles an meinen Gebeinen wegen meiner Sünde (Ps 38,4 SLT).

Als ich [meine Sünde] verschwieg, da verfielen meine Gebeine durch mein Gestöhn den ganzen Tag (Ps 32,3 SLT).

Das hebräische Wort für Knochen (oder „Gebein") ist *ezem*. In den meisten Fällen wird *ezem* in seinem wortwörtlichen Sinn verwendet, um die Knochen des Körpers zu beschreiben, aber laut der *International Standard Bible Encyclopedia* „finden wir diese Begriffe sehr oft in *metaphorischen Aussagen* in Gebrauch, in denen es eine Krankheit oder ein Unwohlsein des Körpers für bestimmte emotionale oder mentale Zustände bezeichnet."[4] *Vine's Expository Dictionary of Old and New Testament Words* (dt. etwa: Vines erklärendes Wörterbuch alt- und neutestamentlicher Wörter) erklärt, dass die Knochen [*ezem*] manchmal den „Sitz des Schmerzes"[5] darstellen. Sprüche 12,4 sagt:

Eine tüchtige Frau ist die Krone ihres Mannes, eine ***schändliche*** *ist wie* ***Fäulnis in seinen Knochen*** (Spr 12,4 REÜ).

Mit anderen Worten: Schande führt zu tiefem Herzenskummer und emotionalem Schmerz. Die Psalmen bedienen sich metaphorischer Sprache, um den heftigen emotionalen Schmerz zu kommunizieren, den ein zerbrochenes Herz mit sich bringt.

Was tat David mit seinem geplagten und notleidenden Herzen? Er schrie zu Gott, er möge kommen und es *heilen*!

Heile mich, HERR, denn meine Gebeine sind bestürzt (Ps 6,3).

Mitten in tiefer emotionaler Gebrochenheit schrie er zum Herrn, und der Herr kam und kümmerte sich um ihn. Aber was wäre gewesen, wenn David den Herrn nicht gekannt hätte? Wo wäre er mit seinem Schmerz hingegangen? Millionen von ungläubigen Menschen waren zu allen Zeiten sogar noch größerer Misshandlung und größerem Trauma ausgesetzt als David. Wie können sie mit ihrem Schmerz umgehen? In den meisten Fällen entwickeln sich die ungeheilten Wunden ihrer Herzen unweigerlich zu faulenden Geschwüren, während sie

---

[4] Übersetzt aus: *International Standard Bible Encyclopaedia,* Band 1., „Bones", S. 534.

[5] Übersetzt aus: *Vine's Expository Dictionary of Old and New Testament Words*, S. 20.

in einen immer tieferen Strudel der Verletzung und des Schmerzes gesogen werden.

Viele Menschen lassen sich so von diesen destruktiven Emotionen überwältigen, dass sie Selbstmord begehen, um dem Schmerz und ihrer inneren Seelenqual zu entkommen. David dagegen erlebte durch seine Erfahrung der Liebe Gottes echte Heilung seines emotionalen Schmerzes. Er verkündete zuversichtlich, dass der Gute Hirte die Seele erquickt (vgl. Ps 23,3).

Unterdrückung und Missbrauch

Ein weiterer Gedanke neben dem Zerbrochensein und Notleiden ist der der „Unterdrückung“. Zu Jesu Reich-Gottes-Auftrag gehörte es auch dazu, *„**Zerschlagene** in Freiheit zu setzen“* (Lk 4,18 SLT). Die NGÜ übersetzt dies mit: *„den Unterdrückten die Freiheit zu bringen“*. Das griechische Wort für „zerschlagen“ ist *thrauo* und bedeutet „in Stücke gebrochen, zerschmettert oder gebrochen zu werden“. Die *Amplified Bible* sagt ausdrücklich, dass es Teil des Dienstes Jesu ist, *„die freizusetzen, die von Unglück unterdrückt, zerschlagen, zerschmettert und zerbrochen sind“*. Noch einmal, „zerschlagen“ beschreibt den Herzenszustand der Person, die als Folge der Sünde eines anderen Unglück erlitten hat. Wie wir bereits gesehen haben, wurde über Jesus vorausgesagt, dass er das *„**geknickte** Rohr“* nicht zerbrechen wird (Jes 42,3), und damit angedeutet, dass sein Herzensanliegen war, die Menschen freizusetzen, die zerschlagen worden sind, weil sie mitten unter Sündern lebten. Das beste Wort in unserer heutigen Sprache, um diese Art von Unterdrückung zu beschreiben, ist das Wort „missbraucht“. Jesus kam, um Menschen von dem Schmerz jeglichen Missbrauchs zu befreien!

In Jesaja 58,6 lesen wir:

> *Fasten, wie ich es liebe, sieht doch vielmehr so aus: Lasst die zu Unrecht Gefangenen frei und gebt die los, die ihr unterjocht habt. Lasst die **Unterdrückten** frei* (NLB).

Das hebräische Wort für „unterdrückt“ ist hier *rasas* und bedeutet „zerbrochen, zerschmettert, zerschlagen, oder zertrümmert“. Es überrascht nicht, dass die griechische Version des Alten Testaments, die

Septuaginta, hier das griechische Wort *thrauno* [„zerschlagen“ Lk 4,18] verwendet, um das hebräische Wort *rasas* zu übersetzen, da es eine perfekte Entsprechung darstellt. *Rasas* kommt im Alten Testament 19 Mal vor. Zum Beispiel in 2. Könige 23,12, wo wir von dem Götzenaltar lesen, der im Rahmen der drastischen Reformen des Königs Josia „niedergerissen und pulverisiert wurde“.

Wenn *rasas* im Zusammenhang mit dem Herzen verwendet wird, beschreibt es die Folge eines Lebens unter harten und niederschmetternden Umständen. Erlebt eine Person irgendeine Art von geistlicher Unterdrückung, wird ihr Herz buchstäblich zerschlagen und in Stücke gehauen. Diese Verletzung grundlegender Menschenrechte gibt es in allen möglichen Formen und Größen. Da gibt es die schwere militärische und politische Unterdrückung des geistesgestörten Diktators, der seine eigenen Staatsbürger foltert. Da gibt es die Unterdrückung häuslicher Gewalt, wo der betrunkene Ehemann seine Frau und Kinder schlägt. Es gibt die Unterdrückung auf dem Schulhof, wo ein Kind einem ständigen Muster von Mobbing, Hänselei und Schikane ausgesetzt ist. Und es gibt die Unterdrückung durch die dominante Hausfrau, die ihren laschen Mann beherrscht und einschüchtert. In der Bibel finden wir zahlreiche Beispiele von schwerer Unterdrückung, die sündige Menschen einander zugefügt haben. Salomo schrieb in Prediger:

> *Wieder betrachtete ich das Unrecht, das auf der Welt herrscht. Ich sah die Tränen der Unterdrückten, denen niemand beistand. Sie waren der Gewalt der Unterdrücker ausgeliefert, und niemand war da, der ihnen Mut machte* (Pred 4,1 NLB).

Im Lauf seiner Geschichte erlitt das Volk Gottes immer wieder Zeiten schwerer Unterdrückung durch seine Feinde. In Richter 4 lesen wir von Jabin, dem König Kanaans, bzw. dessen Heerführer: Er *„hatte die Israeliten zwanzig Jahre lang grausam unterdrückt“* (Ri 4,3 REÜ). In Richter 6,9 erinnerte der Herr sein Volk:

> *Ich habe euch aus der Gewalt Ägyptens und aus der Gewalt all eurer* ***Unterdrücker*** *befreit* (REÜ).

Wann immer die Kinder Israels sich wieder dem Herrn zuwandten, war er treu und befreite sie von ihren Unterdrückern.

Denn der Herr hatte Mitleid mit seinem Volk, das schwer unter seinen ***Bedrängern und Unterdrückern*** *stöhnte* (Ri 2,18 NLB).

Das Buch der Richter hält die detaillierte Geschichte der Unterdrückung Israels durch seine feindlichen Nachbarn fest. Wir lesen davon, dass die Philister und die Amoriter sie *„**bedrängten** und **unterdrückten**. 18 Jahre lang unterdrückten sie die Israeliten östlich des Jordan"* (Ri 10,8 NLB). Es gab sogar Zeiten, in denen ihre eigenen Könige Israel unterdrückten. Asa, der König von Juda, ließ den Propheten Hanani einsperren, weil ihm das prophetische Wort nicht gefiel, das dieser dem König überbracht hatte.

Da wurde Asa so wütend auf den Propheten, der ihm diese Botschaft überbracht hatte, dass er ihn ins Gefängnis werfen ließ. Zur gleichen Zeit begann er auch andere Angehörige seines Volkes zu ***unterdrücken*** (2 Chr 16,10 NLB).

Die Menschheitsgeschichte ist gezeichnet von brutaler Unterdrückung, manchmal in riesigem Ausmaß wie im jüdischen Holocaust unter Hitler oder in Kambodscha unter Pol Pot und manchmal auch auf individueller Ebene. Zweifelsohne waren wir alle schockiert über die Geschichten übler Männer, die im Keller ihres Hauses Frauen versklavt und festgehalten hatten und sie als Sexsklaven benutzen, um ihre perversen Fantasien auszuleben. Jesaja prophezeite:

Und die Leute werden sich gegenseitig bedrängen, einer den anderen, jeder seinen Nächsten; der Junge wird frech auftreten gegen den Alten und der Verachtete gegen den Vornehmen (Jes 3,5 SLT).

Wann immer eine Person aus welchen Gründen auch immer eine andere Person dominieren und beherrschen will, sei es in Form von physischer Misshandlung, sexuellem, geistlichem oder psychologischem Missbrauch, geschieht Unterdrückung; und die Frucht dieser Unterdrückung ist ein zerbrochenes und verwundetes Herz.

Mitten in all dieser Geschichte menschlicher Gewalt und Unterdrückung lesen wir von dem, was das Herz des Vaters für seine Kinder empfindet. Gott ist tief bewegt von den Tränen der Unterdrückten. Er ist kein Gott, der menschlichem Leid und Schmerz stoisch unberührt gegenübersteht. Der Herr sagte:

Ich habe das Elend meines Volkes in Ägypten sehr wohl gesehen, und ich habe ihr Geschrei gehört über die, welche sie antreiben; ***ja, ich kenne ihre Schmerzen*** (2 Mose 3,7 SLT).

Die Schrift stellt den Vater als jemanden dar, der mit den Weinenden weint und mit den Leidenden leidet. Gottes Antwort auf den Schrei der Unterdrückten und der zerbrochenen Herzen war, sein Volk aus der Unterdrückung zu befreien und sein heilendes Herz der Liebe zu offenbaren. Die Geschichte der Befreiung der Israeliten aus der ägyptischen Unterdrückung war die Grundlage ihrer Geschichte als einer Nation.

Als die Ägypter uns misshandelten und unterdrückten, indem sie uns zu Sklavenarbeit zwangen, riefen wir zum Herrn, dem Gott unserer Vorfahren. Er hörte unser Rufen und sah unser Elend, unser Leid und unsere Unterdrückung (5 Mose 26,6-7 NLB).

Diese Befreiung bildete den Bezugspunkt für ihre Offenbarung über die Güte und Gnade Gottes gegenüber den Notleidenden. Ihre Befreiung war ein Offenbarungsakt. Die Kinder Israels begriffen das Herz Gottes gegenüber den Unterdrückten, und im Lauf ihrer Geschichte spielten sie dieses Erlösungsereignis immer wieder nach als eine Erinnerung an die immerwährende Liebe Gottes.

Der Herr spricht: „Die Schwachen werden misshandelt, und die Armen können nur noch seufzen. Darum werde ich mich jetzt erheben und denen Rettung bringen, die bedrängt werden!" (Ps 12,6 NGÜ).

Im ganzen Alten Testament begegnen wir einer Offenbarung des Herzschlags Gottes für die verwundeten Herzen der Menschen.

Wann immer das Volk Gottes *„gering an Zahl und geschwächt von der Last des Unglücks und des Kummers"* wird (Ps 107,39 LUT), antwortet Gott.

Den Unterdrückten gewährt der Herr seinen Schutz, in Zeiten der Not ist er für sie eine Burg in sicherer Höhe (Ps 9,10 NGÜ).

Den Unterdrückten verschafft er Recht, den Hungernden gibt er Brot. Der Herr befreit die Gefangenen, der Herr öffnet die Augen der Blinden, der Herr richtet Gebeugte auf (Ps 146,7-8 NGÜ).

> *Der Herr selbst baut Jerusalem wieder auf; er sammelt die [unter die Völker] zerstreuten Israeliten wieder [in ihrem Land]. Er schenkt denen Heilung, die ein gebrochenes Herz haben und verbindet ihre schmerzenden Wunden[...] Der Herr hilft den Unterdrückten auf; die sich gegen ihn auflehnen aber erniedrigt er, bis sie am Boden liegen* (Ps 147,2-3.6 NGÜ).

Gott schaut vom Himmel herab auf die Menschheit und sieht, wie Menschen ihre Mitmenschen unterdrücken, Frauen von Männern unterdrückt werden, Kinder unterdrückt und von Erwachsenen sowohl physisch als auch sexuell missbraucht werden, ganze Nationen von grausamen Diktatoren unterdrückt werden, und sein Herz ist tief bewegt. Jesus kam, um *„den Unterdrückten die Freiheit zu bringen"*, aber das beinhaltet nicht immer die Beseitigung des Unterdrückers. Jesus heilt die zerbrochenen Herzen mitten in einer harschen und unterdrückenden Welt. Die Freiheit von Unterdrückung bedarf nicht immer einer Veränderung der äußeren Umstände, aber sehr wohl einer Veränderung im Herzen. Wenn Christus das zerbrochene Herz heilt, stellt er ein Gefühl von Würde wieder her, sodass die Person mitten in der Unterdrückung leben kann, ohne zerschlagen zu werden. Das war die Geschichte der Afroamerikaner während der Unterdrückung der Sklaverei. Viele riefen zum Herrn und konnten trotz der schweren Unterdrückung ihre persönliche Würde bewahren.

Genau wie unser Körper „krank" sein kann, kann auch das menschliche Herz *krank* sein. In den Sprüchen lernen wir:

> *Hingehaltene Hoffnung macht das Herz krank* (Spr 13,12 SLT).

Jeremia beschrieb das Herz als *„unheilbar krank"* (Jer 17,9 HFA). Der Begriff, den er für „unheilbar krank" verwendete, war *„anash"*, was laut dem *Gesenius Lexicon* „für eine Krankheit oder Wunde verwendet wird, die kaum heilbar ist"[6]. *Anash* wurde von Jeremia wiederholt verwendet und wird normalerweise mit „unheilbar" oder „nicht zu heilen" übersetzt.

> *Warum dauert mein Leiden ewig und ist meine Wunde so* ***bösartig,*** *dass sie nicht heilen will?* (Jer 15,18 REÜ).

---

[6] Übersetzt aus: William Gesenius, *Hebrew – Chaldee Lexicon to the Old Testament*, S. 66.

In Kapitel 30 prophezeite Jeremia, dass es um die geistliche Verfassung der Nation Israels so schlecht stand, dass sie menschlich gesehen jenseits jeder Heilung war:

> *So spricht der Herr: „Deine Wunde ist tödlich, der Schlag, den du erlitten hast, ist nicht zu heilen. Niemand übernimmt deine Rechtssache vor Gericht; für deine eitrige Wunde gibt es keine Arznei und keinen Verband. Warum zeterst du nun über deine Wunde und jammerst, dass der Schmerz nicht mehr zu lindern sei? Ich musste dir dieses Leid antun, denn deine bösen Taten sind zu zahlreich und deine Schuld ist zu groß. Denn ich will deine Wunden verbinden und dich heilen", spricht der Herr, „weil man dich, die du doch Zion bist, ‚die Ausgestoßene' nennt, und ‚die, um die sich niemand kümmert'"* (Jer 30,12-13.15.16 NLB).

Israel hatte seitens der umliegenden Nationen eine so extreme Ablehnung und so starken Hass erlebt, dass der Herr sie als „Ausgestoßene" bezeichnete. Israel mag „ausgestoßen" und von anderen Nationen abgelehnt worden sein, aber:

> *Der Herr selbst baut Jerusalem wieder auf; er sammelt die [unter die Völker] zerstreuten Israeliten wieder [in ihrem Land]. Er schenkt denen Heilung, die ein gebrochenes Herz haben und verbindet ihre schmerzenden Wunden* (Ps 147,2-3 NGÜ).

Der Gedanke in allen diesen Bibelstellen ist, dass die Wunde so ernsthaft ist, dass sie ohne Gott tatsächlich unheilbar ist! Unser Herz hat in diesem Leben so viel einstecken müssen und wir können so verwundet und zerbrochen werden, dass es ohne Gott absolut keine Hoffnung auf Heilung gibt. Das ist der Zustand des menschlichen Herzens, und Gott möchte die Gebrochenheit unseres Herzens offenbaren, um die Heilung zu bringen, für die nur er sorgen kann. Nur Gott kann ein verwundetes Herz heilen.

Ist es ein Wunder, dass ein großer Teil des Wirkens Jesu darin besteht, zerbrochene Herzen zu heilen, wenn Millionen von Seelen unter emotionalen Lasten dahinsiechen, die für sie zu schwer zu tragen sind?

> *Als er aber die Volksmengen sah, wurde er innerlich bewegt über sie, weil sie **erschöpft** und **verschmachtet** waren wie Schafe, die keinen Hirten haben* (Mt 9,36 ELB).

„Erschöpft“ und „verschmachtet“ beschreibt den inneren Zustand des Herzens, das unter den überwältigenden Folgen von Sünde und Tod verkümmert. Jesu Herz war voller Barmherzigkeit für die Menge mit ihren zerbrochenen Herzen, als er sagte:

> *Kommt zu mir, ihr alle, die ihr euch plagt und von eurer Last fast erdrückt werdet; ich werde sie euch abnehmen. Nehmt mein Joch auf euch und lernt von mir, denn ich bin gütig und von Herzen demütig. So werdet ihr Ruhe finden für eure Seele* (Mt 11,28-29).

Wenn wir sowohl mit unserer Sünde als auch mit unserer emotionalen Gebrochenheit schwer beladen sind, findet unserer Seele keine Ruhe. Auf dem Höhepunkt seiner persönlichen Apokalypse sagte Hiob:

> *Mein Herz ist gebrochen, ich bin meinem Elend völlig ausgeliefert. Nachts bohrt mir der Schmerz in den Knochen, mein nagender Schmerz kommt nicht zur Ruh* (Hiob 30,16-17 NLB/REÜ).

Jesus setzte sich vollkommen dem Schmerz der Menschheit aus. Er erlebte ihn selbst und kam, um uns die Last unserer Seele zu erleichtern, indem er uns den Weg zum Leben und zu emotionaler Gesundheit zeigte. Er befreit uns von den Stricken des Todes!

Verwundet durch Worte

Eine der größten und häufigsten Quellen menschlicher Unterdrückung bzw. Tyrannisierung ist die Zunge. Als er den gottlosen Menschen beschreibt, sagt David:

> *Sein Mund ist voll Fluchen, Trug und Bedrückung; unter seiner Zunge verbirgt sich Leid und Unheil* (Ps 10,7 SLT).

Die Schrift vergleicht die Zunge des Gottlosen mit einem scharfen Schwert oder einem Pfeil. Scharfe Worte wohnen im Herzen und müssen von dem Großen Arzt operativ entfernt werden. Salomo sagte:

> *Wer unbedacht schwatzt, der verletzt wie ein durchbohrendes Schwert* (Spr 12,18 SLT).
>
> *Ein Hammer, ein Schwert, ein spitzer Pfeil: so ist ein Mensch, der gegen seinen Nächsten ein falsches Zeugnis ablegt* (Spr 25,18 SLT).

Die NLB übersetzt diesen Vers noch deutlicher:

> *Lügen über einen anderen zu verbreiten ist ebenso verletzend, wie ihn mit der Axt zu schlagen, mit einem Schwert zu verwunden oder mit einem scharfen Pfeil auf ihn zu schießen.*

David wusste ganz genau, wie sich das anfühlte.

> *Ich bin von wilden Löwen umgeben, die ihre Beute verschlingen – ihre Zähne sind spitz wie Pfeil und Speer, und ihre Zungen sind scharf wie ein Schwert* (Ps 57,5 NLB).

In einem seiner Gebete um Schutz vor seinen Feinden sagte David:

> *Sei mein Schutz vor der Verschwörung dieser Übeltäter, vor der lärmenden Horde derer, die Unheil anrichten! Ihre Zunge gebrauchen sie wie ein scharfes Schwert; giftige Worte – das sind die Pfeile, die sie anlegen, um aus dem Hinterhalt unschuldige Menschen zu treffen. Plötzlich und ohne jede Scheu schießen sie auf ihre Opfer!* (Ps 64,3-5 NGÜ).

Auch Jeremia verglich verletzende Worte mit scharfen Pfeilen:

> *Sie spannen ihre Zunge wie die Sehne eines Bogens und feuern Lügen ab wie Pfeile. Ihre Worte töten wie Giftpfeile, es kommen nur Lügen aus ihrem Mund* (Jer 9,2.7 NLB).

Wenn ein Pfeil sein Ziel trifft, geht er tief hinein und muss fachkundig entfernt werden. Menschen, die von bösen Zungen „durchbohrt" worden sind und nie Heilung empfangen haben, sind wie herumlaufende Verwundete, deren Seele tief von Pfeilen durchbohrt ist. Einige Christen, die in diesem Bereich im Heilungsdienst tätig sind, haben bestätigt, dass sie im Gebet für tief verwundete Menschen vom Herrn ein prophetisches Bild von Pfeilen oder Speeren bekommen haben, die tief im Herzen steckten. Während ihr Gebet emotionale Heilung brachte, wurden die Pfeile sichtbar entfernt.

Jakobus beschreibt die Zunge als *„ein unbeherrschbares Übel, voll von tödlichem Gift"* (Jak 3,8 NLB). David betete:

> *Rette mich, Herr, vor boshaften Menschen, [...]. Sie machen ihre Zunge scharf und spitz wie die einer Schlange, hinter ihren Lippen verbirgt sich Gift wie bei einer Natter* (Ps 140,2.4 NGÜ).

Leben und Tod liegen in der Macht der Zunge und die Person, die ihre Zunge gebraucht, um zu zerstören, kann das Herz ihres Opfers vollständig zerschlagen. Genauso wie verbaler Missbrauch, wirkt sich auch physischer Missbrauch verletzend und zerstörerisch auf das Herz aus. Die physischen Wunden eines brutalen Angriffs mögen mit der Zeit verheilen, aber der Schaden, der dem menschlichen Herz zugefügt wird, bohrt weiter wie ein Schwert. Das Herz des kleinen Mädchens, das von einem perversen Pädophilen immer wieder sexuell missbraucht wird, wird buchstäblich von einem tiefen Gefühl der Wertlosigkeit zerschmettert.

Die Welt ist voller Kinder, die wie Dreck behandelt worden sind, ohne Gedanken an ihr emotionales Wohlergehen zu verschwenden. Der Sexhandel mit Kindern hinterlässt unvorstellbare emotionale Narben in den Herzen wehrloser Kinder. Wer in seiner Kindheit Opfer sexuellen Missbrauchs geworden ist, ist von einem unsichtbaren Schwert tief durchbohrt worden, und dieses geistliche Schwert muss vorsichtig entfernt werden, damit die Wunden heilen können. Weil Jesus in unser Herz sehen kann, nimmt er das Vorhandensein innerer Wunden wahr und sehnt sich nach der Möglichkeit, die scharfen Pfeile, die unser Herz durchbohrt und verwundet haben, vorsichtig zu entfernen. Wenn Gott unsere Augen für die geistliche Welt öffnen würde, könnten auch wir Menschen mit Pfeilen und Schwertern tief in ihrem Herzen herumlaufen sehen. Jesus wartet geduldig darauf, dass sein Leib auf der Erde sich der vollen Offenbarung seines Dienstes gewahr wird, damit wir uns ihm und seinem herrlichen Dienst der Heilung verwundeter Herzen anschließen.

Eine Person mit einem gebrochenen Herzen hat eine solche emotionale Gebrochenheit erlitten, dass sie anfängt, sich in bestimmten Mustern destruktiver emotionaler Reaktionen gefangen zu fühlen. Egal wie sehr sie aus diesen Mustern auszubrechen versucht, sie schafft es einfach nicht. Die negativen Reaktionen werden zum Automatismus und brechen spontan aus einem Herzen hervor, das emotional vernarbt ist. Diese scheinbar einprogrammierten Reaktionen sind im Vergleich zu dem sie auslösenden Ereignis oft stark übertrieben, weil der Schmerz einer kleinen Kränkung ein tieferes Reservoir emotionalen Schmerzes anzapft. Lassen Sie uns das Beispiel einer Person anschauen, die eine Geschichte negativer und destruktiver elterlicher Kritik hinter sich hat. In ihrem späteren Erwachsenenleben kommt jemand daher und macht eine kleine, gut gemeinte Bemerkung darüber, wie eine bestimmte Aufgabe effizienter erledigt werden könnte, und die verwundete Person explodiert regelrecht und lässt eine Tirade defensiver Rhetorik und Wut los. Da hat jemand gerade den Finger auf eine tiefe emotionale Wunde und auf tiefgehenden Schmerz gelegt. Die emotionale Reaktion war verglichen mit der Bemerkung, die sie auslöste, vollkommen unangemessen. Aufgrund ihrer Verwundung hat die Person, die wütend reagierte, die guten Absichten der Person, die ihr einen hilfreichen Rat erteilen wollte, komplett missverstanden.

Schauen wir uns ein anderes Beispiel an von einer Frau, die als Kind sexuell missbraucht worden ist. Als sie erwachsen wurde, traf sie den Mann ihrer Träume und sie heirateten. Sie liebte diesen Mann innig, aber jedes Mal, wenn er sie anfasste und sie versuchten, miteinander zu schlafen, erstarrte sie innerlich. Sie interpretierte jegliche sexuelle Annährung als eine Bedrohung ihres Wohlergehens. Ihre Reaktionen machten keinen Sinn. Sie liebte ihren Mann, aber ihr Liebesleben war dahin und die verbalen Auseinandersetzungen schienen einfach nur zu eskalieren. Ihre vorprogrammierten emotionalen Reaktionen ließen erkennen, dass sie ihren tiefen emotionalen Schmerz nie überwunden hatte.

Das Problem mit einem verwundeten Herzen ist, dass es außer dem Eingreifen Christi keinen Weg zur Heilung gibt. Ist eine tiefe emotionale Wunde erst einmal zugefügt worden, verschwindet sie nicht, bis Jesus sie heilt. Das Beste, was wir tun können, um die lähmenden Auswirkungen der Wunde zu überwinden, scheint, das Problem so tief zu vergraben, dass es so gut wie verschwunden zu sein scheint. Doch das Problem ist, dass wir uns, wenn wir wieder mit Lebensumständen konfrontiert werden, die denen ähneln, aus denen wir die ursprüngliche Verwundung davongetragen haben, auf eine Art und Weise verhalten, die unserer Kontrolle entzogen ist. Unser unablässiges Bestreben danach, uns selbst vor weiterer Verletzung zu schützen, kann dazu führen, dass wir emotionale Reaktionen an den Tag legen, die aus dem Nichts zu kommen scheinen. Wir sind selbst über unsere emotionalen Reaktionen schockiert, weil wir uns selbst vorgemacht hatten, das Problem überwunden zu haben. All das spielt sich tief in unserem Herzen ab und entzieht sich jeder logischen Erklärung. Unsere Reaktionen ergeben sich automatisch, weil unser Herz durch die verletzenden Lebenserfahrungen so programmiert worden ist, dass es auf eine bestimmte Art und Weise reagiert, um weiteren emotionalen Schmerz zu vermeiden. Wir werden auf diese Dynamik in Kapitel 13 über die *Verstrickung in physischer Biochemie* näher eingehen.

Emotionales Überwältigtsein

Um mit negativen und zerstörerischen Gefühlen irgendwie zurechtzukommen, wird sehr viel Energie aufgewendet. Damit wir in unserer Welt einigermaßen funktionieren können, müssen wir unsere emotionale Gebrochenheit oft vergraben und unterdrückt lassen, weil wir andernfalls nicht in der Lage wären, unsere Arbeit auszuüben oder Beziehungen zu Freunden und Familienmitgliedern aufrecht zu erhalten. Emotionalen Schmerz unter Verschluss zu halten, kann zu einem Vollzeitjob werden, und für viele wird es zu einem verlorenen Kampf. Viele Menschen, die unter chronischer Müdigkeit leiden, sind in Wirklichkeit völlig erschöpft von einem gefühlt vergeblichen Versuch, starke Gefühle zu unterdrücken, die direkt unter der Oberfläche schwelen. Gefühlsschwankungen sind ein starker Indikator für unsere vergeblichen Versuche, unsere Angst, Wut und Depression zuzudecken.

Depression ist in unserer Kultur zu einem gravierenden Problem geistiger Gesundheit geworden. Es gibt zwei Hauptursachen für Depressionen. Klinische Depression kann durch biologische Faktoren in den chemischen Vorgängen unseres Gehirns ausgelöst werden, aber die häufigere Ursache für Depressionen ist ein Zustand emotionalen Überwältigtseins. Wenn die Ursache für eine Depression nicht biologischer Natur ist, ist es sehr wahrscheinlich, dass negative und destruktive Gefühle am Werk sind, die uns unter Kontrolle haben. Joyce Meyer hat ein wichtiges Buch geschrieben mit dem Titel *Richtig mit Gefühlen umgehen*. Der Untertitel ist: *Wie du vermeidest, dass deine Gefühle bestimmen, was du tust.*[7] Das ist eine sehr wichtige Lektion, die jeder Christ lernen muss. Mit Gefühlen umgehen zu lernen, ist für unser geistliches Wachstum und unsere geistliche Gesundheit unabdingbar. Es ist ein grundlegendes Element der Herzensreise. Wenn wir unsere Gefühle nicht im Griff haben, können sie in jedem Bereich unseres Lebens eine Lawine von Problemen auslösen.

---

[7] Originaltitel: *Manage Your Emotions: Instead of Your Emotions Managing You.*

Gefühle, die außer Kontrolle geraten, sind wie ein führerloser Zug. Depression ist ein hochgradig zerstörerischer emotionaler Zustand, der in ein immer tieferes, dunkleres Loch der Negativität führen kann. Selbstmordgedanken werden meist von einer tiefen Depression ausgelöst, in der es außer dem Tod keinen Weg aus der Finsternis heraus zu geben scheint. Eine Depression kommt oft auf, wenn der Schmerz unserer Lebensumstände ***uns überwältigt*** und wir es versäumen, den Schmerz zum Vater zu bringen. Auch unverarbeitete Trauer kann zu Depression führen. Salomo bemerkte, dass einer der primären emotionalen Faktoren, die zu Depression führen können, ein besorgtes Herz ist:

> *Sorgen drücken einen Menschen nieder; ein gutes Wort aber muntert einen Menschen auf* (Spr 12,25 NLB).

Es gibt viele Faktoren im Leben, die zu vermehrter Sorge führen können, wie zum Beispiel die Angst vor finanziellem Ruin, die Angst, dass Beziehungen zerbrechen, und die Angst vor dem Tod, um nur einige zu nennen. Wenn unser Sorgenpegel immer höher steigt, wird unser Herz von den Herausforderungen des Lebens überwältigt und belastet. Eine Person, die zu Angst neigt und nicht in enger Beziehung zu Gott lebt, kann von Gefühlen des Überwältigtseins vollständig begraben werden. David sagte:

> *Da mein Herz verschmachtet: Führe du mich auf den Felsen, der mir zu hoch ist!* (Ps 61,3 SLT).

Wenn wir nicht lernen, all unsere Sorgen auf Jesus zu werfen, werden wir sie verinnerlichen und selbst tragen.

Petrus verstand, wie wichtig es ist, dass wir unsere Sorgen und angstvollen Gedanken auf den Herrn werfen:

> *Alle eure Sorge werft auf ihn; denn er sorgt für euch* (1 Petr 5,7 SLT).

Paulus sagte:

> *Macht euch um nichts Sorgen! Wendet euch vielmehr in jeder Lage mit Bitten und Flehen und voll Dankbarkeit an Gott und bringt eure Anliegen vor ihn. Dann wird der Frieden Gottes, der alles Verstehen übersteigt, über euren Gedanken wachen und euch in eurem Innersten bewahren – euch, die ihr mit Jesus Christus verbunden seid* (Phil 4,6-7).

Wenn wir nicht lernen, unsere Sorgen auf den Herrn zu werfen und sie jedem Tag gegen seinen übernatürlichen Frieden einzutauschen, wird unser Herz von den schweren Herausforderungen des Lebens überwältigt und wir beginnen, in das Tal der Depression und Verzweiflung abzurutschen. Ein anderes Wort für Angst oder Sorge ist Stress. Wir leben in einer schnelllebigen Gesellschaft, die voller Stressfaktoren ist. Ein Stressfaktor ist etwas in unserem Leben, das ein Stressgefühl in uns verursacht. Wir müssen nicht sehr weit suchen, um eine Reihe von Faktoren in unserem Leben zu finden, die zu unserem Stresspegel beitragen. Bei diesem Stress handelt es sich normalerweise um verschiedentlichen Druck von außen, der unser Herz belastet, und wenn wir dem Herrn nicht erlauben, diese Stressfaktoren zu mindern, indem wir sie gegen seinen Frieden eintauschen, werden sie letztendlich zu erhöhter Angst oder Sorge führen. David sagte:

> *Durchforsche mich, o Gott, und sieh mir ins Herz, prüfe meine Gedanken und Gefühle!* (Ps 139,23 HFA).

Gott möchte unsere Herzen in all dem Schmerz, den wir in diesem Leben durchmachen werden, trösten. Er tröstet die Niedergeschlagenen auf eine Art und Weise, die das Herz der Müden und Schwerbeladenen erhebt und unseren Gefühlen Leben einhaucht. Er tauscht die Stricke des Todes gegen die Bande des Friedens aus und gibt uns Leben. Paulus schrieb:

> *Doch Gott, der die Niedergeschlagenen tröstet und ermutigt, hat uns [...] neuen Mut gegeben* (2 Kor 7,6).

Die *Amplified Bible* übersetzt diesen Vers mit: *„Aber Gott, der die Niedergeschlagenen und Ertrinkenden tröstet und ermutigt und erfrischt und aufmuntert, hat uns getröstet und ermutigt und erfrischt und aufgemuntert.“* In all dem Druck, dem Paulus ausgesetzt war, wurde er manchmal von depressiven Gefühlen eingeholt. Die Bibel ist ein exzellenter Ratgeber für die Niedergeschlagenen und Überwältigten. Es war nie vorgesehen, dass wir die Herausforderungen dieses Lebens ohne Gott meistern müssen. Er möchte, dass wir all unseren Schmerz, unsere Ängste, Sorgen und Nöte zu ihm bringen, sodass er uns trösten und unserem Herz neues Leben geben kann.

Der Leere entkommen

Wenn wir dem überwältigenden Druck des Lebens ausgesetzt sind, können wir leicht in den Abgrund der Depression und eines Gefühls des Überwältigtseins abrutschen oder uns von unserer tatsächlichen emotionalen Verfassung so abkapseln, dass es uns nur tiefer in die Gebrochenheit führt. Unsere Neigung dazu, uns emotional abzukapseln, ist nämlich ein weiterer Aspekt unserer emotionalen Gebrochenheit. Wenn wir mit tiefem emotionalem Schmerz konfrontiert sind, besteht eine ständige Versuchung, uns von unseren wahren Gefühlen abzukapseln, weil wir nicht mit dem Schmerz umzugehen wissen, den das Leben zwangsweise mit sich bringt. Das Empfinden unverarbeiteten Schmerzes kann uns ein Gefühl von Machtlosigkeit vermitteln, uns verwirren und des Gefühls berauben, unser Leben im Griff zu haben. Gerade diejenigen unter uns, die aus emotional verschlossenen Familien kommen, schlittern leicht in dieselbe Kultur, die unsere Eltern uns vorgelebt haben. Es liegt in der Verantwortung der Eltern, die Emotionen ihrer Kinder zu wecken, indem sie ihnen gegenüber starke Gefühle der Liebe, Zuneigung und Zugehörigkeit zum Ausdruck bringen; indem sie ihnen helfen, ihre Gefühle zu zeigen, und indem sie ihren Kindern beibringen, wie auch sie ihre Liebe und ihre wahren Gefühle ausdrücken können. Aber weil viele Kinder in Elternhäusern aufwachsen, in denen ihre Eltern selbst keinen Zugang zu ihrer tatsächlichen emotionalen Verfassung haben und wo Liebe und Schmerz nie Ausdruck verliehen werden, werden sie buchstäblich trainiert, emotional dicht zu machen. Dieser Zustand ist am deutlichsten daran zu erkennen, dass Eltern ihren Kindern ständig sagen, dass sie aufhören sollen zu weinen, und sie lehren, ihre wahren Gefühle zu unterdrücken.

Wenn diesen dissoziativen Zügen in der menschlichen Persönlichkeit gestattet wird, sich zu einer ausgebauten Festung zu entwickeln, kann die Person, die eine solche Neigung hat, letztendlich zu einer vollkommen dissoziierten Person werden. Als eine ausgewachsene Erkrankung beinhaltet eine dissoziative Identitätsstörung ein sehr viel höheres Maß an Fragmentierung der Persönlichkeit in mehrere Persönlichkeiten oder in ein Cluster von falschen Identitäten, die sich um strategische Lügen Satans gruppieren, die feste Wurzeln in das Herz einer Person geschlagen haben. Die Verwendung des Begriffes

„Dissoziation" im Zusammenhang mit einem Hang dazu, uns emotional von unseren eigenen Gefühlen (oder auch von den Gefühlen anderer) abzukapseln, kann bei einigen professionellen Psychologen den Gedanken an die ausgewachsene Erkrankung hervorrufen. Ich verwende diesen Begriff üblicherweise in einem viel weiteren Sinne und finde den Ausdruck „dissoziativer Züge" angemessen, weil Dissoziation eigentlich einen Zustand beschreibt, in dem jemand ein angemessenes Maß an Assoziation mit oder Bezug zu seiner tatsächlichen emotionalen Verfassung verloren hat.

Empathie ist die Fähigkeit, die emotionale Verfassung eines anderen Menschen wahrzunehmen und darauf einzugehen. Eine empathische Person ist fähig wahrzunehmen, wo jemand anders emotional gerade steht, und somit in der Lage, ihm gegenüber entsprechende Liebe und Anteilnahme auszudrücken, sei es in seinem Schmerz oder in seiner Freude. Es ist die Fähigkeit mitzufühlen; mit den Weinenden zu weinen und sich mit den Glücklichen zu freuen. Menschen mit dissoziativen Zügen leiden auch an einem Mangel an Empathie, weil sie mit ihren eigenen Gefühlen nicht im Reinen sind, geschweige denn mit den Gefühlen anderer. Gefühle machen solchen Menschen große Angst. Das Gegenteil von Empathie ist Apathie. Apathie ist per Definition ein Fehlen von emotionalem Gefühl oder eine Gleichgültigkeit entweder gegenüber dem eigenen Gefühlszustand oder gegenüber dem Gefühlszustand anderer. Eine apathische Person ist Schmerz gegenüber stark desensibilisiert, ob es sich um ihren eigenen Schmerz handelt oder um den Schmerz der Menschen, mit denen sie in Beziehung steht. Eine apathische Person hat emotional vollkommen dichtgemacht und das emotionale Wohlergehen anderer ist ihr völlig egal. Das erinnert mich an den alten Spruch: „Apathie ist auf dem Vormarsch, aber wen kümmert's!"[8]

Ich selbst habe unter einer leichten Form von emotionaler Dissoziation gelitten und stamme aus einer langen Ahnenreihe emotional dissoziierter Familienmitglieder, die sich ganz und gar nicht wohl dabei fühlten, in irgendeiner Weise Gefühle zu zeigen. Als Kind war mir nicht gestattet, Gefühle zu haben, weil meinen Eltern von ihren eigenen Eltern nie gestattet worden war zu fühlen. Sie waren ganz offensichtlich Opfer ihrer eigenen Herkunftsfamilie. Ich habe diesen

[8] Englisch: „Apathy is on the increase but who cares!"

Charakterzug in so vielen Männern meiner Generation gesehen, und doch empfand ich es als merkwürdig tröstlich, weil es mir das Gefühl vermittelte, auf meiner geistlichen Reise nicht allein zu sein, als ich versuchte, aus dieser weitervererbten Gebrochenheit auszubrechen. Viele Männer, die bei mir in der Seelsorge waren oder mit denen ich gesprochen habe, haben ebenfalls berichtet, dass sie in Familien aufgewachsen sind, in denen diese dissoziativen Züge vorhanden waren und die anscheinend davon traumatisiert waren, dass sie während des Zweiten Weltkriegs aufwuchsen. Petrus nannte dies *„das* ***sinn- und ziellose Leben****, das schon eure Vorfahren geführt hatten"* (1 Petr 1,18).

Meine eigene Unfähigkeit zu fühlen, wie ich eigentlich – und dessen war ich mir bewusst – hätte fühlen sollen, ließ mich zweifeln, ob überhaupt irgendeiner meiner Vorfahren emotional gesund und in der Lage war, seine Liebe oder überhaupt auch seinen Schmerz wirklich auszudrücken. Scham ist der Erzfeind der Verletzlichkeit und ich war während meiner ganzen Erziehung hindurch nie gelehrt oder ermutigt worden, verletzlich zu sein. Ein Mantel der Scham umhüllte meine gesamte Familie sowohl mütterlicherseits als auch väterlicherseits. Niemand zeigte sich jemals verletzlich; keiner ließ erkennen, was wirklich in seinem Herzen vor sich ging, oder versuchte herauszulocken, was in den Herzen der anderen um ihn herum vorging. Es war, als würden sie vergeblich versuchen, in einer schmerzlosen Welt zu leben!

Die Bibel schweigt zu diesem Thema ganz und gar nicht. König David hatte einen Ausdruck, mit dem er diesen emotionalen Zustand beschrieb. Er sprach von den Gottlosen, als er sagte:

> *Sie haben ihr hartes Herz verschlossen, sie führen stolze Worte im Mund* (Ps 17,10 REÜ).

Ein verschlossenes Herz ist ein apathisches Herz, das keinen persönlichen Schmerz empfinden kann, geschweige denn den Schmerz anderer. Die NLB übersetzt: *„Sie kennen kein Erbarmen."* Menschen, die keine Empathie für andere haben, fehlt es immer an Zugang zu ihrem eigenen Schmerz. David sagte:

> *Das Herz dieser Leute ist abgestumpft* (Ps 119,70 NGÜ).

Paulus beschrieb diesen Zustand in seinem Brief an die Epheser absolut trefflich:

> *Aus all diesen Gründen fordere ich euch im [Namen des] Herrn mit Nachdruck auf, nicht länger wie die Menschen zu leben, die Gott nicht kennen. Ihre Gedanken sind auf nichtige Dinge gerichtet, ihr Verstand ist wie mit Blindheit geschlagen, und sie haben keinen Anteil an dem Leben, das Gott schenkt. Denn in ihrem tiefsten Inneren herrscht eine Unwissenheit, die daher kommt, dass sich ihr Herz [gegenüber Gott] verschlossen hat. Das Gewissen dieser Menschen ist* ***abgestumpft****; sie haben sich der Ausschweifung hingegeben und beschäftigen sich voller Gier mit jedem erdenklichen Schmutz* (Eph 4,17-19).

Paulus verwendete hier das griechische Wort *apalgeo*, um eine einzigartige emotionale Verfassung zu beschreiben, die sich bei Menschen einstellen kann, wenn sie unter der Last der Sünde und unter der Herzenshärte leiden, zu der diese unweigerlich führt. *Apalgeo* bezeichnet eine Unfähigkeit zu trauern, zu betrauern oder emotionalen Schmerz zu empfinden. Es beschreibt ein abgestumpftes, verhärtetes Herz, das emotionalem Schmerz gegenüber unsensibel geworden ist, was dann zu chronischer Apathie führt. Es ist interessant, sich einmal anzuschauen, wie unterschiedliche Bibelübersetzer diesen Gedanken jeweils umgesetzt haben. In der NIV heißt es: *„Nachdem sie alle Empfindsamkeit verloren haben ...“* Die *Amplified Bible* übersetzt: *„In ihrer geistlichen Apathie sind sie abgestumpft und gefühllos und rücksichtslos geworden ...“* (AMP).

In der *Message* heißt es: *„Ohne Schmerz zu fühlen, stürzen sie sich in sexuelle Besessenheit und sind süchtig nach jeder Art von Perversion.“* Es ist erwähnenswert, dass dieser emotional dissoziierte Zustand als der Urgrund von sexueller Unmoral und Perversion identifiziert wird. In einem Zustand des tiefen emotionalen Unbeteiligtseins kann eine Person sich ohne Weiteres hochgradig zerstörerischen Gewohnheiten hingeben, wie zum Beispiel einer Pornographiesucht oder sogar der Pädophilie. Derlei üble Praktiken nähren und stärken extrem zerstörerische Festungen der Scham und des Verbergens. Die Statistiken über pornographiesüchtige christliche Männer sind erschreckend. Vielleicht ist ihr eigentliches Problem, dass sie so von ihren wahren eigenen Gefühlen und von den Gefühlen anderer (besonders ihrer Frauen, wenn sie verheiratet sind) abgeschottet sind, dass ihnen jedes Bewusstsein für den Schaden abhandengekommen ist, den sie sich selbst und anderen zufügen, indem sie eine solche Festung der Scham aufbauen. Verletzlichkeit ist das Letzte, was einem Pornosüchtigen in den Sinn kommt. Die gesamte Festung ist um Verheimlichung und die perfektionierte Kunst, unentdeckt zu bleiben, herum errichtet.

Das gefühllose Herz ist unfähig geworden, Schmerz oder Liebe zu empfinden. Das Waisenherz ist ein Herz, das das liebende Herz des Vaters nicht fühlen kann oder nie gefühlt hat. Im Herzen eines geistlichen Waisenkindes befindet sich ein gigantisches Vakuum, und dieses Vakuum ist schwer zu verorten oder festzustellen, weil es sich um ein emotionales Vakuum handelt. Wenn das Herz über Jahre hinweg emotional verschlossen und jedem Schmerzempfinden gegenüber verödet ist, wird das Herz hoffnungslos empfindungsunfähig. Weil es keinen Schmerz empfindet, kann das Waisenkind sich in Sünde und Unmoral hineinstürzen, ohne den sich immer weiter vertiefenden Schmerz zu spüren, denn sein „Schmerzometer" ist ernsthaft beschädigt worden. Paulus sprach von denen, die ihr Gewissen wie mit einem heißen Eisen versengt haben (vgl. 1 Tim 4,2). Eine solche Person hat sich so der Sünde hingegeben, dass sie ihren moralischen Kompass eingebüßt und ihre Fähigkeit, zwischen Gut und Böse zu unterscheiden, zerstört hat. Ungehemmte emotionale Dissoziation führt unweigerlich zu moralischen Problemen. Die Vorstellung davon, „etwas mit einem heißen Brandeisen zu versengen" könnte angemessen verwendet werden, um jemanden zu beschreiben, der seine eigene Schmerzempfindlichkeit verödet hat, weil er sich in einem hohen Maß von dem tatsächlichen Schmerz in seinem Herzen abgekapselt hat. Der Schmerz ist ganz gewiss da, aber man hat gelernt, ihn nicht länger zu fühlen. Es handelt sich hierbei eher um einen emotionalen Zustand als um einen moralischen Zustand, aber die Auswirkungen sind dieselben: Ein geistlicher Mechanismus, den Gott als Teil der notwendigen Ausstattung zur Navigation durch das Leben erschaffen hat, ist zerstört, beschädigt oder außer Kraft gesetzt worden.

Wenn jemand das „Vakuum" nicht lokalisieren oder artikulieren kann, bewegt er sich in einen Bereich hinein, in dem er sich seiner wahren Verfassung überhaupt nicht mehr bewusst ist. Wenn man solche Leute fragt, ob sie ein emotionales Vakuum empfinden, erntet man unter Umständen nur einen leeren Blick. Auch wenn man sie fragt, wie sie über bestimmte beunruhigende Situationen denken, die anderen Menschen immensen Schmerz bereiten würden, starren sie einen vielleicht nur leer an. Das Vakuum wird zu einem nicht zu lokalisierenden Abgrund. Manche Menschen nennen das ihre „Nichts-Box“. Sie verziehen sich in ihre Nichts-Box, weil sie in diesem falschen Zufluchtsort absolut nichts fühlen und dort „sicher“ sind. Es ist eine private Welt, in der es scheinbar keinen Schmerz gibt. Es handelt sich um einen menschengemachten Zustand seliger Unwissenheit, von dem aus man sich auf eine hochgradig gefühllose Art und Weise durchs Leben navigiert. Andere, die Schmerzen leiden, betrachtet man losgelöst und amüsiert, als würde man ein schwächeres menschliches Wesen klinisch untersuchen, das es irgendwie nicht geschafft hat, den allgemein vorhandenen menschlichen Schmerz zu überwinden.

Eine solche Person, die aus dem Vakuum heraus lebt, ist von ihrer eigenen emotionalen Verfassung fast vollständig losgelöst, so als wäre sie ein unbeteiligter Beobachter ihrer eigenen Leiden und Nöte; fast als wäre sie nicht mehr in ihrem eigenen Körper. Sie sieht sich selbst in einer solch emotional abgekapselten Weise durchs Leben gehen, dass sie den Schmerz tiefen persönlichen Verlustes – wie den Tod eines geliebten Menschen oder eine Scheidung oder den Zerbruch einer Familie – mit einem teilnahmslosen Lächeln auf ihrem Gesicht durchleben kann. Wenn sich dieser Zustand zu einer starken Festung entwickelt, kann sie sogar ruhig und mit einem Kichern in der Stimme, vielleicht sogar einem gewissen Grad an Gelächter, über ihr eigenes Unglück und ihre Schwierigkeiten reden. Salomo sagte:

> *Auch beim Lachen kann das Herz Kummer empfinden, und die Freude endet in Traurigkeit* (Spr 14,13 NLB).

Die NLB schreibt: *„Auch hinter einem Lachen kann sich ein trauriges Herz verbergen und das Lachen vergeht und der Kummer bleibt.“* Dissoziierte Menschen haben einfach keinen Zugang zu ihrem eigenen Schmerz. Sie sind zum teilnahmslosen Zuschauer ihres eigenen Shakespeare-Dramas geworden.

Wenn eine Person im Inneren ihres Seins so absolut leer ist, wie kann sie dann das Vakuum lokalisieren, wenn dort doch nichts zu finden ist? Manche Menschen, besonders solche, die verlassen worden, zu Waisen geworden, abgelehnt oder verstoßen worden sind, haben ihr Leben lang mit diesem Vakuum gelebt. Im Herzen mancher Menschen kann es einen solchen Ozean ungestillter Nöte geben, einen solchen Zustand tiefer innerer Leere, einen solchen Mangel, sich geliebt und zugehörig zu fühlen, dass die Seele von dem Ausmaß der emotionalen Leere traumatisiert ist. Es ist, als lebe die Person in einem Gefängnis des Schmerzes über ihre eigene Isolation und Einsamkeit, aber dieser Zustand ist so furchtbar, dass sie sich eine Fantasiewelt erschaffen hat, in der eigentlich alles okay ist. Manche nennen es selige Unwissenheit, andere nennen es Verleugnung oder Verdrängung, manche bezeichnen es als ein Leben im „Traumland".

In diesem merkwürdigen Dämmerzustand überzeugt sich die Person, die aus der Leere heraus lebt, selbst davon, dass sie, egal, wie schlimm oder brutal sie von anderen behandelt worden ist, schmerzunempfindlich ist, weil sie einfach kein „Schmerzometer" besitzt. Sie registriert einfach nichts mehr, weil sie den gewöhnlichen Schmerz und das Leiden der Menschheit ausgeschaltet hat. Weil sie keinen Schmerz empfindet, gibt sie sich in einen Lebensstil hinein, der der durchschnittlichen Person tiefen Schmerz bereiten würde, bei ihr aber keinen Schmerz verursacht, weil sie sich selbst davon überzeugt hat, Schmerz überwunden zu haben. Um Pink Floyd zu zitieren: Sie sind „comfortably numb" (dt. „fühlen sich wohl in ihrer Benommenheit") geworden. Das kennzeichnet das Herz eines Waisenkindes.

Aber Jesus hat versprochen, uns nicht als Waisen zurückzulassen. Er hat versprochen, zu uns zu kommen, um uns zu unserem Adoptivvater zu bringen und unser Herz so mit der Liebe des Vaters zu füllen, dass wir innerlich wieder zum Leben erweckt werden. Das Hohelied nennt dies „erweckte Liebe". Der Geliebte sagt:

> *Ihr Mädchen von Jerusalem, ich beschwöre euch bei den Gazellen und den Rehen des Feldes, dass ihr die Liebe nicht* ***aufweckt*** *und stört, bis es ihr selbst gefällt* (Hld 2,7 NLB).

Der (himmlische) Vater und der Bräutigam sehnen sich danach, in unserem Herzen wieder Gefühle zu wecken und uns aus dem Versteck emotionaler Dissoziation zu holen. Nur das Erleben der überwältigenden Liebe Gottes kann solch ein zerbrochenes Herz erwecken und die große Leere im Inneren unseres Herzens füllen. Das Vakuum kann durch nichts gefüllt werden, außer der Adoptiv-Liebe des Vaters. Laut Johannes ist die Ursache dafür, wenn Christen weiterhin weltliche Dinge lieben, dass ihnen die [Erfahrung der] Liebe des Vaters fehlt. Jesus betete ausdrücklich zu seinem himmlischen

Vater, dass die Liebe, mit der der Vater ihn liebte, auch in uns sein möge. Allein eine Begegnung mit der Liebe des Vaters kann mit der Zeit die schreckliche Leere, die das Herz des Waisenkindes quält, füllen und beseitigen.

Woher kommt dieses Leere? In einem erhellenden Buch mit dem Titel *The Life Model: Living From the Heart Jesus Gave You* (dt. Das Lebensmodell: Wie Sie aus dem Herzen heraus leben, das Jesus Ihnen gegeben hat), unterscheiden die Autoren zwischen zwei Typen von Traumata, welche sie mit „Typ-A-Traumata" und „Typ-B-Traumata" bezeichnen: „Typ-A-Traumata ergeben sich aus dem Nichtvorhandensein der guten Dinge, die wir alle erhalten sollten; Dinge, die uns emotionale Stabilität verleihen."[9] „Typ-B-Traumata entstammen schlechten Dingen. Ein Typ-B-Trauma schädigt durch seine Anwesenheit."[10] Typ-B-Traumata rühren von Taten der Sünde und des Missbrauchs her, die im Laufe des Lebens gegen uns verübt worden sind. „Vielen Menschen fällt es schwer, einzusehen, dass Typ-A-Traumata die Ursache ihres Schmerzes, ihrer Depression oder Isolation sind. Ihre Bedeutung wird verleugnet, sodass die Personen sich wundern, warum sie sich in Bezug auf sich selbst so schrecklich fühlen, warum sie solche Angst haben zu vertrauen oder warum sie das ständige Bedürfnis verspüren, ihren Wert zu beweisen. Wird die Bedeutung der Traumata bestritten, rätseln die Leute darüber, woher diese verstörenden Gefühle dann kommen."[11]

Die Autoren von *The Life Model* sind die Pioniere des *Shepherd's House* (dt. Haus des Hirten), eines Dienstes für innere Heilung. Sie identifizieren eine Reihe von Indikatoren für die fehlenden Dinge, die zu dem emotionalen Vakuum beitragen, das aus Typ-A-Traumata erwächst:

1. Von den Eltern nicht einfach nur deshalb geschätzt und gefeiert zu werden, weil man da ist.
2. Nicht die Erfahrung gemacht zu haben, eine Freude zu sein.
3. Keine Eltern gehabt zu haben, die sich Zeit genommen haben, um zu verstehen, wer man ist; die einen nicht ermutigt haben mitzuteilen, wer man ist, was man denkt und fühlt.

---

[9] Übersetzt aus: J. G. Friesen: *The Life Model: Living From the Heart Jesus Gave You*, S. 69.

[10] Übersetzt aus: Ebd., S. 73-75.

[11] Übersetzt aus: Ebd., S. 70-71.

4. Nur wenig nicht-sexuelle physische Zuwendung erhalten zu haben: ein Schoß, auf dem man sitzen kann; Arme, die einen halten.[12]

Ich würde dies als die Waisen-Wunde bezeichnen, die davon herrührt, dass man nicht geliebt worden oder einem kein tiefes Zugehörigkeitsgefühl vermittelt worden ist. David schrieb:

> *Obwohl mein Vater und meine Mutter mich verlassen haben, wird doch der Herr mich aufnehmen [als sein Kind adoptieren]* (Ps 27,10 AMP).

Das Heilmittel ist eine herrliche Kombination aus dem Erleben der Liebe des Vaters, aber auch des Integriertseins in eine Gemeinschaft und gesunde Beziehungen, in denen wir geliebt werden.

> *Gott schenkt den Einsamen Familien und gibt den Verlassenen ein Zuhause, in dem sie wohnen können* (Ps 68,7 AMP).

Allerdings wird sich die vollkommene Heilung unseres zerbrochenen Herzens nicht allein dadurch einstellen, dass wir wieder in gesunde irdische Beziehungen integriert werden, sondern dadurch, dass wir spürbar die Liebe unseres himmlischen Vaters erleben, der gekommen ist, um die tiefe Waisen-Wunde zu heilen und viele Söhne und Töchter zur Herrlichkeit zu führen.

Ein zerbrochenes Herz und Sünde

Es ist extrem wichtig, dass wir den komplexen Zusammenhang zwischen einem zerbrochenen Herzen und Sünde verstehen. Ein zerbrochenes Herz *an sich* ist noch kein sündiger Zustand; es ist die *Auswirkung* davon, dass man in der *Gegenwart von Sünde und Tod* lebt. Deshalb hat jeder Mensch ein Stück weit ein zerbrochenes Herz. Manche Menschen allerdings erfahren mehr, als sie verkraften können, besonders die Opfer von grausamen und verbrecherischen Menschen, wie Schwerverbrechern, übergriffigen Menschen, Vergewaltigern, sexuellen oder physischen Gewaltverbrechern oder anderweitig übelgesinnten Menschen. Wir leben in der ständigen Gegenwart von

---

[12] Übersetzt aus: Ebd., S. 72.

Sünde und sind umgeben von Menschen, die sich der sündigen Natur hingegeben haben.

> *Der gottlose Mensch meint in seinem Stolz, Gott würde nicht danach fragen. Er denkt, Gott gibt es nicht. [...] Mit seinem Mund flucht, lügt und droht er und was er redet, bringt Unrecht und Unheil* (Ps 10,4.7 NLB).

In der ganzen Bibel sowie in der gesamten Menschheitsgeschichte sehen wir, wie die Reichen die Armen und die Starken die Schwachen unterdrücken. Salomo beobachtete etwas, was die gefallene Menschheit schon immer auszeichnete:

> *Wieder betrachtete ich das Unrecht, das auf der Welt herrscht. Ich sah die Tränen der Unterdrückten, denen niemand beistand. Sie waren der Gewalt der Unterdrücker ausgeliefert, und niemand war da, der ihnen Mut machte* (Pred 4,1 NLB).

Unterdrückung ist im Herzen des Menschen. Jeremia sagte zu einer abtrünnigen Nation:

> *Dein ganzes Sinnen und Trachten dagegen ist auf Gewinn ausgerichtet. Du bringst Unschuldige um, unterdrückst Menschen und erpresst sie ohne Bedenken, wenn es darum geht, einen Vorteil für dich herauszuschlagen* (Jer 22,17 NLB).

Der Psalmist schrieb:

> *Denn alles, was ich in der Stadt gesehen habe, war Gewalt und Streit. Tag und Nacht sind ihre Mauern gegen Eindringlinge bewacht, doch das Verderben ist schon mitten in der Stadt. Mord und Raub sind überall, Erpressung und Betrug herrschen auf den Straßen* (Ps 55,10-12 NLB).

Es klingt, als hätten sich die Städte der Antike nicht wesentlich von unseren modernen Städten unterschieden.

Weil wir uns so an die Gegenwart von Sünde gewöhnt haben, übersehen wir gerne die Tatsache, dass sie für unsere Seele sowohl unnatürlich ist als auch extrem zerstörerisch wirkt. Paulus sagte:

> *Wer auf den Boden seiner selbstsüchtigen Natur sät, wird als Frucht seiner Selbstsucht das **Verderben** ernten* (Gal 6,8).

Das griechische Wort für „Verderben“ ist *phthora* und bedeutet wörtlich „Ruin“ oder „Zerstörung“. Paulus warnte die Gläubigen vor den zerstörerischen Konsequenzen, die auf sie warten, wenn sie der Versuchung der Sünde nachgeben.

> *Menschen, die reich werden wollen, geraten nur in Versuchung und verstricken sich in so viele dumme und schädliche Wünsche, dass sie letztlich ins Verderben und in ihren eigenen Untergang stürzen* (1 Tim 6,9 NLB).

Wenn wir uns der Sünde hingeben, werden unsere Seelen buchstäblich zerstört, aber ebenso sind wir enormen zerstörerischen Kräften ausgesetzt, wenn sündige Menschen sich an uns versündigen. Wenn wir nicht von Christus lernen, wie wir effektiv und schnell mit den Sünden umgehen können, die gegen uns begangen worden sind, haben auch sie das Potential, uns zu zerstören. Vergessen wir nicht, dass der Teufel als der urbildliche „Sünder“ gekommen ist, um zu *„rauben, morden und zerstören“* (Joh 10,10 NLB) und es ihm nie an Menschen zu fehlen scheint, die gewillt sind, ihm dabei unter die Arme zu greifen! Kein Wunder, dass der Psalmist beklagt: *„Mord und Raub sind überall.“* Sünde wird letztendlich unser Leben zerstören, sei es von innen heraus oder von außen – es sei denn, wir kehren um!

Haben Sie jemals festgestellt, dass ihre alte Sündennatur wie in einem Automatismus auf den Plan gerufen wird, sobald Sie Ablehnung, Unterdrückung oder Missbrauch erfahren? Wenn uns immer noch verwundete und zerbrochene Emotionen beherrschen, stellen wir fest, dass wir aus unserer Gebrochenheit heraus reagieren. Deshalb ist es so wichtig, den Zusammenhang zwischen Sünde und einem verwundeten Herz zu verstehen. Aber bevor wir weiter auf dieses Thema eingehen, müssen wir Jesus betrachten. Das sündlose und makellose Lamm Gottes erfuhr die brutalste Behandlung, die ein Mensch jemals aushalten könnte. Gleich von Beginn seines Wirkens an, lehnte sein eigenes Volk ihn ab.

> *Er kam zu seinem Volk, aber sein Volk wollte nichts von ihm wissen* (Joh 1,11).

> *Er wurde verachtet und von den Menschen abgelehnt – ein Mann der Schmerzen, mit Krankheit vertraut, [...] Doch wegen unserer Vergehen wurde er durchbohrt, wegen unserer Übertretungen*

zerschlagen [...] Er wurde misshandelt und niedergedrückt und gab keinen Laut von sich. Wie ein Lamm, das zum Schlachten geführt wird, und wie ein Schaf vor seinem Scherer verstummt, so machte auch er den Mund nicht auf (Jes 53,3.5.7 NLB).

Der Stein, den die Bauleute ***verworfen*** *haben, ist zum Eckstein geworden* (Ps 118,22 NLB).

Jesus selbst wurde von seinen engsten Freunden verraten.

Und wenn jemand fragt: „Was hast du da für Narben auf der Brust?", wird er antworten: „Ich wurde im Haus meiner Freunde verletzt!" (Sach 13,6 NLB).

Er durchlitt Verrat und Verlassenwerden. *„Da verließen ihn alle Jünger und flohen"* (Mt 26,56). Er wurde durch die Zeit seiner Wirksamkeit hindurch immerzu beschimpft und beleidigt und dennoch:

Er hat sich nicht gewehrt, wenn er beschimpft wurde. Als er litt, drohte er nicht mit Vergeltung (1 Petr 2,23 NLB).

Drei Jahre der Erniedrigung gipfelten in seinem Verrat, seiner Verhaftung, seiner Folter und schließlich seiner brutalen Ermordung. Bei den religiösen Führern war Jesus abgrundtief verhasst und wurde von ihnen gewaltsam verfolgt. Schon vor seiner Kreuzigung war er die Zielscheibe zahlreicher Attentatspläne. Jesus wurde von üblen Menschen, die das Licht hassten, methodisch gehasst.

Wer mich hasst, hasst auch meinen Vater. [...] Nun haben sie diese Dinge aber gesehen, und trotzdem hassen sie sowohl mich als auch meinen Vater. Doch es musste so kommen, weil sich erfüllen sollte, was in ihrem Gesetz steht: Sie haben mich ohne Grund gehasst (Joh 15,23-25).

Die Kreuzigung Jesu wurde als seine „Demütigung" beschrieben: *„Er wurde gedemütigt und erfuhr kein gerechtes Urteil"* (Apg 8,33 NLB). Jesus wurde gedemütigt, weil er im Endeffekt sexuell missbraucht wurde, als er vor den Augen der Öffentlichkeit vollkommen nackt ans Kreuz gehängt wurde. Selbst noch am Kreuz wurde er verspottet und verlacht.

Die Leute, die vorübergingen, beschimpften und verhöhnten ihn (Mt 27,39 NLB).

Und auch die Verbrecher, die mit ihm gekreuzigt worden waren, verhöhnten ihn (Mt 27,44 NLB).

Jesus erlebte Ablehnung in einem unvergleichlichen Maße. Aber in all dem verfluchte oder vergalt das sündlose Lamm Gottes nicht; stattdessen sagte er:

Vater, vergib diesen Menschen, denn sie wissen nicht, was sie tun (Lk 23,34 NLB).

Ganz zum Schluss, während er dort am Kreuz hing, erlitt er dazu noch die größte Qual des Verlassenwerdens von seinem Vater, als er die Sünde und den Schmerz der ganzen Welt auf sich nahm.

Mein Gott, mein Gott, warum hast du mich verlassen? (Mt 27,46 SLT).

Jesus wurde abgelehnt, verwundet und missbraucht, doch bemerkenswerterweise sündigte er nicht! Wären wir auch nur einem kleinen Anteil solcher Ablehnung und Verwundung ausgesetzt, würden wir wahrscheinlich vor Wut platzen und uns in unserem Herzen Gedanken der Heimzahlung und Rache hingeben. Unversöhnlichkeit würde unser Herz fluten und wir würden mit tiefem Zorn, Groll, Bitterkeit und sogar Hass zu kämpfen haben. Vielleicht würden wir sogar der Versuchung erliegen, über Mord nachzudenken! Die Verstrickung tiefer emotionaler Wunden zusammen mit der Verstrickung in unsere alte sündige Natur ist eine tödliche Kombination. Das ist, als würde man Nitrogen und Glyzerin zusammenmixen. Wenn wir emotional verwundet sind, kann selbst die kleinste Provokation all unsere unverarbeiteten Sünden mit verblüffender Heftigkeit auf den Plan rufen. Verwundete und missbrauchte Menschen, die dazu noch von Sünde tief verunreinigt und korrumpiert sind, haben das Problem, dass sich ihr verwundetes Herz in sündigen Denk- und Verhaltensmustern verfängt. Wir werden nicht in einem Vakuum verwundet, sondern oft im Kontext unserer eigenen sündhaften Einstellungen und Reaktionen. Die Gebrochenheit in unserem Herzen hält uns buchstäblich in der Sündennatur gefangen und wenn wir von anderen unterdrückt oder abgelehnt werden, verstärkt das den Einfluss unserer Umstände wesentlich.

Deshalb ist Jesus gekommen, um zerbrochene Herzen zu heilen. Ein emotional ungeheiltes Herz kann das Blut Jesu wirkungslos machen. Es ist nicht so, als sei das Blut Christi in und an sich nicht wirksam, um uns von aller Sünde zu reinigen; ein einziger Tropfen seines kostbaren Blutes reicht aus, um all unsere Sünde wegzuwaschen. Das Problem liegt darin, dass wir uns, wenn wir von den Sünden anderer verwundet sind, unweigerlich in sündhaften Haltungen der Unversöhnlichkeit, der Rachgier, des Richtens und der Bitterkeit verfangen. Bis wir die zärtliche Liebe des Vaters erleben, die all die Bitterkeit in unserem Herzen zum Schmelzen bringt, bleiben wir in der Sünde gefangen. Solange die Kirche versucht, ein zweidimensionales Problem mit einem eindimensionalen Heilmittel zu kurieren, werden wir eine zerbrochene und geschlagene Gemeinschaft bleiben. Warum ist die Kirche immer noch so verletzt und zerbrochen, wenn das Blut Christi so mächtig ist? Weil wir in der Gegenwart der Sünde leben, sind unsere Herzen im Laufe eines Lebens so tief verwundet worden, dass wir die verwandelnde Liebe Gottes erleben müssen, damit die zerbrochenen Stellen in unserem Herzen geheilt werden. Nur wenn Christus unserem verwundeten Herzen seine übernatürliche Heilung angedeihen lässt, können wir der komplexen Verstrickung in Sünde und Gebrochenheit ganz entkommen.

Es gibt unterschiedliche Stufen von Sünde. In den ersten Phasen nach unserer Bekehrung überführt und reinigt uns der Heilige Geist von vielen der offensichtlich sündhaften Angewohnheiten, die einmal unser Leben ausgemacht haben. Eines der Indizien für eine Bekehrung ist häufig, dass man einen plötzlichen Wandel in seinem Lebensstil vollzieht. Dinge wie Drogenmissbrauch, starker Alkoholkonsum, Gotteslästerung, Fluchen, Unzucht etc. verschwinden aufgrund ihrer Offensichtlichkeit normalerweise relativ schnell. Aber es gibt tieferliegende Sünden, von denen man wesentlich langsamer frei wird. Sie gehören oft in den Bereich sündhafter Einstellungen und Absichten und der selbstsüchtigen Strategien des Herzens, die unser Verhalten bestimmen.

Gerade in diesem Bereich rückt der Zusammenhang zwischen Sünde und tiefer Verwundung ins Blickfeld. Tiefgreifende Freiheit von Sünde geht Hand in Hand mit tiefer emotionaler Heilung. Die tiefen geistlichen Wunden und schmerzhaften Erfahrungen der Vergangenheit halten die sündigen Einstellungen und Absichten des Herzens unter Verschluss und uns in sündhaften Strategien gefangen, die weiterhin unser Verhalten steuern. Nur Jesu Heilungsdienst an den zerbrochenen Herzen kann diese Zugänge zum Herzen aufschließen. Erst wenn der Herr die tiefe Gebrochenheit in unserem Herzen aufdeckt und den Heilungsprozess anstößt, werden diese tieferliegenden Festungen der Sünde und Selbstsucht ins Wanken geraten. Genau hier versagt der eindimensionale Lösungsansatz für die menschliche Misere wirklich kläglich!

Alles deutet darauf hin, dass die Heilung und Wiederherstellung der Seele hauptsächlich auf zwei Ebenen stattfindet. Einerseits müssen wir von sündigen Absichten, Denk- und Verhaltensmustern umkehren, sodass wir persönlich von der Macht der Sünde gereinigt werden; auf der anderen Seite müssen wir aber auch von den *zerstörerischen Folgen der Sünde* in unserem Leben geheilt werden. Überall, wo Sünde vorhanden ist, gibt es verwundete Herzen und Gebrochenheit! Die Kraft des Evangeliums bereitet durch Gottes Vergebung und die heiligende Kraft des Blutes Jesu unserer Sünde wirksam ein Ende. Der Heilungsdienst an den zerbrochenen Herzen dagegen ist dazu da, die *schmerzhaften Auswirkungen* der Sünde auf unsere Seele zu entfernen. Wenn wir die Liebe des Vaters erfahren, werden die Wunden in unserem Gefühlsleben heilen. Das Kreuz und die Neue Schöpfung ermöglichen es uns, die heilende Liebe des Vaters zu erfahren, aber nur wenn wir spürbar erleben, wie seine Liebe durch das Wirken des Heiligen Geistes in unser Herz ausgegossen wird, gelangen wir in die volle Freiheit unserer Sohnschaft.

Die Auswirkungen der Vergangenheit

Einige Christen haben Schwierigkeiten mit dem Gedanken, dass Erlebnisse aus unserer Vergangenheit uns auch noch in der Gegenwart zu einem gewissen Maß bestimmen. Manche von ihnen glauben, dass sich mit ihrer Bekehrung zu Christus all die Probleme ihrer Vergangenheit erledigt haben. Die Auswirkungen der Vergangenheit zu leugnen, kann ein allgemeines Problem darstellen, aber in ihrem Streben nach schnellem geistlichem Wachstum sind einige christliche Traditionen besonders anfällig dafür, ein bestimmtes theologisches Prinzip zu vertreten, das darauf besteht, wir seien tot gegenüber dem

Schmerz der Vergangenheit und unserer emotionalen Gebrochenheit. Anstatt zu versuchen, die verborgenen Ursachen von Schmerzen und Verletzungen aus der Vergangenheit aufzudecken und ihre Auswirkungen auf uns heute festzustellen, leugnen sie schlichtweg die Realität der Vergangenheit. Einige Christen werden von wohlmeinenden Bibellehrern gelehrt, die Vergangenheit vollständig zu ignorieren. Im ersten Kapitel seines Buches *Tiefe Wunden heilen* beschreibt Charles Kraft eine Begebenheit, bei der ein christlicher Lehrer genau diese Methode vorschlug, um mit Problemen der Vergangenheit umzugehen:

> Der Prediger begann, einen Satz aus dem Brief an die Philipper auszulegen: *„Ich vergesse, was hinter mir liegt [...]"* (Phil 3,13b). Er hatte diese Verse zu einer anderen Bibelstelle in Verbindung gebracht: *„Wenn also jemand in Christus ist, dann ist er eine neue Schöpfung: Das Alte ist vergangen, Neues ist geworden"* (2 Kor 5,17). Mit großer Begeisterung, so als wolle er jemanden überzeugen, der nicht ganz seiner Meinung war, unterstrich er seine Hauptaussage, nämlich, dass für einen Menschen, der Christus als seinen persönlichen Retter angenommen hat, die Vergangenheit ein für alle Mal erledigt sei, weil alles neu geworden ist. Darum, so schloss er, sollten wir nicht nach hinten blicken, sondern unser neues Leben in Christus unbehelligt von der Vergangenheit führen. Nichts, sagte er, was aus dieser Vergangenheit stamme, könne unser gegenwärtiges Leben beeinflussen, weil Jesus bei unserer Umkehr unter all diese Dinge einen Schlussstrich gezogen habe. Obwohl der Großteil der Anwesenden nicht verriet, was sie davon hielten, rutschten nach der letzten Äußerung doch einige Zuhörer auf ihren Stühlen unruhig hin und her.[13]

Das ist Fundamentalismus in seiner schlimmsten Form. Während es überzeugend klingen mag, sich auf diese beiden Verse aus der Bibel zu berufen, würde in Wirklichkeit nur ein Experte der Verdrängungs- und Leugnungskunst ernsthaft behaupten, dass unsere Vergangenheit keinerlei Einfluss mehr auf uns hat. Emotional dissoziierte Christen lieben diese Botschaft. Ich habe einmal einen Mann getroffen, der mir die kaputteste Vergangenheit beschrieb, die man sich überhaupt vorstellen

---

[13] C. Kraft, *Tiefe Wunden heilen*, S. 13.

kann, und der dennoch darauf bestand, sein Gefühlsleben sei vollkommen geheilt worden, und zwar an dem Tag, an dem er Jesus annahm. Manch einer kann nicht zwischen einem zerstörten Schmerzometer und einem geheilten Herzen unterscheiden.

Unverarbeiteter Schmerz wird immer zu Gift. In 2. Korinther 5,17 verkündete Paulus die unglaubliche Realität der Erneuerung unseres Geistes in Christus. In Christus sind wir tatsächlich herrlich neue Kreaturen! Wir sind neugeboren und die Fülle der göttlichen Natur lebt in der Person des Heiligen Geistes in uns. Paulus nannte immer wieder die bereits gegenwärtigen Realitäten der Neuen Schöpfung, um den Gläubigen ein festes Fundament zu geben, von dem aus sie die Reise der Heiligung und der Erneuerung ihrer Seele antreten können. Wir starten die Reise der persönlichen Verwandlung auf der Grundlage des Sieges, und nicht der Niederlage!

Obwohl Paulus es selbst noch nicht zu sündloser Perfektion gebracht hatte (vgl. Phil 3,12), konnte er zuversichtlich die Realität dessen bestätigen, wer er in Christus geworden war.

> *Ich bin mit Christus gekreuzigt. Nicht mehr ich bin es, der lebt, nein, Christus lebt in mir* (Gal 2,19-20).

Wenn Paulus sagte *„das Alte ist vergangen"*, gilt das tatsächlich für das Werk, das Gott im menschlichen Geist eines jeden Menschen getan hat, der sein Vertrauen auf Jesus gesetzt hat! Aber zweifelsohne nahm Paulus auch viele seiner eingewurzelten selbstsüchtigen Haltungen noch in die Gegenwart mit und hatte mit den noch verbliebenen Auswirkungen seines ehemaligen selbstgerechten Lebens zu kämpfen. In Christus ist das Alte vergangen, aber selbst Paulus musste den Prozess durchlaufen, sich dieses neue Leben in Christus anzueignen, indem er den guten Kampf des Glaubens kämpfte. Er erkannte, dass sein innerer Mensch (seine Seele) noch immer von Tag zu Tag erneuert wurde (vgl. 2 Kor 4,16).

Wie er selbst zugab, bereitete seine mordgierige Vergangenheit Paulus große Schwierigkeiten. War er im Augenblick seiner Bekehrung sofort frei von all seiner Wut, seiner Scham und seinen hasserfüllten Gedanken? Wenn Paulus lehrte, dass Christen, die das Geld verehrten, *„sich selbst viele Schmerzen zugefügt"* hätten (1 Tim 6,10 NLB), wie viel mehr hatte Paulus sich dann mit seinen hasserfüllten Einstellungen und seinem berechneten Versuch, die Gemeinde Gottes zu zerstören, verwundet? Wie wir in diesem Kapitel bereits gesehen haben, legte Paulus einen deutlichen Schwerpunkt auf die Sprache der inneren Heilung, weil er – auch aus eigener Erfahrung – wusste, wie unbedingt wichtig es für Christen ist, sich auf ihren Weg der Heilung zu begeben. Selbst gegen Ende seines Lebens beschrieb Paulus sich als den „größten Sünder", womit er andeutete, dass ihn seine schlimme Vergangenheit immer mal wieder einholte.

> *... ausgerechnet mich, der ich ihn früher verhöhnt und seine Gemeinde mit äußerster Härte verfolgt hatte. Aber er hat sich über mich erbarmt, weil ich in meinem Unglauben nicht wusste, was ich tat. Geradezu überwältigend war die Gnade, die unser Herr mir erwiesen hat, und sie hat in mir einen Glauben und eine Liebe entstehen lassen, wie sie nur durch Jesus Christus möglich sind. Ja, Jesus Christus ist in die Welt gekommen, um Sünder zu retten. Auf dieses Wort ist Verlass; es ist eine Botschaft, die vollstes Vertrauen verdient. Und einen größeren Sünder als mich gibt es nicht! Doch gerade deshalb hat sich Jesus Christus über mich erbarmt: An mir als dem größten aller Sünder wollte er zeigen, wie unbegreiflich groß seine Geduld ist; ich sollte ein ermutigendes Beispiel für alle sein, die sich ihm künftig im Glauben zuwenden, um das ewige Leben zu erhalten* (1 Tim 1,13-15).

Ist irgendjemand vollkommen frei von all den Auswirkungen seiner Vergangenheit, einfach nur, weil er sich zu Jesus bekehrt hat? Die Einzigen, die etwas so Absurdes behaupten würden, sind Menschen mit einem oberflächlichen oder einfachen Verständnis von Heiligung. Die Bekehrung ist nur der Beginn des Prozesses der Heiligung und wir werden den Rest unseres Lebens damit verbringen, zu denen zu werden, die wir in Christus bereits sind. Wer Christen ermutigt zu glauben, sie hätten ihre Vergangenheit nun, da sie sich bekehrt haben, vollständig hinter sich gelassen, wenden im Grunde eine „Hyper-Glauben"-Theologie auf die tiefen Verwundungen des Herzens an. Vertreter einer solchen Theologie fordern Gläubige dazu auf, die Existenz von Krankheit in ihrem Körper zu leugnen, weil sie glauben, dass wir durch unser Bekenntnis *geheilt* sind, wenn wir unsere physische Heilung nur bekennen. Einige von ihnen gehen sogar so weit, darauf zu bestehen, die weiterhin bestehenden Symptome der Krankheit seien nichts anderes als Lügen des Teufels, die die Wahrheit angreifen sollen, dass wir in Christus bereits geheilt sind.

In dieser merkwürdigen religiösen Kultur wird den Menschen weisgemacht, ihnen mangele es irgendwie an Glauben, wenn sie immer noch krank sind. Diese Theologie kann Gläubige, die noch mit physischen Krankheiten zu kämpfen haben, zerstören, weil sie sich dadurch minderwertig und verdammt fühlen. Noch zerstörerischer ist diese Lehre allerdings, wenn sie auf die inneren Fragen des Herzens angewandt wird, weil sie Gläubigen, die noch mit Angst, Depression, Ablehnung oder irgendeinem anderen emotionalen Problem zu kämpfen haben, verdammt. Gläubige, die sich in eine Kultur religiöser Leugnung verstricken, müssen eine fröhliche Maske aufsetzen und ihren Schmerz noch tiefer vergraben, um in dieser Kultur, die keine Schwachheit und menschliche Gebrochenheit akzeptieren kann, Annahme zu finden.

Ich habe selbst Erfahrungen mit dieser Kultur gemacht. In meiner ersten Zeit in der Pfingstbewegung der 1980er Jahre waren diese Lehren weitverbreitet. Glaubenslehrer machten falsche Versprechungen, Neubekehrte könnten quasi ohne emotionalen Schmerz und Gebrochenheit leben, wenn sie nur ihren Lehren Glauben schenken würden. Sie gaben vor, größere Offenbarung zu haben, die Christen dazu befähige, über vielem zu stehen, worunter der durchschnittliche Christ leidet. Doch tragischerweise gehen die besten Absichten dieser neognostischen Lehrer immer nach hinten los und führen zu einem tiefen Gefühl des inneren Versagens, besonders wenn ihre Lehren auf das Gefühlsleben des Gläubigen angewendet werden.

Kein noch so häufiges positives Bekenntnis wird den schwierigen und herausfordernden Prozess ersetzen, die tiefen Verwundungen des Herzens aufzudecken und zu heilen. Unser Schmerz muss gemeinsam mit unserem Vater verarbeitet werden. In ihrem Buch *Richtig mit Gefühlen umgehen* verwendet Joyce Meyer das Bild eines Knäuels aus Knoten, um zu beschreiben, wie unser Leben aussieht, gleich nachdem wir zu Christus gekommen sind. Wenn sie über das Thema Emotionale Heilung lehrt, hält sie einen Satz miteinander verknoteter farbiger Schnürsenkel hoch und sagt: „Das bist du, wenn du am Beginn deines Verwandlungsprozesses mit Gott stehst. Du bist völlig verknotet. Jeder Knoten steht für ein anderes Problem in deinem Leben. Diese Knoten zu lösen und diese Probleme aus dem Weg zu schaffen, wird einiges an Zeit und Mühen kosten; lass dich also nicht entmutigen, wenn es nicht gleich alles auf einmal passiert."[14]

Statt die Vergangenheit zu leugnen, müssen wir den schmerzhaften Erfahrungen der Vergangenheit ins Auge sehen und ihre Auswirkungen auf unser neues Leben als Nachfolger Chrisi verstehen. Was bedeutet die Realität der Neuen Schöpfung in Christus für die Person, die sexuell missbraucht worden ist? Welcher Heilungsprozess ist notwendig für eine Person, die aufgrund von langjährigem physischem, sexuellem oder seelischem Missbrauch tiefliegende persönliche Probleme mit sich herumschleppt? Wenn der Herr erkennt, dass wir auf unserer Herzensreise endlich an einem Punkt angelangt sind, an dem wir bereit sind, uns mit diesen Dingen auseinanderzusetzen, bringt er sanft die Verletzungen ans Licht, die wir in unserer Vergangenheit erlitten haben und führt uns sachte auf den Pfad der inneren Verwandlung und Heilung. Das Neue Testament bestätigt immer wieder, dass Probleme wie Bitterkeit, Scham, Depression, Angst, Wut, Begierde, Ablehnung und Gebrochenheit des Herzens immer noch vorhanden sind. Paulus verbrachte einen großen Teil seiner Zeit damit, neue Schöpfungen als Seelsorger durch all ihre Gebrochenheit hindurch zu begleiten. Seine Briefe zeugen davon, dass wir, wenn wir neugeboren werden, eine Heilungsreise antreten.

Aber wenn Paulus kein Problem damit zu haben scheint, die zerstörerischen Auswirkungen emotionaler Gebrochenheit unserer Vergangenheit anzuerkennen, wie sollen wir dann seinen Kommentar in Philipper verstehen, wo er sagt:

> *Ich lasse das, was hinter mir liegt, bewusst zurück* (Phil 3,13).

Um diese Aussage zu verstehen, müssen wir sie erst in ihrem weiteren Kontext betrachten. Paulus hatte gerade seine früheren religiösen Errungenschaften als Pharisäer aufgelistet. Sein ansehnlicher geistlicher Werdegang war die Quelle seines selbstgerechten Stolzes.

> *Dabei hätte gerade ich allen Grund, mich auf Vorrechte und Leistungen zu verlassen. Wenn andere meinen, sie könnten auf solche Dinge bauen – ich könnte es noch viel mehr: Ich wurde, [wie es das Gesetz des Mose vorschreibt,] acht Tage nach meiner Geburt*

[14] Übersetzt aus: J. Meyer: *Managing Your Emotions*, S. 43.

beschnitten. Ich bin meiner Herkunft nach ein Israelit, ein Angehöriger des Stammes Benjamin, ein Hebräer mit rein hebräischen Vorfahren. Meine Treue zum Gesetz zeigte sich darin, dass ich zu den Pharisäern gehörte, und in meinem Eifer, [für das Gesetz zu kämpfen,] ging ich so weit, dass ich die Gemeinde verfolgte. Ja, was die vom Gesetz geforderte Gerechtigkeit betrifft, war mein Verhalten tadellos. Doch genau die Dinge, die ich damals für einen Gewinn hielt, haben mir – wenn ich es von Christus her ansehe – nichts als Verlust gebracht (Phil 3,4-7).

Paulus hatte sich einst seiner religiösen Erfolge und seiner hochrangigen geistlichen Laufbahn gerühmt, die er jetzt als Müll betrachtete (vgl. Phil 3,8). Keines dieser Dinge zählte in den Augen Gottes, sobald Paulus einmal erkannt hatte, dass allein der Glaube an Christus Gerechtigkeit bringt. Das ist es, was Paulus vergessen und hinter sich lassen wollte! Wir müssen die Bibel immer in ihrem Kontext lesen und die Schrift in dem Kontext verstehen, in dem sie geschrieben worden ist. Gute biblische Exegese versucht immer, schwierige Aussagen im Licht ihres größeren Zusammenhangs zu verstehen. Schlechte Exegese reißt einzelne Aussagen aus dem Zusammenhang und stellt auf der Grundlage von uneindeutigen Texten eine Doktrin auf. In der Tat wollte Paulus den Irrsinn seiner religiösen Vergangenheit vergessen, aber erst nachdem er sie bewertet und sich ausdrücklich mit den Wurzeln seines eigenen religiösen Stolzes auseinandergesetzt hatte. Seine Entdeckung des Geschenks der Gerechtigkeit durch den Glauben war der Höhepunkt seiner Reise heraus aus Selbstgerechtigkeit und religiösen Werken. Es war eine Herzensreise, auf der er seine eigene Selbstgerechtigkeit gegen das Geschenk Gottes eintauschte und sein wohlgestaltetes Gebäude religiösen Stolzes systematisch zerlegt wurde.

Wir haben, was unsere Vergangenheit angeht, zwei Möglichkeiten: Entweder vergessen und vergraben wir die Vergangenheit vollständig oder wir sehen ihr ins Auge und setzen uns mit ihr auseinander. Wir müssen uns fragen, ob der Weg des vollständigen Vergessens unserer Vergangenheit biblisch gesehen verantwortlich ist? Wenn wir in irgendeiner Weise in okkulten Dingen verstrickt waren, ist es dann ein weiser Rat, die Vergangenheit einfach zu vergraben, oder sollten wir nicht besser die Dinge, denen wir uns ausgesetzt haben, verarbeiten?

Ein Okkultist, ein Satanist oder jemand, der Hexerei betrieben hat, muss sich mit seiner Vergangenheit auseinandersetzen, indem er Lossagungsgebete spricht, Türen in der geistlichen Welt schließt und die dämonischen Festungen bricht, die in sein Leben gekommen sind. Manchmal kann die Befreiung sich über einen gewissen Zeitraum erstrecken, in dem der Heilige Geist die Tentakeln der Finsternis offenbart, die sich um die Person geschlungen haben, die sich der Hexerei oder dem Okkulten hingegeben hatte. Keiner würde bestreiten, dass es im Leben einer Person, die sich der dämonischen Welt gegenüber geöffnet hat, definitiv einen Prozess von „Aufräumarbeiten" geben wird. Warum denken wir, es sollte anders sein, wenn es um die verletzenden und schmerzhaften Erlebnisse der Vergangenheit geht? Die pauschale Leugnung der Vergangenheit ist sowohl unweise als auch unverantwortlich und führt dazu, dass Menschen scheitern.

Statt Gläubigen zu raten, die Tür der Vergangenheit zuzuschlagen, hätte Paulus sie ermutigt, sich mit den Problemen ihrer Vergangenheit, die sie in der Gegenwart immer noch einholen, auseinanderzusetzen und sie zu lösen. Wenn unsere Herzen uns noch verdammen, müssen wir die Ursache dafür herausfinden. Jede Frucht hat ihre Wurzel, und jede Wunde hat ihre Ursache. Gott wird in seinem Wirken an unserem Herzen nicht ruhen, bis er sämtliche Ursachen für die gegenwärtige Gebrochenheit unseres Herzens herausgerissen hat. Jesus sagte:

> *Jede Pflanze, die nicht von meinem Vater im Himmel gepflanzt worden ist, wird ausgerissen* (Mt 15,13 NLB).

Der Weg zu persönlicher Ganzheit setzt voraus, dass wir mit unserer Vergangenheit ins Reine kommen und verstehen, wie sie sich in der Gegenwart weiterhin auf uns auswirkt. Wir alle tragen unser eigenes und einzigartiges persönliches Päckchen mit uns herum, das systematisch aufgearbeitet werden muss. Jesus ist gekommen, um sein Leben in die Bereiche unseres Herzens auszugießen, die noch unter dem Einfluss vergangener Verletzungen stehen und in die Fesseln des Todes verstrickt sind.

Gott möchte unsere Vergangenheit in der Tat zum Abschluss bringen, aber er möchte, dass wir es auf seine Weise tun. Wir mögen unsere eigenen Strategien entwickeln und so versuchen, mit den Ereignissen der Vergangenheit abzuschließen, aber wenn es nicht das

Werk des Heiligen Geistes ist, wird es lediglich ein Werk des Fleisches sein. Jesus sagte:

> *Es ist der Geist, der lebendig macht. Das Fleisch hat keine Macht* (Joh 6,63 NLB).

Eine andere Übersetzung sagt: *„Der Geist ist es, der lebendig macht, das Fleisch nützt gar nichts"* (SLT). All unsere vergeblichen Versuche der Vergangenheitsbewältigung werden zwangsweise zu nichts führen. Jesus allein ist der, welcher der Vergangenheit die Türen schließt.

> *Was er öffnet, kann niemand schließen, und was er schließt, kann niemand öffnen* (Offb 3,7 NLB).

Wenn Jesus die Tür zu unserer Vergangenheit schließt, sind die Ergebnisse vollständig und die Heilung ist tief und dauerhaft. All unsere menschlichen Bemühungen, uns von den Auswirkungen unserer Vergangenheit zu lösen, sind nichts weiter als unsere eigenen Versuche, unsere Probleme einfach unter den Teppich zu kehren. Das schließt lächerliche Theologien ein, die uns weismachen wollen, dass wir all unsere Probleme hinter uns lassen, sobald wir eine Neue Schöpfung geworden sind.

Jesus ist der Menschheit als der „Heiler der zerbrochenen Herzen" offenbart worden. Er ist vom Vater mit dem spezifischen Auftrag in die Welt gesandt worden, unsere zerrütteten Gefühle zu heilen. Diese geistlichen Wunden haben ihren Ursprung in unserer Vergangenheit und diese Dinge müssen in der Gegenwart verarbeitet werden, anstatt dass man sie törichterweise unter den Teppich kehrt. Die Macht des neuen Lebens in Christus wirkt sich speziell auf die Dinge aus, die wir in unserem Herzen tragen. Ob diese Dinge Festungen der Sünde sind oder emotionale Verwundungen aus der Vergangenheit – sie müssen eingestanden, geheilt und *danach* schließlich hinter uns gelassen werden. Nur dann können wir wirklich sagen, dass diese Festungen des Gefühlslebens wirklich vergangen sind, und zwar als eine Proklamation unserer *persönlichen christlichen Erfahrung*. Wir alle sind in emotionale Gebrochenheit verstrickt, bis wir uns gezielt davon befreit haben, indem wir unter der liebevollen Leitung des Guten Hirten die Herzensreise unternommen und jede einzelne Festung der Emotionen überwunden haben.

Bedrängnis und Trost

Jesus sagte:

> *Dies habe ich zu euch geredet, damit ihr* ***in mir*** *Frieden habt. In der Welt habt ihr Bedrängnis; aber seid getrost, ich habe die Welt überwunden!* (Joh 16,33 SLT).

Jesus warnte uns: „In der Welt habt ihr Bedrängnis!“ Das Wort „Bedrängnis“ steht für „Leiden, Schmerz, Schwierigkeiten und Herzensqual“. In dieser Welt werden wir alle tiefen emotionalen Schmerz empfinden, doch Jesus hat uns versprochen, dass wir mitten in diesem Schmerz in ihm unendlichen Frieden finden können. Am Ende von Römer 8 hatte Paulus gerade gesagt, dass nichts uns von der Liebe Gottes in Christus trennen kann, als er schrieb:

> *Gleichzeitig müsst ihr wissen, dass ich allezeit riesige Sorgen mit mir herumtrage; einen enormen Schmerz tief in meinem Inneren und ich bin niemals frei davon. Ich übertreibe nicht: Christus und der Heilige Geist sind meine Zeugen. Es geht um die Israeliten ... Sie sind meine Familie. Ich bin mit ihnen aufgewachsen* (Röm 9,1-4 MSG).

Paulus lebte in der Liebe des Vaters, aber er durchlitt gleichzeitig schwere Qualen aufgrund der geistlichen Blindheit und Verlorenheit seiner Herkunftsfamilie. Viele von uns leben mit dem Schmerz, dass Menschen, die wir lieben, Jesus nicht kennen. Mitten in all unserem Schmerz müssen wir lernen zu leben, wie Jesus lebte. Er verarbeitete seinen Schmerz immerzu mit dem Vater. Er ertrug den Schmerz auf der Erde im Kontext der Liebe des Vaters. Der Zweck des Schmerzes ist, uns in die Arme eines liebenden himmlischen Vaters zu treiben.

Wenn wir nun dieses Kapitel abschließen, möchte ich noch einmal anschauen, was Paulus aufzeigte, als er lehrte, dass es zwei Wege gibt, Schmerz zu ertragen: Wir können unseren Schmerz in inniger Gemeinschaft mit Gott oder in Unabhängigkeit von Gott durchstehen.

> *Denn* ***göttlicher Kummer*** *und* ***der Schmerz, den Gott lenken darf,*** *erzeugt eine Umkehr, die zur Errettung und Befreiung vom Bösen führt und beiträgt, und man bedauert ihn nicht; aber* ***weltlicher Kummer*** (das hoffnungslose Leid, das für die heidnische Welt

charakteristisch ist) *ist tödlich* (vom Tod verursacht und im Tod endend) (2 Kor 7,6-10 AMP).

„Der Schmerz, den Gott lenken darf!" Was für eine tiefgreifende Offenbarung. Wir müssen dem Heiligen Geist erlauben, uns mit unserem Schmerz zum Vater zu führen.

> *Lass die Not* ***dich zu Gott führen, nicht dich von ihm wegtreiben****. Das tut die Not, die uns zu Gott treibt: sie führt uns zur Umkehr. Sie bringt uns zurück auf den Weg des Heils.* ***Diese Art von Schmerz bereuen wir niemals****. Wer aber zulässt, dass die Not ihn* ***von Gott wegtreibt,*** *wird voller Reue sein und auf einem Sterbebett des Bedauerns (Selbstmitleids) landen* (2 Kor 7,9-10 MSG).

Gott möchte die Herzen seiner geliebten Kinder mit tiefem geistlichem Trost überschütten

> *Er selbst aber, unser Herr Jesus Christus, und unser Gott und Vater, der uns geliebt hat und uns einen ewigen* ***Trost*** *und eine gute Hoffnung gegeben hat durch Gnade, er* ***tröste eure Herzen*** *und stärke euch in jedem guten Wort und Werk!* (2 Thess 2,16-17 SLT).

Der Trost des Vaters ist ***seine Liebe*** in Aktion. Er bringt seine Liebe dadurch zum Ausdruck, dass er seinen großen Trost in unsere Herzen schüttet. Trost ist eine gewaltige Erfahrung! Der Teufel will uns immer in die Versuchung führen, Gott für unseren Schmerz verantwortlich zu machen, sodass wir uns von Gott abwenden, anstatt in seine Arme der Liebe zu rennen. Aber Gott ist niemals der Urheber unseres Schmerzes; er ist derjenige, der uns trösten und unseren Schmerz lindern möchte. Satans Absicht besteht darin, uns in unserem Schmerz trostlos sein zu lassen, sodass wir Trost in der Welt suchen.

Paulus durchlitt einen sehr starken emotionalen Schmerz, aber er wusste auch, was es bedeutet, in all seinem Schmerz den Trost des Vaters zu erleben.

> *Gelobt sei der Gott und Vater unseres Herrn Jesus Christus, der Vater der Barmherzigkeit und Gott alles Trostes,* ***der uns tröstet in all unserer Bedrängnis****, damit wir die trösten können, die in allerlei Bedrängnis sind, durch den Trost, mit dem wir selbst von Gott getröstet werden. Denn wie die Leiden des Christus sich reichlich*

über uns ergießen, so fließt auch durch Christus reichlich unser ***Trost*** (2 Kor 1,3-5).

In dieser Welt werden wir Bedrängnis erleben, doch Gott verspricht uns, uns in all unserer Bedrängnis zu trösten, wenn wir unseren Schmerz zu ihm bringen.

Ihr dürft darauf vertrauen: Je mehr wir für Christus leiden, desto mehr lässt uns Gott durch Christus Trost zuteilwerden (2 Kor 1,5 NLB).

Seht, wie viel Kraft und Ermutigung ihr in eurer Beziehung zu Jesus gefunden habt. ***Ihr seid von seiner tröstenden Liebe erfüllt!*** (Phil 2,1 TPT[15]).

Wir sollten die am meisten getrösteten Menschen auf der ganzen Welt sein, und doch leben viele Christen mit unerträglichem Schmerz und leiden in ihrer eigenen kleinen Welt der Trauer und des Schmerzes, abgeschnitten vom Trost des Vaters. Der Friede Gottes will den ganzen Schmerz unserer Bedrängnisse und Sorgen überwinden! Die Welt bombardiert uns unablässig mit Schmerz und Leiden, Christus in uns dagegen möchte mit seinem Frieden und seiner Liebe überwinden.

Der herrliche Tausch

Im Alten Testament gibt es ein immer wiederkehrendes Motiv des göttlichen Austauschs unserer Nöte gegen Gottes Freude.

Zu trösten alle Trauernden, den Trauernden Zions Frieden, ihnen Kopfschmuck statt Asche zu geben, Freudenöl statt Trauer, ein Ruhmesgewand statt eines verzagten Geistes (Jes 61,2-3 ELB).

Und die Befreiten des HERRN werden zurückkehren und nach Zion kommen mit Jubel, und ewige Freude wird über ihrem Haupt sein. Sie werden Wonne und Freude erlangen, Kummer und Seufzen werden entfliehen. Ich, ich bin es, der euch tröstet (Jes 51,11-12 ELB).

---

[15] Anm. d. Übers.: Zitate aus *The Passion Translation* (TPT) sind aus dem Englischen übersetzt.

Sie werden heimkommen und auf den Höhen Jerusalems Freudenlieder singen; sie werden strahlen vor Freude über die vielen Gaben, die der Herr ihnen gegeben hat: Korn, Most, Öl, dazu junge Schafe und Rinder. Mein Volk wird wie ein gut bewässerter Garten sein, nie mehr werden sie Mangel leiden müssen. Die jungen Frauen werden wieder Reigen tanzen und die Männer – alte wie junge – werden mitfeiern. Ich will ihre Trauer in Freude verwandeln und will sie trösten. Ihren Kummer will ich wegnehmen und ihnen stattdessen Freude schenken (Jer 31,12-13 NLB).

Die Hoffnung des Christen besteht darin, dass der Schmerz dieser Welt uns nicht überwinden wird. Schmerz sollte nie außerhalb des Kontextes der Herrlichkeit der Liebe, des Friedens und der Freude des Vaters durchlebt werden. Schmerz außerhalb der liebenden Umarmung des Vaters wird immer zu ***Gift***. Je länger jemand in unverarbeitetem Leid und Schmerz verbleibt, desto größer wird die Unruhe in seiner Seele. Wir müssen die Versuche aufgeben, dem Schmerz zu entkommen oder ihn mit jeglicher Art von Medizin, die wir in die Hände bekommen, zu beseitigen. In dieser Welt sind wir Schmerz und Leiden ausgesetzt. Doch anstatt unseren Schmerz als „weltlichen Kummer" zu erdulden, haben wie die Möglichkeit, unseren Schmerz zu Gott zu bringen und ganz konkret seinen Trost und seine Freude zu empfangen. Der Schmerz kann nur im Kontext großer Freude angemessen verarbeitetet werden.

Salomo sagte:

Das Herz der Weisen ist im Haus der Trauer, das Herz der Toren aber im Haus der Freude (Pred 7,4 ELB).

Sowohl der weise Mann als auch der Tor erleben Schmerz, aber der weise Mann ist gesegnet, wenn er in der Gemeinschaft mit Christus trauert, weil er Trost empfangen wird. Wenn wir Schmerz leiden, können wir diesen Schmerz in das Haus weltlicher Vergnügungen bringen, um zu versuchen, ihn zu lindern, oder wir können ihn in das Haus der Trauer bringen, wo wir uns weigern, uns vor dem Schmerz zu verstecken. Nur wenn wir durch das Haus der Trauer gehen, können wir die Tür zum Haus des Trostes finden! Das Haus der Freude hat keine Ausgänge. Wenn wir unseren Schmerz zum Vater bringen,

nimmt er unseren Schmerz auf und zieht ihn buchstäblich aus unserem Herzen heraus.

> *Jedoch unsere Leiden – er hat sie getragen, und unsere Schmerzen – er hat sie auf sich geladen* (Jes 53,4 ELB).

Lassen Sie den Gott allen Trostes ihre Leiden tragen und ihre Schmerzen wegnehmen.

> *Alle eure Sorge werft auf ihn; denn er sorgt für euch* (1 Petr 5,7 SLT).

Wir können und sollten all unseren Schmerz mit Gott teilen, weil unser Leben nun in ihm ist! Freude und Frieden werden letztendlich siegen, wenn wir wie Jesus unseren Schmerz zum Vater bringen, damit wir die Tür zum Trost des Hauses des Vaters finden.

Schmerz führt dazu, dass wir uns verletzlich fühlen. Wir mögen das nicht und laufen davon. Wir verstecken uns vor unserem Schmerz, weil er uns das Gefühl gibt, schwach und machtlos zu sein, dabei müssen wir lernen, unserem Schmerz Ausdruck zu verleihen, indem wir uns in unseren Kernbeziehungen verletzlich zeigen. Wir üben uns in Verletzlichkeit und sollten dabei lernen, unserem Schmerz und unseren tiefsten innersten Gefühlen Ausdruck zu verleihen. Westliche Christen neigen dazu, alles in ihrer Macht Stehende zu tun, um Schmerz zu vermeiden. Rolland Baker, ein Missionar in Mosambik, hat sowohl schreckliches Leid erlitten als auch mitangesehen. Er sagte: „Im Westen mögen wir den Gedanken des Leidens nicht sehr. Wir würden es vorziehen, wenn niemand zu leiden hätte – besonders die nicht, die in Christus sind." Insbesondere Pfingstler haben keine ausgeprägte Theologie des Leidens oder Ertragens von Schmerz als Teil des christlichen Lebens. Die „Wort-des-Glaubens"[16]-Bewegung verachtet es, Schmerzen zu haben. Als eine Bewegung erlaubt sie Leuten nicht, Schmerzen zu leiden oder schwach zu sein.

Wenn in der Gemeinde der Kult des Erfolges dominiert, drängt das immer die Schwachen und Zerbrochenen an den Rand. Eine triumphalistische Kultur erlaubt Menschen nicht, schwach oder verletzlich zu sein und unter Schmerzen zu leiden. Aber Schmerz gehört zum

---

[16] Anm. des Übers.: Im Englischen „Word of Faith".

Leben dazu. Wie Jesus können wir uns auf die geistliche Art, Schmerzen zu ertragen und zu leiden, einlassen, indem wir die ***Qual und die Ekstase*** annehmen. Der Himmel hält mit ekstatischer Freude Einzug auf der Erde und wirkt dem Schmerz entgegen. Jesus bestürmt unsere Herzen mit Frieden, der menschliches Verstehen übersteigt, und dieser Friede verdrängt all unseren Schmerz. Laut Paulus können wir uns so an der Herrlichkeit freuen, dass wir ausgerüstet sind, uns auch mitten in unserem Schmerz zu freuen. Der Schmerz selbst wird nämlich, wenn er in Gemeinschaft mit einem liebenden und tröstenden Vater durchlebt wird, zu einer Gelegenheit, Gott noch inniger kennenzulernen, und in der Verbindung mit seinen Leiden so zu leben, wie Jesus auf dieser Erde lebte.

> *Nachdem wir nun aufgrund des Glaubens für gerecht erklärt worden sind, haben wir Frieden mit Gott durch Jesus Christus, unseren Herrn. Durch ihn haben wir freien Zugang zu der Gnade bekommen, die jetzt die Grundlage unseres Lebens ist, und im Glauben nehmen wir das auch in Anspruch.* ***Darüber hinaus haben wir eine Hoffnung, die uns mit Freude und Stolz erfüllt: Wir werden einmal an Gottes Herrlichkeit teilhaben****. Doch nicht nur darüber freuen wir uns;* ***wir freuen uns auch über die Nöte, die wir jetzt durchmachen****. Denn wir wissen, dass Not uns lehrt durchzuhalten, und wer gelernt hat durchzuhalten, ist bewährt, und bewährt zu sein festigt die Hoffnung* (Röm 5,1-5).

Es liegt eine größtenteils unerschlossene Dimension der Spiritualität in diesem Geheimnis, dem Herzen wahrer Sohnschaft gleichgestaltet zu werden. Als ein Sohn erfreute sich Jesus ununterbrochen an der Liebe des Vaters, selbst inmitten seiner Leiden. Auch Paulus lernte, in diesem Zustand zu leben. Er konnte sagen:

> *Freut euch, was auch immer geschieht; freut euch darüber, dass ihr mit dem Herrn verbunden seid! Und noch einmal sage ich: Freut euch!* (Phil 4,4).

Das schließt ein sich Freuen sogar inmitten von emotionalem Schmerz ein.

> *Wir können hier und jetzt voller Freude sein, selbst in unseren Prüfungen und Schwierigkeiten!* (Röm 5,3 J.B. Phillips).

Aber all das setzt fraglos die Pflege einer innigen Beziehung zu Gott voraus. Wenn sich unser Herz nicht erfahrbar auf die Herrlichkeit des Himmels einlässt, werden wir weder Trost noch Frieden erleben und am Ende leiden, wie die Welt leidet: tief verstrickt in die Fesseln des Todes.

Gott führt uns in einen Zustand im Geist, in dem wir – in der Verbindung mit einem liebenden Gott – lernen können, uns unseren Weg durch das Leben und all den Schmerz, mit dem es uns bombardiert, zu bahnen. Nur wenn wir diese Dimension außerordentlicher Gnade finden, in der wir nun stehen können, werden wir in der Lage sein, all die negativen und zerstörerischen Emotionen zu überwinden, die täglich drohen, unser Leben auf Grund laufen zu lassen. So viele von uns, die Christus nachfolgen, lernen nie, mit ihren Emotionen umzugeben, und werden letztlich von ihren Gefühlen bestimmt: hin und her geworfen von negativen und zerstörerischen Gefühlen, die das Potential haben, unser Leben und unserer Beziehungen zu zerstören.

Es kann keine wesentliche emotionale Heilung stattfinden, wenn unser Hauptziel darin besteht, Schmerz zu vermeiden. Zur Heilung unserer Gefühle gehört es dazu, mit der Realität des Schmerzes versöhnt zu sein und zu lernen, durch das Leben zu gehen, wie Jesus es tat. Er hatte einige persönliche Strategien, um mit jeder zwischenmenschlichen Krise umzugehen, und seine jeweils erste Strategie bestand darin, für die um Vergebung zu bitten, die gegen ihn gesündigt hatten. Er hatte das Herz des Vaters für jeden, der ihn verwundete und misshandelte, weil der Schmerz ihn nie von der Liebe des Vaters abschnitt. Wie Jesus zu leben, bedeutet, vollkommen mit der Tatsache versöhnt zu sein, dass wir in dieser Welt zwar Schmerzen und Leiden erleben, allerdings nun durch Gnade befähigt sind, in Verbindung mit seiner herrlichen Liebe, seinem Frieden und seiner Freude durchs Leben zu gehen, welche Gott im Kern unseres Seins aufrichtet. Das ist der Weg, um der Verstrickung in emotionale Gebrochenheit zu entkommen.

Kapitel 12

In dämonische Unterwanderung verstrickt

Das Neue Testament enthält ausdrückliche Warnungen vor der Gefahr, dass Christen mit ihrem Lebensstil ungewollt die Tür für eine Verstrickung in die dämonische Welt öffnen. Kein intelligenter Christ, der weiß, dass der Teufel und seine Dämonen existieren, würde sich bewusst den Mächten der Finsternis gegenüber öffnen. Aber der Teufel legt subtile Fallen oder Fesseln aus, damit der Gläubige durch seinen Ungehorsam gegenüber Gott unwissentlich hineintappt. Wann immer ein Christ sich entscheidet, geistliche Finsternis einzuladen oder in ihr zu verkehren, begibt er sich in feindliches Terrain und ist sofort anfällig dafür, dass Dämonen in die noch nicht erneuerten Bereiche seiner Seele eindringen.

Wenn wir das Neue Testament aufmerksam lesen, finden wir viele Warnungen vor der Gefahr, sich in einer der Fallen des Teufels zu verfangen, die sich speziell an Gottes Kinder richten. Die deutlichsten Warnungen ermahnen uns, wachsam zu sein, weil der Teufel Christen „verschlingen" will.

> *Seid besonnen, seid wachsam! Euer Feind, der Teufel, streift umher wie ein brüllender Löwe, immer auf der Suche nach einem [Opfer], das er verschlingen kann. Widersteht ihm, indem ihr unbeirrt am Glauben festhaltet* (1 Petr 5,8-9).

Petrus' Warnung vor der Absicht des Teufels, Christen zu „verschlingen" ist keineswegs eine leere Drohung. Das griechische Wort für „verschlingen" *(katapino)* bedeutet „zu trinken oder hinunterzuschlingen". Ein unachtsamer Christ könnte vom Bösen verschlungen werden.

In ähnlicher Weise warnt Paulus Christen vor der Gefahr, *„in die Falle des Teufels zu tappen"* (1 Tim 3,7 NLB). Angesichts der unter Gläubigen weitverbreiteten Neigung zum Ungehorsam, wies Paulus die Diener des Herrn an, denjenigen, die sich in die Finsternis verirren, *„geduldig den rechten Weg [zu] zeigen. Vielleicht gibt Gott ihnen ja die Möglichkeit zur Umkehr, sodass sie die Wahrheit erkennen und zur Besinnung kommen. [Dann können sie sich] aus der Schlinge [befreien], in der sie der Teufel gefangen hält, um ihnen seinen Willen aufzuzwingen"* (2 Tim 2,25-26).

Petrus ermahnte die Gläubigen, eine Haltung ständiger geistlicher Besonnenheit und Wachsamkeit einzunehmen, damit sie nicht vom Feind verschlungen würden. Als Petrus „seid besonnen" schrieb, verwendete er das griechische Wort *nepho*, was „sich vom Wein enthalten" bedeutet. Wenn jemand betrunken ist, verliert er jegliche Kontrolle über sich und kann nicht klar denken. Damit riskiert er, vom Bösen verschlungen zu werden. Interessanterweise beschrieb Paulus das Heilmittel für diesen Zustand. Er sagte, sobald ein Christ dem Bösen zum Opfer gefallen sei, müsse er Buße tun und *„zur Besinnung kommen"*. Hier wird das griechische Wort *ananepho* verwendet, was „wieder nüchtern werden" bedeutet oder „wieder zur Besinnung kommen". Das beschreibt eine Wiederherstellung geistlicher Nüchternheit und prophetischer Klarheit.

Christen werden nicht nur davor gewarnt, vom Bösen verschlungen zu werden oder in seine Falle zu geraten; sie werden auch davor gewarnt, dem Teufel Raum zu geben oder eine Gelegenheit zu bieten:

> *Gebt dem Teufel keinen Raum [in eurem Leben]!* (Eph 4,27).

Er meint damit jegliches Einfallstor, durch das hindurch der Teufel das Leben des Gläubigen beeinträchtigen oder unterwandern könnte. Paulus drängte die Gläubigen, in ständiger Liebe und Vergebung zu leben, *„denn wir wollen dem Satan nicht in die Falle gehen. Schließlich wissen wir genau, was seine Absichten sind!"* (2 Kor 2,11).

Der Teufel bedient sich wohlüberlegter Mittel und Strategien, um die Heiligen anzugreifen und sie zu Fall zu bringen.

> *Außer sich vor Wut darüber, dass ihm die Frau entkommen war, wandte sich der Drache gegen ihre übrigen Nachkommen, um mit ihnen Krieg zu führen* (Offb 12,17).

Jesus sagte:

> *Der Dieb kommt nur, um die Schafe zu stehlen und zu schlachten und um Verderben zu bringen* (Joh 10,10).

Wenn ein Christ es versäumt, aufmerksam oder wachsam zu sein, kann der Böse leicht sein Schindluder mit ihm treiben. Unsere Wachsamkeit dient dazu, dass wir *„dem Satan nicht in die Falle gehen“* (2 Kor 2,11) oder *„damit der Satan uns nicht überlistet“* (NLB).

Wann immer der Feind uns gegenüber einen strategischen Vorteil hat, bedeutet das, dass er mit seiner Strategie, uns in einem bestimmten Bereich unseres Lebens zu Fall zu bringen, erfolgreich gewesen ist. Paulus sagte, dass wir gegen Mächte und Gewalten kämpfen, und in einem Nahkampf kann unser Gegner manchmal obsiegen und einen Vorteil gegenüber uns ausspielen. Petrus sagte:

> *Denn wovon man sich hat gefangen nehmen lassen, dessen Sklave ist man geworden* (2 Petr 2,19).

Wenn ein gläubiger Mensch in einem Bereich seines Lebens vom Teufel überwältigt worden ist, ist er gefangen und gezwungen, dessen Willen zu tun, anstatt Gottes Willen.

Die Bibel fordert alle wahren Nachfolger Jesu auf, in radikalem Gehorsam zu leben, indem sie sich vollkommen der Herrschaft Christi unterordnen.

> *Überlegt doch einmal: Wenn ihr euch jemand unterstellt und bereit seid, ihm zu gehorchen, seid ihr damit seine Sklaven; ihr seid die Sklaven dessen, dem ihr gehorcht. Entweder ihr wählt die Sünde und damit den Tod, oder ihr wählt den Gehorsam Gott gegenüber und damit die Gerechtigkeit* (Röm 6,16).

Aufgrund des intensiven geistlichen Kampfes um das Leben aller neugeborenen Gläubigen, drängte Paulus die Heiligen in Korinth *„Festungen zu schleifen [und] alle hohen Gedankengebäude nieder [zu reißen], die sich gegen die Erkenntnis Gottes auftürmen. Wir nehmen alles Denken gefangen, sodass es Christus gehorcht; wir sind entschlossen, alle Ungehorsamen zu strafen, sobald ihr wirklich gehorsam geworden seid“* (2 Kor 10,4-6 REÜ). Mit anderen Worten: Lebt ein Leben radikalen Gehorsams, sodass jede Art des Ungehorsams in eurem Leben so hervorsticht, dass es unerträglich ist.

Völliger Gehorsam gegenüber der Herrschaft Christi ist dazu da, uns vor den Angriffen des Bösen zu schützen. Ein Christ, der ein Leben wahren Gehorsams gegenüber Gott führt, ist auf herrliche Weise mit der umfassenden Rüstung Gottes ausgerüstet und kann vom Feind nicht verletzt oder getroffen werden. Aber wann immer ein Christ in seinem Herzen mit Ungehorsam liebäugelt, öffnet er dämonischer Unterwanderung weit die Tore, weil er sich nicht des Schutzes bedient, den Gott bietet. Paulus macht dies in Epheser 2 sehr deutlich:

> *Auch euch hat Gott zusammen mit Christus lebendig gemacht. Ihr wart nämlich tot – tot aufgrund der Verfehlungen und Sünden, die euer früheres Leben bestimmten. Ihr hattet euch nach den Maßstäben dieser Welt gerichtet und wart dem gefolgt, der über die Mächte der unsichtbaren Welt zwischen Himmel und Erde herrscht, jenem Geist, der bis heute in denen am Werk ist, die nicht bereit sind, Gott zu gehorchen. Wir alle haben früher so gelebt; wir ließen uns von den Begierden unserer eigenen Natur leiten und taten, wozu unsere selbstsüchtigen Gedanken uns drängten* (Eph 2,1-3).

Dieser satanische Geist wirkt [*energeo*] in denen *„die nicht bereit sind, Gott zu gehorchen“*. Während Paulus sich hier auf Ungläubige außerhalb von Christus bezieht, gilt dennoch das Prinzip, dass chronischer Ungehorsam gegenüber der Herrschaft Christi der Unterwanderung durch den Feind die Tür öffnet. Wenn wir mit dem Ungehorsam flirten und einen Lebensstil geringfügiger Rebellion gegen Gott und sein Wort als eine realistische Option für unser Leben in Erwägung ziehen, öffnen wir uns dem Reich der Finsternis und die Finsternis wird unser Leben infiltrieren, weil der Teufel ständig dabei ist, unsere Herzen nach Einfallstoren abzusuchen.

Paulus verwendet das griechische Wort *energeo,* um diese Art dämonischer Unterwanderung zu beschreiben, die sich einstellen kann, wenn ein Christ einen Lebensstil des Ungehorsams wählt. Er offenbarte, dass eigentlich der Teufel alle jene „antreibt“, die in Ungehorsam leben. Mit anderen Worten, seine dämonische Kraft oder Energie gelangt in die Herzen rebellischer Christen. Das erklärt, warum so viele Christen in der Bredouille sind und es ihnen an persönlichem Sieg mangelt. Wo immer Ungehorsam ist, ist Finsternis, und wann immer ein Nachfolger Jesu sich in Finsternis bewegt, wird es einen gewissen Grad an dämonischem Antrieb geben. Dämonen halten nach

Schlupflöchern Ausschau, durch die sie Seele des Gläubigen rechtmäßig verletzen können, und Ungehorsam bietet dieser Unterwanderung eine Rechtsgrundlage. Ich glaube nicht, dass Paulus sagen will, dass eine kurzfristige Entgleisung in einen Zustand des Ungehorsams zu sofortiger Dämonisierung führt. Es geht vielmehr um den Christen, der sich auf einen Lebensstil chronischen Ungehorsams einlässt und sich damit in die Gefahr dämonischer Verstrickung begibt. Aber statistisch gesehen ist dies in der heutigen Gemeinde überhaupt nichts Ungewöhnliches.

In dem oben genannten Abschnitt aus Epheser 2 entfaltet Paulus den engen Zusammenhang zwischen der Welt, dem Fleisch und dem Teufel. Wir leben in einer gefallenen Welt, die in umfassender Weise vom Bösen angetrieben und beherrscht wird. Wann immer wir den Wegen dieser Welt folgen, „leben wir im Fleisch", und das Fleisch ist Gott gegenüber feindlich gesinnt. Wenn ein Gläubiger infolge seines Ungehorsam eine Zeit lang im Fleisch lebt, ist er anfällig für eine Form dämonischen Getriebenseins, das sich eine schon vorhandenen Festung des Fleisches zunutze macht. Was zuvor ausschließlich eine Festung des alten Lebens des Fleisches war, kann auf übernatürliche Weise in ein dämonisches Bollwerk verwandelt werden, indem es nun von einem Dämon angetrieben wird.

John Wimber schrieb einmal: „Auf die Dämonen trifft dasselbe zu wie auf die Welt und das Fleisch. Als Christen haben wir die Vergebung der Sünden empfangen und sind wiedergeboren, aber wenn wir es vorziehen, den Lügen der Welt zu glauben und den Begierden unseres Fleisches nachzugeben, werden wir in Sünde leben. Dämonische Bindungen entstehen auf die gleiche Weise: Wir sind von der Macht der bösen Geister befreit, aber wir können nach wie vor unter ihren Einfluss sein."[1] Viele Christen glauben fälschlicherweise, weil sie neugeboren sind, könnten sie nicht von einem Dämon beeinflusst werden. Das gilt zwar für unseren Geist, trifft dagegen aber nicht auf die noch nicht erneuerten Bereiche unserer Seele zu. Auf einer Festung unseres Denkens, Wollens oder Fühlens kann der Böse leicht Trittbrett fahren.

Historisch gesehen haben die Bibelübersetzer der Kirche einen schlechten Dienst erwiesen, indem sie den griechischen Begriff

[1] J. Wimber, *Heilung in der Kraft des Heiligen Geistes*, S. 117.

daimonizomai immerzu mit „dämonenbesessen“ übersetzten. So viele Christen haben den Gedanken verworfen, dass ein Christ einen Dämon haben kann, weil sie – richtigerweise – argumentieren, dass ein bluterkaufter Heiliger nicht von einem Dämon besessen sein kann. Wir sind nun Gottes erkaufter Besitz, wie kann also – so wird argumentiert – ein Gläubiger von einem Dämon oder vom Teufel „besessen“ sein? Aber eine weitaus genauere Übersetzung von *daimonizomai* ist die Transkription „dämonisiert“. Dämonisiert zu sein, bedeutet, unter dem Einfluss eines Dämons zu stehen, und das kann von einem geringen Grad des Einflusses bis hin zu hochgradiger Dämonisierung reichen. Ich persönlich stelle mir da gern eine Skala von 1 bis 10 vor, wobei „1“ ein sehr geringer Einfluss und „10“ ein massiver Einfluss bedeutet.

Das andere Hauptargument gegen die Möglichkeit der Dämonisierung von Gläubigen ist das Versprechen, wir seien vor dem Feind geschützt. Es gibt eine Reihe von Bibelstellen, die diesen Eindruck erwecken könnten. Paulus prahlte:

> *Der Herr wird mich vor jedem bösen Angriff retten* (2 Tim 4,18 NLB).
>
> *Gott aber sei Dank! Durch Jesus Christus, unseren Herrn, schenkt er uns den Sieg!* (1 Kor 15,57).

Jesus selbst sagte zu seinen Jüngern:

> *Es ist wahr, ich habe euch Vollmacht gegeben, auf Schlangen und Skorpione zu treten und die ganze Macht des Feindes zu überwinden, und nichts wird euch schaden können* (Lk 10,19).

Gott versprach seinem Volk:

> *Doch keine Waffe, die gegen dich geschmiedet wird, wird erfolgreich sein* (Jes 54,17 NLB).

David verkündete:

> *Der Herr ist mein Fels, meine Burg und mein Retter; mein Gott ist meine Zuflucht, bei dem ich Schutz suche. Er ist mein Schild, die Stärke meines Heils und meine Festung!* (Ps 18,3 NLB).
>
> *Denn du bist für mich zu einer Zuflucht geworden, zum starken Turm, der mich schützt vor dem Feind* (Ps 61,4 NLB).

Doch all diese Verheißungen sind mit Bedingungen verknüpft und hängen von einem Leben des Gehorsams gegenüber der Herrschaft Christi ab. Ja, alle Verheißungen Gottes an den Gläubigen sind bedingt. Gott hat eine vollständige Rüstung bereitgestellt, um uns zu schützen, aber wir müssen die Rüstung Gottes auch komplett anlegen, um geschützt zu sein. Es gibt einen vollständigen und umfassenden Schutz vor den Mächten der Finsternis, ***wenn*** wir uns durch ein Leben des Gehorsams und Glaubens all das zunutze machen, was Gott bereitgestellt hat. Beachten Sie das bedingende „Wenn" in den folgenden Versen:

> *Wenn ihr in mir bleibt ...* (Joh 15,7).
>
> *Wenn ihr meine Gebote haltet ...* (Joh 15,10).
>
> *Wenn ihr in meinem Wort bleibt ...* (Joh 8,31).
>
> *... wenn du weiterhin auf diese Güte vertraust* (Röm 11,22 NLB).
>
> *... wenn ihr nämlich im Glauben gegründet und fest bleibt ...* (Kol 1,23 SLT).

Psalm 91 beschreibt wunderbar das große Ganze des Schutzes Gottes vor dem Bösen für die, die gehorsam im Schutz des Höchsten leben. Dieser Psalm wurde vor dem Hintergrund heftiger geistlicher Kampfführung geschrieben, ist aber eine wunderbare Verheißung für all jene, die beschließen, den Herrn zu ihrer Zuflucht und Festung zu machen.

> *Wer unter dem Schutz des Höchsten wohnt, darf bleiben im Schatten des Allmächtigen. Darum sage ich zum Herrn: „Du bist meine Zuflucht und meine sichere Festung, du bist mein Gott, auf den ich vertraue." Ja, er rettet dich [wie einen Vogel] aus dem Netz des Vogelfängers, er bewahrt dich vor der tödlichen Pest. Er deckt dich schützend mit seinen Schwingen, unter seinen Flügeln findest du Geborgenheit. Seine Treue gibt dir Deckung, sie ist dein Schild, der dich schützt. Du brauchst dich nicht zu fürchten vor dem Schrecken der Nacht oder vor den Pfeilen, die am Tag abgeschossen werden, nicht vor der Pest, die im Finstern umgeht, nicht vor der Seuche, die mitten am Tag wütet. Selbst wenn Tausend neben dir fallen, gar Zehntausend zu deiner Rechten – dich trifft es nicht! Aber anschauen wirst du es mit eigenen Augen, du wirst sehen, wie die Feinde Gottes ihre gerechte Strafe bekommen. Denn du [hast*

gesagt]: „Der Herr ist meine Zuflucht!" Den Höchsten hast du zum Schutz dir erwählt. So wird dir kein Unglück zustoßen, und kein Schicksalsschlag wird dich in deinem Zuhause treffen. Denn er hat für dich seine Engel entsandt und ihnen befohlen, dich zu behüten auf all deinen Wegen. Sie werden dich auf Händen tragen, damit du mit deinem Fuß nicht an einen Stein stößt. Über Löwen und Ottern wirst du hinwegschreiten, starke junge Löwen und Schlangen wirst du zu Boden treten. [So sagt nun der Herr:] „Weil er mit ganzer Liebe an mir hängt, will ich ihn befreien; ich hole ihn heraus aus der Gefahr, denn er kennt meinen Namen. Wenn er zu mir ruft, werde ich ihm antworten. In Zeiten der Not stehe ich ihm bei, ja, ich reiße ihn heraus und bringe ihn zu Ehren. Ich schenke ihm ein erfülltes und langes Leben und zeige ihm, wie ich Rettung schaffe" (Ps 91 NGÜ).

Die wahrscheinlich deutlichste Aussage über die Bedingtheit unseres geistlichen Schutzes findet sich im 1. Johannesbrief:

Wer aus Gott geboren ist, der bewahrt sich selbst, und der Böse tastet ihn nicht an (1 Joh 5,18 SLT).

Beachten Sie, dass das Nicht-Antasten des Gläubigen durch den Bösen davon *abhängt*, dass dieser „sich selbst bewahrt". Die Grammatik ist ein bisschen holprig, aber die Bedeutung ist klar. Der wiedergeborene Gläubige, der „sich selbst bewahrt", ist unantastbar. Dies eröffnet einen reichhaltigen Offenbarungsstrang, da es in der Bibel viele Verse gibt, die uns auffordern, uns selbst zu bewahren. Sie alle gehen von einem Leben radikalen Gehorsams aus, um den vollen Schutz zu genießen, den Gott vor den Mächten der Finsternis bietet.

Mehr als alles andere hüte dein Herz (Spr 4,23).

Halte dich rein (1 Tim 5,22).

Halte dich von aller Unzucht fern (Apg 21,25).

Lass dich nicht von der Welt verderben (Jak 1,27).

Hüte dich vor den Götzen! (1 Joh 5,21).

Bleibe in der Liebe Gottes (Jud 21).

Hüte dich vor allem Bösen (5 Mose 23,9).

Behalte deine Kleider an (Offb 16,15).

Hänge dein Herz nicht ans Geld (Heb 13,5).

Lass nicht nach in deinem Eifer (Röm 12,11).

Dieser Gedanke, unser Herz vor etwas zu „hüten" bzw. „fernzuhalten" sowie uns nicht einnehmen zu lassen ist in der Schrift ein vorherrschendes Thema.

Dornen und Schlingen sind auf dem Weg des Verkehrten; ***wer seine Seele bewahren will****, bleibe fern davon!* (Spr 22,5 SLT).

Bedauerlicherweise ähneln die Herzen vieler Christen ungepflegten Gärten: von Unkraut erstickt und mit Dornen und Disteln überwuchert. In dem Gleichnis vom Sämann spielte Jesus auf das Unkraut an, das den guten Samen in unserem Herzen erstickt.

Die Dornen stehen für jene, die das Wort Gottes hören und es annehmen. Doch viel zu schnell wird es erstickt durch die alltäglichen Sorgen und Verlockungen des Reichtums, und die Ernte bleibt aus (Mt 13,22 NLB).

Ähnlich verwendete Salomo die Metapher eines Gartens voller Unkraut, um den Mann zu beschreiben, der es versäumte, sein Herz zu bewahren.

Ich ging am Feld eines faulen Menschen vorüber, am Weinberg eines Narren. Ich sah, dass er mit Dornen überwuchert war. Er war mit Unkraut bedeckt, und seine Mauern waren eingestürzt. Und als ich so hinschaute und darüber nachdachte, erkannte ich: Wenn du noch ein wenig länger schläfst – da ein kleines Nickerchen, dort eine kurze Ruhepause –, dann wird dich die Armut überfallen wie ein Wegelagerer und Not über dich hereinbrechen wie ein bewaffneter Räuber (Spr 24,30-34 NLB).

Ebenso bezeichnete Salomo das nicht bewahrte Herz als *„so schutzlos wie eine Stadt mit eingerissenen Mauern"* (Spr 25,28 NLB).

Die Schrift liefert uns keine Grundlage dafür, von einem automatischen, bedingungslosen Schutz vor dem Feind auszugehen, einfach nur weil wir Christen sind. Es gibt nur einen Menschen, der vollkommen geschützt vor den Mächten der Finsternis lebte, und das war Jesus. In Bezug auf Satan verkündete er kühn: *„Über mich hat er keine Macht"* (Joh 14,30 REÜ). Die *Amplified Bible* führt diese Aussage noch weiter aus: *„Er hat keinen Anspruch auf mich; er hat nichts mit mir gemein; in mir gibt es nichts, was ihm gehört; er hat keine Macht über mich."* Jesus war ganz und gar unantastbar, weil er sein Herz vollkommen bewahrte. Unser Ziel als Jünger Jesu sollte sein, in seine Fußstapfen zu treten und ein Leben vollkommenen Gehorsams anzustreben.

In demselben Maße, wie wir aktiv „uns selbst (be)hüten", leben wir unter göttlichem Schutz, sodass der Feind unserer Seele uns nicht „antasten" kann. Viele Christen wurden vom Bösen nicht nur „angetastet", sondern sind umfassend von den Mächten der Finsternis verletzt und infiltriert worden. Als Pastor ist mir schmerzlich bewusst, dass viele Gläubige nie den Durchbruch von einem Leben chronischen Ungehorsams in die Freiheit geschafft haben. Sie sind in ihrem Weg mit Gott so viele Kompromisse eingegangen, dass sie als Gläubige nichts anderes kennengelernt haben als die Verletzungen und Schikanen des Bösen. Gehorsam gegenüber Christus will sich nicht so richtig einstellen, weil sie es vorgezogen haben, sich auf Kompromisse einzulassen und dies für eine tragfähige Option für ihr Leben zu halten.

Paulus sagte:

> *Es gab nämlich noch einen Grund, warum ich euch geschrieben habe: Ich wollte herausfinden, ob ihr euch bewähren und in allen Belangen gehorsam sein würdet* (2 Kor 2,9).

Im nächsten Vers schreibt er:

> *Weil ich mich Christus gegenüber verantwortlich weiß, habe ich ihm* (dem Betreffenden) *um euretwillen bereits vergeben – soweit von meiner Seite überhaupt etwas zu vergeben war. Denn wir wollen dem Satan nicht in die Falle gehen. Schließlich wissen wir genau, was seine Absichten sind!* (2 Kor 2,10-11).

Satan überlistet nur die Ungehorsamen. Radikaler Gehorsam ist immer der Test. Wir lernen es oft auf die harte Tour und entdecken erst infolge unseres Ungehorsams die Konsequenzen unserer törichten Entscheidungen. Paulus schrieb den Korinthern mehr als irgendeiner der anderen christlichen Gemeinden über die Folgen des Ungehorsams, weil sie dabei waren, Angewohnheiten chronischen Ungehorsams mit verheerenden Auswirkungen zu entwickelten.

Was die Möglichkeiten der Mächte der Finsternis angeht, im Leben ungehorsamer Gläubiger Zerstörung anzurichten, ist 1. Korinther

10 zweifelsohne der Schlüsselabschnitt im gesamten Neuen Testament. Dort erklärt Paulus anhand einer Reihe von Warnungen an die neutestamentlichen Gläubigen die Gefahren, die Rebellion für den Nachfolger Christi birgt. Im fünften Kapitel dieses Buches haben wir bereits gesehen, dass Paulus den Heiligen in Korinth gegenüber zwei spezifische Warnungen aussprach, in denen es darum ging, dass der Teufel in der Lage ist, die zu zerstören, die sich gegen die Herrschaft Christi auflehnen. Er bezog sich dabei auf zwei Fälle der Rebellion in der Geschichte der Israeliten und übertrug diese beiden Geschichten explizit auf neutestamentliche Gläubige.

> *Lasst uns auch nicht Christus versuchen, so wie auch etliche von ihnen ihn versuchten und von den Schlangen umgebracht [apollumi] wurden* (1 Kor 10,9 SLT).
>
> *Murrt auch nicht, so wie auch etliche von ihnen murrten und durch den Verderber umgebracht [apollumi] wurden* (1 Kor 10,10 SLT).

Jesus gab zu verstehen, dass Diebstahl, Mord und Zerstörung die Kennzeichen des Bösen sind, der gekommen ist, um zu stehlen, zu töten und zu zerstören. Wann immer ein Christ in einen dauerhaften Lebensstil des Ungehorsams und der Rebellion gegenüber dem offenkundigen Willen Gottes abdriftet, begibt er sich in die Hände des Zerstörers oder Verderbers. Tragischerweise hat dieses Verhaltensmuster chronischen Ungehorsams historisch gesehen durch die Zeiten hindurch den Großteil der Gläubigen gekennzeichnet; sie haben es sich in einem Lebensstil des Ungehorsams und der Rebellion gegen den Willen Gottes bequem gemacht und ihn sich selbst schöngeredet. Paulus' Schwerpunkt in 1. Korinther 10 war, dass die Gäubigen in Korinth dabei waren, sich einen Lebensstil der Rebellion anzugewöhnen, und dass sie dies unweigerlich ins Verderben stürzen würde.

Paulus versuchte so unmissverständlich wie möglich klarzumachen, dass chronischer Ungehorsam in Verderben enden würde. Es gibt eine Reihe neutestamentlicher Stellen, die auf die Möglichkeit hinweisen, dass Christen von den Mächten der Finsternis „vernichtet", „ruiniert", „beschmutzt" oder „verdorben" werden können. Satan ist der Zerstörer oder Verderber, der eigens gekommen ist, um Christen umzubringen. Und wenn er sie nicht töten kann, wird er sich damit zufriedengeben, sie zu berauben und zu zerstören. *„Er heißt* ***‚der***

***Verderber'** – auf Hebräisch Abaddon und auf Griechisch Apollyon"* (Offb 9,11). Paulus warnte:

> *Wer auf den Boden seiner selbstsüchtigen Natur sät, wird als Frucht seiner Selbstsucht das **Verderben** [phthora] ernten. Wer dagegen auf den Boden von Gottes Geist sät, wird als Frucht des Geistes das ewige Leben ernten* (Gal 6,8).

Fleischlich gesinnte Christen, die durchweg im Fleisch leben, geben dem Verderber in ihrem Leben Raum und werden damit ganz sicher Verderben ernten.

> *Macht euch nichts vor! Gott lässt keinen Spott mit sich treiben. Was der Mensch sät, das wird er auch ernten* (Gal 6,7).

Die neo-gnostischen Gläubigen in Korinth meinten wohl, ihre überlegene Offenbarungserkenntnis gestattete es ihnen, im heidnischen Tempel der Aphrodite – der griechischen Göttin der Liebe, Schönheit und Lust – Götzenopferfleisch zu essen. Ihre vermeintliche „Freiheit" führte dazu, dass ihre Brüder sich weiterhin an den götzendienerischen und perversen Praktiken des örtlichen Tempels der Aphrodite beteiligten. Diese Rebellion führte zum „Verderben" der Gläubigen, wie Paulus es nannte.

> *Denn wenn jemand dich, der du die Erkenntnis hast, im Götzentempel zu Tisch sitzen sieht, wird nicht sein Gewissen, weil es schwach ist, dazu ermutigt werden, Götzenopferfleisch zu essen? Und so wird wegen deiner Erkenntnis der schwache Bruder **verderben** [apollumi], um dessen willen Christus gestorben ist. Wenn ihr aber auf solche Weise an den Brüdern sündigt und ihr schwaches Gewissen verletzt, so sündigt ihr gegen Christus* (1 Kor 8,10-12 SLT).

Teilnahme an heidnischem Götzendienst stürzt einen Christen ins Verderben. Offensichtlich war in der Gemeinde in Rom – dem Hauptsitz heidnischen Götzendienstes – ein ähnliches Problem aufgetreten.

> *Wenn du dich daher in einer Frage, die das Essen betrifft, so verhältst, dass dein Bruder oder deine Schwester in innere Not gerät, dann ist dein Verhalten nicht mehr von der Liebe bestimmt. Christus ist doch [auch] für ihn gestorben. **Stürze** ihn nicht durch das, was du isst, **ins Verderben** [apollumi]!* (Röm 14,15).

> ***Zerstöre** [apollumi] nicht das Werk Gottes wegen einer Frage, die das Essen betrifft! Zwar ist [vor Gott] alles rein; verwerflich ist es jedoch, wenn jemand durch das, was er isst, einen anderen zu Fall bringt. Deshalb ist es am besten, du isst kein Fleisch und trinkst keinen Wein und vermeidest auch sonst alles, was deinen Bruder oder deine Schwester zu Fall bringen könnte* (Röm 14,20-21).

In diesem Abschnitt verbirgt sich ein Prinzip: Glaubensgeschwister zur Sünde zu verführen, endet in geistlichem Verderben, da ihre Rebellion dem Verderber, der nach einem Weg sucht, die Nachfolger Christi zu zerstören, eine Tür zu ihrem Leben öffnet.

Das griechische Wort *apollumi* begegnet uns noch an einer anderen Stelle im Neuen Testament und zwar in Bezug auf persönlichen Ruin.

> *Gebt auf euch Acht, damit ihr das, was wir miteinander erarbeitet haben, nicht wieder **verliert** [apollumi], sondern damit ihr [zur gegebenen Zeit] den vollen Lohn bekommt* (2 Joh 8).

In den Evangelien bezeichnet das griechische Wort *apollumi* häufig einen Verlust. Der Ruin, den ein Christ infolge von Ungehorsam erntet, ist ein Verlust, wobei der Böse etwas geraubt oder gestohlen hat. Es gibt in den Briefen noch einige andere griechische Wörter, die das Unheil und das Verderben beschreiben, das ungehorsame Christen in ihr Leben einladen. Zwei davon finden sich in den folgenden Abschnitten:

> *Wer jedoch darauf aus ist, reich zu werden, verfängt sich in einem Netz von Versuchungen und erliegt allen möglichen unvernünftigen und schädlichen Begierden, die dem Menschen **Unheil** [olethros] bringen und ihn ins **Verderben** [apoleia] stürzen. Denn die Liebe zum Geld ist eine Wurzel, aus der alles nur erdenkliche Böse hervorwächst. Schon manche sind vom Glauben abgeirrt, weil sie der Geldgier verfallen sind, und haben dadurch bitteres Leid über sich gebracht* (1 Tim 6,9-10).

Das griechische Wort *apoleia* wurde mehrmals verwendet, um das Verderben zu beschreiben, das im Leben der Christen angerichtet wurde, die vom Weg der Gerechtigkeit abkamen. *Apoleia* leitet sich von *apollumi* ab und wird in den folgenden Versen verwendet:

> *„Durch den Glauben hat ein Gerechter Leben. Doch wer sich von mir abwendet, an dem habe ich keine Freude." Aber wir sind nicht wie die Menschen, die sich von Gott abwenden und so in ihr* ***Verderben*** *rennen. Weil wir an unserem Glauben festhalten, werden wir das Leben bekommen* (Heb 10,38-39 NLB).

> *Allerdings traten in Israel auch falsche Propheten auf, und genauso werden auch unter euch falsche Lehrer auftreten. Heimtückisch werden sie sektiererische Lehren in Umlauf bringen, die ins Verderben führen, und werden sich damit von dem Herrn und Herrscher lossagen, der sie [sich zum Eigentum] erkauft hat. Auf diese Weise ziehen sie sich selbst ein schnelles* ***Verderben*** *zu* (2 Petr 2,1).

> *Begreift doch: Die Geduld, die unser Herr [mit uns] hat, bedeutet [unsere] Rettung. So hat es euch ja auch unser lieber Bruder Paulus mit der ihm geschenkten Weisheit geschrieben, und dasselbe sagt er in allen Briefen, wenn er über diese Dinge spricht. Einiges in seinen Briefen ist allerdings schwer zu verstehen, was dazu führt, dass die Unbelehrbaren und Ungefestigten es verdrehen. Aber das tun sie auch mit den übrigen Heiligen Schriften, und sie tun es* ***zu ihrem eigenen Verderben*** (2 Petr 3,15-16).

An diesen Abschnitten können wir sehen, dass in jedem dieser Fälle dem Verderben irgendeine Art von Übertretung vorausging. Diejenigen, *„die sich von Gott abwenden und so in ihr Verderben rennen"* haben ihre Hand zwar an den Pflug gelegt, sich aber nach und nach von den Frontlinien des Kampfes zurückgezogen, weil die Kosten, Gott von ganzem Herzen nachzufolgen, ihnen Angst machten oder sie einschüchterte. Diejenigen Gläubigen, die sich in theologische Irrtümer verirrten, richteten in sich selbst Zerstörung an, weil sie die wahre Lehre Christi ablehnten und sich damit für die von Paulus so bezeichneten „Lehren der Dämonen" öffneten.

Ein weiteres griechisches Wort, das von Paulus verwendet wurde, um das Verderben oder Unheil, das ein ungehorsamer Christ sich in sein Leben holt, zu beschreiben, ist *phtheiro*, was „verderben, ruinieren, korrumpieren, verunreinigen oder zerstören" bedeutet. Paulus schreibt dieses Verderben schlechten Entscheidungen und der Zerstörung, die direkt vom Verderber kommt, zu.

Ich fürchte aber, es könnte womöglich, so wie die Schlange Eva verführte mit ihrer List, auch eure Gesinnung ***verdorben*** *(phtheiro) [und abgewandt] werden von der Einfalt gegenüber Christus* (2 Kor 11,3 SLT).

Lasst euch nicht irreführen: Schlechter Umgang verdirbt (phtheiro) gute Sitten! (1 Kor 15,33 SLT).

In der Gemeinde von Korinth gab es ein großes Problem mit Gläubigen, die aus dem heidnischen Götzendienst errettet worden waren und doch immer noch den Tempel der Aphrodite besuchten und mit den dortigen Tempelprostituierten schliefen. Paulus richtete sich an diese ungehorsamen Gläubigen mit den Worten:

Überlegt doch einmal: Wer sich mit einer Prostituierten einlässt, wird mit ihr eins; sein Körper verbindet sich mit ihrem Körper. Es heißt ja in der Schrift: „Die zwei werden ein Leib sein." [...] Habt ihr denn vergessen, dass euer Körper ein Tempel des Heiligen Geistes ist? Der Geist, den Gott euch gegeben hat, wohnt in euch, und ihr gehört nicht mehr euch selbst. Gott hat euch als sein Eigentum erworben; denkt an den Preis, den er dafür gezahlt hat! Darum geht mit eurem Körper so um, dass es Gott Ehre macht! (1 Kor 6,16.19-20).

Erkennt ihr denn nicht, dass ihr der Tempel Gottes seid und dass der Geist Gottes in euch wohnt? Gott wird jeden ***ins Verderben stürzen*** *[phtheiro], der diesen Tempel* ***verdirbt*** *[phtheiro]. Denn Gottes Tempel ist heilig, und ihr seid dieser Tempel* (1 Kor 3,16-17 NLB).

Die rebellischen Gläubigen in Korinth zerstörten den Tempel Gottes sowohl in persönlicher als auch in gemeinschaftlicher Hinsicht. In persönlicher Hinsicht ernteten sie vom Bösen tiefes inneres Verderben und Verfall. Im Hinblick auf die Gemeinschaft brachten sie Verderben über die Gemeinde der Gläubigen, weil sie dem Reich der Finsternis die Tore öffneten und somit Dämonen befähigten, in der Gemeinde Unheil zu stiften. Wie Jakobus feststellte:

Denn wo Eifersucht und Selbstsucht herrschen, da herrscht auch Unfrieden, und das Böse kann sich ungehindert ausbreiten (Jak 3,16).

Paulus lehrte, dass wir alle Teil des Leibes Christi sind und sich unser geistlicher Zustand direkt auf den übrigen Leib auswirkt:

> *Und wie jeder Körper besteht dieser Leib aus vielen Teilen, nicht nur aus einem. [...] Wenn ein Teil des Körpers leidet, leiden alle anderen mit, und wenn ein Teil geehrt wird, ist das auch für alle anderen ein Anlass zur Freude* (1 Kor 12,14.26).

Paulus sagte:

> *Gibt es jemand, der schwach ist, ohne dass ich Rücksicht auf seine Schwachheit nehme? Gibt es jemand, der auf Abwege gerät, ohne dass ich glühenden Zorn empfinde?* (2 Kor 11,29).

Paulus ging auf dieses Problem des Götzendienstes und der sexuellen Perversion in 1. Korinther 10 direkt ein, als er schrieb:

> *Werdet auch nicht Götzendiener, so wie etliche von ihnen, wie geschrieben steht: „Das Volk setzte sich nieder, um zu essen und zu trinken, und stand auf, um sich zu vergnügen." Lasst uns auch nicht Unzucht treiben, so wie etliche von ihnen Unzucht trieben, und es fielen an einem Tag 23 000. Lasst uns auch nicht Christus versuchen, so wie auch etliche von ihnen ihn versuchten und von den Schlangen* ***umgebracht*** *[apollumi] wurden* (1 Kor 10,7-9 SLT).

Die Korinther hatten keinen blassen Schimmer davon, dass sich ihre Verhaltensweisen auf die Dimension der geistlichen Kampfführung auswirkten und waren sich keineswegs bewusst, dass sie sich auf dem besten Wege dahin befanden, von Dämonen zerstört zu werden.

> *Dann wurdet ihr aber auch gelehrt, nicht mehr so weiterzuleben, wie ihr bis dahin gelebt habt, sondern den alten Menschen abzulegen, der seinen trügerischen Begierden nachgibt und sich damit selbst* ***ins Verderben stürzt*** *[phtheiro]* (Eph 4,22).

Ein Christ, der durchweg „auf sein Fleisch sät" (vgl. Röm 6,8), wird in seinem Inneren Verderben ernten und sein Gewissen mit einem heißen Eisen versengen. Anstatt sich auf einem Heilungsweg zu befinden, sammelt ein fleischlich gesinnter Gläubiger, der nach wie vor bewusst in Sünde lebt, weiterhin tiefes innerliches Verderben an. Es gab darüber hinaus noch mehr griechische Begriffe, mit denen die Verfasser des Neuen Testaments das Verderben des Gläubigen beschreiben, der in ein Verhaltensmuster verfällt, in dem er regelmäßig der Versuchung und der Sünde nachgibt.

Als Christen tendieren wir normalerweise dazu, die Möglichkeit eines siegreichen Lebens hervorzuheben, und wir predigen und betonen die hohen Ideale eines Lebens, das auf die Herrlichkeit Gottes ausgerichtet ist. Aber Paulus und Petrus beschäftigten sich auch mit den Konsequenzen chronischen Ungehorsams im Leben des Gläubigen, um uns vor der ernsten Gefahr zu warnen, vom Geist der Welt mitgerissen zu werden. Für ihre Beschreibung der finsteren Seite des Lebens des Gläubigen, der zwar zu Christus kommt, sich aber weigert, sich von der Sünde abzukehren, verwendeten sie den Begriff *phthora*, der Ruin, Zerstörung und Verderben bezeichnet. Paulus sagte:

> *Wer auf den Boden seiner selbstsüchtigen Natur sät, wird als Frucht seiner Selbstsucht das Verderben [phthora] ernten* (Gal 6,8).

Petrus forderte die Gläubigen dringend dazu auf, dass sie *„dem* ***Verderben*** [phthora] *entfliehen, dem diese Welt aufgrund ihrer Begierden ausgeliefert ist"* (2 Petr 1,4). Er warnte vor falschen Lehrern, die den Gläubigen Freiheit verhießen, *„obwohl sie selbst Knechte des Verderbens* [phthora] *sind. Denn von wem jemand überwunden ist, dessen Knecht ist er geworden"* (2 Petr 2,19 LUT).

Ein weiteres griechisches Wort für „Verderben" ist *miasma*. Mahnend erwähnte Petrus den Christen, der einen guten Anfang gemacht hatte, dann aber wieder unter die Macht der Sünde geriet.

> *Viele sind durch Jesus Christus, unseren Herrn und Retter, dem* ***Verderben*** *[miasma] der Welt entkommen. Doch wenn sie von den Verlockungen dieser Welt wieder angezogen und überwältigt werden, sind sie schlimmer dran als zuvor* (2 Petr 2,20 NLB).

Paulus beschrieb den katastrophalen Ruin des Gläubigen, der dem Teufel ins Netz geht:

> *Ruf ihnen das ins Gedächtnis und beschwöre sie bei Gott, sich nicht um Worte zu streiten; das ist unnütz und* ***führt*** *die Zuhörer nur* ***ins Verderben*** (2 Tim 2,14 REÜ).

Das griechische Wort für „Verderben" ist in diesem Abschnitt *katastrophe* und bedarf wohl keiner weiteren Erklärung.

Ein weiteres Thema in den Briefen ist „geistliche Verunreinigung":

Das sind die Verheißungen, die wir haben, liebe Brüder. Reinigen wir uns also von aller ***Unreinheit*** *des Leibes und des* ***Geistes*** *und streben wir in Gottesfurcht nach vollkommener Heiligung* (2 Kor 7,1 REÜ).

Paulus verwendete den griechischen Begriff *molusmos*, um diese Verunreinigung zu beschreiben. Dieser Vers kann nicht die Verunreinigung des menschlichen Geistes meinen, weil der menschliche Geist laut der paulinischen Theologie vollkommen gerecht gemacht worden ist; er ist bereits verherrlicht worden und damit nun vollkommen unverletzlich. Die einzige alternative Erklärung ist dann, dass Paulus eine Verunreinigung beschreibt, die von unreinen dämonischen Geistern kommt.

Das würde auch dem Kontext des 2. Korintherbriefs entsprechen, da Paulus die Korinther eindringlich vor dem geistlichen Verderben warnt, dem man Raum gibt, wenn man sich einem „anderen Jesus" oder einem „anderen **Geist**" öffnet (2 Kor 11,4). Satan kommt als ein Engel des Lichts daher und ist darauf aus, Gläubige zu zerstören, indem er ihnen ein falsches Evangelium bringt. Paulus warnte die Korinther außerdem davor, dass die Schlange einen zerstörerischen Einfluss auf die Gedanken ausüben kann:

Eva wurde auf hinterlistige Weise von der Schlange verführt, und genauso könnten auch eure Gedanken ***unter einen verhängnisvollen Einfluss geraten*** *[phtheiro], sodass die Aufrichtigkeit und Reinheit eurer Beziehung zu Christus verloren gehen* (2 Kor 11,3).

Wie wir bereits festgestellt haben, bedeutet *phtheiro* „verderben, ruinieren, korrumpieren, verunreinigen oder zerstören".

Der Gedanke, dass Paulus vor geistlicher Verunreinigung warnt, die direkt aus dem Reich der Dämonen kommt, wird in 2. Korinther 10 weiter untermauert. Im Zusammenhang mit geistlicher Kampfführung ermahnte Paulus die Korinther:

Wir zerstören damit Gedanken und alles ***Hohe****, das sich erhebt gegen die Erkenntnis Gottes, und nehmen gefangen alles Denken in den Gehorsam gegen Christus* (2 Kor 10,5 LUT).

Das griechische Wort für das „Hohe" ist *hypsomea,* und Colin Brown stellt fest: „Der neutestamentliche Gebrauch von *hypsome* spiegelt wahrscheinlich astrologische Ideen wider und bezeichnet somit kosmische Mächte. 2. Korinther 10,5 beschäftigt sich mit gegengöttlichen Mächten, die versuchen, Gott und die Menschen auseinanderzutreiben. Sie sind möglicherweise mit den *stoicheia tou kosmou* in Verbindung zu bringen; den ‚Elementarmächten der Welt' (Kol 2,8.20 REÜ)"[2]

Im Kolosserbrief warnte Paulus vor diesen „Elementarmächten", welche die Gedanken der Gläubigen verunreinigen oder verderben könnten.

> *Lasst euch nicht durch irgendwelche Gedankengebäude und hochtrabenden Unsinn verwirren, die nicht von Christus kommen! Sie beruhen nur auf menschlichem Denken und entspringen* ***den bösen Mächten dieser Welt*** (Kol 2,8 NLB).
>
> *Ihr seid mit Christus gestorben, und er hat euch aus den Händen der Mächte dieser Welt befreit* (Kol 2,20 NLB).

Weil die Sühne Christi Gewalten und Mächte beraubt und uns aus der Gefangenschaft dieser „Elementarmächte" befreit hat, schärfte Paulus den Heiligen ein, sich ja nicht in die Verunreinigung, die von diesen geistlichen Heeren der Bosheit in himmlischen Orten herrührt, zu verstricken. Wenn wir all diese Stränge zusammenbringen, ist es sehr wahrscheinlich, dass Paulus' Ermahnung, *„Reinigen wir uns also von aller Unreinheit des Leibes und des Geistes und streben wir in Gottesfurcht nach vollkommener Heiligung"* (2 Kor 7,1 REÜ), sich deutlich auf die verderblichen und zerstörerischen Machenschaften der dämonischen Welt bezieht.

Das griechische Wort, das Paulus für „Verunreinigung" verwendete, war *molusmos*. Paulus warnte ständig vor der Gefahr, dass die Gedanken der Christen durch Lehren von Dämonen verdorben oder verunreinigt werden könnten. In seinem Brief an Titus schrieb er beispielsweise:

> *Für die, die selbst rein sind, ist alles rein. Für die hingegen, die sowohl in ihrem Verstand als auch in ihrem Gewissen durch Sünde* ***beschmutzt*** *sind und die vom Glauben nichts wissen wollen, ist nichts rein* (Tit 1,15).

---

[2] Übersetzt von: „Hypsoma" in C. Brown, *The New International Dictionary of New Testament Theology*.

Aller Wahrscheinlichkeit nach bezieht sich dies auf dämonische Verunreinigung. „Die, die beschmutzt sind" haben ihre Gedanken den „Elementarmächten" der Finsternis ausgesetzt, indem sie sich falschen Lehren und falschen Propheten unterstellt haben. Der griechische Begriff, den Paulus im Titusbrief für „beschmutzt" verwendet, ist *miaino* und bedeutet „verunreinigt". Dasselbe griechische Wort findet sich in dem folgenden Vers:

> *Und achtet darauf, dass nicht jemand an der Gnade Gottes Mangel leide, dass nicht irgendeine Wurzel der Bitterkeit aufsprosse und euch zur Last werde und durch sie viele* ***verunreinigt*** *werden* (Heb 12,15 ELB).

Die Einheitsübersetzung übersetzt hier: *„Seht zu, dass niemand die Gnade Gottes verscherzt, dass keine bittere Wurzel wächst und Schaden stiftet und durch sie alle* ***vergiftet werden."***

Eine der größten Herausforderungen für die Christen des ersten Jahrhunderts, die aus dem harten Kern heidnischer Kulturen kamen, lag in der Versuchung, mit dem die griechisch-römische Welt durchdringenden Götzendienst Kompromisse einzugehen. In Athen, dem Epizentrum heidnischen Götzendienstes, *„ergrimmte [Paulus'] Geist in ihm, da er die Stadt so voller Götzenbilder sah"* (Apg 17,16 SLT). Auf dem Konzil von Antiochien verordneten die Apostel den Jüngern, sich von *„jeder* ***Verunreinigung durch Götzenverehrung"*** fernzuhalten (Apg 15,20).

Das Problem christlicher Verstrickung in Götzenanbetung und das Essen von Götzenopferfleisch war in der frühen Kirche so verbreitet, dass Jesus 90 n. Chr. durch Johannes sagte:

> *Aber es gibt bei euch in Sardes einige, die ihre Kleider nicht* ***beschmutzt*** *[moluno] haben. Sie werden einmal in weißen Festgewändern [im Triumphzug] neben mir hergehen; sie sind es wert. Jedem, der siegreich aus dem Kampf hervorgeht, wird ein weißes Festgewand angelegt werden* (Offb 3,4-5).

Das griechische Wort *moluno* leitete sich von der Wurzel *melas* („schwarz") ab; es handelt sich also offensichtlich um ein Wortspiel. Mit der Verunreinigung durch Götzen hatten viele ihre Kleider „geschwärzt". Aber es gab auch andere, die sich von der Verunreinigung durch Götzendienst ferngehalten hatten.

> *Denn sie haben sich nicht mit Frauen befleckt [moluno], sondern sie sind rein wie Jungfrauen und folgen dem Lamm, wohin es geht* (Offb 14,4 NLB).

Jede Verstrickung in Sünde, Unmoral, Götzendienst oder falscher Lehre öffnet potentieller dämonischer Unterwanderung die Tür. In seinen Briefen scheint Paulus durchweg mit der Möglichkeit zu rechnen, dass ein gläubiger „Heiliger" sich in dämonischer Gefangenschaft verstricken kann. In 1. Korinther 10, dem Kapitel, das uns meiner Ansicht nach die deutlichste neutestamentliche Warnung vor dämonischem Befall durch bewussten Ungehorsam liefert, warnte Paulus die Korinther ausdrücklich, dass sie genauso wie einige der Kinder Israels infolge ihrer Rebellion in der Wüste von Schlangen und dem Verderber zerstört [*apollumi*] werden könnten.

> *Was damals mit unseren Vorfahren geschah, ist eine Warnung an uns: Unser Verlangen darf nicht auf das Böse gerichtet sein, wie es bei ihnen der Fall war. Werdet keine Götzendiener, wie manche von ihnen es waren. Es heißt ja in der Schrift: „Das Volk feierte ein Fest zu Ehren des goldenen Stieres; man setzte sich nieder, um zu essen und zu trinken, und dann wurde wild und zügellos getanzt." Auch auf Hurerei dürfen wir uns nicht einlassen, wie manche von ihnen es taten. [Ihre Unmoral wurde damit bestraft,] dass an einem einzigen Tag dreiundzwanzigtausend von ihnen umkamen. Wir müssen uns davor hüten, Christus herauszufordern, wie manche von ihnen es taten, worauf sie von Schlangen gebissen wurden und starben. Hütet euch auch davor, euch gegen Gott aufzulehnen und ihm Vorwürfe zu machen, denn manche von ihnen wurden deshalb von dem Engel des Gerichts getötet. Aus dem, was mit unseren Vorfahren geschah, sollen wir eine Lehre ziehen. Die Schrift berichtet davon, um uns zu warnen – uns, die wir am Ende der Zeit leben* (1 Kor 10,6-11).

Einige Verse weiter in demselben Kapitel sprach Paulus explizit das Problem der Versuchung für die Christen in Korinth an, zusammen mit ihren nichtgläubigen Familien und Freunden die Feste der Göttin Aphrodite zu feiern. Er sagte:

> *Es hat euch bisher nur menschliche Versuchung betroffen. Gott aber ist treu; er wird nicht zulassen, dass ihr über euer Vermögen*

> *versucht werdet, sondern er wird zugleich mit der Versuchung auch den Ausgang schaffen, so dass ihr sie ertragen könnt. Darum, meine Geliebten,* ***flieht vor dem Götzendienst****!* (1 Kor 10,13-14 SLT).

Warum befiehlt Paulus den Christen, vor jeglicher Beteiligung an heidnischem Götzendienst zu fliehen? Die Antwort darauf liefert er einige Verse weiter:

> *Nein, ganz und gar nicht. Ich sage vielmehr, dass diese Opfer den Dämonen und nicht Gott dargebracht werden. Und ich möchte nicht, dass ihr in irgendeiner Weise* ***Gemeinschaft mit Dämonen*** *habt. Ihr könnt nicht aus dem Kelch des Herrn und zugleich aus dem Kelch der Dämonen trinken. Ihr könnt nicht am Tisch des Herrn und zugleich am Tisch der Dämonen essen. Oder wollen wir den Herrn etwa zur Eifersucht reizen wie einst Israel? Meinen wir etwa, wir seien stärker als er?* (1 Kor 10,20-22 NLB).

Die Speisen und den Wein, die der Aphrodite geweiht waren, zu essen bzw. trinken, und sich mit Tempelprostituierten zu vereinigen, brachte die unsteten korinthischen Gläubigen in direkte Gemeinschaft mit der dämonischen Welt und zurück unter die Macht des Teufels. Paulus verwendete den griechischen Begriff *koinonos*, ein Wort, das normalerweise der Gemeinschaft mit dem Vater, dem Sohn und dem Heiligen Geist vorbehalten ist, im Zusammenhang mit Dämonen. *Koinonos* bedeutet „Gesellschaft oder Gemeinschaft". Die NGÜ übersetzt: *„Und ich möchte nicht, dass ihr in Verbindung mit Dämonen kommt"*. In der NeÜ heißt es: *„Ich will aber nicht, dass ihr in Kontakt mit Dämonen kommt!"* Götzendienst bringt Christen in direkte Gemeinschaft mit einem Dämon; sie gehen eine Verbindung mit ihm ein, werden also mit anderen Worten dämonisiert.

Christen sind durch die Neugeburt mit Christus verbunden und auf mystische Weise mit ihm vereint worden; von Geist zu Geist. Wir sind durch das Wunder der Neuschöpfung nun mit Christus verbunden, und zwar in einer dauerhaften Beziehung, die Gott geschaffen hat. Weil wir nun in Beziehung stehen, können wir uns dafür entscheiden, Gemeinschaft mit Gott zu haben, oder wir können uns dafür entscheiden, Gemeinschaft mit Dämonen zu haben. Wir können dem Beispiel der Heiligen in Sardis folgen, die der Herr lobend erwähnte:

Du hast selbst in Sardis einige Namen, die ihre Kleider nicht ***beschmutzt*** *haben. Sie werden [in Gemeinschaft] mit mir in weißen [Kleidern] wandeln, weil sie würdig sind* (Offb 3,4 Wuest).

Es ist buchstäblich eine Entscheidung zwischen schwarz und weiß: wir können Gemeinschaft mit Christus in reinen, lichtgetränkten Kleidern genießen oder wir können Gemeinschaft mit Dämonen in der Finsternis haben.

Wenn ein Christ in irgendeiner Weise von einem Dämon überwunden wird, gerät er in dämonische Gefangenschaft.

Denn wovon man sich hat gefangen nehmen lassen, dessen Sklave ist man geworden (2 Petr 2,19).

Dämonisierung ist eine Form dämonischer Gebundenheit, in welcher der Gläubige unter den Einfluss dämonischer Mächte gerät. Christen können es sich nicht leisten, in irgendeiner Weise mit der Finsternis zu flirten. Die neutestamentlichen Verfasser fanden deutliche Worte zu der ernsten Gefahr, die jede Art von Rebellion, ob offen oder unterschwellig, mit sich brachte. Das Zerstörungspotential ist sehr real und Millionen von Gläubigen sind auf den Pfad der Rebellion abgekommen. Judas warnte vor Christen, die unter den Einfluss beherrschender Geister der Rebellion geraten waren:

Weh ihnen! Sie haben den Weg eingeschlagen, den Kain gegangen ist; sie haben sich wie Bileam dafür entschieden, andere irrezuführen, weil sie sich Gewinn davon versprechen, und sie ***stürzen sich selbst ins Verderben*** *[apollumi], indem sie sich wie einst Korach [gegen Gott] auflehnen* (Jud 11).

Jesus stellt uns eine deutliche Frage:

Warum nennt ihr mich immerfort „Herr", wenn ihr doch nicht tut, was ich sage? (Lk 6,46).

Sein Name ist der Herr Jesus Christus, aber wenn er nicht Herr über alles ist, ist er überhaupt nicht unser Herr! Warum gibt es so viele kompromissbereite Christen, die sich mit einem lauwarmen Lebensstil der Apathie zufriedengeben? Paulus sagte:

Wer hat euch verzaubert, dass ihr der Wahrheit nicht gehorcht (Gal 3,1 SLT).

Welcher Dämon hat euch um den Verstand gebracht? (GNB).

In wessen Bann seid ihr nur geraten? (NGÜ).

Es ist ein Geist der Zauberei und der Verwirrung, der Christen in eine Haltung ständigen Ungehorsams lockt und sie dort festhält. Es gibt so viele Christen, die sich in die Gemeinschaft mit Dämonen verstrickt haben, weil sie vom Teufel becirct worden sind und nun glauben, dass Kompromisse und Toleranz in Sachen Ungehorsam akzeptabel sind.

Meine eigene Erfahrung als Pastor und Seelsorger hat mich in den Befreiungsdienst geführt. Es war nichts, was ich mir selbst ausgesucht hätte, aber dadurch dass ich mich die letzten 20 Jahre dem Dienst des Reiches Gottes an unzähligen Menschen zur Verfügung gestellt habe, habe ich hunderte von Dämonen aus Menschen ausgetrieben, die ich persönlich kannte, da sie in meiner Gemeinde waren, und von denen ich mir sicher war, dass sie aufrichtige Christen waren, die an Jesus als ihren Retter glaubten. Meine eigene Erfahrung im Befreiungsdienst an Christen zusammen mit der umfangreichen Erfahrung von Kollegen mit derselben klinischen Erfahrung haben mich zu einem eingehenderen Studium des Neuen Testaments bewegt, um zu verstehen, was die Bibel wirklich über die Anfälligkeit schutzloser Gläubiger für dämonische Unterwanderung sagt.

Auf diesem gefallenen Planeten leben wir in einem geistlichen Umfeld, das von satanischen und dämonischen Mächten geschürt wird. Gott hat uns einen Weg eröffnet, um in umfassendem geistlichem Schutz vor den Mächten der Finsternis zu leben, aber es braucht eine gewisse Entschlossenheit, um diesen göttlichen Schutz in Anspruch nehmen zu können. Gehorsam gegenüber Gott ist der einzige Weg auf unserer Herzensreise, der uns umfassenden Schutz vor der immerwährenden Gefahr der Verstrickung dämonischer Unterwanderung gewährt. Befreiung von der Unterwanderung böser Geister zu erleben, ist Teil der Herzensreise in die herrliche Freiheit hinein. Gott möchte, dass wir vom Einfluss böser Geister frei werden und frei bleiben, und das hängt allein davon ab, ob wir ganz aus dem Herzen heraus leben.

Kapitel 13

In physische Biochemie verstrickt

Gott schaut nicht auf unser Äußeres, sondern auf den Zustand unseres Herzens. Die biblische Vorstellung vom „Herzen“ umfasst unsere Gedanken, unsere Entscheidungen und unsere Gefühle. Wenn wir vom Herzen sprechen, denken wir allesamt sofort an die verborgenen Gedanken und Gefühle, die wir in unserem Inneren denken und fühlen. Über die letzten Jahrzehnte hinweg hat es wissenschaftliche Erkenntnisse darüber gegeben, dass all unsere Gedanken und Gefühle in dem, was wir unser „Herz“ nennen, nahtlos in die physischen elektrochemischen Prozesse des menschlichen Gehirns integriert sind. Die Neurowissenschaften zeigen, dass sich kein Prozess des menschlichen Denkens und Fühlens von den elektrochemischen Impulsen in verschiedenen Regionen des Gehirns unterscheiden lässt. Hirnkartierungen identifizieren die unterschiedlichen Hirnregionen, die die Aktivität des rationalen Denkens, der Gefühle, des Gedächtnisses und der fünf Sinne des Hörens, Sehens, Fühlens, Schmeckens und Riechens anzeigen. Das bedeutet, dass es bei uns als physischen Wesen einen direkten Zusammenhang zwischen dem aktuellen Zustand unseres Herzens und unserer physischen Hirnchemie gibt. Dies deutet darauf hin, dass diese beiden Realitäten dessen, was wir unser „Herz“ und das Gehirn nennen, umfassend und nahtlos ineinandergreifen.

Das menschliche Gehirn ist ein erstaunliches, von Gott ausgedachtes Organ. Jahrelang schätzte man die Zahl der Neuronen im menschlichen Durchschnittsgehirn auf etwa 100 Milliarden. In einer neuen klinischen Studie dagegen wurde ein für alle Mal festgestellt, dass das menschliche Gehirn im Durchschnitt 86 Milliarden Neuronen beherbergt.[1] Noch beeindruckender ist die Tatsache, dass das Gehirn schätzungsweise eine Billiarde Verbindungen aufweist! Das ist wohl noch immer eine vorsichtige Schätzung, da die tatsächliche Zahle an Synapsen zwischen den Neuronen sich den Wissenschaftlern nach wie vor entzieht. Allein in der Großhirnrinde, einer dünnen Gewebeschicht an der Außenseite des Gehirns, gibt es mehr als 125 Billionen Synapsen, was der Gesamtzahl von Sternen in 1.500 Milchstraßensystemen entspricht![2] Das ist nur die Großhirnrinde, vom Rest des Gehirns ganz zu schweigen! Das menschliche Gehirn ist das erstaunlichste Organ in der ganzen Welt der Biologie. Die Neurowissenschaft ist eine der am schnellsten wachsenden Wissenschaften und bringt ständig erstaunliche Erkenntnisse hervor. Dr. Stephen Smith, ein Neurowissenschaftler und Professor für molekulare und zellulare Physiologie an der Stanford Universität in Kalifornien wurde für einen 2010 von der *Stanford School of Medicine* veröffentlichten Artikel interviewt:

> „Die Gesamtkomplexität des Gehirns ist fast unglaublich", sagte Smith. „Schon eine Synapse für sich entspricht eher einem Mikroprozessor – mit sowohl Speicherplatz als auch Elementen zur Informationsverarbeitung – als lediglich einem Ein-/Aus-Schalter. Eine Synapse könnte sogar etwa 1.000 molekulare Schalter enthalten. Ein einziges menschliches Gehirn hat mehr Schalter als all die Computer und Router und Internetverbindungen auf der Erde."[3]

Alle unsere mentalen und emotionalen Prozesse spielen sich ebenso im Gehirn wie im physischen Herzen ab; das Gehirn ist das wichtigste Organ unseres Körpers. Aus biblischer Sicht ist der Verstand bzw. Sinn größer als das Gehirn, weil er die Fähigkeit hat, als ein Ausdruck unseres Geistes auch ohne unseren Körper zu existieren, genauso wie der Sinn Christi unabhängig von seinem physischen, irdischen Leib existiert. Dennoch werden all unsere Gedanken und Gefühle in diesem Leben buchstäblich in unserem physischen Gehirn verarbeitet. Für die Dauer unserer irdischen Existenz hat Gott den

---

[1] http://www.theguardian.com/science/blog/2012/feb/28/how-many-neurons-human-brain.

[2] http://med.stanford.edu/news/all-news/2010/11/new-imaging-method-developed-at-stanford-reveals-stunning-details-of-brain-connections.html.

[3] Übersetzt von Ebd.

menschlichen Verstand und das physische Gehirn zu einem nahtlosen Ganzen zusammengewoben.

Das Gehirn ist noch immer ein geheimnisvolles Organ! Medizinische Forscher haben nun einen wechselseitigen Einfluss unserer Physiologie auf unser Denken und Fühlen und der Denk- und Gefühlsprozesse auf unsere menschliche Physiologie dokumentiert. Mit dem Begriff der psychosomatischen Krankheit beschreibt man inzwischen jegliche körperliche Erkrankung, die unmittelbar durch eine chronisch ungesunde mentale oder emotionale Verfassung hervorgerufen wurde. Es ist allgemein bekannt, dass andauernder Stress oder Sorgen zu physischen Krankheiten führen können. Aber es ist ebenfalls gut belegt, dass bestimmte biochemische Umstände gesundheitsschädliche Auswirkungen auf das Denken und Fühlen haben können. Es ist inzwischen zum Beispiel belegt, dass ein chemisches und hormonales Ungleichgewicht klinische Depressionen auslösen kann. Ebenso kann eine Verschlechterung der Hirnfunktion zu einer Beeinträchtigung unserer rationalen Denkfähigkeiten führen. Alzheimer ist hierfür ein gutes Beispiel.

Der Verfall der Gehirnphysiologie übt einen stark negativen Einfluss auf die Fähigkeit der Person aus, klar zu denken, zu kommunizieren oder Erinnerungen abzurufen. Ein hormonelles Ungleichgewicht im Gehirn kann Stimmungsschwankungen oder Angststörungen auslösen. Unsere Stimmungen sind oft durch die Ausschüttung bestimmter Hormone bedingt, die wiederum von etwas so Einfachem wie unserer Ernährung abhängen. Schokolade zum Beispiel regt die Produktion von Serotonin und Endorphinen an, den sogenannten „Glückshormonen". Ein signifikanter Rückgang der Serotoninproduktion kann zu einer Depression führen.

Eine anomale Hirnchemie kann außerdem verstärkte emotionale Zustände und psychische Erkrankungen auslösen. All diese Erkenntnisse führen zu dem Schluss, dass Menschen unbestreitbarerweise biochemische Maschinen sind, die auf geheimnisvolle Weise mit der geistlichen Dimension unserer Existenz – was wir gemeinhin als die Seele bezeichnen – verbunden sind. Darum können wir nicht über die „Herzensreise" sprechen, ohne unsere Verstrickung in unsere physische Biochemie und den Einfluss, den unsere Hirnfunktion auf den Zustand unseres „Herzens" ausübt zu berücksichtigen.

Das Geistliche und das Physische im Menschen sind eng miteinander verwoben. „Gott ist Geist“ (Joh 4,24) und Engel und Dämonen sind ebenfalls geistliche Wesen; sie alle haben ohne eine physische Dimension die Fähigkeit, zu denken und zu fühlen. Menschen dagegen sind geistliche Wesen, deren Geist und Seele in einer Wechselbeziehung zu ihrer Physiologie und Biochemie stehen. Unser Geist steckt in unserem Körper und die Funktion unseres Geistes ist untrennbar mit unserer physischen Existenz verbunden. Als dreiteilige Wesen sind wir ein Geist, der eine Seele und einen Körper besitzt. Die Seele, also Denken, Wollen und Fühlen, ist insgesamt als ein Ausdruck unseres Geistes geschaffen.

In ähnlicher Weise ist auch unser Körper zusammen mit unserem Gehirn ein Ausdruck unseres Geistes. Unser Geist wohnt in unserem Körper und ohne den Geist ist der Körper tot (vgl. Jak 2,26). Aber bis unser Geist durch den Tod von unserem Körper getrennt wird, besteht ein nahtloses Zusammenspiel zwischen all den Funktionen des Geistes, der Seele und des Körpers. Wir sind ganzheitliche Wesen, die in diesem Leben ohne dieses Zusammenspiel von Geist, Seele und Leib nicht funktionieren können.

Der Körper und das Gehirn

Als die Sünde in der Menschheit Einzug hielt, fand im Menschen eine dramatische Veränderung statt. Das Gehirn, das bedeutendste Organ unseres Körpers, wurde sofort zum Sklaven der Sünde. Bevor Adam in Sünde fiel, war sein Geist für Gott lebendig und für die Sünde tot. In dem Moment, als Adam und Eva sündigten, wurde ihr Geist für Gott tot und für die Sünde lebendig.

> *Durch einen einzigen Menschen – [Adam] – hielt die Sünde in der Welt Einzug und durch die Sünde der Tod, und auf diese Weise ist der Tod zu allen Menschen gekommen, denn alle haben gesündigt* (Röm 5,12).

Da wir somit von unserem Wesen her „Sünder“ waren, wurde unser gefallener, „toter“ Geist, der durch die Gegenwart der Sünde tief verunreinigt war, nun zum Antrieb unserer gesamten Existenz, und das schließt jeden Aspekt unserer Seele und unseres Körpers mit ein. Unser gefallenes Selbst wurde durch die Sünde schwer beeinträchtigt, und nach und nach verunreinigte die Sünde unseren Körper, unser Denken, unseren Willen und unsere Gefühle. Unter der Herrschaft der Sünde ist es so, als wäre ein Autofahrer vollkommen rücksichtslos, völlig außer Kontrolle und wie wild auf Selbstzerstörung aus. Das Auto ist der Zerstörung geweiht, weil der Fahrer völlig gestört ist. Die Gegenwart von Sünde im Herzen verzerrt immer unsere Realitätswahrnehmung.

Als Nachfolger Christi müssen wir uns den Zusammenhang zwischen Gehirn und Sünde genau anschauen. Welche Auswirkungen hatte der Sündenfall auf die Hirnfunktion? Was passiert, wenn Sünde das Hirn antreibt? Wir müssen auch über den Zusammenhang zwischen dem Gehirn und unserer neuen Natur der vollkommenen Gerechtigkeit Christi nachdenken, die unserem Geist verliehen worden ist. Als an Jesus Gläubige sind wir herrliche neue Schöpfungen. Ein neuer Fahrer sitzt nun am Steuer unseres Gefährts. Er oder sie ist in Gerechtigkeit und wahrer Heiligkeit neu erschaffen worden. Paulus gab jedem Gläubigen klare Anweisungen:

> *Zieht den neuen Menschen an, der nach dem Bild Gottes geschaffen ist in wahrer Gerechtigkeit und Heiligkeit* (Eph 4,24 REÜ).

Dank des Wunders der Neuen Schöpfung können wir diesen neuen Menschen nun „anziehen". Das bedeutet nicht, dass wir dies als Christen immer tun, aber durch die Befähigung des in uns wohnenden Geistes haben wir nun eine neue Freiheit dazu.

Paulus drückte es als historische Tatsache aus in Bezug auf diejenigen, welche ihr Vertrauen in Jesus gesetzt haben:

> *Ihr habt doch das alte Gewand ausgezogen – den alten Menschen mit seinen Verhaltensweisen – und habt das neue Gewand angezogen – den neuen, von Gott erschaffenen Menschen, der fortwährend erneuert wird, damit ihr [Gott] immer besser kennenlernt und seinem Bild ähnlich werdet* (Kol 3,9-10).

Gott selbst hat das durch die Neugeburt auf übernatürliche Weise für uns getan. Der menschliche Geist ist auf übernatürliche Weise in wahrer Gerechtigkeit und Heiligkeit erschaffen worden und wenn wir dem Evangelium wirklich Glauben schenken, dann werden wir die Offenbarung, dass nun ein neuer Fahrer das Auto steuert, ergreifen. Durch die Neugeburt sind Sie in Ihrem erneuerten Geist auf übernatürliche Weise und augenblicklich von einem Sünder in einen Heiligen verwandelt worden. Solange der alte Fahrer am Steuer saß, wurde unser Gehirn gewohnheitsmäßig von Sünde gelenkt und angetrieben, nun aber steht unser Gehirn in einer vollkommen neuen Beziehung zur Gerechtigkeit, wenn wir uns dafür entscheiden, den neuen Menschen anzuziehen. Aber auf unserem Weg von der Sünde und all ihren destruktiven Auswirkungen in die Freiheit, sind wir nach wie vor in Sünde verstrickt, weil unser Gehirn in all den Jahren, in denen es unter der Macht der Sünde stand, „fest verdrahtet" wurde.

Neue Software, alte Hardware

Der Körper, einschließlich des Gehirns natürlich, hat seine eigene innere Programmierung. Diese Programmierung hat über die Jahre hinweg, in denen die Sünde in unserem sterblichen Leib regieren durfte, Form angenommen. Das Gehirn wurde programmiert, um in der Gegenwart der Sünde und unter der Herrschaft der Sünde zu leben. Es ist buchstäblich fest mit der Sünde „verdrahtet". Infolgedessen wurde das Gehirn selbst in einen Zustand geistlichen „Todes" versetzt, weil der Lohn der Sünde der Tod ist. Was immer von Sünde verunreinigt wird, stirbt sofort. Die neue Natur und das neue Herz, das Gott uns gegeben hat, ist wie eine neue Software, die in unserem Körper installiert wird. Wenn es aktiviert wird, steht dieses neue „Programm" der Gerechtigkeit in direktem Konflikt mit der alteingesessenen, von Ungerechtigkeit geprägten Programmierung unseres Körpers.

Im Römerbrief entwickelte Paulus bewusst eine klare Theologie des menschlichen Körpers und seiner Beziehung zu der alten Natur der Sünde einerseits und der neuen Natur der Gerechtigkeit andererseits. Die paulinische Theologie des Körpers hat direkten Einfluss darauf, wie wir das Gehirn verstehen. In Römer 7 untersucht Paulus die Dynamik der uns innewohnenden Sünde und ihrer anhaltenden Orientierung hin zur Sünde und zum Bösen. Er tut dies in Form einer Solidaritätsbekundung mit dem noch nicht erneuerten Juden, der unter seiner Kenntnis des vollkommenen Gesetzes Gottes leidet. Jeder gottesfürchtige Jude kann den Kampf, den Paulus in diesem Kapitel beschreibt, sicherlich voll und ganz nachvollziehen.

Das Gesetz ist durch Gottes Geist gegeben worden, das wissen wir. Ich aber bin meiner eigenen Natur ausgeliefert; ich bin an die Sünde verkauft und ihr unterworfen. Ich verstehe selbst nicht, warum ich so handle, wie ich handle. Denn ich tue nicht das, was ich tun will; im Gegenteil, ich tue das, was ich verabscheue. Wenn ich aber das, was ich tue, gar nicht tun will, dann gebe ich damit dem Gesetz recht und heiße es gut. Und das bedeutet: Der, der handelt, bin nicht mehr ich, sondern die Sünde, die in mir wohnt. Ich weiß ja, dass in mir, das heißt in meiner eigenen Natur, nichts Gutes wohnt. Obwohl es mir nicht am Wollen fehlt, bringe ich es nicht zustande, das Richtige zu tun. Ich tue nicht das Gute, das ich tun will, sondern das Böse, das ich nicht tun will. Wenn ich aber das, was ich tue, gar nicht tun will, dann handle nicht mehr ich selbst, sondern die Sünde, die in mir wohnt. Ich stelle also folgende Gesetzmäßigkeit bei mir fest: So sehr ich das Richtige tun will – was bei mir zustande kommt, ist das Böse (Röm 7,14-21).

Die Verzweiflung darüber, in Sünde gefangen zu sein, lässt Paulus drei Verse weiter ausrufen: *„Ich elender Mensch! Wer wird mich erlösen von diesem **Todesleib**?"* (Röm 7,24 SLT). Paulus führt uns hier eine eindrückliche biblische Vorstellung vor Augen, die er den „Todesleib" nennt. Kenneth Wuest, eine Autorität für neutestamentliches Griechisch, schreibt: „Mit Leib ist hier der physische Leib gemeint, also der Körper, in dem die sündige Natur wohnt und durch den sie, wenn sie die Vorherrschaft hat, agiert."[4] Dieser „Todesleib" beschreibt den menschlichen Körper, wenn er unter der Herrschaft und Tyrannei der Sünde lebt. Sünde hat jeden Teil unseres Körpers verunreinigt, weil der Körper als Sklave sündiger Leidenschaften zu einem Instrument der Ungerechtigkeit geworden ist. Unser Körper ist von den verheerenden Auswirkungen des Sündenfalls unmittelbar in Mitleidenschaft gezogen worden.

Laut Paulus ist unser Körper in einem tief gefallenen Zustand. Doch Paulus versicherte den Gläubigen, dass Gott in der Auferstehung *„den **Leib unserer Erniedrigung** verwandeln und neu erschaffen wird, damit er dem Leib seiner Herrlichkeit und Majestät entspreche*

---

[4] Übersetzt aus: Kenneth Wuest, *Commentary on the New Testament: Olive Tree Bible Software*, Römer 7,24.

und wie er sei" (Phil 3,21 AMP). Kenneth Wuest stellt fest, dass „in diesen unseren physischen Leibern der Tod sowie Krankheit und Schwäche stecken. Der Körper ist durch den Sündenfall Adams erniedrigt worden. Die Herrlichkeit, in die er gehüllt war und die, bevor er sündigte, aus Adams innerstem Sein hervorging und einen Mantel der Herrlichkeit um seinen Körper legte, verschwand mit dem Fall des Menschen. Der Verstand bzw. Sinn Adams, der vor dem Sündenfall vollkommen war, wurde von der Sünde ruiniert."[5] Vor dem Sündenfall hatten Adam und Eva herrliche Körper. Sie hatten keine verherrlichten Körper, ihre Körper waren jedoch voll von der Herrlichkeit des Herrn. Das schloss ihr Gehirn mit ein, das einst ein Gefäß der Herrlichkeit war.

In diesem Zusammenhang lohnt es sich, einmal über den Körper und das Gehirn Jesu nachzudenken, als er hier auf der Erde war. Paulus nannte ihn den „letzten Adam" (1 Kor 15,45). Paulus stellte einen direkten Vergleich zwischen dem ersten Adam (vor dem Fall) und dem zweiten Adam an, weil beide in Sündlosigkeit gelebt hatten. Ebenso wie Adam vor dem Fall in Herrlichkeit gekleidet war, hatte auch Jesus, der einzige Mensch ohne Sünde, einen Körper, der nicht von Sünde verunreinigt war. Das bedeutet, dass das Gehirn Jesu vollkommen frei von Verunreinigung durch Sünde und Tod war. Jedes neuronale Muster und jede neuronale Vernetzung in Jesu Gehirn funktionierte perfekt. Sein Körper war nicht durch die Gegenwart in ihm wohnender Sünde erniedrigt worden. Vielmehr war sein Gehirn voll von der Herrlichkeit Gottes. Sein vollkommener Geist fand Ausdruck in seiner Seele und seinem physischen Gehirn. Das Wunder der Neugeburt versetzt den menschlichen Geist wieder in einen herrlichen Zustand der Gerechtigkeit, sodass wir der göttlichen Natur Jesu in unserem Körper und unserer Seele wieder Ausdruck verleihen können, und das schließt unser Gehirn mit ein, das nach und nach zu einem mächtigen Instrument der Gerechtigkeit wird, genauso wie das Gehirn Jesu es war.

Wann immer wir in der Schrift vom „Körper" oder „Leib" lesen, müssen wir daran denken, dass dies unser Gehirn als Teil unserer menschlichen Anatomie einschließt. Paulus deutete an, dass der menschliche Körper in seinem erniedrigten Zustand von der Gegenwart der Sünde erheblich beeinträchtigt worden ist. Er schrieb:

---

[5] Übersetzt aus: Ebd., siehe Philipper 3,21

Der menschliche Körper ist wie ein Samenkorn, das in die Erde gelegt wird. Erst ist er vergänglich, aber wenn er dann auferweckt wird, ist er unvergänglich. Erst ist er unansehnlich, dann aber erfüllt von Gottes Herrlichkeit. Erst ist er schwach, dann voller Kraft. In die Erde gelegt wird ein irdischer Körper. Auferweckt wird ein Körper, der durch Gottes Geist erneuert ist (1 Kor 15,42-44).

Noch ist unser Körper nicht erlöst.

Sogar wir seufzen innerlich noch, weil die volle Verwirklichung dessen noch aussteht, wozu wir als Gottes Söhne und Töchter bestimmt sind: Wir warten darauf, dass auch unser Körper erlöst wird (Röm 8,23).

In der Zwischenzeit befindet sich der Körper nicht nur in einem Zustand der Erniedrigung, sondern er ist auch verdorben, entehrt und geschwächt. Paulus beschrieb den menschlichen Geist als in einem Zustand der „Vergänglichkeit", also in einem Zustand des Verfalls, des Vergehens und der Beeinträchtigung aufgrund des Sündenfalls. Er beschrieb unseren Körper außerdem als in einem Zustand der „Unehre", was bedeutet, dass er entwürdigt worden ist oder sich in einem schändlichen Zustand befindet. Und schließlich beschreibt er den Körper als in einem Zustand der „Schwäche" *(astheneia),* also einem Zustand der Kraftlosigkeit (entweder des Verstandes oder des Körpers) oder der physischen Schwächlichkeit und Gebrechlichkeit.

Verfall, Unehre und Schwäche sind die charakteristischen Merkmale unseres Körpers der Erniedrigung, der Jahre des Exils vom Reich der Herrlichkeit des Himmels ertragen hat und jahrelang der schwächenden Natur der Sünde ausgesetzt gewesen ist. Kenneth Wuest schreibt: „Der Verstand Adams, der vor dem Fall einwandfrei funktionierte, wurde durch die Sünde ruiniert. Die Sinnesfunktionen, die vor dem Fall perfekt funktionierten, waren, nachdem er gesündigt hatte, beeinträchtigt. Als solches ist unser gegenwärtiger Körper ein unvollkommenes Organ, durch den das erneuerte, geisterfüllte Innenleben des Gläubigen sich erfolglos in vollem Umfang auszudrücken versucht. Das griechische Wort [für ‚Erniedrigung'] spricht von der

Unzulänglichkeit unseres gegenwärtigen Körpers, die Ansprüche des geistlichen Lebens zu erfüllen.“[6]

Als Teil unseres Körpers ist infolge des Eindringens der Sünde auch unser Gehirn erniedrigt worden. Es ist geschwächt und beeinträchtigt worden, sodass es sein volles Potential nicht entfalten kann, weil es immer außerhalb des Reiches der Herrlichkeit Gottes agiert hat. Aber weil unser Geist dank des Geschenks der Gerechtigkeit nun lebendig ist, ist auch die Herrlichkeit im Innersten unseres Seins wiederhergestellt worden, sodass wir durch den Glauben die Kraft eines verherrlichten Geistes aktivieren können. Wenn wir diese Kraft der Neuen Schöpfung in unserem erneuerten Geist aktivieren, wird das unweigerlich unser physisches Gehirn verändern und es immer mehr von der Macht der Sünde und des Todes befreien. Paulus sagte:

> *Aber, da wir davon ausgehen, dass Christus in euch ist, ist einerseits* ***der Körper tot aufgrund der Sünde****, aber der [menschliche] Geist dagegen ist lebendig aufgrund der Gerechtigkeit* (Röm 8,10 WUE).

Paulus’ Feststellung, dass *„der Körper aufgrund der Sünde tot ist“* spiegelt seine Beschreibung des „Todesleibes“ wider, von dem er erst elf Verse vorher in Römer 7,24 gesprochen hatte. In der Sprache des 21. Jahrhunderts ist der menschliche Geist ein vollkommen neues Software-Paket, das in einer alten „Computer-Hardware“ installiert wurde – dem Körper –, wobei diese beiden Realitäten in einem starken Konflikt stehen.

Das Auferstehungsleben und der Todesleib

Dennoch rechnete Paulus mit bedeutenden physischen Auswirkungen der Gegenwart des Auferstehungslebens Jesu auf unseren Körper (einschließlich unseres Gehirns), vorausgesetzt, wir sind bereit, uns auf die Kraft des Kreuzes einzulassen, damit sie die Taten des Körpers tötet, sodass die Sünde in unseren sterblichen Körpern nicht mehr regieren kann. Er sagte.

> *Daher soll die Sünde euren sterblichen Leib nicht mehr beherrschen, und seinen Begierden sollt ihr nicht gehorchen* (Röm 6,12 REÜ).

---

[6] Übersetzt aus: Ebd.

Wir müssen nun das Auferstehungsleben Jesu in unserem Körper regieren lassen.

> *Wenn ihr nach dem Fleisch lebt, müsst ihr sterben; wenn ihr aber durch den Geist die (sündigen) Taten des Leibes tötet, werdet ihr leben* (Röm 8,13 REÜ).

> *Der Geist Gottes, der Jesus von den Toten auferweckt hat, lebt in euch. Und so wie er Christus von den Toten auferweckte, wird er auch **euren sterblichen Körper** durch denselben Geist **lebendig machen**, der in euch lebt* (Röm 8,11 NLB).

Eugene Peterson hat diesen Vers folgendermaßen übersetzt:

> *Es leuchtet doch ein, oder nicht, dass, wenn der lebendige und gegenwärtige Gott, der Jesus von den Toten auferweckt hat, auch in eurem Leben wirksam ist, dasselbe in euch tun wird, was er in Jesus getan hat, und euch für ihn lebendig machen wird? Wenn Gott in euch lebt und wirkt (und das tut er so sicher wie er es in Jesus getan hat), seid ihr von diesem toten Leben befreit. Weil sein Geist in euch wohnt, wird euer Körper so lebendig sein wie der Körper Christi!* (Röm 8,11 MSG).

Während der Körper aufgrund der Sünde also ursprünglich „tot" war, schenkt Gott unserem sterblichen Körper Leben, aber nur insoweit wir die sündigen Taten des Körpers töten. Das macht sich auch stark am Zustand unseres physischen Gehirns bemerkbar. Jedes Mal, wenn Paulus den griechischen Begriff *soma* verwendet, der mit „Körper" übersetzt wird, können wir letztlich das Wort „Gehirn" einfügen, weil unser Gehirn ein bedeutender Teil des menschlichen Körpers ist. Unser Körper (und Gehirn) wird dank des Geschenks der vollkommenen Gerechtigkeit Christi lebendig und kann so wieder die Gegenwart der Herrlichkeit Gottes durch das in uns wohnende Leben Christi erleben.

Wie wir bereits gesehen haben, beschreibt Paulus die Auswirkung des Sündenfalls auf den menschlichen Körper, indem er ihn den „Todesleib" nennt. Aber es gibt noch ein anderes Fachwort, das Paulus im Römerbrief verwendet und der diesem Gedanken entspricht. In Römer 6 verwendet Paulus den Begriff des „Leibes der Sünde", um den menschlichen Körper in seinem gefallenen und erniedrigten Zustand zu beschreiben. Paulus hielt es für möglich, dass die Kraft der Neuen Schöpfung durch die neue Kraft des Lebens und der Gerechtigkeit

Christi, die nun in uns sind, den Leib der Sünde außer Gefecht setzen. Er sagte:

> *... da wir dies erkennen, dass unser alter Mensch mitgekreuzigt worden ist, damit der Leib der Sünde abgetan sei, dass wir der Sünde nicht mehr dienen* (Röm 6,6 SLT).

Der Ausdruck „abgetan sei" übersetzt das griechische Wort *katargeo;* ein interessantes Wort voller weitreichender Hinweise auf die Auswirkung der Gerechtigkeit auf unseren physischen Körper und damit folglich auch auf unser Gehirn.

Kenneth Wuest sagt:

> Das Wort für „Körper" ist *soma*, der menschliche Körper. Das Wort für „Sünde" steht hier im Genitiv, in diesem Fall einem besitzanzeigenden Genitiv. Es geht hier also um den physischen Körper des Gläubigen vor seiner Errettung, der im Besitz der sündigen Natur war, bzw. von ihr beherrscht und bestimmt war. Die Person, die der Gläubige vor seiner Errettung war, wurde mit Christus gekreuzigt, damit sein physischer Körper, der vor der Errettung von der bösen Natur beherrscht war, „zerstört" würde. Das Wort für „zerstört" oder „abgetan" ist *katargeo:* „stilllegen, unbrauchbar machen, außer Kraft setzen, vernichten.[7]

Wir müssen dies sorgfältig durchdenken, aber, wenn wir es einmal begriffen haben, ist es eine gewaltige Offenbarung. Kenneth Wuest übersetzt diesen Schlüsselabschnitt entsprechend:

> *Denn angesichts der Tatsache, dass wir solche sind, die für immer mit ihm eins gemacht worden sind hinsichtlich des Gleichseins mit seinem Tod, werden wir als eine logische Konsequenz mit Sicherheit auch solche sein, die für immer mit ihm vereint worden sind hinsichtlich der Gleichheit mit seiner Auferstehung, wobei wir aus Erfahrung wissen, dass unser altes [nicht erneuertes] Selbst ein für alle Mal mit ihm gekreuzigt worden ist, damit der physische Körper, der [bis hierher] von der sündigen Natur beherrscht worden ist, [in dieser Hinsicht] außer Kraft gesetzt würde, und zwar mit dem Ergebnis, dass wir der sündigen Natur nicht länger den gewohnheitsmäßigen*

---

[7] Übersetzt aus: Ebd., Römer 6,6.

> *Gehorsam eines Sklaven leisten, denn der, der ein für alle Mal gestorben ist, ist für immer frei von der sündigen Natur* (Röm 6,5-7 WUE).

Das bedeutet, dass unser Körper nun zu einem Werkzeug der Gerechtigkeit werden kann, anstatt ein Werkzeug der Sünde zu bleiben. Die obige Interpretation dieses Abschnitts wird von den folgenden Übersetzungen untermauert. J. B. Phillips übersetzt:

> *Lasst uns niemals vergessen, dass unser altes Selbst mit ihm am Kreuz gestorben ist, damit die Tyrannei der Sünde über uns gebrochen werde* (Röm 6,6 JBP).

In der *Amplified Bible* heißt es:

> *Wir wissen, dass unser altes (noch nicht erneuertes) Selbst mit ihm ans Kreuz genagelt worden ist, damit [unser] Körper [das Werkzeug] der Sünde für das Böse außer Kraft gesetzt und wirkungslos gemacht werde, damit wir nicht länger Sklaven der Sünde seien* (Röm 6,6 AMP).

Die *Holman Bible* übersetzt:

> *Denn wir wissen, dass unser altes Selbst mit ihm gekreuzigt worden ist, damit die Herrschaft der Sünde über den Körper beendet werde, sodass wir nicht länger Sklaven der Sünde seien* (Röm 6,6 HCSB).

Was wollte Paulus uns in Römer 6,6 mitteilen? Der Gedankenfluss von Römer 6 soll uns unmissverständlich deutlich machen, dass der physische Körper nicht länger unter der Sünde versklavt sein muss, sondern dass er nun ein Sklave der Gerechtigkeit werden kann. Aber der menschliche Körper kann nur Sklave der Gerechtigkeit werden, wenn ein Christ die volle Verantwortung für die Heiligung seines Körpers übernimmt.

Wir werden ausdrücklich angewiesen, *„die Taten des Leibes zu töten“* (Röm 8,13). Die „Taten des Leibes“ sind die Leidenschaften und Begierden des physischen Körpers. Diese müssen durch die Entscheidung, die Kraft des Kreuzes in Anspruch zu nehmen, getötet werden, damit Gott die Fülle seines Auferstehungslebens in unsere sterblichen Körper hineinlegen kann. Paulus lehrte die Gläubigen, wie sie ihre Körper heiligen können:

... dass es jeder von euch versteht, sein eigenes Gefäß in Heiligung und Ehrbarkeit in Besitz zu nehmen (1 Thess 4,4 SLT).

Die NeÜ sagt:

Jeder von euch soll seinen eigenen Körper so unter Kontrolle haben, dass es Gott und den Menschen gefällt. Lasst euch nicht von Leidenschaften und Begierden beherrschen wie Menschen, die Gott nicht kennen (1 Thess 4,4-5 NeÜ).

Paulus ermahnt uns, die vollständige Heiligung unseres Körpers anzustreben.

Gott selbst, der Gott des Friedens, helfe euch, ein durch und durch geheiligtes Leben zu führen. Er bewahre euer ganzes [Wesen] – Geist, Seele und Leib –, damit, wenn Jesus Christus, unser Herr, wiederkommt, nichts an euch ist, was Tadel verdient (1 Thess 5,23).

Paulus schrieb:

Mit der eisernen Disziplin eines Athleten bezwinge ich meinen Körper, damit er mir gehorcht (1 Kor 9,27 NLB).

Denken Sie daran: Wann immer wir das Wort „Körper“ oder „Leib“ sehen, können wir auch „Gehirn“ einfügen, weil unser Gehirn ein wesentlicher Teil des Körpers ist. Das bedeutet, dass wir unser Gehirn bewusst unserem erneuerten Geist unterordnen müssen, genauso wie der Körper Jesu vollkommen dem Geist Jesu untergeordnet war. Jesus ist unser Vorbild für vollkommene Ganzheit.

Unser Gehirn kann der Herrschaft der Sünde untergeordnet werden, sodass es ein Werkzeug der Boshaftigkeit wird, oder wir können unser Gehirn Gott als ein Werkzeug der Gerechtigkeit zur Verfügung stellen. Paulus sagte:

Stellt euch nicht mehr der Sünde zur Verfügung, und lasst euch in keinem Bereich eures Lebens mehr zu Werkzeugen des Unrechts machen. Denkt vielmehr daran, dass ihr ohne Christus tot wart und dass Gott euch lebendig gemacht hat, und stellt euch ihm als Werkzeuge der Gerechtigkeit zur Verfügung, ohne ihm irgendeinen Bereich eures Lebens vorzuenthalten (Röm 6,13).

Die NLB erklärt dies noch genauer:

Lasst keinen Teil eures Körpers zu einem Werkzeug für das Böse werden, um mit ihm zu sündigen. Stellt euch stattdessen ganz Gott zur Verfügung, denn es ist euch ein neues Leben geschenkt worden. Euer Körper soll ein Werkzeug zur Ehre Gottes sein, so dass ihr tut, was gerecht ist!

Wir sind nun also aufgerufen, unser Gehirn Gott zur Verfügung zu stellen, damit es ein Werkzeug der Gerechtigkeit werde!

Das griechische Wort für „Werkzeug" in diesem Abschnitt ist *hopla*. Kenneth Wuest erklärt: „Im klassischen Griechisch bezeichnete dieses Wort die Waffen des griechischen Soldaten. Paulus betrachtet die Körperteile des Christen als Waffen, die im christlichen Kampf gegen das Böse zum Einsatz kommen sollen. Der Heilige, der sich darauf verlässt, dass er von der bösen Natur frei geworden ist, tut zwei Dinge: Er weigert sich, sie als König über sein Leben regieren zu lassen, und er hört auf, ihr seinen Körper als Werkzeug der Ungerechtigkeit zur Verfügung zu stellen."[8] Paulus griff auf die Metapher der Sklaverei zurück, da diese in der römischen Kultur, in der seine Adressaten lebten, eine Selbstverständlichkeit und ihnen somit sehr vertraut war.

Ich gebrauche das Bild vom Sklavendienst, das ihr alle kennt, weil ihr sonst vielleicht nicht versteht, worum es geht. Früher habt ihr euch in den verschiedenen Bereichen eures Lebens gewissermaßen wie Sklaven in den Dienst der Unmoral und der Gesetzlosigkeit gestellt, und das Ergebnis war ein Leben im Widerspruch zu Gottes Gesetz. Jetzt aber macht euch zu Sklaven der Gerechtigkeit, und stellt alle Bereiche eures Lebens in ihren Dienst; dann wird das Ergebnis ein geheiligtes Leben sein (Röm 6,19).

Das schließt auch unser Gehirn ein, das nun ein „Sklave" der Gerechtigkeit, also von der neuen Natur beherrscht und gesteuert werden soll.

Auf dem Weg der Heiligung müssen wir jeden Bereich unseres Körpers und unserer Seele Gott zur Verfügung stellen. Wir werden entweder ein Sklave der Sünde oder ein Sklave der Gerechtigkeit sein. Wenn wir uns bewusst dafür entscheiden, jeden Bereich unseres Körpers und unserer Seele der Herrschaft der Gerechtigkeit unterzuordnen, setzen wir unseren Körper und unsere Seele der Herrlichkeit

---

[8] Übersetzt aus: Ebd., Römer 6,13.

Christi aus, der in unserem erneuerten menschlichen Geist wohnt. Paulus lehrte, dass alle gesündigt und die Herrlichkeit Gottes verfehlt haben. Die Sünde hat uns vom Reich der Herrlichkeit abgeschnitten, aber die Erneuerung unseres Geistes durch das Geschenk der Gerechtigkeit versetzt unseren Geist wieder in das Reich der Herrlichkeit. Wenn wir unseren verherrlichten Geist durch den Glauben an die Offenbarung dessen, wer wir in Christus sind, aktivieren, schalten wir die Strahlkraft der Herrlichkeit Gottes ein und sie durchdringt unser ganzes Wesen mit dem Ausfluss und dem leuchtenden Glanz der göttlichen Herrlichkeit. In diesem Zustand waren der Körper und die Seele Christi, als er auf der Erde lebte. Unser Geist ist nun umfassend zurückversetzt worden in den Zustand des verherrlichten Geistes Christi, als er auf der Erde lebte.

Die Heiligung des Körpers und des Gehirns

Die gute Nachricht ist, dass wir lernen können, wie wir unser physisches Gehirn heiligen und es – voll der Herrlichkeit Gottes – als Waffe der Gerechtigkeit einsetzen können. Pornographiesucht ist ein gutes Beispiel dafür, wie wir unser Gehirn der Sünde und Ungerechtigkeit zur Verfügung stellen können. Je mehr pornographischen Bildern sich ein Pornokonsument aussetzt, desto physisch süchtiger wird er danach. Sein Gehirn entwickelt Muster, die auf die sexuelle Befriedigung durch Pornographie reagieren. Dasselbe gilt für eine Person, die drogensüchtig ist. Je mehr Drogen sie konsumiert, desto mehr trainiert sie ihr Gehirn, auf die befriedigende Wirkung dieser Stoffe zu reagieren. Diese Lebensmuster führen zu starken neuronalen Vernetzungen von Abhängigkeit, Befriedigung und Belohnung. So wird das Gehirn auf Sünde programmiert. Eine Person, die gewohnheitsmäßig noch immer ihre alte sündige Natur befriedigt, lässt im Grunde immer noch die Sünde, statt die neuen Natur der Gerechtigkeit, ans Steuer ihres Autos. Paulus sagte:

> *Legt das alles ab, und zieht ein neues Gewand an: Jesus Christus, den Herrn. Beschäftigt euch nicht länger damit, wie ihr die Begierden eurer eigenen Natur* ***zufrieden*** *stellen könnt* (Röm 13,14).

Was will ich damit sagen? Lasst den Geist [Gottes] euer Verhalten bestimmen, dann werdet ihr nicht mehr den ***Begierden*** *eurer eigenen Natur* ***nachgeben*** (Gal 5,16).

Denn nichts von dem, was diese Welt kennzeichnet, kommt vom Vater. Ob es die Gier des selbstsüchtigen Menschen [Begierde nach sinnlicher ***Befriedigung****] ist, seine begehrlichen Blicke oder sein Prahlen mit Macht und Besitz – all das hat seinen Ursprung in dieser Welt* (1 Joh 2,16 NGÜ/AMP).

Paulus schrieb:

Wenn sie nur für Vergnügen und Selbstbefriedigung lebt [sich dem Luxus und der Zügellosigkeit hingibt] ist sie gestorben, obwohl sie lebt (1 Tim 5,6 AMP).

Welcher Sache auch immer wir uns in unserem rücksichtslosen Streben nach fleischlicher und vorübergehender Befriedigung hingeben – sie wird uns gefangen nehmen und uns zu ihrem Sklaven machen. Jesus sagte:

Ich sage euch: Jeder, der sündigt, ist ein Sklave der Sünde (Joh 8,34).

Gott unseren ganzen Körper als Werkzeug der Gerechtigkeit zur Verfügung zu stellen, bedeutet, dass wir uns von jeglicher sinnlichen, weltlichen Form der Befriedigung abwenden müssen, um unsere höchste Befriedigung in der Gegenwart der Herrlichkeit Gottes zu finden. Für den hingegebenen Liebhaber Christi wird Gott und seine Herrlichkeit zur höchsten Form geistlicher Befriedigung.

Du zeigst mir den Weg zum Leben. Dort, wo du bist, gibt es Freude in Fülle; [ungetrübtes] Glück hält deine Hand ewig bereit (Ps 16,11).

Wir finden den Weg zum Leben, indem wir unseren Sinn auf die Dinge des Himmels richten, wo unsere Seele die ultimative Befriedigung findet. Denn *„was der Geist will, bringt Leben und Frieden, aber was die menschliche Natur will, bringt den Tod“* (Röm 8,6). Gott gießt unendliche Freude und Wonne über die aus, die ihm ihre Zuneigung entgegenbringen und sich auf den mystischen Pfad der Vereinigung mit Christus in der Fülle seiner göttlichen Herrlichkeit und seines göttlichen Segens einlassen.

Im menschlichen Gehirn gibt es einen Bereich, der als das „Belohnungszentrum" des Gehirns konstruiert worden ist. Es ist der Teil des Gehirns, der auf Befriedigung reagiert. Der Brite Martin Daubney war von 2003 bis 2010 Herausgeber eines Softporno-Magazins namens *Loaded*. Inzwischen hat er eine Dokumentation mit dem Titel *Porn on the Brain* moderiert (dt. etwa „Was Porno mit dem Gehirn macht"), die sich mit den Auswirkungen von Pornographie auf das Gehirn von Teenagern auseinandersetzt. Was er herausfand war sehr beunruhigend.

> Nachdem wir festgestellt hatten, dass „Pornographie im Grunde überall ist", haben wir uns darangemacht herauszufinden, was all diese Pornographie mit dem Hirn der Menschen macht. Hatte sie überhaupt irgendwelche Auswirkungen? Konnte sie süchtig machen? Wir stießen auf Dr. Valerie Voon, eine Neurowissenschaftlerin an der Cambridge University und weltweite Autorität im Bereich der Suchtforschung. Dann rekrutierten wir für die erste Studie dieser Art 19 starke Pornographiekonsumenten, die den Eindruck hatten, ihre Angewohnheit sei außer Kontrolle geraten. Sie ließen Dr. Voon ihre Hirnaktivität beobachten, während sie unter anderem Hardcorepornos anschauten. Sie zeigte ihnen eine Auswahl von Darstellungen, sowohl Bilder als auch Videos, darunter Bilder, die bekanntermaßen alle Männer begeistern würden, wie zum Beispiel Bündel von 50-Pfund-Scheinen oder Extremsportlern in Aktion, sowie auch alltägliche Landschaften und Tapeten. Dazwischen wurden Hardcoreporno-Videos sowie Bilder von sowohl bekleideten als auch nackten Frauen eingeblendet. Die Reaktionen ihres Gehirns auf diese unterschiedlichen Darstellungen wurden mit den Reaktionen einer Gruppe gesunder Probanden verglichen. Dr. Voon war insbesondere interessiert an der Hirnregion des *ventralen Striatums* – dem „Belohnungszentrum", das unsere Glückgefühle produziert. Das ist eine der Regionen, in denen bei einem Süchtigen eine verstärkte Reaktion auf eine bildliche Darstellung seines Suchtmittels festgestellt wird – sei es eine Spritze oder eine Wodkaflasche. Was wir entdeckten, war eine regelrechte Offenbarung. Wenn sie Pornos zu sehen bekamen, reagierte das Belohnungszentrum gewöhnlicher Probanden kaum, das der Pornographiesüchtigen dagegen leuchtete auf wie ein Weihnachtsbaum. Das

Gehirn der Pornographiesüchtigen ließ deutliche Parallelen zu den Gehirnen von Drogensüchtigen erkennen. Alle Beteiligten an dem Projekt waren verblüfft, selbst Dr. Voon, die zugab, anfänglich „skeptisch und zwiegespalten" an die Studie herangegangen zu sein. Wenn Pornographie süchtig machen kann und wir unseren Kindern über das Internet freien Zugang dazu gewähren, ist das, als würden wir Heroin im Haus herumliegen lassen oder an den Schultoren Wodka ausschenken.[9]

Der Weg zur umfassenden Befreiung unseres Gehirns von der Versklavung der Sünde führt über die Erneuerung unseres Sinnes.

Richtet euch nicht länger nach [den Maßstäben] dieser Welt, sondern lernt, in einer neuen Weise zu denken, damit ihr verändert werdet und beurteilen könnt, ob etwas Gottes Wille ist – ob es gut ist, ob Gott Freude daran hat und ob es vollkommen ist (Röm 12,2).

Der Gedanke der Erneuerung unseres Sinnes gründet auf all dem, was Paulus in Römer 6–8 entfaltet hat, wo er die Herrlichkeit unserer mystischen Vereinigung mit Christus sowie das Ende unseres Waisendaseins dank unserer Adoption zu Söhnen und Töchtern des lebendigen Gottes offenbart. Römer 9–11 beschreibt die Rolle des natürlichen Israels in Gottes Erlösungsplan im Licht der Neuen Schöpfung sowie die Neudefinition dessen, was es heißt, ein Israelit zu sein.

Ich sehe diese drei Kapitel als eine Art theologischen Exkurs und eine Unterbrechung des Hauptstranges von Paulus' Argumentation. Wenn wir also von den letzten Versen von Römer 8 (in denen Paulus verkündet, dass uns absolut nichts von der Liebe Gottes in Christus trennen kann) zu Römer 12,1 springen (wo Paulus verkündet, dass unsere übernatürliche Verwandlung sich aus der Erneuerung unseres Sinnes ergibt), wird deutlich, dass Paulus die Verwandlung unseres Denkens an die theologischen Grundlagen knüpft, die er in Römer 6–8 sorgfältig gelegt hat.

Während unser Denken vom Heiligen Geist auf übernatürliche Weise verwandelt wird, findet diese herrliche Verwandlung Ausdruck

---

[9] Übersetzt von: „Experiment that convinced me online porn is the most pernicious threat facing children today: By ex-lads' mag editor Martin Daubney": http://www.christian.org.uk/news/ex-lads-mag-chief-porn-most-pernicious-threat-facing-kids/

in der tatsächlichen Umprogrammierung unseres Gehirns. Gottes Herrlichkeit wohnt in einem durch und durch erneuerten Sinn, sodass das Denken effektiv von Sünde befreit wird und sich auf herrliche Weise in Gerechtigkeit „verstrickt", genauso wie Jesu Sinn in der Herrlichkeit seiner Perichorese[10] mit dem Vater verstrickt war. Paulus sagte, dass wir als Teilhaber an Christi göttlicher Natur unter anderem den Sinn Christi empfangen haben. Wenn wir lernen, den Sinn Christi in uns zu aktivieren, wird das tatsächlich unser Denken verändern, was wiederum unser Gehirn verwandelt! Wir werden Teilhaber an einer vollständig neuen Denkweise, und je mehr wir in diesen neuen Denkmustern gefestigt werden, desto mehr neue neuronale Vernetzungen und Muster werden entstehen, während alte neuronale Pfade verkümmern, da sie nicht mehr genutzt werden.

Hirnwissenschaftler berichten uns nun, dass die „Neuroplastizität" des Gehirns ihm erlaubt, sich selbst vollkommen neu zu programmieren, sodass in den Hirnregionen brandneue neuronale Pfade entstehen können. Ein Freund von mir war in einen Autounfall verwickelt, den ein betrunkener Fahrer verursacht hatte. Ein Beifahrer kam uns Leben und mein Freund erlitt schwere Hirnverletzungen. Das gesamte Sprachzentrum wurde operativ entfernt, weil es so schwer beschädigt war. Die größte Angst seiner Eltern war, er würde nun ein kompletter Pflegefall sein, aber dank Sprachtherapie und sehr viel Gebet hat sich sein Gehirn mit der Zeit neu programmiert! Er kann jetzt genauso gut sprechen wie vor dem Unfall. Aber weil sein gesamtes Sprachzentrum entfernt worden war, konnte er eine Zeitlang überhaupt nicht sprechen.

Norman Doidge, der Autor von *The Brain That Changes Itself*, schreibt: „Die Vorstellung, dass das Gehirn durch Gedanken und Aktivität seine Struktur und Funktion verändern kann, ist meiner Meinung nach die wichtigste Veränderung unserer Sicht auf das Gehirn seit wir zum ersten Mal seine grundlegende Anatomie und die Funktionsweise seiner Grundkomponente, des Neurons, aufgezeichnet haben."11 Doidge bemerkt, dass Wissenschaftspioniere auf dem Gebiet der Neuroplastizität bewiesen haben, dass „Kinder nicht immer auf die geistigen Fähigkeiten, mit denen sie geboren worden

---

[10] Perichorese ist die vollständige gegenseitige Durchdringung, die zu einer Einheit ohne Verschmelzung führt (Wikipedia 18.06.2019).

[11] Übersetzt aus: N. Doidge, *The Brain That Changes Itself*, S. xix-xx.

sind, beschränkt sind; dass das geschädigte Gehirn sich oft reorganisieren kann, sodass ein Teil einspringen kann, wenn der andere versagt; dass Hirnzellen teilweise ersetzt werden können, wenn sie sterben; dass viele ‚Kreisläufe' und sogar grundlegende Reflexe, die wir für festverdrahtet halten, es nicht sind."[12]

Die dunkle Seite der Neuroplastizität

Die Neuroplastizität hat eine eindeutig dunkle Seite. Je mehr eine Person sich einer bestimmten sündigen Praxis hingibt, desto mehr passt sich das Gehirn an und entwickelt neuronale Muster, die Menschen in gewohnheitsmäßigen oder abhängig machenden sündigen Verhaltensmustern gefangen halten. Das trifft eindeutig auf Menschen zu, die von bestimmten Suchtmitteln abhängig sind. Ähnlich ist es mit gewohnheitsmäßigem Pornographiekonsum; der Pornosüchtige programmiert sein Gehirn radikal um, indem er ein Belohnungssystem rund um Stimulation und Befriedigung aufbaut. Norman Doidge schreibt:

> Das Suchtpotential von Internetpornographie ist keine bloße Metapher. Nicht jede Sucht dreht sich um Drogen oder Alkohol. Man kann auch ernsthaft glücksspielsüchtig sein, sogar laufsüchtig. Alle Suchtkranken verlieren die Kontrolle über die Aktivität, gehen ihr trotz negativer Folgen zwanghaft nach, entwickeln eine Toleranz, sodass sie immer höhere Stimulationsstufen benötigen, um Befriedigung zu erleben, und haben Entzugserscheinungen, wenn sie die Sucht nicht stillen können. Jede Art von Sucht führt zu langfristigen, vielleicht lebenslangen neuroplastischen Veränderungen im Gehirn. Für Suchtkranke ist Maßhalten unmöglich.[13]

Gewohnheitsmäßige Pornokonsumenten ziehen selten in Betracht, dass ihre heimlichen Aktivitäten systematisch ihr Gehirn umprogrammieren und ein chemisches Belohnungssystem sowie neue neurologische Pfade errichten, die die Sucht verstärken. Doidge stellt fest:

---

[12] Übersetzt aus: Ebd., S. xix .

[13] Übersetzt aus: Ebd., S. 106.

Kokain sowie fast alle anderen illegalen Drogen und sogar nicht stoffgebundene Süchte, wie z. B. Laufsucht, führen zu erhöhter Aktivität des Neurotransmitters und „Glückshormons" Dopamin im Gehirn. Dopamin wird auch als „Belohnungshormon" bezeichnet, weil unser Gehirn es ausschüttet, wenn wir etwas erreichen – zum Beispiel ein Rennen gewinnen. Obwohl wir erschöpft sind, erleben wir einen Energieschub, ein aufregendes Glücksgefühl und Selbstvertrauen und werfen sogar die Arme in die Luft und laufen eine Siegerrunde.[14]

Allgemein wird angenommen, dass der Suchtkranke nach einer weiteren Dosis sucht, weil er das gute Gefühl mag, das sie ihm gibt und Entzugsschmerzen vermeiden will. Aber Süchtige nehmen Drogen selbst dann, wenn es keine Aussicht auf Vergnügen gibt, wenn sie also wissen, dass die Dosis nicht ausreicht, um sie high werden zu lassen, und noch bevor Entzugserscheinungen auftreten, wollen sie schon mehr. Wollen und Mögen sind zwei unterschiedliche Paar Stiefel. Ein Suchtkranker hat Verlangen, weil sein plastisches Gehirn für die Droge oder das Erlebnis sensibilisiert worden ist.

Sensibilisierung ist etwas anderes als Toleranz. Je mehr Toleranz der Suchtkranke entwickelt, desto mehr von einer Substanz oder Pornographie braucht er, um einen angenehmen Effekt zu erzielen; je mehr er sensibilisiert wird, desto weniger braucht er von der Substanz, um ein starkes Verlangen nach ihr zu entwickeln. Sensibilisierung führt also zu erhöhtem Verlangen, nicht aber unbedingt zu erhöhtem Genuss.

Pornographie erregt mehr, als dass sie befriedigt, weil wir zwei voneinander unabhängige Glückssysteme in unserem Gehirn haben; eines für erregendes Vergnügen uns eines für befriedigendes Vergnügen. Das erregende System bezieht sich auf das „begehrliche" Vergnügen, das wir empfinden, wenn wir an etwas denken, wonach wir Verlangen haben, wie Sex oder eine gute Mahlzeit. Seine Neurochemie ist überwiegend Dopamin-bezogen und es erhöht unsere Anspannung.

Das zweite Glückssystem hängt mit der Befriedigung oder dem Vergnügen des Vollzugs zusammen, die oder das sich einstellt,

[14] Übersetzt aus: Ebd.

> wenn wir tatsächlich Sex haben oder die Mahlzeit zu uns nehmen; es ist ein beruhigendes, erfüllendes Vergnügen. Seine Neurochemie basiert auf der Ausschüttung von Endorphinen, die mit den Opiaten verwandt sind und uns ein friedliches, euphorisches Vergnügen bereiten. Dadurch dass sie einen unendlichen Harem an sexuellen Objekten bietet, überaktiviert Pornographie das System des Begehrens. Pornokonsumenten entwickeln auf der Grundlage der Bilder und Videos, die sie sehen, neue „Karten" in ihrem Gehirn. Weil unser Gehirn rostet, wenn es rastet, wollen wir eine Kartenregion, die wir einmal angelegt haben, aktiv halten.[15]

Norman Doidge vergleicht regelmäßigen Pornographiekonsum mit einer Drogensucht. Der Pornokonsument wird buchstäblich süchtig nach dem Dopamin- und Endorphinrausch und das Gehirn stellt starke neuronale Verbindungen her, die es extrem schwierig machen, die Sucht zu überwinden.

> Um festzustellen, wie viel Suchtpotential eine Straßendroge hat, richten Forscher an den *National Institutes of Health* (NIH, dt. „Nationales Gesundheitsinstitut") in Maryland eine Ratte dazu ab, einen Stab herunterzudrücken, bis sie einen Schuss von der Droge bekommt. Je härter sie zu arbeiten bereit ist, um den Stab herunterzudrücken, desto höher ist das Suchtpotential der Droge.[16] Die Männer, die sich an ihren Computern Pornographie anschauten, waren den Ratten in den Käfigen der NIH, die den Stab herunterdrückten, um einen Schuss Dopamin oder eines vergleichbaren Stoffes zu bekommen, frappierend ähnlich. Ohne es zu wissen, waren sie zu pornographischen Trainingssessions verführt worden, die all die Voraussetzungen erfüllten, die für eine plastische Veränderung der Hirnkarten nötig sind. Da Neuronen desto mehr aufeinander reagieren, je mehr sie gemeinsam aktiv sind, erhielten diese Männer eine massive Übung darin, diese Bilder in das Glückssystem des Gehirns einzubinden – mit der gespannten Aufmerksamkeit, die notwendig ist, um plastische Veränderung hervorzurufen. Sie riefen diese Bilder ab, wenn sie nicht an ihren Computern saßen oder während sie mit ihren Freundinnen Sex hatten,

[15] Übersetzt aus: Ebd., S. 107-108.
[16] Übersetzt aus: Ebd., S. 106.

> und verstärkten sie auf diese Weise. Jedes Mal, wenn sie sexuelle Lust empfanden und bei der Selbstbefriedigung einen Orgasmus hatten, verstärkte ein „Spritzer Dopamin“, der belohnende Neurotransmitter, die Hirnverbindungen, die während der Testsitzungen im Gehirn hergestellt worden waren.[17]

Die Biochemie hinter Drogen- oder Pornographiesucht lässt sich auf jede andere Form der Sünde übertragen. Sünde macht von Natur aus süchtig. Wir können genauso schnell eine Esssucht entwickeln, wie wir süchtig nach Wut oder intensiven emotionalen Zuständen werden können. Menschen, die eine Sucht nach Horrorfilmen entwickeln, suchen nach immer höheren Angststeigerungen, um ihre ständig wachsende Suche nach Befriedigung zu stillen. Sünde macht nicht nur süchtig; sie nimmt auch stetig zu. In seinem Buch untersucht Norman Doidge Aspekte sexueller Perversion, die die fortschreitende Natur der Sünde offenbart. Wie landet jemand letztendlich bei bizarren sexuellen Perversionen? Die Sensibilisierung gegenüber sexueller Unmoral verlangt nach immer stärkeren Stimuli, um ihr Verlangen nach einem größeren Dopaminschuss zu stillen.

> Die Neuverdrahtung unseres Glückssystems und das Ausmaß, in dem unsere sexuellen Vorlieben angeeignet werden können, zeigt sich am dramatischsten in Perversionen wie sexuellem Masochismus, der physischen Schmerz in sexuelles Vergnügen verwandelt. Um dies zu tun, muss das Gehirn das angenehm machen, was an sich unangenehm ist, und die Impulse, die normalerweise unser Schmerzsystem aktivieren, werden plastisch mit unserem Glückssystem verdrahtet. Menschen mit einer Perversion organisieren ihr Leben oft um Aktivitäten herum, die Aggression mit Sexualität vermischen. Sexueller Sadismus illustriert die Formbarkeit, weil er zwei geläufige Tendenzen zusammenbringt: die sexuelle und die aggressive.[18]

Wie kann man jemals frei werden von festverankerten neuronalen Mustern der Belohnung und Befriedigung? Nur, indem man alte neuronale Netze durch komplett neue neuronale Netze ersetzt, sodass die

[17] Übersetzt aus: Ebd., S. 108-109.
[18] Übersetzt aus: Ebd., S. 124-125.

alten Muster verkümmern, weil sie nicht mehr genutzt werden. Wenn wir zu den alten Mustern der Sucht und fleischlichen Befriedigung zurückkehren, können wir sie wieder anfachen und jene alten Muster können wirkungsvoll reaktiviert werden. Wenn wir sie aber aushungern, indem wir vollständig neue neuronale Netze aufbauen, und diese Netze konsistent trainieren, können wir von unseren alten Mustern vollständig frei werden. Paulus stellte den verkommenen Sinn dem Sinn Christi gegenüber und das fleischliche Denken dem geistlichen Denken. Er betonte, dass fleischliche Denkmuster Tod hervorbringen, während geistliche Denkmuster Leben hervorbringen.

> *Was der Geist will, bringt Leben und Frieden, aber was die menschliche Natur will, bringt den Tod* (Röm 8,6).

Dasselbe gilt für negative und destruktive Gefühle, die ebenfalls Tod hervorbringen, während positive und konstruktive Gefühle Leben und Frieden bringen.

Das von fleischlichen Gedanken getriebene Gehirn ist geistlich gesehen tot. Das gibt dem Begriff „hirntot“ oder „hirnamputiert“ eine ganze neue Bedeutung! Paulus’ Vorstellung vom „Todesleib“ oder dem „Sündenleib“ schließt auch unser Gehirn mit ein. Aber, wie wir schon gesehen haben, gilt:

> *... wenn der Geist dessen in euch wohnt, der Jesus von den Toten auferweckt hat, dann wird er, der Christus Jesus von den Toten auferweckt hat, auch euren sterblichen Leib lebendig machen durch seinen Geist, der in euch wohnt* (Röm 8,11).

Die Gegenwart des Auferstehungslebens Christi in unserem Geist spendet unserem Gehirn Leben!

Durch den Prozess der übernatürlichen Erneuerung unseres Denkens wird unser Gehirn eingeschaltet und durch den uns innewohnenden Geist belebt. Wenn der Sinn Christi in unserem Gehirn auf mächtige Weise aktiviert wird und neue, geistlich orientierte neuronale Muster entstehen und gefestigt werden, die dem himmlischen Denken entsprechen, beginnt unser Gehirn buchstäblich, das Gehirn Jesu widerzuspiegeln, als er auf der Erde lebte. Das physische Gehirn Jesu brachte auf wirkungsvolle Art und Weise das Denken Jesu zum Ausdruck, welches wiederum ein Ausdruck des verherrlichten Geistes Jesu war. Jesu Gehirn war voll von der Herrlichkeit des Herrn. In ähnlicher Weise kann auch unser Gehirn von Herrlichkeit zu Herrlichkeit verwandelt werden und ebenfalls die Herrlichkeit der Neuen Schöpfung widerspiegeln, die Gott in unseren Geist gepflanzt hat.

Die Herrlichkeit des Himmels bricht durch den verherrlichten Geist der Neuen Schöpfung in Christus in die Erde ein. Im Alten Testament legte sich die Herrlichkeit des Herrn auf Einrichtungsgegenstände. Im Neuen Testament dagegen füllt die Herrlichkeit des Herrn menschliche Herzen und Beziehungen, die im Reich der Herrlichkeit entstehen. Durch das Geschenk der Gerechtigkeit gelangt das Reich Gottes heimlich in das menschliche Herz

> *Durch Jesus Christus werden jetzt die, die Gottes Gnade und* ***das Geschenk der Gerechtigkeit*** *in so reichem Maß empfangen, in der Kraft des neuen Lebens herrschen [basileuo]* (Röm 5,17).

Jesus sagte:

> *Den siehe, das Reich [basileia] Gottes ist in euch [in euren Herzen]* (Lk 17,21 AMP).

Genauso wie Jesus haben wir nun das Potential, durch unser Herz die Herrlichkeit des Reiches Gottes freizusetzen. Indem wir unseren verherrlichten Geist aktivieren, können wir durch die Auferstehungskraft Jesu in uns jetzt unser Gehirn mit herrlichem neuem Leben füllen. Wir können unser Gehirn trainieren, wie das Gehirn Jesu zu werden, als er auf der Erde lebte, indem wir den Strom der Herrlichkeit des Herrn aus unserem innersten Sein fließen lassen, sodass er das menschliche Gehirn füllt und neue neuronale Pfade etabliert, die den herrlichen Sinn Christi auf kraftvolle Weise widerspiegeln. Wenn wir unser Denken Tag für Tag bewusst erneuern, und zwar indem wir unseren Sinn mit dem Wasser des Wortes Gottes reinwaschen, bis wir anfangen, genauso wie Jesus zu denken, können wir diesen Prozess aktiv mitbestimmen.

Dr. Caroline Leaf, Autorin von *Wer hat mein Gehirn ausgeschaltet* (Originaltitel: *Who Swiched Off My Brain?*) zeigt auf, dass das Gehirn auf kraftvolle Weise wieder eingeschaltet werden kann, wenn ein Christ die Regie über seine Hirnprozesse übernimmt und sein Gehirn dem Geist Christi unterordnet. Sie schreibt:

> Als Wissenschaftler verstehen wir inzwischen so viel mehr davon, wie unsere Gedanken sich auf unsere Gefühle und unseren Körper auswirken. Weil wir deutlich sehen können, wie die Hirnforschung mit der Schrift übereinstimmt, können wir auch beginnen, auf dynamische Weise die Ketten vergifteten Denkens zu zerbrechen, und beweisen, dass unser Denken erneuert werden kann, dass vergiftende Gedanken und Emotionen weggewischt werden können und dass unser Gehirn tatsächlich „eingeschaltet" werden kann. Wir können schädliche Denkmuster und ihre Auswirkungen tatsächlich überwinden. Wir können unser Denken wirklich erneuern und auffrischen. Nicht nur die Schrift hält dieses Prinzip hoch, sondern auch die Forschung weist nach, dass, wenn wir damit arbeiten, wie unser Gehirn verdrahtet ist, eine dauerhafte, lebensspendende Veränderung wirklich möglich ist.[19]

Die Bibel führt uns vor Augen, worauf wir unserer Gedanken richten sollen.

> *Und noch etwas, Geschwister: Richtet eure Gedanken ganz auf die Dinge, die wahr und achtenswert, gerecht, rein und unanstößig sind und allgemeine Zustimmung verdienen; beschäftigt euch mit dem, was vorbildlich ist und zu Recht gelobt wird* (Phil 4,8).

Die *Amplified Bible* sagt in etwa: *„Richtet euren Sinn auf diese Dinge."* Wir können unser Gehirn buchstäblich darauf trainieren zu denken, wie Jesus dachte. Weil wir nun Teilhaber an der göttlichen Natur sind, können wir die unendlichen Ressourcen der Liebe, des Friedens und der Freude Christi freisetzen, sodass sie unser Gehirn durchdringen und jedes alte neuronale Muster zersetzt wird. Die Quantenphysik lehrt uns, dass das Bewusstsein durch den Beobachtungseffekt einen direkten Einfluss auf das Quantenfeld ausübt.

In meinem Buch *Quantum Glory*[20] entwickle ich den Gedanken, dass das Quantengewebe des Kosmos von Gott dazu erschaffen worden ist, auf übernatürliche Weise durch die direkte Invasion des Himmelreichs der Herrlichkeit restrukturiert zu werden. Dies ist die

---

[19] Übersetzt aus: Dr. C. Leaf, *Who Switched Off My Brain?*

[20] Erscheint Ende 2019 unter dem Titel *Quanten-Herrlichkeit* bei GloryWorld-Medien.

Grundlage dafür, dass der Himmel auf die Erde hereinbricht und für übernatürliche Wunder in der physischen Welt sorgt. Wenn wir uns auf die biblische Wahrheit konzentrieren und sie in unserem Inneren zu einer Offenbarung wird, können wir unser Gehirn durch die gezielte Kraft eines erneuerten Sinnes auf dem Quantenlevel buchstäblich neu strukturieren. Ein menschliches Gehirn, das durch die in ihm wohnende Herrlichkeit des Herrn radikal für Gott lebendig ist, kann die Herrlichkeit des Herrn freisetzen, wo immer wir hingehen, denn, wie Bill Johnson in seinem Buch *The Supernatural Power of a Transformed Mind*[21] lehrt, sind unsere Gedanken das Tor des Himmels. Er schreibt: „Unser Ziel besteht darin, ständig mit dem Himmel im Einklang zu sein; unsere Gedanken das Tor des Himmels sein zu lassen."[22]

Der Sinn und das Gehirn

Die biblische Theologie behauptet kühn, dass der menschliche Sinn bzw. der Verstand das physische Gehirn übersteigt. Obwohl der Sinn eng mit den komplizierten Prozessen des Gehirns verbunden ist, zeigt die Existenz des von der Materie unabhängigen Sinnes Gottes, dass das biblische Konzept des „Sinnes" größer ist als eine Kombination aus rein physikalischen Prozessen. Die Tatsache, dass die Seele unabhängig vom physischen Körper existiert, untermauert die Vorstellung, dass der Sinn über die Materie hinausgeht. In den letzten Jahren haben einige Neurowissenschaftler mit den materialistischen Annahmen älterer Neurowissenschaftler gebrochen und argumentierten, dass der Sinn und das Denken aus mehr besteht als aus feuernden Synapsen im Gehirn. Die vorherrschende materialistische Auffassung besagt, dass der Verstand ein Produkt des Gehirns ist, was zu einer deterministischen Sicht führt, nämlich dass wir zu den tragischen Opfern der Programmierung unseres Gehirns werden. Diese Ansicht fördert die Vorstellung, dass wir keinen freien Willen haben und einer Art biochemischer Prädestination unterworfen sind. Eine solche Ansicht macht nicht gerade viel Hoffnung.

---

[21] Deutscher Titel: *Neues Denken – Neue Vollmacht: Wie man zu einem Leben voller Wunder kommt.*

[22] Übersetzt aus: B. Johnson, *The Supernatural Power of a Transformed Mind*, S. 62.

Jeffrey Schwartz, Verfasser von *The Mind and the Brain* (dt. „Der Verstand und das Gehirn"), verwirft diese Vorstellung, indem er argumentiert, dass unser Bewusstsein mehr ist als unsere Gehirnfunktionen und wir vollkommen frei sind, Entscheidungen zu treffen, die die Fähigkeit des Gehirns, sich neu zu programmieren, steuern können.

> Wenn wir ernsthaft glauben, dass unser Sinn oder Verstand und alles, was dieser umfasst – die Entscheidungen, die wir treffen, die Reaktionen, die wir zeigen, die Gefühle, die wir haben –, nichts anderes ist als der Ausdruck einer Maschine, die von den Regeln klassischer Physik und Chemie gesteuert wird, und dass unser Verhalten sich unvermeidlich aus den Interaktionen unserer Neuronen ergibt, müssen wir zwangsweise zu dem Schluss kommen, dass es sich bei dem subjektiven Empfinden von Freiheit um eine „Benutzerillusion" handelt.[23]

Aber wir sind nicht die Opfer einer biologischen Vorherbestimmung!

Schwartz' Überzeugungen finden Zustimmung bei Mario Beauregard, dem Autor von *The Spiritual Brain; A Neuroscientist's Case for the Existence of the Soul.* Beauregard schreibt:

> Das heutige neurowissenschaftliche Fachgebiet ist materialistisch. Das bedeutet, es geht davon aus, dass es sich bei unserem Sinn und Verstand lediglich um die physischen Vorgänge des Gehirns handelt. Materialisten glauben, dass es keine reelle Grundlage dafür gibt, zwischen unserem Verstand als einer immateriellen Größe und unserem Gehirn als einem Körperorgan zu unterscheiden. Der Sinn/Verstand wird lediglich für eine Illusion gehalten, die von der Gehirntätigkeit erzeugt wird. Manche Materialisten sind sogar der Meinung, man solle überhaupt keine Terminologie verwenden, die auf die Existenz unseres Sinnes schließen ließe. Wir möchten Ihnen zeigen, dass Ihr Sinn doch existiert und es sich dabei nicht nur um Ihr Gehirn handelt. Ihre Gedanken und Gefühle können nicht einfach nur mit feuernden Synapsen und physischen Phänomenen abgetan oder wegerklärt werden. In einer rein materiellen Welt sind „Willenskraft" oder „der Geist triumphiert über die Materie" reine Illusion. Das Gehirn ist aber nicht der Sinn bzw. Verstand;

[23] Übersetzt aus: J. M. Schwartz, *The Mind and the Brain.*

es ist ein Organ, das dazu geeignet ist, den Sinn einer Person mit dem Rest des Universums zu verbinden.[24]

Paulus' Aufforderung, *„euch in eurem Geist und in eurem Denken erneuern zu lassen"* (Eph 4,23) deutet darauf hin, dass unser Bewusstsein unser physisches Gehirn übersteigt und dass wir in Christus die Freiheit haben, Entscheidungen zu treffen, die zu dem führen, was Jeffrey Schwartz „gesteuerte Neuroplastizität" nennt. Er sagt:

Ich schlage vor, dass es an der Zeit ist, dass die Wissenschaft sich mit den ernsthaften Folgerungen auseinandersetzt, die sich aus der Tatsache ergeben, dass gesteuerte, bewusste mentale Aktivität eindeutig und systematisch die Gehirnfunktion verändern kann; dass das Aufbringen willentlicher Anstrengung eine physische Kraft hervorbringt, die in der Lage ist, die Arbeitsweise und sogar die physische Struktur des Gehirns zu verändern. Das Ergebnis ist gesteuerte Neuroplastizität"[25]

Paulus würde dem aus vollem Herzens zustimmen und geltend machen, dass die Kraft des Auferstehungslebens Christi in uns unserem physischen Gehirn Leben spenden kann – es so einschalten kann, dass das Gehirn der Person, die eine Neue Schöpfung in Christus ist, auf wirkungsvolle Art und Weise verwandelt werden kann, um den Sinn Christi widerzuspiegeln. Norman Doidge zeigt auf, dass das gesamte menschliche Gehirn auf dramatische Weise neuprogrammiert werden kann!

Nachforschungen haben gezeigt, dass die Neuroplastizität weder innerhalb bestimmter Gehirnregionen gettoisiert ist, noch beschränkt ist auf die sensorischen, motorischen und kognitiven Bereiche, die wir uns bereits angeschaut haben. Die Hirnstruktur, die instinktives Verhalten, einschließlich Sex, reguliert und Hypothalamus genannt wird, ist veränderbar, ebenso wie die Amygdala, die Struktur, die Emotionen und Ängste verarbeitet. Obwohl manche Hirnregionen wie der Kortex wahrscheinlich ein höheres plastisches

---

[24] Übersetzt aus: M. Beauregard & Denyse O'Leary, *The Spiritual Brain; A Neuroscientist's Case for the Existence of the Soul*, S. x-xi.

[25] Übersetzt aus: J. M. Schwartz, a.a.O.

Potential haben, weil sie mehr Neuronen und Verbindungen enthalten, die verändert werden können, lassen selbst nicht-kortikale Regionen Plastizität erkennen. Dies ist eine Eigenschaft sämtlichen Hirngewebes. Plastizität existiert im Hippocampus (dem Bereich, der unsere Erinnerungen vom Kurzzeitgedächtnis ins Langzeitgedächtnis lotst), genauso wie in Bereichen, die unsere Atmung steuern, sowie primitive Empfindungen und Schmerz verarbeiten. Wenn ein Hirnsystem sich verändert, verändern sich auch die mit ihm verbundenen Systeme. Überall gelten dieselben „plastischen Regeln“: „Wer rastet, der rostet“ oder für Neuronen etwa: „Zusammen schießen, heißt, zusammenschließen.“[26] Verschiedene Bereiche des Gehirns wären nicht in der Lage, zusammenzuarbeiten, wenn das nicht der Fall wäre.[27]

Das sind unglaublich gute Nachrichten für Menschen, die ganz und gar in den alten Festungen ihres Denkens, Wollens und Fühlens feststecken. Jeder Bereich unseres Gehirns kann wieder auf eine Weise eingeschaltet werden, die das Leben und die Herrlichkeit Christi in unserem Gehirn freisetzt, sodass es anstelle einer Waffe der Ungerechtigkeit zu einem mächtigen Werkzeug oder einer wirksamen Waffe der Gerechtigkeit wird. Jedes negative und destruktive Gefühl kann so umprogrammiert werden, dass es das gesunde Gefühlsleben Jesu widerspiegelt. Jede Gedankenfestung kann systematisch abgebaut werden. Jede Festung des Willens, die zu Süchten und einem Gefühl der Machtlosigkeit führt kann durch die Kraft des Auferstehungslebens Jesu überwunden werden, der gekommen ist, um unseren Willen seinem Willen gleich zu machen.

Würde Paulus im 21. Jahrhundert leben, wäre er von der brandaktuellen Wissenschaft der Neuroplastizität begeistert. Er glaubte von ganzem Herzen und lehrte, dass der Sündenleib durch die Kraft Christi außer Kraft gesetzt werden könne. Das Gehirn könnte auf kraftvolle Weise wieder eingeschaltet werden und wir können durch die übernatürliche Verwandlung eines erneuerten Geistes der Verstrickung in unsere alte physische Biochemie entkommen. Doidge schreibt: „Weil ein neues Wort für Leute, die Neues unternehmen,

[26] Im Englischen: „Neurons that fire together wire together.“

[27] Übersetzt aus: Norman Doidge, a.a.O., S. 97.

nützlich ist, nenne ich die Praktiker dieser neuen Wissenschaft der Hirnveränderung ‚Neuroplastiker'."[28]

Paulus war ein Neuroplastiker der Neuen Schöpfung, der eine Generation von übernatürlichen Neuroplastikern heranziehen wollte, die in der Lage wären, in einer solchen Weise im Geist zu leben, dass der Himmel in ihrem Denken, Wollen und Fühlen auf die Erde kommen und die Herrlichkeit Christi wiederhergestellt werden könnte, sodass unser Gehirn, das geschaffen worden ist, um die Herrlichkeit Gottes widerzuspiegeln, wieder so eingeschaltet werden könnte, dass der Sinn Christi damit zum Ausdruck kommen würde.

Das ist eine herrliche Vision dessen, was es ganz praktisch heißt, in das Bild des Sohnes verwandelt zu werden. Jesus versprach:

> *Wenn euch also der Sohn befreit, dann seid ihr wirklich frei* (Joh 8,36 REÜ).

Diese Freiheit schließt unsere Befreiung vom Diktat unserer alten neuronalen Muster mit ein, und zwar durch die Etablierung von himmlischen Mustern, die Leben anstelle von Tod hervorbringen. Dieses Konzept der „gesteuerten Neuroplastizität" durch geistbevollmächtigte Neuroplastiker ist unglaublich aufregend und bietet eine außergewöhnliche Hoffnung, die das Potential hat, unser physisches Gehirn in eine unvorstellbar mächtige Waffe der Gerechtigkeit zu verwandeln, die derart als Tor des Himmels fungiert, dass wir die Herrlichkeit des Herrn freisetzen können, wo immer wir auf der Erde sind, weil unser Sinn und damit unser Gehirn vom Himmel „gespeist" wird und wir somit dem Himmel einen Weg auf die Erde ebnen.

Gott möchte uns mit einer übernatürlich gespeisten Hoffnung füllen, damit wir tatsächlich all den Zwängen unserer alten physischen neurologischen Programmierung entkommen können.

> *Darum ist es mein Wunsch, dass Gott, die Quelle aller Hoffnung, euch in eurem Glauben volle Freude und vollen Frieden schenkt, damit eure Hoffnung durch die Kraft des Heiligen Geistes immer unerschütterlicher wird* (Röm 15,13).

Wir haben wohl ein vollkommen neues Betriebssystem in einem Körper, der noch die alten Verschaltungen aufweist, aber die Hoffnung des

[28] Übersetzt aus: Ebd., S. xx.

Himmels besteht darin, dass die alte Hardware nun rundum erneuert werden kann, um in einer göttlichen Synergie mit dem neuen Betriebssystem zu funktionieren, das unsere neue Natur mitbringt. Es gibt nichts Besseres als ein fortschrittliches Hardwaresystem, das speziell dafür gebaut worden ist, mit einem Betriebssystem perfekt und reibungslos zu funktionieren. Das ist eine der Eigenschaften, die Apple einen Vorsprung gegenüber Windows verschafft hat. Das reibungslose Zusammenspiel von Hardware und Software sorgt für ein wesentlich entspannteres Computererlebnis.

Jesus war das göttliche Vorbild der Sohnschaft, und sein Leben auf der Erde demonstrierte die perfekte Synergie zwischen einem himmlischen Betriebssystem und einem Körper, der nicht von Sünde verunreinigt war und so als vollkommener Träger für seinen verherrlichten Geist diente. Es braucht Zeit, das Gehirn neu zu verschalten und für neue Nervenverbindungen zu sorgen, die dem Himmel dienen, aber je mehr wir uns in die Neuverdrahtung unseres Gehirns investieren, desto leichter wird uns eine andere Denkweise fallen und desto natürlicher wird sich himmlisches Denken einstellen. Bis unser Gehirn durch die in uns wohnende Herrlichkeit neu verschaltet ist, wird ein heftiger innerer Kampf toben. Aber wir hoffen, dass, indem wir uns mehr und mehr von der alten Gehirnchemie befreien, die unter der Sünde versklavt war, die Herrlichkeit Gottes uns immer mehr in eine Leichtigkeit in unserem Gedankenleben hineinführen wird.

Kapitel 14

Der Triumpf der Verstrickung in Gott

Gott aber sei Dank! Weil wir mit Christus verbunden sind, lässt er uns immer in seinem Triumphzug mitziehen.

2. Korinther 2,14

Angesichts der großen Bandbreite spezifischer Herzensverstrickungen, die wir in den vorigen sieben Kapiteln betrachtet haben, sollten wir wirklich nicht überrascht darüber sein, wie sehr die alte Natur das Herz so vieler Gläubiger weiterhin im Griff hat. Gemeindeleiter und Bibellehrer predigen treu die Verheißung von Durchbruch und Sieg in der Gemeinde, weil dies ja fraglos die Absicht und der Plan Gottes sowie der Wunsch all derer ist, die es sich je zum Ziel gesetzt haben, in der Freiheit zu leben, welche die Schrift verheißt. Wir können es uns nicht leisten, die glorreiche Hoffnung auf Freiheit, die Gott für uns bereithält, aus den Augen zu verlieren. Wenn wir diese Hoffnung loslassen, begeben wir uns auf eine gefährliche Talfahrt in einen Zustand der Schwermut, Verzweiflung und Niederlage hinein.

Dennoch scheint die Erfahrung des Durchschnittschristen nicht den herrlichen Verheißungen der Schrift zu entsprechen. Wenn wir auf zweitausend Jahre Kirchengeschichte zurückblicken, uns die heutige Gemeindelandschaft und die allgemeine Erfahrung des durchschnittlichen Christen anschauen, scheint menschliche Gebrochenheit in so vielen Epochen der Kirchengeschichte traurigerweise über die mächtigen Realitäten der Neuen Schöpfung, die das Neue Testament beschreibt, triumphiert zu haben. In den meisten kirchengeschichtlichen

Epochen war es eine seltene Ausnahme, einen Überrest wahrer Gläubiger zu finden, die den Durchbruch in eine Dimension übernatürlicher Freiheit geschafft hatten. Die große Masse an besiegten Christen zeugt von den Schwierigkeiten, mit denen sich so viele in ihrem Streben nach einem Überwinderleben konfrontiert sehen. Angesichts der Komplexität unserer tiefen Verstrickungen ist es eigentlich ziemlich erstaunlich, dass es überhaupt Christen gibt, die zur Freiheit durchbrechen!

Kombinierte Verstrickungen

Um zu würdigen, welche Herausforderung die Reise des Herzens darstellt, müssen wir uns nur den Multiplikationseffekt vor Augen halten, der eintritt, wenn eine Kombination verschiedener tiefer Verstrickungen des Herzens vorliegt. Nehmen Sie zum Beispiel den Kombinationseffekt von Sünde und einem zerbrochenen Herzen, wie wir ihn uns in Kapitel 11 angeschaut haben. Verstrickung in Sünde ist eine Sache, aber wenn dann noch Festungen emotionaler Gebrochenheit dazukommen, bedingen sich diese beiden Verstrickungen gegenseitig und es entsteht eine ungesunde Rückkopplungsschleife. Mangelnde Vergebungsbereitschaft (aus Jesu Sicht eine Sünde) kann in Kombination mit einer harsch verurteilenden Haltung gegenüber denen, die uns verletzt oder beleidigt haben, bittere Wurzeln des Richtens hervorbringen, die uns über Jahrzehnte hinweg gefangen halten können, ohne dass wir einen Durchbruch erleben. Wenn wir dem noch eine Reihe strategisch platzierter Lügen des Bösen hinzufügen, die er dem Gläubigen raffiniert ins Ohr gesetzt hat, wird offensichtlich, dass ein Kombinationseffekt am Werk ist.

Wenn sich zu dieser Gleichung auch noch dämonische Unterwanderung hinzugesellt, sodass sich ein Geist der Bitterkeit an die noch nicht erneuerte Seele des Gläubigen heftet, erhöht das den Grad der Gebundenheit exponentiell, ganz zu schweigen von der absoluten Entmutigung, die einen solchen Zustand begleitet. Mir persönlich fallen unzählige Christen ein, die in den letzten paar Jahrzehnten bei mir in der Seelsorge waren, auf die diese Beschreibung genau zutrifft. Kann eine solche Person frei werden? Absolut! Aber Umstände dieser Art verlangen eine Kombination aus unterschiedlichen Reich-Gottes-Seelsorge-Fähigkeiten, um eine solche Person aus dem Labyrinth tiefer kombinierter Verstrickungen herauszuholen. Solche Umstände erfordern auch eine Gemeinschaft, die einen unterstützt und von einem Geist prophetischer Ermutigung durchdrungen ist, damit die Betroffenen weiterhin den Blick auf den Preis richten und nicht die Hoffnung verlieren, während sie die Herzensprozesse durchlaufen, die notwendig sind, um einen umfassenden Durchbruch zu erzielen.

Dasselbe gilt für einen Christen, der einige Jahrzehnte lang der Pornographie verfallen war. Anstatt dass sie eine größere Freiheit erlebt, treibt die Erfahrung einer Person mit schweren sexuellen Süchten sie eher immer tiefer in die Gebrochenheit und Verzweiflung hinein. Was wäre nötig, um eine solche Person aus diesem Gefängnis herauszuholen? Bei einem Christen führen Jahre der bewussten Rebellion gegen die deutliche Offenbarung des Willens Gottes immer zu einer Zersetzung des Willens, die dem Teufel wiederum die Gelegenheit bietet, Fuß zu fassen und starke Festungen zu errichten. Kann eine solche Person frei werden von ihrer Gebundenheit in Begierde und dämonischer Unterwanderung? Noch einmal: Auf jeden Fall! Mit Gott ist alles möglich. Dennoch müssen eine Reihe von Faktoren im Leben dieser Person in Ordnung kommen, damit sich Freiheit einstellen kann, und viele suchen vergeblich nach einer hilfreichen Umgebung, hingegebenen Glaubensgeschwistern und den Schlüssel zur Freiheit, wenn in der vorherrschenden Gemeindekultur kein radikaler geistlicher Durchbruch gelebt wird.

Wenn wir außerdem den Zustand betrachten, in dem viele Menschen zum Herrn kommen, sollte es uns wirklich nicht überraschen, wenn wir nicht die Art von Durchbrüchen sehen, die wir uns vielleicht erhoffen. Viele kommen aus einem extrem kaputten Hintergrund zu Jesus, mit Jahrzehnten von tiefer Verstrickung in Sünde, Selbstsucht, emotionaler Gebrochenheit, satanischen Lügen, dämonischer Infiltration und neuronalen Mustern, die von starker Negativität und multiplen Süchten geprägt sind. Der Weg in die Freiheit steckt voller großer Herausforderungen, und es ist in der Tat die seltene Ausnahme, wenn Menschen mit Jahrzehnten der tiefen Gebrochenheit hinter sich, die herrliche Freiheit erlangen. Dementsprechend bleiben viele Christen in Gebrochenheit und Niederlage gefangen und hoffen lediglich noch auf die Gnade Gottes, um zu überleben und unter zermürbenden Umständen weitermachen zu können. Verstrickung in ungesunde dysfunktionale Beziehungen sorgt ebenfalls für eine abträgliche Umgebung, in welcher der ständige Schmerz zerbrochener Beziehungen giftige Umstände erzeugt, die zusätzlich jede Hoffnung auf einen geistlichen Durchbruch verhindern. Bedauerlicherweise steht vieles dagegen, dass Christen, die tief zerbrochen sind und in dysfunktionalen Beziehungen feststecken, in ein Leben der Freiheit und des Fruchtbringens für das Reich Gottes durchbrechen.

Diese Einschätzung mag sehr negativ klingen und manch einer mag einer solch düsteren Realitätsbetrachtung kritisch gegenüberstehen. Die Erfahrung stützt hingegen die Erkenntnis, dass verschiedentliche Faktoren unserer persönlichen Erneuerung entgegenstehen. Mit Sicherheit bietet das Auferstehungsleben Jesu, das in unserem Herzen lebt, eine weitaus bessere Prognose. Die Offenbarung der Herrlichkeit der neutestamentlichen Gnade ruft uns zu einem übernatürlichen Überwinderleben auf, weil die Verfasser des Neuen Testaments sich ausschließlich auf die prophetische Bestimmung jedes neutestamentlichen Gläubigen konzentriert haben. Die Vision niedriger zu setzen als den vollkommenen Willen Gottes für jeden Gläubigen wäre fatal, denn damit würde man der Sünde und der Finsternis Zugeständnisse machen; etwas, was weit hinter Gottes herrlichem Plan zurückbleibt. Prophetie ruft uns immer in Gottes vollkommenen Willen hinein. Es ist undenkbar, etwas Geringeres zu predigen als geistlichen Durchbruch und persönlichen Sieg. Aber die Tatsache, dass die Schriften des Neuen Testaments die zahlreichen Verstrickungen des Herzens anerkennen, unterstreicht, was für Festungen überwunden werden müssen. Der Verfasser des Hebräerbriefes schreibt von der Sünde, die uns so leicht gefangen nimmt. Religion ist ein Joch der Gefangenschaft, das uns ebenfalls gefangen nimmt. Auch die Verführung der Welt, die auf unsere alte, selbstsüchtige Natur anziehend wirkt, kann uns leicht gefangen nehmen, wenn die tiefsten Bedürfnisse unseres Herzens nicht von unserem himmlischen Vater gestillt werden.

Die fehlenden Elemente

Die Offenbarung der Schrift lässt uns zu dem Schluss kommen, dass ein Christ einige spezielle „Lebensfertigkeiten" braucht, um zu einem Leben des radikalen Gehorsams und der Heiligkeit durchzubrechen, zu dem Gott uns immer wieder auffordert. Jedes Gebot in der Schrift ist in Wirklichkeit eine Verheißung, weil Gott uns mit all dem ausstattet, was wir brauchen, um seinen Willen zu tun. Die weitverbreitete Malaise der Kirche bestätigt die Vermutung, dass es dieser einzigartige Satz an Lebenskompetenzen ist, der in der Gleichung zur übernatürlichen Verwandlung das fehlende Element ist. Von Gottes Seite aus fehlt nichts. Er hat uns durch das Kreuz und das herrliche Wunder der Neuen Schöpfung einen Weg bereitet, der unglaubliche Herrlichkeit und Freiheit bereithält. Was sind also die fehlenden Elemente?

Das erste ist ein Mangel an Offenbarung bezüglich unserer herrlichen Bestimmung. Gott hat uns vorherbestimmt, in das Bild seines Sohnes Jesus verwandelt zu werden. Wo es an Vision fehlt, leben die Kinder Gottes gedankenlos in den Tag hinein. Aber diese Vision ist keine Mangelware. Wann immer wir das Neue Testament lesen, in das wir täglich eintauchen sollten, erhalten wir eine frische Vision für ein Leben des Sieges und Durchbruchs. Niemand kann behaupten, über Gottes Willen, uns in eine herrliche Freiheit zu bringen, nicht Bescheid zu wissen. Dennoch verlieren viele Christen aufgrund der Lügen des Teufels, die denen, die nie die Erfahrung persönlicher Freiheit gemacht haben, Verzweiflung und Hoffnungslosigkeit vermitteln, nur allzu leicht ihre Vision. Der Teufel ist immer darauf aus, uns unserer Vision zu berauben, indem er uns davon überzeugt, dass das Leben eines Überwinders absolut unerreichbar ist. So viele Christen geben sich mit einem Leben des Ungehorsams und des chronischen Versagens zufrieden. Dabei ist dies eine der größten Lügen des Teufels!

Die Vision des neuen Herzens

Unsere Bestimmung ist, in der Freiheit der herrlichen Neuen Schöpfung zu leben. Gott hat uns das ultimative Geschenk eines vollkommen neuen Herzens und der vollkommenen Gerechtigkeit vor dem Vater gemacht. Er hat uns mit sämtlichen Hilfsmitteln ausgestattet, die wir jemals benötigen könnten, um zu überwinden. Die Neue Schöpfung gibt uns den besten Vorsprung, den wir jemals erbitten könnten. Dank dieses Wunders können wir von Gott her anstatt zu Gott hin leben. Ganz offensichtlich ist einer der großen Schlüssel dazu, auf unserer Herzensreise mehr an Boden zu gewinnen, eine immer tiefere Offenbarung des neuen Herzens, das Jesus uns bereits geschenkt hat.

Je mehr wir die Herrlichkeit der Neuen Schöpfung verstehen, desto besser sind wir ausgestattet, *„aus* Gott" zu leben. Der Heilige Geist hebt das Wunder der Neugeburt und das Geschenk der Gerechtigkeit ständig hervor und bezeugt unablässig zusammen mit unserem Geist, dass wir nun von Herrlichkeit erfüllte Kinder Gottes sind. Jeder von uns ist verantwortlich dafür zu entdecken, dass wir nun eine vollkommen neue Kernidentität voller Herrlichkeit besitzen.

Der Vater ruft ununterbrochen den Schatz unserer neuen Identität der Sohnschaft und das neue Herz Jesu, das Gott in unser Herz gepflanzt hat, hervor. Das Christenleben ist dazu gedacht, uns „von Herrlichkeit zu Herrlichkeit" zu erhöhen. Wir können nicht „von Herrlichkeit" weiter aufsteigen, wenn wir nicht erst fest in Herrlichkeit gegründet sind. Das Wunder der Neuen Schöpfung stattet jeden einzelnen Gläubigen mit dem von Herrlichkeit erfüllten Leben Jesu aus, der gekommen ist, um durch uns sein gewaltiges Auferstehungsleben zu leben. Jeder Gläubige, der zu einer mächtigen Offenbarung über die Kraft des Auferstehungslebens Christi in uns durchbricht, ist gut aufgestellt, um zu einem Überwinder zu werden. Überwinder leben dank der Entdeckung der Herrlichkeit Christi mitten in ihrem Herzen *„aus* Gott" anstatt *„für* Gott".

Zu der Realität des Auferstehungslebens Christi in uns „ja" zu sagen ist unendlich wirkungsvoller als tausend „Neins" gegenüber den Problemen in unserem Herzen. All unsere Versuche, die sieben Verstrickungen des Herzens, die wir uns in den vorigen sieben Kapiteln angeschaut haben, zu überwinden, sind zum Scheitern verurteilt, wenn wir versuchen, diese Dinge unabhängig von einem Leben tiefer Hingabe an Christus zu überwinden. Viele Christen versuchen, die Welt, das Fleisch und den Teufel zu überwinden, aber sie versäumen es häufig, dies auf dem tragfähigen Fundament der Neuen Schöpfung zu tun. Paulus führte ein fundiertes erhellendes Prinzip ein, als er sagte:

> *Lass dich nicht vom Bösen besiegen, sondern besiege Böses mit Gutem* (Röm 12,21).

All unsere Versuche, das Böse (oder in diesem Fall jede andere Verstrickung) zu überwinden, werden sich als vergeblich erweisen, wenn wir sie nicht von einem radikalen Paradigma der Neuen Schöpfung her angehen. In der Herrlichkeit der Neuen Schöpfung zu leben, ist der Schlüssel zu jedem Durchbruch auf der Herzensreise. Wird diese

Grundlage zerstört, stolpern die Gerechten und verbringen ihr Leben damit, immer wieder um denselben Berg herumzugehen. Bei dem „Vom-Himmel-zur-Erde-Paradigma" dreht sich alles darum, dass das Böse von der Offenbarung der Herrlichkeit Christi in uns verdrängt wird. Paulus ging näher auf die Anwendung dieses Prinzips ein und demonstrierte es, als er schrieb:

> *Legt (als neues Gewand) den Herrn Jesus Christus an und sorgt nicht so für euren Leib, dass die Begierden erwachen* (Röm 13,14 REÜ).

Unsere übernatürliche Verbindung mit Jesus im Rahmen unserer Teilhabe an seinem Leben und seiner göttlichen Natur ist also der Schlüssel dazu, die Realität dessen, wer wir im Kern unseres Seins wirklich sind, zu aktivieren. Der Glaube an die Herrlichkeit der Neuen Schöpfung setzt die Schätze und Reichtümer des Himmels in unserem Herzen frei. Anstatt die Bollwerke nach deren Bedingungen zu bekämpfen, suchen wir nach dem im Mist verborgenen Schatz. Die Herrlichkeit unserer Identität als Neue Schöpfung ist buchstäblich wie eine in einem Haufen Schweinemist vergrabene Perle. Der Böse versucht immer wieder, unseren Blick auf die Festung selbst zu lenken, um uns zu deprimieren und dazu zu verführen, ihm zuzustimmen, wenn er Anklagen und Selbstverdammung austeilt.

Johannes sagte:

> *Denn wenn das Herz uns auch verurteilt – Gott ist größer als unser Herz und er weiß alles. Liebe Brüder, wenn das Herz uns aber nicht verurteilt, haben wir gegenüber Gott Zuversicht* (1 Joh 3,20-21 REÜ).

Unter dämonischer Anklage oder unter Selbstanklage zu leben, ist eine altbewährte Methode, um uns selbst jeder Zuversicht vor Gott zu berauben. Die Offenbarung des Geschenks der Gerechtigkeit ist der Schlüssel dazu, die Macht der Verdammung und Anklage zu brechen.

> *Wer wird es noch wagen, Anklage gegen die zu erheben, die Gott erwählt hat? Gott selbst erklärt sie ja für gerecht. Ist da noch jemand, der sie verurteilen könnte? Jesus Christus ist doch [für sie] gestorben, mehr noch: Er ist auferweckt worden, und er [sitzt] an Gottes rechter Seite und tritt für uns ein* (Röm 8,33-34).

Die Offenbarung unseres vollkommen gerechten Standes vor dem Vater ist strategisch dazu gedacht, uns von jeglicher dämonischen Anklage und Verdammung zu befreien.

> *Also gibt es jetzt für die, die zu Christus Jesus gehören, keine Verurteilung mehr* (Röm 8,1 NLB).

Paulus sagte:

> *So kennen wir denn von nun an niemand mehr nach dem Fleisch!* (2 Kor 5,16 SLT).

Die Mächte der Finsternis versuchen uns unermüdlich weiszumachen, dass wir immer noch dieselben sind wie vor unserer Begegnung mit Christus. Paulus dagegen betonte hartnäckig, wir seien in keiner Weise mehr davon bestimmt, wer wir waren, als wir noch im Fleisch waren.

> *Und die im Fleisch sind, können Gott nicht gefallen. Ihr aber seid nicht im Fleisch, sondern im Geist, wenn wirklich Gottes Geist in euch wohnt; wer aber den Geist des Christus nicht hat, der ist nicht sein* (Röm 8,8-9 SLT).

Wir haben unser christliches Leben im Geist begonnen, weil wir auf übernatürliche Weise in Christus und in den Heiligen Geist hineingetauft worden sind.

> *Seid ihr so unverständig? Im Geist habt ihr angefangen und wollt es nun im Fleisch vollenden?* (Gal 3,3 SLT).

Es ist ein Zauberbann, der uns dazu bringt, uns dem Fleisch nach zu identifizieren. Der Teufel macht Überstunden, um uns die Orientierung zu nehmen, sodass wir uns immer aus irdischer Sicht betrachten. Paulus sagte:

> *O ihr unverständigen Galater, wer hat euch verzaubert?* (Gal 3,1).

Unser neuer Fokus muss unablässig auf Christus und seine Auferstehungskraft über Sünde und Tod gerichtet sein. Wir sind aufgefordert, *„hin*[zu]*schauen auf Jesus, den Anfänger und Vollender des Glaubens“* (Heb 12,2 SLT). Indem wir unseren Blick auf ihn richten, behalten wir unseren Fokus darauf, dass uns der unendliche Vorrat seines Geistes und die grenzenlosen Ressourcen der Reichtümer seiner Herrlichkeit zur Verfügung stehen. Paulus versicherte immer wieder:

Und mein Gott wird euch aus seinem großen Reichtum, den wir in Christus Jesus haben, alles geben, was ihr braucht (Phil 4,19 NLB).

Je mehr wir uns darin üben, unseren Blick auf Christus zu richten, desto mehr werden wir erkennen, wer Christus in uns ist und wer Christus in jeder einzelnen Situation für uns ist. Das ist die Perspektive des Himmels! Den Sinn Christi zu haben, bedeutet unter anderem, dass wir jedes Problem, das sich uns in den Weg stellt, als eine Gelegenheit für Gott sehen können, seine Herrlichkeit und seine Lösung für dieses Problem zu offenbaren, die immer in Christus in uns besteht, der zuversichtlichen Hoffnung auf Herrlichkeit.

Die Herzensreise hat immer zur Grundlage, dass wir lernen, wie man aus dem Herzen heraus lebt, das Gott uns bereits gegeben hat. Alles fließt aus unserem verherrlichten Geist heraus und aus unserem Vermögen, durch den Glauben an das vollendete Werk Christi unseren Geist zu aktivieren und freizusetzen. So aktivieren wir die Ströme lebendigen Wassers, die aus unserem Innersten fließen. Christen, welche die Herzensreise ohne eine starke Offenbarung über das Wunder der Neuschöpfung anzutreten versuchen, werden immer wieder im Kreis laufen und nie wirklich lernen, aus dem neuen Herzen heraus zu leben, das Gott ihnen geschenkt hat. Eine geringe Offenbarung über Christus in uns wird die echte Herzensreise erheblich beeinträchtigen. Im Gegenteil dazu bildet eine gewaltige, kraftvolle Offenbarung von Christus in uns und von unserer neuen Natur in Christus die Voraussetzung dafür, dass wir ein herrliches Leben auf dem Fundament der Offenbarung der Neuschöpfung führen können.

Paulus verkündete zuversichtlich:

Nicht mehr ich bin es, der lebt, nein, Christus lebt in mir (Gal 2,20).

Er sagte: *„Denn Christus ist mein Leben"* (Phil 1,21 NLB)! Paulus prophezeite endlos von *„Christus, der unser Leben ist"* (Kol 3,4 NLB). Das ist fraglos die Basis, auf der wir als wahre Nachfolger Christi unser Leben führen sollten. Uns ist niemals gestattet, den Blick von Christus abzuwenden, selbst wenn er Dinge wie Herzenshärte, Rebellion, Eigensinn und tiefe emotionale Gebrochenheit anspricht. Jesus legt den Finger nicht auf unsere Festungen, damit wir unseren Blick auf unsere Festungen richten. Wir müssen uns zu jedem Zeitpunkt der

Reise des tatsächlichen Zustands unseres Herzens bewusst sein, aber wir sollen beide Augen fest auf Jesus und seine unbegrenzten Ressourcen richten. Unsere Gebrochenheit ist lediglich das Hintergrundgeräusch, das Gott die Bühne und den Kontext bietet, damit er seine Herrlichkeit in unserem Leben sichtbar werden lassen kann.

Wir entkommen den Verstrickungen der Welt, des Fleisches, der Lügen des Teufels, unserer emotionalen Gebrochenheit, von Dämonen und Religion, indem wir uns ausschließlich auf unsere herrliche neue Verstrickung mit Christus und mit dem Vater durch den Heiligen Geist konzentrieren. Verstricken Sie sich in nichts, was ihr altes Leben ausmacht, sondern bleiben Sie ständig erfüllt von der Offenbarung über Ihre Verstrickung mit dem dreieinigen Gott, und machen Sie es sich zur Aufgabe, die Herrlichkeit Ihrer Verstrickung in die Kraft und göttliche Natur Christi auch praktisch auszuleben. Je mehr Sie konkret in die alles übersteigende Größe seiner Auferstehungskraft eintreten, desto mehr marginalisieren und verdrängen sie alles, was versuchen würde, ihr Herz aus der Realität ihrer übernatürlichen Verstrickung mit dem Leben Christi herauszureißen. Unser Leben ist wahrhaftig *„verborgen mit Christus in Gott“* (Kol 3,3 LUT). Wir haben eine herrliche Identität.

Paulus hielt die Realität dieser beiden Dimensionen der Verstrickung in perfekter Spannung, indem er weder die harte, schmerzhafte Realität der Verstrickung des Gläubigen in das, was er als „alt“ bezeichnete, noch die Herrlichkeit unserer neuen Verstrickung in Christus leugnete oder bestritt. In vielerlei Hinsicht wird das Konzept der Verstrickung zur perfekten Metapher für die Herzensreise. Tauchen Sie mehr und mehr in die sich immer weiter vertiefende Offenbarung Ihrer göttlichen Verstrickung in die göttlichen Natur Christi ein? Sind sie sich voll und ganz der anhaltenden, realen Verstrickungen ihres Herzens in das, was Paulus als das Alte identifizierte, bewusst? Ich persönlich bin fasziniert von der Art und Weise, wie sowohl Paulus als auch Johannes diese beiden Realitäten in einer vorsichtigen ausgewogenen Spannung hielten. Das geschah nicht zufällig, sondern war völlig beabsichtigt. Wenn auch wir in der Lage sind, in dieser göttlichen Spannung zu leben, sind wir dem Wandel im Sieg, wie ihn die Apostel praktizierten, einen Schritt nähergekommen.

Als ein reifer Sohn war Paulus so resolut auf die Herrlichkeit Christi in uns fokussiert, dass jeder Widerstand und jedes Hindernis legitimerweise nur durch die Linse der Neuen Schöpfung betrachtet werden konnte. Beim Crescendo seiner Neuschöpfungsoffenbarung – dem herrlichen Höhepunkt von Römer 8 – fragt Paulus:

> *Was kann uns da noch von Christus und seiner Liebe trennen? Not? Angst? Verfolgung? Hunger? Entbehrungen? Lebensgefahr? Das Schwert [des Henkers]? […] Und doch: In all dem tragen wir einen überwältigenden Sieg davon durch den, der uns [so sehr] geliebt hat* (Röm 8,35.37).

Paulus wandte seinen Blick nie von dem ab, wer Christus war bzw. wer Christus uns in jeder einzelnen Situation sein will, die das Leben mit sich bringen könnte. In welcher Situation wir uns auch immer befinden, egal, wie stark die Verstrickung zu sein scheint, Christus ist immer größer und fähig, uns in einen persönlichen Triumph zu führen. In jeder Situation auf der herausfordernden Lebensreise können wir die Frage stellen: Wer ist Christus für mich in dieser Situation und was ist seine herrliche Lösung für mich. Seine Herrlichkeit ist auf mächtige Weise jedem Tal, jedem Berg, jedem Riesen und jeder Festung gewachsen.

Das Geist/Seele-Paradigma dient als perfektes Modell, um die unterschiedlichen Dynamiken zu verstehen, die uns auf der Herzensreise begegnen, während wir alles Alte hinter uns lassen und uns in alles Neue hineinbegeben. Das Alte ist vollkommen aus Ihrem Geist verschwunden, aber in Ihrem Seelenleben ist es noch dabei zu verschwinden. Christus ist sowohl der Anfänger als auch der Vollender unseres Glaubens. Je mehr unser Glaube von Christus vollendet wird, desto mehr leben wir aus einem tiefen Bewusstsein der Vorrangstellung Christi in uns und seines herrlichen Triumphes über alles, was sich in unserem Leben gegen die Erkenntnis Gottes erhebt. Vollkommener Glaube dreht sich um die Herrlichkeit Gottes in uns in der Fülle seiner Auferstehungskraft. Dies muss zum Herzschlag jedes wahren Gläubigen werden.

Unbeirrbare Entschlossenheit

Neben einer herrlichen Vision des neuen Herzens, das Jesus uns bereits gegeben hat, besteht die wahrscheinlich allergrößte Lebenskompetenz darin, sich auf den Ruf zur Herzensreise einzulassen und uns für den Rest unseres Lebens hier auf der Erde nicht von dieser Reise abbringen zu lassen. Die Bibel fordert uns von der ersten bis zur letzten Seite auf, unser Herz mit aller Sorgfalt zu bewahren! Viel zu viele Christen scheinen nicht die entsprechende Entschlossenheit zu überwinden zu haben. Meine eigene Reise war oft von einem Mangel an persönlicher Entschlossenheit zum Überwinden geprägt. Oft war das fehlende Element meine Entschlossenheit. Gott möchte, dass wir so sehr darauf aus sind, die Herrlichkeit der Neuen Schöpfung auszuschöpfen, dass es an Besessenheit grenzt. Es braucht tatsächlich ein solches Maß an Entschlossenheit und Hingabe, weil wir sonst leicht abgelenkt werden, unser Augenmerk auf unsere Gebrochenheit und die Bollwerke in uns zu richten. Genau das ist ein Rezept für ein Leben in Verdammnis und Scham. Wir müssen eine Balance finden, sodass wir weder jemals die tatsächliche Verfassung unseres Herzens leugnen, noch ausschließlich auf die Gebrochenheit blicken, denn das führt immer zu Identitätsproblemen. Viel zu viele Nachfolger Jesu machen ihre Identität an ihrer Gebrochenheit und ihrem Schmerz fest, anstatt an der Herrlichkeit ihrer Sohnschaft – das ist stets die Absicht des Teufels. Unsere Identität muss auf den festen Felsen, wer wir in Christus sind und wer Christus in uns ist, gegründet sein. Alles andere destabilisiert unser Leben und lenkt unseren Blick weg von Jesus und auf unsere Gebrochenheit.

Jeder von uns muss sich ein hohes Maß an Entschlossenheit zulegen, wenn wir sehen wollen, dass die Herrlichkeit Christi in uns all die Verstrickungen der Seele überwindet. Diese Verstrickungen sind fest; deshalb nennt Paulus sie Festungen! Sie sind so stark, dass sie die große Mehrzahl der Christen in der Kirchengeschichte in einer oder allen der sieben Hauptverstrickungen gefangen hielten, die wir hier bereits dargestellt haben. Schauen Sie sich um in Bezug auf den Zustand der Kirche und Sie werden feststellen, dass der Weg des Überwinders zweifellos selten eingeschlagen wird. Schauen Sie in Ihr eigenes Herz und Sie werden sehen, dass die Dinge, welche Ihre Brüder und Schwestern in einem Zustand permanenter Verstrickung in ihrem alten Leben festgehalten haben, dieselben sind, die auch Sie in geistlicher Gefangenschaft gehalten haben. Keiner von uns hat da ein Recht, über seine Brüder zu richten. Die Herausforderungen, die sich jedem von uns stellen, wenn es darum geht, die Feinde unserer Seele zu überwinden, zeigen, dass es eine Reihe unerlässlicher Tugenden gibt, um die sich ein Christ ernsthaft bemühen muss, wenn er zu den Überwindern gezählt werden möchte.

Abgesehen von der Offenbarung des neuen Herzens besteht die größte Notwendigkeit für jeden Christen in dieser kritischen Zeit in einer übernatürlichen Infusion göttlicher Entschlossenheit. Jesus machte sich entschlossen auf den Weg nach Jerusalem (vgl. Lk 9,51). Er muss eine nicht unwesentliche Versuchung verspürt haben, sich vom Ziel des Kreuzes abzuwenden. Aber wenn Jesus sich etwas in seinem Herzen vorgenommen hatte, richtete er sein Herz so fest darauf, dass nichts von dem, was die Hölle zu bieten hatte, ihn davon abbringen konnte, die Ziele seines Herzens bis zum Ende zu verfolgen. Es gibt ein Maß an göttlicher Entschlossenheit, das Gott jedem von uns als Teil der unbegrenzten Ressourcen der Natur Christi in uns mit auf den Weg geben möchte. Der Kombinationseffekt aus der Offenbarung der Herrlichkeit der Neuen Schöpfung und einer Einflößung göttlicher Entschlossenheit reicht aus, um uns für ein Leben auszustatten, in dem wir jede denkbare Verstrickung überwinden, die uns möglicherweise daran hindern könnte, Gottes vollkommenen Willen für unser Leben zu erfüllen. Es gibt keine wahre Herzensreise, wenn diese beiden Faktoren nicht fest in unserem Herzen zusammengejocht sind. Wenn wir ein neues Herz haben, wie können wir dann zulassen, dass wir unser Leben aus dem alten Herzen der Sünde und Selbstsucht heraus führen?

Viele Söhne zur Herrlichkeit führen

Bei der Herzensreise geht es nicht nur um unsere persönliche Freiheit und Verwandlung als Selbstzweck. Gott erwartet von uns, dass wir uns von ganzem Herzen auf die Herzensreise einlassen, damit er schließlich bekommt, wofür er mit seinem Blut bezahlt hat. In der zweiten Hälfte von Römer 8 bettet Paulus diese Reise unserer persönlichen Erneuerung in einen viel weiteren Kontext ein. Er beschreibt unsere Reise heraus aus der Gefangenschaft des Waisenherzens und hinein in die Freiheit des Herzens authentischer Sohnschaft in kosmischen Begriffen. Er verkündet, dass die gesamte Schöpfung wie in Wehen seufzt und sehnsüchtig auf die „Enthüllung“ oder das „Offenbarwerden“ der Söhne Gottes wartet. Wir sind Söhne, weil wir in dem geliebten Sohn sind. Der Vater betrachtet uns nun als Söhne, denen es voll und ganz zusteht, an demselben Erbe teilzuhaben wie der Sohn Jesus. Wir sind Miterben mit Christus.

> *Ja, der Geist selbst bezeugt es uns in unserem Innersten, dass wir Gottes Kinder sind. Wenn wir aber Kinder sind, sind wir auch Erben – Erben Gottes und Miterben mit Christus. Dazu gehört allerdings, dass wir jetzt mit ihm leiden; dann werden wir auch an seiner Herrlichkeit teilhaben* (Röm 8,16-17).

Es gibt eine zukünftige Herrlichkeit der Heiligen, die in ihrer ganzen Fülle erst offenbart werden wird, wenn wir bei der Auferstehung der Toten unseren verherrlichten Körper bekommen. Und dennoch gibt es ein gewisses Maß an Herrlichkeit, welches Gott schon jetzt in uns offenbart, und zwar entsprechend unserer Bereitschaft, in das Bild des Sohnes in all seiner Herrlichkeit verwandelt zu werden. Paulus verkündete, dass die Schöpfung in den Wehen liegt, bis die Söhne Gottes in Herrlichkeit offenbart werden.

> *Im Übrigen meine ich, dass die Leiden der jetzigen Zeit nicht ins Gewicht fallen, wenn wir an die Herrlichkeit denken, die Gott bald sichtbar machen und an der er uns teilhaben lassen wird. Ja, die gesamte Schöpfung wartet sehnsüchtig darauf, dass die Kinder Gottes in ihrer ganzen Herrlichkeit sichtbar werden. Denn die Schöpfung ist der Vergänglichkeit unterworfen, allerdings ohne etwas dafür zu können. Sie musste sich dem Willen dessen beugen, der ihr dieses Schicksal auferlegt hat. Aber damit verbunden ist eine Hoffnung: Auch sie, die Schöpfung, wird von der Last der Vergänglichkeit befreit werden und an der Freiheit teilhaben, die den Kindern Gottes mit der künftigen Herrlichkeit geschenkt wird. Wir wissen allerdings, dass die gesamte Schöpfung jetzt noch unter ihrem Zustand seufzt, als würde sie in Geburtswehen liegen* (Röm 8,18-22).

Im Neuen Testament finden sich deutliche Hinweise darauf, dass es eine gegenwärtige Verherrlichung der Seelen derer gibt, die dem Vater die Erlaubnis geben, ihre Herzen dem Herzen Jesus gleichzugestalten.

> *In Gott hat ja alles nicht nur seinen Ursprung, sondern auch sein Ziel, und er will viele als seine Söhne und Töchter an seiner Herrlichkeit teilhaben lassen* (Heb 2,10).

Jesus hat seine Herrlichkeit in unseren erneuerten Geist gegeben und nun ist er dabei, jeden Bereich unserer Seele mit seiner Herrlichkeit auszustatten, sofern wir uns diesem Prozess übernatürlicher Verwandlung hingeben. Als Jesus als Mensch auf der Erde war, war seine Seele mit einer himmlischen Herrlichkeit erfüllt. Das ist das Vorbild für unsere herrliche Bestimmung in Ihm.

> *Ja, wir alle sehen mit unverhülltem Gesicht die Herrlichkeit des Herrn. Wir sehen sie wie in einem Spiegel, und indem wir das Ebenbild des Herrn anschauen, wird unser ganzes Wesen so umgestaltet, dass wir ihm immer ähnlicher werden und immer mehr Anteil an seiner Herrlichkeit bekommen. Diese Umgestaltung ist das Werk des Herrn; sie ist das Werk seines Geistes* (2 Kor 3,18).

In demselben Maße wie das Auferstehungsleben Jesu in unserem Denken, Wollen und Fühlen offenbar wird, haben wir teil an der göttlichen Natur Jesu, welche die Herrlichkeit Gottes ausstrahlt.

Ein Mensch unter der Leitung des Heiligen Geistes, dessen Geist auf übernatürliche Weise mit dem Geist Christi vereint worden ist, hat die Fähigkeit, durch das Praktizieren von Selbstbeherrschung die Herrlichkeit Gottes in seinem Denken, Wollen und Fühlen wirkungsvoll zum Ausdruck zu bringen. Im Neuen Bund kommt die Herrlichkeit Gottes auf menschliche Herzen, anstatt auf Gerätschaften. Deshalb ist der Neue Bund so viel herrlicher als der Alte Bund. Verwandelte Söhne und Töchter sind unendlich viel effektiver, wenn es darum geht, die Herrlichkeit Gottes auf der Erde zu offenbaren. Der Vater führt seine vielen Söhne und Töchter zur Herrlichkeit, damit seine Herrlichkeit in machtvoller Art und Weise der gesamten Menschheit offenbart werden möge. Jesus sagte:

> *Die Herrlichkeit, die du mir gegeben hast, habe ich nun auch ihnen gegeben, damit sie eins sind, so wie wir eins sind. Ich in ihnen und du in mir – so sollen sie zur völligen Einheit gelangen, damit die Welt erkennt, dass du mich gesandt hast und dass sie von dir geliebt sind, wie ich von dir geliebt bin* (Joh 17,22-23).

Paulus lehrte, dass Söhne und Töchter, die sowohl in ihrer Seele als auch in ihrem Geist heilig und rein gemacht worden sind, dem Vater unendlich viel nützlicher sind, als wenn das nicht der Fall ist.

> *In einem großen Haushalt gibt es nicht nur goldene und silberne Gefäße, sondern auch solche aus Holz oder Ton. Die einen sind für ehrenvolle Anlässe bestimmt, die anderen dienen weniger ehrenvollen Zwecken. Wenn sich jemand von Menschen fernhält, die einem Gefäß mit unreinem Inhalt gleichen, wird er ein Gefäß sein, das ehrenvollen Zwecken dient. Er steht Gott zur Verfügung und ist ihm, dem Hausherrn, nützlich, bereit, all das Gute zu tun, [das dieser ihm aufträgt]* (2 Tim 2,20-21).

Mit anderen Worten: Christen, die sich weigern, sich im Schmelzofen veredeln zu lassen, bleiben im Endeffekt nutzlos, wenn es um Gottes herrliche Pläne für das Reich Gottes geht. Das bedeutet, dass unsere Herzensreise der übernatürlichen Verwandlung eine große prophetische Bedeutung hat, was die obersten Ziele Gottes angeht.

Der Herr der Herrlichkeit hat sich fest vorgenommen, die Erde mit seiner Herrlichkeit zu bedecken, *„wie die Wasser den Meeresgrund bedecken",* aber er kann dieses oberste Ziel nicht erreichen, ohne eine Schar von Söhnen und Töchtern, die sich ebenfalls entschlossen auf die Herzensreise machen und sich von Herrlichkeit zu Herrlichkeit verändern lassen. Nur die zielstrebigsten Nachfolger Jesu, die sich der Herzensreise wahrer übernatürlicher Verwandlung widmen, schaffen den Durchbruch in die herrliche Freiheit derer, die Jesus als „Überwinder" bezeichnet. Um dem Vater zu geben, was er sich wünscht, müssen wir die Herzensreise mit Leidenschaft und voller Herzenshingabe antreten.

Die Schriftrolle Ihrer prophetischen Bestimmung

Kein gläubiger Christ hat jemals Gottes ultimative prophetische Bestimmung für sein Leben erfüllt, ohne sich voll und ganz auf die Herzensreise einzulassen, wie die Schrift sie offenbart. Sich auf die Herzensreise einzulassen, ist der Schlüssel zur Erfüllung Ihrer prophetischen Bestimmung. Wussten Sie, dass Gott für Sie hier auf der Erde eine herrliche prophetische Bestimmung hat, die Sie erfüllen sollen? Wie Jesus in dieser Welt ist, so sind wir es, weil wir jetzt seine Geschwister und Miterben sind. Unser Leben ist nun herrlich verwickelt in sein Leben und seine fortbestehende prophetische Bestimmung. Der Vater hat das gesamte Leben seines geliebten Sohnes auf herrliche

Weise vorherbestimmt. Jesus hatte eine vorherbestimmte prophetische Bestimmung. Es gab ein regelrechtes prophetisches Drehbuch, nach dem Jesus lebte.

> *Da sprach ich: „Sieh her, ich bin gekommen, um deinen Willen zu erfüllen, o Gott – so wie es in deinem Buch über mich geschrieben steht“* (Heb 10,7 NLB).

Dies war eine messianische Prophetie, ursprünglich von David in den Psalmen verfasst.

> *Du hast keine Freude an Opfern und Gaben. Aber du hast mir die Ohren geöffnet und ich erkenne, dass du keine Brand- und Sündopfer willst. Da sprach ich: „Sieh her, ich bin gekommen. Und das steht in deinem Buch über mich geschrieben: ‚Ich will deinen Willen gerne tun, mein Gott‘“* (Ps 40,7-9 NLB).

Das gesamte Leben Jesu stand schon vor der Erschaffung der Welt fest.

> *Schon vor Erschaffung der Welt wurde er dazu bestimmt, doch erst jetzt, am Ende der Zeiten, ist er für euch erschienen, so dass alle ihn sehen* (1 Petr 1,20 NLB).

Sein Leben war schon von Anfang an eindrücklich vorausgesagt. Bereis im Garten Eden offenbarte Gott, dass der „Same“ Evas den Kopf der Schlange „zertreten“ wird, wenn auch der Same der Schlange seine Ferse verletzten wird.

> *Feindschaft setze ich zwischen dich und die Frau, zwischen deinen Nachwuchs und ihren Nachwuchs. Er trifft dich am Kopf und du triffst ihn an der Ferse* (1 Mose 3,15 REÜ).

Diese uralte Prophetie sagte den herrlichen Sieg der Kreuzigung Christi voraus, der die Werke des Bösen zerstört hat.

Leben, Dienst, Tod und Auferstehung Jesu wurden im Alten Testament genauestens beschrieben. Besonders David und Jesaja hatten prophetische Begegnungen, in denen sie detaillierte Aspekte des Lebens Jesu zu sehen bekamen. Das Alte Testament enthält die Prophetien über den kommenden Messias Israels und der ganzen Welt. Der Messias sollte im Bethlehem des Stammes Juda geboren werden. Er sollte „der Löwe des Stammes Juda“ sein!

Dich, Juda, ja dich, werden deine Brüder rühmen. Du wirst deine Feinde besiegen. Deine Verwandten werden sich vor dir verneigen. Juda ist ein junger Löwe, von deiner Beute bist du aufgestanden, mein Sohn. Er kauert sich nieder und lagert sich wie ein Löwe und wie eine Löwin – wer wagt es, ihn aufzustören? Das Zepter wird immer Juda gehören und der Herrscherstab deinen Nachkommen, bis zum Kommen des Schilo, dem alle Völker gehorchen werden (1 Mose 49,8-10 NLB).

Viele Details aus Jesu Leben waren im Alten Testament prophetisch vorausgesagt worden. Tatsächlich gibt es 61 größere messianische Prophetien zum Leben Jesu. Hier nur eine kleine Auswahl:

Du, Bethlehem Efrata, bist zwar zu klein, um unter die großen Städte Judas gerechnet zu werden. Dennoch wird aus dir einer kommen, der über Israel herrschen soll. Seine Herkunft reicht in ferne Vergangenheit zurück, ja bis in die Urzeit (Mi 5,1 NLB).

Deshalb wird der Herr selbst das Zeichen geben. Seht! Die Jungfrau wird ein Kind erwarten! Sie wird einem Sohn das Leben schenken und er wird Immanuel genannt werden. Das heißt: Gott ist mit uns (Jes 14,7 NLB).

Denn ein Kind ist uns geboren, ein Sohn uns gegeben, und die Herrschaft ruht auf seiner Schulter; und man nennt seinen Namen: Wunderbarer Ratgeber, starker Gott, Vater der Ewigkeit, Fürst des Friedens. Groß ist die Herrschaft, und der Friede wird kein Ende haben auf dem Thron Davids und über seinem Königreich, es zu festigen und zu stützen durch Recht und Gerechtigkeit von nun an bis in Ewigkeit. Der Eifer des HERRN der Heerscharen wird dies tun (Jes 9,5-6).

Fast jeder wichtige Aspekt des Lebens des Messias war im Alten Testament vorausgesagt worden. Doch darüber hinaus hatte Jesus noch eine im Himmel geschriebene Schriftrolle, die jedes einzelne Detail seines Lebens voraussagte. Jesus kam und vollbrachte den vollkommenen Willen seines Vaters, wobei er jedes einzelne Detail seiner prophetischen Schriftrolle erfüllte.

Da sprach ich: „Sieh her, ich bin gekommen. Und das steht in deinem Buch über mich geschrieben: ‚Ich will deinen Willen gerne tun, mein Gott'" (Ps 40,8 NLB).

Diese Buchrolle wurde als ein prophetisches Dekret im Himmel geschrieben. Die Propheten prophezeiten aus der Schriftrolle der prophetischen Bestimmung Christi. Jede messianische Prophetie war im Endeffekt ein Auszug aus dieser himmlischen Schriftrolle. Jesus erfüllte den Willen Gottes in vollkommener Weise! Er sagte:

Denn ich bin nicht vom Himmel herabgekommen, um das zu tun, was ich selber will, sondern um den Willen dessen zu erfüllen, der mich gesandt hat (Joh 6,38).

Meine Nahrung ist, dass ich den Willen dessen tue, der mich gesandt hat, und das Werk vollende, das er mir aufgetragen hat (Joh 4,34).

Jesus lebte im vollkommenen Willen und Plan des Vaters. Während seines Dienstes auf der Erde hatte Jesus wohl ständige Déjà-vus-Erlebnisse, so als habe er all das schon vor Grundlegung der Welt einmal gesehen.

Ähnlich wie Jesus schon vor Grundlegung der Welt auserwählt worden war, sind auch wir auserwählt worden. Wir werden Teil von Gottes Erlösungsplan, weil wir in Christus sind. Genaugenommen sind wir in Jesu prophetische Bestimmung mit hineingenommen!

Denn in Christus hat er uns schon vor der Erschaffung der Welt erwählt mit dem Ziel, dass wir ein geheiligtes und untadeliges Leben führen, ein Leben in seiner Gegenwart und erfüllt von seiner Liebe. Von allem Anfang hat er uns dazu bestimmt, durch Jesus Christus seine Söhne und Töchter zu werden. Das war sein Plan; so hatte er es beschlossen. Und das alles soll zum Ruhm seiner wunderbaren Gnade beitragen, die er uns durch seinen geliebten [Sohn] erwiesen hat (Eph 1,4-6).

Hören Sie, wie wunderschön die *Passion Translation* unsere glorreiche Bestimmung beschreibt:

Er hat uns dazu auserwählt, sein Eigen zu sein, hat uns mit sich vereint, noch bevor er das Universum gründete. In seiner großen Liebe hat er uns von Anfang an zur Einheit mit Christus bestimmt, sodass wir in seinen Augen in unbefleckter Unschuld erscheinen würden. Denn es war schon immer sein vollkommener Plan, uns als seine entzückenden Kinder zu adoptieren, damit seine ungeheure Gnade, die uns überströmt, ihm Ehre bringen möge – denn dieselbe Liebe, die er für seinen geliebten Sohn Jesus hat, hat er auch für uns! (TPT).

Paulus schwelgte geradezu in der Offenbarung unserer herrlichen Bestimmung, die schon vor Grundlegung des Universums feststand.

Außerdem hat Gott uns – seinem Plan entsprechend – durch Christus zu seinen Erben gemacht. Er, der alles nach seinem Willen und in Übereinstimmung mit seinem Plan ausführt, hatte uns von Anfang dazu bestimmt mit dem Ziel, dass wir zum Ruhm seiner [Macht und] Herrlichkeit beitragen – wir alle, die wir unsere Hoffnung auf Christus gesetzt haben (Eph 1,11-12).

Auch hier erklärt die *Passion Translation* unsere Bestimmung als geliebte Söhne und Töchter.

Darum hat Gott uns dazu außerwählt und bestimmt, durch unsere Vereinigung mit Christus sein Erbe zu sein! Noch bevor wir geboren wurden, ***legte er unsere Bestimmung fest****, nämlich den Plan Gottes zu erfüllen, der stets jede Absicht und jeden Plan seines Herzens vollbringt* (Eph 1,11-12 TPT).

Wir haben eine herrliche Bestimmung, weil wir auf mystische Weise mit Christus vereint worden sind. Gottes Vorherbestimmung stützt sich ausschließlich auf seine Erwählung.

Denn Gott hat sie schon vor Beginn der Zeit auserwählt und hat sie vorbestimmt, seinem Sohn gleich zu werden, damit sein Sohn der Erstgeborene unter vielen Geschwistern werde (Röm 8,29 NLB).

Vorherbestimmung ist eine „vorher festgelegte Bestimmung", die der Rat des allmächtigen Gottes schon im Voraus festgelegt hat. Wir sind auf herrliche Weise dazu vorherbestimmt worden, in das Bild des herrlichen Sohnes Gottes verwandelt zu werden. Paulus lehrte, dass die Weisheit des Kreuzes zu unserer Herrlichkeit bestimmt war!

Nein, was wir verkünden, ist Gottes Weisheit. Wir verkünden ein Geheimnis: den Plan, den Gott schon vor der Erschaffung der Welt gefasst hat und nach dem er uns Anteil an seiner Herrlichkeit geben will. Dieser Plan ist bisher verborgen gewesen. Keiner von den Machthabern dieser Welt hat etwas von dem Plan gewusst; keiner von ihnen hat Gottes Weisheit erkannt. Sonst hätten sie den Herrn der Herrlichkeit nicht kreuzigen lassen (1 Kor 2,7-8).

Die *Amplified Bible* geht noch einen Schritt weiter in ihrer Erklärung der eigentlichen Absicht hinter Gottes Sühneopfer am Kreuz. Es geschah zu unserer Verherrlichung mit Christus.

Was wir vielmehr darlegen ist eine Weisheit Gottes, die dem menschlichen Verstand einst verborgen war und uns nun von Gott offenbart worden ist – eine Weisheit, die Gott vor aller Zeit zu unserer Verherrlichung erdacht und bestimmt hat; um uns in die Herrlichkeit seiner Gegenwart zu erheben (1 Kor 2,7 AMP).

Paulus offenbarte, dass unsere prophetische Bestimmung in Christus darin besteht, von Gottes Herrlichkeit erfüllt zu werden.

Andererseits will er aber auch, dass man erkennt, in welch reichem Maß er seine Herrlichkeit den Gefäßen seines Erbarmens schenkt – uns, für die er diese Herrlichkeit vorbereitet hat. Er hat uns dazu bestimmt, an ihr teilzuhaben (Röm 9,23).

Wir sind „zur Herrlichkeit vorherbestimmt" worden (NeÜ)! Sogar schon vor Grundlegung der Welt. David sagte:

Du leitest mich nach deinem Rat und nimmst mich danach in Herrlichkeit auf! (Ps 73,24 SLT).

Unsere herrliche Bestimmung ist, dass Christus in uns und durch uns offenbart werden möge, indem wir uns auf die Herzensreise hinein in die Fülle der Sohnschaft einlassen.

In euch lebt der Christus, der euch mit Erwartung auf Herrlichkeit überfließen lässt. Dieses Geheimnis Christi, das in uns hineingelegt ist, wird zu einer himmlischen Schatztruhe voller Reichtümer der Herrlichkeit für sein Volk (Kol 1,27 TPT).

Das ist es, wozu er euch durch das Evangelium berufen hat, das wir verkünden; er hat euch dazu berufen, an der Herrlichkeit von Jesus Christus, unserem Herrn, teilzuhaben (2 Thess 2,14).

Unsere wahre prophetische Bestimmung entdecken wir allein im Kontext der Herrlichkeit Gottes. Durch die Neugeburt sind wir auf übernatürliche Weise wieder in das himmlische Reich der Herrlichkeit versetzt worden. Als neue Schöpfungen leben wir aus einem mit Herrlichkeit erfüllten Zentrum heraus! Gottes Herrlichkeit wird offenbar, indem Sie und ich unsere göttliche Bestimmung ausleben. Die prophetische Bestimmung Christi endete nicht mit seiner Himmelfahrt. Es gibt eine fortschreitende Herrlichkeit, die über das Leben Christi auf der Erde hinausgeht.

> *Den ersten Bericht habe ich verfasst, o Theophilus, über alles, was Jesus* ***anfing*** *zu tun und zu lehren, bis zu dem Tag, da er [in den Himmel] aufgenommen wurde, nachdem er den Aposteln, die er erwählt hatte, durch den Heiligen Geist Befehl gegeben hatte* (Apg 1,1-2 SLT).

Christi persönliche Bestimmung gilt nun der Gemeinschaft als Ganzes. Paulus sagte: *„Christus ist mein Leben!"* Christus lebt sein Leben und seine fortschreitende prophetische Bestimmung nun durch uns!!!

> *Der menschliche Körper hat viele Glieder und Organe, doch nur gemeinsam machen die vielen Teile den einen Körper aus.* ***So ist es auch bei Christus und seinem Leib*** (1 Kor 12,12 NLB).

Christus ist nun ein vielgliedriger Körper geworden. Das bedeutet, dass Ihre Bestimmung nun darin aufgeht, dass Christus die gesamte Schriftrolle seiner prophetischen Bestimmung erfüllt.

> *Mein altes Leben ist mit Christus gekreuzigt worden und nicht mehr vorhanden; denn ich bin in seinem Tod vollkommen mit ihm vereint worden. Dieses neue Leben gehört seinem Wesen nach nun nicht mehr mir, denn Christus lebt sein Leben durch mich! Mein wahres Leben ist Christus – wir leben als eine Person! Mein neues Leben ist bevollmächtigt durch den Glauben des Sohnes Gottes, der mich so sehr liebt, dass er sich selbst für mich hingegeben hat und sein Leben in das meine hineinlegt!* (Gal 2,20 TPT).

Christus lebt sein Leben und seine Bestimmung nun in und durch uns! Alles, was in der Schriftrolle über Christus steht, wird nun durch all jene ausgeführt, die bereitwillig und vollständig in ihrer prophetischen Bestimmung leben. Jeder einzelne Gläubige besitzt nun eine persönliche prophetische Bestimmung und einen Plan für sein Leben. Unsere persönliche Bestimmung ist die Bestimmung Christi, wie sie jeweils auf einzigartige Weise in uns und durch uns zum Ausdruck kommt.

> *Denn ich weiß genau, welche Pläne ich für euch gefasst habe [, spricht der Herr]. Mein Plan ist, euch Heil zu geben und kein Leid. Ich gebe euch Zukunft und Hoffnung* (Jer 29,11 NLB).

Genau wie Jesus besitzen Sie eine herrliche zukünftige Bestimmung, die ebenfalls in ein Buch geschrieben ist. David sagte:

> *Du hast mich gesehen, bevor ich geboren war. Jeder Tag meines Lebens war in deinem Buch geschrieben. Jeder Augenblick stand fest, noch bevor der erste Tag begann* (Ps 139,16 NLB).
>
> *Im Voraus hast du alles aufgeschrieben; jeder meiner Tage war schon vorgezeichnet, noch ehe der erste begann* (Ps 139,16 GNB).
>
> *Deine Augen sahen mich schon, als mein Leben im Leib meiner Mutter entstand. Alle Tage, die noch kommen sollten, waren in deinem Buch bereits aufgeschrieben, bevor noch einer von ihnen eintraf* (Ps 139,16 NGÜ).

Für jeden von uns, die wir in Christus sind, ist im Himmel ein Buch geschrieben. Ja, es gibt im Himmel eine ganze Bibliothek von Büchern; jedes enthält die vollständige prophetische Bestimmung eines jeden einzelnen Christen, der jemals leben wird. Diese prophetischen Bücher beinhalten Ihre vollkommene prophetische Bestimmung. Ein Teil unserer Verwandlung geschieht, indem wir die Offenbarung annehmen, dass jeder von uns eine herrliche prophetische Bestimmung hat, weil wir in Christus sind und er noch immer dabei ist zu erfüllen, was vor Grundlegung der Welt in seine prophetische Schriftrolle geschrieben worden ist.

Im Himmel befindet sich Ihre prophetische Schriftrolle und verkündet den vollkommenen Willen Gottes für Ihr Leben.

> *Wandelt euch und erneuert euer Denken, damit ihr prüfen und erkennen könnt, was der Wille Gottes ist: was ihm gefällt, was gut und vollkommen ist* (Röm 12,2 REÜ).

Gott möchte Sie wissen lassen, was sein Wille für Ihr Leben ist.

> *Deshalb hören wir auch seit dem Tag, an dem wir davon erfahren haben, nicht auf, für euch zu beten. Wir bitten Gott, dass er euch durch seinen Geist alle nötige Weisheit und Einsicht schenkt, um seinen Willen in vollem Umfang zu erkennen* (Kol 1,9).

Zu dem Erfülltwerden mit der Erkenntnis seines Willens gehört ein immer gründlicheres Verstehen unserer persönlichen Bestimmung. Jesus hat gesagt:

> *Doch wenn der [Helfer] kommt, der Geist der Wahrheit, wird er euch zum vollen Verständnis der Wahrheit führen. Denn was er sagen wird, wird er nicht aus sich selbst heraus sagen; er wird das sagen, was er hört. Und er wird euch die zukünftigen Dinge verkünden* (Joh 16,13).

In der NeÜ heißt es, er wird *„euch verkündigen, was die Zukunft bringt."* Paulus offenbarte, dass es für jeden einzelnen Christen einen vollkommenen, vorherbestimmten Plan gibt.

> *Denn wir sind Gottes eigene Handarbeit; sein Werk, in Christus Jesus neu erschaffen, neugeboren, damit wir jene guten Werke tun würden, die Gott für uns vorherbestimmt oder geplant hat; wir schlagen Pfade ein, die er schon lange für uns vorbereitet hat, dass wir auf ihnen gehen* (Eph 2,10 AMP).

Wieder einmal entfaltet die *Passion Translation* die volle Absicht dieses Abschnitts.

> *Wir sind seine Poesie geworden; ein neu erschaffenes Volk, das die Bestimmung erfüllen wird, die er jedem von uns gegeben hat, denn wir sind mit Jesus, dem Gesalbten, vereinigt. Noch bevor wir geboren wurden, hat Gott im Voraus unsere Bestimmung geplant mitsamt den guten Werken, die wir tun würden, um diese zu erfüllen!* (TPT).

Paulus verwendete hier den griechischen Begriff *poema*. Jeder von Ihnen ist ein Gedicht, das von Gott geschrieben wird, während Sie in Christus herrlich erweckt werden und Ihre prophetische Bestimmung ausleben. Prophetie lädt Sie immer dazu ein, den vollkommenen Willen Gottes zu erfüllen. Prophetie bekundet nie Gottes zweitbeste Option für Ihr Leben. Prophetie offenbart immer Gottes höchste Berufung. Paulus schrieb:

> *Ich jage dem Ziel nach für den Preis der hohen Berufung Gottes in Christus Jesus* (Phil 3,14 J.B. Phillips).

Prophetie nimmt eine Seite aus Ihrer himmlischen Schriftrolle der Bestimmung vor. Es handelt sich dabei immer um eine Einladung, Ihre prophetische Bestimmung zu ergreifen. Wir müssen unsere prophetischen Worte wertschätzen, weil sie im Himmel bereits aufgeschrieben sind.

Paul Erdos war ein brillanter ungarischer Mathematiker. Er sprach von „Dem Buch“, einem imaginären Buch, in dem Gott die besten und elegantesten Beweise für mathematische Theoreme niedergeschrieben hatte. 1985 sagte er in einer Vorlesung: „Sie müssen nicht an Gott glauben, doch Sie sollten an ‚das Buch‘ glauben.“ Wann immer er einen besonders schönen mathematischen Beweis sah, rief er: „Der ist aus dem Buch!“ Wenn über Ihnen ein prophetisches Wort ausgesprochen wird, das Ihr Herz in besonderer Weise anspricht, können auch Sie rufen: „Das ist aus dem Buch!“ Wir müssen unsere prophetischen Worte aufschreiben und sie regelmäßig wieder lesen. Wir können unsere prophetischen Worte als Waffen verwenden, mit denen wir auf geistlicher Ebene kämpfen, um unsere höchste prophetische Bestimmung zu ergreifen.

> *So sieht also der Auftrag aus, den ich dir anvertraue, Timotheus, mein lieber Sohn; er stimmt mit den prophetischen Aussagen überein, die seinerzeit über dich gemacht wurden. Gestärkt durch diese Zusagen, sollst du den guten Kampf kämpfen* (1 Tim 1,18).

Satan will unsere Bestimmung stehlen und versucht ununterbrochen, uns unserer zukünftigen Hoffnung zu berauben. Es gibt so viele Christen, die ihre prophetische Bestimmung nicht erreichen. Im Himmel fliegen eine Menge Schriftrollen herum, die niemals gelesen oder auch nur geöffnet werden. Sacharja sah eine dieser fliegenden Schriftrollen:

> *Ich blickte wieder auf und sah eine Schriftrolle heranfliegen. „Was siehst du?“, fragte der Engel. „Ich sehe eine fliegende Schriftrolle“, antwortete ich. „Sie ist 20 Ellen lang und zehn Ellen breit“* (Sach 5,1-2 NLB).

Das ist eine riesengroße Rolle![1] Auch Hesekiel sah eine solche Schriftrolle und wurde aufgefordert, sie zu essen.

> *Ich schaute auf und sah eine Hand, die sich mir entgegenstreckte, sie hielt eine Schriftrolle. Er breitete sie vor mir aus und ich sah, dass sie auf beiden Seiten beschrieben war. Es standen Trauerlieder, Totenklagen und Drohworte darauf. Er sagte: „Menschenkind, iss, was ich dir gebe – iss diese Rolle! Und dann geh und sprich zum Volk der Israeliten." Ich öffnete den Mund und er gab mir die Rolle zu essen. „Iss sie auf und fülle deinen Bauch mit dieser Rolle, die ich dir gebe", sagte er. Ich aß sie und sie schmeckte so süß wie Honig* (Hes 2,9-2,3 NLB).

Wenn Sie die Schriftrolle essen, werden Sie zu der Schriftrolle und die Schriftrolle wird ein Teil von Ihnen. Vielleicht war es das, was Paulus meinte, als er uns als „lebendige Briefe" bezeichnete.

> *Ihr selbst seid unser Empfehlungsbrief, geschrieben in unsere Herzen, ein Brief, der allen Menschen zugänglich ist und den alle lesen können. Ja, es ist offensichtlich, dass ihr ein Brief seid, den Christus selbst verfasst hat und der durch unseren Dienst zustande gekommen ist. Er ist nicht mit Tinte geschrieben, sondern mit dem Geist des lebendigen Gottes, und die Tafeln, auf denen er steht, sind nicht aus Stein, sondern aus Fleisch und Blut; es sind die Herzen von Menschen* (2 Kor 3,2-3).

Sie und ich, wir sind lebendige Schriftrollen! Wenn Sie die Schriftrolle essen, werden Sie eins mit Ihrer zukünftigen Bestimmung! Wir sind gleichzeitig Menschen der Gegenwart und der Zukunft, die nun auf gewaltige Weise von unserer prophetischen Bestimmung überschattet werden. Das Gedicht unseres Lebens wird noch immer geschrieben. Während Sie in Ihrer Bestimmung vorangehen, wird die Poesie Ihres Lebens geschrieben. Es sollte unser aller Ziel sein, dass unser Leben auf der Erde genau mit der Schriftrolle unserer Bestimmung übereinstimmt, die im Himmel geschrieben worden ist, damit diese beiden Bücher zu ein und demselben werden. Die Lebensgeschichte Jesu auf Erden stimmte perfekt mit dem überein, was in seiner Schriftrolle geschrieben stand. Ich möchte, dass meine Lebensgeschichte

---

[1] Etwa 9 mal 4,5 Meter.

meiner prophetischen Bestimmung entspricht. Wie Sacharja und Hesekiel sind wir dazu angehalten, die fliegende Schriftrolle unserer Bestimmung zu ergreifen und sie zu essen, damit sie ein Teil von uns wird! Jesus lebte in der Freude, seinen Lebensweg auf der Erde vollkommen im perfekten Willen des Vaters zu bestreiten, und wir können dasselbe tun! Aber der einzige Weg, um den vollkommenen Willen Gottes für unser persönliches Leben zu erfüllen, ist unsere Bereitschaft, uns auf die Herzensreise übernatürlicher Verwandlung in das Bild des Sohnes in all seiner Herrlichkeit einzulassen.

Das Tal der Tränen durchqueren

Die Sprache des Herzes findet oft in Tränen Ausdruck. Ein wesentlicher Teil der Herzensreise besteht darin, die Fähigkeit zum Weinen über unsere eigene Gebrochenheit wiederzugewinnen, um den Schmerz rauszulassen, der im Lauf der Jahre in uns eingeschlossen wird. David durchlebte Zeiten, in denen Tränen zu seiner täglichen Erfahrung gehörten. In seinem Gebetstagebuch schüttete er sein Herz aus:

> *Tränen sind meine Speise bei Tag und Nacht, denn ständig verspotten mich meine Feinde und höhnen: „Wo ist nun dein Gott?" Wenn ich an früher denke, bricht mir das Herz* (PS 42,4-5 NLB).

Er sagte:

> *Ich bin erschöpft vom Klagen. Die ganze Nacht tränke ich mein Bett mit Tränen, mein Kissen ist nass vom Weinen* (Ps 6,7 NLB).
>
> *Du zählst alle meine Klagen und sammelst alle meine Tränen in einem Gefäß, ja, du hast jede einzelne in deinem Buch festgehalten* (Ps 56,9 NLB).
>
> *Die Nacht ist noch voll Weinen, doch mit dem Morgen kommt die Freude* (Ps 30,6 NLB).
>
> *Die mit Tränen säen, werden mit Jubel ernten. Weinend gehen sie hinaus und streuen ihre Samen, jubelnd kehren sie zurück, wenn sie die Ernte einholen* (Ps 126,5-6 NLB).

Es kommt ein Tag, an dem endlich alle Trauer aufhören wird.

Er wird alle ihre Tränen abwischen. Es wird keinen Tod mehr geben, kein Leid und keine Schmerzen, und es werden keine Angstschreie mehr zu hören sein. Denn was früher war, ist vergangen (Offb 21,4).

Wir sehnen uns nach dem Tag, an dem es keinen Schmerz mehr geben wird, aber bis zu diesem letzten Tag werden wir in dieser Welt Trübsal haben. Jesus sagte:

Hier auf der Erde werdet ihr viel Schweres erleben. Aber habt Mut, denn ich habe die Welt überwunden (Joh 16,33 NLB).

Je größer der Schmerz ist, desto notwendiger ist es, dass Menschen ihr Herz öffnen lassen und den Schmerz in Form von Tränen herauslassen können. Ich beneide David um seine Fähigkeit, vor Gott zu zusammenzubrechen und ihm seine Seele auszuschütten. David war ein Mann, der Zugang zu seinen eigenen Gefühlen hatte. Die Sprache der Tränen war ihm nicht unbekannt, weil er sein Herz vor dem Herrn weich hielt. Ich komme aus einer so generationsübergreifenden Härte, dass die Tränen nicht so schnell fließen. Doch habe ich den Eindruck, dass es mir leichter fällt zu weinen als manch einem anderen. Als Seelsorger bin ich vielen Menschen begegnet, die schlichtweg nicht weinen können. Aber ich habe gelernt, dass es zwischen Sanftmütigkeit und der Fähigkeit, den Schmerz in unserem Herzen herauszulassen, einen Zusammenhang gibt. In Zeiten, in denen mein Herz weich ist, kommen die Tränen leichter; in Zeiten, in denen ich mit Härte zu kämpfen habe, habe ich dagegen das Gefühl, dass die Härte durchkommt, die bei meinen Vorfahren zu finden war.

David durchlebte auf seiner Herzensreise mit Gott ausgeprägte Phasen tiefen emotionalen Schmerzes und Weinens.

Glücklich sind die Menschen, die in dir ihre Stärke finden und von Herzen dir nachfolgen. Wenn sie das Tal der Tränen durchqueren, wird es ihnen zu einem Ort erfrischender Quellen und der Frühregen bedeckt es mit Segen. So bekommen sie immer wieder neue Kraft und erscheinen in Jerusalem vor Gott (Ps 84,6-8 NLB).

Das Tal der Tränen (Hebräisch *baca*) stellte auf Davids geistlicher Pilgerreise eine wichtige Wende dar. An diesem Ort lud er seinen

Schmerz ab, indem er ihn vor dem Herrn ausschüttete. Wenn wir nicht weinen können, stimmt etwas mit unserem Herzen nicht.

Gott muss die Herzen seiner Kinder aufbrechen, damit das kostbare Parfum Christi freigesetzt werden kann. Wie das Alabastergefäß und Gideons 300 Tonkrüge muss etwas zerbrochen werden, damit die Fülle Christi freigesetzt werden kann. Markus erzählt die Geschichte von einer Frau, die mit einem Alabastergefäß mit sehr teurem Öl zu Jesus kam, es zerbrach und das Öl über seinen Kopf goss (vgl. Mk 14,3). Gideon befahl 300 Kriegern, ihre Tonkrüge zu zerbrechen, um den umzingelten Feind mit dem Licht zu überraschen. Paulus nennt uns irdene Gefäße oder Tongefäße, was darauf hindeutet, dass diese Gefäße zerbrochen werden müssen, um die Herrlichkeit der großen Kraft Gottes in uns zu offenbaren. Diese prophetischen Bilder zerbrochener Gefäße geben Hinweis darauf, dass es notwendig ist, vor Gott in Tränen auszubrechen, damit das, was in uns ist, ganz hervorscheinen kann.

In einer Vision brachte der Herr Hesekiel in den Tempel und zeigte ihm eine Reihe von Szenen, die seine prophetischen Absichten aufzeigten. In einer Szene sah er, wie der Herrn einem in Leinen gekleideten Mann mit Schreibzeug den Auftrag gab, durch die Straßen Jerusalems zu gehen und all jenen ein Zeichen auf die Stirn zu machen, die über die Sünden, die sie um sich herum wahrnehmen, weinen und seufzen (vgl. Hes 9,4). In der ganzen Bibel wird das Weinen über Sünde und die Gebrochenheit der Menschheit als eine große Tugend der Demut und Intimität mit Gott gepriesen. Tränen sind die Sprache der Herzensreise und wenn wir diese Reise gut meistern wollen, müssen wir wieder fähig werden zu weinen und Gott unseren Schmerz zu überlassen.

Mit ganzem Herzen lieben

Das Ziel der Herzensreise ist, als hingegebene Liebhaber Gottes zu leben. Die beiden größten Gebote, die Jesus zitiert, drehen sich um hingebungsvolle Liebe. Jesus sagte:

> *„Du sollst den Herrn, deinen Gott, lieben von ganzem Herzen, mit ganzer Hingabe und mit deinem ganzen Verstand!" Dies ist das größte und wichtigste Gebot. Ein zweites ist ebenso wichtig: „Liebe deine Mitmenschen wie dich selbst!" Mit diesen beiden Geboten*

ist alles gesagt, was das Gesetz und die Propheten fordern (Mt 22,37-40).

Von ganzem Herzen zu lieben bedeutet, dass wir nicht länger mit einem geteilten Herzen leben. Im Hoseabuch lautete Gottes Hauptanklage gegen Israel: *„Ihr Herz ist geteilt“* (Hos 10,2 NeÜ). Sie glaubten zwar an Gott, folgten ihm aber nicht von ganzem Herzen.

Jemand, der Gott und Menschen von ganzem Herzen liebt, lebt aus dem neuen Herzen heraus, das Gott ihm gegeben hat. Er hat entdeckt, dass die unerschöpfliche, grenzenlose Quelle der Liebe Gottes aus seinem Innersten fließt, und gelernt, sie wieder zu Gott zurück und zu jedem Menschen, mit dem er in Berührung kommt, fließen zu lassen. Johannes sagte:

Wir lieben, weil er uns zuerst geliebt (1 Joh 4,19).

Wir können nicht weitergeben, was wir selbst nicht bekommen haben, also müssen wir zuerst die Liebe Gottes empfangen und erfahren, um sie dann weitergeben zu können. Geliebte Söhne und Töchter werden zwangsläufig zu Liebhabern.

Gott liebt uns von ganzem Herzen, und wenn er uns in das Bild seines Sohnes verwandelt, geht es ihm letztendlich darum, uns zu hingegebenen Liebhabern zu machen. Jesus sagte, man würde an unserer Liebe zueinander erkennen, dass wir seine Jünger sind. Unsere aufrichtige Liebe füreinander beweist unsere Liebe zu Gott, weil wir Gott nicht lieben können, wenn wir die nicht lieben, die Gott in unser Leben gestellt hat.

Wenn jemand behauptet: „Ich liebe Gott!“, aber seinen Bruder oder seine Schwester hasst, ist er ein Lügner. Denn wenn jemand die nicht liebt, die er sieht – seine Geschwister –, wie kann er da Gott lieben, den er nicht sieht? (1 Joh 4,20).

Aus biblischer Sicht wird unsere Fähigkeit, mit Gott in Beziehung zu treten, letztlich an unserer Fähigkeit gemessen, uns mit Menschen zu verbinden. Das bedeutet, dass es sich bei unserer Herzensreise nicht um eine private Angelegenheit handelt, die wir allein mit Gott ausmachen. Sie ist eine Beziehungsreise des zwischenmenschlichen Wachstums in der Liebe zu den Menschen, die Gott in mein Leben stellt.

Unsere menschlichen Beziehungen sind ein bedeutender Lackmustest für unsere wahre Beziehung zu Gott. Unsere Fähigkeit, mit Gott in Beziehung zu treten, macht sich letztendlich an der Fähigkeit unseres Herzens fest, uns mit den Menschen zu verbinden, mit denen wir in Beziehung stehen. Unsere menschlichen Beziehungen sind ein deutliches Spiegelbild für unsere Beziehung zum Vater und zu Jesus als unserem Bruder. Die kritischen Herzensprobleme, die uns daran hindern, in hingegebenen Beziehungen zu Menschen zu wachsen, sind genau dieselben Dinge, die auch unserer vollkommen hingegebenen Liebe zu Gott im Wege stehen. Das bedeutet, dass unsere menschlichen Beziehungen zum Spiegel für unsere Beziehung zu Gott werden. Wir können uns nicht selbst vormachen, wir hätten eine großartige Beziehung zu Gott, wenn wir nur armselige menschliche Beziehungen haben. Die Prüfsteine des Versagens in unseren menschlichen Beziehungen offenbaren unser Versagen in der Beziehung zum Vater.

Das alte Waisenherz ist grundsätzlich beziehungsunfähig. Wir sind nicht nur Waisen in der Beziehung zu Gott, sondern auch in der Beziehung zueinander. Ein geistliches Waisenkind ist praktisch sowohl vom Vater als auch von seinen Kernbeziehungen abgeschnitten. Wiederherstellung zur Liebe aus ganzem Herzen bedeutet eine Rückkehr sowohl zum Vater als auch zu unseren Kernbeziehungen. Liebe ist der bedeutendste Maßstab für geistliche Reife und geistliches Wachstum. Wenn wir nicht in der Liebe wachsen, wachsen wir eigentlich überhaupt nicht. Gott versteht sich darauf, unsere Herzensreise einfach und unkompliziert zu halten. Es gibt klar definierte Schlüsselfaktoren für echtes Wachstum, und diese Schlüsselfaktoren haben allesamt mit Beziehung zu tun.

Wie wir in dem Kapitel *Der Kontext der Herzensreise* festgestellt haben, können wir diese Herzensreise mit Gott nicht in einem Vakuum unternehmen. Der Kontext der Herzensreise sind unsere menschlichen Beziehungen und das in Gemeinschaft gelebte Leben. Wir versagen auf unserer Herzensreise, wenn wir in unseren Beziehungen versagen. Einem geteilten Herz geht es nicht ausschließlich um liebevolle Beziehungen. Unsere alte, selbstzentrierte Existenz ist noch immer aktiv, wenn unser Herz geteilt ist. Sünde und Angst sind der Liebe diametral entgegengesetzt. Ein angstvolles Herz kann nicht lieben, weil es von Angst bestimmt wird, anstatt von Liebe.

Wenn Menschen uns Angst machen und wenn bestimmte Menschen uns mehr Angst machen als andere, können wir nicht in der Liebe leben, weil in der Liebe keine Furcht ist. Wenn wir es uns zum Ziel gemacht haben, uns mithilfe von Selbstschutzmechanismen beziehungsmäßig in Sicherheit zu bringen und einen sicheren Abstand zu Menschen zu halten, die uns Angst machen, können wir nicht in der Liebe wachsen, weil wir von der Angst geleitet werden. Danny Silk, Autor von *Lass deine Liebe an!* schreibt: „Die Wahrheit ist, dass jede Beziehung auf eines von zwei Zielen hinausläuft: Verbindung oder Trennung.“[2] Waisenkinder haben Angst, weil sie sich in Beziehungen nicht sicher fühlen. Aber indem wir als geliebte Söhne und Töchter wachsen und uns der großen Liebe des Vaters zu uns bewusst sind, können wir aus diesem Kreislauf der Angst ausbrechen und mutig in das Leben anderer Menschen treten, um liebevolle Beziehungen aufzubauen. Wir können anfangen, andere zu lieben, weil wir uns geliebt wissen. Gott möchte unser Leben von jeder Angst befreien, damit wir zu großartigen Liebhabern werden können: zu Ehemännern, Ehefrauen, Vätern, Müttern, Söhnen und Töchtern. Unsere Reise der übernatürlichen Verwandlung ist letztendlich eine Reise in die Liebe.

Jede Verstrickung, die wir in diesem Buch beschrieben haben, hindert uns in der Fähigkeit, Gott und einander von ganzem Herzen zu lieben. Wir müssen den „Ich“-Berg überwinden, wenn wir in unserer großen Berufung zu lieben erfolgreich sein wollen. Paulus sagte

> *Alles, was ihr tut, soll von der Liebe bestimmt sein. Denn auch Christus hat uns seine Liebe erwiesen und hat sein Leben für uns hingegeben wie eine Opfergabe, deren Duft vom Altar zu Gott aufsteigt und an der er Freude hat* (Eph 5,2).

Verstrickung in Sünde und Selbstsucht ist das genaue Gegenteil von einem Leben der Liebe. Wir können nicht gleichzeitig Gott und die Welt lieben. Verstrickung in die Welt lenkt uns von unserer geistlichen Reise des Wachsens in der Liebe ab.

Verstrickung in den Baum der Erkenntnis des Guten und Bösen hat nichts mit einem Leben der Liebe zu tun, weil das Augenmerk immer auf religiöser Leistung als Voraussetzung für unsere Annahme bei Gott und Menschen liegt. Verstrickung in emotionale Gebrochenheit

---

[2] Übersetzt aus englischem Originaltitel: *Keep Your Love On.*

ist der sichere Tod für ein Leben in der Liebe. Wann immer die destruktiven und vergiftenden Gefühle der Angst, Ablehnung oder Scham in unserem Herzen regieren, werden wir für ein Leben in der Liebe vollkommen lahmgelegt. Genauso wird eine Verstrickung in dämonische Unterwanderung ein Leben in der Liebe verhindern. In uns wohnende Dämonen tendieren dazu, all unsere Beziehungen zu zerstören. Ebenso wird Liebe zu einer absoluten Unmöglichkeit, wenn unsere neurologischen Pfade vollkommen von biochemisch programmierten Angstreaktionen verstopft sind! Die Bezwingung des „Ich"-Berges ist entscheidend, wenn wir unsere prophetische Bestimmung erfüllen wollen, in das Bild der Liebe verwandelt zu werden.

Im nächsten und letzten Buch dieser Reihe, *Die Herrlichkeit Gottes und übernatürliche Transformation*, werden wir die Verwandlung des menschlichen Herzens aus der Perspektive betrachten, dass wir uns aus einem von Angst und Gebrochenheit bestimmten Leben heraus- und in ein von Liebe und Beziehung zu Gott und zueinander bestimmtes Leben hineinbewegen. Der Schwerpunkt unserer Reise der Verwandlung liegt auf unseren Beziehungen. Die Herzensreise ist eine intensive Reise hinein in Gemeinschaft. Im Zentrum dieser Reise des Herzens steht die Herrlichkeit Gottes, die uns zurückgegeben worden ist. Alle haben gesündigt und die Herrlichkeit Gottes vertan, aber dank der Versöhnung durch Christus sind wir wieder in die Herrlichkeit Gottes versetzt worden, indem wir in den Garten der unendlichen und vollkommenen Liebe des Vaters hineingepflanzt worden sind. Das Kreuz hat uns wieder mit göttlicher Liebe vereinigt. Wir sind nun wieder mit Gott verSÖHNt.

Das Kreuz ist Gottes übernatürliches Instrument, um uns durch den in uns wohnenden Geist mit dem Vater und dem Sohn zu vereinen. Unsere Perichorese (gegenseitige Innewohnung) bzw. göttliche Verstrickung in die Liebe des Vaters, des Sohnes und des Heiligen Geistes ist der übernatürliche Schlüssel, um die Fülle des Reiches der himmlischen Liebe, Freude und Wonne in unseren Beziehungen freizusetzen. Dieses Wunder, übernatürlich in den Garten der vollkommenen Liebe Gottes eingepflanzt zu werden, wird zum Tor für ein übernatürliches Leben hingebungsvoller Liebe zu Gott und zu jedem, mit dem wir in Beziehung stehen. Unsere übernatürliche Verwandlung ist ausschließlich vom Erleben liebevoller Beziehungen bestimmt. Das ist die Herzensreise, auf die wir alle eingeladen sind.

Über den Autor

Phil Mason ist verheiratet mit Maria und hat vier erwachsene Kinder (drei Söhne und eine Tochter). Sie sind die Gründer und Leiter von *Tribe Byron Bay* (www.tribebyronbay.com), einer geistlichen Gemeinschaft in Byron Bay in Australien, die sie 1998 gründeten. Phil ist außerdem Leiter der Tribe Ministry School, die sich ebenfalls in Byron Bay befindet und Nachfolger Christi für den übernatürlichen Dienst zurüstet (www.tribeministryschool.com). 1991 schloss Phil ein Bachelor-Studium der Theologie an der Flinders University in Südaustralien ab.

Als Leiter von *Tribe Byron Bay* haben Phil und Maria die Gemeinde auf der Grundlage des Reich-Gottes-Dienstes Jesu gegründet. Es ist ihnen ein Anliegen, einem göttlichen Mandat treu zu sein: nicht zuzulassen, dass ihre Gemeinde von dem Ruf abdriftet, gemeinsam ein Leben auf der Grundlage wahrer Intimität mit Gott und miteinander aufzubauen. *Tribe Byron Bay* will eine Gemeinschaft sein, in der es allen ein Anliegen ist, zu einem Volk des Herzens zu werden. Die in diesem Buch vorgestellten Prinzipien und Erkenntnisse sind aus dem gemeinschaftlichen Leben heraus geboren worden. Nichts davon ist Theorie; alles ist in umfassender Weise praxiserprobt. Hätte er keine zwölfjährige Erfahrung darin, eine Gemeinschaft von Menschen aufzubauen, die das übernatürliche Wirken Jesu am Herzen willkommen heißt, hätte Phil nicht die Autorität, die in dieser Buchreihe enthaltenen Fragen anzusprechen.

Phil ist außerdem Leiter von *Christocentric Light,* einem Dienst, der Teams auf New-Age-Festivals in ganz Australien aussendet, um dort das übernatürlichen Wirken Christi zu demonstrieren. Inzwischen erleben sie auf dem New-Age-Umfeld Tausende von Wundern. Zusätzlich leitet Phil den *Byron Bay Healing Room* [„Heilungsraum"] und *Byron Burn 24/7.* Mehr über Phil Mason findet sich unter **www.philmason.org**.

Die weiteren Bände der Reihe „Übernatürliche Transformation“

erschienen bei GloryWorld-Medien

Phil Mason, Die Ergründung des Herzens

Eine Einführung in die Herzensrevolution; 240 S., Pb.

Band 1 der Reihe „Übernatürliche Transformation“

Willkommen zur Herzensrevolution! Phil Mason bringt uns mit diesem Buch wieder mit dem Herzen Gottes – und somit auch unserem eigenen Herzen – in Verbindung. Begegnen wir der verschwenderischen Liebe des Vaters, erweckt sie in unserem Herzen eine neue Begeisterung und Leidenschaft.

Jesu Modell der Herzensverwandlung stützt sich nicht auf irdische Weisheit und Methoden. Er möchte, dass wir durch eine Begegnung mit der Herrlichkeit und Macht Gottes verwandelt werden.

Phil Mason, Das Wunder der Neuen Schöpfung

Die Grundlage der Herzensrevolution; 264 S., Pb.

Band 2 der Reihe „Übernatürliche Transformation“

Was genau passiert bei der Wiedergeburt eines Christen? Welche Segnungen gehen damit einher? Wie kommen wir dahin, vom Geist bestimmt zu werden? Und wie geschieht es, dass wir ganz heil werden und immer mehr Christus widerspiegeln?

Phil Mason legt die umfassende Grundlage dafür, dass jeder Christ die Tatsachen und Prozesse versteht, die uns zu siegreichen Christus-Nachfolgern machen. Das ist Voraussetzung für die Revolution, die Gott in seiner Gemeinde gerade in Gang bringt.

Phil Mason, Die Herrlichkeit Gottes und übernatürliche Transformation

Die geistlichen Prozesse der Herzensrevolution

Band 4 der Reihe „Übernatürliche Transformation“; 560 S.

Die große Verheißung des Neuen Testaments ist die einer übernatürlichen Verwandlung.

Egal, wie sündig oder kaputt unsere Vergangenheit war, Gott hat versprochen, unser Herz vollkommen zu verwandeln und zu heilen.

Die Begegnung mit der Herrlichkeit Gottes ist der Schlüssel für die Verwandlung unserer Herzen. Unser Vater bringt viele Söhne und Töchter zur Herrlichkeit, damit sie dieser Welt seine Herrlichkeit vor Augen führen!

Phil Mason, Quanten-Herrlichkeit

Die Wissenschaft von der Inbesitznahme der Erde durch den Himmel; 520 Seiten, Paperback

Quanten-Herrlichkeit erläutert auf eine äußerst spannende Weise die Zusammenhänge zwischen den faszinierenden Erkenntnissen der Quantenmechanik und der Herrlichkeit Gottes.

Der erste Teil untersucht die subatomare Welt und enthüllt ihren außergewöhnlich komplexen göttlichen Plan, der die Genialität unseres Schöpfers offenbart.

Im zweiten Teil erklärt der Autor ausführlich, wie die Herrlichkeit Gottes in unser physisches Universum eindringt, um Wunder göttlicher Heilung zu bewirken.

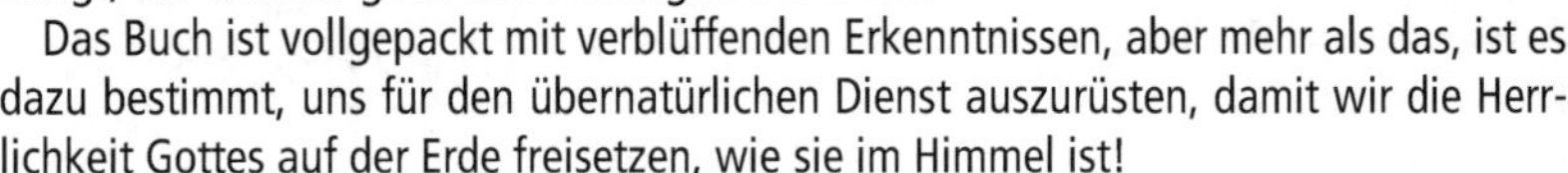

Das Buch ist vollgepackt mit verblüffenden Erkenntnissen, aber mehr als das, ist es dazu bestimmt, uns für den übernatürlichen Dienst auszurüsten, damit wir die Herrlichkeit Gottes auf der Erde freisetzen, wie sie im Himmel ist!

Vorschau:

- 2024 wird voraussichtlich noch die deutsche Version des Buches **„Royal Heart Therapy** – The Ministry of the Beloved Son", (dt. Titel steht noch nicht fest) von Phil Mason erscheinen.

- 2024/25 werden vorrausichtlich auch die deutschen Versionen der beiden Bände des Buches **Glory Community** (voraussichtlicher deutscher Titel: **Gemeinschaft der Herrlichkeit**) von Maria Mason erscheinen.

Weitere Bücher von GloryWorld-Medien

„Himmlische Bücher für die Erde"

Dr. Charity Virkler-Kayembe / Dr. Mark Virkler

Höre Gott durch deine Träume

Gottes Reden in der Nacht verstehen; 288 S., Pb.

In der Bibel finden wir sehr viele Beispiele für Gottes Reden durch Träume. Auch heute möchte er uns durch Träume wichtige Botschaften zukommen lassen. Doch beachten wir sie oft wenig oder wissen nicht, wie sie zu deuten sind.

Diesem Missstand möchte dieses Buches abhelfen. Die Autoren haben sehr viele Erfahrungen im Umgang mit Gottes Reden gesammelt. Das Buch ist ein praktischer, leicht verständlicher und biblischer Leitfaden, um die Sprache zu verstehen, die Gott in unseren Träumen benutzt.

Jonathan Welton, Die Schule der Seher

Eine praktische Anleitung, wie man ins Unsichtbare hineinsehen kann; 224 S.; Pb.; Vorwort von Randy Clark

Viele Christen haben angefangen, übernatürliche Phänomene zu erleben: Träume, (offene) Visionen, Engel oder Dämonen. Aber es mangelt ihnen an solider biblischer Lehre und sie sind zu dem geworden, was man als *Seherwaisen* bezeichnet: Sie suchen verzweifelt nach jemandem, der sie trainiert, ermutigt und freisetzt.

Das Ziel von Jonathan Welton war deshalb, ein praktisches Handbuch herauszubringen, das den Leib Christi mit den Informationen ausrüstet, die notwendig sind, um in der Dimension des Prophetischen bzw. des Sehers zu wachsen und im Leben im Übernatürlichen Reife zu erlangen.

Cal Pierce, Eine Vision für Heilungsräume

Wenn Heilung durch Gebet so normal wird wie ein Arztbesuch

120 S.; Paperback

Welche Antworten hat die christliche Gemeinde auf die zunehmenden „unheilbaren" Krankheiten? 80 Jahre, nachdem John G. Lake damit begonnen hatte, in Spokane sogenannte Heilungsräume („healing rooms") einzurichten, wurde Cal Pierce von Gott geführt, diese Räume wiederzueröffnen. Viele Tausende haben dort inzwischen eine heilende Begegnung mit Gott erlebt. Er erzählt die packende Geschichte, wie es dazu kam, und vermittelt gleichzeitig die Vision für solche Heilungsräume weltweit.

Bill Johnson / Randy Clark, Berufen zu heilen I

Grundlagen und Praxis des Gebets für Kranke, 240 S., Pb.

Jeder Christ kann von Gott gebraucht werden, um anderen Heilung zukommen zu lassen. Das ist das Anliegen der beiden Autoren. Dazu berichten Sie, wie Gott sie in den Heilungsdienst hineinführte, und legen anschließend klare biblische Grundlagen für das Heilungsgebet. Im umfangreichsten Teil gehen sie auf verschiedene Aspekte ein, die für eine Heilung förderlich sind, erläutern, wie seelische und körperliche Krankheiten zusammenhängen und stellen dann ein in der Praxis bewährtes Modell für das Gebet um Heilung vor, das für alle Christen leicht anwendbar ist.

James Goll

Geistlich wahrnehmen und unterscheiden

Wie wir Offenbarungen empfangen, prüfen und anwenden können; 216 S.

James Goll erklärt, dass jeder Nachfolger Jesu geistliche Offenbarungen empfangen und prüfen kann, auch wenn einige als Propheten besonders begabt sind. Er legt präzise dar, wie wir unsere Sinne dem Heiligen Geist hingeben können, damit wir geistlich wahrnehmen können.

Und er erläutert, wie wir Offenbarungen prüfen, anwenden und letztlich verinnerlichen können, damit die Menschen sie nicht nur hören, sondern in uns sehen.

Für das vertiefte Studium ist ein Arbeitsbuch erhältlich.

James Goll

Die Gaben des Heiligen Geistes freisetzen

216 S., Paperback

Der Heilige Geist demonstriert Gottes übernatürliche Kraft durch seine Gemeinde heute, indem seine Herrlichkeit auf globaler Ebene freigesetzt wird. Alle Gaben Gottes sind immer noch voll funktionsfähig, und jeder einzelne Gläubige ist dazu bestimmt, im Fluss Gottes zu leben und seine Bestimmung zu erfüllen.

James Goll zeigt auf, wie der Heilige Geist durch die neun bekanntesten Geistesgaben wirkt und wie wir sie unter Gottes Leitung für die Erfüllung des Missionsbefehls einsetzen können.

Anhand vieler anschaulicher Beispiele aus der Bibel und aus der Gegenwart lernen wir, wie geistliche Gaben in der Praxis funktionieren. Aber es geht in diesem Buch nicht nur darum, wie man seine geistlichen Gaben entdeckt oder empfängt, sondern wie man sie freisetzt und weitergibt!

Für das vertiefte Studium ist ein Arbeitsbuch erhältlich.

Kevin Basconi, **Mit den Engeln tanzen, Band 1**

Die Grundlagen: Gottes Engel erkennen, einladen und beauftragen; 240 S.; Paperback

Mit diesem Buch stellt uns Kevin Basconi eine inspirierende, glaubensstärkende und praktische Anleitung zur Verfügung, wie ganz normale Gläubige mit Engeln zusammenarbeiten und sie sogar beauftragen können, um den Willen Gottes auszuführen.

Sein Buch ist voller spannender persönlicher Berichte, in denen er uns an seinem wachsenden Verständnis über das Wirken der Engel teilhaben lässt. Er erläutert, wie unsere Fähigkeit, Gottes Willen zu tun, dramatisch zunimmt, sobald wir mit Engeln zusammenwirken.

Das Buch ist eine großartige Hilfe für die Gemeinde, um sie auf die Zeit der Ernte vorzubereiten, in der Engel eine tragende Rolle spielen werden, und sie für die bevorstehenden Heilungserweckungen zuzurüsten.

Chris Overstreet, **Übernatürlich evangelisieren**

Ein Handbuch für die Praxis; 160 S., P., Vorwort: Bill Johnson

Übernatürlich evangelisieren hat das Potenzial, in uns das Feuer der Liebe Gottes zu entzünden, um Menschen, die Gott nicht kennen, mit seinem Herzen und seiner Kraft in Berührung zu bringen. Wir lernen uns ganz praktisch in das einzuklinken, was Gott mit den Menschen vorhat, denen wir im Alltag begegnen – wie es auch Jesus getan hat.

Zu den behandelten Themen gehören: Eine Reich-Gottes-Mentalität pflegen | Grundwerte des Evangelisierens | Wie wir Menschen zum Herrn führen können | In der Öffentlichkeit für Kranke beten | Prophetisches Evangelisieren | Angst und Ablehnung überwinden. Jedes Kapitel schließt mit einem Anwendungsteil, um das Gelernte zu reflektieren, in der Gruppe zu besprechen und im Alltag anzuwenden.

Paul Manwaring, **Die Herrlichkeit Gottes**

Was sie ist und wie unser Leben davon geprägt sein kann

260 S.; Paperback; Vorwort von Bill Johnson.

Gott hat eine Leidenschaft: Er möchte, dass wir seine Herrlichkeit kennen, und zwar schon hier auf Erden!

Paul Manwaring, der Leiter des apostolischen Netzwerks der Bethel Church, beschreibt seinen Weg in dieses Verlangen Gottes hinein. Er verfolgt die Spuren der Offenbarung von Gottes Herrlichkeit durch die Bibel hindurch und lädt uns ein, Moses Wunsch an Gott zu folgen: „Zeige mir deine Herrlichkeit."

„Dies könnte das ermutigendste Buch sein, das Sie je lesen werden" (Bill Johnson).

Matthias Hoffmann, Gehimmelt leben

Den Himmel in unseren Alltag holen; 216 S., Paperback

Gehimmelt leben ist ein neuer Zugang zu einem alltagstauglichen Lebensstil der Intimität und Kraft aus der unmittelbaren Gegenwart Gottes, dort, wo sich Himmel und Erde berühren.

Das Buch strahlt eine tiefe, vertraute Freundschaft mit Abba-Vater aus. Es lädt ein, Altbekanntes aus einer anderen Perspektive zu betrachten und eigene beglückende Himmels-Erfahrungen zu sammeln.

Ein Buch für Tiefgänger, Fragensteller und Weiterdenker, das darauf wartet, im Alltag von jedem Leser persönlich weitergeschrieben zu werden.

Blake K. Healy, Unzerstörbar

Führe deine geistlichen Kämpfe aus der Perspektive des Himmels; 192 S., Pb.

Welche Fallen und Taktiken wenden Dämonen an, und wie können wir diese meiden?

Blake K. Healy kann schon seit seiner Kindheit Engel und Dämonen sehen. Dieses Buch fasst zusammen, was er in über dreißig Jahren über die Pläne des Feindes und ebenso die des Himmels gelernt hat.

Wir lernen, wie wir die Komplotte, Pläne und Lügen des Feindes aufdecken und abwehren können und gleichzeitig die Pläne des Himmel vorantreiben können.

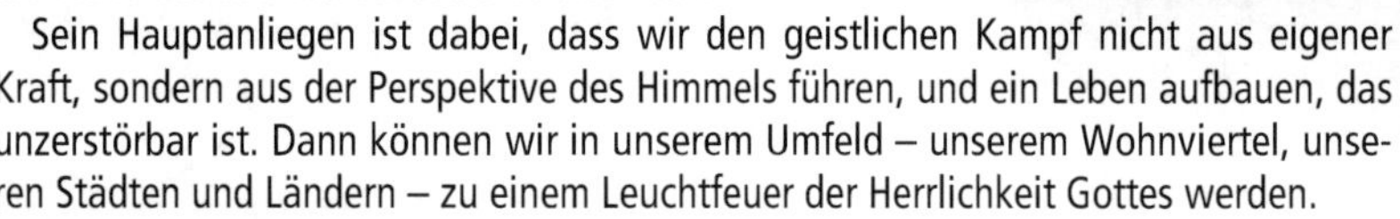

Sein Hauptanliegen ist dabei, dass wir den geistlichen Kampf nicht aus eigener Kraft, sondern aus der Perspektive des Himmels führen, und ein Leben aufbauen, das unzerstörbar ist. Dann können wir in unserem Umfeld – unserem Wohnviertel, unseren Städten und Ländern – zu einem Leuchtfeuer der Herrlichkeit Gottes werden.

Wayne Jacobsen

Die Gemeinschaft der Neuen Schöpfung

Wie wir sie finden und warum es noch so viel mehr gibt

272 S.; Paperback

Seit über 50 Jahren beschäftigt den Autor die Frage nach der authentischen neutestamentlichen Gemeinde. Er hat sie schließlich an den ungewöhnlichsten Orten entdeckt und möchte uns dabei helfen, diese unglaubliche, von Jesus geformte Braut zu finden.

Dazu betrachtet er die Gemeinde aus Gottes Sicht. Sie beginnt im Herzen Einzelner und fügt sich dann zu einer weltweiten Gemeinschaft von Menschen zusammen, die untereinander Gottes Herrlichkeit zum Ausdruck bringen.

David Herzog, Invasion der Herrlichkeit

Leben unter einem offenen Himmel

232 S.; Paperback; Vorwort von Mahesh Chavda.

Gott möchte, dass wir unter einem offenen Himmel leben und seine Herrlichkeit in einem noch viel höheren Maß erleben. Der Autor erklärt, was in der Herrlichkeit alles möglich ist, und lässt uns an seinen Erfahrungen in den Bereichen kreative Wunder, Herbeiführung von Erweckung, Überwinden physikalischer Grenzen, Versetztwerden an andere Orte, Träume, Visionen und Offenbarungen usw. teilhaben. Der anschließende, praktische Teil „40 Tage Invasion der Herrlichkeit" hilft uns, die Aussagen des Buches selbst zu erleben.

Blake K. Healy, Durch den Schleier sehen

Eine Einladung in die unsichtbare Welt; 176 S. Paperback

Blake K. Healy sieht Engel und Dämonen seit seiner Kindheit – und zwar so klar wie natürlich sichtbare Dinge. Er sieht zum Beispiel Engel in Anbetungsgottesdiensten tanzen und Ermutigungsworte in die Ohren von Menschen flüstern, doch genauso sieht er auch Dämonen, die sich an Leute heften und so Abhängigkeiten, Lügen und Bitterkeit in deren Herzen und Gedanken aufrechterhalten.

In diesem Buch erzählt er einige dieser Begegnungen und wie er in dieser Gabe reifte und dabei die Angst und Verwirrung über die Dinge, welche er sah, überwand. Und ebenso, und wie er lernte, die Gabe des Sehens zu Gottes Verherrlichung zu nutzen und andere darin zu lehren.

„Ich wollte nicht, dass dieses Buch jemals endet!" (Bill Johnson)

Frank Krause, Die neun Schleusen des Herzens

160 S., Paperback

Wie geschieht es, dass die Verheißung Jesu, dass aus unserem Innern Ströme von lebendigem Wasser fließen werde, wenn wir an ihn glauben, zu unserem normalen Erleben wird? Dass andere uns als Quelle und nicht als Zisterne, als Oase und nicht als Wüste wahrnehmen?

Als Frank Krause diese Frage vor Gott bewegte, ließ dieser ihn im Geist sein eigenes Herz sehen und durchwandern. Er zeigte ihm, dass unser Herz neun „Schleusen" hat, entsprechend den neun Aspekten der Frucht des Geistes.

Diese Schleusen wollen in uns geöffnet und freigesetzt werden, damit der Geist mit ganzer Kraft durch uns strömen kann und wir mit seiner Frucht überfließen. Nun können wir auch anderen helfen, diese Fülle zu erleben, sodass in der Folge echte Gemeinschaften der Heiligen entstehen.

Barry & Lori Byrne, Liebe in der Ehe

Eine tiefere geistliche, emotionale und körperliche Einheit erleben; Vorwort von Bill Johnson; 334 S., Klappenbroschur

Gott möchte, dass die Ehe ein Ort echter Liebe und Vertrautheit ist. Dafür brauchen wir die Hilfe des Heiligen Geistes. Mit ihm können wir die Ursachen unserer Konflikte erkennen und überwinden. Unsere Ehe kann Heilung und Wiederherstellung erfahren, egal, wie der momentane Zustand ist.

Mit klarer biblischer Lehre und vielen praktischen Hilfen packen die Autoren die wichtigsten heißen Eisen an. Viele ermutigende Erfahrungsberichte verdeutlichen die dramatische Heilung und Intimität, die mit Gottes Hilfe möglich ist.

Danny Silk, Erziehung mit Liebe und Vision

Herzensbeziehungen eingehen statt Machtkämpfe austragen

Vorwort von Bill Johnson; 170 S., Pb.

Danny Silk fordert uns in unserem bisherigen Denken über Liebe, Disziplin und Respekt, ja in unserer generellen Vorstellung von Kindererziehung heraus. Er stellt eine Denk- und Lebensweise vor, die eine Leichtigkeit und Frieden in unsere familiären und sonstigen Beziehungen bringt.

Unser Herz spielt dabei die zentrale Rolle. Das Herz der Eltern und das Herz der Kinder. Wenn beide Seiten verstehen, wie sich ihr jeweiliges Verhalten auf das Herz des anderen auswirkt, werden die Herzen geschützt und Beziehungen können gedeihen.

Dr. Larry Richards

Die volle Waffenrüstung Gottes

Gut geschützt gegen die Angriffe des Bösen; 208 Seiten, Pb.

Die Bibel macht deutlich, dass ein Großteil unserer Unsicherheiten, Ängste und Zweifel auf den Machenschaften böser Mächte beruhen. Deshalb ist es so entscheidend, dass wir sowohl die Strategien kennen, die Satan benutzt, um uns anzugreifen, als auch die Rüstung, die Gott uns zur Verfügung stellt, um uns dagegen zu schützen.

Eine biblische Dämonologie, Hilfen zum Umgang mit dem Bösen in der Seelsorge sowie Lektionen für „Lebe-frei-Selbsthilfegruppen" runden das Buch ab.

Bestellen Sie im Buchhandel oder direkt beim Verlag:

GloryWorld-Medien | Beit-Sahour-Str. 4 | D-46509 Xanten
Fon: 02801-9854003 | Fax: 02801-9854004 | info@gloryworld.de

Aktuelles, Leseproben, Downloads & Shop: **www.gloryworld.de**